Financial Statement Analysis & Valuation

제 7 판

K-IFRS

재무제표분석과 가치평가

| 김권중 지음 |

창 민 사

제7판을 내면서

본서(本書)의 초판이 2003년 8월 출간된 이후 지금까지 20년 이상 본서가 '재무제표분석(경영분석)과 가치평가'에 대한 대학교육에 기여한 것을 기쁘게 생각합니다. 또 실무계의 '기업가치 평가' 업무에서도 본서가 활용되고 있는 것에 대하여 저자로서 보람을 느낍니다.

제6판 출간 이후 4년 반이 지나서 이번에 제7판을 내게 되었습니다. 그동안 기업회계기준의 큰 변화는 없었지만, 본서에 사용되는 상장회사 재무제표 자료를 최근 연도의 자료로 교체함과 아울러 독자들의 학습효과 제고를 위해 제6판 내용을 보완할 필요가 있는 것으로 생각되어 제7판을 내게 되었습니다.

이번에 개정 내지 보완한 부분을 구체적으로 언급하면 다음과 같습니다.

첫째, 제2장에서 재무제표의 체계와 구조 및 내용을 소개할 때 사용되는 모든 상장회사 재무제표 자료를 최근 연도의 재무제표(2022~2023년도 재무제표) 자료로 전부 교체하였으며, 재무제표 주석을 소개할 때에도 최근 연도의 재무제표 주석 자료로 교체하였습니다.

둘째, 제3장(재무비율분석)은 특정 기업들을 사례기업으로 선정하고 그 기업들의 실제 재무제표 자료를 사용하여 비율분석방법을 설명하고 있는바, 이전의 제6판에서는 사례기업들의 실명(實名)을 그대로 노출시켰습니다. 그러나 이러한 실명노출로 인해 그 기업들의 기업이미지가 영향을 받게 되므로, 이번 제7판에서는 사례기업들의 실명을 노출시키지 않고 익명으로 회사명을 표시하였으며, 회계연도도 가상적 회계연도로 표시하였습니다.

셋째, 제4장 내지 제6장에서도 선정된 사례기업의 실명을 노출시키지 않고 익명처리하였으며, 회계연도도 가상적 회계연도로 표시하였습니다.

넷째, 본서(本書)의 '가치평가' 파트 중 핵심적 장(章)인 제7장(가치평가론)에 대해서는, 제4절에서 초과이익모형(RIM)을 설명할 때 '내재적 PB 프리미엄'의 개념을 소개하는 내용을 추가하였습니다. 이 내용이 추가됨으로써 제7장을 처음 읽는 독자들이 초과이익모형(RIM)의 의미와 미래 초과이익의 역할을 더 잘 이해할 수 있게 될 것으로 기대됩니다.

다섯째, 본서의 독자들이 실무에서 기업의 주주지분가치(주식가치)를 평가할 때 RIM을 잘 활용할 수 있도록 도와주기 위해, 이번 제7판에서는 (1) RIM의 구조에 대한 이론적 분석 및 RIM의 재표현, (2) 산업 · 개별프리미엄모형에 대한 소개 내용(김권중, 2001, "초과이익평가모형의 실행과 유용성 분석,"「회계학연구」(제3호), pp.91-121)을 제7장의 [보론 3]으로 추가하였습니다. 독자들이 쉽게 이해할 수 있도록 위 (1), (2)의 내용을 자세히 설명하였습니다.

여섯째, 본서를 처음 읽는 독자들이 가치평가이론을 쉽게 이해할 수 있도록 많은 문장 표현들을 세밀히 다듬고 보완하였습니다.

위와 같이 이전의 제6판을 부분적으로 개정 · 보완하였습니다. 한편 제13장(기업합병 · 매수와 가치평가)의 경우, 제3절에 제시된 '합병가액 산정 관련 실무규정'(2012년 12월 도입된 '본질가치 산정방법')의 내용은 그동안 변경된 바 없으므로 제6판에 있는 기술내용을 그대로 유지시켰습니다.

본서(本書)는 오랜 기간 동안 축적된 학계의 많은 연구결과를 반영하고 있으며, 또 저자의 독창적 아이디어와 서술 및 분석도 본서에 포함되어 있습니다. 앞으로 재무제표분석 및 가치평가 분야에서 새로운 연구가 이루어지면 그에 맞추어 본서의 내용도 계속 보완해 나갈 계획입니다.

마지막으로, 본서의 집필방향에 대해 유익한 조언을 해 주신 여러 대학의 교수님들께 이 자리를 빌어 감사의 뜻을 표하며, 이번에 제7판을 출간해 주신 창민사 윤동구 대표께도 감사의 말씀을 드립니다.

2024년 7월

저 자

머리말

본서는 재무제표분석(경영분석)과 기업가치 평가에 관한 종합적 지침서로 집필되었다. 최근 기업가치 평가이론이 발전함에 따라 재무제표분석의 방법도 발전적으로 변화하였으며, 본서는 재무제표분석과 기업가치 평가를 '통합적'(integrative)으로 다루고 있다. 이 점에서 본서는 기존의 재무제표분석(경영분석) 서적들과는 근본적 차이가 있다.

본서는 대학의 학부 및 경영대학원에서 재무제표분석(경영분석)의 교재로 사용될 수 있음은 물론, 실무계 종사자들에게도 유용한 지침서가 될 수 있다. 본서는 재무제표분석과 기업가치 평가에 관한 주요 개념과 이론 및 방법을 체계적으로 설명하고 있으며, 독자들의 이해를 돕기 위해 많은 곳에서 기업의 실제 사례를 이용하여 설명하고 있다.

1990년대 중반 이후 학계에서는 기업가치 또는 주주지분가치(equity value) 평가방법의 개선을 위해 많은 연구가 이루어졌으며, 미력(微力)이나마 저자도 그러한 연구활동에 계속 참여해 왔다. 그 결과, 현재 우리는 새로운 가치평가이론을 알게 되었으며 또 재무제표분석을 어떻게 해야 하는가에 대해서도 올바른 방향을 설정할 수 있게 되었다. 예를 들면, 주주지분가치 평가에 관한 '초과이익모형'(residual income valuation model)은 재무비율분석을 할 때 ROE(자기자본이익률) 분석이 수익성 분석의 핵심이 되어야 함을 분명히 제시하고 있다. 또한 기업 전체가치 및 주주지분가치 평가에 관한 '영업초과이익모형 또는 EVA 모형'은 ROIC(영업투하자본이익률) 분석이 영업수익성 분석의 핵심이 되어야 함을 분명히 보여주고 있다.

이와 같이 기업가치 평가이론의 발전은 재무제표분석을 할 때 '무엇'이 주된 분석대상이 되어야 하는가에 대해 분명한 방향을 제시하고 있다. 또한 본서에서는 '현금할인모형'(discounted cash flow model)의 근간인 현금흐름등식과 현금흐름표의 관계를 체계적으로 설명하고 있으며, 나아가서 현금흐름표의 정보를 분석하는 방법도 구체적으로 제시하고 있다. 이러한 현금흐름 분석방법의 제시도 본서가 갖고 있는 특징의 하나이다.

요컨대, 본서는 재무제표분석과 가치평가 문제를 '통합적'(integrative)으로 다루고 있으며, 독자들이 본서를 통해 기업분석과 가치평가의 방법론을 효과적으로 이해할 수 있을 것으로는다.

본서는 4개의 부(部)로 구성되어 있으며, 각 부의 주요 내용을 간략히 소개하면 다음과 같다.

제I부에서는 재무제표분석과 가치평가의 기본개념을 소개하고 있다. 기업의 경영성과 분석, 현금흐름의 창출과 처분, 그리고 기업가치 평가에 관한 기본개념을 다루고 있다.

제II부에서는 앞에서 소개한 기본개념에 기초하여 기업의 재무제표를 분석하는 여러 기법들을 제시한다. 실제 사례를 이용하여 재무비율 분석방법과 현금흐름 분석방법을 설명하며, 또 이익구성요소의 차별적 지속성(persistence)을 고려한 수익성 · 영업수익성 분석방법도 제시한다. 그리고 산업 및 기업전략과 회계정책에 관한 질적 분석(qualitative analysis)도 다룬다.

제III부에서는 가치평가의 이론과 실행방법을 다루고 있다. 배당할인모형, 현금할인모형, 초과이익모형 및 EVA 모형의 의미와 구조를 상세히 설명하고, 또 모형간의 상호관계에 대해서도 자세한 해설을 제공하고 있다. 또한 각 모형의 실행방법도 구체화함으로써 독자들이 실제 상황에서 바로 활용할 수 있도록 하였다. 그리고 주가배수(PER, PBR 등)에 의한 평가방법에 대해서도 많은 설명을 제공하고 있다.

제IV부는 재무제표분석과 가치평가이론의 활용에 관한 것으로서, 먼저 미래 예측과 가치평가모형의 적용사례를 다룬다. 또한 가치평가에서 핵심적 투입요소인 자본비용(cost of capital)의 추정방법도 구체적으로 제시한다. 마지막 장에서는 실제적 활용분야로서 증권분석, M&A에서의 가치평가, 기업공개시의 공모주 분석, 그리고 회사채 신용위험 분석을 논의하고 있다.

본서는 14개장으로 되어 있어 분량이 많지 않으므로 한 학기 교과에서 본서를 다룰 수 있을 것으로 본다. 학생들의 이해를 돕기 위해 대부분의 장(章)에 예제와 사례가 포함되어 있으며 또 다수의 연습문제도 제공되고 있다. 연습문제 해답은 본서에 포함되어 있으며, 연습문제 풀이과정은 담당교수들께 별도로 제공될 것이다.

본서는 그동안 축적된 학계의 연구를 반영하고 있으며 또 저자의 독창적 아이디

어와 서술 및 분석도 본서에 포함되어 있다. 앞으로 재무제표분석 및 가치평가 분야에서 새로운 연구가 이루어지면 그에 맞추어 본서의 내용도 계속 보완해 나갈 계획이다.

마지막으로, 이번에 본서의 출간을 흔쾌히 수락해 주신 다산출판사 관계자들께 이 자리를 빌어 감사의 말씀을 드린다. 그리고 숫자의 교정과정에 기꺼이 참여해 준 경희대 대학원생들(김수정, 김용정, 김태영, 임세형)에게도 감사의 뜻을 표한다.

2003년 7월

저 자

차례 요약

차 례

제I부 재무제표분석의 기초

제1장 재무제표분석의 개요

제2장 재무제표의 체계와 비회계자료

제Ⅱ부 재무제표 분석기법

제3장 재무비율분석

제 5 장 이익예측을 위한 수익성분석

제 6 장 현금흐름분석

제Ⅲ부 가치평가의 이론과 실행방법

제7장 가치평가론

제8장 주가배수 평가기법

제 9 장 미래 예측과 가치평가모형의 적용사례

제10장 자본비용의 추정

제Ⅳ부 재무제표분석과 가치평가의 활용

제11장 지분증권분석

제 12 장 신용위험분석과 기업부실예측

제13장 기업합병 · 매수와 가치평가

제 I 부

재무제표분석의 기초

제1장

재무제표분석의 개요

기업의 재무제표는 자본시장에서 중요한 역할을 한다. 자본시장 참여자인 투자자들은 재무제표분석을 통해 기업의 경영성과와 재무상태를 파악하고 투자결정을 한다. 또한 기업내부자인 경영자도 경영계획과 전략을 수립하기 위하여 재무제표를 분석한다. 본장에서는 자본시장에서의 재무제표의 역할과 경제주체별 재무제표분석의 중요성을 논의하고, 재무제표를 이용한 기업분석의 틀(framework)을 소개한다.

제 1 절 자본시장과 재무제표

자본시장(capital markets)은 경영활동에 필요한 자본을 조달하는 **기업**(firms)과 그러한 자본을 공급하는 **투자자**(investors)로 구성되어 있다. 투자자들은 자신의 부(富)를 증대시키기 위해 기업에 대한 투자를 고려하며, 기업은 경영활동에 필요한 대규모 자금을 시장의 다수 투자자들로부터 조달한다. 투자자들은 기업이 발행한 주식 또는 회사채의 매수를 통해 기업에 직접 투자를 하거나 **투자중개기관**(financial intermediaries)을 통해서 간접적으로 투자를 한다. 투자중개기관의 예로는 자산운용사(펀드), 투자자문사, 은행, 보험회사 등이 있다. 이들은 투자자들로부터 모은 대규모 자금을 주식과 회사채에 투자하는 역할을 맡고 있다.

기업들이 작성, 공시하는 **재무제표**(financial statements)는 자본시장이 원활히 기능하게 하는 역할을 한다. 재무제표는 기업의 경제적 활동의 여러 측면을 재무정보의 형태로 요약한 재무보고서로서 기업의 경영자가 외부의 투자자들에게 경영활동에 관한 정보를 제공하는 주된 수단이다. 경영자는 필요한 자금을 공급받기 위하여 투자자들에게 정보를 제공할 유인이 있으며, 또한 투자자들은 기업에 대한 투자기회(investment opportunities)를 평가하기 위한 정보를 필요로 한다. 이러한 정보는 주로 재무제표를 통해서 정기적으로 공급되며, 따라서 재무제표는 자본(capital)의 수요와 공급을 연결시켜 주는 중요한 역할을 한다.

경영자는 투자기회의 경제적 가치에 대해 많은 정보를 갖고 있으나, 때에 따라서는 그러한 정보를 부풀려 제공할 유인이 있을 수 있다. 이러한 문제가 방치되면 기업 외부의 투자자들은 투자기회의 가치를 올바로 평가하기 어렵게 되고, 그 결과 자본을 공급하기 어렵게 된다. 이와 같은 정보비대칭(information asymmetry) 문제를 완화시키기 위하여 기업의 재무제표는 외부감사인(auditors)에 의한 감사를 받으며, 감사를 받은 재무제표는 투자자와 투자중개기관이 기업에 대한 투자 여부를 판단하는 데 있어 신뢰할 수 있는 정보원천이 된다.

[그림 1-1]은 자본시장의 구성과 재무제표의 역할을 요약적으로 나타내고 있다. 자본시장에는 외부감사인 외에도 애널리스트(재무분석가, financial analysts), 신용평가기관, 경제신문 등과 같은 **정보중개기관**(information intermediaries)이 있다. 이들은 투자자와 투자중개기관에게 투자기회(주식, 회사채 등에 대한 투자)에 관한 정보를 제공하며, 따라서 정보중개기관은 자본시장이 원활히 기능하게 하는 데 중요한 역할을 한다.

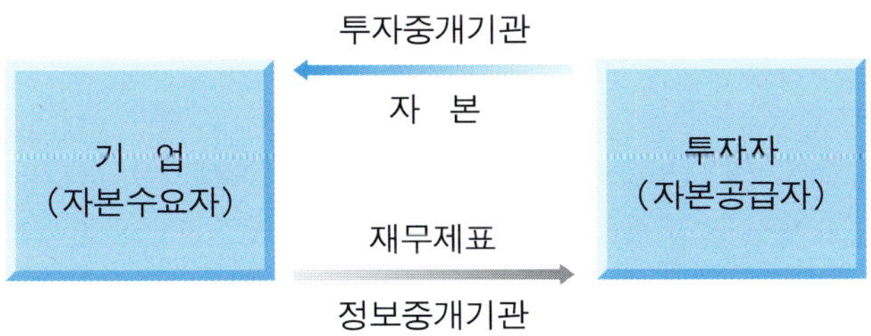

그림 1-1
자본시장과 재무제표의 역할

• 투자중개기관: 자산운용사(펀드), 투자자문사, 은행, 보험회사 등
• 정보중개기관: 외부감사인, 애널리스트, 신용평가기관, 경제신문 등

재무제표분석의 의의와 목적 제2절

2.1 재무제표분석이란?

기업들이 공시하는 재무제표는 재무상태표, 포괄손익계산서, 현금흐름표 등으로 구성되어 있으며, 재무제표에는 기업의 경영성과와 재무상태에 관한 정보와 현금흐름 정보가 포함되어 있다. 재무제표분석(financial statement analysis)이란 **"재무제표에서 그러한 정보를 추출하여 해석하는 것"**을 뜻한다.[1)]

1) 본서는 영리조직인 기업의 재무제표를 분석하는 데 중점을 두고 있다.

예를 들면, 포괄손익계산서의 순이익과 재무상태표의 자기자본(순자산)을 대비함으로써 기업의 수익성(profitability)이 어떤 수준인지를 파악하는 것이다. 또한 현금흐름표를 분석하면 기업이 영업활동에서 얼마만큼 순현금흐름을 창출하였는지를 파악할 수 있다. 이러한 분석을 통해 우리는 분석대상기업이 현재 어떠한 재무적 성과를 얻고 있는지를 알 수 있으며, 나아가서 당해 기업의 미래 성과를 예측할 수 있다.

이와 같이 재무제표에는 기업의 경영활동에 관한 정보가 포함되어 있으므로 기업 외부의 투자자와 투자중개기관이 기업에 대한 투자기회를 평가하기 위해서는 투자대상기업의 재무제표를 분석할 필요가 있다. 또한 기업내부자인 경영자도 경영관리를 위해서 자신이 운영하는 기업의 재무제표를 분석할 필요가 있다.

재무제표를 효과적으로 분석하기 위해서는 산업분석, 기업전략분석과 같은 **질적 분석**(qualitative analysis)도 수행되어야 한다. 각 기업은 그 소속 산업에서 다른 기업들과 경쟁하면서 제품 · 서비스를 공급하는 활동을 한다. 이러한 경제적 활동의 결과는 자산, 매출액, 이익, 현금흐름 등과 같이 회계수치로 측정되어 재무제표에 담겨진다. 따라서 재무제표의 내용을 잘 '이해'하기 위해서는 분석대상기업이 속한 산업의 특성과 당해 기업의 경쟁전략을 파악할 필요가 있다. 이러한 질적 분석은 분석대상기업의 미래 성과를 예측하는 데에도 중요한 역할을 한다.

또 다른 한편으로는 경영자의 회계정책(accounting policy)도 재무제표에 영향을 미칠 수 있으므로, 재무제표의 내용을 잘 이해하기 위해서는 경영자가 사용한 회계방법을 파악하는 것도 필요하다.

이상의 논의를 요약하면, 재무제표분석이란 재무제표정보를 통해 기업의 경영활동의 결과를 해석하려는 것이라고 할 수 있다. 이러한 의미에서 재무제표분석은 **경영분석**(business analysis)이라고도 부른다.

2.2 재무제표분석의 주체와 목적

재무제표분석을 수행하는 주체는 크게 나누어 기업 외부의 분석주체와 기업 내부의 분석주체로 구분할 수 있다. 기업 외부의 분석주체로는 앞의 제1절에서 언급한 투자자, 투자중개기관, 정보중개기관 등이 있고, 기업 내부에서는 기업의 경영을 맡고 있는 경영자가 분석주체이다. 각 분석주체가 재무제표를 분석하는 목적을 구체적으로 살펴보면 다음과 같다.

(1) 기업 외부의 분석주체

기업에 대한 투자는 기업 소유권과 관련하여 **자기자본 투자**(equity investment)와 **타인자본 투자**(debt investment)의 두 유형이 있다. 전자는 주식의 매수에 의해, 그리고 후자는 회사채의 매수 또는 자금 대여의 형태로 이루어진다.

① 주식투자자 · 재무분석가

주식투자자(기관투자자 포함)는 기업이 발행한 주식의 가치(intrinsic value)를 평가하여 현재의 주식가격(market price)과 비교함으로써 주식의 매수, 매각 또는 계속보유의 의사결정을 하게 된다. 즉, 주식가치 평가액이 주식가격보다 높으면 주식의 매수 또는 계속보유를 하고, 반대의 경우에는 보유한 주식을 매각한다. 주식의 가치를 결정하는 주요 요인은 기업의 미래 수익성과 위험이므로 주식가치 평가를 위해서는 미래 수익성과 위험에 대한 예측이 필수적이다. 따라서 그러한 예측을 하기 위해서는 재무제표분석을 통해 투자대상기업의 현재 수익성과 재무적 위험이 어떠한 수준인지를 파악할 필요가 있다.

자본시장에서 전문적 정보중개기관으로 활동하는 애널리스트(재무분석가)도 기업의 재무제표를 분석한다. 애널리스트는 투자자의 의사결정을 지원하기 위해서 주식가치 평가업무를 수행하며 이를 위해 기업의 재무제표를 분석한다. 애널리스트는 일반적으로 증권회사에 소속되어 있으며, 기업분석보고서(research report)의 형태로 투자자에게 주식가치 평가 정보를 제공하고 있다.

② 회사채투자자 · 금융기관 · 신용평가기관

회사채투자자(기관투자자 포함)는 기업이 발행한 회사채의 가치를 평가하여 현재의 회사채 가격과 비교함으로써 회사채의 매수, 매각 또는 계속보유의 의사결정을 하게 된다. 회사채의 경우 이자와 원금의 크기가 약정되어 있으므로 회사채 평가의 핵심은 회사채 발행기업의 미래 채무이행능력(이자 및 원금상환능력)을 평가하는 데 있다. 따라서 회사채투자자는 발행기업의 미래 채무이행능력 또는 신용위험(credit risk)을 평가하기 위하여 재무제표분석을 통해 발행기업의 현재 재무상태와 수익성을 파악할 필요가 있다.

또한 기업에 장 · 단기자금을 대여하는 금융기관도 차입하는 기업의 신용위험을 평가하기 위하여 재무제표분석을 한다. 그리고 기업에 원자재 등을 신용매출하는 공급자(suppliers)의 경우도 매입하는 기업의 채무이행능력을 평가하기 위하여 재무제표분석을 하게 된다.

자본시장에서 전문적 정보중개기관으로 활동하는 신용평가기관도 기업의 재무제표를 분석한다. 신용평가기관은 기업어음(CP)과 회사채의 신용위험을 평가하여 신용등급(credit rating) 정보를 제공한다.[2)] 신용평가기관은 애널리스트와 더불어 자본시장이 원활히 기능하게 하는 데 중요한 역할을 한다. 우리나라에서 전문적 신용평가기관으로는 한국신용평가(주), 한국기업평가(주) 등이 있으며, 국제적 신용평가기관으로는 무디스사(Moody's), S&P사 등이 있다.

기업의 재무제표를 감사하는 회계법인과 같은 외부감사인(auditors)도 자본시장이 작동하는 데 필수불가결한 정보중개기관이다. 외부감사인은 재무제표의 신뢰성을 높임으로써 투자자들의 자본시장 참여가 원활히 이루어지게 하고 있다. 외부감사인은 기업의 회계처리방법의 타당성 여부를 판단하는 과정에서 재무제표를 분석한다.[3)]

(2) 기업 내부의 분석주체: 경영자

경영자는 기업 내의 경제적 자원을 운용하는 주체로서, 기업경영에 필요한 정보를 얻기 위하여 재무제표분석을 수행한다. 경영자가 재무제표분석을 하는 목적을 더 구체화하면 다음과 같다.

첫째, 경영자는 자신이 운영하는 기업의 경영성과와 재무상태를 당연히 파악하고 있어야 하므로 이를 위해서 자사(自社)의 재무제표를 분석한다. 이는 마치 가정

---

2) 기업이 CP와 회사채(무보증)를 발행할 때에는 관련 법령에 의해 신용평가기관에 의한 신용평가를 받게 되어 있다.

3) 그 외에, 정부기관, 종업원(노동조합), 소비자단체 등도 일정한 목적 하에서 관련 기업의 경영성과와 재무상태를 파악하기 위해 재무제표분석을 한다. 예를 들면, 기획재정부는 전기요금 규제와 관련하여 관련 기업의 영업실적을 분석한다.

에서 가계부를 분석하는 것과 같다. 이러한 내부적 분석에서는 외부에 공개되지 않은 내부자료도 함께 사용되며, 그러한 모든 분석을 통해 경영자는 기업의 수익성을 높이고 재무상태를 개선하기 위한 경영계획을 수립한다.

둘째, 경영자는 타기업과의 경쟁에 대처하기 위하여 경쟁기업의 재무제표를 분석하기도 한다. 경쟁기업의 영업성적을 비교분석함으로써 현재 채택하고 있는 경쟁전략의 유지 또는 수정의 필요성 여부를 판단하게 된다.

셋째, 경영자가 규모의 경제(economies of scale) 등을 실현하기 위해 타기업의 매수(M&A)를 검토할 경우에는 매수대상기업의 소유권가치(주식가치)를 평가하기 위하여 매수대상기업의 재무제표를 분석한다.

위와 같이 경영자는 여러 목적 하에서 재무제표분석을 하는데, 그러한 분석의 결과로서 새로운 경영계획과 경쟁전략을 수립하는 궁극적 목적은 기업의 가치(value of the firm) 또는 주주지분가치(value of equity)를 증대시키는 데 있다.[4)5)] 또한 타기업을 매수하는 것도 매수에 의해 당해 기업의 가치(주주지분가치)가 증대될 경우에 한하여 그 타당성이 인정될 수 있다.

4) 기업의 가치는 주주지분가치(자기자본가치)와 타인자본가치의 합과 같은데, 새로운 경영계획과 경쟁전략이 기업가치에 미칠 영향의 분석은 기본적으로 주주지분가치에 미칠 영향을 분석하는 것과 같다. 기업에 대한 채권자지분(debt claim)은 채권자가 투자한 금액에 한정되어 있는 데 비해, 주주지분(equity claim)은 경영의사결정의 영향을 그대로 받는 잔여지분(residual claim)의 성격을 갖는다. 따라서 경영의사결정이 기업가치에 미치는 영향은 기본적으로 주주지분가치에 미치는 영향을 의미하며, 이러한 관점에서 기업가치 변동에 대한 분석은 주주지분가치의 변동을 분석하는 것과 같다.

5) 경영자가 기업가치 증대(따라서, 주주지분가치 증대)의 목표 하에서 경영관리를 하는 것을 **가치창조경영**(value-based management)이라고 한다. 1997년의 외환위기 이후 가치창조경영은 우리나라 기업들에게 널리 확산되고 있다. 기업가치(주주지분가치)는 기업의 자본이익률이 자본비용(cost of capital)을 상회할 때 비로소 증대될 수 있으므로 가치창조경영은 수익성 위주의 경영방식이다.

제3절 현대적 재무제표분석의 특징

기업의 재무제표를 분석함에 있어서는 전통적으로 비율분석(ratio analysis)의 방법이 널리 사용되어 왔다. 예를 들면, 전통적 재무제표분석에서는 기업의 수익성지표로서 총자산순이익률(= 순이익/총자산)이 널리 사용되었으며, 그 크기를 산업평균과 비교하여 분석대상기업의 수익성 수준을 파악하고자 하였다. 본서의 제2부에서는 전통적 비율분석에서 사용된 여러 재무비율들을 설명할 것이다. 그러한 재무비율들은 일정한 유용성을 갖고 있으며 지금도 실무에서 흔히 사용되고 있다.

그러나 1990년대 이후 기업가치(주식가치) 평가이론(valuation theory)이 발전함에 따라 종래 사용되었던 재무비율들의 한계점이 드러나게 되었으며 그에 따라 비율분석의 방법도 크게 개선되었다. 또한 비율분석 외에 새로운 분석기법도 개발되었다. 전통적 재무제표분석과 비교한 현대적 재무제표분석의 주요 특징을 소개하면 다음과 같다.

첫째, 기업가치 평가이론은 기업의 수익성(재무성과) 분석을 어떻게 해야 하는가에 대해 분명한 지침을 제공하고 있다. 기업의 가치는 자본조달에 관한 재무활동(financing activities)보다는 제품 · 서비스의 생산, 판매에 관한 영업활동(operating activities)에서 창출된다. 따라서 수익성비율도 영업활동의 성과를 명확히 측정할 수 있는 형태로 개선되었으며, 영업수익성과 재무활동의 효과를 명료히 구분할 수 있는 통합적 비율분석이 가능하게 되었다.

둘째, 전통적 재무제표분석에서는 기업의 수익성을 분석할 때 전적으로 비율분석에만 의존하였다. 그러나 비율에만 의존하는 수익성분석은 투자의 규모를 고려하지 못하는 한계점이 있다. 기업가치 평가이론은 그러한 문제를 해결하기 위해 금액에 의한 수익성 분석방법을 제시하고 있다. 즉, 초과이익(abnormal earnings)과 경제적 부가가치(economic value added, EVA)를 분석하는 방법이 개발되었다.[6]

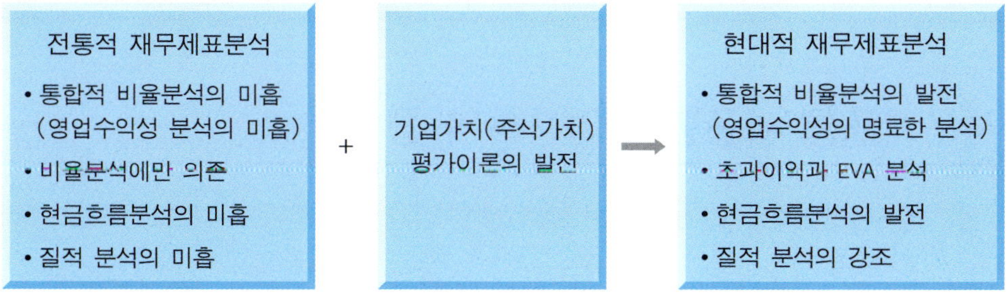

그림 1-2 현대적 재무제표 분석의 특징

셋째, 종래의 재무제표분석에서는 기업의 현금흐름을 분석하는 기법이 구체화되지 않았던 문제가 있었다. 기업가치 평가이론은 기업의 현금흐름을 어떻게 분석하는가에 대해서도 분명한 지침을 제공하고 있다. 즉, 기업이 창출한 순현금흐름 또는 잉여현금흐름(free cash flow)의 측정방법이 구체화되었으며, 재무상태표와 포괄손익계산서 정보를 이용하여 잉여현금흐름을 측정하는 방법도 개발되었다.

넷째, 전통적 재무제표분석은 회계자료에 주로 의존하였으나, 현대적 재무제표분석에서는 산업분석과 같은 질적 분석(qualitative analysis)의 중요성이 강조되고 있다. 이러한 질적 분석은 기업의 경영성과를 잘 이해할 수 있게 함은 물론, 기업의 미래 성과를 예측하는 데에도 중요한 역할을 한다.

요약하면, 기업가치 평가이론의 발전에 따라 재무제표 분석기법이 크게 개선되었으며, 또 새로운 분석기법도 이용가능하게 되었다. 따라서 본서의 제3장 이하에서는 전통적 분석기법은 물론, 발전된 분석기법도 상세히 설명하고 있다. 또한 제7장에서는 기업가치(주식가치) 평가이론의 주요 내용을 소개하고 있다.

---

6) 초과이익은 「포괄이익−자기자본비용×기초 자기자본」으로 측정되고, EVA는 「세후순영업이익−가중평균자본비용×기초 영업투하자본」으로 측정된다. 초과이익과 EVA의 개념은 제4장에서 상세히 설명된다.

제4절 재무제표를 이용한 기업분석의 틀

앞의 제2절에서 언급하였듯이, 자본시장에서 주식 · 회사채투자자, 금융기관, 애널리스트, 신용평가기관 등은 기업의 주식가치 평가, 신용위험 평가를 하기 위해서 재무제표를 분석한다. 주식가치 평가, 신용위험 평가를 하기 위해서는 분석대상 기업의 미래 성과 예측이 필수적이며, 재무제표분석의 결과는 미래 예측의 근거가 된다. 또한 산업의 특성과 기업의 경쟁전략을 이해하는 것은 재무제표를 효과적으로 분석하기 위한 출발점이며, 기업의 미래 성과를 예측하는 데에도 중요한 역할을 한다. 이러한 관계를 고려할 때 재무제표를 이용한 기업분석은 체계적인 틀(framework)에 따라 수행될 필요가 있으며, [그림 1-3]은 그러한 분석의 틀을 나타내고 있다.[7)]

그림 1-3

재무제표를 이용한 기업분석의 틀과 의사결정상황

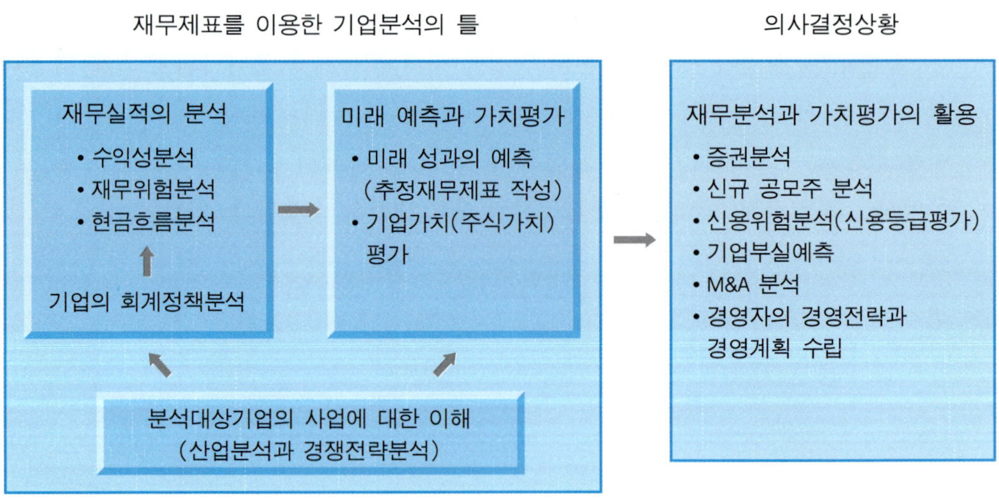

7) [그림 1-3]은 다음 문헌에 제시된 것을 부분적으로 수정한 것이다. K. Palepu, P. Healy and V. Bernard, 2004, *Business Analysis and Valuation Using Financial Statements*, South-Western.

[그림 1-3]에 제시된 '분석 틀'의 구성요소를 순차적으로 설명하면 다음과 같다.

① 분석대상기업의 사업에 대한 이해

재무제표를 분석함에 있어 첫 번째 단계는 분석대상기업이 영위하는 사업(business)에 대해 이해하는 것이다. 즉, 분석대상기업이 속한 산업의 특성을 파악하고 산업 내에서 당해 기업의 경쟁전략이 어떠한지를 분석하는 것이다. 이러한 **질적 분석**(qualitative analysis)을 통해 우리는 분석대상기업의 핵심적 이익창출요인과 경영위험을 파악할 수 있다. 따라서 그러한 정성적(定性的) 분석은 재무제표의 내용을 보다 잘 이해할 수 있게 해 줌은 물론 분석대상기업의 핵심적 회계정책을 파악하는 데에도 도움이 된다.

또한, 분석대상기업의 경쟁전략을 분석하면 현재의 수익성 수준이 미래에도 지속가능한지를 평가하는 데 도움이 되고, 따라서 당해 기업의 미래 성과를 보다 잘 예측할 수 있도록 해 준다.

② 재무실적의 분석

두 번째 단계는 재무제표 자료를 통해 기업의 현재 수익성과 재무위험을 분석하고 또 현금흐름 창출실적을 분석하는 것이다. 즉, 이 단계의 분석은 '협의의 재무제표분석'에 해당한다. 기업의 수익성을 분석함에 있어서는 영업활동의 수익성과 재무활동의 효과를 구분할 필요가 있고, 이를 위해 통합적 비율분석기법이 사용된다. 본서의 제4장에서는 그러한 통합적 비율분석을 설명하며, 또한 금액에 의한 수익성 분석방법도 소개할 것이다.

재무제표는 경영자의 회계정책에 의해서도 영향을 받기 때문에, 재무제표를 분석할 때에는 경영자의 회계정책에 대한 검토가 있어야 한다. 즉, 회계수치의 왜곡(distortion) 여부를 검토할 필요가 있으며, 왜곡의 정도가 큰 경우에는 왜곡된 수치를 수정한 후에 회계자료를 분석하여야 한다.

③ 미래 예측과 가치평가

재무제표를 이용한 기업분석의 마지막 단계는 기업의 미래 성과를 예측하는 것이며, 또 그러한 예측에 근거하여 기업의 가치(주주지분가치)를 평가하는 것이다. 미래 성과의 예측은 앞에서 수행된 질적 분석과 재무실적 분석에 기초하게 되는데, 재무변수의 일반적 시계열행태도 고려하여 미래 예측을 하게 된다. 이러한 미래 예측은 미래에 대한 추정재무제표(pro forma financial statements)를 작성하는 형태로 이루어진다. 그러므로 미래 예측에 의한 추정재무제표 작성은 **미래의 재무제표분석**이라고 할 수 있다. 기업가치(주주지분가치)의 평가는 가치평가이론에 따라 이루어지되, 추정재무제표상의 미래 예측치가 투입요소로 사용된다.

● 의사결정과 '분석 틀'의 활용

위의 '분석 틀'은 다양한 의사결정상황에서 활용할 수 있다. [그림 1-3]의 오른쪽에 제시된 바와 같이, 주식투자자와 애널리스트의 증권분석과 신규 공모주(initial public offerings) 분석, 회사채투자자 · 금융기관 및 신용평가기관의 신용위험분석과 기업부실예측, M&A 분석 등을 함에 있어서 위의 '분석 틀'이 활용될 수 있다. 다만, 신용위험분석과 기업부실예측의 경우 분석대상기업에 대한 정밀한 가치평가는 생략할 수도 있을 것이다.

기업내부자인 경영자는 이미 위의 ①에 대하여 많은 정보를 보유하고 있고, ②의 재무실적 분석과 ③의 미래 예측도 정기적으로 수행하고 있다. 경영자가 새로운 경영전략 또는 경영계획을 수립하고자 할 때에는 그러한 전략 또는 계획이 기업가치(주주지분가치)에 미치는 영향을 분석할 필요가 있다.

● 본서의 구성

본서는 4개의 부(部)로 구성되어 있다. 제1부는 2개의 장으로 되어 있으며, 다음의 제2장에서는 재무제표의 체계 및 구조와 비회계자료에 대해 논의한다.

제2부는 4개의 장으로 구성되어 있으며 여기서 협의의 재무제표분석을 다룬다. 즉, 위의 '분석 틀'에서 ②에 해당하는 수익성분석, 재무위험분석 및 현금흐름분석의 기법들이 제3장~제6장에서 사례를 통해 설명된다. 또한 제3장에서는 사례기업이 속한 산업의 특성과 사례기업의 경쟁전략도 간략히 소개될 것이다.

제3부에는 4개의 장이 포함되어 있는데, 제7장에서 가치평가의 이론과 실행방법을 소개하고 제9장에서 가치평가사례를 다룬다. 즉, 위의 '분석 틀'에서 ③에 해당하는 미래 예측과 가치평가방법이 설명될 것이다. 또한 제8장에서는 PER(주가이익비율), PBR(주가순자산비율) 등을 이용하는 주가배수 평가기법을 소개하고, 제10

장에서는 자본비용(cost of capital)의 추정방법을 설명한다.

마지막으로 제4부는 3개의 장으로 구성되어 있는데, 여기서는 의사결정상황에 따라 재무제표분석과 가치평가이론을 활용하는 방법을 다루고 있다. 즉, 재무제표분석과 가치평가이론의 실제적 활용으로서, 지분증권분석과 신규 공모주 분석(제11장), 신용위험분석과 기업부실예측(제12장), M&A(기업합병 · 매수)와 가치평가(제13장)를 다룬다.

연습문제

1. 기업의 재무제표는 자본시장(capital markets)에서 어떠한 역할을 하는지 설명하라.

2. 자본시장에서 투자중개기관(financial intermediaries)이란 무엇인지 설명하라.

3. 자본시장에서 정보중개기관(information intermediaries)이란 무엇인지 설명하라.

4. 재무제표에 대한 외부감사(auditing)가 자본시장이 기능하는 데 어떠한 역할을 하는지 설명하라.

5. 재무제표분석(financial statement analysis)의 의미를 설명하라.

6. 재무제표를 분석할 때 질적 분석 또는 정성적 분석(qualitative analysis)이 필요한 이유가 무엇인지 설명하라.

7. 주식투자자와 애널리스트(재무분석가)의 관점에서 볼 때 기업의 재무제표를 분석하는 목적이 무엇인지 설명하라.

8. 회사채투자자와 금융기관의 관점에서 볼 때 기업의 재무제표를 분석하는 목적이 무엇인지 설명하라.

9. 한 기업의 경영자가 다른 기업들의 재무제표를 분석하게 되는 상황을 두 가지만 제시하라.

10. 전통적 재무제표분석과 비교할 때 현대적 재무제표분석의 주요 특징이 무엇인지 논의하라.

11. 재무제표를 이용한 기업분석의 틀(framework)을 설명하라.

12. 재무제표분석과 가치평가를 활용할 수 있는 의사결정상황에는 어떤 것들이 있는지 논의하라.

제2장

재무제표의 체계와 비회계자료

기업의 재무제표는 회계시스템을 통해 작성된다. 본장에서는 회계시스템의 주요 특징을 설명하고, 이어서 재무제표의 체계와 구조를 살펴본다. 또한 재무제표의 공시제도에 대하여 논의하고, 재무제표의 내용을 이해하는 데 유용한 비회계자료와 정보중개기관의 자료에 대해 논의한다.

제 1 절 회계시스템의 특징

재무제표는 기업의 경제적 활동의 결과를 측정하여 제시하고 있다. 그런데 재무제표에 제시된 재무정보들은 회계시스템(accounting system)을 통해 생성되는 것이므로 재무제표의 정보내용은 회계시스템의 영향을 받는다. 그러므로 효과적인 재무제표분석을 위해서는 회계시스템의 특징에 대한 이해가 선행되어야 한다. 회계시스템의 주요 특징으로는 발생기준 회계, 회계기준, 그리고 경영자의 회계정책을 들 수 있다.

1.1 발생기준 회계

재무제표의 근본적 특징의 하나는 발생기준 회계(accrual accounting)에 따라 재무제표가 작성된다는 데 있다. 즉, 기업의 경영성과와 재무상태를 나타내는 재무제표인 포괄손익계산서와 재무상태표는 현금유출입 기준이 아닌 발생기준 회계방법에 의해 작성된다. 발생기준 회계에서는 현금의 수입이 없어도 제품이 인도되면 매출수익을 인식하고 관련된 매출원가도 비용으로 인식한다. 또한 회수되어야 할 매출채권은 재무상태표에 자산으로 계상된다. 반면에 고객으로부터 미리 받은 판매대금은 제품의 인도가 있기 전에는 매출수익으로 인식하지 않으며, 미리 받은 금액은 부채로 계상된다. 여타의 수익 · 비용항목들도 동일한 방식으로 재무제표에 계상된다. 예를 들면, 지급기일이 도래한 임차료에 대해서는 실제의 현금지출이 없어도 비용으로 인식하며 동시에 미지급액을 부채로 계상한다. 포괄손익계산서에서 경영성과지표로 제시되는 여러 이익수치들(영업이익, 순이익 등)은 그러한 발생기준 회계방법에 의해 측정된 것들이다.

재무제표가 발생기준 회계방법에 의해 작성되는 것은 기업이 정기적으로 재무보고(financial reporting)를 해야 할 필요성 때문이다. 기업은 계속적으로 경영활동을 하고 있으나 투자자들은 기업의 경영성과에 대한 정보를 제공받아야 의사결정을 할 수 있다. 이러한 이유 때문에 정기적 재무보고제도가 확립되었으며, 발생기준 회계는 현금기준 회계(cash accounting)보다 기간별 경영성과를 더 잘 측정하는 것으로 인식되고 있다.

1.2 회계기준

기업의 재무제표는 회계기준(accounting standards)을 적용하여 작성된다. 회계기준은 발생기준 회계의 틀 내에서 기업이 사용가능한 회계처리방법을 구체적으로 규정한 것으로서 재무제표를 작성하는 지침이다.[1)]

회계기준은 경영자의 회계수치 왜곡을 제한하기 위하여 제정되며, 회계기준은 모든 기업이 준수해야 할 규범으로서의 성격을 갖고 있다. 경영자가 작성한 재무제표는 회계기준의 준수 여부를 확인하기 위해서 외부감사인의 감사를 받으며, 이에 따라 재무제표의 신뢰성이 확보되게 된다. 회계기준은 모든 기업에 적용되므로 회계기준에 따라 작성된 재무제표는 기업간 비교가 가능하게 되고 또한 기간적 비교도 가능해진다. 우리나라의 상장기업들은 2011년부터 '국제회계기준'을 적용하여 재무제표를 작성하고 있다. 이에 대해서는 뒤의 2.1절에서 자세히 논의할 것이다.

회계기준은 재무제표가 기업활동의 여러 경제적 측면을 적절히 나타낼 수 있는 방향으로 제정된다. 그러나 회계기준 자체에도 일정한 한계점이 있으므로 재무제표 분석자는 그러한 한계점을 이해하고 있을 필요가 있다. 예를 들면, 현행 회계기준(국제회계기준)은 이자지급과 같은 재무활동 현금유출을 영업활동 현금유출로 분류하는 것을 허용하고 있어서 기업의 영업활동 현금흐름 창출실적이 현금흐름표에 올바르게 표시되지 않고 있다.

회계기준은 그 제정과정이나 시행 중에 일부 이해관계자 집단의 영향을 받기도 한다. 예를 들면, 1996~97년에 환율이 크게 올랐을 때 회계기준이 개정되어 환차손 발생액을 비용으로 인식하지 않도록 하였다. 그 후 외환위기 수습과정에서 회계기준이 다시 개정되어 환차손 전액을 비용으로 인식하였다. 스톡옵션(주식매수선택

1) 재무제표의 하나인 현금흐름표는 발생기준 회계와 무관하다.

권) 보상비용에 대한 회계기준도 일부 이해관계자 집단의 영향을 받아서, 2004년 전에는 보상비용의 일부가 손익계산서에 계상되지 않았다.

위와 같이 회계기준 자체에도 일정한 한계점이 있으므로 재무제표 분석자는 회계기준이 기업의 재무제표 내용에 미친 영향을 파악하여 필요한 경우 회계수치를 적절히 수정해서 분석에 사용하여야 한다.

회계기준은 불변적이지 않으며, 학계의 실증연구 또는 투자자들의 정보수요에 대응하여 기존 회계기준이 개정되거나 새로운 회계기준이 제정되기도 한다.[2] 그러나 회계기준 제정기구가 그러한 개선 · 제정을 하는 데는 상당한 시간이 소요되는 경우도 있으며, 그러한 개선 · 제정이 있기 전에 작성된 재무제표는 정보제공수단으로서의 역할에 한계가 있다. 이러한 경우 재무제표 분석자는 기업이 작성한 재무제표를 적절히 재구성(수정)해서 분석에 사용할 필요가 있다.

1.3 경영자의 회계정책

재무제표상의 회계수치는 경영자의 회계정책(accounting policy)에 의해서도 영향을 받을 수 있다. 경영자의 회계수치 왜곡을 제한하기 위해서 회계기준이 제정되지만, 모든 기업이 동일한 회계방법을 사용하도록 규제되지는 않으며, 일정한 범위 내에서 경영자에게 재량이 주어져 있다. 예를 들면, 유형자산의 감가상각방법으로서 정액법, 정률법, 비례법 등이 사용가능하고 이 중에서 경영자가 선택할 수 있게 되어 있다. 뿐만 아니라, 선택한 방법을 적용함에 있어서도 대상 자산의 내용연수와 잔존가치 추정은 경영자의 판단에 맡겨져 있다. 대손상각비, 제품보증비 등과 같은 비용의 추정도 경영자의 판단에 따라 이루어진다.

이와 같이 경영자에게 일정한 재량이 주어져 있는 것은 회계기준에서 기업의 모든 회계처리방법을 획일적으로 규정하는 것이 바람직하지 않기 때문이다. 기업이 처한 경제적 상황에는 차이가 있기 때문에 회계처리방법을 획일적으로 규정하면 결과적으로 재무제표의 유용성이 저하될 수도 있다. 이러한 이유로 경영자가 기업의

2) 현재 국제회계기준위원회와 미국회계기준위원회는 재무상태표, 포괄손익계산서 등의 구조를 개선하기 위한 프로젝트를 수행하고 있다. 이는 재무제표의 유용성 제고를 위한 학계의 연구를 반영한 것이며, 추후 국제회계기준 등이 개정될 예정이다.

경제적 실상을 재무제표에 잘 나타낼 수 있도록 하기 위하여 일정한 범위 내에서 재량이 주어지게 된다.

그러나 경우에 따라서는 경영자가 그러한 재량을 악용하여 투자자들의 인식에 영향을 미치려 할 수도 있다. 예를 들면, 유상증자를 하는 기업은 유상증자 직전에 당해 기업의 이익실적이 좋은 것처럼 보이게 하기 위하여 경영자가 회계방법 또는 회계추정치를 변경할 유인이 있을 수 있다. 타인자본을 조달하려는 기업의 경우에도 현재의 부채비율을 낮추기 위해서 경영자가 회계방법 또는 회계추정치를 변경할 유인이 있을 것이다. 이와 같이 기업의 재무제표는 경영자의 자의적 회계처리에 의해 영향을 받을 수 있다. 본장의 [보론]에서는 경영자의 자의적 회계처리 유인에 대해 상세히 논의하고 있다. 경영자의 자의적 회계처리에 따른 회계수치의 왜곡정도가 큰 경우에는 재무제표 분석자는 왜곡된 회계수치를 수정해서 분석에 사용하여야 한다.

재무제표의 체계와 구조 제2절

본절에서는 우리나라 상장기업들의 재무제표 작성 · 공시에 적용되고 있는 국제회계기준(International Financial Reporting Standards, IFRS)에 대하여 논의하고, IFRS 하에서의 재무제표의 체계와 구조를 살펴본다.

2.1 IFRS의 도입

우리나라 기업들은 오랫동안 우리나라 회계기준인 '기업회계기준'(한국회계기준위원회에서 제정)을 적용하여 재무제표를 작성해 왔다. 그러나 2011년부터 모든 상장기업(주권상장법인)은 국제회계기준위원회(International Accounting Standards

Board, IASB)가 제정한 IFRS를 의무적으로 적용하여 재무제표를 작성하고 있다.[3)] 상장예정법인과 비상장금융회사(저축은행 등 일부 제외)도 IFRS를 적용하여 재무제표를 작성하여야 한다.[4)]

위와 같이 종전의 기업회계기준을 포기하고 2011년부터 IFRS를 전면 도입하는 것에 대하여 금융감독원은 다음과 같이 IFRS 도입 필요성을 강조하고 있다.[5)]

첫째, 자본시장이 글로벌화 됨에 따라 국제적으로 통일된 회계처리기준에 대한 요구가 크게 증가하였고 이에 따라 2007년 3월 당시 유럽연합(EU), 호주, 캐나다 등 100여개 국가가 IFRS를 자국의 회계기준으로 수용 또는 수용할 예정이었으며, 이에 우리나라도 세계적인 회계기준 단일화 추세에 적극 대응할 필요가 있다.

둘째, 1997년의 외환위기 이후 우리나라는 기업회계제도 선진화를 위해 회계감독을 강화하고 제도개선을 지속적으로 실시하여 왔으나 기업의 재무상태와 영업성과를 나타내는 회계처리기준이 IFRS와 달라서 외국인 등이 한국기업의 재무제표를 신뢰하지 못하는 원인이 되어 왔으며, 이에 '코리아 디스카운트'의 원인 중 '회계기준 미흡'을 제거하여 회계정보에 대한 대내외 신뢰도를 높일 필요가 있다.

셋째, 우리나라 기업이 해외 증권시장에 유가증권을 상장할 경우 해당국가의 회계처리기준을 적용하여 재무제표를 다시 작성하고 외부감사도 받게 되므로 기업의 부담이 발생하게 되나, IFRS를 도입하면 국내법규에 의한 재무제표를 국제자본시장에서 그대로 사용할 수 있게 되어 이중으로 회계장부를 작성하는 부담이 없어진다.

● IFRS 하에서의 공시체계와 재무제표 구성

IFRS의 주요 특징은 아래의 표에 요약되어 있다. IFRS 도입에 따라 상장기업들의 재무정보 공시체계는 종전의 '개별재무제표 중심'의 공시체계에서 '연결재무제표 중심'의 공시체계로 바뀌게 되었다. 즉, 상장기업은 연차보고는 물론이고 분기·반기보고를 할 때에도 연결재무제표를 '주된 재무제표'로 공시하여야 한다. 물

---

3) IASB는 세계 자본시장의 참여자 및 기타 재무제표이용자들의 경제적 의사결정을 돕기 위하여 고품질의 통일된 국제회계기준을 제정하는 것을 목적으로 설립된 회계기준제정기구이며, 영국 런던에 본부를 두고 있다.

4) IFRS 의무적용대상이 아닌 비상장기업은 종전의 '기업회계기준'을 수정보완하여 제정된 '일반기업회계기준'(2009. 12. 제정)을 적용하여 재무제표를 작성하게 되며, IFRS를 선택하여 적용할 수 있다.

5) 금융감독원 회계제도실, "국제회계기준의 이해와 도입준비," 2009. 12.

론 종속회사를 가지고 있지 않은 기업은 개별재무제표만 공시하면 된다. 개별재무제표와 연결재무제표는 뒤에서 다시 논의할 것이다.

	IFRS(국제회계기준)	종전의 기업회계기준
공시체계 (분반기 · 연차보고)	연결재무제표 중심으로 공시	개별재무제표 중심으로 공시
재무제표의 구성	재무상태표 포괄손익계산서 자본변동표 현금흐름표 주석	대차대조표 손익계산서 자본변동표 현금흐름표 이익잉여금처분계산서 주석
회계기준의 성격	경제적 실질에 따라 합리적으로 회계처리할 수 있도록 회계처리의 기본원칙과 방법론을 제시(principle-based)	개별 사안에 대한 구체적 회계처리방법과 절차를 세밀하게 규정(rule-based)

자료: 금융감독원 회계제도실, "국제회계기준의 이해와 도입준비," 2009. 12.

IFRS에서 재무제표는 재무상태표, 포괄손익계산서, 자본변동표, 현금흐름표, 주석으로 구성된다. 여기서 '재무상태표'(statement of financial position)는 종전의 기업회계기준에 규정된 '대차대조표'(balance sheet)의 명칭이 바뀐 것이지만, 그 외에도 자산, 부채 및 자본항목을 분류, 표시(presentation)하는 방법이 다소 바뀌었다. 재무상태표의 구조는 뒤의 2.2절에서 자세히 논의할 것이다. IFRS에서 '포괄손익계산서'(statement of comprehensive income)는 종전의 기업회계기준에 규정된 '손익계산서'(income statement)에 '기타포괄손익'(other comprehensive income)(예: 자산재평가차익)과 '포괄이익'(total comprehensive income)을 포함시킨 것이다. 당기순이익에 기타포괄손익을 합산한 것을 포괄이익이라고 부른다. 이러한 포괄손익계산서의 구조는 뒤의 2.3절에서 자세히 논의할 것이다.

한편, 종전의 기업회계기준에서 재무제표의 하나로 규정되었던 이익잉여금처분계산서는 IFRS에서 재무제표에 포함되지 않는다. 그 대신 이익잉여금 처분내용은 재무제표 주석으로 공시된다.

● 개별재무제표와 연결재무제표

개별재무제표는 기업이 자신을 하나의 경제실체로 해서 개별적으로 작성하는 재무제표를 말하며, 이는 기업이 상법에 따라 이익잉여금 처분(배당결정)을 하거나 세금계산을 할 때 사용된다. 그러나 타회사를 지배(control)하는 기업의 경우에는 추가적으로 연결재무제표를 작성한다. **연결재무제표**(consolidated financial statements)란 법률적으로 독립적인 회사들이라 하더라도 실질적으로 지배·종속관계에 있는 회사들을 단일의 경제실체로 간주하여 작성되는 재무제표이다.

한 회사가 다른 회사의 의결권 있는 주식을 50% 이상 보유하면(즉, 거액을 그 회사에 투자하면) 투자회사는 그 피투자회사의 경영권을 확보할 수 있고, 이때 투자회사는 그 피투자회사를 지배(control)한다고 말한다. 여기서 '지배'란 투자회사가 피투자회사의 재무정책과 영업정책을 결정할 수 있음을 의미한다. 또한, 주식소유가 널리 분산된 피투자회사의 경우에는 투자회사가 50% 미만의 지분율을 가져도 피투자회사를 실질적으로 지배할 수 있다. 이와 같이 타회사를 지배하는 투자회사를 **지배회사**(parent company) 또는 **지배기업**이라고 부르고, 투자회사에 의해 지배받는 피투자회사는 **종속회사**(subsidiaries) 또는 **종속기업**이라고 부른다. 지배회사는 자신에 대한 개별재무제표를 작성하고 또 종속회사의 개별재무제표와 자신의 개별재무제표를 결합한 연결재무제표도 작성해서 공시한다. IFRS는 타회사를 지배하는 기업, 즉 지배기업은 연결재무제표를 '주된 재무제표'로 공시하도록 규정하고 있다. (그러나 이와는 별개의 문제로서, 기업이 법령에 따라 이익잉여금 처분(배당결정)을 하거나 세금계산을 할 때에는 여전히 개별재무제표가 사용된다.)

연결재무제표는 연결재무상태표, 연결포괄손익계산서, 연결자본변동표, 연결현금흐름표로 구성되며, 지배회사와 종속회사 간의 **내부거래**를 제거한 후 개별재무제표를 결합하여 연결재무제표를 만들게 된다.[6] 따라서 연결재무제표에는 지배회사와 종속회사 전체의 자산·부채, 수익·비용 등의 총액이 표시된다.

연결재무상태표에서 자본은 **지배기업 소유주지분**과 **비지배지분**(소수주주지분)으로 구분 표시된다. 여기서 비지배지분 또는 소수주주지분이란 종속회사의 발행주식

6) 연결재무제표의 작성방법은 연결회계 교과목에서 자세히 다룬다.

중 지배회사 외의 제3자가 보유한 지분을 말한다. 또한, 연결포괄손익계산서에서도 당기순이익과 포괄이익이 **지배기업 소유주 귀속분과 비지배지분 귀속분**으로 구분 표시된다. 이러한 연결재무상태표 및 연결포괄손익계산서의 구조는 뒤의 2.2절과 2.3절에서 자세히 논의할 것이다.

참고 **내부거래란?**

내부거래란 지배회사와 종속회사 간 또는 종속회사와 종속회사 간에 이루어진 거래를 말한다. 예를 들면, 지배회사가 종속회사에 자금을 대여하거나 제품을 판매하였을 때 이들 거래는 내부거래이다. 연결재무제표는 지배회사와 종속회사들을 단일의 경제실체로 가정하므로 그러한 내부거래는 없었던 것으로 간주된다. 따라서 지배회사의 대여금과 종속회사의 차입금은 상계되어 제거된다. 지배회사가 종속회사에 판매한 상품, 제품에 대해서도 종속회사가 이를 외부에 판매한 때에 비로소 연결실체의 매출로 인식된다.

연결재무제표는 기업 외부의 투자자들(정보중개기관 포함)이 지배회사의 수익성과 재무상태 등을 잘 파악할 수 있게 하기 위해 작성되며, 구체적으로 다음의 유용성을 가지고 있다.

첫째, 연결재무제표에는 종속회사의 자산 · 부채, 수익 · 비용 등도 포함되어 공시되므로 기업 외부의 투자자들이 지배회사의 수익성 실적을 분석하고 미래 수익성을 전망하는 데 연결재무제표가 유용하다.[7)]

둘째, 지배회사 주식에 대한 투자위험은 투자자들의 의사결정에서 중요한 문제인데 연결부채비율(연결재무상태표상의 '부채/자본'의 비율)은 투자위험을 평가하는 데 유용한 정보이다.[8)] 지배회사가 채무보증의 형태로 종속회사 채무를 사실상 부담하는 경우 연결부채비율이 지배회사의 실질적 부채비율을 더 잘 나타낼 수 있다. 또 그러한 경우가 아니라 하더라도, 종속회사의 높은 부채비율은 지배회사 순이익의 변동성을 증가시키므로 연결부채비율은 투자위험을 평가하는 데 유용할 수 있다.

셋째, 채권자의 관점에서 볼 때에도 연결부채비율이 유용한 정보가 될 수 있다. 연결부채비율에서 유추될 수 있는 종속회사 부채의 과다 여부는 종속회사의 재무적

7) 김권중 · 나인철, "지분법회계와 연결재무제표정보의 유용성에 대한 실증적 연구," 「회계학연구」(제4호), 2002, pp. 115-144.

8) 김권중 외 2인, 「연결재무제표 중심의 회계제도 발전방안」, 금융감독원 연구보고서, 2001.

탄력성을 파악하는 데 유용한 정보이며, 동시에 이는 지배회사의 미래 경제적 손실 가능성에 대한 정보가 된다. 종속회사의 채무불이행은 지배회사의 투자손실로 이어지게 되고 그에 따라 지배회사의 재무적 탄력성이 저하될 가능성이 높기 때문이다. 따라서 종속회사 부채를 포함하는 연결부채비율은 지배회사의 채권자에게도 유용한 정보가 될 수 있다.

이하의 각 소절에서는 재무제표를 구성하는 재무상태표, 포괄손익계산서, 현금흐름표 및 자본변동표의 구조와 재무제표 주석에 대하여 논의한다.

2.2 재무상태표

재무상태표(statement of financial position)는 일정시점 현재 기업실체의 자산, 부채 및 주주지분의 금액을 제시하고 있는 재무보고서이다. 여기서 '일정시점'이란 일반적으로 '회계기간 말'(보고기간 말)을 의미한다. **자산**(assets)은 미래에 경제적 효익을 창출할 것으로 기대되는 기업의 경제적 자원을 말한다. **부채**(liabilities)는 기업의 자산에 대한 채권자의 청구권(claim)을 말하며, **주주지분**(stockholders' equity)은 기업의 소유주(주주)가 갖고 있는 청구권이다. 그러므로 재무상태표는 기업활동에 대한 투자로서의 자산과 그에 대한 청구권의 금액을 보여주는 재무보고서이며, 재무상태표의 구조는 다음의 회계등식으로 표현할 수 있다.

자산 총액 = 부채 총액 + 주주지분

주주지분은 자산 총액과 부채 총액의 차이이며, 이 관계는 항상 성립한다. 이러한 의미에서 주주지분을 **순자산**(net assets)이라고도 부른다.

가치평가의 관점에서 볼 때 재무상태표에서 주된 요약적 정보는 주주지분의 금액(자본 총계)이다. 재무상태표상의 주주지분 금액은 회계기준에 따라 주주지분의 가치를 측정한 것이다. 이러한 의미에서 재무상태표상의 주주지분 금액을 **자기자본 장부가치**(book value of equity)라고 부른다. 그러나 이 장부가치는 **주주지분의 시장가치** 또는 **내재가치**(intrinsic value)를 정확히 나타내지는 않는다. 왜냐하면 종전의 기업회계기준이든 IFRS(국제회계기준)이든 간에 회계기준은 주주지분의 시장가치를 측정하도록 설계되어 있지 않기 때문이다.

회계기준에서는 상당수의 자산항목들을 역사적원가(historical cost)로 측정하고 있어서 재무상태표상의 자산 금액은 당해 자산의 실제적 시장가치(market value)를 나타내지 못하고 있다. 또한 기업의 여러 투자지출에 대해서도 그 경제적 효과를 측정하기 어렵다는 이유로 투자지출이 비용으로 회계처리되고 있다. 이러한 문제들 때문에 재무상태표상의 주주지분 금액은 주주지분의 시장가치와 다른 경우가 대부분이다. 만일 재무상태표상의 주주지분 금액이 주주지분의 시장가치를 정확히 나타내고 있다면 우리는 당해 기업의 미래 수익성을 예측하고 기업(주식)의 가치를 평가할 필요가 없을 것이다.

〈표 2-1〉은 재무상태표의 예로서 상장회사인 LG생활건강(주)의 2023년도 재무상태표를 보여주고 있다. LG생활건강(주)은 종속회사가 있는 지배기업이므로 〈표 2-1〉의 재무상태표는 연결재무상태표이다.

재무상태표에서 자산과 부채는 일반적으로 유동성·비유동성 구분법에 따라 자산 및 부채항목들이 각각 유동항목과 비유동항목으로 구분 표시된다. 즉, 〈표 2-1〉의 연결재무상태표에서 보는 바와 같이, 자산은 크게 유동자산과 비유동자산으로 구분 표시된다. **유동자산**(current assets)은 현금은 물론, 정상적 영업주기 내 또는 재무보고기간 말(회계기간 말)로부터 1년 이내에 현금화되거나 사용될 것으로 예상되는 자산을 포함하며, **비유동자산**(non-current assets)은 유동자산에 속하지 않는 자산을 가리킨다.

IFRS에서 유동자산과 비유동자산으로 표시되는 항목들을 예시하면 다음과 같다.

- 유동자산: 현금 및 현금성자산, 매출채권, 기타채권(미수금, 미수수익 등), 기타유동금융자산(금융기관예치금 등), 재고자산(상품, 제품 등) 등
- 비유동자산: 관계기업투자, 기타비유동금융자산, 유형자산(토지, 건물 등), 무형자산(영업권 등), 투자부동산, 이연법인세자산 등

〈표 2-1〉의 연결재무상태표에서 보는 바와 같이, 부채도 크게 유동부채와 비유동부채로 구분 표시된다. **유동부채**(current liabilities)는 기업의 정상적 영업주기 내 또는 재무보고기간 말(회계기간 말)로부터 1년 이내에 지급 또는 이행되어야 할 부채를 말하며, **비유동부채**(non-current liabilities)는 유동부채에 속하지 않는 부채를 가리

표 2-1

재무상태표의 예: LG생활건강(주)

연결재무상태표

제23기: 2023년 12월 31일 현재
제22기: 2022년 12월 31일 현재

주식회사 LG생활건강 및 그 종속기업 (단위: 억원)

자 산	제23기말	제22기말	부채와 자본	제23기말	제22기말
Ⅰ. 유동자산	24,296	22,844	**Ⅰ. 유동부채**	10,897	11,628
1. 현금 및 현금성자산	9,103	6,551	1. 단기차입금	1,382	2,155
2. 단기금융상품	165	220	2. 매입채무	2,534	2,132
3. 매출채권	5,291	5,509	3. 기타채무	2,267	2,418
4. 기타채권	384	520	4. ……	……	……
5. 재고자산	8,845	9,554	**Ⅱ. 비유동부채**	5,817	6,713
6. ……	……	……	1. 장기차입금	20	148
			2. 이연법인세부채	1,479	1,652
Ⅱ. 비유동자산	47,907	50,185	3. ……	……	……
1. 관계기업및공동기업투자	618	601	부채 총계	16,714	18,341
2. 장기기타채권	310	406	**Ⅰ. 지배기업 소유주지분**	54,335	53,393
3. 유형자산	23,071	23,839	1. 자본금	886	886
4. 무형자산	20,079	21,006	2. 자본잉여금	973	973
5. 투자부동산	460	259	3. 이익잉여금	56,044	55,424
6. 이연법인세자산	341	524	4. 기타포괄손익누계액	(967)	(832)
7. ……	……	……	5. 기타자본항목	(2,602)	(3,059)
			Ⅱ. 비지배지분	1,155	1,296
			자본 총계	55,489	54,688
자산 총계	72,203	73,029	부채와 자본 총계	72,203	73,029

킨다. IFRS에서 유동부채와 비유동부채로 표시되는 항목을 예시하면 다음과 같다.

- 유동부채: 단기차입금, 매입채무, 기타채무(미지급금 등) 등
- 비유동부채: 사채, 장기차입금, 기타비유동금융부채, 퇴직급여부채 등

IFRS(한국채택국제회계기준)은 주주지분에 대해 '자본'이라는 용어를 사용하고 있다. 재무상태표에서 주주지분 또는 자본은 일반적으로 납입자본(자본금, 주식발행초과금), 이익잉여금, 기타포괄손익누계액, 기타자본항목 등으로 구분 표시된다.

다만, 〈표 2-1〉에서 보는 바와 같이, 연결재무상태표에서는 먼저 자본 총액을 **지배기업 소유주지분**(지배기업의 소유주에게 귀속되는 자본)과 **비지배지분**(소수주주지분)으로 구분 표시하고, 그런 다음 지배기업 소유주지분을 위 여러 그룹으로 구분 표시한다.

- 지배기업의 소유주에게 귀속되는 자본
  - 납입자본: 자본금, 주식발행초과금
  - 이익잉여금: 법정적립금(이익준비금 등), 임의적립금, 미처분이익잉여금
  - 기타포괄손익누계액: 재평가잉여금, 해외사업환산손익(누계액) 등
  - 기타자본항목: 자기주식, 자기주식처분이익 등
- 비지배지분: 종속회사의 소수주주지분

위에서 **납입자본**은 주주들이 기업에 출자한 금액을 나타내며, 자본금과 주식발행초과금은 납입자본을 세분한 것이다. 즉, 자본금은 납입자본 중에서 주식의 액면금액 부분을 가리키고, 주식발행초과금은 납입자본 중에서 액면금액을 초과하는 부분을 나타낸다.

이익잉여금은 기업이 벌어들인 순이익 중에서 주주들에게 배당으로 분배되지 않고 기업 내에 유보된 부분을 가리킨다. 주주들에게 분배되지는 않았지만 이익잉여금 역시 주주들에게 귀속된다. 재무상태표상의 이익잉여금에는 과거 연도에 내부유보된 순이익도 포함되어 있다.

기타포괄손익누계액(accumulated other comprehensive income)은 기업과 주주 간의 자본거래가 아닌 원천에서 발생한 자본의 변동으로서, 당기순이익에 포함되지 않는 손익인 '기타포괄손익'의 누계액을 말한다. 예를 들면, 과거 연도부터 지금까지 발생한 자산재평가손익의 누계액을 나타내는 재평가잉여금, 해외사업환산손익의 누계액 등이 기타포괄손익누계액에 속하는 항목들이다.

마지막으로, **기타자본항목**은 위의 세 그룹에 속하지 않는 자본항목들을 모아 놓은 것이다. 예를 들면, 자본의 차감항목인 '자기주식'이 기타자본항목으로 분류된다.

2.3 포괄손익계산서

포괄손익계산서(statement of comprehensive income)는 일정기간에 대한 기업의 재무성과에 관한 정보를 제공하는 재무보고서이다. 포괄손익계산서에서 기업의 재무성과는 당기순이익과 포괄이익에 의해 표시된다. **당기순이익**(net income)의 원천이 된 수익(revenues)과 비용(expenses) 항목들도 포괄손익계산서에 함께 표시된다. 한 기간의 순이익, 즉 당기순이익은 수익 총액에서 비용 총액을 차감하여 측정되고, 당해 기간의 **포괄이익**(comprehensive income)은 당기순이익과 기타포괄손익을 합산하여 측정된다. 따라서 포괄이익은 기업과 소유주 간의 자본거래 외의 모든 원천에서 인식된 자본의 순증가를 나타낸다.

당기순이익 = 수익 총액 − 비용 총액

포괄이익 = 당기순이익 + 기타포괄손익

수익과 비용항목들은 기업의 다양한 활동에서 발생하고 또 그 성격도 다양하다. 그래서 기업 외부의 재무제표이용자들이 당기순이익의 발생원천을 용이하게 파악할 수 있도록 하기 위해서 수익과 비용항목들은 그 기능 또는 성격에 따라 적절히 구분 표시된다. 또한, 회계기준에 의해 당기순이익의 계산에 포함되지 않은 손익인 '기타포괄손익'도 포괄손익계산서에서 구분 표시된다.

비용의 분류에 대해 기능적 분류방식을 적용할 경우 '비금융기업'의 포괄손익계산서는 일반적으로 〈표 2-2〉의 구조에 따라 작성된다. 〈표 2-2〉에서 보는 바와 같이, 포괄손익계산서는 종전의 손익계산서와 유사하게 다단계 형태로 작성된다. 즉, 먼저 매출액에 매출원가를 대응시켜서 **매출총이익**을 표시한다. 매출원가는 매출수익을 획득하기 위해 직접 발생한 비용이므로 이를 먼저 매출액에 대응시켜서 매출로부터의 총이익을 측정하고 있다.

그런 다음 매출총이익에서 판매비와 관리비를 차감하여 **영업이익**을 표시한다. 여기서 **판매비**(selling or distribution expenses)와 **관리비**(administrative expenses)는 기업이 상품 · 제품을 판매(또는 용역을 제공)하는 활동과 경영관리활동에서 발생한 (매출원가 이외의) 비용을 총칭한 것이다. 판매비와 관리비에 속하는 비용항목의 예로는 종업원급여, 판매수수료, 광고비, 운송비, 대손상각비, 감가상각비, 통신비,

표 2-2

포괄손익계산서의 구조: 비금융기업의 경우

매 출 액	
− 매출원가	
= 매출총이익	→ 매출로부터 획득된 총이익
− 판매비와 관리비	→ 판매 및 관리활동에서 발생한 영업비용
= 영업이익	→ 영업활동에서 발생한 이익
+ 기타수익	→ 영업 관련 활동에서 발생한 기타수익
− 기타비용	→ 영업 관련 활동에서 발생한 기타비용
+ 금융수익	→ 재무활동 관련 금융자산에서 발생한 수익
− 금융비용	→ 재무활동 관련 금융부채에서 발생한 비용
± 지분법손익	→ 관계기업투자에 지분법회계를 적용하여 인식한 손익
= 법인세비용차감전순이익	
− 법인세비용	→ 기업의 이익에 부과되는 세금비용
= 당기순이익	
± 기타포괄손익	→ 회계기준에 의해 당기순이익에 포함되지 않은 손익
= 포괄이익	→ 자본의 순증가(기업과 소유주 간의 거래 제외)

보험료, 임차료, 소모품비 등이 있다. **기타수익**(other income)은 매출활동 이외의 영업 관련 활동에서 발생한 수익을 통합적으로 표시한 것이며, 기타수익의 예로는 임대료수익, 수수료수익, 유형자산처분이익, 대손충당금환입 등이 있다. **기타비용**(other expenses)은 판매관리활동 이외의 영업 관련 활동에서 발생한 비용을 통합적으로 표시한 것이며, 기타비용의 예로는 재고자산폐기손실, 유형자산처분손실, 기부금 등이 있다.

한편, **금융수익**은 기업의 재무활동 관련 금융자산(금융기관예치금, 채무증권 등)에서 발생하는 수익을 가리키며, 그 예로는 이자수익, 환율변동손익 등이 있다. 이에 비하여 **금융비용**(finance costs)은 기업의 재무활동 관련 금융부채(차입금, 사채 등)에서 발생하는 비용을 의미하며, 그 예로는 이자비용, 환율변동손익, 사채상환손실 등이 있다.

세 번째 단계에서는 앞의 영업이익에 기타수익과 기타비용, 금융수익과 금융비용을 가감하고 지분법손익도 가감하여 **법인세비용차감전순이익**을 표시한다. 여기서 **지분법손익**은 타기업의 주식을 20% 이상 보유하여 중대한 영향력을 행사할 수 있는 경우인 '관계기업투자'에 대해 지분법회계를 적용하여 인식한 손익을 가리킨다.

네 번째 단계에서는 법인세비용차감전순이익에서 법인세비용을 차감하여 **당기순이익**을 표시한다.[9] 마지막으로, 당기순이익에 기타포괄손익을 합산하여 **포괄이익**을 표시한다. **기타포괄손익**의 예로는 유형자산의 재평가손익, 해외사업환산손익 등이 있다.[10]

〈표 2-3〉은 포괄손익계산서의 예로서 상장회사인 하이트진로(주)의 2023년도 포괄손익계산서를 보여주고 있다. 하이트진로(주)는 종속회사가 있는 지배기업이므로 〈표 2-3〉의 포괄손익계산서는 연결포괄손익계산서이다.

〈표 2-3〉에서 보는 바와 같이, 연결포괄손익계산서에서는 연결실체 전체의 당기순이익과 포괄이익을 표시함은 물론, 당기순이익과 포괄이익을 **지배기업 소유주지분**과 **비지배지분(소수주주지분)**으로 배분한 금액을 추가로 공시한다. 지배기업의 주주들(주식투자자)에게는 연결실체 전체의 당기순이익과 포괄이익보다는 '지배기업 소유주지분'(지배기업에게 귀속되는 순이익과 포괄이익)이 더 유용한 정보가 될 수 있다.

포괄손익계산서의 맨 아래 부분에는 주식(보통주) 1주당 이익인 **주당이익**(earnings per share)이 표시되어 있다. 주당이익은 지배기업 소유주에게 귀속되는 당기순이익을 평균유통주식수(number of shares outstanding)로 나눈 것이다.

앞의 〈표 2-2〉에 제시된 것은 단일의 보고서로 작성되는 포괄손익계산서의 구조이다. IFRS(기업회계기준서 제1001호)는 위의 포괄손익계산서를 두 개의 보고서로 분해하여 공시하는 것도 허용하고 있다. 즉, 당기순이익의 구성요소와 당기순이익을 표시하는 보고서('손익계산서'라고 부른다)와 당기순이익에서 시작하여 기타포괄

---

9) 기업이 회계연도 중에 영업의 일부를 중단한 경우에는 그 중단된 영업에서 발생한 모든 손익(관련 법인세비용 포함)의 순액을 **'중단영업손익'**으로 구분 표시한다. 이 경우 〈표 2-2〉에서 법인세비용차감전순이익 이하는 다음과 같이 표시된다.

  법인세비용차감전순이익
− 법인세비용
―――――――――――
= 계속영업순이익
± 중단영업손익
―――――――――――
= 당기순이익

10) 해외사업환산손익은 해외사업장 재무제표의 환산에 따른 손익을 의미하며, 그 외의 기타포괄손익으로는 종업원 퇴직급여에 관한 보험수리적손익 등이 있다.

표 2-3

포괄손익계산서의 예: 하이트진로(주)

연결포괄손익계산서

제72기 2023년 1월 1일부터 2023년 12월 31일까지
제71기 2022년 1월 1일부터 2022년 12월 31일까지

하이트진로주식회사와 그 종속기업 (단위: 억원)

과 목	제72기	제71기
Ⅰ. 매 출 액	25,202	24,976
Ⅱ. 매출원가	(14,062)	(14,343)
Ⅲ. 매출총이익	11,140	10,632
Ⅳ. 판매비와 관리비	(9,901)	(8,727)
Ⅴ. 영업이익	1,239	1,906
Ⅵ. 기타수익	161	220
Ⅶ. 기타비용	(349)	(631)
Ⅷ. 금융수익	148	252
Ⅸ. 금융비용	(515)	(533)
Ⅹ. 지분법손익	–	–
XI. 법인세비용차감전순이익	685	1,214
XII. 법인세비용	(329)	(346)
XIII. 당기순이익	355	868
XIV. 기타포괄손익	(361)	367
해외사업환산손익	(63)	(45)
……	……	……
XV. 총포괄이익	(6)	1,236
XVI. 당기순이익의 귀속		
지배기업 소유주지분	356	870
비지배지분	(1)	(2)
XVII. 총포괄이익의 귀속		
지배기업 소유주지분	6	1,237
비지배지분	(12)	(1)
XVIII. 주당손익		
기본 및 희석주당이익	512 원	1,250 원

* 위에서 ( )는 차감(–) 또는 음수를 의미함.

손익의 구성요소와 포괄이익을 표시하는 보고서(이 역시 '포괄손익계산서'라고 부른다)를 모두 작성하여 공시하는 것이다. 〈표 2-4〉는 두 개의 보고서로 공시된 예로서 상장회사인 농심(주)의 2023년도 포괄손익계산서를 보여주고 있다.

표 2-4

두 개의 보고서로 공시된 예: 농심(주)

연결손익계산서

제60기 2023년 1월 1일부터 2023년 12월 31일까지
제59기 2022년 1월 1일부터 2022년 12월 31일까지

주식회사 농심과 그 종속기업 (단위: 억원)

과 목	제60기	제59기
Ⅰ. 매 출 액	34,106	31,291
Ⅱ. 매출원가	(23,753)	(22,295)
Ⅲ. 매출총이익	10,352	8,996
Ⅳ. 판매비와 관리비	(8,232)	(7,874)
Ⅴ. 영업이익	2,121	1,122
Ⅵ. 기타수익	176	573
Ⅶ. 기타비용	(175)	(187)
Ⅷ. 금융수익	353	312
Ⅸ. 금융비용	(158)	(227)
Ⅹ. 지분법손익	(5)	(5)
Ⅺ. 법인세비용차감전순이익	2,311	1,588
Ⅻ. 법인세비용	(597)	(428)
XIII. 당기순이익	1,715	1,160
XIV. 당기순이익의 귀속		
지배기업 소유주지분	1,719	1,161
비지배지분	(4)	(1)
XV. 주당손익		
기본 및 희석주당이익(손실)	29,728 원	20,081 원

* 위에서 ( )는 차감(−) 또는 음수를 의미함.

연결포괄손익계산서

제60기 2023년 1월 1일부터 2023년 12월 31일까지
제59기 2022년 1월 1일부터 2022년 12월 31일까지

주식회사 농심과 그 종속기업 (단위: 억원)

과 목	제60기	제59기
Ⅰ. 당기순이익	1,715	1,160
Ⅱ. 기타포괄손익	(170)	256
해외사업환산손익	35	63
……	……	……
Ⅲ. 총포괄이익	1,544	1,417
Ⅳ. 총포괄손익의 귀속		
지배기업 소유주지분	1,549	1,418
비지배지분	(5)	(1)

* 위에서 ( )는 음수를 의미함.

2.4 현금흐름표

현금흐름표(statement of cash flows)는 일정기간 동안 수행된 기업의 활동별로 현금유입과 현금유출에 대한 정보를 제공하는 재무보고서이다. 현금흐름표에서 '현금'은 재무상태표상의 '현금 및 현금성자산'(cash equivalents)으로 정의된다. 재무상태표에서 현금은 통화 및 통화대용증권과 요구불예금이며, 현금성자산은 취득 당시 만기가 3개월 이내인 금융자산(예: 예금, 채권)을 가리킨다.

기업의 활동은 자본투자자들(주주와 채권자)로부터 조달한 현금을 영업에 투자한 후, 영업활동을 통해 다시 현금을 벌어들여서 자본투자자들에게 배분하는 활동의 연속이다. 이러한 관점에서 현금흐름표는 기업의 활동을 **영업활동**(operating activities), **투자활동**(investing activities) 그리고 **재무활동**(financing activities)으로 구분하여 각 활동별로 현금유출입에 관한 정보를 제시하고 있다. 현금흐름표의 기본적 구조는 다음과 같다.

영업활동 현금흐름 (= 유입 - 유출)
\+ 투자활동 현금흐름 (= 유입 - 유출)
\+ 재무활동 현금흐름 (= 유입 - 유출)

= 현금의 증가 · 감소 (= 총유입 - 총유출)
\+ 기초의 현금

= 기말의 현금

위에서 각 활동의 현금흐름은 활동별로 현금유입과 현금유출의 차이인 '순액'(net amount)을 의미한다.

현금흐름표는 재무상태표와 포괄손익계산서의 한계점을 보완하기 위해서 작성된다. 포괄손익계산서의 회계이익이 일정기간 동안의 경영성과를 나타내고 있지만, 회계이익은 발생기준 회계(accrual accounting)에 따라 측정된 것이기 때문에 이는 기업이 실제로 창출한 현금흐름을 나타내지는 않는다. 따라서 회계이익은 기업이 이자지급과 같은 지급의무를 이행할 능력이 있는가에 대해 직접적인 정보를 제공하지 않는다. 또한 기업이 영업에 투자한 자금의 규모와 그러한 자금의 원천이 무엇인가에 대한 정확한 정보도 재무상태표와 포괄손익계산서에서 추출할 수 없다.

이와 같이 재무상태표와 포괄손익계산서의 한계점 때문에 현금흐름표가 추가적 재무보고서로 작성되고 있다.

〈표 2-5〉는 상장기업인 삼성SDI(주)의 2023년도 현금흐름표를 나타내고 있다. 삼성SDI(주)는 종속회사가 있기 때문에 〈표 2-5〉의 현금흐름표는 연결현금흐름표이다.

〈표 2-5〉의 현금흐름표에서 영업활동 현금흐름은 포괄손익계산서의 당기순이익 수치를 조정하여 산출하는 것으로 되어 있다. 예를 들어, 감가상각비는 현금유출이 없는 비용이므로 당기순이익에 감가상각비를 다시 가산하고 있다. 이러한 측정방법을 **간접법**(indirect method)이라고 부르며, 대부분의 기업들이 간접법을 사용하여 영업활동 현금흐름을 측정하고 있다.

간접법에 대비되는 방법은 **직접법**(direct method)인데, 이는 영업활동 현금유입의 원천과 현금유출의 용도를 직접 보여주는 방법이다.

표 2-5

현금흐름표의 예: 삼성SDI(주)

연결현금흐름표

제54기 2023년 1월 1일부터 2023년 12월 31일까지
제53기 2022년 1월 1일부터 2022년 12월 31일까지

삼성SDI주식회사와 그 종속기업 (단위: 억원)

과 목	제54기		제53기	
Ⅰ. 영업활동 현금흐름		21,035		26,411
1. 영업에서 창출된 현금	26,255		29,544	
(1) 당기순이익	20,660		20,364	
(2) 조정	14,979		14,158	
감가상각비	16,597		14,081	
……	……		……	
(3) 자산 및 부채의 증감	(9,384)		(5,007)	
매출채권의 감소(증가)	(4,836)		(6,732)	
……	……		……	
2. 이자의 수취	800		341	
3. 이자의 지급	(2,213)		(811)	
4. 배당금의 수취	171		123	
5. 법인세의 지급	(3,978)		(2,785)	
Ⅱ. 투자활동 현금흐름		(41,048)		(29,462)
1. 투자활동으로 인한 현금유입	30,025		3,176	
유형자산의 처분	117		204	
……	……		……	
2. 투자활동으로 인한 현금유출	(71,073)		(32,639)	
유형자산의 취득	(40,482)		(28,089)	
……	……		……	
Ⅲ. 재무활동 현금흐름		9,027		6,287
1. 재무활동으로 인한 현금유입	56,841		22,387	
단기차입금의 차입	40,490		12,396	
장기차입금의 차입	10,059		8,077	
……	……		……	
2. 재무활동으로 인한 현금유출	(47,816)		(16,100)	
단기차입금의 상환	(39,900)		(15,086)	
배당금의 지급	(716)		(695)	
……	……		……	
Ⅳ. 현금의 증가(감소)(Ⅰ+Ⅱ+Ⅲ)		(10,987)		3,236
Ⅴ. 기초의 현금		26,143		23,257
Ⅵ. 환율변동으로 인한 현금흐름		89		(350)
Ⅶ. 기말의 현금		15,245		26,143

* 위에서 ( )는 차감(−)을 의미함.

현금흐름표의 정보를 효과적으로 이용하려면, 먼저 기업의 현금흐름 창출과 배분에 관한 개념을 이해하고 있어야 한다. 또한 영업활동 현금흐름, 투자활동 현금흐름 및 재무활동 현금흐름의 구체적 의미도 이해하고 있어야 한다. 후술하는 제6장에서는 기업활동과 현금흐름 창출에 관한 기본개념이 설명될 것이고, 또 이에 근거하여 현금흐름표를 분석하는 방법이 제시될 것이다.

2.5 자본변동표

자본변동표(statement of changes in equity)는 기업의 소유주지분인 자본(주주지분)이 회계기간 중에 어떤 요인에 의해 어떻게 변동하였는가에 대한 정보를 제공하는 재무보고서이다. 자본변동표는 자본의 각 항목이 회계기간 초와 비교하여 회계기간 말에 어떻게 변동하였는가를 일목요연하게 보여준다.

표 2-6

자본변동표의 예: 호텔신라(주)

연결자본변동표

제51기 2023년 1월 1일부터 2023년 12월 31일까지
제50기 2022년 1월 1일부터 2022년 12월 31일까지

주식회사 호텔신라와 그 종속기업 (단위: 억원)

과 목	지배기업 소유주지분					비지배지분	총계
	납입자본	이익잉여금	기타포괄손익누계액	기타자본항목	합 계		
2022. 1. 1 (전기초)	3,966	2,886	(43)	(1,045)	5,764	5	5,769
……	……	……	……	……	……	……	……
2023. 1. 1 (당기초)	3,966	2,423	54	(1,045)	5,398	0.3	5,398
총포괄이익:							
당기순이익		860			860	0	860
해외사업환산손익			31		31		31
……		……	……		……	……	……
소유주와의 거래:							
연차배당		(76)			(76)	–	(76)
2023. 12. 31 (당기말)	3,966	3,044	120	(1,045)	6,085	0.3	6,085

* 위에서 납입자본은 '자본금+자본잉여금'이며, ( )는 차감(–)을 의미함.

〈표 2-6〉은 자본변동표의 예로서 상장기업인 호텔신라(주)의 2023년도 자본변동표를 보여주고 있다. 호텔신라(주)는 종속회사가 있는 지배기업이기 때문에 〈표 2-6〉의 자본변동표는 연결자본변동표이다.

〈표 2-6〉에서 보는 바와 같이, 호텔신라(주)의 연결자본변동표는 연결실체의 자본 총액을 지배기업 소유주지분과 비지배지분(소수주주지분)으로 구분한 다음, 지배기업 소유주지분에 대해서는 자본항목을 납입자본(자본금+자본잉여금), 이익잉여금, 기타포괄손익누계액, 기타자본항목으로 구분하고 이들 각 항목의 금액이 변동한 원인을 보여주고 있다. 여기서 기타자본항목은 전부 '자기주식'이다(호텔신라(주)의 재무제표 주석에 그 설명이 있음).

2.6 재무제표 주석

재무제표의 본문 내용을 보충해 주는 정보로서 주석(notes)이 있다. 주석은 재무제표의 일부이며, 여기에는 재무제표 본문에 넣지 못하는 중요한 정보들이 담겨져 있으므로 재무제표의 본문 내용을 이해하기 위해서는 주석의 내용도 함께 검토할 필요가 있다.

지배기업이 작성하는 연결재무제표의 주석에는 다음과 같은 정보들이 포함되어 있다.

- 지배기업의 개요
- 연결재무제표 작성기준(연결범위, 종속기업투자의 내역 등)
- 연결재무제표 작성에 적용된 주요 회계정책
- 종속회사의 취득에 관한 정보
- 영업부문(사업부문)에 관한 정보
- 금융자산의 분류 및 공정가치, 금융부채의 분류 및 공정가치에 관한 정보
- 현금 및 현금성자산의 내역, 매출채권 및 기타 수취채권의 내역
- 재고자산의 내역, 기타 유동자산의 내역
- 비유동금융자산의 내역, 유형자산 및 무형자산의 내역
- 종업원 퇴직급여부채에 관한 정보
- 금융부채의 내역, 기타 부채의 내역

- 각 자본항목의 세부 내역, 이익잉여금 처분내역과 배당금 지급내역
- 매출의 구성, 판매비와 관리비의 내역, 기타수익과 기타비용의 내역
- 금융수익과 금융비용의 내역
- 법인세비용의 구성내역
- 주당이익(earnings per share)의 산출내역
- 연결실체간 주요 거래의 내역
- 금융자산과 금융부채의 위험관리에 관한 정보
- 재무보고기간 종료일 이후에 발생한 주요 사항

〈표 2-7〉에는 상장기업인 하이트진로(주)의 2023년도 연결재무제표 주석의 일부가 예시되어 있다. 이 주석은 하이트진로(주)의 영업부문(사업부문)에 관한 정보인데, 하이트진로(주)의 영업부문은 맥주사업, 소주사업, 생수사업, 기타사업의 네 개 영업부문으로 구성되어 있음을 보여주고 있다.

표 2-7

하이트진로(주)의 2023년도 연결재무제표 주석 일부

5. 영업부문 정보

5-1 영업보고부문

연결기업은 제공하는 재화나 용역에 근거하여 영업부문을 구분하고 각 부문의 재무정보를 내부관리목적으로 활용하고 있는 바, 4개의 영업부문은 다음과 같습니다.

	영업부문			
	맥주부문	소주부문	생수부문	기타부문
수익을 창출하는 제품과 용역의 유형	맥주 생산 및 판매	소주 생산 및 판매	생수 생산 및 판매	기타주류 판매, 용기 생산, 골프장 운영 등

(이하 생략)

자료: 하이트진로(주)의 2023년도 연결재무제표 주석

재무제표 공시와 비회계자료 제3절

기업의 재무제표는 자본시장법(제159조)에 따라 기업이 정기적으로 제출하는 **사업보고서**를 통해 투자자들에게 공시된다.[11] 사업보고서에는 재무제표에 대한 감사보고서가 첨부된다. 증권시장(코스닥시장 포함)에 주식 또는 회사채를 상장한 법인은 사업연도 경과 후 90일 이내에 금융위원회와 한국거래소에 사업보고서를 제출하게 되어 있다. 금융감독원이 전자공시시스템인 DART(Data Analysis, Retrieval and Transfer System)를 개발하여 상장법인은 인터넷을 통해 사업보고서를 제출하고 있으며, 투자자들도 DART에 접속하여 사업보고서를 바로 열람할 수 있다.

사업보고서에는 재무제표 외에도 회사의 사업내용 등에 관한 비회계자료가 포함되어 있다. 이러한 비회계자료는 재무제표의 내용을 이해하는 데 유용한 정보이기 때문에, 자본시장법시행령에서는 사업보고서의 기재사항에 대해 자세히 규정하고 있다. 사업보고서에 포함되는 회계 및 비회계자료를 요약하면 〈표 2-8〉과 같다.

사업보고서를 제출하는 회사들은 사업연도 개시일로부터 6월간에 대한 반기보고서와 사업연도 개시일부로터 3월간 및 9월간의 분기보고서를 작성하여 제출해야 한다. 반기보고서와 분기보고서는 그러한 기간 말로부터 45일 이내에 금융위원회와 한국거래소에 제출하도록 되어 있다. 반기보고서와 분기보고서의 기재사항은 대부분 연차보고서의 경우와 같다.

● 정보중개기관의 자료

기업의 재무제표는 정기적으로 공시되고 있지만, 투자결정을 해야 하는 시점에서 새로운 재무정보가 이용가능하지는 않다. 이러한 때 유용한 자료는 자본시장의 정보중개기관(information intermediaries)인 애널리스트(재무분석가)와 신용평가기관

11) 위에서 '자본시장법'은 '자본시장과 금융투자업에 관한 법률'을 가리킨다.

표 2-8 사업보고서에 포함되는 회계 및 비회계자료

- 회사의 개요: 연결대상 종속회사의 개황, 회사의 목적사업과 연혁, 자본금 변동사항, 발행주식수, 의결권 현황, 배당에 관한 사항
- 사업의 내용: 사업의 개요, 주요 원재료, 생산과 설비에 관한 사항, 매출에 관한 사항, 수주상황, 시장위험과 위험관리, 경영상의 주요 계약, 연구개발활동 등
- 재무에 관한 사항: 요약재무정보, 연결재무제표, 개별재무제표, 재무제표 주석, 부속명세서 등
- 감사인의 감사의견 등: 외부감사인, 감사인의 감사의견, 종속회사에 대한 감사의견
- 이사의 경영진단 및 분석의견
- 이사회 등 회사의 기관 및 계열회사에 관한 사항
- 주주에 관한 사항: 최대주주의 주식소유현황, 주식의 분포, 주가 및 주식거래실적
- 임원 및 직원에 관한 사항: 임원 및 직원의 현황, 임원의 보수, 주식매수선택권의 부여현황
- 이해관계자와의 거래내용: 주주, 임원, 직원 및 기타 이해관계자와의 거래내용
- 기타 투자자보호를 위해 필요한 사항: 주주총회 의사록 요약, 우발채무 등

등이 제공하는 기업분석 자료이다.

애널리스트는 산업의 전망과 기업의 경쟁력 등을 분석하여 미래 이익을 예측하고 이에 따른 주식가치 평가결과 및 투자의견을 제시하고 있다. 애널리스트는 일반적으로 증권회사의 리서치센타에 소속되어 있는데, 〈표 2-9〉는 애널리스트의 기업분석보고서(research report)를 예시하고 있다.

표 2-9 애널리스트 기업분석보고서의 예

2019. 9. 5.

하이트진로 (00008) **BUY**

하이트진로는 필라이트, 테라에 이어 진로까지 출시하는 신제품이 매번 히트를 치고 있다. 오랜 기간의 MS 하락을 뒤로 하고, 신제품 효과로 맥주와 소주에서 모두 MS 상승이 나타나면서, 전사 실적의 극적인 턴어라운드 가능성이 높아지고 있다. 동사에 대해 목표주가를 30,000원에서 34,000원으로 상향하고, 음식료업종 Top Pick 관점을 유지한다.

◈ 맥주 신제품 테라, 서울 주요 상권을 장악해 나가는 중

하이트진로의 맥주 신제품 테라의 매출 성장세가 시장의 예상을 상회하고 있다. 특히, 서울 주요 상권에서 테라의 판매 비중이 크게 높아지는 것을 체감할 수 있다. **대부분 음식점의**

(다음 면에 계속)

주류 쇼케이스를 보면, 테라가 차지하는 비중이 1등 브랜드 카스 못지않게 상승했음을 확인할 수 있기 때문이다.

◈ **맥주 시장 점유율, 어디까지 갈 수 있을까?**

테라는 올해 2분기 가정용 맥주시장에서 MS 4.3%를 달성하였다. 국산 맥주 브랜드끼리 경쟁하는 업소용 시장의 MS는 훨씬 더 높았을 것으로 추산된다. 3분기는 더욱 판매량이 증가하고 있다. **테라의 2분기 매출액은 370억원 수준으로 추산되는데, 3분기 매출액은 600~650억원 정도 가능할 것으로 기대**된다. 다른 브랜드(하이트/맥스/필라이트)의 매출액이 감소하는 점을 감안해도 전사 맥주 매출액이 전년 동기 대비 +7~8% 정도 증가할 것으로 기대된다. 당사는 올해 테라의 국내 시장점유율을 약 8% 수준으로 전망하고 있으며, 내년에는 15%까지 상승할 것으로 전망한다. 이러한 성장 속도는 발포주 신제품으로 성공했던 필라이트의 매출성장 속도를 가뿐하게 넘어서는 것이다.

◈ **소주 신제품 진로, MS 5% 상회**

더불어, 소주 신제품 진로도 시장점유율이 5%를 상회할 것으로 추산된다. **맥주 신제품 테라보다 훨씬 좁은 지역에 유통되었음을 감안한다면, 매우 놀라운 수치**이다. 특히, 서울과 부산/경남을 중심으로 점유율이 만들어지고 있는 것으로 추산되는데, 회사의 뉴트로 마케팅, 기존 제품 대비 낮은 도수와 달달한 맛이 소비자들에게 차별화 포인트로 작용한 상황이다.

주력 소주 브랜드인 참이슬이 테라와 함께 소맥제품으로 많이 팔리고 있는 가운데, 신제품 효과가 붙으면서, **동사의 3분기 소주 시장점유율은 60%를 상회할 것으로 추산**된다(3분기 진로 매출액 170억원 전망). 통상 53~54% 수준의 점유율을 기록했던 점을 감안하면, 올해 연간 소주 매출액은 1조원을 상회할 것으로 기대된다. (중략)

투자지표 (IFRS 연결, 십억원)

	2017	2018	2019F	2020F
매출액	1,809.9	1,885.6	1,984.1	−2,066.9
영업이익	87.2	90.4	86.9	158.2
순이익	12.7	22.3	−10.5	71.6
지배주주지분순이익	12.7	22.2	−10.6	71.6
EPS (원)	178	312	−148	1,005
PER (배)	135.4	53.2	NA	25.4
PBR (배)	1.41	1.02	1.66	1.64
EV/EBITDA (배)	11.4	9.0	12.5	9.3
영업이익률 (%)	4.6	4.8	4.4	7.7
ROE (%)	1.0	1.9	−0.9	6.5
순차입금비율 (%)	52.9	65.6	87.7	84.0

자료: 키움증권(주)(www.kiwoom.com)

신용평가기관은 기업들이 발행하는 회사채와 기업어음(CP)의 신용위험을 평가하여 신용등급(credit rating) 정보를 제공한다. 우리나라에서 전문적 신용평가기관으로는 한국신용평가(주), NICE신용평가(주), 한국기업평가(주) 등이 있다. 〈표 2-10〉은 신용평가기관이 제공하는 신용등급정보를 예시하고 있다.

애널리스트와 신용평가기관은 기업들의 최근 재무제표는 물론, 많은 비회계자료도 함께 분석하여 투자자들에게 유용한 정보를 제공한다. 일간신문의 경제면과 경제신문도 산업과 기업들에 대한 비회계정보를 수시로 공급하고 있으며, 이들도 넓은 의미에서 자본시장의 정보중개기관에 속한다.

표 2-10 신용평가기관이 제공하는 신용등급 정보의 예

• **회사채(무보증) 신용등급**

회사명	평가구분	발행액(억원)	직전등급	현재등급	평가일
			Outlook	Outlook	
에스케이브로드밴드	본평가	500	AA− 긍정적	AA− 긍정적	2019/09/09
SK	본평가	600	AA+ 안정적	AA+ 안정적	2019/09/05
한화투자증권	본평가	1,500		A+ 안정적	2019/09/05
포스파워	본평가	500		AA− 안정적	2019/09/03
현대카드	본평가	1,000	AA+ 부정적	AA+ 부정적	2019/08/30

• **기업어음 신용등급**

회사명	구분	재무기준일	직전등급	현재등급	평가일
한화건설	정기평가	2019/06/30	A3+	A2−	2019/09/03
홈플러스	본평가	2019/02/28	A2	A2	2019/08/29
롯데쇼핑	정기평가	2019/06/30	A1	A1	2019/08/16
효성중공업	정기평가	2019/06/30	A2	A2	2019/08/14
케이씨씨건설	정기평가	2019/06/30	A2−	A2−	2019/09/02

자료: 한국신용평가(주) (www.kisrating.com)

[보론] 경영자의 자의적 회계처리 유인

기업의 경영자는 재무제표의 회계수치에 영향을 주기 위해 자의적 회계처리를 할 여러 유인(誘因)을 가지고 있다. 경영자의 자의적 회계처리는 회계기준이 허용하는 범위 내에서 행해지기도 하고 경우에 따라서는 회계기준을 위배하기도 한다. 회계기준의 범위 내에서 회계이익을 조정하는 것을 일반적으로 '이익조정'(earnings management)이라 부르고, 회계기준을 위반하는 경우는 '이익조작' 또는 '분식회계'라고 부른다. 그러나 이익조정과 이익조작에 대한 경제적 동기는 사실상 같고 결국 재무제표이용자를 오도하기 위한 목적으로 행해진다는 점에서는 별 차이가 없다. 아래에서는 경영자가 자의적 회계처리를 할 여러 경제적 유인에 대해 설명한다.

(1) 자본시장 관련 유인

기업은 경영활동에 필요한 자금을 자본시장에서 조달한다. 경영자는 자신이 운영하는 기업의 재무상태와 경영성과가 양호한 것처럼 보이게 하여 자금조달이 쉽게 이루어지도록 하고자 할 유인을 가지고 있다. 예를 들어, 학계의 실증연구에 따르면, 유상증자를 한 기업들은 유상증자를 실시하기 전에 순이익을 증가시키는 이익조정(earnings management)을 하는 경향이 있다.[12)]

또한 기업간 합병(mergers)에서 합병회사가 합병대가를 주식으로 교부해 주는 경우가 있는데, 합병회사는 주식가격을 되도록 높임으로써 더 적은 수의 주식을 교부하고도 피합병회사를 인수할 수 있게 된다. 따라서 합병회사의 경영자는 합병 직전 연도의 이익을 상향조정할 유인이 있을 수 있다.[13) 14)]

---

12) S. Teoh, I. Welch and T. Wong, 1998, "Earnings Management and the Underperformance of Seasoned Equity Offerings," *Journal of Financial Economics* (October), pp. 63-99; 윤순석, 이건열, 2001, "유상증자기업의 이익조정," 「회계학연구」(제4호), pp. 1-25.

13) M. Erickson, and S. Wang, 1999, "Earnings Management by Acquiring Firms in Stock for Stock Mergers," *Journal of Accounting and Economics* (April), pp. 149-176.

14) 위 외에도, 상장기업의 경영자가 자신이 운영하는 기업의 주식을 매입하여 당해 기업을 비상장기업으로 운영하려 하는 '경영자매수'(management buyout)를 하는 과정에서도 이익조정의 유인이 있을 수 있다. 경영자는 되도록 주식을 싸게 매입하고자 할 것이므로 경영자매수에 앞서 당해 기업의 이익을 하향조정할 유인을 가지게 된다(S. Perry, and T. Williams,

(2) 부채계약

기업이 금융기관으로부터 차입을 하거나 증권시장에서 회사채를 발행할 때에는 채권자와 부채계약을 체결한다. 부채계약에는 일반적으로 주주배당금 지급제한 조항이 포함되며, 또한 계약기간 중에 채무기업이 준수해야 할 부채비율, 이자보상비율 등도 명시된다. 만일 계약기간 중에 채무기업이 부채계약에 명시된 조건을 위반하면 채무기업은 부채를 조기상환해야 하거나 차입이자율이 높아지는 등의 불이익을 감수해야 한다. 그러므로 계약조건을 위반할 가능성이 높은 채무기업의 경영자는 부채계약 위반으로 인한 코스트를 회피하기 위하여 이익을 상향조정할 유인을 갖게 된다.[15] 즉, 이익을 상향조정하여 부채비율과 이자보상비율의 악화를 막으려 할 유인이 있을 수 있다.

(3) 경영자 보상계약

경영자에 대한 성과평가 및 그에 따른 보상(compensation) 결정을 함에 있어 회계이익이 주요 기준으로 사용되는 경우가 흔히 있다. 이와 같이 경영자 보상계약에서 회계이익이 주요 변수로 되어 있으면, 경영자는 자신의 성과급이나 승진 및 연임가능성을 높이기 위하여 이익을 조정할 유인을 가질 수 있다.

이러한 동기에서 이루어지는 이익조정은 일반적으로 이익을 상향조정하는 방향으로 나타나지만, 성과급 결정조건에 따라서는 이익을 줄이는 방향으로 이익조정이 행해질 수도 있다.[16] 다만, 우리나라 기업의 경우에는 외국과 비교할 때 소유와 경영의 분리도가 낮기 때문에 경영자 보상계약으로 인한 이익조정 동기는 강하지 않을 것으로 예상된다.

1994, "Earnings Management Preceding Management Buyout Offers," *Journal of Accounting and Economics* (September), pp. 157-180).

15) R. Watts, and J. Zimmerman, 1986, *Positive Accounting Theory*, Prentice-Hall.

16) 보상계약에서 성과급 지급을 위한 보고이익의 범위에 상한과 하한이 존재하면 경영자는 자신이 받을 성과급의 현재가치를 최대화하는 방향으로 이익조정을 할 가능성이 있다. 따라서 당기에 보고이익이 매우 낮아 성과급을 받을 가능성이 희박한 경우에는 수익인식을 이연하고 비용을 조기에 인식함으로써 당기의 보고이익을 낮추더라도 미래의 기대되는 성과급을 높이고자 할 것이며, 반대로 당기에 보고이익이 성과급 지급을 위한 상한선을 초과한 경우에는 당기 이익의 일부를 차기 이후로 이연시키려 할 유인이 있을 수 있다.

(4) 정치적 비용과 정부규제

기업은 정부의 규제정책에 대응하여 이익조정을 할 동기를 가질 수 있다. 예를 들면, 독과점산업에 대하여 정부가 제재조치를 검토하고 있다면 당해 산업에 속하는 기업들은 회계이익을 하향조정할 유인을 가질 수 있다. 정부가 독과점 여부나 부당한 가격설정에 대해 조사를 벌이게 되면 조사대상기업에 거액의 정치적 비용(political costs)이 발생하게 된다.[17] 따라서 정치적 비용을 부담할 가능성이 높은 기업은 가능한 한 회계이익을 낮추려 할 유인을 가질 수 있다.

(5) 경쟁기업에 대한 견제

경영자의 재무보고 행태는 산업 내의 경쟁구도에 의해서도 영향을 받을 수 있다. 예를 들어, 기업간 경쟁이 치열한 상황에서 사업부문별 정보를 상세하게 공시하면 경쟁기업들이 이를 이용할 가능성이 있으므로 경영자는 사업부문별 정보의 공시를 되도록 피하려는 유인을 갖게 된다. 또한, 잠재적 경쟁기업이 당해 산업에 새로이 진입할 것으로 예상되는 경우에는 기존 기업의 경영자는 회계이익을 감소시키는 이익조정을 통해 당해 산업의 미래 수익성 전망을 낮추게 함으로써 새로운 경쟁기업의 진입을 막으려 할 유인이 있을 수 있다.[18]

---

17) 예를 들면, 오일쇼크 기간 동안 정유회사들의 높은 순이익에 대해 비판적 여론이 일자 미국 정부는 이들 기업에 대해 추가적 세금을 부과하였다.

18) 강병민, 1996, "이익조정의 결정변수로서의 시장진입위협에 관한 연구," 「회계학연구」, pp. 201-232.

연습문제

1. 재무제표는 회계시스템(accounting system)을 통해 작성된다. 회계시스템의 특징에 대해 설명하라.

2. IFRS(국제회계기준)에서 규정하고 있는 재무제표는 어떻게 구성되어 있는지 설명하라.

3. 재무상태표에 표시되는 주주지분 금액, 즉 자기자본 장부가치가 자기자본의 시장가치를 나타내지 못하는 이유가 무엇인지 설명하라.

4. 당기순이익과 포괄이익은 어떠한 관계에 있는지 설명하라.

5. 포괄손익계산서는 다단계 계산구조에 따라 이익실적을 표시하고 있다. 이 다단계 계산구조가 어떻게 되어 있는지 설명하라.

6. 포괄손익계산서에 보고되는 회계이익과 현금흐름표에 보고되는 영업활동 현금흐름이 서로 다른 이유가 무엇인지 설명하라.

7. 자본변동표는 어떠한 재무정보를 제공하는지 설명하라.

8. 개별재무제표와 연결재무제표는 어떻게 다른지 설명하라.

9. 연결재무제표는 어떠한 유용성을 가지고 있는지 논의하라.

10. 자본시장의 정보중개기관(애널리스트, 신용평가기관)은 투자자들에게 어떠한 정보를 공급하는지 논의하라.

11. 다음은 전자제품 판매회사인 강남(주)의 2×24년도 재무자료이다(단위: 백만원).

매출채권	360	상　품	650	자 본 금	7,000
매출원가	16,560	미지급이자	90	유형자산처분이익	90
건　물	6,300	감가상각비	300	법인세비용	250
매입채무	320	이자비용	520	장기차입금	6,500
매 출 액	23,500	토　지	8,000	임 차 료	700
현　금	60	급　여	4,500	이익잉여금	1,460

아래의 물음에 답하라.

(1) 2×24년 말 현재, 유동자산과 유동부채는 각각 얼마인가?
(2) 2×24년 말 현재, 비유동자산과 비유동부채는 각각 얼마인가?
(3) 2×24년의 당기순이익은 얼마인가?

12. 아래의 세 경우는 서로 독립적이다. 각 빈칸에 적절한 금액을 기입하라(단위: 만원).

손익계산서 항목	(1)	(2)	(3)
매 출 액	2,000	1,800	( )
매출원가	( )	1,200	1,600
매출총이익	700	( )	900
판매비와 관리비	320	( )	( )
영업이익	( )	400	600
금융수익	80	( )	70
금융비용	100	80	( )
법인세차감전순이익	( )	( )	550
법인세비용	90	100	120
당기순이익	( )	270	( )

13. 다음은 서울(주)의 2×24년도 재무제표 자료이다(단위: 만원). 아래의 포괄손익계산서, 영업활동 현금흐름 및 추가 정보를 이용하여 물음에 답하라.

포괄손익계산서: 2×24년

매 출 액	?
매출원가	20,000
판매비와 관리비	10,000
기타수익	3,000
기타비용	10,000
이자비용	3,000
법인세비용	5,000
당기순이익	?
기타포괄손익	0

현금흐름표의 일부: 2×24년

1. 당기순이익		25,000
2. 현금유출이 없는 비용 등의 가산		
감가상각비	3,000	
유형자산처분손실	1,000	
투자자산처분손실	1,000	
이자비용	3,000	8,000
3. 현금유입이 없는 수익 등의 차감		
투자자산처분이익	(2,000)	(2,000)
4. 영업활동으로 인한 자산·부채 변동		
매출채권 감소	3,000	
재고자산 증가	(1,000)	
매입채무 증가	2,000	4,000
5. 영업활동 현금흐름		35,000

추가 정보

• 현금흐름표 및 재무상태표 정보		2×23	2×24
투자활동 현금흐름		(30,000)	(45,000)
현 금		17,000	20,000
• 재무상태표 정보: 2×20년 말 현재			
유동자산	50,000	비유동부채	80,000
자산총계	200,000	자본총계	100,000

(1) 2×24년의 매출액은 얼마인가?

(2) 2×24년의 이자 및 법인세 차감전 이익(earnings before interest and taxes, EBIT)은 얼마인가?

(3) 2×24년의 이자, 법인세, 감가상각비 및 무형자산상각비 차감전 이익(earnings before interest, taxes, depreciation and amortization, EBITDA)은 얼마인가?

(4) 2×24년 말 현재, 비유동자산과 유동부채는 각각 얼마인가?

(5) 2×24년의 재무활동 현금흐름(순액)은 얼마인가?

제 II 부

재무제표 분석기법

제3장

재무비율분석

재무비율분석(ratio analysis)은 기업의 재무제표를 분석할 때 널리 사용되는 계량적 분석방법의 하나이다. 본장에서는 상장기업의 실제 재무제표 자료를 이용하여 기업의 수익성(재무성과), 재무위험(지급능력), 성장성 등을 분석하는 데 활용되는 여러 재무비율들을 소개한다. 또한 기업간 비교를 위한 공통형 재무제표와 시장가치비율에 대해서도 설명한다.

제 1 절 개 요

1.1 비율분석의 의의

비율분석(ratio analysis)은 재무제표상의 관련 항목들을 대응시켜 비율을 산정하고 산정된 비율을 통하여 기업의 수익성을 평가하거나 재무위험의 정도를 평가하는 분석방법이다. 예를 들면, 재무상태표에서 부채와 자기자본을 대응시켜 부채비율을 산정하면 기업의 자본구조가 어떻게 되어 있는지를 파악할 수 있다. 이러한 비율분석은 간편히 사용할 수 있다는 이점 때문에 오래 전부터 재무제표 분석방법의 하나로 널리 사용되어 왔다.

비율분석은 그 자체가 높은 수준의 분석기법은 아니지만 기업분석을 할 때 기본적으로 실행될 수 있는 예비적 분석으로서의 의미는 크다. 비율분석을 통해 기업경영 전반에 대하여 문제점이 있는 분야를 찾아내고 그러한 분야에 대해서는 더 깊이 있는 분석을 할 수 있게 된다.

비율분석은 간편하고 이용하기 쉽지만, 동시에 여러 한계점도 가지고 있다. 먼저, 비율분석은 기업이 발표한 재무제표 자료를 이용하여 수행되는데, 재무제표 자체가 분식회계로 인해 왜곡되어 있다면 그에 기초한 비율분석은 신뢰성이 매우 낮게 된다. 또한 회계기준 자체의 한계점 때문에 기업의 중요한 경제적 측면이 재무제표에 반영되지 못하는 문제가 있다. 예를 들어, 경영자의 능력, 연구개발능력, 지적 자산(knowledge assets) 등은 재무제표에 반영되지 않는다. 따라서 재무비율의 분석만으로는 그러한 요인들을 평가하는 데 한계가 있을 수밖에 없고, 이러한 문제를 극복하기 위해서는 비계량적인 **질적 분석**(qualitative analysis)이 병행되어야 한다. 그리고 재무비율은 경영자가 사용한 회계방법에 의해서도 영향을 받게 되므로, 경영자의 회계정책을 고려하지 않고 기계적으로 비율분석을 하면 분석이 오도될 수도 있다(제2장 1.3절 참조).

1.2 재무비율의 분류

재무제표 자료를 이용하여 산정되는 재무비율에는 다양한 비율들이 있다. 본서에서는 각 비율이 제공하는 정보의 의미를 기준으로 수익성 분석비율, 재무위험 분석비율, 성장성비율, 그리고 시장가치비율로 구분하여 설명한다.

● 수익성 분석비율

수익성 분석비율에는 기업의 재무성과를 나타내는 자본이익률, 매출활동의 이익률과 같은 **수익성비율**(profitability ratios)과 자산의 활용도를 측정하는 **효율성비율**(efficiency ratios)이 포함된다. 자본이익률의 예로는 기업의 소유주가 투자한 자기자본에 대한 수익성을 나타내는 자기자본이익률, 총자산에 대한 수익성을 측정하는 총자산이익률 등이 있다. 또한 매출활동의 수익성을 나타내는 비율로는 매출액총이익률, 매출액영업이익률, 매출액순이익률 등이 있다.

효율성비율은 영업활동에 투입된 자산이 얼마나 효율적으로 사용되고 있는가를 나타내는 비율이다. 주요 효율성비율로는 총자산회전율, 영업운전자본회전율, 매출채권회전율, 재고자산회전율, 비유동자산회전율 등이 있다. 이들 비율은 기업의 영업활동 수준(주로 매출액으로 측정됨)과 영업활동에 투입된 자산규모를 대비함으로써 측정된다.

● 재무위험 분석비율

재무위험 분석비율은 기업의 채무이행능력(지급능력)을 평가하는 데 사용되는 비율로서, 단기적 지급능력을 평가하는 **유동성비율**(liquidity ratios)과 타인자본 의존에 따른 장기적 지급능력을 평가하는 **레버리지비율**(leverage ratios)로 구성된다. 기업의 단기지급능력을 평가하는 유동성비율에는 유동비율, 당좌비율, 현금비율이 있으며, 영업현금흐름 대 유동부채 비율도 유동성비율에 속한다. 타인자본 사용에 따른 재무위험을 평가하는 레버리지비율에는 부채비율, 이자보상비율, 고정비율, 고정장기적합률 등이 있다.

● 성장성비율

성장성비율(growth ratios)은 기업규모의 증가, 이익의 증가 등을 측정하는 비율이다. 기업규모는 총자산, 매출액 또는 자기자본 규모에 의해 측정한다. 따라서 성장성비율의 예로는 총자산증가율, 매출액증가율, 자기자본증가율, 순이익증가율 등이 있다.

● 시장가치비율

시장가치비율(market-value ratios)은 기업에 대한 시장의 가치평가결과와 재무제표 항목을 관련시켜 산정되는 비율이다. 시장가치비율은 증권시장에서 형성된 주식가격을 기업가치(주식가치)와 관련을 갖고 있는 순이익, 순자산, 현금흐름, 매출액 등과 대비시켜서 배수(multiples) 형태로 나타낸 것이며, 이는 주식가치 평가와 투자종목 선정시에 흔히 사용되고 있다. 시장가치비율의 예로는 주가이익비율, 주가순자산비율(주가장부가치비율), 주가매출액비율, 주가현금흐름비율 등이 있다.

표 3-1
재무비율의 분류

비율의 분류		비율의 의미	비율의 예
수익성 분석비율	수익성비율	기업경영에서 발생된 이익을 투하자본이나 매출액과 대비시켜 나타낸 비율	자기자본이익률, 총자산이익률, 매출액총이익률, 매출액영업이익률, 매출액순이익률
	효율성비율	영업활동에 투입된 자산의 활용 정도를 측정하는 비율	총자산회전율, 영업운전자본회전율, 매출채권회전율, 재고자산회전율, 비유동자산회전율
재무위험 분석비율	유동성비율	기업의 단기적 지급능력을 평가하는 비율	유동비율, 당좌비율, 현금비율, 영업현금흐름 대 유동부채 비율
	레버리지비율	타인자본 의존에 따른 장기적 지급능력을 평가하는 비율	부채비율, 이자보상비율, 고정비율, 고정장기적합률
성장성비율		기업규모의 증가, 이익의 증가 등을 측정하는 비율	총자산증가율, 자기자본증가율, 매출액증가율, 순이익증가율
시장가치비율		기업의 주식가격과 재무제표 항목을 대비시키는 비율	주가이익비율, 주가순자산비율, 주가매출액비율, 주가현금흐름비율

〈표 3-1〉은 위에서 논의된 범주별로 재무비율의 의미와 예를 요약하여 제시하고 있다.

위와 같은 분류방법 외에도, 비율을 구성하는 항목들이 재무상태표 항목들이면 **재무상태표비율**이라 부르고, 포괄손익계산서 항목들인 경우에는 **손익계산서비율**이라 부르며, 두 재무제표 항목들이 함께 사용되면 **혼합비율**이라고 부른다.

또한 재무상태표는 일정시점의 재무상태를 나타내고 포괄손익계산서는 일정기간의 경영성과를 나타내는 재무보고서이므로 재무상태표비율을 **정태비율**(static ratios)이라고 부르는 한편, 손익계산서비율은 **동태비율**(dynamic ratios)이라고도 부른다. 두 재무제표 항목들을 사용하는 혼합비율은 동태비율로 분류되며, 현금흐름표의 항목을 사용하여 산정되는 비율도 동태비율이다.

그 외에도 비율의 산정방법에 따라 재무제표의 관련된 두 항목을 대응시켜 계산하는 비율을 **관계비율**(relative ratios)이라 부르고, 재무제표의 각 항목이 재무제표의 총계 금액에서 차지하는 비중을 나타내는 것은 **구성비율**(composition ratios)이라고 부른다. 앞의 〈표 3-1〉에 예시된 비율들은 대부분 관계비율에 속한다. 재무상태표에 관한 구성비율은 재무상태표의 각 항목을 총자산으로 나누어서 산정하며, 포괄손익계산서의 경우에는 각 손익항목을 매출액으로 나누어 산정한다. 이러한 구성비율은 본장의 제6절에서 설명되는 공통형 재무제표에서 구체적으로 다룬다.

1.3 비율의 비교기준

비율측정의 결과를 보다 의미 있게 해석하기 위해서는 산정된 비율을 평가하기 위한 비교기준(benchmark)이 필요하다. 일반적으로 사용되고 있는 비교기준은 다음과 같다.

● 분석대상기업의 과거 비율

한 기업의 재무비율을 그 기업의 과거 재무비율과 비교함으로써 당년도의 비율이 과거에 비해 어떻게 변화하였는지를 파악할 수 있다. 이와 같이 한 기간의 비율을 과거 기간의 비율과 비교분석하는 것을 **추세분석**(trend analysis)이라고 한다.

기업의 재무제표는 기간 단위로 작성되기 때문에 추세분석은 거의 모든 비율분석에서 사용되는 유용한 분석방법이다. 분석상황에 따라서 전년도의 비율과 비교하거나 또는 과거 수년간의 비율과 비교하게 된다. 다만, 비교기간 중에 합병과 같은 구조적 변화가 발생한 경우에는 비율의 비교가 무의미해질 수 있으므로 그러한 경우에는 추세분석의 효용이 감소된다.

● 필요수익률(자본비용)

기업의 수익성을 총괄적으로 나타내는 자본이익률(투자이익률)에 대해서는 그 실적의 양호 여부를 판단할 수 있는 절대적 비교기준이 존재한다. 예를 들어, 어느 한 기간의 자기자본이익률(return on equity, ROE) 실적을 평가할 수 있는 적절한 비교기준은 분석대상기업의 자기자본비용(cost of equity)이다. 자기자본비용은 주주의 투자위험 보상을 위하여 당해 기업이 최소한 벌어야 할 필요수익률(required rate of return)인데 정상이익률(normal rate of return)이라고도 부른다. 따라서 ROE는 당해 기업의 필요수익률인 자기자본비용과 비교되어야 하며, ROE가 이 필요수익률보다 높으면(낮으면) 당해 기업은 높은(낮은) 수익성을 실현한 것으로 평가할 수 있다.

그러나 다른 재무비율의 경우는 대부분 절대적 비교기준이 존재하지 않는다.

● 산업평균비율

실무에서 사용되고 있는 방법의 하나로서, 분석대상기업의 재무비율을 동일업종의 평균비율과 비교하기도 한다. 동일업종의 기업들은 비슷한 경제환경 하에서 경쟁적으로 활동하는 관계에 있으므로 산업평균비율이 비교기준으로 흔히 사용되고 있다. 한국은행에서 발간하는 「기업경영분석」은 각 산업별로 산업평균비율을 제공하고 있다.

그러나 이러한 통계표에 있는 산업평균비율 자체도 한계점이 없지 않다. 많은 기업들이 여러 업종에 걸쳐 사업을 하고 있기 때문에 소속 산업을 분류한다는 것 자체가 어려울 수 있다.

● 경쟁기업의 비율

앞의 산업평균비율은 산업분류의 어려움 때문에 사용하기 곤란한 경우가 적지 않다. 그리고 같은 산업에 속한 기업들이라 하더라도 기업규모나 경쟁력에 큰 차이가 있을 수 있다.

이러한 문제를 고려하여 경쟁기업의 재무비율이 비교기준으로 사용되기도 한다. 경쟁기업은 같은 업종에 속할 뿐 아니라 분석대상기업의 수익성에 직접적인 영향을 미칠 수 있는 관계에 있다. 따라서 경쟁기업의 재무비율을 비교기준으로 사용하면서 경영전략의 상이점을 고려하면 분석대상기업의 수익성 변화의 원인을 더 잘 파악할 수 있고 또 미래 수익성을 예측하는 데에도 도움이 될 수 있다.

1.4 사례기업의 재무제표

본장에서는 우리나라에서 면세점 상품 판매업과 호텔사업 등을 영위하는 기업인 S주식회사(이하 'S사'라고 함)를 사례기업으로 선정하고 S사의 재무제표를 이용하여 비율분석방법을 설명한다. S사와의 비교목적으로 동일업종 기업인 L주식회사(이하 'L사'라고 함)의 재무제표도 함께 분석한다.

S사는 1973년에 설립되었으며, 1991년에 한국거래소에 주식을 상장하여 상장회사가 되었다. S사가 영위하는 사업부문(영업부문)은 면세점 상품 판매업과 호텔&레저사업의 2개 사업부문으로 구성되어 있다.

S사는 1986년에 면세점 상품 판매업을 시작하였는데, 국내 및 해외에서 시내면세점, 공항면세점, 인터넷면세점 등의 영업채널을 통해 향수, 화장품, 시계, 의류, 가방류 등 다양한 면세상품을 판매하고 있다. 2013년에 싱가포르 공항에 면세점을 오픈했고, 2014년에는 마카오 공항에 면세점을 오픈하였다. 2017년에는 홍콩 공항에 매장을 오픈하였고, 2018년에는 인천국제공항에 매장을 오픈하였다.

S사는 1979년에 국내에서 호텔영업을 시작하였으며, 2013년 이후에는 여러 지역에 비즈니스호텔을 오픈하여 사업규모를 확대하였다.

S사의 사업부문별 매출실적 규모는 다음과 같으며, 면세점 상품 판매업의 매출규모가 호텔&레저사업보다 훨씬 크다.

S사의 2×22~2×24년 사업부문별 매출액 규모 (단위: 억원)

사업부문	품목	2×24	2×23	2×22
면세상품 판매업	수입품, 토산품	42,370	30,794	27,780
호텔&레저사업	객실, 연회, 식음료, 레포츠 등	5,318	4,682	4,106

자료: S사의 사업보고서

S사와 비교할 기업인 L사는 한국거래소에 주식을 상장하지 않은 비상장회사이다. L사는 면세점 상품 판매업, 호텔사업, 월드사업, 리조트사업의 4개 사업부문을 운영하고 있다. L사 역시 면세점 상품 판매업의 매출규모가 호텔사업 등보다 훨씬 크다.

L사의 2×22~2×24년 사업부문별 매출액 규모 (단위: 억원)

사업부문	품목	2×24	2×23	2×22
면세상품 판매업	면세상품	53,076	54,539	54,550
호텔사업	호텔서비스	7,651	7,269	7,309
월드사업	테마파크서비스	3,074	3,003	2,660
리조트사업	골프 및 리조트	674	432	423

자료: L사의 사업보고서

〈표 3-2〉와 〈표 3-3〉에는 S사 및 L사의 연결재무상태표와 연결포괄손익계산서 자료가 제시되어 있다. S사와 L사는 종속회사를 가지고 있는 지배기업들이므로 연결재무제표를 작성, 공표하고 있다.

표 3-2
사례기업의 연결재무상태표

(단위: 억원)

과 목	S사 2×24 12. 31	S사 2×23 12. 31	S사 2×22 12. 31	L사 2×24 12. 31	L사 2×23 12. 31
자 산					
Ⅰ. 유동자산	12,722	11,677	10,791	36,687	26,128
현금 및 현금성자산	2,819	4,744	3,467	5,084	8,430
매출채권	948	771	1,179	1,610	1,855
기타금융자산	1,472	1,029	837	12,902	6,418
재고자산	7,036	4,691	4,713	10,276	7,650
기 타	……	……	……	……	……
Ⅱ. 비유동자산	10,316	10,515	9,618	144,637	166,619
관계기업투자	345	328	348	29,430	36,108
기타금융자산	2,184	2,537	1,687	21,342	35,447
유형자산	6,969	6,931	7,069	81,957	82,605
무형자산	480	438	482	2,191	2,936
기 타	……	……	……	……	……
자산 총계	23,037	22,192	20,410	181,324	192,746
부 채					
Ⅰ. 유동부채	10,027	8,794	7,399	30,764	46,348
단기차입금, 유동성사채	1,598	2,216	1,526	17,205	31,817
매입채무	2,841	2,410	2,057	4,127	3,683
기 타	……	……	……	……	……
Ⅱ. 비유동부채	5,359	6,717	6,395	63,014	46,085
장기차입금, 사채	4,991	6,486	5,989	42,549	24,464
기 타	……	……	……	……	……
부채 총계	15,387	15,510	13,794	93,777	92,433
자 본					
Ⅰ. 지배기업 소유주지분	7,644	6,675	6,615	87,668	99,225
자본금	2,000	2,000	2,000	5,117	5,117
자본잉여금	1,966	1,966	1,966	620	913
이익잉여금	4,754	3,816	3,713	74,408	70,939
기 타	……	……	……	……	……
Ⅱ. 비지배지분	7	7	0	(122)	1,088
자본 총계	7,651	6,681	6,615	87,546	100,313
부채와 자본 총계	23,037	22,192	20,410	181,324	192,746

(단위: 억원)

표 3-3

사례기업의 연결포괄손익계산서

과 목	S사		L사	
	2×24	2×23	2×24	2×23
매 출 액	47,137	35,147	64,475	65,243
매출원가, 판매비와 관리비*	(45,046)	(34,416)	(63,294)	(66,087)
영업이익	2,091	731	1,181	(844)
기타수익	371	328	1,034	520
기타비용	(900)	(383)	(4,060)	(6,822)
금융수익	109	76	2,067	3,881
금융비용	(186)	(225)	(3,559)	(3,812)
지분법손익	(15)	(80)	(683)	2,921
법인세비용차감전순이익(순손실)	1,470	447	(4,019)	(4,157)
법인세비용	(367)	(195)	(1,829)	(1,163)
당기순이익(순손실)	1,103	253	(5,848)	(2,994)
기타포괄손익:	(1)	(61)	(5,571)	(1,445)
해외사업환산손익	35	(51)	181	(518)
기 타	……	……	……	……
포괄이익(손실)	1,102	192	(11,419)	(4,439)
당기순이익(순손실)의 귀속:				
지배기업 소유주지분	1,103	253	(5,802)	(2,917)
비지배지분	(0.1)	0.01	(46)	(77)
포괄이익(손실)의 귀속:				
지배기업 소유주지분	1,102	192	(11,364)	(4,364)
비지배지분	(0.01)	(0.03)	(55)	(75)
지배기업 지분에 대한 주당순이익:				
기본 주당순이익(주당순손실)	2,913원	667원	(5,678)원	(2,855)원

* S사의 연결포괄손익계산서에는 영업비용이 성격별로 분류(재료비, 인건비 등으로 분류)되어 있어서 매출원가, 판매비와 관리비가 구분 표시되어 있지 않음.

수익성분석 제2절

본절에서는 앞에 제시된 사례기업의 연결재무제표를 이용하여 기업의 수익성을 분석하는 방법을 설명한다. 수익성분석은 재무제표분석에서 핵심적 중요성을 갖는다. 기업의 주식에 대한 투자의사결정은 물론이고 기업의 채무이행능력을 평가하여 신용의사결정을 하려 할 때에도 수익성분석이 병행되어야 채무이행능력에 대한 판단이 가능해진다. 아래에서는 기업의 수익성을 분석하는 데 사용되는 여러 재무비율들을 설명한다.

2.1 자본이익률(투자이익률)

(1) 자기자본이익률(ROE)

한 기간의 기업의 재무성과(performance)는 당해 기간에 획득한 이익의 크기를 이익 창출을 위해 투입된 자본규모(자본 투자액)와 비교함으로써 파악할 수 있다. 포괄손익계산서에서 이익은 기업의 소유주(주주) 관점에서 측정되므로 이익에 비교될 투입자본은 기업의 자기자본이다. 따라서 획득한 이익과 투입된 자기자본('자기자본 투자액')을 대비하여 수익성 실적을 파악하는 데에는 다음의 **자기자본이익률**(return on equity, ROE)이 사용된다.

$$\text{ROE} = \frac{\text{포괄이익(당기순이익)}}{\text{자기자본}}$$

종속회사가 있는 지배기업의 연결재무제표를 분석할 때에는 아래의 두 가지 방법으로 ROE를 산정할 수 있다.

지배기업 주주의 관점에서 산정되는 ROE:

$$\text{지배기업 ROE} = \frac{\text{연결포괄이익(당기순이익) 중 지배기업 귀속분}}{\text{연결자기자본 중 지배기업 귀속분}}$$

연결실체 전체의 관점에서 산정되는 ROE:

$$\text{연결실체 ROE} = \frac{\text{연결포괄이익(당기순이익)}}{\text{연결자기자본}}$$

지배기업의 주주나 투자자들이 지배기업의 수익성 실적을 파악하려 할 때에는 위에서 연결실체 ROE보다 지배기업 ROE가 더 유용할 수 있다.[1] **지배기업 ROE**는 지배기업에게 귀속되는 이익과 자기자본을 대비하여 측정되기 때문이다. 이에 비하여 **연결실체 ROE**는 종속회사에 대한 소수주주지분까지 포함하여 연결실체 전체의 관점에서 측정된다. 그러나 일반적으로 소수주주지분의 비중이 작기 때문에 지배기업 ROE와 연결실체 ROE는 큰 차이가 없다.

ROE의 분자로는 전통적으로 당기순이익이 널리 사용되고 있으나 포괄이익을 사용하면 ROE 실적을 더 정확하게 측정할 수 있다. 포괄이익은 기업과 주주 간의 자본거래(예: 유상증자, 배당) 이외의 모든 원천에서 인식된 자기자본의 순증가를 말하며, 이는 포괄손익계산서에서 당기순이익과 기타포괄손익의 합으로 측정된다(앞의 〈표 3-3〉 참조).

위에서 ROE는 기업의 소유주가 투자한 자기자본 1원에 대해 얼마만큼의 이익이 획득되었는가를 나타내고 있다. 이와 같이 ROE는 기업의 자기자본 투자액이 얼마나 잘 운용되었는가를 나타내기 때문에 ROE는 기업의 재무성과(수익성)를 총괄적으로 나타내는 지표의 하나가 된다.

어느 한 기간의 ROE 실적이 측정되었을 때 그 실적의 양호 여부를 평가할 수 있는 적절한 비교기준은 주주의 위험보상을 위하여 기업이 최소한 벌어야 할 **필요수익률**(required rate of return)인 **자기자본비용**(cost of equity)이다. 따라서 ROE 실적이 그러한 필요수익률보다 높으면(낮으면) 당해 기업은 높은(낮은) 수익성을 실현한 것으로 평가할 수 있다.

ROE를 산정할 때 분모인 자기자본에 대해서는 기초 및 기말의 평균 자기자본이

1) 위의 두 용어(지배기업 ROE, 연결실체 ROE)는 본서에서 고안된 것인데 의미가 잘 전달되는 것으로 생각되어 이하의 장들에서도 사용한다.

흔히 사용되고 있다. 이는 연중에 주주의 자기자본 투자액의 변동이 있을 수 있으므로(예: 배당 지급이나 유상증자로 인한 자기자본의 변동) 그로 인한 이익변동을 고려하기 위해서이다.[2)]

그러나 자기자본 투자액의 변동이 없는 경우에는 기초의 자기자본을 분모로 사용하여 ROE를 산정한다.

〈표 3-4〉에는 사례기업의 재무제표(〈표 3-2〉 및 〈표 3-3〉)를 분석하여 ROE 실적을 측정한 결과가 제시되어 있다. 여기서 ROE는 기초 및 기말의 평균 자기자본을 분모로 사용하여 계산된 것이다.

먼저 당기순이익을 사용하여 ROE를 산정하면, S사의 2×23년도 지배기업 ROE는 3.8%이었으나 2×24년도에는 지배기업 ROE가 15.4%로 현저히 높아졌다. 자기자본 투입액이 전년보다 늘어났지만 당기순이익이 전년보다 850억원 증가하였기 때문에 지배기업 ROE가 15.4%로 크게 높아진 것이다. 이러한 15.4%의 ROE 실적은 S사의 필요수익률(자기자본비용)을 상회하는 높은 ROE 실적인 것으로 볼 수 있다.[3)] S사는 소수주주지분의 비중이 미미하기 때문에 연결실체 ROE도 지배기업 ROE와 같은 15.4%이다.

한편, 경쟁기업인 L사의 2×24년도 지배기업 ROE 실적은 음수인 −6.2%이다. L사는 자기자본 투입규모가 S사보다 훨씬 큼에도 불구하고 2×24년에 5,848억원의 큰 적자(당기순손실)가 발생하여 지배기업 ROE가 −6.2%이며, 연결실체 ROE도 −6.2%이다. L사는 2×23년에도 적자(당기순손실 2,994억원)가 발생하였는데(〈표 3-3〉 참조), 2×24년에 더 큰 적자가 발생하였다.

포괄이익을 사용하여 ROE를 산정하면, S사의 2×23년도 지배기업 ROE는 2.9%이었으나 2×24년도에는 15.4%로 크게 높아졌다. 연결실체 ROE의 변화추세도 그와 같다. 그러나 L사의 2×24년도 지배기업 ROE 및 연결실체 ROE는 −12.2%이다.

---

2) 기업이 현금배당을 하면 그만큼 주주의 자기자본 투자액이 작아지고(자기자본의 감소), 반면에 기업이 유상증자를 하면 그 납입액만큼 주주의 자기자본 투자액이 커진다(자기자본의 증가). 또한, 기업이 자기주식을 취득하면 그 취득대가 지급액만큼 주주의 자기자본 투자액이 작아진다(자기자본의 감소).

3) CAPM(자본자산가격결정모형)을 사용하여 자기자본비용을 추정할 경우, 무위험이자율(국채수익률)과 시장위험프리미엄을 고려할 때 S사의 2×24년도 ROE 15.4%는 S사의 자기자본비용보다 높은 수준일 가능성이 높다. CAPM을 이용하여 기업의 자기자본비용을 추정하는 방법은 제10장에서 자세히 다룬다.

(단위: 억원, %)

표 3-4 사례기업의 자기자본이익률(ROE)

ROE 산정	S사		L사
	2×24	2×23	2×24
당기순이익	1,103	253	−5,848
당기순이익 중 지배기업 귀속분	1,103	253	−5,802
포괄이익	1,102	192	−11,419
포괄이익 중 지배기업 귀속분	1,102	192	−11,364
자기자본(기초 · 기말의 평균)	7,166	6,648	93,930
자기자본 중 지배기업 귀속분(기초 · 기말의 평균)	7,159	6,645	93,447
당기순이익을 사용하여 산정한 경우:			
지배기업 ROE = 지배기업 귀속 당기순이익 / 지배기업 귀속 자기자본(평균)	15.4	3.8	−6.2
연결실체 ROE = 당기순이익 / 자기자본(평균)	15.4	3.8	−6.2
포괄이익을 사용하여 산정한 경우:			
지배기업 ROE = 지배기업 귀속 포괄이익 / 지배기업 귀속 자기자본(평균)	15.4	2.9	−12.2
연결실체 ROE = 포괄이익 / 자기자본(평균)	15.4	2.9	−12.2

(2) 총자산이익률(ROA)

전통적으로 ROE와 더불어 널리 사용되어온 자본이익률(투자이익률)로서 **총자산이익률**(return on assets, ROA)이 있다. ROA는 기업의 **영업수익성**(profitability of operations)을 평가하려는 취지에서 연결실체의 이익을 연결실체의 총자산으로 나눈 비율인데, 전통적으로 다음의 대체적 ROA 측정치들이 사용되었다.

$$\text{총자산순이익률} = \frac{\text{당기순이익}}{\text{총자산}}$$

$$\text{총자산순영업이익률} = \frac{\text{이자비용차감전이익}}{\text{총자산}}$$

$$\text{이자비용차감전이익} = \text{순이익} + \text{이자비용} \times (1 - \text{세율})$$

ROA는 영업수익성을 평가하려는 비율이고 또 그 분모에는 연결실체의 총자산이 사용되기 때문에 위의 각 비율의 분자에는 소수주주지분(비지배지분)이 포함된 연결실체의 당기순이익과 이자비용차감전이익이 각각 사용된다.

위에서 **총자산순이익률**은 기업의 총자산 1원당 얼마의 순이익이 얻어졌는가를 나타낸다. 그런데 이 비율은 분자와 분모가 일관성 없이 대응되는 한계점이 있다. 즉, 분모인 총자산(총자본)에는 타인자본도 포함되어 있으나, 분자인 당기순이익은 타인자본 이자비용을 차감하여 측정된 것이므로 주주에게 귀속되는 금액이다. 이 때문에 이익과 자본투입액이 적절히 대응되지 못하고 있다.

총자산순영업이익률은 위와 같은 총자산순이익률의 문제점을 제거하여 산정되는 ROA이다. 당기순이익에 이자비용(세후)을 다시 더하면 이자비용차감전이익이 산출되는데 이를 분자로 사용하여 ROA를 산정하고 있다. 이자비용차감전이익은 자본구조(타인자본과 자기자본의 상대적 구성)와 관계없이 영업활동에서 획득된 이익을 나타낸다고 볼 수 있으므로, 총자산순영업이익률은 총자산을 활용하여 영업활동에서 얼마만큼 이익이 획득되었는가를 나타내는 지표가 될 수 있다. 그래서 한 기업의 영업수익성을 기간적으로 비교하거나 또는 자본구조가 다른 기업들의 영업수익성을 상호 비교할 때에는 총자산순이익률보다 총자산순영업이익률이 더 유용한 정보를 제공한다.

위에서 이자비용차감전이익을 산정할 때 이자비용에 「1−세율」을 곱한 금액을 당기순이익에 더하는 이유는 당기순이익 계산시 차감된 실질적 이자비용은 「이자비용×(1−세율)」이기 때문이다. 이자비용은 세법에서 비용으로 인정되므로 기업의 세금비용이 「이자비용×세율」만큼 적어진다. 따라서 기업이 부담하는 실질적 이자비용은 포괄손익계산서상의 이자비용 금액이 아니고 「이자비용×(1−세율)」로 산출되는 금액이다.[4)]

총자산순이익률과 총자산순영업이익률을 산정할 때 분모인 총자산에 대해서는 일반적으로 기초·기말의 평균 총자산이 사용된다. 이는 연중의 총자본 투자규모의 변동으로 인한 이익변동을 고려하기 위해서이다.

〈표 3-5〉에는 사례기업의 재무제표(〈표 3-2〉 및 〈표 3-3〉)를 분석하여 ROA를 측정한 결과가 제시되어 있다. 총자산순영업이익률에 초점을 두면, S사의 2×24년도 ROA 실적은 5.5%로서 2×23년도의 2.0%보다 훨씬 높은 영업수익성을 보

4) 세금 감소액인 「이자비용×세율」을 타인자본 사용의 **절세효과**라고 부른다.

(단위: 억원, %)

표 3-5 사례기업의 총자산이익률(ROA)

ROA 산정	S사		L사
	2×24	2×23	2×24
당기순이익	1,103	253	−5,848
이자비용*	186	225	1,667
이자비용×(1−0.242)**	141	171	1,264
총자산(기초・기말의 평균)	22,615	21,301	187,035
총자산순이익률 = 당기순이익 / 총자산(평균)	4.9	1.2	−3.1
총자산순영업이익률 = [당기순이익 + 이자비용×(1−0.242)] / 총자산(평균)	5.5	2.0	−2.5

* 재무제표 주석에서 추출

** 세율(지방소득세 포함) = 24.2%

이고 있다. 이에 비해 L사의 2×24년도 ROA 실적은 음수인 −2.5%이다.

한편, 위에서 살펴본 ROA 측정치들은 각각 다음과 같이 두 비율의 곱으로 나타낼 수 있다.

$$\text{총자산순이익률} = \frac{\text{당기순이익}}{\text{매출액}} \times \frac{\text{매출액}}{\text{총자산}}$$

$$\text{총자산순영업이익률} = \frac{\text{이자비용차감전이익}}{\text{매출액}} \times \frac{\text{매출액}}{\text{총자산}}$$

여기서 당기순이익 또는 이자비용차감전이익을 매출액으로 나눈 비율을 총칭하여 '매출액이익률'이라고 부른다. 또한 매출액을 총자산으로 나눈 비율은 '총자산회전율'이라고 부른다. 위에서 보듯이, 매출액이익률이 높을수록 그리고 총자산회전율이 높을수록 ROA가 높아진다. 다음의 소절 이하에서는 매출액이익률과 자산회전율에 대해 구체적으로 논의할 것이다.

2.2 매출액이익률

자본이익률(투자이익률)은 기업이 획득한 이익과 기업이 투입한 자본을 대비시키고 있으므로 기업의 수익성을 총괄적으로 나타내는 재무비율이다. 자본이익률을 결정하는 한 요인은 매출액이익률이므로 본 소절에서는 이에 대해 구체적으로 살펴본다.

매출액이익률은 매출활동의 수익성, 즉 '매출마진'을 나타내는 비율이며, 매출액 1원당 얼마만큼 이익이 획득되고 있는가를 나타낸다. 여기서 이익을 어떻게 정의하는가에 따라 아래와 같이 다양한 형태의 매출액이익률이 산정될 수 있다.

● 포괄손익계산서상의 이익수치에 대한 매출액이익률

다음의 각 매출액이익률은 포괄손익계산서에 제시되고 있는 매출총이익, 영업이익, 당기순이익, 포괄이익 등을 각각 매출액으로 나누어 산정되는 비율이다.

$$\text{매출액총이익률} = \frac{\text{매출총이익}}{\text{매출액}}$$

$$\text{매출액영업이익률} = \frac{\text{영업이익}}{\text{매출액}}$$

$$\text{매출액순영업이익률} = \frac{\text{이자비용차감전이익}}{\text{매출액}}$$

$$\text{매출액순이익률} = \frac{\text{당기순이익}}{\text{매출액}}$$

$$\text{매출액포괄이익률} = \frac{\text{포괄이익}}{\text{매출액}}$$

매출액총이익률은 포괄손익계산서상의 매출총이익을 매출액으로 나눈 것이며, 매출액 1원당 총마진(gross margin)을 나타낸다. 매출총이익은 매출액에서 매출원가를 차감한 것이다. **매출액영업이익률**은 포괄손익계산서상의 영업이익을 매출액으로 나눈 비율이며, 「영업이익 = 매출총이익 − 판매비와 관리비」로 측정된다(제2장의 2.3절 참조).

매출액순영업이익률은 앞의 2.1절에서 설명한 총자산순영업이익률의 구성요소로서, '이자비용차감전이익'을 매출액으로 나눈 비율이다. 여기서 이자비용차감전이익은「당기순이익+이자비용×(1−세율)」이므로, 이는 이자비용과 기타포괄손익 이외의 모든 손익항목들을 포함시켜 산정된 이익이다.

매출액순이익률은 포괄손익계산서상의 당기순이익을 매출액으로 나눈 비율이다. 당기순이익은 기타포괄손익만 제외하고 모든 손익항목들을 포함시켜 산정된 이익이므로, 이는 위의 영업이익은 물론 기타수익과 기타비용, 금융수익과 금융비용, 지분법손익, 법인세비용도 모두 포함시켜 산정된 이익이다. 마지막으로, **매출액포괄이익률**은 포괄이익을 매출액으로 나눈 것이며, 이는 기타포괄손익까지 포함한 모든 손익항목들의 순액을 매출액에 대비시킨 비율이다.

● 비용 대 매출액 비율

매출액이익률에 대한 보충적 비율로서 아래와 같이 특정 비용항목이나 특정 손익을 매출액으로 나눈 비율도 함께 사용된다.

$$\text{매출원가율} = \frac{\text{매출원가}}{\text{매출액}} = 1 - \text{매출액총이익률}$$

$$\text{판매관리비 대 매출액} = \frac{\text{판매비와 관리비}}{\text{매출액}}$$

$$\text{기타손익 대 매출액} = \frac{\text{기타수익} - \text{기타비용}}{\text{매출액}}$$

$$\text{금융비용 대 매출액} = \frac{\text{금융비용}}{\text{매출액}}$$

$$\text{법인세비용 대 매출액} = \frac{\text{법인세비용}}{\text{매출액}}$$

〈표 3-6〉에는 사례기업의 포괄손익계산서(〈표 3-3〉)를 분석하여 매출액이익률을 산정한 결과가 제시되어 있다. S사의 경우 연결포괄손익계산서에 영업비용이 성격별로 분류(재료비, 인건비 등으로 분류)되어 있어서 매출원가 및 판매비와 관리비가 구분 표시되어 있지 않으므로 이 항목들을 사용하는 비율은 〈표 3-6〉에 제시되어 있지 않다.

(단위: %)

표 3-6
사례기업의 매출액이익률

매출액이익률의 산정	S사		L사
	2×24	2×23	2×24
매출액영업이익률 = 영업이익 / 매출액	4.4	2.1	1.8
매출액순영업이익률 = 이자비용차감전이익 / 매출액	2.6	1.2	−7.1
매출액순이익률 = 당기순이익 / 매출액	2.3	0.7	−9.1
매출액포괄이익률 = 포괄이익 / 매출액	2.3	0.5	−17.7

* 이자비용차감전이익 = 당기순이익 + 이자비용×(1−세율)

〈표 3-6〉을 보면, S사의 2×24년 매출액영업이익률은 4.4%로서 2×23년의 2.1%보다 크게 높아졌다. S사의 매출액순영업이익률, 매출액순이익률 및 매출액포괄이익률도 2×23년보다 크게 높아졌다.

이에 비하여 경쟁기업인 L사의 2×24년 매출액영업이익률은 S사보다 현서히 낮은 1.8%이고, 매출액순영업이익률과 매출액순이익률 및 매출액포괄이익률은 모두 음수이다.

요컨대, S사의 2×24년도 매출액이익률 실적은 경쟁기업인 L사보다 현저히 높으며, 이 때문에 S사의 자본이익률(ROE, ROA)이 L사보다 크게 높아지게 되었다.[5)]

● 사업부문별 매출액영업이익률

기업이 2개 이상의 사업부문을 운영하는 경우에는 사업부문별 자료를 이용하여 세부적인 분석을 할 수 있다. 재무제표 주석에는 사업부문별 매출액과 영업이익이 제시되어 있으므로 이를 이용하면 사업부문별 영업수익성을 파악할 수 있다.

〈표 3-7〉에는 S사의 2×23∼2×24년 사업부문별 수익성 자료가 제시되어 있다. 2×24년 면세점사업의 매출규모는 호텔&레저사업보다 현저히 크며, 매출액영업이익률도 면세점사업이 훨씬 높다. S사의 2×24년 수익성이 2×23년보다 크게 높아진 이유는 면세점사업의 영업이익이 크게 증가했기 때문이다.

5) ROA는 ROE의 한 구성요소이므로 매출액이익률은 ROE에도 영향을 미친다. ROE와 ROA의 상호관계는 제4장에서 자세히 다룬다.

(단위: 억원, %)

표 3-7

사례기업의 부문별 매출액영업이익률: S사

	2×24		2×23	
	면세점사업	호텔&레저사업	면세점사업	호텔&레저사업
매출액	42,370	5,318	30,794	4,682
영업이익	1,961	130	583	146
매출액영업이익률	4.6	2.4	1.9	3.1

자료: S사의 2×24년도 재무제표 주석(종속회사들과의 연결재무제표 작성과정에서 위 부문별 매출액의 합계는 연결포괄손익계산서상의 총매출액 수치와 조금 다르게 됨)

〈표 3-8〉에는 L사의 2×23~2×24년 사업부문별 수익성 자료가 제시되어 있다. L사는 면세점사업의 매출액영업이익률이 S사보다 낮은 수준에 머물고 있으며, 특히 호텔사업은 계속 영업이익이 음수(적자)이다.

(단위: 억원, %)

표 3-8

사례기업의 부문별 매출액영업이익률: L사

	2×24			2×23		
	면세점사업	호텔사업	기타 사업	면세점사업	호텔사업	기타 사업
매출액	53,076	7,651	3,748	54,539	7,269	3,435
영업이익	2,050	−848	−22	25	−894	26
매출액영업이익률	3.9	−11.1	−0.6	0.05	−12.3	0.8

자료: L사의 2×24년도 재무제표 주석

2.3 효율성비율

효율성비율(efficiency ratios)은 기업의 영업활동에 투입된 자산이 얼마나 효율적으로 사용되고 있는가를 나타내는 비율이며, **활동성비율**(activity ratios)이라고도 부른다. 효율성비율은 주로 매출액과 자산을 대비시켜 산정하며, 자산의 효율적 이용은 기업의 수익성(자본이익률)을 결정하는 요인의 하나이다. 효율성비율은 자산의 활용도를 총괄적으로 측정하는 비율과 특정의 자산 그룹 또는 항목에 대한 개별적 비율로 구분해 볼 수 있다.

아래에서 효율성비율을 산정할 때 자산과 부채는 연중에 평균적으로 사용된 금액을 매출액 등에 대비시킨다는 취지에서 '기초 · 기말의 평균치'가 사용된다.

● 총자산회전율

기업 전체적으로 자산의 활용도를 총괄적으로 파악하기 위한 비율로서 다음의 총자산회전율이 사용된다.

$$\text{총자산회전율} = \frac{\text{매출액}}{\text{총자산(평균)}}$$

자산 총액은 부채 및 자기자본 총액과 같으므로 총자산회전율은 **총자본회전율**이라고도 부른다. 총자산회전율은 자산의 활용도에 대한 총괄적 지표로서 전통적으로 널리 사용되어 왔다. 총자산회전율이 높으면 기업의 유동자산과 비유동자산이 효율적으로 이용되어 매출액이 많이 창출되고 있다는 것을 의미한다. 반면에 총자산회전율이 낮으면 기업의 자산투자가 과다하였거나 또는 자산이 비효율적으로 이용되고 있다는 것을 의미한다. 앞의 2.1절에서 살펴본 바와 같이, 총자산회전율은 기업의 ROA를 결정하는 요인의 하나이다.

● 영업운전자본회전율

기업은 영업활동을 수행하기 위하여 어느 정도의 운전자본(working capital)을 투입하여야 한다. 예를 들면, 영업활동을 하기 위해 어느 정도의 현금을 보유하고 있어야 하고, 매출에 대비해서 재고자산도 보유하고 있어야 한다. 이와 반대로, 재고자산에 관한 매입채무는 매입대금 지급시기를 늦추어줌으로써 영업활동에 소요되는 운전자금을 줄여준다.

전통적으로 운전자본은 유동자산 총액에서 유동부채 총액을 차감한 금액으로 정의되었다. 그러나 이 정의에서는 영업활동에 필요하지 않은 여유현금(excess cash)을 예치해 놓은 현금성자산이나 금융기관예치금, 단기차입금, 유동성장기부채 등과 같이 영업활동과 무관한 유동자산 · 유동부채가 포함되는 문제점이 있다. 따라서 그러한 항목들이 포함되지 않은 **영업 관련 유동자산**과 **영업 관련 유동부채**의 차이로 영업운전자본(operating working capital)을 측정할 필요가 있다.

$$영업운전자본회전율 = \frac{매출액}{영업운전자본(평균)}$$

$$영업운전자본\ 대\ 매출액 = \frac{영업운전자본(평균)}{매출액}$$

영업운전자본 사용의 효율성은 매출액에 영업운전자본을 대비시킨 영업운전자본회전율(operating working capital turnover)에 의해 파악할 수 있다. 즉, 이 비율이 높으면 영업운전자본 관리의 효율성이 높음을 의미한다. 만일 기업이 영업운전자본 관리를 아주 잘해서 영업운전자본 금액이 음수인 경우에는 위의 회전율이 계산되지 않는다. 이때에는 회전율의 역수인「영업운전자본/매출액」비율을 사용한다.

● 영업운전자본 구성요소에 관한 회전율

영업운전자본의 주요 구성요소는 매출채권, 재고자산 그리고 매입채무이다. 이들 항목은 기업의 입장에서 운전자본 관리의 주된 대상이며, 각각에 대해 아래와 같이 효율성비율을 측정할 수 있다.

① 매출채권회전율

매출채권회전율(accounts receivable turnover)은 매출액을 매출채권으로 나눈 비율로서 매출채권이 현금화되는 속도를 나타내는 지표이다. 이 비율이 높으면 매출채권이 현금화되는 속도가 빠름을 의미하며, 동시에 매출채권 투자가 크지 않음을 나타낸다.

$$매출채권회전율 = \frac{매출액}{매출채권(평균)}$$

엄밀히 말하면 위의 비율을 산정할 때 현금매출액이 제외된 '신용매출액'(credit sales)이 분자로 사용되어야 하나, 재무제표에 신용매출액 자료가 공시되지 않으므로 일반적으로 매출 총액이 분자로 사용된다.[6)]

매출채권회전율은 기간 형태로 표현할 수도 있다. 매출채권 평균회수기간(days in accounts receivable)은 매출채권을 일평균 매출액으로 나누어 계산되며, 매출채

6) 소비자를 직접 상대하는 소매업이 아닌 경우에는 기업간 매출·매입거래가 일반적으로 신용거래이므로 포괄손익계산서상의 매출 총액을 분자로 사용해도 별 문제가 없다.

권회전율의 역수에 365를 곱하여 계산해도 마찬가지이다. 매출채권 평균회수기간은 매출채권이 발생된 후 현금으로 회수되기까지 소요되는 평균 일수를 나타낸다.

$$\text{평균회수기간} = \frac{\text{매출채권(평균)}}{\text{일평균 매출액}} = \frac{\text{매출채권(평균)}}{\text{매출액} \div 365} = \frac{365}{\text{매출채권회전율}}$$

② 재고자산회전율

재고자산회전율(inventory turnover)은 매출원가를 재고자산으로 나눈 비율이며, 재고자산 관리의 효율성을 나타낸다. 이 비율이 높으면 재고자산이 창고에 오래 머무르지 않고 신속히 판매됨을 의미한다. 재고자산회전율을 계산할 때 매출액 대신 매출원가를 분자로 사용하는 이유는 재고자산은 취득원가로 기록되어 있는 데 비하여 매출액에는 이익이 포함되어 있기 때문이다.

$$\text{재고자산회전율} = \frac{\text{매출원가}}{\text{재고자산(평균)}}$$

$$\text{평균보유기간} = \frac{\text{재고자산(평균)}}{\text{매출원가} \div 365} = \frac{365}{\text{재고자산회전율}}$$

재고자산회전율도 기간 형태로 표현할 수 있으며, 위와 같이 재고자산회전율의 역수에 365를 곱하면 재고자산 평균보유기간(days in inventory)이 산출된다. 재고자산 평균보유기간은 재고자산이 판매되기까지 평균적으로 얼마나 시간이 소요되고 있는가를 나타낸다.

③ 매입채무회전율

매입채무회전율(accounts payable turnover)은 재고자산 매입액을 매입채무로 나눈 비율로서 매입채무가 지급되는 속도를 나타낸다. 재고자산 매입액 자료가 이용가능하지 않은 경우에는 매출원가를 대용치로 사용할 수 있다. 이 비율이 높으면 매입채무 결제가 빨리 이루어지고 있음을 나타낸다. 기업 입장에서는 매입채무회전율을 낮게 유지하는 것이 영업운전자본 투자액을 줄이는 데 도움이 된다.

$$\text{매입채무회전율} = \frac{\text{재고자산 매입액}}{\text{매입채무(평균)}}$$

$$\text{평균결제기간} = \frac{\text{매입채무(평균)}}{\text{재고자산 매입액} \div 365} = \frac{365}{\text{매입채무회전율}}$$

매입채무회전율도 기간 형태로 나타낼 수 있는데, 위와 같이 매입채무회전율의 역수에 365를 곱하면 매입채무의 평균결제기간(days in accounts payable)이 산출될 수 있다.

● 비유동자산에 관한 회전율

비유동자산이 얼마나 효율적으로 활용되고 있는가를 분석함에 있어서는 다음의 비율들이 사용된다.

$$\text{비유동자산회전율} = \frac{\text{매출액}}{\text{비유동자산(평균)}}$$

$$\text{유형자산회전율} = \frac{\text{매출액}}{\text{유형자산(평균)}}$$

위 비율들은 모두 매출액에 대비시킨 효율성비율이며, 비유동자산 투자의 효율성을 평가하는 지표들이다. 비유동자산회전율은 비유동자산 총액을 사용하여 산정되고, 유형자산회전율은 대표적 비유동자산인 유형자산에 대해 자산 활용도를 측정하는 비율이다. 위 비율들이 낮은 경우에는 자산투자가 과다하였거나 또는 자산이 비효율적으로 이용되고 있음을 의미한다.

〈표 3-9〉에는 사례기업의 재무제표를 분석하여 효율성비율을 산정한 결과가 제시되어 있다. 먼저 S사의 2×24년 총자산회전율은 2.08회로서 2×23년의 1.65회보다 상당히 향상되었다. 이에 비해 L사는 총자산회전율이 0.34회의 저조한 수준에 머물고 있다. 그러므로 2×24년에 S사의 자본이익률(ROE, ROA)이 L사보다 현저히 높아지게 된 이유의 하나는 S사의 총자산회전율이 L사보다 크게 높았기 때문인 것으로 해석할 수 있다.

총자산의 구성요소에 관한 회전율을 보면, S사는 2×24년의 영업운전자본회전율이 55.2회로서 2×23년의 37.2회보다 상당히 높아졌고, 비유동자산회전율과 유형자산회전율도 2×23년보다 상당히 높아졌음을 볼 수 있다. 이에 비해 L사의 2×24년 영업운전자본회전율, 비유동자산회전율 및 유형자산회전율은 모두 S사보다 현저히 낮은 수준에 머물고 있다.

표 3-9
사례기업의 효율성비율

효율성비율의 산정[1]	단위	S사		L사
		2×24	2×23	2×24
총자산회전율 = 매출액 / 총자산	회	2.08	1.65	0.34
영업운전자본회전율 = 매출액 / 영업운전자본[2]	회	55.2	37.2	34.1
비유동자산회전율 = 매출액 / 비유동자산	회	4.53	3.49	0.41
유형자산회전율 = 매출액 / 유형자산	회	6.78	5.02	0.78
매출채권회전율 = 매출액 / 매출채권	회	54.8	36.0	37.2
평균회수기간 = 365 / 매출채권회전율	일	6.7	10.1	9.8
재고자산회전율 = 매출원가[3] / 재고자산	회	–	–	4.68
평균보유기간 = 365 / 재고자산회전율	일	–	–	78.0
매입채무회전율 = 재고자산 변동액[4] / 매입채무	회	9.08	8.03	8.64
평균결제기간 = 365 / 매입채무회전율	일	40.2	45.5	42.2

1) 각 비율에서 자산과 부채의 금액은 기초 · 기말의 평균치임.
2) 연결재무상태표 및 주석에서 영업 관련 유동자산과 영업 관련 유동부채는 각각 다음과 같이 산정되었음.

영업 관련 유동자산 = 유동자산 총액 – [현금성자산 + 단기금융상품 + 단기대여금 + 당기손익_공정가치 측정 금융자산]
영업 관련 유동부채 = 유동부채 총액 – [단기차입금 + 유동성사채]

3) S사의 연결포괄손익계산서에 매출원가 자료가 공개되어 있지 않음.
4) 재무제표 주석에 표시된 비용의 성격별 분류 중 재고자산 변동액을 재고자산 매입액의 대용치로 사용함.

영업운전자본의 구성요소에 관한 회전율을 보면, S사의 2×24년 매출채권회전율은 54.8회로서 전년의 36.0회보다 상당히 높아졌다. 즉, 매출채권 평균회수기간이 2×23년에는 10.1일이었는데 2×24년에는 평균회수기간이 6.7일로 짧아졌다. 재고자산회전율은 매출원가 자료가 공개되지 않아 산정할 수 없으나, 매입채무회전율 9.08회는 전년의 8.03회보다 조금 높아져서 매입채무 평균결제기간이 전년보다 조금 짧아졌다.

한편, L사는 매출채권회전율이 37.2회로서 S사보다 상당히 낮은 수준이며, 매입채무회전율 8.64회는 S사와 큰 차이가 없다.

제3절 재무위험분석

기업이 부채를 많이 사용하고 있으면, 영업성과가 부진할 때 이자와 부채금액을 지급하지 못할 가능성(즉, 위험)이 높아지고 또 순이익도 크게 감소한다. 이자는 고정비 성격의 비용이기 때문에 부채가 많은 기업의 경우에는 영업성과가 부진할 때 지급불능위험이 높아진다. 재무위험 분석비율은 기업의 지급불능위험의 정도를 평가하는 데 사용되는 비율로서, 단기적 지급능력을 나타내는 유동성비율과 타인자본 의존에 따른 장기적 지급능력을 평가하는 레버리지비율로 구성된다.

3.1 유동성비율

유동성비율(liquidity ratios)은 기업의 단기적 지급능력을 평가하는 데 사용되는 비율이다. 기업에 대한 이해관계자 중에서 상품, 원자재 등을 신용매출하는 공급자나 단기대출을 하는 금융기관은 기업의 단기지급능력에 큰 관심을 가지고 있다. 기업이 단기부채를 지급하려면 현금을 충분히 보유하고 있거나 또는 단기간 내에 현금화되는 자산을 충분히 보유하고 있어야 한다. 따라서 유동성비율은 주로 단기간 내에 현금화되는 자산과 단기부채를 비교하여 산정된다.

● 유동비율

유동비율(current ratio)은 대표적인 유동성비율이며, 재무상태표상의 유동자산 총액을 유동부채 총액으로 나누어 계산된다. 유동비율을 단기지급능력의 지표로 볼 수 있는 근거는 유동자산과 유동부채의 의미를 생각하면 쉽게 이해될 수 있다. 유동자산은 주로 1년 이내에 현금화되는 자산이고, 유동부채는 주로 1년 이내에 지급해야 하는 부채이다. 따라서 유동자산이 유동부채보다 충분히 많으면 단기지급능력이 양호한 것으로 평가하게 된다.

$$유동비율 = \frac{유동자산}{유동부채}$$

● 당좌비율

당좌비율(quick ratio)은 현금과 현금화되는 속도가 빠른 유동자산의 합계를 유동부채 총액으로 나눈 비율이다. 유동자산 중에서 재고자산은 판매과정을 거쳐야만 현금화되고 또 판매는 경기변동의 영향을 받는다. 뿐만 아니라, 재고자산 중에는 진부화되어 판매되기 어려운 자산이 포함되어 있을 수도 있다. 따라서 기업의 단기지급능력을 엄격히 평가하기 위해서 재고자산을 제외한 유동자산을 분자로 사용하는 당좌비율을 측정하게 된다.

$$당좌비율(A) = \frac{유동자산 - 재고자산}{유동부채}$$

위 비율의 분자에는 선급금, 선급비용 등과 같이 수취채권이 아닌 자산이 포함되어 있다. 이러한 비수취채권은 현금화되기 어려울 수 있으므로 아래와 같이 비수취채권을 제외하여 당좌비율을 산정하기도 한다.

$$당좌비율(B) = \frac{현금\ 및\ 현금성자산 + 금융기관예치금 + 유가증권 + 수취채권}{유동부채}$$

이 비율(B)은 앞의 비율(A)보다 더 보수적으로 산정되는 당좌비율이다. 그러나 일반적으로 두 비율 간에 큰 차이는 없다. 위에서 수취채권은 매출채권, 단기대여금, 미수금 등을 포함하며, 유가증권은 유동자산으로 분류된 '시장성 있는 유가증권'을 가리킨다.

● 현금비율

현금비율(cash ratio)은 현금 및 현금성자산, 금융기관예치금, 유동자산으로 분류된 시장성 있는 유가증권의 총액을 유동부채 총액으로 나눈 비율이다. 당좌비율 측정대상 중에서 수취채권은 대손의 가능성이 있으므로 수취채권을 포함시키지 않은 현금비율을 측정하기도 한다. 현금비율은 가장 보수적으로 산정되는 유동성비율이다.

$$\text{현금비율} = \frac{\text{현금 및 현금성자산} + \text{금융기관예치금} + \text{유가증권}}{\text{유동부채}}$$

● **영업현금흐름 대 유동부채 비율**

위에서 설명한 유동성비율들은 기말시점의 자산금액을 사용하여 산정되기 때문에 계절적 영향을 받을 수 있다. 단기지급능력을 평가하는 대체적 방법은 기업이 연중의 영업활동에서 획득하는 현금흐름이 유동부채와 비교하여 얼마나 되는지를 분석하는 것이다. 영업활동에서 획득하는 현금흐름이란 영업활동의 현금유입(매출수입 등)에서 영업활동의 현금유출(재고자산 매입, 영업비용 지급)을 차감한 순현금유입을 말한다.

$$\text{영업현금흐름 대 유동부채} = \frac{\text{영업활동 현금흐름}}{\text{유동부채}}$$

이 비율의 분자인 영업활동 현금흐름은 현금흐름표에서 추출할 수 있다. 분모인 유동부채에 대해서는 일반적으로 기초 · 기말의 평균치가 사용된다.

〈표 3-10〉에는 사례기업의 재무상태표와 주석 자료를 분석하여 유동성비율들을 산정한 결과가 제시되어 있다. 여기서 당좌비율은 당좌비율(A)이다. 먼저 대표적 유동성비율인 유동비율 측정결과를 보면, S사의 2×24년 말 현재 유동비율은 126.9%로서 그 자체가 낮은 수준은 아니지만 전년 말에 비해 약간 하락하였다. 당좌비율과 현금비율도 전년 말에 비해 하락하였고, '영업현금흐름 대 유동부채' 비율도 전년에 비해 개선되지 않았다.

L사의 2×24년 말 현재 유동비율은 119.3%로서 S사와 큰 차이가 없으나, 당좌비율과 현금비율은 오히려 S사보다 상당히 높은 수준이다. L사는 S사와 달리 재무자산(현금성자산, 단기금융상품, 당기손익_공정가치 측정 금융자산)을 많이 보유하고 있다. 그러나 L사는 2×24년에 양(+)의 영업활동 현금흐름을 창출하지 못하였기 때문에 '영업현금흐름 대 유동부채' 비율은 음수(−4.9%)이다.

(단위: 억원, %)

표 3-10
사례기업의 유동성비율

유동성비율의 산정	S사		L사
	2×24	2×23	2×24
유동자산: 현금 및 현금성자산	2,819	4,744	5,084
단기금융상품	100	0	8,314
당기손익_공정가치 측정 금융자산	30	30	3,715
매출채권 및 기타채권	2,027	1,603	1,610
재고자산	7,036	4,691	10,276
기타유동자산	710	609	7,688
유동자산 합계	12,722	11,677	36,687
유동부채: 단기차입금	98	216	14,608
유동성사채	1,500	2,000	2,597
매입채무	2,841	2,410	4,127
기타유동부채	5,588	4,168	9,432
유동부채 합계	10,027	8,794	30,764
영업활동 현금흐름[1)]	1,539	2,072	−1,871
유동비율 = 유동자산 / 유동부채	126.9	132.8	119.3
당좌비율 = [유동자산 − 재고자산] / 유동부채	56.7	79.4	85.9
현금비율 = 현금성자산 등[2)] / 유동부채	29.4	54.3	55.6
영업활동 현금흐름 / 평균 유동부채[1)]	16.4	25.6	−4.9

1) 영업활동 현금흐름은 사례기업의 현금흐름표에서 추출되었으며, 평균 유동부채는 기초 · 기말의 평균치임.
2) 현금비율의 분자는 현금 및 현금성자산, 단기금융상품 및 당기손익_공정가치 측정 금융자산의 합계임.

3.2 레버리지비율

레버리지비율(leverage ratios)은 기업의 타인자본 의존도와 부채의 원리금 지급능력을 평가하는 데 사용되는 비율이다. 기업이 타인자본을 사용하면 고정비 성격의 이자비용이 발생한다. 그래서 기업의 총자산순영업이익률이 차입이자율(세후)을 상회할 때는 부채가 많을수록 ROE가 더 높아지지만, 반대의 경우에는 부채가 많을수록 ROE가 더 낮아진다(이 관계는 제4장 1절에서 자세히 설명된다). 이러한 손익확대효과 때문에 기업의 부채가 많으면 주식투자자에게는 투자위험이 높아진다. 또한 기업은 영업성과가 부진하더라도 그와 관계없이 부채의 원리금을 반드시 지급해야 하기 때문에 부채가 많은 기업은 지급불능위험(default risk)이 높아진다. 그래서 기업에 장기자금을 제공하는 회사채투자자, 금융기관 등은 당해 기업의 타인자본 의존도와 원리금 지급능력이 어느 정도인지에 대해 큰 관심을 갖게 된다.

● 부채비율과 재무부채비율

기업의 타인자본 의존도와 장기적 부채지급능력을 분석하는 데에는 다음의 비율들이 주로 사용된다.

$$\text{부채비율} = \frac{\text{총부채}}{\text{자기자본}}$$

$$\text{자기자본비율} = \frac{\text{자기자본}}{\text{총부채} + \text{자기자본}}$$

$$\text{재무(차입)부채비율} = \frac{\text{재무부채(차입부채)}}{\text{자기자본}}$$

부채비율(liabilities-to-equity ratio)은 재무상태표상의 모든 부채의 총액을 자기자본으로 나눈 것으로서 전통적으로 사용되고 있는 레버리지비율이다. 자기자본비율은 총자산 중에서 자기자본이 차지하는 비중을 나타내며 이는 위의 부채비율을 다른 형태로 측정한 것이다. 재무부채비율(debt-to-equity ratio) 또는 차입부채비율은 자금조달에 따른 부채, 즉 이자가 지급되는 차입부채 총액을 자기자본으로 나눈 비율이다. 재무부채(차입부채)에는 장 · 단기차입금과 사채는 물론, 비유동자산 연불구입에 따른 장기미지급금, 금융리스채무 등도 포함된다.

위의 비율들은 총부채 또는 재무부채(차입부채)를 자기자본과 대비시킨 것이므로 기업의 타인자본 의존도를 나타낸다. 그리고 부채가 많은 기업은 미래에 많은 금액을 지급해야 하므로 부채가 적은 기업에 비해 부채지급의 불확실성이 상대적으로 높아진다. 이러한 의미에서 위의 비율들은 기업의 장기적 부채지급능력을 평가하는 지표가 될 수 있다.

● 이자보상비율

기업이 타인자본을 사용하면 자본사용대가로서 정기적으로 이자를 지급해야 한다. 따라서 회사채투자자, 금융기관 등이 기업에 대한 자금대여결정을 하려면 당해 기업의 이자지급능력이 어느 정도인지를 분석하는 것도 중요하다. 이러한 분석을 위해서 다음의 이익기준 이자보상비율(interest coverage ratio)이 사용된다.

$$\text{이익기준 이자보상비율(A)} = \frac{\text{이자 및 법인세비용 차감전 이익}}{\text{이자비용}}$$

$$\text{이익기준 이자보상비율(B)} = \frac{\text{영업이익}}{\text{이자비용}}$$

이익기준 이자보상비율(A)은 회계이익을 사용하여 계산되는 이자보상비율로서, '이자 및 법인세비용 차감전 이익'을 이자비용으로 나눈 비율이다. '이자 및 법인세비용 차감전 이익'은 「당기순이익+이자비용+법인세비용」으로 계산할 수 있다. 여기서 법인세비용을 차감하지 않은 이익을 사용하는 것은 법인세비용이 이자비용 차감후에 결정된다는 점을 고려한 것이다. 기업이 이익을 많이 창출하면 일반적으로 이자지급능력이 높아진다. 그래서 이자 및 법인세비용 차감전 이익이 이자비용의 몇 배쯤 되는지 보기 위해서 위와 같이 이자보상비율을 산정한다.[7)] 이자보상비율이 충분히 높으면 이자지급능력이 양호한 것으로 평가할 수 있다.

위 이익기준 이자보상비율(B)은 계산을 좀 더 간편히 하기 위해 '포괄손익계산서상의 영업이익'을 분자로 사용하는 비율이다.

이자는 현금으로 지급되어야 하는데 위 이익기준 이자보상비율은 기업의 실제 현금흐름을 반영하지 못하는 한계점이 있다. 이러한 한계점을 보완하기 위해서 다음의 현금기준 이자보상비율이 사용된다.

$$\text{현금기준 이자보상비율} = \frac{\text{이자 및 법인세 차감전 영업활동 현금흐름}}{\text{이자지급액}}$$

---

7) 기업이 차입부채의 이자를 비유동자산 취득원가에 산입하였을 경우에는 그러한 '건설자금이자'를 '분모의 이자비용'에 포함시켜서 이자보상비율을 산정해야 한다. 건설자금이자를 분모에 포함시키지 않으면 이자보상비율이 크게 부풀려질 위험이 있다.

특히 이익기준 이자보상비율이 높지 않은 때에는 현금기준 이자보상비율을 사용하여 판단할 필요가 있다. 현금기준 이자보상비율은 '이자 및 법인세 차감전 영업활동 현금흐름'을 이자지급액과 대응시켜 산정된다. 이때 실제의 이자지급액이 '이자지급 약정액'보다 작으면 이자지급 약정액을 사용하여 비율을 산정한다.

기업이 이자비용 외에도 고정비 성격의 다른 금융비용(예: 리스료)을 지급해야 할 경우에는 이자비용과 그러한 금융비용을 모두 포함한 고정비용보상률(fixed-charge coverage ratio)을 산정하여 기업의 금융비용 지급능력을 분석할 수도 있다. 현금기준 고정비용보상률은 다음과 같이 산정된다.

$$\text{현금기준 고정비용보상률} = \frac{\text{고정금융비용 및 법인세 차감전 영업활동 현금흐름}}{\text{고정금융비용 지급액}}$$

● 고정비율과 고정장기적합률

기업이 조달한 자금은 운전자본과 비유동자산에 투자된다. 비유동자산에 대한 투자자금을 회수하는 데에는 일반적으로 장기간이 소요되므로 비유동자산 투자에는 장기자금을 사용하는 것이 바람직할 것이다. 이러한 자금운용의 안정성 정도를 파악하기 위하여 아래의 고정비율과 고정장기적합률이 사용된다.

$$\text{고정비율} = \frac{\text{비유동자산}}{\text{자기자본}}$$

$$\text{고정장기적합률} = \frac{\text{비유동자산}}{\text{자기자본} + \text{비유동부채}}$$

고정비율은 비유동자산을 자기자본으로 나누어 산정된다. 자기자본은 상환기한이 없는 장기자본이므로 고정비율이 100% 이하이면 재무적 안정성이 높다고 볼 수 있다. 고정장기적합률은 비유동자산을 장기자본 총액으로 나눈 비율이다. 거액의 설비투자가 필요할 때 투자자금의 전부를 자기자본으로 조달하는 것은 어려울 수 있다. 그러한 경우 투자자금을 조달하는 다른 원천은 장기부채(비유동부채)이다. 따라서 고정장기적합률은 비유동자산 투자에 얼마만큼 장기자본이 사용되고 있는지를 평가하는 비율이다. 고정장기적합률이 100%를 넘으면, 즉 단기자금이 비유동자산 투자에 사용되면 기업의 재무적 안정성이 낮아질 수 있다.

표 3-11
사례기업의 레버리지비율

(단위: 억원, %, 배)

레버리지비율의 산정	S사		L사
	2×24	2×23	2×24
총부채	15,387	15,510	93,777
차입부채[1]	6,589	8,701	59,754
자기자본	7,651	6,681	87,546
부채비율 = 총부채 / 자기자본	201.1	232.2	107.1
재무부채비율 = 차입부채 / 자기자본	86.1	130.2	68.3
영업이익	2,091	731	1,181
이자비용	186	225	1,667
법인세비용	367	195	1,829
당기순이익	1,103	253	−5,848
이익기준 이자보상비율(A) = [당기순이익 + 이자비용 + 법인세비용] / 이자비용	8.90	2.99	−1.41
이익기준 이자보상비율(B) = 영업이익 / 이자비용	11.24	3.25	0.71
비유동자산	10,316	10,515	144,637
비유동부채	5,359	6,717	63,014
자기자본	7,651	6,681	87,546
고정비율 = 비유동자산 / 자기자본	134.8	157.4	165.2
고정장기적합률 = 비유동자산 / 장기자본[2]	79.3	78.5	96.1

1) 차입부채는 〈표 3-2〉의 연결재무상태표에서 장·단기차입금, 유동성사채 및 사채의 합계임.
2) 장기자본 = 자기자본 + 비유동부채

〈표 3-11〉에는 사례기업의 재무제표와 주석 자료를 분석하여 레버리지비율들을 산정한 결과가 제시되어 있다. 먼저 S사의 2×24년 말 현재 부채비율은 201.1%로서 전년 말의 232.2%보다 약 31% 낮아졌다. 전년 말에 비해 총부채가 조금 감소한 반면 자기자본은 970억원 증가하여 부채비율이 약 31% 낮아진 것이다. 차입부채는 전년 말보다 2,112억원 감소하여 재무부채비율은 전년 말의 130.2%보다 크게 하락한 86.1%이다.

S사에 비해 L사는 총부채 규모 및 자기자본 규모가 훨씬 크다. L사의 2×24년 말 현재 부채비율과 재무부채비율은 각각 107.1%, 68.3%로서 S사보다 상당히 낮은 수

준을 보이고 있다.

간편히 계산한 이익기준 이자보상비율(B)을 보면, S사는 2×23년에 3.25배였으나 2×24년에는 11.24배로 현저히 높아졌다. 전년에 비해 이자비용이 감소하고 영업이익은 크게 증가함에 따라 2×24년의 이자보상비율(B)이 11.24배로 크게 높아진 것이다. 이자보상비율이 이 정도이면 이자지급능력은 충분하다고 평가할 수 있다. 한편, L사는 2×24년의 이자보상비율(B)이 불과 0.71배로 산출되고 있다. 회사 규모에 비해 영업이익 실적이 너무 작아서 이자보상비율(B)이 아주 낮은 수준이며, 이자보상비율(A)은 아예 음수이다.

S사의 2×24년 말 현재 고정장기적합률은 79.3%로서 전년 말과 비슷하며 100%를 넘지 않는다. L사도 2×24년 말 현재 고정장기적합률이 96.1%로서 100%를 넘지 않는다.

제4절 성장성비율

성장성비율(growth ratios)은 일정기간 동안에 기업의 규모나 이익이 얼마나 증가하였는지를 측정하는 비율이다. 기업규모의 측정치로는 총자산, 매출액, 자기자본 등이 사용된다. 또한, 분석자의 필요에 따라 다양한 항목에 대해 성장성비율(즉, 증가율)을 산정해 볼 수 있다.

● 총자산증가율

총자산증가율은 기업의 총자산 규모가 전기말에 비하여 얼마나 증가하였는지를 나타내는 비율로서, 기업의 외형적 성장을 파악하는 데 사용된다.

$$\text{총자산증가율} = \frac{\text{당기말 총자산} - \text{전기말 총자산}}{\text{전기말 총자산}}$$

● 매출액증가율

매출액증가율은 기업의 매출액이 전기에 비하여 얼마나 증가하였는지를 나타내는 비율로서, 이 역시 기업의 외형적 성장을 파악하는 데 사용된다.

$$\text{매출액증가율} = \frac{\text{당기 매출액} - \text{전기 매출액}}{\text{전기 매출액}}$$

● 자기자본증가율

자기자본증가율은 기업 소유주(주주)의 투입자본이 전기말에 비해 얼마나 증가하였는지를 나타내는 비율이다. 자기자본 규모는 유상증자를 통한 추가 투자에 의해 증가할 뿐만 아니라 이익의 사내유보에 의해서도 증가한다.

$$\text{자기자본증가율} = \frac{\text{당기말 자기자본} - \text{전기말 자기자본}}{\text{전기말 자기자본}}$$

재무제표의 하나인 '자본변동표'는 자기자본의 증가에 대한 구체적인 정보를 제공하는데, 이에 대해서는 뒤의 제5절에서 자세히 논의할 것이다.

● 이익증가율

이익의 증가율은 어떤 이익측정치에 초점을 두느냐에 따라서 매출총이익증가율, 영업이익증가율, 순이익증가율, 포괄이익증가율, 주당순이익증가율 등과 같이 다양한 비율이 산정될 수 있다. 예를 들어, 순이익증가율과 주당순이익증가율을 나타내면 다음과 같다.

$$\text{순이익증가율} = \frac{\text{당기 순이익} - \text{전기 순이익}}{\text{전기 순이익}}$$

$$\text{주당순이익증가율} = \frac{\text{당기 주당순이익} - \text{전기 주당순이익}}{\text{전기 주당순이익}}$$

기업이 연중에 유상증자를 하거나 대량의 자기주식을 취득한 경우에는 자본투입액의 큰 변동 때문에 당년도의 순이익이 큰 영향을 받을 수 있다. 이러한 경우에

(단위: %)

표 3-12

사례기업의 성장성비율

성장성비율의 산정[1]	S사		L사
	2×24	2×23	2×24
총자산증가율 = 총자산 증가액 / 전기말 총자산	3.8	8.7	−5.9
매출액증가율 = 매출액 증가액 / 전기 매출액	34.1	11.4	−1.2
자기자본증가율 = 자기자본 증가액 / 전기말 자기자본	14.5	1.0	−12.7
순이익증가율 = 순이익 증가액 / 전기 순이익	336.0	−9.0	−
포괄이익증가율 = 포괄이익 증가액 / 전기 포괄이익	474.0	−39.8	−
주당순이익증가율 = 주당순이익 증가액 / 전기 주당순이익	336.7	−8.5	−

1) 각 비율에서 증가액은 전기와 비교한 당기의 증가액임.

는 순이익증가율보다 주당순이익증가율이 이익실적의 향상 여부를 더 잘 나타낸다.

〈표 3-12〉에는 사례기업의 재무제표를 분석하여 성장성비율들을 산정한 결과가 제시되어 있다. S사의 2×24년 말 총자산 규모는 전년 말과 비교하여 3.8% 증가하였고, 2×24년도 매출액은 전년에 비해 무려 34.1% 증가하였다. 이러한 매출액 증가 등으로 인해 S사의 2×24년 당기순이익은 전년보다 336%나 증가하였고 주당순이익도 전년보다 337% 증가하였다. 당기순이익에 기타포괄손익을 더한 포괄이익도 전년보다 474% 증가하였다.

한편, 경쟁기업인 L사의 2×24년 말 총자산 규모는 전년 말과 비교하여 5.9% 감소하였고, 2×24년의 매출액도 전년 대비 1.2% 감소하였다. 이렇게 매출액이 감소함에 따라 L사는 2×24년에도 전년처럼 당기순손실(적자)이 발생하였고, 주당순이익과 포괄이익도 전년처럼 음수이다(앞의 〈표 3-3〉 참조). 전년도(2×23년)의 당기순이익, 주당순이익 및 포괄이익이 음수이므로 그 증가율이 산출되지 않는다.

자본변동표와 비율분석 제5절

본절에서는 재무제표의 하나인 **자본변동표**(statement of changes in equity)에 담겨진 정보를 분석하는 방법을 소개한다. 자본변동표는 기업의 소유주지분(주주지분)인 자기자본이 회계기간 중 어떤 요인에 의해 어떻게 변동하였는가에 대한 정보를 제공하고 있다.

5.1 자본변동표의 구조

기업의 자기자본을 변동시키는 요인은 크게 나누어 두 가지로 구분할 수 있는바, 그 하나는 당해 기간의 포괄이익이고 다른 하나는 기업과 주주 간의 자본거래이다. 따라서 자본변동표의 기본적 구조는 다음과 같다.

기초의 자본(자기자본)
\+ 당기의 포괄이익
  \+ 당기순이익
  ± 기타포괄손익
± 기업과 주주 간의 자본거래
  \+ 유상증자 납입
  − 현금배당
  − 자기주식 취득액
  ± 기 타
= 기말의 자본(자기자본)

위에서 보는 바와 같이, 기업과 주주 간의 자본거래를 제외할 때, 자기자본의 변동은 포괄이익에 의해 설명되고 있다. 당기의 포괄이익은 당기순이익과 기타포괄손익의 합계인바, 당기순이익은 자본항목 중 이익잉여금의 증가로 기록되고, 기타포괄손익은 대부분 자본항목 중 기타포괄손익누계액의 증가로 기록된다. 기타포괄손익의 예로는 자산재평가손익, 해외사업환산손익, 기타포괄손익_공정가치 측정 금융자산의 평가손익, 종업원 퇴직급여에 관한 보험수리적손익, 현금흐름위험회피에 관한 파생상품평가손익 등이 있다.

또한, 자기자본은 기업과 주주 간의 자본거래에 의해서도 변동하는바, 기업이

표 3-13

사례기업의 연결자본변동표: S사

(단위: 억원)

과 목	지배기업 소유주지분					비지배지분	총 계
	납입자본	이익잉여금	기타포괄손익누계액	기타자본항목	합 계		
2×23. 1. 1 (전기초)	3,966	3,713	(18)	(1,045)	6,615	–	6,615
포괄이익:							
당기순이익		253			253	0.01	253
해외사업환산손익			(51)		(51)	(0.04)	(51)
지분법자본변동			8		8		8
기 타		(17)			(17)		(17)
소유주와의 거래:							
연차배당		(133)			(133)		(133)
종속기업의 취득						6	6
기 타						0.1	0.1
2×23. 12. 31 (전기말)	3,966	3,816	(62)	(1,045)	6,675	7	6,681
2×24. 1. 1 (당기초)	3,966	3,816	(62)	(1,045)	6,675	7	6,681
포괄이익:							
당기순이익		1,103			1,103	(0.1)	1,103
해외사업환산손익			35		35	0.1	35
지분법자본변동			(4)		(4)		(4)
기 타		(32)			(32)		(32)
소유주와의 거래:							
연차배당		(133)			(133)		(133)
2×24. 12. 31 (당기말)	3,966	4,754	(30)	(1,045)	7,644	7	7,651

* 위에서 납입자본은 '자본금+자본잉여금'이며, ( )는 차감(−)을 의미함.

유상증자를 하면(즉, 주주들이 기업에 투자를 하면) 자본항목 중 납입자본이 증가하고, 기업이 현금배당을 하면(주주들에게 분배) 그만큼 이익잉여금이 감소한다. 또한 기업이 자기주식을 취득하면(이 역시 주주들에게 분배하는 것임) 그 취득액만큼 자본이 감소하는데 이는 기타자본항목 중 자본의 차감항목으로 기록된다.

〈표 3-13〉은 본장의 사례기업인 S사의 2×23~2×24년도 연결자본변동표이다. 〈표 3-13〉에서 보는 바와 같이, 연결자본변동표는 연결실체의 자본 총액을 지배기업 소유주지분과 비지배지분(소수주주지분)으로 구분한 다음, 지배기업 소유주지분에 대해서는 자본항목을 납입자본, 이익잉여금, 기타포괄손익누계액, 기타자본항목(자기주식)으로 구분하고 이들 각 항목의 기초금액이 변동한 원인을 보여주고 있고 또 지배기업 소유주지분 총액의 변동도 보여주고 있다. 비지배지분(소수주주지분)에 대해서도 기초의 금액을 변동시킨 원인의 각 금액을 보여주고 있다. 연결자본변동표의 맨 오른쪽 칼럼에는 연결실체 전체의 관점에서 자기자본 총액을 변동시킨 원인의 각 금액이 표시되어 있다.

5.2 비율분석

자본변동표는 자기자본의 증가(growth)에 대한 구체적인 정보를 제공하며, 기업의 자기자본 투자수익성(ROE)과 배당성향에 관한 정보도 제공한다. 자기자본의 증가에 대해서는 기업과 소유주(주주) 간의 거래에 기인한 자기자본의 증가와 기업의 이익획득에 기인한 자기자본의 증가를 명확히 구분하여 정보를 제공한다.

● 자기자본 투자수익성: 자기자본이익률

앞의 2.1절에서는 연결재무상태표와 연결포괄손익계산서를 이용하여 자기자본이익률(ROE)을 산정하는 방법을 소개하였는데, ROE는 연결자본변동표에서 바로 산정할 수 있다. 예를 들면, 〈표 3-13〉의 연결자본변동표에서 당기순이익을 사용하여 S사의 2×24년도 지배기업 ROE와 연결실체 ROE를 산정하면 각각 다음과 같다.

지배기업 ROE = 지배기업 귀속 순이익/지배기업 귀속 자기자본(기초 · 기말의 평균)
= 1,103 / [(6,675 + 7,644) ÷ 2]
= 15.4%

연결실체 ROE = 연결당기순이익 / 연결자기자본(기초 · 기말의 평균)
= 1,103 / [(6,681 + 7,651) ÷ 2]
= 15.4%

위의 ROE 산정결과는 앞의 2.1절에 있는 〈표 3-4〉에 제시된 2×24년도 ROE 산정결과와 동일함을 확인할 수 있다.

● 배당성향과 내부유보율

기업은 경영활동에서 이익을 벌어들이면 이익의 일부를 주주들에게 배당으로 분배하고 나머지는 기업 내에 유보하여 경영활동에 재투자한다. 자본변동표에는 당기순이익과 현금배당의 금액이 표시되어 있으므로 기업의 배당성향과 내부유보율을 파악할 수 있다. **배당성향**(dividend payout ratio)은 순이익 중 **현금배당**(cash dividends)으로 지급되는 비율을 나타내며, **내부유보율**(retention ratio)은 순이익 중 현금배당으로 지급되지 않고 기업 내에 유보(즉, 재투자)되는 부분을 나타낸다.

$$\text{배당성향} = \frac{\text{지배기업 주주들에게 지급되는 현금배당}}{\text{연결당기순이익 중 지배기업 귀속 순이익}}$$

$$\text{내부유보율} = 1 - \text{배당성향}$$

지배기업의 주주와 투자자들에게는 지배기업 귀속 순이익과 관련한 배당성향이 더 유용한 정보이므로 일반적으로 배당성향은 위와 같이 산정한다. 위에서 배당성향을 산정할 때 현금배당이 아닌 주식배당(stock dividends)은 포함되지 않는다. 주식배당은 자산을 사용하여 배당금을 지급하는 것이 아니고 단지 주식수만 늘리는 것에 불과하며(주가는 비례적으로 낮아짐) 주주들의 청구권에는 변화가 없다.

〈표 3-13〉의 연결자본변동표에서 S사의 2×23년도 당기순이익과 관련하여 배당성향과 내부유보율을 산정하면 각각 다음과 같다.

$$\text{배당성향} = \frac{\text{지배기업 주주들에게 지급되는 연차배당}}{\text{2×23년도 지배기업 귀속 순이익}} = \frac{133}{253} = 52.6\%$$

$$\text{내부유보율} = 1 - \text{배당성향} = 47.4\%$$

S사는 중간배당을 지급하지 않고 연차배당만 지급하는데, 당기순이익에 대한 연차배당은 다음 연도 초에 개최되는 주주총회에서 이익처분을 확정한 후 지급된다. 따라서 〈표 3-13〉의 연결자본변동표에서 2×24년도 자본변동표 부분에 표시된 연차배당은 2×23년도 당기순이익에 대한 연차배당이다.

● 자기자본증가율

자본변동표는 당연히 기업의 자기자본의 증가(growth)에 대한 정보를 제공한다. 지배기업의 주주와 투자자 관점에서 자기자본증가율은 아래와 같이 지배기업 귀속 자기자본의 증가율로 산정한다.[8)]

$$\text{지배기업 귀속 자기자본증가율} = \frac{\text{지배기업 귀속 자기자본의 변동액}}{\text{기초의 지배기업 귀속 자기자본}}$$

위에서 분자인 지배기업 귀속 자기자본의 변동은 지배기업 귀속 포괄이익과 지배기업 주주의 순투자(즉, 기업과 주주 간의 자본거래의 순액)로 구성되어 있다. 즉, 이들 변수를 간단히 자기자본, 포괄이익, 주주의 순투자라고 하면,

$$\text{기말 자기자본} - \text{기초 자기자본} = \text{포괄이익} + \text{주주의 순투자액}$$

$$\text{주주의 순투자액} = \text{유상증자 납입액} - (\text{현금배당} + \text{자기주식 취득액}) \pm \text{기타}$$

따라서 지배기업 귀속 자기자본증가율은 다음과 같이 구성되어 있다.

$$\begin{aligned}\text{자기자본증가율} &= \frac{\text{자기자본의 변동액}}{\text{기초 자기자본}} \\ &= \frac{\text{포괄이익} + \text{주주의 순투자액}}{\text{기초 자기자본}}\end{aligned}$$

위에서「주주의 순투자액/기초 자기자본」을 **주주의 순투자율**(net investment rate)이라고 부른다. 따라서, ROE를 측정할 때 기초 자기자본을 분모로 사용한다면, 설

---

8) 자기자본증가율은 연결실체의 관점에서 산정할 수도 있다. 이 경우 자기자본증가율은 연결자기자본, 연결포괄이익 등을 사용하여 산정한다.

국 위의 자기자본증가율은 ROE와 주주 순투자율의 두 요소로 구성되어 있다.

사례기업인 S사에 대해 〈표 3-13〉의 연결자본변동표에서 2×23년 말 대비 2×24년 말의 지배기업 귀속 자기자본증가율을 산출해 보면 다음과 같다.

$$\text{지배기업 귀속 자기자본증가율} = \frac{\text{지배기업 귀속 자기자본의 변동액}}{\text{기초의 지배기업 귀속 자기자본}}$$

$$= \frac{7,644 - 6,675}{6,675} = 14.5\%$$

위 자기자본증가율의 두 구성요소로서 지배기업 ROE(포괄이익과 기초 자기자본을 사용하여 측정)와 주주의 순투자율을 산정하면 각각 다음과 같다.

$$\text{지배기업 ROE} = \frac{\text{지배기업 귀속 포괄이익}}{\text{기초의 지배기업 귀속 자기자본}}$$

$$= \frac{1,103 + 35 - 4 - 32}{6,675} = 16.5\%$$

$$\text{주주의 순투자율} = \frac{\text{지배기업 주주와의 자본거래의 순액}}{\text{기초의 지배기업 귀속 자기자본}}$$

$$= \frac{-133}{6,675} = -2.0\%$$

제6절 공통형 재무제표와 추세분석

앞의 여러 절에서 S사의 재무제표를 분석할 때 L사와 비교하였다. 본절에서는 기업간 비교의 추가적 방법으로서 공통형 재무제표(common-size financial statements)를 소개한다. 공통형 재무제표는 재무제표의 각 항목을 총액에 대한 **구성비율** 형태로 표시한 재무제표이다. 공통형 재무제표는 기업간 규모차이를 조정하여 상호비교하는 데 유용하다.

또한 본절에서는 기업의 재무실적이 기간적으로 어떻게 변화하고 있는지를 검토하는 **추세분석**(trend analysis) 방법도 설명한다. 사실, 앞의 여러 절에서 S사의 2×24년도 재무비율을 2×23년도 재무비율과 비교한 것은 추세분석의 일환이라고 할 수 있다.

6.1 공통형 재무제표

공통형 재무제표는 총자산이나 매출액 규모의 차이와 같이 기업규모가 다른 기업들의 재무제표를 상호비교할 때 흔히 사용된다. 예를 들면, 총자산 규모가 1,000억원인 기업과 100억원인 기업을 비교함에 있어서 단순히 금액을 비교하는 것은 유용한 분석이 되기 어려울 것이다. 공통형 재무제표는 첫째, 규모가 다른 회사들의 자산구성과 자본구조 그리고 손익구조(수익과 비용의 구조)를 상호비교하는 데 유용하고, 둘째, 한 기업의 자산구성과 자본구조 및 손익구조가 과거에 비해 어떻게 변화하였는지를 파악하는 데에도 사용된다.[9)]

● 공통형 재무상태표

공통형 재무상태표는 재무상태표의 각 항목을 총자산으로 나누어 작성된다. 즉, 총자산을 100%로 하고 자산, 부채 및 자본의 각 항목에 대해 그 구성비를 백분율로 표시한다. 〈표 3-14〉는 그러한 방법에 따라 작성된 사례기업의 2×24년도 공통형 연결재무상태표이다

이 공통형 연결재무상태표를 보면, S사는 2×24년 말 현재 총자산 중 유동자산 비중이 55.2%인데 비하여 L사는 20.2%로서 훨씬 낮다. S사는 유동자산의 반 이상이 재고자산이다.

총자산 중 유형자산이 차지하는 비율은 S사가 30.3%이나 L사는 45.2%이다. L사의 유형자산 비중이 훨씬 큰 것은, 다수의 호텔과 거대한 테마파크시설을 보유하고 있어 유형자산 투자규모가 훨씬 크기 때문이다. L사는 총자산 중 관계기업투자의

9) 공통형 재무제표에 표시된 자본구조와 손익구조 정보는 미래의 추정재무제표를 작성하는 데에도 기초자료로 활용할 수 있다.

(단위: 억원, %)

표 3-14

사례기업의 공통형 연결재무상태표: 2×24년

과 목	S사		L사	
	금액	비율	금액	비율
자 산				
Ⅰ. 유동자산	12,722	**55.2**	36,687	**20.2**
현금 및 현금성자산	2,819	12.2	5,084	2.8
매출채권	948	4.1	1,610	0.9
기타금융자산	1,472	6.4	12,902	7.1
재고자산	7,036	30.5	10,276	5.7
기 타	……	……	……	……
Ⅱ. 비유동자산	10,316	**44.8**	144,637	**79.8**
관계기업투자	345	1.5	29,430	16.2
기타금융자산	2,184	9.5	21,342	11.8
유형자산	6,969	30.3	81,957	45.2
무형자산	480	2.1	2,191	1.2
기 타	……	……	……	……
자산 총계	23,037	**100.0**	181,324	**100.0**
부 채				
Ⅰ. 유동부채	10,027	**43.5**	30,764	**17.0**
단기차입금, 유동성사채	1,598	6.9	17,205	9.5
매입채무	2,841	12.3	4,127	2.3
기 타	……	……	……	……
Ⅱ. 비유동부채	5,359	**23.3**	63,014	**34.8**
장기차입금, 사채	4,991	21.7	42,549	23.5
기 타	……	……	……	……
부채 총계	15,387	**66.8**	93,777	**51.7**
자 본				
Ⅰ. 지배기업 소유주지분	7,644	**33.2**	87,668	**48.3**
자본금	2,000	8.7	5,117	2.8
자본잉여금	1,966	8.5	620	0.3
이익잉여금	4,754	20.6	74,408	41.0
기 타	……	……	……	……
Ⅱ. 비지배지분	7	0.03	(122)	(0.1)
자본 총계	7,651	**33.2**	87,546	**48.3**
부채와 자본 총계	23,037	**100.0**	181,324	**100.0**

비율도 16.2%로서 상당한 비중을 차지하고 있는데, S사는 1.5%에 불과하다.

공통형 재무상태표를 통해서 기업들의 자본구조도 비교할 수 있는데, 이는 앞의 제3절에서 부채비율을 비교한 것과 기본적으로 같다. 다만, 공통형 재무상태표는 부채의 유형별 구성비와 항목별 구성비도 추가로 보여주고 있다. 예를 들면, 〈표 3-14〉에서 S사의 '비유동부채/총자산'의 비율이 23.3%인데 비해 L사의 경우는 34.8%이다.

표 3-15

사례기업의 공통형 연결포괄손익계산서: 2×24년

과 목	S사		L사	
	금액	비율	금액	비율
매 출 액	47,137	**100.0**	64,475	**100.0**
매출원가, 판매비와 관리비*	(45,046)	**95.6**	(63,294)	**98.2**
영업이익	2,091	**4.4**	1,181	**1.8**
기타수익	371	0.8	1,034	1.6
기타비용	(900)	1.9	(4,060)	6.3
금융수익	109	0.2	2,067	3.2
금융비용	(186)	0.4	(3,559)	5.5
지분법손익	(15)	0.03	(683)	1.1
법인세비용차감전순이익(순손실)	1,470	**3.1**	(4,019)	**6.2**
법인세비용	(367)	0.8	(1,829)	2.8
당기순이익(순손실)	1,103	**2.3**	(5,848)	**9.1**
기타포괄손익:	(1)	**0.0**	(5,571)	**8.6**
해외사업환산손익	35	0.1	181	0.3
기 타	……	……	……	……
포괄이익(손실)	1,102	**2.3**	(11,419)	**17.7**
당기순이익의 귀속:				
지배기업 소유주지분	1,103	**2.3**	(5,802)	**9.0**
비지배지분	(0.1)	**0.0**	(46)	**0.1**
포괄이익(손실)의 귀속:				
지배기업 소유주지분	1,102	**2.3**	(11,364)	**17.6**
비지배지분	(0.01)	**0.0**	(55)	**0.1**

* S사의 연결포괄손익계산서에는 영업비용이 성격별로 분류(재료비, 인건비 등으로 분류)되어 있어서 매출원가, 판매비와 관리비가 구분 표시되어 있지 않음.

● **공통형 포괄손익계산서**

공통형 포괄손익계산서는 포괄손익계산서의 각 항목을 매출액으로 나누어 작성된다. 즉, 각 중간단계의 이익과 개별 손익항목들에 대해 그 크기를 매출액과 비교한 백분율로 표시한다. 〈표 3-15〉는 그러한 방법에 따라 작성된 사례기업의 2×24년도 공통형 연결포괄손익계산서이다.

〈표 3-15〉에서 영업이익, 당기순이익, 포괄이익을 매출액으로 나눈 비율들은 앞의 2.2절에서 소개한 매출액영업이익률, 매출액순이익률, 매출액포괄이익률과 동일하다.

공통형 포괄손익계산서는 그러한 이익률 외에도 기타수익/매출액, 기타비용/매출액, 금융수익/매출액, 금융비용/매출액, 기타포괄손익/매출액 등의 비율들을 추가로 제시하고 있다. 또한, 개별 손익항목 대 매출액의 비율도 나타나 있다. 예를 들면, 법인세비용/매출액의 비율을 보면 S사는 0.8%로서 L사의 2.8%보다 상당히 낮다.

6.2 추세분석

추세분석(trend analysis)은 기업의 경영성과와 재무상태가 기간적으로 어떻게 변화해 왔는지를 파악하는 분석기법이다. 추세분석은 다음과 같이 여러 형태로 사용된다.

첫째, 기업의 자산구성, 자본구조 및 손익구조가 어떻게 변화해 왔는가를 파악하기 위하여 추세분석을 하며, 앞에서 설명한 공통형 재무제표를 여러 기간에 대해 작성하면 그러한 추세분석이 가능해진다.

둘째, 재무제표의 각 항목이 어떠한 변화추세를 보이고 있는지를 파악하기 위해서 지수형 재무제표(index financial statements)를 작성한다. 지수형 재무제표란 기준연도를 정하여 기준연도의 금액을 100으로 놓은 다음 비교연도의 금액을 기준연도의 금액으로 나누어서 지수 형태로 표시한 재무제표이다.

셋째, ROE 등의 재무비율들이 어떠한 변화추세를 보이고 있는지를 파악하기 위해서 비율의 추세분석을 한다.

표 3-16

공통형 재무상태표를 이용한 추세분석: S사

(단위: %)

과 목	2×24. 12	2×23. 12	2×22. 12
Ⅰ. 유동자산	55.2	52.6	52.9
재고자산	30.5	21.1	23.1
Ⅱ. 비유동자산	44.8	47.4	47.1
유형자산	30.3	31.2	34.6
자산 총계	100.0	100.0	100.0
Ⅰ. 유동부채	43.5	39.6	36.3
Ⅱ. 비유동부채	23.3	30.3	31.3
부채 총계	66.8	69.9	67.6
Ⅰ. 지배기업 소유주지분	33.2	30.1	32.4
자본금, 자본잉여금	17.2	17.9	19.4
이익잉여금	20.6	17.2	18.2
기 타	……	……	……
Ⅱ. 비지배지분	0.03	0.03	0.00
자본 총계	33.2	30.1	32.4
부채와 자본 총계	100.0	100.0	100.0

(1) 공통형 재무제표를 이용한 추세분석

사례기업인 S사를 대상으로 최근 3개년(2×22~2×24)에 대한 공통형 연결재무상태표를 작성하면 〈표 3-16〉과 같다. 이 공통형 연결재무상태표에 근거할 때 S사의 자산구성과 자본구조가 어떻게 변화해 왔는지는 다음과 같이 요약할 수 있다.

첫째, 총자산 중 유동자산의 비중이 증가하였고 비유동자산의 비중이 감소하였다. 유동자산의 비중이 증가한 것은 S사가 면세점 영업 확대를 위해 재고자산 투자를 크게 증가시켰기 때문이다.

둘째, 총자본에서 부채 총액이 차지하는 비율이 이전연도에는 67.6% 이상이었으나 2×24년 말에는 그보다 조금 하락하였다. 다만, 부채 중 유동부채의 비율이 계속 높아졌고 비유동부채의 비율은 계속 낮아졌다.

S사의 최근 3개년(2×22~2×24)에 대한 공통형 연결포괄손익계산서를 작성하면 〈표 3-17〉과 같다. 이 공통형 연결포괄손익계산서에 근거할 때 S사의 손익구조가

(단위: %)

표 3-17

공통형 포괄손익계산서를 이용한 추세분석: S사

과 목	2×24	2×23	2×22
매 출 액	100.0	100.0	100.0
매출원가, 판매비와 관리비*	(95.6)	(97.9)	(97.5)
영업이익	4.4	2.1	2.5
기타수익	0.8	0.9	1.0
기타비용	(1.9)	(1.1)	(1.3)
금융수익	0.2	0.2	0.7
금융비용	(0.4)	(0.6)	(1.0)
지분법손실	(0.03)	(0.2)	(0.2)
법인세비용차감전순이익	3.1	1.3	1.7
법인세비용	(0.8)	(0.6)	(0.8)
당기순이익	2.3	0.7	0.9
기타포괄손익	0.0	(0.2)	0.1
포괄이익	2.3	0.5	1.0

* S사의 연결포괄손익계산서에는 영업비용이 성격별로 분류(재료비, 인건비 등으로 분류)되어 있어서 매출원가, 판매비와 관리비가 구분 표시되어 있지 않음.

어떻게 변화해 왔는지는 다음과 같이 요약할 수 있다.

첫째, 2×24년에 '[매출원가+판매비와 관리비]/매출액'의 비율이 이전연도보다 상당히 낮아져서 매출액영업이익률이 상당히 높아졌다.

둘째, '기타수익/매출액'의 비율이 계속 낮아지는 추세를 보이고 있는데, 2×24년의 '기타비용/매출액'의 비율은 이전연도보다 높아졌다.

셋째, '금융비용/매출액'의 비율이 계속 낮아지는 추세를 보이고 있다.

넷째, 2×24년의 '지분법손실/매출액'의 비율은 이전연도보다 낮아졌다.

다섯째, 2×24년에 매출액영업이익률이 상당히 높아짐에 따라 매출액순이익률과 매출액포괄이익률도 이전연도보다 상당히 높아졌다.

(2) 지수형 재무제표

〈표 3-18〉은 지수형 재무제표를 예시하고 있다. 이는 2×22년을 기준연도로 해서 작성된 S사의 지수형 연결재무상태표이다. 이에 의하면, S사의 총자산은 2×22

표 3-18

지수형 재무상태표: S사

과　목	2×24. 12	2×23. 12	2×22. 12	2×22. 12 금액(억원)
Ⅰ. 유동자산	117.9	108.2	100.0	10,791
재고자산	149.3	99.5	100.0	4,713
Ⅱ. 비유동자산	107.3	109.3	100.0	9,618
유형자산	98.6	98.0	100.0	7,069
자산 총계	112.9	108.7	100.0	20,410
Ⅰ. 유동부채	135.5	118.9	100.0	7,399
Ⅱ. 비유동부채	83.8	105.0	100.0	6,395
부채 총계	111.5	112.4	100.0	13,794
Ⅰ. 지배기업 소유주지분	115.6	100.9	100.0	6,615
자본금, 자본잉여금	100.0	100.0	100.0	3,966
이익잉여금	128.0	102.8	100.0	3,713
기　타	……	……	……	……
Ⅱ. 비지배지분	–	–	–	0
자본 총계	115.7	101.0	100.0	6,615
부채와 자본 총계	112.9	108.7	100.0	20,410

년 이후 매년 증가하여 2×24년 말의 총자산 규모는 2×22년 말 총자산의 112.9% 수준으로 증가하였다. 자산 중 재고자산이 크게 증가하였으며, 반면에 유형자산은 조금 감소하였다.

부채와 자기자본 규모의 변화추세를 보면, 2×24년 말의 부채 총액은 2022년 말보다 11.5% 증가하였고, 2×24년 말의 자기자본도 2×22년 말과 비교하여 15.7% 증가하였음을 볼 수 있다. 이렇게 자기자본 규모가 상당히 증가한 것은 당기순이익이 크게 증가하여 이익잉여금이 크게 증가하였기 때문이다.

(3) 비율의 추세분석

비율의 추세분석은 수익성, 재무위험, 성장성 등에 관한 재무비율이 어떠한 변화추세를 보이고 있는지 파악하기 위한 것이다. 〈표 3-19〉는 2×21~2×24년의 기

표 3-19

주요 재무비율의 추세: S사

재무비율	2×24	2×23	2×22	2×21
수익성 관련 비율				
지배기업 ROE(%)*	15.4	3.8	4.0	2.5
매출액순이익률(%)	2.3	0.7	0.9	0.6
총자산회전율	2.08	1.65	1.76	1.59
재무위험 관련 비율				
유동비율(%)	126.9	132.8	148.0	175.6
부채비율(%)	201.1	232.2	203.5	192.6
이자보상비율(이익기준)**	11.24	3.25	2.83	2.96
성장성비율				
매출액증가율(%)	34.1	11.4	14.3	11.8
총자산증가율(%)	3.8	8.7	−6.2	14.1
지배기업 귀속 순이익 증가율(%)	336.0	−9.0	50.3	−74.8

* 지배기업 귀속 순이익과 기초 · 기말의 평균 자기자본을 사용하여 산정되었음.
** 이자보상비율은 '영업이익/이자비용'으로 산정되었음.

간 중 S사의 재무비율이 어떻게 변화해 왔는지를 나타내고 있다.

먼저 수익성 관련 비율의 추세를 보면, S사의 지배기업 ROE(지배기업 귀속 당기순이익을 사용하여 측정)는 2×21~2×23년 동안 4.0% 이하의 낮은 수준이었으나, 2×24년에는 면세점사업의 매출이 크게 증가함에 따라(〈표 3-7〉 참조) 매출액순이익률과 총자산회전율이 크게 높아졌고 지배기업 ROE 실적이 15.4%에 달하고 있다.

재무위험 관련 비율의 추세를 보면, 2×21~2×24년 중 S사의 유동비율은 계속 하락하였으나 2×24년 말 현재 126.9%로서 100%는 넘는다. 부채비율은 약 200% 안팎 수준에 머물고 있다. 이자보상비율(이익기준)은 2×21~2×23년 동안 약 3.0배 안팎의 수준이었으나, 2×24년에는 매출 증대에 따라 영업이익이 크게 증가하여 이자보상비율이 11.24배로 현저히 높아졌다.

마지막으로 성장성비율의 추세를 보면, 2×21~2×23년 동안 매출액증가율(전년 대비)이 약 12% 안팎의 수준을 유지하였으나, 2×24년에는 면세점사업의 매출이 크게 증가하여 전년 대비 매출액증가율이 34.1%에 이르고 있다. 이에 따라 2×24년의 지배기업 귀속 순이익 증가율(전년 대비)은 무려 336%에 달하고 있다.

시장가치비율 제7절

시장가치비율(market-value ratios)은 증권시장에서 형성된 주식가격과 기업가치(주식가치) 창출요인을 반영하는 재무제표 항목을 대비시켜 산출되는 비율이다. 주식가격은 시장의 투자자들이 기업의 주주지분가치를 평가한 결과로서 형성되는 주주지분의 시장가격이다. 따라서 주식가격에 재무제표 항목을 대비시켜 비율을 측정하면 당해 기업이 시장에서 어떠한 평가를 받고 있는지를 파악할 수 있다. 아래에서는 대표적인 시장가치비율들을 소개한다.

7.1 주가이익비율과 주가순자산비율

● 주가이익비율

주가이익비율(price-earnings ratio, PER)은 현재의 주식가격을 주당이익(earnings per share)으로 나눈 비율로서, 현재 주식가격이 주당이익의 몇 배로 형성되어 있는지를 나타낸다.

$$\text{주가이익비율} = \frac{\text{주식가격}}{\text{주당이익}}$$

PER은 일반적으로 보통주에 대해 산정된다. 즉, 보통주의 시장가격에 보통주 주당이익을 대비시켜 PER이 산정된다. PER의 분모로는 보통주 주당순이익이 사용되나, 환율변동손익과 같은 '일시적 손익'(transitory earnings)이 순이익에 큰 영향을 미친 경우에는 일시적 손익을 제거하여 PER을 산정한다(제5장은 일시적 손익에 관한 이슈들을 다루고 있다).

주식가격에는 기업의 미래 수익성과 위험에 대한 시장의 평가가 반영되어 있으므로 시장에서 당해 기업의 미래 이익이 증가할 것으로 전망하면 PER이 높게 형성된다. 반면에 기업의 위험은 PER이 낮아지게 하는 요인이다.

이와 같이 PER은 기업의 미래 이익에 대한 시장의 기대를 반영하고 있지만, 경우에 따라서는 미래 수익성이 높지 않아도 PER이 높을 수 있다. 즉, 현재의 이익실적이 저조하면 분모가 너무 작아서 PER이 높게 산정될 수도 있다.[10)]

PER은 재무분석가들이 주식의 저평가 여부를 판단하는 기준으로 사용하기도 한다. 예를 들면, 한 기업의 PER을 동일업종의 평균 PER과 비교하여 당해 기업의 주식이 저평가 또는 고평가되었는지를 판단하려는 시도를 하기도 한다. 본서의 제8장에서는 PER의 결정요인과 PER의 이용사례를 구체적으로 다룬다.

● 주가순자산비율

주가순자산비율 또는 주가장부가치비율(price-to-book ratio, PBR)은 현재의 주식가격을 주당순자산에 대비시킨 것으로서, 현재 주식가격이 순자산(자기자본) 장부가치의 몇 배로 형성되어 있는지를 나타내는 비율이다.

$$\text{주가순자산비율} = \frac{\text{주식가격}}{\text{주당순자산}}$$

PER처럼 PBR도 보통주에 대해 산정된다. 우선주를 발행한 기업의 경우에는 보통주에 대한 주당순자산 금액을 산정하기 어려우므로, 보통주와 우선주의 시가총액을 순자산 장부가치 총액으로 나누어서 PBR을 산정하거나 또는 순자산 장부가치 총액을 보통주 및 우선주 총수로 나누어서 주당순자산을 산정하기도 한다.[11)]

PBR은 주식가격 대 장부가치의 비율이므로 PBR의 크기를 결정하는 주된 요인은 미래의 수익성과 위험이다. 예를 들어, 시장에서 투자자들이 당해 기업의 미래 수익성(ROE)이 필요수익률(자기자본비용)보다 높을 것으로 전망한다면 주식가격은 순자산 장부가치보다 크게 되어 PBR이 1보다 높아진다.[12)]

PER처럼 PBR도 주식가치를 평가하거나 투자종목을 선정하는 기준으로 자주 이

10) 이익실적이 너무 나빠서 주당이익이 음수이면 이때의 PER은 의미 없는 수치이다.
11) 자본잠식으로 순자산이 음수인 경우에는 PBR이 측정되지 않는다.
12) 위의 관계는 제8장에서 자세히 설명된다.

용되고 있다. 그러나 PER과 PBR의 크기를 결정하는 요인에는 차이가 있기 때문에 이들 비율을 투자의사결정에 이용하려면 양자의 관계에 대한 이해가 필요하다. PER과 PBR의 상호관계는 본서의 제8장에서 상세히 설명될 것이다.

〈표 3-20〉에는 사례기업인 S사의 PER과 PBR을 산정한 결과가 제시되어 있다. 이는 2×24년도 연결재무제표가 금융감독원의 전자공시시스템에 공시된 후인 2×25년 4월 1일 시점에서 산정한 것이다. L사는 비상장회사이므로 PER과 PBR을 산정할 수 없어 〈표 3-20〉에 포함되어 있지 않다.

2×25년 4월 1일 현재 S사의 PER은 32.9배로 형성되어 있다(2×25년 4월 1일 주식가격/2×24년도 주당순이익 = 32.9). 시장의 투자자들은 S사의 미래 이익이 증가할 것으로 기대하여 PER이 높게 형성되어 있다.

2×25년 4월 1일 현재 S사의 PBR은 1보다 훨씬 큰 4.78배로 형성되어 있다. PBR이 4.78배이므로 주주의 자본투입액 1원에 대해 3.78원의 프리미엄이 붙어 있는 셈이다. 앞의 2.1절의 〈표 3-4〉에서 S사의 2×24년 지배기업 ROE 실적이

표 3-20

사례기업의 시장가치비율: S사

PER과 PBR의 산정 (산정시점: 2×25. 4. 1)	S사 (2×25. 4. 1 산정)
보통주 주식가격(2×25. 4. 1, 원)	95,700
주당순이익(2×24년 연결재무제표상의 금액, 원)[1]	2,913
PER = 주식가격 / 주당순이익	**32.9** (배)
보통주 시가총액(2×25. 4. 1, 억원)[2]	35,517
우선주 시가총액(2×25. 4. 1, 억원)[2]	368
시가총액 합계	35,885
지배기업 소유주지분(2×24년 연결재무제표상의 금액, 억원)	7,644
지배기업 현금배당 지급(2×25년 3월, 억원)[3]	133
배당후 순자산 장부가치	7,571
PBR = 시가총액 합계 / 배당후 순자산 장부가치	**4.78** (배)

1) S사는 연말 이후 2×25. 3. 31일까지 무상증자 · 주식배당 등으로 인한 주식수 변동이 없었으므로 주당순이익 금액을 수정하지 않음.
2) 보통주 시가총액 = 보통주 주식가격 × 보통주 유통주식수(연결재무제표 주석에서 추출)
우선주 시가총액 = 우선주 주식가격 × 우선주 유통주식수(연결재무제표 주석에서 추출)
3) S사의 2×24년 사업보고서에 들어 있는 이익잉여금처분계산서에서 추출.

15.4%의 높은 수준이었는데, 시장의 투자자들은 S사의 수익성(ROE)이 미래에도 높을 것으로 전망하고 있다.

7.2 기타 시장가치비율

● 주가매출액비율

주가매출액비율(price-sales ratio, PSR)은 현재의 주식가격을 주당매출액으로 나눈 비율이다. 주당매출액은 매출액을 평균유통주식수로 나누어 산정된다.[13)]

$$\text{주가매출액비율} = \frac{\text{주식가격}}{\text{주당매출액}}$$

$$\text{EV/매출액} = \frac{\text{주식시가총액} + \text{순재무부채}}{\text{매출액}}$$

매출액은 기업의 전체 자본(타인자본과 자기자본)을 사용하여 획득되는 것인데도 PSR은 매출액에 자기자본만을 대응시키고 있어서 기업간 비교가 어려운 문제점이 있다.[14)] 그래서 자본구조의 차이를 통제하기 위하여 EV/매출액 비율이 함께 사용된다. 여기서 EV는 **기업 전체가치**(enterprise value)의 약어이다. 우선주가 있는 기업의 경우에는 보통주와 우선주 전체의 시가총액이 사용되며, 순재무부채(net debt)는 재무부채(차입부채)에서 재무자산 보유액(예: 금융기관예치금, 채무증권)을 차감한 순액을 의미한다. 순재무부채는 일반적으로 장부가치로 측정된다.

PSR과 EV/매출액 비율은 PER과 PBR을 산정하기 어려운 기업에 대해 사용할 수 있는 이점을 가지고 있다. 즉, PER과 PBR이 음수이면 무의미한데, PSR과 EV/매출액 비율은 항상 양수로 산출된다. 그래서 연구개발과 시장개척을 위한 투자로 인해 손실을 기록하고 있는 벤처기업이나 서비스업 회사들의 주가수준을 비교하는 데 위의 비율들이 흔히 사용된다.

---

13) 유통주식수(number of shares outstanding)는 발행된 총주식에서 자기주식을 제외한 주식수를 말한다.

14) 이는 비율측정시 분자와 분모 간의 일관성 문제이다. PER은 주식가격을 (이자비용이 차감된) 이익으로 나눈 것이므로 분자와 분모가 비교가능하고, 또한 PBR의 경우도 분자와 분모가 모두 자기자본에 관한 것이므로 별 문제가 없다.

이익과 순자산은 감가상각방법이나 재고자산 회계방법의 영향을 받지만 매출액은 회계방법의 영향을 거의 받지 않는다. 이는 PSR과 EV/매출액 비율을 기업간 비교에 사용할 수 있는 추가적 이점이라고 할 수 있다. 그러나 기업의 가치를 평가함에 있어 매출액은 이익과 순자산만큼 큰 역할을 하기 어려운 한계점이 있다. 즉, 이익은 한 기간 동안의 자기자본 증가를 측정한 것인데, 매출액은 이익의 한 구성요소일 뿐이므로 매출액의 역할은 제한적이다.

● 주가현금흐름비율과 EV/EBITDA 비율

주가현금흐름비율(price-to-cash flow ratio, PCR)은 현재의 주식가격을 주당현금흐름으로 나눈 것으로서, 현재 주식가격이 기업의 영업활동 현금흐름의 몇 배로 형성되어 있는가를 나타내는 비율이다. 주당현금흐름은 흔히 현금흐름표상의 영업활동 현금흐름을 평균유통주식수로 나누어 계산되고 있다. 우선주를 발행한 기업의 경우에는 보통주와 우선주의 시가총액을 영업활동 현금흐름으로 나누어 PCR을 산정한다.

$$\text{주가현금흐름비율} = \frac{\text{주식가격}}{\text{주당현금흐름}}$$

$$\text{EV/EBITDA} = \frac{\text{주식시가총액} + \text{순재무부채}}{\text{EBITDA}}$$

$$\text{EBITDA} = \text{당기순이익} + \text{순이자비용} + \text{법인세비용} + \text{감가상각비} + \text{무형자산상각비}$$

위에서 EV/EBITDA 비율은 기업 전체가치(enterprise value)를 순이자비용, 법인세비용, 감가상각비 및 무형자산상각비 차감전의 이익(earnings before interest, taxes, depreciation and amortization)으로 나눈 비율이다. 여기서 EV는 앞에서 살펴본 EV/매출액 비율의 분자와 동일하다.

EBITDA는 감가상각방법의 영향을 받지 않으므로 실무에서 EV/EBITDA 비율이 자주 사용되고 있으며, 또 EBITDA를 현금흐름 측정치인 것으로 보는 경향이 있다. 그러나 EBITDA는 영업활동 현금흐름이 아니고 단지 그 근사치에 불과함을 유의해야 한다. 매출액과 매출원가 및 판매관리비에는 비현금항목들이 포함되어 있기 때문에 EBITDA는 영업활동 현금흐름과 같지 않으며, 또 EBITDA는 영업활동의 비용인 법인세도 무시하고 있다.

참고 시장가치비율과 투자전략

실무계 일부에서는 투자종목을 선정하는 데 시장가치비율을 이용하고 있다. 예를 들면, PER, PBR 등이 낮은 주식은 매수하고 반면에 높은 주식은 매도하는 것이다. 그러나 이러한 투자전략의 성공이 보장되는 것은 아니므로 신중히 결정할 필요가 있다. 그러한 비율들이 과연 현재 낮게 또는 높게 형성된 것인지, 즉 특정 주식이 현재 저평가 · 고평가되어 있는지를 판단하는 것은 용이한 일이 아니다. 그러한 판단을 하려면 무엇보다도 PER, PBR 등의 결정요인이 무엇인지에 대한 이해가 선행되어야 한다. 본서의 제8장은 이 주제를 다루고 있다.

연습문제

1. 재무비율분석에는 비계량적인 질적 분석(qualitative analysis)이 병행되어야 하는 바, 그 이유를 설명하라.

2. 재무비율의 크기를 해석할 때 사용되는 비교기준(benchmark)에는 어떤 것들이 있는지 설명하라.

3. ROE(자기자본이익률)의 의미와 산정방법을 설명하라.

4. 총자산순이익률의 의미와 그 한계점이 무엇인지 설명하라.

5. 유동성비율의 의미를 설명하고 유동성비율에는 어떤 비율들이 있는지 설명하라.

6. 레버리지비율의 의미를 설명하고 레버리지비율에는 어떤 비율들이 있는지 설명하라.

7. PER(주가이익비율)의 의미를 설명하고 그 결정요인이 무엇인지 약술하라.

8. PBR(주가순자산비율)의 의미를 설명하고 그 결정요인이 무엇인지 약술하라.

9. EBITDA를 현금흐름 측정치로 보는 경향이 있으나 EBITDA는 영업활동 현금흐름이 아니고 단지 그 근사치에 불과하다. EBITDA가 영업활동 현금흐름과 같지 않은 이유를 설명하라.

10. 공통형 재무제표(common-size financial statements)를 작성하면 이로부터 어떠한 정보를 추출할 수 있는지 설명하라.

11. 다음의 각 기술내용이 타당한지 여부를 설명하라.

    ① 당기순이익이 흑자인 2000억원에 달하고 있으므로 이익실적이 양호하다.
    ② 필요수익률인 자기자본비용(cost of equity)이 12%인데 ROE가 17%이므로 이익실적이 양호하다.

12. 다음은 ROA인 총자산순영업이익률의 구성요소를 나타낸 것이다.

$$총자산순영업이익률 = \frac{(\ A\ )}{총자산} \qquad \langle 식\ 1 \rangle$$

$$= \frac{(\ B\ ) + 이자비용 \times (1 - 세율)}{총자산} \qquad \langle 식\ 2 \rangle$$

$$= \frac{(\ C\ )}{(\ E\ )} \times \frac{(\ D\ )}{총자산} \qquad \langle 식\ 3 \rangle$$

아래의 물음에 답하라.

(1) 위에서 A~E가 각각 무엇인가? 단, A와 C는 수식이 아닌 형태로 답한다.
(2) 〈식 2〉의 분자에서 이자비용 자체가 아닌 「이자비용 × (1−세율)」을 B에 더하고 있다. 여기서 「이자비용 × 세율」로 산정되는 금액의 의미는?
(3) 〈식 3〉에서 왼쪽의 분수(C/E)를 무엇이라 부르며, 그 의미는?
(4) 〈식 3〉에서 오른쪽의 분수를 무엇이라 부르며, 그 의미는?

13. 다음은 사무용기계를 제작, 판매하는 남산(주)의 연결재무제표이다.

연결재무상태표 (단위: 억원)

자 산	2×23	2×24	부채와 자본	2×23	2×24
현 금	30	60	매입채무	300	320
금융기관예치금	380	360	단기차입금	230	250
매출채권	300	320	미지급비용	60	40
재고자산	160	200	장기차입금	260	220
투자부동산	10	20	지배기업 소유주지분	930	1,110
유형자산	900	980	비지배지분	0	0
자산 총계	1,780	1,940	부채와 자본 총계	1,780	1,940

연결포괄손익계산서 (단위: 억원)

과 목	2×24	과 목	2×24
매출원가	1,820	매 출 액	2,650
판매비와 관리비	545	임 대 료	10
이자비용	25	이자수익	20
법인세비용	90		
당기순이익	200		
기타포괄손익	0		

〈추가 자료〉 1) 2×24년의 재고자산 매입액은 1,850억원이고, 세율은 30%이다.
2) 종속회사에 대한 비지배지분은 없다.

아래의 물음에 답하라. 단, 수익성비율과 효율성비율을 계산할 때 재무상태표 항목들에 대해서는 기초 · 기말의 평균치를 사용한다.

(1) 2×24년의 지배기업 ROE와 총자산순영업이익률은 각각 몇 %인가?
(2) 총자산순영업이익률의 두 구성요소를 각각 산출하라.
(3) 다음의 매출액이익률을 각각 산정하라.
① 매출액총이익률 ② 매출액영업이익률
③ 매출액순이익률
(4) 다음의 효율성비율을 각각 산정하라.
① 영업운전자본회전율 ② 매출채권회전율
③ 재고자산회전율 ④ 매입채무회전율
⑤ 유형자산회전율
(5) 2×24년 말 현재, 다음의 유동성비율을 각각 산정하라.
① 유동비율 ② 당좌비율
(6) 2×24년 말 현재, 다음의 레버리지비율을 각각 산정하라.
① 부채비율 ② 차입부채비율
③ 이자보상비율 ④ 고정장기적합률

14. 다음은 전자제품을 판매하는 서울(주)의 요약재무제표이다.

요약재무제표 (단위: 백만원)

과 목	2×23	2×24
자산 총계	96,000	98,000
부채 총계	54,000	55,000
자본 총계	42,000	43,000
매 출 액		65,000
비 용		60,800
당기순이익		4,200
기타포괄손익		0

아래의 물음에 답하라. 단, ROE를 산정할 때 재무상태표 항목에 대해서는 기초의 금액을 사용한다.

(1) 2×24년 중에 서울(주)과 주주 간의 자본거래는 현금배당뿐이었다면 2×24년의 현금배당은 얼마인가?

(2) 2×24년의 ROE는 몇 %인가?

15. 앞의 문제 14에 연속된 문제이다. 아래의 추가 자료를 이용하여 물음에 답하라.

〈추가 자료〉 1) 2×24년의 동일업종의 평균 ROE는 8%이다.
2) 서울(주)의 2×24년의 필요수익률(자기자본비용)은 14%이다.

(1) 서울(주)의 CEO는 2×24년의 ROE가 동일업종의 평균보다 높으므로 서울(주)이 2×24년에 높은 수익성을 실현한 것으로 생각하고 있다. CEO의 이러한 평가가 적절한지 논의하라.
(2) 시장의 투자자들은 서울(주)의 미래 ROE가 2×24년 ROE와 같은 수준일 것으로 예측하고 있다고 가정하자. 그러면 서울(주)의 주가순자산비율(PBR)이 현재 1보다 낮게 형성되어 있겠는가, 아니면 1보다 높게 형성되어 있겠는가? (서울(주)의 필요수익률은 미래에도 14%일 것으로 가정한다.)

16. 관악(주)의 2×23~2×24년의 공통형 포괄손익계산서는 다음과 같다.

공통형 포괄손익계산서 (단위: 백만원, %)

과 목	2×23		2×24	
	금액	비율	금액	비율
매 출 액	5,500	100.0	6,200	100.0
매출원가	4,350		4,850	
매출총이익	1,150		1,350	
판매비와 관리비	450		680	
영업이익	700		670	
이자비용	150		160	
법인세비용차감전순이익	550		510	
법인세비용	140		130	
당기순이익	410		380	
기타포괄손익	0		0	
포괄이익	410		380	

아래의 물음에 답하라.

(1) 연도별로 각 항목에 대한 구성비율을 계산하여 빈칸에 기입하라.
(2) 2×24년의 매출액과 매출총이익은 2×23년보다 증가하였다. 그럼에도 불구하고 2×24년의 당기순이익이 2×23년보다 감소하게 된 주된 이유가 무엇인가?

17. 다음은 H사의 2×23~2×24년도 연결재무제표이다.

연결재무상태표 (단위: 억원)

과 목	2×23	2×24
자 산		
Ⅰ. 유동자산	49,350	66,042
Ⅱ. 비유동자산	146,978	142,630
자산 총계	196,328	208,672
부 채		
Ⅰ. 유동부채	58,478	64,165
Ⅱ. 비유동부채	44,721	39,900
부채 총계	103,199	104,065
자 본		
Ⅰ. 지배기업 소유주지분	93,129	104,607
Ⅱ. 비지배지분	0	0
자본 총계	93,129	104,607
부채와 자본 총계	196,328	208,672

연결포괄손익계산서 (단위: 억원)

과 목	2×23	2×24
매 출 액	225,051	263,369
매출원가	170,790	203,973
매출총이익	54,261	59,396
판매비와 관리비	33,295	43,334
영업이익	20,966	16,062
기타수익	10,083	15,122
기타비용	9,063	7,806
금융비용(이자비용)	5,326	3,543
법인세비용차감전순이익	16,660	19,835
법인세비용	5,006	5,399
당기순이익	11,654	14,436
기타포괄손익	100	0
포괄이익	11,754	14,436
(보통주 주당순이익, 원)	(5,164)	(6,355)

아래의 물음에 답하라. 단, 수익성비율을 산정할 때 재무상태표 항목들은 기초 · 기말의 평균치를 사용하며, 세율은 28%이다.

(1) 2×24년의 지배기업 ROE와 총자산순영업이익률을 각각 산정하라.
(2) 2×23년과 비교한 2×24년의 총자산증가율, 매출액증가율, 순이익증가율을 각각 산정하라.
(3) 2×23년 말과 비교할 때 2×24년 말의 부채비율은 어떻게 변동하였는가?
(4) 2×24년의 이자보상비율(이익기준)을 산출하라.
(5) 다음은 2×25년 3월 말 시점에서 시장가치비율 산정에 필요한 주가자료이다. H사의 우선주는 사채형이 아닌 보통주형 우선주이다.

주가자료: 2×25년 3월 말 현재		
주식가격:	보통주(원)	27,750
	우선주(원)	12,200
유통주식수:	보통주(천주)	215,083
	우선주(천주)	62,034

① 2×25년 3월 말 현재, 다음의 시장가치비율을 산정하라.

• 주가이익비율(PER) • 주가순자산비율(PBR)

② 2×24년의 ROE 실적은 H사의 자기자본비용(cost of equity)과 비슷한 수준이다. 위의 ①에서 산정된 PER과 PBR의 크기를 볼 때 시장의 투자자들이 H사의 미래 수익성을 어떻게 전망하고 있는지 논의하라.

18. 펀드매니저인 K씨는 기업분석을 위해 몇몇 기업들의 공통형 재무제표를 만들어 컴퓨터에 보관하고 있었다. 그런데 어느 날 컴퓨터 바이러스 때문에 자료가 소실되는 일이 발생하였다. K씨는 데이터 복구를 하였지만 아래와 같이 회사명이 누락된 불완전한 공통형 재무제표를 얻게 되었다.

공통형 재무제표 및 재무비율 (단위: %)

	A	B	C	D	E	F	G	H
자 산								
현금 및 현금성자산	0.8	5.7	3.8	25.8	0.1	7.5	16.6	3.6
매출채권	4.2	21.3	9.4	3.0	8.2	1.6	7.3	1.1
미 수 금	0.4	0.0	0.1	0.4	7.9	28.2	2.0	2.4
재고자산	4.0	15.8	7.1	0.1	0.0	8.4	1.2	11.2
기타 유동자산	6.3	2.2	12.8	35.8	8.1	16.8	15.7	1.2
유동자산	15.7	45.0	33.2	65.1	24.3	62.5	42.8	19.5

(뒷면에 계속)

	A	B	C	D	E	F	G	H
유형자산	62.1	32.1	40.7	5.0	30.7	15.2	8.4	74.0
무형자산	1.3	0.4	0.1	3.2	1.3	0.0	1.4	0.0
기타 비유동자산	20.9	22.5	26.0	26.7	43.7	22.3	47.4	6.5
비유동자산	84.3	55.0	66.8	34.9	75.7	37.5	57.2	80.5
자산 총계	100.0	100.0	100.0	100.0	100.0	100.0	100.0	100.0
부채와 자본								
매입채무	1.5	5.4	13.5	0.9	0.0	20.1	8.0	2.3
단기차입금	2.5	10.6	1.4	0.0	8.0	2.8	0.0	2.2
유동성장기부채	3.7	2.0	10.3	0.0	1.4	3.2	0.0	0.0
선 수 금	4.3	0.0	0.0	0.4	0.0	13.2	0.1	0.4
기타 유동부채	13.6	13.1	10.3	1.7	14.5	18.5	9.4	5.3
유동부채	25.6	31.1	35.5	3.0	23.9	57.8	17.5	10.2
장기차입금	6.2	10.0	1.3	0.0	0.3	2.9	0.0	0.5
사 채	7.1	12.9	0.0	0.0	20.5	19.4	15.5	17.9
기타 비유동부채	30.0	4.0	1.1	0.4	1.8	8.7	0.4	2.2
비유동부채	43.3	26.9	2.4	0.4	22.6	31.0	15.9	20.6
보통주자본금	3.3	8.8	0.8	6.2	0.4	40.1	26.6	32.5
우선주자본금	0.1	0.0	0.0	0.0	0.0	0.1	0.0	0.6
기타 자본	27.7	33.2	61.3	90.4	53.1	−29.0	40.0	36.1
자본 총계	31.1	42.0	62.1	96.6	53.5	11.2	66.6	69.2
부채 · 자본 총계	100.0	100.0	100.0	100.0	100.0	100.0	100.0	100.0
재무비율								
매출액총이익률	16.4	47.3	41.4	−24.9	100.0	1.0	10.5	47.9
R&D / 매출액	0.0	3.4	0.0	1.9	1.7	0.6	0.9	0.0
광고비 / 매출액	1.0	7.5	4.9	5.3	4.4	0.1	2.0	0.3
매출채권회수기간(일)	18.7	331.0	19.9	31.6	1.5	16.3	25.5	33.2
재고자산회전율(회)	23.3	16.8	3.1	40.6	48.6	24.4	187.1	2.6
비유동자산회전율(회)	1.18	0.14	0.66	0.46	4.29	1.33	1.40	0.25
부채 / 자본	222	138	61	4	87	789	50	44

그런데 다행히 K씨는 공통형 재무제표를 작성하였던 회사들에 대해 다음의 메모지를 발견할 수 있었다

가. 현대건설

현대건설의 주요 사업은 토목, 건축, 준설업인데, 부채비율이 매우 높다.

나. 동아제약

동아제약은 의약품의 제조 및 판매를 주된 사업으로 하는 회사이다.

다. SK텔레콤

SK텔레콤의 주요 사업은 정보통신업이며, 정보통신 관련 해외사업과 연구개발업도 하고 있다.

라. 대한항공

대한항공의 주요 사업은 항공운송업으로서 국내외 여객운송과 화물운송을 하고 있다. 그 외에도 항공정비 · 제조와 호텔업을 하고 있다.

마. 롯데제과

롯데제과는 음식료품 제조 및 판매를 단일사업으로 영위하는 회사이다.

바. 호텔신라

호텔신라의 사업은 관광숙박업과 관광시설이용업인데, 보세판매업과 예식장, 스포츠시설업도 하고 있다.

사. 새롬기술

새롬기술은 컴퓨터 및 인터넷 소프트웨어 개발 및 판매, 인터넷 및 통신기술서비스, 별정통신 서비스업을 하고 있다.

아. 인터파크

인터파크는 전자상거래에 의한 도소매와 수출입을 하는 회사인데, 그 외에도 자료처리 및 데이터베이스 사업을 하고 있다.

K씨의 입장에서 메모지의 회사명과 공통형 재무제표상의 회사명을 연결시키고, 그 이유를 설명하라(힌트: 업종별 특성을 고려하자).

제4장

통합적 비율분석과 성과분석

본장에서는 제3장에서 다룬 재무비율들을 통합적으로 분석하는 방법을 다룬다. 자본이익률(투자이익률)을 매출액이익률과 효율성비율로 분해하여 분석하고 ROE의 결정요인을 분석하는 방법을 설명한다. 이와 관련하여 전통적 듀퐁시스템을 논의하고 최근의 발전된 분석기법도 소개한다. 또한 금액을 이용한 최종적 성과분석방법으로서 초과이익과 EVA의 개념을 소개한다.

제 1 절 ROA와 ROE 결정요인: 전통적 분석

1.1 듀퐁시스템

제3장에서 기업의 투자이익률(return on investment)로서 총자산이익률(ROA)을 소개한 바 있으며,[1] ROA는 총자산순이익률 또는 총자산순영업이익률로 측정되고 있다. 이러한 ROA 측정치들은 다음과 같이 매출마진과 총자산회전율의 곱으로 나타낼 수 있다.

$$\text{총자산순이익률} = \frac{\text{순이익}}{\text{매출액}} \times \frac{\text{매출액}}{\text{총자산}} \tag{4-1}$$

$$\text{총자산순영업이익률} = \frac{\text{이자비용차감전이익}}{\text{매출액}} \times \frac{\text{매출액}}{\text{총자산}} \tag{4-2}$$

위에서 매출액순이익률과 매출액순영업이익률은 매출마진의 대체적 측정치들이고, 총자산회전율은 영업활동에서 총자산이 얼마나 효율적으로 활용되고 있는가를 나타낸다. 이와 같이 ROA를 매출마진과 총자산회전율로 분해하면 기업의 투자이익률이 어떠한 원천에서 얼마만큼 영향을 받아서 결정되었는가를 분석할 수 있다. 또한 그러한 분석에 기초해서 기업의 경영자는 투자이익률을 높이기 위한 경영계획을 수립할 수 있다.

위와 같이 ROA를 매출마진과 총자산회전율로 분해하여 경영성과를 분석하는 방법을 **듀퐁시스템**(the DuPont system)이라고 부른다. 이 표현이 사용되는 것은 오래 전에 미국의 화학회사인 듀퐁사에서 그러한 분석방법을 개발한 데 연유한다.

예를 들어 제3장의 사례기업인 S사의 경우를 보면, 2×24년의 총자산순영업이

1) 투자이익률은 '이익/투자액'의 비율을 가리키는 일반적 용어이고, 총자산이익률은 투자이익률을 측정하는 한 형태이다.

익률이 5.5%인데(제3장의 〈표 3-5〉 참조) 이는 다음과 같이 매출액순영업이익률 2.64%와 총자산회전율 2.08회에 의해서 결정된 것이다(제3장의 〈표 3-6〉 및 〈표 3-9〉 참조).

$$\text{총자산순영업이익률} = \frac{\text{이자비용차감전이익}}{\text{매출액}} \times \frac{\text{매출액}}{\text{총자산}}$$

$$= 2.64\% \times 2.08\text{회}$$

$$= 5.5\%$$

위에서 만일 매출마진이 2.64%보다 높았거나 또는 총자산회전율이 2.08회보다 높았다면 총자산순영업이익률이 더 높아질 수 있었을 것이다. 그래서 경영자는 매출마진을 높이기 위하여 판매가격의 인상 또는 비용절감을 추진하거나, 다른 한편으로는 총자산회전율을 높이기 위하여 매출액을 늘리거나 자산투자액을 절감하기 위한 계획을 수립하게 된다.

모든 기업들이 높은 ROA를 원하겠지만, 매출마진과 총자산회전율을 모두 극대화하려는 것은 업종의 특성과 기업간 경쟁 때문에 어려울 수 있다. 그래서 매출마진의 크기와 총자산회전율의 크기는 업종 또는 사업부문에 따라서 상당한 차이가 있다. 예를 들면, 설비투자를 많이 해야 하는 중화학공업이나 전기가스업은 다른 업종에 비해 총자산회전율이 상대적으로 낮다. 또한 유통업의 경우에는 할인점의 매출마진은 백화점의 매출마진보다 낮다. 그러나 할인점은 판매가격이 낮은 대신 매출증대가 더 용이하므로 총자산회전율을 높일 수 있다.

1.2 ROE의 결정요인

제3장에서 설명하였듯이, ROE(자기자본이익률)는 기업의 소유주 관점에서 측정한 투자이익률이다. 이러한 ROE의 중요성을 생각할 때 ROE의 '원천'이 무엇인지를 구체적으로 파악할 필요가 있다. ROE의 분자는 당기순이익 또는 포괄이익인데, 기업의 영업활동 수익성은 물론 재무활동(타인자본 조달)에 따른 이자비용도 당기순이익과 포괄이익에 영향을 미친다. 또한 ROE의 분모인 자기자본의 크기도 재무활동(자본구조)의 영향을 받는다. 즉, 타인자본을 많이 사용하면 자기자본의 크기가

작아지므로 ROE가 영향을 받게 된다.

ROE의 결정요인을 구체적으로 이해하기 위하여, 먼저 전통적 ROA 측정치인 총자산순이익률과 ROE 간의 관계를 살펴보면 다음과 같다. ROA는 당기순이익 또는 이자비용차감전이익을 사용하여 측정되고 있으므로 아래에서 ROE의 분자로는 당기순이익이 사용된다.

$$\begin{aligned} \text{ROE} &= \frac{\text{순이익}}{\text{자기자본}} = \frac{\text{순이익}}{\text{총자산}} \times \frac{\text{총자산}}{\text{자기자본}} \\ &= \text{총자산순이익률} \times \left[1 + \frac{\text{부채}}{\text{자기자본}}\right] \end{aligned} \tag{4-3}$$

위에서 보듯이, ROE는 총자산순이익률과 부채비율의 영향을 받고 있다. 그러면 부채비율이 높아질수록 ROE가 높아질까? 부채가 많아지면 이자비용이 많이 발생하게 되는데 이자비용은 순이익에 영향을 미쳐서 총자산순이익률도 영향을 받을 것이다. 그러므로 위의 관계식은 부채비율과 ROE의 관계를 명료히 나타내지 못하고 있다.

한편, 개선된 ROA 측정치인 총자산순영업이익률은 ROE와 어떠한 관계에 있는지 살펴보자. 본절에서는 영업활동의 수익성과 재무활동이 ROE에 미치는 영향을 분석하고자 하는 것이므로 연결재무제표 자료를 사용할 경우 아래에서 ROE는 (비지배지분이 차감되지 않은) '연결실체 ROE'(=연결당기순이익/연결자기자본)를 가리킨다. 먼저 순이익은 이자비용차감전이익에서 이자비용(세후)을 차감한 것과 같으므로 이 관계를 이용하면 ROE는 다음과 같이 분해된다.

$$\text{ROE} = \frac{\text{순이익}}{\text{자기자본}} = \frac{\text{이자비용차감전이익}}{\text{자기자본}} - \frac{\text{이자비용(세후)}}{\text{자기자본}}$$

여기서 오른쪽에 있는 두 비율을 적절히 재구성하면 ROE의 구성요소는 다음과 같이 나타낼 수 있다.[2)]

---

2) 이자비용차감전이익을 OI라고 표현하면 ROE는 다음과 같이 나타낼 수 있다.

$$\begin{aligned} \text{ROE} &= \frac{\text{OI}}{\text{총자산}} \times \frac{\text{총자산}}{\text{자기자본}} - \frac{\text{이자비용(세후)}}{\text{부채}} \times \frac{\text{부채}}{\text{자기자본}} \\ &= \frac{\text{OI}}{\text{총자산}} \times \left[1 + \frac{\text{부채}}{\text{자기자본}}\right] - \frac{\text{이자비용(세후)}}{\text{부채}} \times \frac{\text{부채}}{\text{자기자본}} \\ &= \frac{\text{OI}}{\text{총자산}} + \left[\frac{\text{OI}}{\text{총자산}} - \frac{\text{이자비용(세후)}}{\text{부채}}\right] \times \frac{\text{부채}}{\text{자기자본}} \end{aligned}$$

$$\text{ROE} = \text{ROA} + \left[\text{ROA} - \frac{\text{이자비용(세후)}}{\text{부채}}\right] \times \frac{\text{부채}}{\text{자기자본}}$$

$$= \text{ROA} + \underbrace{[\text{ROA} - \text{차입이자율(세후)}] \times \text{부채비율}}_{\text{재무레버리지효과}} \qquad (4\text{-}4)$$

여기서 보듯이, ROA(총자산순영업이익률)는 ROE의 한 구성요소이며, 영업활동의 수익성이 높을수록 ROE가 높아진다. 부채비율이 ROE에 어떻게 영향을 미치는가는 ROA가 평균 차입이자율(세후)보다 높은가의 여부에 달려 있다. ROA가 평균 차입이자율(세후)보다 높은 때에는 부채비율로 인해 ROE가 높아지나, 반대의 경우에는 ROE가 낮아진다. 이러한 양면적 효과는 부채 사용의 정도에 따라 그 크기가 확대된다. 즉, 부채비율이 레버리지 역할을 하고 있으며, 부채비율이 ROE에 미치는 그러한 양면적 효과를 **재무레버리지효과**라고 부른다.

● 사례기업에 대한 분석

제3장의 사례기업인 S사에 대해 2×24년도 ROE(연결실체 ROE)의 결정요인을 분석해 보면 다음과 같다. 아래에서는 반올림에 따른 오차의 영향을 줄이기 위해 ROA(총자산순영업이익률)와 평균 차입이자율(세후)을 소수 두 자리까지 계산한다. 제3장의 〈표 3-5〉에서 이자비용차감전이익은 당기순이익 1,103억원+이자비용(세후) 141억원=1,244억원이고, 기초·기말의 평균 총자산은 22,615억원이다. 제3장에서 ROE와 ROA를 산정할 때 기초·기말의 평균 자기자본(7,166억원)과 평균 총자산을 사용하였기 때문에 아래에서 부채도 기초·기말의 평균 부채(15,449억원)가 사용된다.[3] 부채와 자기자본은 제3장의 〈표 3-2〉의 연결재무상태표에 있는 자료이다(금액단위는 억원).

$$\text{S사:} \quad \text{ROE} = \text{ROA} + \left[\text{ROA} - \frac{\text{이자비용(세후)}}{\text{부채}}\right] \times \frac{\text{부채}}{\text{자기자본}}$$

$$= \frac{1{,}244}{22{,}615} + \left[\frac{1{,}244}{22{,}615} - \frac{141}{15{,}449}\right] \times \frac{15{,}449}{7{,}166}$$

$$= 5.50\% + [5.50\% - 0.91\%] \times 2.16$$

3) 만일 ROE를 산정할 때 기초 자기자본이 사용되었으면 총자산과 부채도 기초 금액이 사용되어야 계산의 일관성이 유지된다.

$$= 5.50\% + 9.91\%$$
$$= 15.4\%$$

위에서 보는 바와 같이, S사의 ROE 15.4%는 제3장의 〈표 3-4〉에서 산정한 ROE(연결실체 ROE)와 같으며, 이는 ROA(총자산순영업이익률) 5.5%와 재무레버리지효과 9.91%로 구성되어 있다.

위와 동일한 방법으로 L사의 2×24년도 ROE를 분해하면 다음과 같다.

$$\text{L사:} \quad ROE = \frac{-4,584}{187,035} + \left[\frac{-4,584}{187,035} - \frac{1,264}{93,105}\right] \times \frac{93,105}{93,930}$$
$$= -2.45\% + [-2.45\% - 1.36\%] \times 0.99$$
$$= -6.2\%$$

위와 같이 L사의 ROE는 −6.2%이며, 이는 ROA(총자산순영업이익률) −2.45%와 재무레버리지효과 −3.77%로 구성되어 있다. 두 기업을 비교하면, S사의 ROA 5.5%는 L사의 ROA −2.45%보다 훨씬 높다. 또한 S사의 재무레버리지효과는 9.91%로서 L사의 −3.77%보다 훨씬 높은데, 이는 부채비율도 영향을 미쳤지만 ROA가 훨씬 높았기 때문이다. 즉, S사는 ROA가 5.5%로 훨씬 높기 때문에 ROA 5.5%와 평균 차입이자율(세후) 0.91% 간의 스프레드(4.59%)가 L사의 스프레드(음수인 −3.81%)보다 훨씬 크고 이로 인해 S사의 재무레버리지효과가 L사보다 훨씬 크게 나타나고 있다. 부채비율의 차이(2.16 대 0.99)도 재무레버리지효과의 크기에 영향을 미치고 있다.

요컨대, 2×24년에 S사의 ROE가 L사의 ROE보다 훨씬 높은 것은 S사의 ROA(총자산순영업이익률)가 L사보다 훨씬 높았기 때문이며, 이로 인해 재무레버리지효과도 큰 차이가 있었다.

● ROA와 차입이자율 계산의 한계점

식 (4-4)에 의한 위의 분석은 영업활동의 수익성과 재무활동이 ROE에 미친 영향을 파악하려는 것이다. 그러나 ROA(총자산순영업이익률)를 이용한 식 (4-4)는 다음의 문제들 때문에 영업활동의 수익성과 재무활동의 영향을 명료히 나타내지는 못하고 있다.

첫째, 앞의 계산내역에서 S사와 L사의 평균 차입이자율(세후)이 매우 낮아서 이들 기업의 실제적 평균 차입이자율(세후)을 나타내지 못하고 있다. 즉, 차입이자율(세후) 계산시 분모가 부채 총액이어서 비차입부채(예: 매입채무, 미지급비용, 선수금, 제품보증부채 등)도 포함되어 있기 때문에 평균 차입이자율(세후)이 실제와 다르게 산정되고 있다. 이러한 문제 때문에 식 (4-4)는 재무활동의 영향을 제대로 파악하지 못하게 하고 있다. 실제의 평균 차입이자율(세후)은 차입부채를 이용하여 계산되어야 한다.

둘째, ROA는 이자비용차감전이익(=순이익+이자비용(세후))을 총자산으로 나눈 것인데, 여기서 분자와 분모가 비교가능한가의 문제가 있다. '이자비용차감전이익'은 자기자본과 타인자본(즉, 차입부채) 투자자에게 귀속되는 투자수익이다.[4] 그러나 총자산은 「자기자본+차입부채+비차입부채」이므로 총자산을 '이자비용차감전이익'에 대비시키면 투자이익률이 부정확하게 계산된다. 즉, 투자이익률 계산시 분모에 비차입부채가 포함되지 않아야 하는데 ROA는 비차입부채를 분모에 포함시키고 있다.

$$\text{ROA} = \frac{\text{순이익} + \text{이자비용(세후)}}{\text{자기자본} + \text{차입부채} + \text{비차입부채}} = \frac{\text{순이익} + \text{이자비용(세후)}}{\text{재무자산} + \text{영업자산}} \qquad (4\text{-}5)$$

총자산 = 자기자본 + 차입부채 + 비차입부채 (← 재무상태표의 대변 측면)
= 재무자산 + 영업자산 (← 재무상태표의 차변 측면)

셋째, 재무상태표의 차변 측면에서 보면, 총자산은 영업활동에 사용되는 **영업자산**(operating assets)과 영업활동에 투입되지 않은 **재무자산**(financial assets)으로 구성되어 있다. 재무자산은 기업이 영업활동에 필요하지 않은 **여유현금**(excess cash)을 시장이자율이 적용되는 금융기관 예금상품이나 채무증권(예: 국공채, 회사채)에 예치해 놓은 것을 말하며, 이는 재화·용역을 생산, 판매하는 영업활동에 투입된 자산이 아니다. 그런데도 ROA는 분모에 재무자산을 포함시키고 있다.

또한 재무자산에서 발생하는 이자수익도 영업활동과 무관한데 이 역시 ROA에 포함되어 있다. 즉, ROA의 분자인 '이자비용차감전이익'에는 재무자산의 이자수

4) 순이익은 자기자본투자자에게 귀속되는 투자수익이고, 이자비용은 타인자본투자자(차입부채 제공자)에게 귀속되는 투자수익이다.

익이 포함되어 있다. 이러한 문제들 때문에 ROA는 영업활동의 수익성을 올바로 나타내지 못하고 있다.

위의 여러 문제들을 고려할 때 영업활동의 수익성과 재무활동의 영향을 보다 명료히 파악할 수 있는 분석방법이 필요하며, 다음 절에서는 발전된 분석방법을 소개할 것이다.

제2절 ROIC와 ROE 결정요인: 발전된 분석

2.1 ROIC란?

ROE의 원천 또는 결정요인을 잘 이해하기 위해서는 순수한 영업활동의 수익성이 어떠한지 파악할 필요가 있고 재무활동의 영향도 구분되어야 한다. 영업활동은 재화 및 서비스를 생산·판매하는 활동이고, 재무활동은 영업활동에 투입할 자본(타인자본과 자기자본)의 조달에 관한 활동이다.[5] 영업활동의 수익성을 명료히 파악하기 위해서는 영업활동에서 획득된 이익과 영업활동에 투입된 자본규모를 대응시킬 필요가 있다. 이러한 목적으로 측정되는 수익성지표가 다음의 **영업투하자본이익률**(return on invested capital, ROIC)이다.

$$\text{ROIC} = \frac{\text{세후순영업이익}}{\text{영업투하자본}} \tag{4-6}$$

위에서 **영업투하자본**(operating invested capital)은 영업활동에 실제로 투입된 자본규모(타인자본과 자기자본)를 가리킨다. **세후순영업이익**(net operating profit after tax)은 영업활동에서 획득된 이익(세후)을 뜻하며, 이는 영업활동과 관련하여 발생

5) 기업의 활동을 더 세분하면 영업활동, 투자활동, 재무활동으로 구분할 수 있다. 그런데 투자활동은 영업에 필요한 자산을 취득하는 활동이므로 이는 넓은 의미에서 영업활동에 포함된다. 후술하는 제6장(현금흐름 분석)에서는 영업, 투자, 재무활동의 분류가 사용될 것이다.

한 모든 손익의 순액을 가리킨다. 아래에서 영업투하자본과 세후순영업이익의 구체적 산정방법을 살펴보자.

(1) 영업투하자본의 산정

영업활동에 실제로 투입된 자본규모가 얼마인지 측정하기 위해서는 재무상태표상의 자산과 부채를 영업활동 관련 항목과 재무활동 관련 항목으로 구분할 필요가 있다. 자산 중에서 영업활동(재화 및 서비스의 생산 · 판매)에 사용되는 자산은 **영업자산**(operating assets)이라 부르고, 재무활동에 관련된 자산은 **재무자산**(financial assets)이라고 부른다.[6] 재무자산은 영업활동에 사용되는 자산이 아니다. 부채도 영업활동에서 발생하는 **영업부채**(operating liabilities)와 재무활동(차입)에서 발생하는 **재무부채**(financial obligations, 차입부채)의 두 유형이 있다. 이와 같이 자산과 부채를 각각 구분하면 재무상태표의 구조는 다음과 같이 나타낼 수 있다.

자산과 부채의 구분

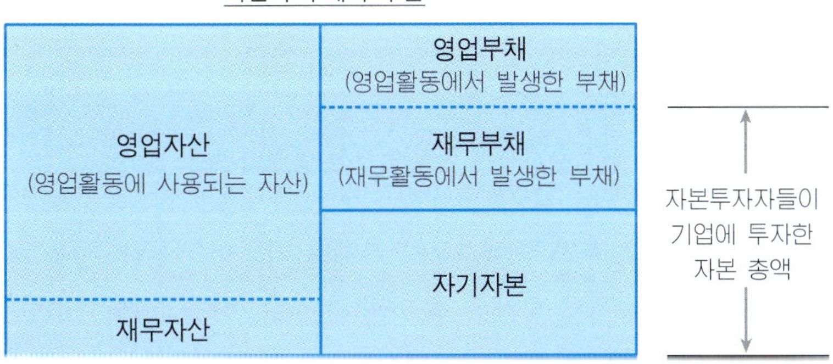

영업자산은 재화 및 서비스의 생산 · 판매활동에 사용되는 자산이므로 대부분의 자산항목들이 영업자산에 속한다. 즉, 재무활동에 관련된 재무자산이 아닌 것은 모두 영업자산에 속한다. 기업이 영업활동에 사용하기 위해 보유하고 있는 현금

6) 아직은 위의 구분이 IFRS(국제회계기준)에서 사용되고 있지는 않지만, 자산과 부채를 활동별로 분류하면 재무상태표의 내용을 더 잘 이해할 수 있다. 예를 들면 다음 문헌을 참조: G. Feltham and J. Ohlson, 1995, "Valuation and Clean Surplus Accounting for Operating and Financial Activities," *Contemporary Accounting Research* (Spring), pp. 689-731; S. Penman, 2010, *Financial Statement Analysis and Security Valuation*, McGraw-Hill/Irwin.

(operating cash, 이자가 없거나 낮은 이자율이 적용되는 요구불예금 포함)도 영업자산이다. IFRS(국제회계기준)에서는 현금, 타회사의 지분증권, 미래에 현금을 수취할 계약상 권리(금융기관예치금, 투자채무증권, 매출채권, 미수금 등)를 '금융자산'으로 부르고 있는데, 이러한 금융자산 중에서 금융기관예치금과 투자채무증권과 같이 당해 기업이 영업활동에 필요하지 않은 여유현금(excess cash)을 예치해 놓은 자산 이외의 금융자산은 모두 영업활동에 관련된 영업자산에 해당한다.

영업부채의 예로는 매입채무, 미지급비용, 선수금, 퇴직급여부채, 제품보증충당부채 등이 있고 이러한 부채들은 기업이 재화 · 서비스를 생산 · 판매하는 영업활동에서 발생한다. IFRS(국제회계기준)에서 매입채무와 미지급비용 등을 '금융부채'(현금을 지급해야 할 계약상 의무)로 분류하고 있지만 이들 부채는 영업활동에서 발생하기 때문에 영업부채에 속한다. 영업부채는 '비이자지급부채'(non-interest bearing liabilities)이며, 이는 기업이 영업활동에 필요한 영업자산의 취득에 투자해야 할 자금(자본)을 줄여준다.[7] 따라서 기업이 영업활동에 실제로 투입한 자본규모(자기자본 및 타인자본) 즉 **영업투하자본**(operating invested capital)은 영업자산 총액에서 영업부채 총액을 차감한 것과 같다. 그래서 영업투하자본은 **순영업자산**(net operating assets)이라고도 부른다.

$$\text{영업투하자본} = \text{영업자산} - \text{영업부채} \qquad (4\text{-}7)$$

한편, 재무상태표상의 부채 중에서 재무부채는 기업이 자금(자본)을 조달하는 재무활동(차입)에 의해 부담하는 부채를 말하며, 차입금, 사채, 금융리스부채 등이 그에 해당한다. 쉽게 말하면, 재무부채는 이자를 지급하는 **차입부채**(borrowings)이다.

앞의 1.2절에서 언급한 바와 같이, 재무상태표상의 자산 중에서 재무자산은 **영업활동에 필요하지 않은 여유현금**(excess cash)을 시장이자율이 적용되는 금융기관 예금이나 채무증권(예: 국공채, 회사채) 등에 예치해 놓은 것을 말한다. 기업은 위 여유현금을 재무부채의 조기상환에 사용할 수 있지만 상환 후에 자금부족이 발생하

7) 영업부채는 기업이 자금을 조달한 부채가 아니다. 따라서 영업부채는 기업이 영업활동에 필요한 자산을 취득하는 데 투입하는 자금(자본)을 줄여준다. 예를 들어, 어느 기업이 10억원의 상품을 신용매입하면 동액의 매입채무가 발생하는데 이 매입채무는 영업활동에서 발생한 영업부채이다. 이때 이 기업은 영업자산인 10억원의 상품을 취득하였지만 자금은 1원도 투입하지 않았다.

면 다시 차입을 해야 하므로, 여유현금을 재무부채의 조기상환에 사용하는 대신 시장이자율에 따른 이자수익을 얻을 수 있는 재무자산에 여유현금을 예치해 놓는다.[8] 그 후에 자금이 필요하면 재무자산을 처분하여 필요자금을 조달한다. 이와 같이 기업이 재무자산을 취득하고 처분하는 것은 재무활동에 속한다.

어느 기업이 재무자산을 보유하고 있으면 이때 당해 기업이 실질적으로 부담하는 재무부채는 그만큼 적은 것이므로, 재무자산은 **음의 재무부채**(negative debt)라고 할 수 있다.[9] 이러한 이유로 재무부채에서 재무자산을 차감한 순액을 **순재무부채**(net debt)라고 부른다. 실무에서는 순재무부채의 약어로서 **순부채**라는 용어도 사용되고 있다.

이상과 같이 영업투하자본과 순재무부채의 개념을 살펴보았다. 앞의 그림에서 영업투하자본과 재무자산의 합계는 재무부채와 자기자본의 합계와 같으므로, 결국 영업투하자본(=영업자산－영업부채)은 순재무부채와 자기자본의 합계와도 같다.

$$[\text{영업자산} - \text{영업부채}] + \text{재무자산} = \text{재무부채} + \text{자기자본} \quad (4\text{-}8)$$

$$\rightarrow [\text{영업자산} - \text{영업부채}] = [\text{재무부채} - \text{재무자산}] + \text{자기자본}$$
$$= \text{순재무부채} + \text{자기자본} \quad (4\text{-}9)$$

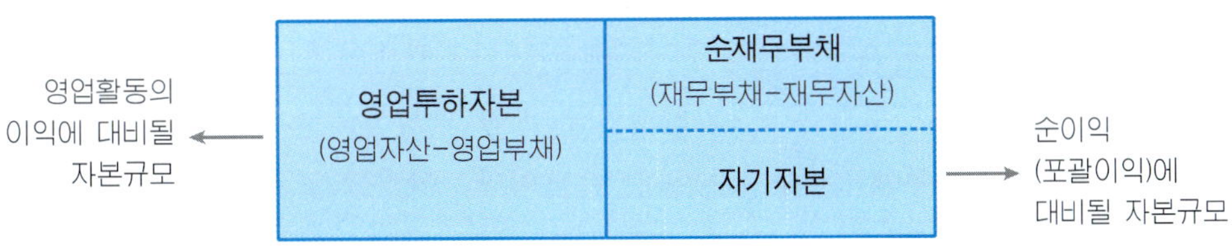

재무자산이 없으면 이는 기업이 조달한 타인자본과 자기자본이 전부 영업활동에 투입되었음을 의미한다. 따라서 이때의 영업투하자본은 「재무부채＋자기자본」과 같다. 그러나 기업이 재무자산을 보유하고 있는 경우에는 재무자산 금액만큼 영업활동에 자본이 덜 투입되었다. 따라서 이때의 영업투하자본은 순재무부채와 자기자본의 합계와 같다.

---

8) 재무자산에서 얻는 이자수익은 재무부채의 이자비용을 지급하는 데 사용할 수 있다.
9) 예를 들어, 어느 기업의 차입금이 10억원인데 재무자산을 3억원 보유하고 있다면, 이 기업이 실질적으로 부담하고 있는 차입금은 7억원(=10억－3억)이라고 할 수 있다.

요약하면, 영업투하자본은 식 (4-9)의 좌변 또는 우변의 어느 방법으로도 산정할 수 있다. 식 (4-9)의 좌변 또는 우변을 이용하여 영업투하자본을 산정하는 예는 뒤의 제3절에서 EVA(경제적 부가가치)를 논의할 때 소개될 것이다.

(2) 세후순영업이익의 산정

세후순영업이익(net operating profit after tax)은 영업활동에서 획득된 이익(세후)을 뜻하며, 이는 회계기간 동안 영업활동(재화 및 서비스의 생산 · 판매활동)과 관련하여 발생한 모든 손익(기타포괄손익 포함)의 순액으로 측정된다. 포괄손익계산서상의 포괄이익은 영업활동 관련 손익과 재무활동 관련 손익을 모두 포함하여 측정된 것이기 때문에 포괄이익은 세후순영업이익과 같지 않다. 여기서 재무활동 관련 손익이란 재무부채와 재무자산에 관련된 손익을 가리킨다. 예를 들어, 차입금에 대한 이자비용, 외화차입금 관련 환율변동손익, 사채상환손익, 금융기관예치금이나 채무증권에서 얻는 이자수익은 재무부채 · 재무자산에서 발생한 손익이며, 이러한 손익은 당해 기업(**비금융기업**)의 영업활동과 관련이 없다.[10)]

제2장의 2.3절에서 논의한 바와 같이, 비금융기업의 포괄손익계산서에 제시되는 '금융비용'과 '금융수익'은 재무부채와 재무자산에 관련된 여러 손익항목을 표시하고 있다. 또한 포괄손익계산서에 제시되는 기타포괄손익에는 공정가치로 측정하는 투자채권에 대한 평가손익, 외화차입금 관련 파생상품평가손익이 포함되어 있으며 이 역시 재무부채 · 재무자산 관련 손익이다. 이러한 모든 재무부채 · 재무자산 관련 손익의 순액(세후)을 **세후순금융비용**(net financial expense after tax)이라고 부르자.[11)] 그러면 세후순영업이익은 다음과 같이 산정할 수 있다.

$$\text{세후순영업이익} = \text{포괄이익} + \text{세후순금융비용} \qquad (4\text{-}10)$$

$$\text{세후순금융비용} = [\text{금융비용} - \text{금융수익}] \times (1 - \text{세율}) \pm \text{재무부채 · 재무자산 관련 기타포괄손익(세후)} \qquad (4\text{-}11)$$

10) 본장에서의 모든 논의는 '비금융기업'을 대상으로 하고 있다. 금융기업(예: 은행)의 경우에는 이자비용이 영업활동의 손익이다.

11) 대부분의 기업에서 재무부채의 규모가 재무자산 규모보다 훨씬 크기 때문에 재무활동의 영향은 (순금융수익이 아니라) '순금융비용'으로 측정할 수 있다.

포괄손익계산서상의 포괄이익은 회계기간 동안 발생한 모든 손익, 즉 기업의 모든 영업활동 관련 손익과 모든 재무활동 관련 손익을 포함하여 측정된 것이므로, 포괄이익에 세후순금융비용을 다시 더하면 세후순영업이익이 바로 산정된다. 즉, 〈표 4-1〉의 손익계산구조에서 보는 바와 같이, 「포괄이익 = 세후순영업이익 – 세후순금융비용」의 관계에 있으므로 포괄이익에 세후순금융비용을 더하면 세후순영업이익이 바로 산정된다. 〈표 4-1〉의 중간 칼럼은 세후순영업이익의 개념을 잘 나타내고 있지만, 세후순영업이익을 산정할 때 반드시 〈표 4-1〉의 '긴 계산절차'를 밟을 필요는 없다.

포괄손익계산서에 제시되는 금융비용과 금융수익의 금액은 세후기준의 금액이

표 4-1

비금융기업의 세후순영업이익과 세후순금융비용

포괄손익계산서[1]	세후순영업이익	세후순금융비용
매 출 액	매 출 액	
– 매출원가	– 매출원가	
– 판매비와 관리비	– 판매비와 관리비	
+ 기타수익	+ 기타수익	
– 기타비용	– 기타비용	
+ 금융수익[2]		– 금융수익[2]
– 금융비용[2]		+ 금융비용[2]
± 지분법손익[3]	± 지분법손익[3]	
– 법인세비용	– 영업 관련 법인세비용[4]	– 법인세 절감액[5]
= 당기순이익	± 영업자산 · 영업부채	± 재무부채 · 재무자산
± 기타포괄손익[6]	관련 기타포괄손익[6]	관련 기타포괄손익[6]
= 포괄이익	= 세후순영업이익	= 세후순금융비용
	(= 포괄이익 + 세후순금융비용)	

1) 제2장 2.3절의 포괄손익계산서 참조.
2) 금융수익과 금융비용에는 재무자산 · 재무부채에 관련된 손익만 포함되어야 함.
3) 관계회사투자(타회사의 주식을 대량 매수)는 사실상 타회사의 영업활동에 투자한 것이므로 지분법손익은 영업활동손익으로 분류됨. 다만, 지분법손익의 금액에는 관계회사의 순금융비용이 일부 포함되어 있을 수 있으나, 그 금액을 분리하기 어려우므로 위에서 지분법손익의 전액이 영업활동손익으로 분류되었음.
4) 영업 관련 법인세비용 = 포괄손익계산서상의 법인세비용 + 순금융비용의 법인세 절감액
5) 법인세 절감액 = [금융비용 – 금융수익] × 세율 (금융비용이 금융수익보다 큰 경우)
6) 포괄손익계산서에 표시되는 기타포괄손익은 세후 금액임.

아니므로 앞의 식 (4-11)처럼 그 금액에 '(1−세율)'을 곱해서 세후기준의 금액을 산정하여야 한다. 다만, 포괄손익계산서에 표시되는 기타포괄손익의 금액은 세후기준의 금액이므로 그에 대해서는 '(1−세율)'을 곱할 필요가 없다.

● ROIC의 산정

영업투하자본과 세후순영업이익이 각각 산정되었으면 ROIC(영업투하자본이익률)는 다음과 같이 산정할 수 있다.

$$\text{ROIC} = \frac{\text{세후순영업이익}}{\text{영업투하자본}} = \frac{\text{포괄이익} + \text{세후순금융비용}}{\text{자기자본} + \text{순재무부채}} \qquad (4\text{-}12)$$

위와 같이 ROIC는 영업활동에서 획득된 이익과 영업활동에 실제 투입된 자본규모를 대비시키고 있으므로 ROIC는 기업의 영업활동 수익성을 적절히 측정하고 있다. 따라서 ROIC는 ROA(총자산순이익 또는 총자산순영업이익률)보다 기업의 영업활동 투자이익률을 더 잘 나타내고 있다.

어느 한 기간의 ROIC 실적이 측정되었을 때 그 양호 여부를 평가할 수 있는 비교기준은 **기업 전체의 필요수익률인 가중평균자본비용**(weighted average cost of capital, WACC)이다. WACC은 타인자본비용과 자기자본비용을 자본구성비율에 따라 가중평균한 것으로서, 영업활동에 투입된 자본의 사용대가(capital charge)를 의미한다.[12] 따라서 ROIC 실적이 WACC보다 높으면(낮으면) 당해 기업은 영업활동에서 높은(낮은) 수익성을 실현한 것으로 평가할 수 있다.

2.2 ROE와 ROIC의 관계

이제 ROE와 ROIC의 관계, 즉 ROE의 결정요인을 다시 살펴보자. 본절에서는 영업활동의 수익성과 재무활동이 ROE에 미치는 영향을 분석하고자 하는 것이므로 아래에서 ROE는 (비지배지분이 차감되지 않은) '연결실체 ROE'를 가리킨다(앞의 1.2절에서도 ROE는 연결실체 ROE이었다).

12) WACC의 산정방법은 제10장에서 자세히 설명된다.

앞의 1.2절에서 ROE와 ROA의 관계를 논의할 때 ROE를 ROA(총자산순영업이익률)와 재무레버리지효과의 합으로 표현한 바 있다(식 (4-4) 참조). 이 구조와 유사하게, ROE의 결정요인은 다음과 같이 나타낼 수 있다.[13)]

$$\begin{aligned} \text{ROE} &= \text{ROIC} + \left[\text{ROIC} - \frac{\text{세후순금융비용}}{\text{순재무부채}}\right] \times \frac{\text{순재무부채}}{\text{자기자본}} \\ &= \text{ROIC} + \underbrace{[\text{ROIC} - \text{순차입이자율(세후)}] \times \text{순재무부채비율}}_{\text{재무레버리지효과}} \qquad (4\text{-}13) \end{aligned}$$

$$\text{ROIC} = \frac{\text{세후순영업이익}}{\text{영업투하자본}} = \frac{\text{포괄이익} + \text{세후순금융비용}}{\text{자기자본} + \text{순재무부채}}$$

식 (4-13)에서 보는 바와 같이, ROE는 영업수익성을 나타내는 ROIC와 재무레버리지효과의 합으로 결정되고 있다. ROIC는 ROE의 한 구성요소일 뿐 아니라, ROIC가 순차입이자율(세후)보다 높으면 재무레버리지효과를 통해서 ROE가 더욱 높아진다. 여기서 재무레버리지효과의 정의는 앞의 1.2절에서 논의한 것과 같지 않음을 유의하자. 위에서 보는 바와 같이, 순차입이자율(세후)은 「세후순금융비용/순재무부채」로 측정되어 있고, 타인자본 의존도는 「순재무부채/자기자본」으로 측정되어 있다.

또한 영업활동의 수익성을 나타내는 ROIC는 다음의 두 요소로 분해할 수 있다.

$$\text{ROIC} = \frac{\text{세후순영업이익}}{\text{매출액}} \times \frac{\text{매출액}}{\text{영업투하자본}} \qquad (4\text{-}14)$$

위의 우변에서 첫 번째 비율은 **매출액순영업이익률**로서, 매출액 1원으로부터 얼마만큼 세후순영업이익이 획득되고 있는가를 나타낸다. 이 정의는 ROA(총자산순영업이익률)의 구성요소였던 매출액순영업이익률과는 같지 않음을 유의하자. 우변의 두 번째 비율은 **영업투하자본회전율**이며, 이는 매출액을 획득하는 데 영업투하자본이 얼마나 효율적으로 사용되고 있는지를 나타내는 효율성비율이다. 따라서 매출액순영업이익률이 높을수록, 그리고 영업투하자본회전율이 높을수록 ROIC가 높아진다.

---

13) 위 관계식은 ROE와 ROA(총자산순영업이익률)의 관계에 대한 도출과정을 그대로 따르면 도출될 수 있다. 즉, 앞의 1.2절의 각주 2에서 이자비용차감전이익을 세후순영업이익으로, 이자비용(세후)을 세후순금융비용으로, 총자산을 영업투하자본으로, 부채를 순재무부채로 각각 바꾸면 된다.

● 사례기업에 대한 분석

사례기업인 S사와 L사에 대해 2×24년도 ROE의 결정요인을 분석하기 위하여, 먼저 제3장의 〈표 3-2〉 및 〈표 3-3〉의 연결재무제표와 주석에 근거하여 2×24년의 순재무부채(기초 · 기말의 평균)와 세후순금융비용을 산정한 결과는 〈표 4-2〉와 같다.

사례기업의 재무부채는 제3장 〈표 3-2〉의 연결재무상태표에서 단기차입금, 유동성사채, 장기차입금 및 사채의 합계로 산정되었다. 재무자산(영업활동에 필요하지 않은 여유현금을 예치해 놓은 자산)에 관한 정보는 연결재무제표 주석에 들어 있는데, 사례기업의 경우 현금성자산, 단기 · 장기금융상품, 당기손익_공정가치 측정 금융자산(채무상품), 단기 · 장기대여금이 재무자산에 해당한다.

재무부채 · 재무자산에 관련된 금융비용과 금융수익은 포괄손익계산서 본문에 표시된 금융비용 및 금융수익 금액과 항상 일치하지는 않으므로 연결재무제표 주석의 정보를 검토할 필요가 있다. 연결재무제표 주석 내용을 검토한 결과, 사례기업은 재무부채 관련 금융비용으로 이자비용과 환율변동손익이 있고, 재무자산 관련 금융수익으로 이자수익과 환율변동손익이 있다. 그리고 L사의 경우 단기금융자산 평가이익도 금융수익에 해당한다. 사례기업의 경우 재무부채 · 재무자산에 관련된 기타포괄손익은 없다.

〈표 4-2〉의 자료 등을 이용하여 S사와 L사의 2×24년도 ROE의 결정요인을 분석한 결과는 〈표 4-3〉에 제시되어 있다.

먼저 S사의 2×24년도 ROIC는 11.58%로 산정되는데, 이는 매출액순영업이익률 2.57%와 영업투하자본회전율 4.505회의 곱으로 결정된 것이다. 세후순금융비용을 순재무부채로 나눈 순차입이자율(세후)은 3.37%이므로 ROIC와 순차입이자율(세후) 간의 스프레드는 8.21%이다. 여기에 순재무부채비율 0.460을 곱하면 재무레버리지효과가 3.78%로 산출된다. 따라서 ROE는 ROIC 11.58%와 재무레버리지효과 3.78%의 합인 15.4%이다. 이 15.4%는 제3장의 〈표 3-4〉에 제시된 ROE(포괄이익/평균 자기자본)와 같다.

L사는 ROIC가 −7.40%로 산정되며 S사의 11.58%보다 현저히 낮다. 이처럼 L사의 ROIC가 적자(음수)인 것은 L사의 매출액순영업이익률이 −15.55%로 적자(음수)이기 때문이다. L사는 영업투하자본회전율도 0.476회에 불과하여 S사의 4.505회보

(단위: 억원)

표 4-2
순재무부채와 세후순금융비용의 산정

항 목[1]	S사		L사	
	2×24	2×23	2×24	2×23
재무부채: 단기차입금, 유동성사채	1,598	2,216	17,205	31,817
장기차입금, 사채	4,991	6,486	42,549	24,464
합 계	6,589	8,702	59,754	56,281
재무자산: 현금성자산	2,750	4,679	4,978	8,301
단기·장기금융상품	100	0	8,410	3,128
당기손익_공정가치 측정 금융자산	30	30	3,715	2,335
단기·장기대여금	309	797	1,276	933
합 계	3,189	5,506	18,379	14,697
순재무부채(=재무부채−재무자산)	3,400	3,196	41,375	41,584
기초·기말의 평균 순재무부채	3,298		41,480	
금융비용(재무부채 관련)[2]	195		2,371	
금융수익(재무자산 관련)[2]	48		533	
금융비용−금융수익	147		1,838	
×(1−세율)	×0.758		×0.758	
= 세후순금융비용[3]	111		1,393	

1) 연결재무제표 주석에서 추출되었음.
2) 재무부채 관련 금융비용은 이자비용과 환율변동손익을 포함하고, 재무자산 관련 금융수익은 이자수익과 환율변동손익을 포함하며, L사의 경우 단기금융자산 평가이익도 금융수익에 포함됨.
3) 사례기업의 경우 재무부채·재무자산에 관련된 기타포괄손익은 없음.

다 현저히 낮다. L사의 순차입이자율(세후)은 3.36%로 산출되므로 ROIC와 순차입이자율(세후) 간의 스프레드는 음수인 −10.76%이고, 이 때문에 재무레버리지효과도 음수인 −4.76%이고, 결국 L사의 ROE는 적자인 −12.2%이다. 이 −12.2%는 제3장의 〈표 3-4〉에 제시된 ROE(포괄이익/평균 자기자본)와 같다.

요약하면, 2×24년에 S사의 ROE 실적이 L사보다 훨씬 높은 이유는 무엇보다도 S사의 ROIC('영업활동의 수익성')가 L사에 비해 훨씬 높았기 때문이다.

(금액단위: 억원)

표 4-3

ROE의 결정요인: ROIC와 재무레버리지효과

	항목 및 비율	2×24년	
		S사	L사
(1)	포괄이익	1,102	−11,419
(2)	세후순금융비용	111	1,393
(3=1+2)	세후순영업이익	1,213	−10,026
(4)	매 출 액	47,137	64,475
(5)	순재무부채(기초 · 기말의 평균)	3,298	41,480
(6)	자기자본(기초 · 기말의 평균)	7,166	93,930
(7=5+6)	영업투하자본(기초 · 기말의 평균)	10,464	135,410
(3/4)	매출액순영업이익률(%)	2.57	−15.55
(4/7)	× 영업투하자본회전율(회)	×4.505	×0.476
	= ROIC(%)	11.58	−7.40
(2/5)	순차입이자율(세후, %)	3.37	3.36
	[ROIC − 순차입이자율(세후)]	8.21	−10.76
(5/6)	× 순재무부채비율	×0.460	×0.442
	= 재무레버리지효과(%)	3.78	−4.76
(1/6)	ROE(%) = ROIC + 재무레버리지효과 (= 포괄이익/평균 자기자본)	15.4	−12.2

2.3 통합적 비율분석체계

앞의 소절에서 살펴본 ROE 결정요인의 분석은 기업 외부자 및 내부자 모두에게 유용한 정보를 제공한다. 기업 외부자에게는 분석대상기업의 수익성의 원천이 무엇인지 알 수 있게 해 주며 나아가서 미래의 수익성을 예측하는 데 활용할 수 있다.

또한 기업의 경영자는 매출마진 또는 자산 활용도를 높여서 영업수익성을 높이기 위한 경영계획을 수립하거나 재무정책을 검토하는 데 앞의 분석체계를 활용할 수 있다. 즉, 제3장에서 다룬 재무비율들을 통합하여 ROE 분석체계를 더 구체화하면 [그림 4-1]과 같이 나타낼 수 있다. 여기서 보는 바와 같이, ROIC의 한 요소인 매출액순영업이익률의 결정요인은 매출액총이익률, 판매관리비/매출액 등으

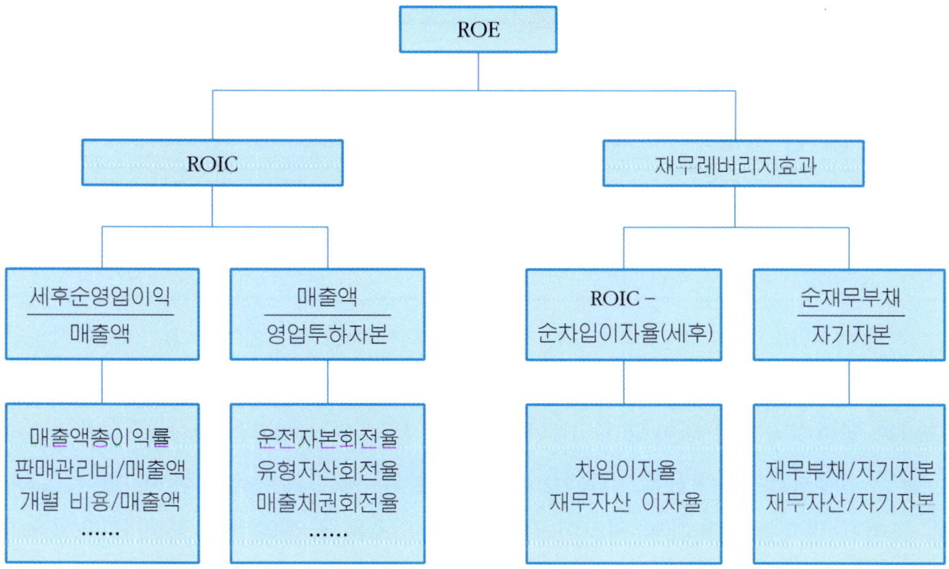

그림 4-1

통합적 비율분석체계

로 더 구체화할 수 있다. 판매관리비의 구성요소인 여러 비용항목들에 대해서도 이들 항목이 매출액순영업이익률에 미친 영향을 분석할 수 있다. 이러한 세부적 분석을 통해서 매출액순영업이익률을 높이기 위한 경영계획을 수립할 수 있다.

또한 ROIC의 다른 한 요소인 영업투하자본회전율의 결정요인은 영업운전자본회전율, 유형자산회전율 등으로 더 구체화할 수 있고, 또 영업운전자본회전율에 대해서는 매출채권회전율, 재고자산회전율 등으로 세분할 수 있다. 이러한 세부적 분석을 통해서 영업투하자본회전율을 높이기 위한 경영계획 수립이 가능해진다.

재무레버리지효과에 대해서도 경영자는 재무부채의 차입이자율과 재무자산의 이자율 크기를 분석함으로써 자금조달의 순비용을 낮출 수 있는지 여부를 분석할 수 있다. 그리고 자본구조에 관한 현재의 재무정책을 유지 또는 변경해야 하는지도 검토할 수 있다.[14)]

14) 재무부채비율을 높이면 즉각 ROE가 높아질 것이라는 기대는 성급할 수 있다. 재무부채를 많이 사용하려 하면 차입이자율이 높아질 수 있고 그렇게 되면 ROIC와 순차입이자율 간의 스프레드가 작아지는 결과가 초래된다. 그리고 재무부채를 많이 사용하면 기업의 재무위험(financial risk)이 높아지기 때문에 자본구조를 크게 변경하는 것은 신중히 판단해야 하는 문제이다.

제3절 최종적 성과분석: 초과이익과 EVA

기업의 ROE 실적이 측정되었을 때 그 양호 여부를 평가할 수 있는 비교기준은 자기자본에 대한 필요수익률인 자기자본비용(cost of equity)이다(제3장 2.1절 참조). 그리고 영업수익성에 대한 ROIC 실적은 기업 전체(즉, 영업투하자본)에 대한 필요수익률인 가중평균자본비용과 비교되어야 함을 앞의 제2절에서 언급한 바 있다. 그런데 그러한 비교는 비율간의 비교이므로 최종적으로는 금액의 형태로 비교할 필요가 있다. 왜냐하면, 같은 크기의 ROE 또는 ROIC라고 하더라도 투입된 자본규모가 크면 더 많은 이익이 창출되었음을 의미하기 때문이다. 본절에서는 기업의 재무성과를 최종적으로 평가하는 데 유용한 지표인 초과이익과 EVA(경제적 부가가치)의 개념을 소개한다.

3.1 초과이익

초과이익(abnormal earnings)이란 기업이 벌어들인 이익에서 자본사용대가(capital charge)인 정상이익(normal earnings)을 차감한 잔여이익으로 정의된다. 여기서 자본사용대가인 정상이익이란 자기자본에 대한 필요수익률에 해당하는 이익을 뜻한다.

$$\text{초과이익} = \text{포괄이익} - r_e \times \text{기초 자기자본} \qquad (4\text{-}15)$$

$$= \left[\frac{\text{포괄이익}}{\text{기초 자기자본}} - r_e\right] \times \text{기초 자기자본}$$

$$= [\text{ROE} - r_e] \times \text{기초 자기자본} \qquad (4\text{-}16)$$

r_e: 필요수익률(자기자본비용)

식 (4-15)에서 r_e는 주주의 투자위험 보상을 위하여 기업이 최소한 달성해야 할 **필요수익률인 자기자본비용**(cost of equity)이고, 기초 자기자본은 주주의 자본투자액이다. 따라서 「r_e×기초 자기자본」은 기업이 최소한 달성해야 할 정상이익, 즉 자본사용대가(capital charge)를 나타낸다.

포괄이익이 정상이익보다 크면 양(+)의 초과이익을 획득한 것이고, 반대의 경우에는 음(−)의 초과이익이 발생한 것이다. 초과이익이 0(零)이면 기업은 자본시용대가만큼의 이익을 번 게 된다. 그래서 한 기간의 초과이익은 당해 기간에 실현된 '주주지분가치 창출액'(value added) 또는 '가치상실액'(value lost)을 나타내며, 이러한 의미에서 초과이익은 기업의 재무성과를 평가하는 적절한 기준이 된다.

식 (4-16)에서 보듯이, 초과이익은 ROE와 직접 연계되는 관계에 있다. ROE가 필요수익률(자기자본비용)보다 높으면 양의 초과이익을 의미하고, 반대의 경우에는 음의 초과이익을 의미한다. 이와 같이 ROE는 초과이익의 창출 여부를 결정하는 요인이다.

ROE > r_e ➡ 양의 초과이익

ROE < r_e ➡ 음의 초과이익

초과이익의 크기를 결정하는 또 다른 요인은 자기자본 투자액이다. 식 (4-16)에서 보듯이, 'ROE >r_e'인 때 자기자본 투자액이 크면 더 많은 초과이익이 획득되고, 반면에 'ROE <r_e'인 경우 자기자본 투자액이 크면 더 큰 규모의 음의 초과이익이 발생하게 된다. 이러한 관계는 기업의 경영자와 투자자 모두에게 중요한 시사점을 제공한다.

예제 4 1

기업의 초과이익 창출액 산정

다음은 A사와 B사의 2×24년도 재무자료이다(단위: 억원). 각 회사의 초과이익 창출실적이 얼마인지 산정하라.

	A사	B사
포괄이익	250	50
기초 자기자본	1,200	120
필요수익률(r_e)	12%	15%

풀이

	A사	B사
포괄이익	250	50
r_e×기초 자기자본	144	18
초과이익	106	32

ROE를 이용하여 초과이익을 산정하면 다음과 같다.

	A사	B사
포괄이익	250	50
ROE: 포괄이익/기초 자기자본	20.8	41.7
초과이익:		
$(ROE - r_e)$ × 기초 자기자본	106	32

위에서 보듯이, B사의 ROE는 A사 ROE의 두 배에 달한다. 그러나 A사는 ROE가 필요수익률(r_e)보다 높을 뿐 아니라 자기자본 투자규모가 크기 때문에 B사보다 훨씬 많은 초과이익을 창출하였다.

참고 초과이익과 주주지분가치(주식가치)

기업의 주주지분가치(주식가치 총액)는 미래에 초과이익이 얼마나 창출될 것인가에 따라 결정된다. 기업이 미래에 양(+)의 초과이익을 창출할 것으로 기대되면 주주지분가치는 주주의 투자액보다 크게 되며, 주주지분가치는 다음과 같이 평가할 수 있다.

주주지분가치 = 자기자본 금액 + 미래 초과이익의 현재가치

여기서 자기자본(순자산) 금액은 재무상태표상의 자기자본 금액이며, 이는 주주의 투자액을 나타낸다. 위의 가치평가모형을 '초과이익모형'이라고 부르며, 제7장에서 자세히 설명된다.

3.2 초과영업이익: EVA

앞에서 자기자본에 대한 초과이익을 측정하였듯이, 영업투하자본에 대해서도 초과이익을 측정할 수 있다. 영업투하자본에 대한 초과이익은 '초과영업이익'(abnormal operating earnings)이라고 부르며,[15] 이는 투자분석실무에서 EVA(경제적 부가가치, economic value added)라는 명칭으로도 불리고 있다. 초과영업이익 또는 EVA는 세후순영업이익에서 자본사용대가(capital charge)인 정상이익을 차감한 잔여이익으로 정의되며, 여기서 정상이익이란 영업투하자본의 필요수익률에 해당하는 이익을 뜻한다.

$$\begin{aligned} \text{EVA} &= \text{세후순영업이익} - r_w \times \text{기초 영업투하자본} \quad (4\text{-}17) \\ &= \left[\frac{\text{세후순영업이익}}{\text{기초 영업투하자본}} - r_w\right] \times \text{기초 영업투하자본} \\ &= [\text{ROIC} - r_w] \times \text{기초 영업투하자본} \quad (4\text{-}18) \end{aligned}$$

r_w: 가중평균자본비용

식 (4-17)에서 r_w는 기업 전체(즉, 영업투하자본)에 대한 필요수익률인 가중평균자본비용이고, 기초 영업투하자본은 기업의 자본투자액이다. 따라서 「r_w×기초 영업투하자본」은 기업이 최소한 달성해야 할 정상이익, 즉 자본사용대가(capital charge)를 나타낸다.

세후순영업이익이 자본사용대가보다 크면 양(+)의 EVA를 획득한 것이고, 반대의 경우에는 음(−)의 EVA가 발생한 것이다. EVA가 0(零)이면 기업은 자본사용대가만큼을 번 게 된다. 그래서 한 기간의 EVA 실적은 당해 기간에 실현된 '기업가치 창출액'(value added)을 나타내며, 만일 EVA 실적이 음수이면 이는 당해 기간에 실현된 기업가치 상실액을 나타낸다. 이러한 의미에서 EVA는 기업의 영업활동의 성과를 평가하는 적절한 기준이 된다.

식 (4-18)에서 보듯이, EVA는 ROIC와 직접 연계되는 관계에 있다. ROIC가 필

15) G. Feltham and J. Ohlson, 1995, "Valuation and Clean Surplus Accounting for Operating and Financial Activities," *Contemporary Accounting Research* (Spring), pp. 689-731; S. Penman, 2010, *Financial Statement Analysis and Security Valuation*, McGraw-Hill/Irwin.

요수익률(가중평균자본비용)보다 높으면 양의 EVA이고, 반대의 경우에는 음의 EVA가 된다. 이와 같이 ROIC는 EVA의 창출 여부를 결정하는 요인이다.

$$\text{ROIC} > r_w \Rightarrow \text{양의 EVA}$$
$$\text{ROIC} < r_w \Rightarrow \text{음의 EVA}$$

EVA의 크기를 결정하는 또 다른 요인은 자본투자액인 영업투하자본 규모이다. 식 (4-18)에서 보듯이, 'ROIC > r_w'인 때 영업투하자본 규모가 크면 더 많은 EVA가 획득되고, 반면에 'ROIC > r_w'인 경우 영업투하자본 규모가 크면 더 큰 규모의 음의 EVA가 발생하게 된다.

EVA는 앞의 3.1절에서 소개한 초과이익의 개념을 기업 전체, 즉 영업투하자본에 대해 적용한 것이라고 할 수 있다.[16] 〈표 4-4〉에는 초과이익과 EVA의 유사점이 요약되어 있다.

표 4-4 초과이익과 EVA의 유사점

구 분	초과이익	초과영업이익: EVA
정 의	자기자본 사용대가를 초과하는 이익: 포괄이익 − r_e × 기초 자기자본 = (ROE − r_e) × 기초 자기자본 r_e: 자기자본비용	영업투하자본 사용대가를 초과하는 이익: 세후순영업이익 − r_w × 기초 영업투하자본 = (ROIC − r_w) × 기초 영업투하자본 r_w: 가중평균자본비용
결정요인	ROE와 자기자본 투자액	ROIC와 영업투하자본 투자액

참고 EVA와 기업가치

기업의 가치는 미래에 EVA(초과영업이익)가 얼마나 창출될 것인가에 따라 결정된다. 기업이 미래에 양(+)의 EVA를 창출할 것으로 기대되면 기업의 가치가 영업투하자본 금액보다

16) 초과이익의 개념은 19세기 말에 경제학자인 Marshall이 처음 제시한 것으로 알려져 있다. 1990년대에 들어와서 EVA 개념을 기업에 널리 전파시킨 것은 컨설팅기관인 Stern-Stewart이며, McKinsey도 EVA와 같은 개념인 EP(economic profit)를 실무에 전파시키고 있다. 그런데 학계에서는 이들 컨설팅기관보다 훨씬 오래 전에 초과이익 개념을 이용한 가치평가모형을 개발한 바 있다(G. Preinreich, 1938, "Annual Survey of Economic Theory: The Theory of Depreciation," *Econometrica* (July), pp. 219-241).

크게 되며, 기업의 가치는 다음과 같이 평가할 수 있다.

기업가치 = 영업투하자본 금액 + 미래 EVA의 현재가치

주주지분가치는 위의 기업가치에서 순재무부채 시장가치를 차감하면 구해진다. 위의 가치평가모형을 'EVA 모형'이라고 부르며, 제7장에서 자세히 설명된다.

기업의 EVA 창출액 산정

예제 4-2

다음은 ABC 회사의 재무제표이다. 2×24년도의 EVA 창출실적이 얼마인지 산정하라.

연결재무상태표 (단위: 백만원)

자 산	2×23	2×24	부채와 자본	2×23	2×24
현 금	20	30	매입채무	170	180
금융기관예치금	150	140	미지급비용	30	30
매출채권	250	300	장기차입금	250	250
재고자산	450	400	사 채	300	300
유형자산	810	840	자본 총계	930	950
자산 총계	1,680	1,710	부채와 자본 총계	1,680	1,710

연결포괄손익계산서 (단위: 백만원)

과 목	2×24	과 목	2×24
매출원가	2,800	매 출 액	3,500
판매비와 관리비	500	임 대 료	20
이자비용	40	이자수익	10
유형자산처분손실	10		
법인세비용	54		
당기순이익	126		
기타포괄손익	0		

〈추가 자료〉 1) 현금은 영업활동에 필요한 자산이고, 세율은 30%이다.
2) 금융기관예치금은 영업에 필요하지 않은 여유현금을 예치해 놓은 것이다.
3) 가중평균자본비용은 8%이다.
4) 종속회사에 대한 비지배지분(소수주주지분)은 없다.

풀이

세후순영업이익 = 포괄이익 + 순금융비용 × (1 − 0.3)
= 126 + (40 − 10) × (1 − 0.3)
= 147 (백만원)

앞의 연결재무상태표에서 재무자산은 금융기관예치금이고, 재무부채는 장기차입금과 사채이다. 따라서 기초 영업투하자본은 다음과 같이 산정된다.

기초 영업투하자본 = [기초 재무부채 − 기초 재무자산] + 기초 자기자본
= (250 + 300 − 150) + 930
= 1,330 (백만원)

기초 영업투하자본은 기초 영업자산과 기초 영업부채의 차이로 산정할 수도 있다. 영업자산은 「총자산 − 재무자산」과 같다. 영업부채는 재무부채 외의 부채인데, 앞의 연결재무상태표에서 매입채무와 미지급비용이 영업부채이다.

기초 영업투하자본 = 기초 영업자산 − 기초 영업부채
= (1,680 − 150) − (170 + 30)
= 1,330 (백만원)

따라서 2×24년도의 EVA 실적은 다음과 같이 산정된다.

EVA = 세후순영업이익 − 0.08 × 기초 영업투하자본
= 147 − 0.08 × 1,330
= 40.6 (백만원)

가치창조경영과 EVA

EVA는 영업활동의 수익성과 기업가치 창출 여부를 판단할 수 있게 하므로 기업에서 경영전략 수립과 효과적인 경영관리를 하는 데 활용될 수 있다. EVA는 가치창조경영(value-based management)의 도구로 사용되며, 사업부문과 경영자의 성과평가(performance evaluation)를 하는 데에도 활용될 수 있다. 가치창조경영이란 경영자가 기업가치(주주지분가치) 증대의 목표 하에서 투자 및 경영관리를 하는 것을 말한다. 1997년의 외환위기 이후 가치창조경영은 우리나라 기업들에게 널리 확산되고 있다.

[보론] 지수법

재무비율을 종합적으로 이용하는 전통적 신용분석기법으로서 지수법(index method)이 있다. 지수법은 일정한 재무비율을 선정하고 비율별로 가중치를 부여하여 종합지수를 계산한 다음 이 종합지수의 크기에 기초하여 기업의 신용능력(지급능력)을 평가하려는 분석기법이다. 지수법은 20세기 초에 Wall이 처음 제시하였는데,[17] 현재 금융기관에서 사용되고 있는 신용평점모형은 지수법에 바탕을 둔 것이라고 할 수 있다.

오래 전 Wall, Trant, Brichett 등이 제시하였던 지수법에 사용된 비율과 가중치는 〈표 4-5〉와 같으며, 이 중에서 Brichett의 지수법이 가장 나중에 제시된 것이다.

〈표 4-5〉에서 보는 바와 같이, Wall과 Trant의 지수법에서는 사용되는 재부비

표 4-5
Wall, Trant 및 Brichett 지수법에 포함된 재무비율과 가중치

Wall 및 Trant의 지수법			Brichett의 지수법		
재무비율	가중치		재무비율	가중치	
	Wall의 제안	Trant의 제안		금융기관 신용분석	회사채 신용분석
유동비율	25	15	유동비율	20	3
부채비율	25	10	당좌자산/유동자산	20	3
고정비율	15	10	매출채권/재고자산	5	3
매출채권회전율	10	10	부채비율	5	20
재고자산회전율	10	20	매출채권회전율	25	4
비유동자산회전율	10	20	재고자산회전율	10	4
자기자본회전율	5		총자산회전율	5	20
매입채무회전율		15	이자보상비율	2	30
			매출액순이익률	5	8
			총자산순이익률	3	5
합 계	100	100	합 계	100	100

17) A. Wall, 1919, "Study of Credit Barometers," *Federal Reserve Bulletin* (March), pp. 229-243.

율이 거의 같은데, 가중치의 크기에 대한 명확한 판단기준이 없기 때문에 비율별 가중치는 서로 다르다.

한편, Brichett의 지수법은 이자보상비율과 수익성비율 등을 포함하고 있어서 좀더 발전된 형태를 취하고 있다. 또한 Brichett는 금융기관의 신용분석과 회사채 신용분석을 구분하여 비율별 가중치를 다르게 적용하고 있다. 금융기관의 신용분석에서는 단기지급능력과 운전자본관리에 관한 비율들이 큰 비중을 차지하고 있고, 회사채 신용분석에서는 장기지급능력과 수익성 관련 비율들의 가중치가 크다.

위의 지수법을 사용하는 절차는 구체적으로 다음과 같다.

첫째, 각 비율에 대하여 분석대상기업의 비율을 산업평균비율로 나눈 관계비율을 산정한다. 분석대상기업의 비율이 산업평균비율보다 좋으면 관계비율이 1.0보다 높게 계산되고, 반대의 경우에는 1.0보다 낮게 계산된다. 예를 들면, 분석대상기업의 유동비율이 180%이고 산업평균이 150%라면 유동비율에 대한 관계비율은 1.2로 계산된다.

둘째, 비율별로 산정된 관계비율에 당해 비율의 가중치를 곱하여 각 비율의 지수(평점)를 계산한다.

셋째, 각 비율의 지수(평점)를 모두 합하여 종합지수를 계산한다. 이 종합지수가 100보다 높으면 분석대상기업은 산업평균보다 우월한 것으로 평가하고, 반대의 경우에는 산업평균보다 열등한 것으로 평가한다.

위와 같이 지수법은 기업의 유동성과 재무적 안정성, 수익성을 종합적으로 고려하여 신용분석을 하는 기법인데, 사용하기 간편한 이점도 있다. 이러한 이유로 현재 금융기관에서는 위의 지수법을 확장한 형태라고 할 수 있는 신용평점모형을 사용하고 있다.

그러나 지수법은 다음의 한계점이 있음을 유의할 필요가 있다. 첫째, 지수계산에 사용될 재무비율을 어떻게 선정하는가에 대해 명확한 판단기준이 없고, 둘째, 각 비율의 가중치를 어떻게 부여하는가에 대해서도 분명한 기준이 없으며, 셋째, 분석대상기업의 비율을 비교할 비교기준(benchmark)이 무엇인지도 판단하기 어렵다. 앞에서 산업평균비율이 비교기준으로 사용되었지만, 산업평균비율 자체도 한계점이 있음은 제3장의 1.3절에서 논의한 바 있다.

연습문제

1. 재무분석의 방법으로서 듀퐁시스템(the DuPont system)이란 무엇인지 설명하라.

2. 총자산순영업이익률(=이자비용차감전이익/총자산)은 총자산순이익률에 비해 개선된 ROA 측정치이다. 그러나 총자산순영업이익률은 여전히 영업활동의 수익성을 명료히 나타내지 못하고 있는데 그 이유가 무엇인가?

3. 영업투하자본, 세후순영업이익 그리고 ROIC의 개념을 각각 설명하라.

4. 영업자산과 재무자산, 영업부채와 재무부채의 개념을 각각 설명하라.

5. 재무자산을 보유한 기업의 경우 ROIC를 어떻게 산정하는지 설명하라.

6. 재무자산을 보유하지 않은 기업의 경우는 ROIC를 어떻게 산정하는가?

7. ROE와 ROIC의 관계를 영업수익성과 재무레버리지효과의 측면에서 설명하라.

8. 초과이익(abnormal earnings)의 개념과 초과이익의 결정요인을 설명하라.

9. 초과영업이익 또는 EVA(경제적 부가가치)의 개념과 그 결정요인을 설명하라.

10. 다음의 각 기술내용이 타당한지 여부를 설명하라.

    ① 부채비율이 높아지면 항상 ROE가 높아진다.
    ② ROIC가 12%인데 가중평균자본비용이 10%이기 때문에 영업활동의 이익실적이 양호하다.
    ③ 포괄이익이 800억원인데 초과이익을 산정한 결과 초과이익이 50억원이므로 이익실적이 양호하지 않다.

11. 다음은 ROE와 ROA(총자산순이익률) 등의 관계에 대한 등식이다. 아래에서 A~B가 각각 무엇인가?

$$\text{ROE} = \text{총자산순이익률} \times [1 + \frac{(\text{A})}{(\text{B})}]$$

12. 다음은 ROE와 ROA(총자산순영업이익률) 등의 관계에 대한 등식이다.

$$\text{ROE} = \text{ROA} + [(\text{A}) - (\text{B})] \times \frac{(\text{C})}{(\text{D})}$$

아래의 물음에 답하라.

(1) 위에서 A~D가 각각 무엇인가?
(2) ROA가 ROE에 미치는 영향을 두 가지 측면에서 설명하라.
(3) 기업이 비차입부채(예: 매입채무, 미지급비용, 퇴직급여부채 등)를 가지고 있으면 위의 B는 어떠한 영향을 받는가?

13. 다음은 ROE와 ROIC(영업투하자본이익률) 등의 관계에 대한 등식이다.

$$\text{ROE} = \text{ROIC} + [(\text{A}) - (\text{B})] \times \frac{(\text{C})}{(\text{D})}$$

아래의 물음에 답하라.

(1) 위에서 A~D가 각각 무엇인가?
(2) ROIC가 ROE에 미치는 영향을 두 가지 측면에서 설명하라.

14. 다음은 영서(주)의 2×24년도 요약재무제표 자료이다.

재무상태표 (단위: 만원)

자 산	2×23	2×24	부채와 자본	2×23	2×24
영업자산	30,200	28,600	영업부채	8,700	E
재무자산	4,200	B	재무부채	6,900	7,400
			자본 총계	C	18,500
자산 총계	A	33,100	부채와 자본 총계	D	33,100

포괄손익계산서 (단위: 만원)

과 목	2×24	과 목	2×24
매출원가	5,450	매 출 액	9,120
판매비와 관리비	2,420	이자수익(세후)	90
기타영업비용	400		
이자비용(세후)	F		
당기순이익	790		
기타포괄손익	0		

아래의 물음에 답하라. 단, 비율산정시 재무상태표 변수들에 대해서는 기초 · 기말의 평균치를 사용한다.

(1) A～F의 금액이 각각 얼마인가?
(2) 2×24년의 ROE는 몇 %인가?
(3) 2×24년의 총자산순이익률과 총자산순영업이익률은 각각 몇 %인가?
(4) 위의 (3)에서 산정한 총자산순영업이익률을 이용할 때 재무레버리지효과는 몇 %가 되는가?

15. 위의 문제 14에 연속된 문제이다. 아래의 물음에 답하라.

(1) 2×24년의 세후순영업이익은 얼마인가?
(2) 2×23년 말과 2×24년 말의 영업투하자본은 각각 얼마인가?
(3) 2×24년의 ROIC는 몇 %인가?
(4) 위의 (3)에서 측정한 ROIC의 두 구성요소를 각각 산정하라.
(5) 2×24년의 평균 순차입이자율(세후)과 순재무부채비율은 각각 몇 %인가?
(6) 위의 (5)에 근거할 때 2×24년의 재무레버리지효과는 몇 %인가?

16. 다음은 강남(주)의 2×24년도 연결재무상태표와 연결포괄손익계산서 자료이다.

연결재무상태표

(단위: 억원)

자 산	2×23	2×24	부채와 자본	2×23	2×24
현 금	40	50	매입채무	170	210
금융기관예치금	100	120	단기차입금	80	100
매출채권	300	320	장기차입금	250	250
재고자산	410	350	사 채	400	400
유형자산	850	1,060	지배기업 소유주지분	850	980
무형자산	50	40	비지배지분	0	0
자산 총계	1,750	1,940	부채와 자본 총계	1,750	1,940

연결포괄손익계산서

(단위: 억원)

과 목	2×24	과 목	2×24
매출원가	3,500	매 출 액	4,500
판매비와 관리비	800	이자수익	20
이자비용	60	유형자산처분이익	40
법인세비용	60		
당기순이익	140		
기타포괄손익	0		

〈추가 자료〉 1) 현금은 영업활동에 필요한 현금이고, 세율은 30%이다.
2) 자기자본비용은 12%이고, 가중평균자본비용은 9%이다.

아래의 물음에 답하라. 단, 비율산정시 재무상태표 변수들에 대해서는 기초의 금액을 사용한다.

(1) 포괄이익을 사용하여 산정할 때 2×24년의 ROE는 몇 %인가?
(2) 2×24년의 세후순영업이익은 얼마인가?
(3) 2×24년의 ROIC는 몇 %인가?
(4) 2×24년의 평균 순차입이자율(세후)과 순재무부채비율은 각각 몇 %인가?
(5) 위의 (4)를 이용하여 2×24년의 재무레버리지효과를 산정하라.

17. 위의 문제 16에 연속된 문제이다. 아래의 물음에 답하라.

(1) 강남(주)은 2×24년에 얼마만큼의 초과이익을 획득하였는가?
(2) 2×24년의 EVA 실적은 얼마인가?

18. 유통업체인 싸다마트는 최근 경쟁업체들의 점포 확장으로 매출이 감소할 것으로 걱정하고 있다. 싸다마트는 매출 감소에 대한 대비책으로 국내 최대의 회원수를 보유하고 있는 서울카드와의 전략적 제휴를 고려하고 있다. 싸다마트의 현재 매출액은 240억원이며 영업투하자본회전율은 4.8회이고 매출액순영업이익률은 3%이다. 서울카드와 제휴하면 매출액이 20억원 증가할 것으로 기대되는데 이를 위해서는 2억원의 재고자산 투자가 필요하다. 그러나 서울카드와 제휴하면 수수료와 고객할인 때문에 매출액순영업이익률은 현재의 3%에서 2.5%로 감소할 것으로 예상된다. 서울카드와 제휴할 경우 싸다마트의 영업투하자본이익률(ROIC)은 제휴 전과 비교하여 어떻게 변화하게 되는가?

19. 종속회사가 없는 강서(주)의 주요 정보가 다음과 같을 때 초과이익을 산출하라(r_e = 자기자본비용, 단위: 만원)

(1) 포괄이익이 120, r_e가 12%, 기초 자기자본은 3,000일 때 초과이익은?
(2) 포괄이익이 720, r_e가 12%, 기초 자기자본은 5,000일 때 초과이익은?
(3) 위의 (2)에서 비용절감으로 포괄이익이 800이 되었다면 새로운 초과이익은 얼마인가?
(4) 위의 (2)에서 기초 자기자본이 2,000만큼 작고 포괄이익은 180만큼 감소하였다면 새로운 초과이익은 얼마인가?
(5) 위의 (2)에서 기초에 새로운 사업부문 진출로 2,500의 자기자본 투자가 이루어졌고 그 결과 포괄이익이 320만큼 증가하였다면 새로운 사업부문 진출 후의 초과이익은 얼마인가?
(6) 위의 (1)에서 기초에 새로운 사업부문 진출로 1,000의 자기자본 투자가 이루어졌고 그 결과 포괄이익이 80만큼 증가하였다면 새로운 사업부문 진출 후의 초과이익은 얼마인가?

제5장

이익예측을 위한 수익성분석

본장에서는 기업의 미래 이익을 예측하기 위한 수익성 분석방법을 다룬다. 손익의 지속성은 기업의 미래 이익을 예측할 때 고려해야 할 중요한 문제이다. 본장에서는 먼저 지속적 손익과 일시적 손익의 개념을 논의하고, 일시적 손익의 발생사례를 살펴본다. 그리고 지속적 이익을 이용한 ROE 분석방법을 설명하며, 지속적 이익을 이용한 매출액이익률 분석방법도 제시한다.

제 1 절 지속적 손익과 일시적 손익의 개념

1.1 지속적 손익과 일시적 손익의 의의

재무제표분석은 기업의 현재 성과를 분석함으로써 기업의 미래 성과를 예측하려는 데 그 근본목적이 있다. 따라서 기업의 수익성을 분석함에 있어서는 현재의 이익실적이 미래에도 지속가능한가의 문제를 분석하는 것이 중요하다. 이러한 분석을 위해서는 이익실적을 구성하는 손익항목들의 미래 지속성 또는 일시성을 고려해야 할 필요가 있다.

포괄손익계산서에 표시된 당기순이익과 포괄이익은 당해 연도 중에 발생한 많은 손익항목들을 포함시켜 산정된 것이다.

매출액 − 매출원가 − 판매비와 관리비 ± 기타손익
+ [금융수익 − 금융비용] ± 지분법손익 − 법인세비용 (← 당기순이익 산정)
± 기타포괄손익 (← 포괄이익 산정)

위와 같이 당기순이익과 포괄이익은 많은 손익항목들의 합산치 또는 순액(net amount)이기 때문에 당년도의 순이익과 포괄이익은 당년도에 발생한 손익항목들의 금액에 의해 결정된다. 그런데 각각의 개별 손익항목의 성격을 보면, 당년도에 발생한 '손익의 금액'이 미래에도 비슷한 크기로 다시 발생할 가능성은 손익항목에 따라 상당한 차이가 있다. 예를 들어, 이번 연도에 이자비용이 20억원이었다면 내년에도 이자비용은 그와 비슷한 크기로 발생할 것으로 예측할 수 있다. 그러나 이번 연도에 10억원의 채무면제이익이 발생하였다면, 내년의 순이익을 예측하려 할 때, 내년에도 10억원의 채무면제이익이 다시 발생할 것으로 예측되지는 않을 것이다. 즉, 내년에 발생할 채무면제이익의 기대치(expected value)는 0(零)이라고 볼 수 있다. 왜냐하면, 채무면제라는 경제적 사건은 매우 드물게 발생하기 때문이다.

또 다른 예로서, 외화채무를 지급할 때 환율이 상승하여 외환차손 5억원이 발생하였다고 하자. 외환차손 '금액'의 미래 지속성 여부를 생각하면 외환차손과 앞에서 논의한 채무면제이익 간의 유사성을 찾을 수 있다. 즉, 이번에 5억원의 외환차손이 발생하였는데 내년에 다시 5억원의 외환차손이 발생할 가능성이 얼마나 될까? 내년에도 환율변동이 있겠지만, 환율이 상승할 가능성과 하락할 가능성이 다 있으므로 외환차손이 발생할 수도 있고 반대로 외환차익이 발생할 수도 있다. 따라서 내년에 발생할 외환차손익의 기대치(expected value)는 0(零)인 것으로 볼 수 있다. 이와 같이 외환차손익의 기대치가 0이면, 채무면제이익도 미래 발생액의 기대치가 0이기 때문에, 이 점에서 외환차손익과 채무면제이익은 차이가 없다.

요약하면, 위의 예에서 이번 연도의 순이익은 외환차손 5억원과 채무면제이익 10억원의 영향을 받았지만, 내년의 순이익은 이들 손익의 영향을 받지 않을 것으로 예측할 수 있다. 이와 같이 이번에 발생한 '손익의 금액'이 미래에 비슷한 크기로 다시 발생할 가능성이 희박한 손익을 **일시적 손익**이라고 부른다. 반면에 이번에 발생한 '손익의 금액'이 미래에도 비슷한 크기로 다시 발생할 가능성이 높은 손익은 **지속적 손익**이라고 부른다.[1)]

지속적 손익 대 일시적 손익의 구분은 이익실적의 원천을 파악함은 물론, 미래의 이익을 예측할 때 고려해야 할 중요한 문제이다. 그래서 기업의 이익실적을 분석할 때에는 일시적 손익이 순이익과 포괄이익에 미친 영향을 분석할 필요가 있다. 만일 일시적 손익 때문에 순이익과 포괄이익이 커진 것이라면 그러한 이익실적이 내년에도 지속적으로 발생할 가능성은 희박하기 때문이다.

아래의 박스는 일시적 손익에 관한 흥미로운 기사를 보여주고 있다. 이는 2000년 5월에 코스닥 벤처기업들의 1분기 이익실적 발표가 있었을 때 시장의 투자자들

1) 일시적 손익과 지속적 손익의 개념을 더 구체화하면, 아래의 모형에서 'ω=0'인 경우는 일시적 손익이고 'ω>0'이면 지속적 손익이다(J. Ohlson, 1999, "On Transitory Earnings," *Review of Accounting Studies* (December), pp. 145–162).

$$\text{미래의 손익금액} = \omega \cdot \text{현재의 손익금액} + \text{오차항}$$

여기서 ω는 현재의 손익금액이 미래에 지속되는 정도를 나타내는 '지속계수'이고, 오차항의 기대치는 0이다. 위에서 'ω=0'이면 미래 손익금액의 기대치는 0이며 이러한 특성을 갖고 있는 손익이 일시적 손익이다. 반면에 'ω>0'이면 미래 손익금액의 기대치는 'ω·현재의 손익금액'이며 이러한 특성을 갖고 있는 손익은 지속적 손익이다. 다만, 지속적 손익이라고 해서 모두 같은 정도의 미래 지속성을 갖고 있는 것은 아니며, 손익항목에 따라 지속성 정도에 차이가 있을 수 있다.

이 어떻게 반응하였는가를 보도한 신문기사이다. 2000년 1분기의 순이익이 1999년 전체의 순이익보다 훨씬 큰 것으로 발표되었지만 대형 벤처기업들의 주식가격은 오히려 폭락하였다. 이렇게 주가가 폭락한 것은 유가증권처분이익과 채무면제이익 등으로 인해 순이익이 커진 것뿐이고, 영업이익은 적자였기 때문인 것으로 보도되고 있다. 여기서 영업이익은 「매출총이익－판매관리비」로 산정된 것이다. 영업이익은 매출을 통해 획득되므로 미래 지속성이 높은데, 영업이익이 적자였기 때문에 투자자들이 벤처기업들의 미래 수익성을 부정적으로 평가하여 주가가 폭락한 것이다. 유가증권처분이익은 미래 지속가능성이 희박한 일시적 손익에 속한다.

일시적 손익의 예

코스닥 '스타기업' 실적 좋아졌다는데…알고 보니 '헛장사'

코스닥 12월 결산법인들의 실적호전 발표에도 불구하고 코스닥시장이 17일 폭락세를 나타냈다. 코스닥증권이 363개 12월 결산법인의 1분기 실적을 분석, 발표한 자료에 따르면 코스닥등록 기업들이 올 1분기(1-3월) 올린 순이익은 지난 해 전체 당기순이익의 71%에 달한 것으로 나타났다. 특히 벤처기업들의 1분기 순이익은 지난 해 전체 순이익의 98%에 달할 정도로 좋은 성적을 냈지만, 일반투자자들은 이를 비웃기라도 하듯 주식을 대거 내다 팔았다. 최근까지 코스닥시장에서 '묻지마 투자'를 계속해오던 투자가들이 왜 갑자기 이 같은 태도변화를 보였을까?

그에 대한 대답으로 우선 첫째, 이날 코스닥증권이 발표한 1분기 실적에 어마어마한 허수(虛數)가 포함되어 있다는 사실이 지목되고 있다. 순이익 랭킹 1위를 차지한 씨티아이반도체는 영업이익과 경상이익이 모두 적자를 기록했지만 채무면제 특별이익(빚을 탕감 받은 데 따른 이익) 덕분에 1,520억원의 당기순이익을 기록했다. 그러나 이 같은 '엉터리' 순이익을 빼면 코스닥 벤처기업들의 실제 순이익은 일거에 60% 가량 줄어든다.

둘째, 코스닥 대표선수들의 실적이 기대 이하였다는 지적이다. 새롬기술과 한글과컴퓨터 등 상당수 벤처기업들은 적자인 영업이익을 은행이자 수입이나 주식매각으로 메워 소폭의 경상이익 흑자를 연출했다. 한마디로 장사에서 번 이익보다 부수입이 많았던 것. 이에 따라 코스닥시장의 대형 기술주들이 17일 대거 하한가로 곤두박질치면서 지수를 끌어내렸다.

－조선일보 2000년 5월 18일자(49면)－

1.2 일시적 손익의 발생원천

지속적 손익은 기업의 계속적인 수익창출활동에서 발생한다. 예를 들면, 매출액, 매출원가 및 판매관리비는 기업의 계속적인 매출활동에서 발생하므로 이들은 지속적 손익에 속한다. 그리고 기타수익 중 임대료수익, 로열티수익 등도 지속적 손익에 속한다. 또한 기업은 타인자본을 계속 사용하고 있으므로 자본사용대가로 지급되는 이자비용도 미래 지속성이 높은 지속적 손익이다.

그러나 아래에서 설명하는 바와 같이 상당수 손익항목들은 미래 지속성이 없는 일시적 손익에 속한다. 일시적 손익이 발생하는 원천은 크게 나누어 다음과 같이 세 가지로 구분할 수 있다.

① 기업이 보유하고 있는 자산 · 부채의 시장가치 변동 때문에 일시적 손익이 발생한다. 예를 들면, 유가증권 평가손익과 처분손익, 유형자산 재평가손익, 환율변동으로 인한 외환차손익과 외화환산손익, 파생상품 관련 손익 등은 일시적 손익이다. 시장의 가격변동은 랜덤워크(random walk) 과정을 따르기 때문에 가격변동으로 인해 발생한 손익금액은 미래에 지속될 가능성이 희박하다.[2)]

② 손익을 발생시킨 거래 또는 사건 자체의 일시성 때문에 일시적 손익이 발생한다. 예를 들면, 자산의 폐기손익과 처분손익, 채무면제이익, 일시적 기부금, 중단사업의 손익 등이 그러한 유형에 해당한다.

③ 과거의 추정오류나 회계오류를 수정한 결과로서 일시적 손익이 발생한다. 예를 들면, 대손충당금환입 등이 그에 해당하며, 세무상 오류수정인 법인세 환급금 · 추납액도 일시적 손익이다.

〈표 5-1〉은 포괄손익계산서에 나타나는 손익항목 중 일시적 손익에 속하는 항목들을 구체적으로 예시하고 있다. 〈표 5-1〉의 예시는 손익항목들의 일시성 여부에 대한 실증연구에 근거한 것이다.[3)]

2) 시장가격이 형성되어 있지 않은 자산의 경우도 가치의 하락이 있을 때 손상차손(impairment losses)을 인식하는데 이 역시 일시적 손익이다.

3) 김권중 · 김문철, 2003, "경상이익 구성요소와 특별손익의 지속성과 주가관련성," 「회계학연구」(제3호), pp. 55-83.

표 5-1
포괄손익계산서에 나타나는 일시적 손익의 예

손익계산서상 분류	일시적 손익의 예
기타수익과 기타비용	• 재고자산의 감모손실 · 폐기손실 • 당기손익_공정가치 측정 금융자산의 평가손익 · 처분손익 • 기타포괄손익_공정가치 측정 금융자산의 손상차손 · 처분손익, 기타 투자자산처분손익 • 유형자산의 처분손익 · 폐기손실 • 유형자산과 무형자산의 손상차손 • 영업 관련 자산 · 부채에 관한 외환차손익 · 외화환산손익 • 영업 관련 자산 · 부채에 관한 파생상품의 평가손익 · 거래손익 • 대손충당금환입 • 법인세환급액, 법인세추납액 • 손해배상금, 일시적 기부금 등 기타 일시적으로 발생하는 손익
금융수익과 금융비용	• 재무부채와 재무자산에 관한 외환차손익 · 외화환산손익 • 재무자산의 처분손익(예: 채무증권처분손익) • 사채상환손익 • 재무부채와 재무자산에 관한 파생상품의 평가손익 · 거래손익
기타포괄손익	공정가치 측정 금융자산의 평가손익, 해외사업환산손익, 파생상품 평가손익, 관계기업 기타포괄손익에 대한 지분 해당액 등 기타포괄손익은 일시적 손익에 해당함

〈표 5-1〉에서 보는 바와 같이, 많은 손익항목들이 일시적 손익에 속한다. 〈표 5-1〉에 표시되어 있지 않지만 '중단영업의 손익'도 당연히 미래 지속성이 없는 일시적 손익이다. 이와 같이 당기순이익과 포괄이익에는 일시적 손익이 상당히 포함되어 있으므로 기업의 이익실적을 분석할 때에는 일시적 손익이 미친 영향을 분석할 필요가 있다. 만일 일시적 손익 때문에 당기순이익과 포괄이익이 커진 것이라면 그러한 이익실적이 미래에 지속될 가능성은 희박하기 때문이다.

일시적 손익의 발생사례 제2절

일시적 손익은 정도의 차이는 있으나 거의 모든 기업에서 발생한다. 기업에 따라서는 한두 개의 일시적 손익항목이 상당한 크기로 발생하여 당기순이익과 포괄이익에 큰 영향을 미칠 수도 있다. 본절에서는 일시적 손익 중에서 환율변동 관련 손익, 유가증권 처분손익, 유형자산 등 처분손익, 기타포괄손익의 실제 발생사례를 살펴본다.

2.1 환율변동 관련 손익

〈표 5-2〉는 환율변동으로 인한 손익인 외환차손익과 외화환산손익의 발생사례를 보여주고 있다. 사례기업은 상장기업인 기아자동차(주)와 대한유화(주)이다.

먼저 기아자동차(주)의 경우를 보면, 2008년에 외환차익이 1조 3,256억원 발생하였고 외환차손이 1조 4,411억원 발생하여 순액기준으로 1,155억원의 외환차손이 발생하였다. 이 외환차손(순액) 1,155억원은 당기순이익에 큰 영향을 미쳤다. 그러나 그 이후 2009년에는 외환차손(순액)이 발생액이 현저히 작아져서 307억원에 그쳤고, 다시 2010년에는 반대로 외환차익(순액)이 561억원 발생하였다. 이와 같이 2008년에 발생한 거액의 외환차손(순액)은 미래에 그 비슷한 크기로 지속되지 않았고, 2009년의 외환차손(순액) 역시 2010년에 그 비슷한 크기로 지속되지 않았다.

대한유화(주)의 사례도 기아자동차(주)의 경우와 유사함을 볼 수 있다. 즉, 2008년에 349억원의 외환차손(순액)이 발생하여 당기순이익과 포괄이익에 큰 영향을 미쳤으나, 2009년에는 외환차손(순액) 발생액이 현저히 작아져서 69억원에 그쳤고, 다시 2010년에는 반대로 외환차익(순액)이 30억원 발생하였다.

외화환산손익의 발생사례를 보면 이 역시 미래 지속성이 없는 일시적 손익임을 알 수 있다. 〈표 5-2〉에서 보는 바와 같이, 기아자동차(주)의 경우 2008년에 외화

(단위: 억원)

표 5-2 일시적 손익: 환율변동 관련 손익의 예

과 목	기아자동차			대한유화		
	2008	2009	2010	2008	2009	2010
· 환율변동 관련 손익:						
외환차익	13,256	3,107	1,734	252	305	166
− 외환차손	14,411	3,414	1,173	601	374	136
= 외환차손익(순액)	**−1,155**	**−307**	**561**	**−349**	**−69**	**30**
외환환산이익	853	534	539	6	53	8
− 외화환산손실	3,290	472	212	409	3	4
= 외화환산손익(순액)	**−2,437**	**62**	**327**	**−403**	**50**	**4**
· 당기순이익	−1,060	10,206	28,422	−941	1,203	761
· 포괄이익	14,766	12,218	29,163	−965	1,206	766

자료: 각 기업의 연결재무제표

환산손실(순액)이 2,437억원이나 발생하여 당기순이익에 큰 영향을 미쳤다. 그러나 이 거액의 외화환산손실은 2009년에 그 비슷한 크기로 다시 발생하지 않았으며, 오히려 2009년에는 외화환산이익(순액)이 62억원 발생하였고 2010년에는 다시 외화환산이익(순액)이 327억원으로 크게 발생하였다. 대한유화(주)의 경우에도 2008년에 외화환산손실(순액)이 403억원 발생하여 당기순이익과 포괄이익에 큰 영향을 미쳤으나, 2009년에는 반대로 외화환산이익(순액)이 50억원 발생하였고, 그 후 2010년에는 외화환산손익의 발생액이 거의 0(零)에 가깝다.

2.2 유가증권 처분손익

〈표 5-3〉은 비금융기업의 경우 유가증권을 매각하였을 때 발생하는 손익인 매도가능증권 처분손익과 관계회사투자주식 처분손익의 발생사례를 보여주고 있다.[4] 사례기업은 상장회사인 현대시멘트(주)와 동국제강(주)이다. 유가증권에 관한 또 다른 일시적 손익인 매도가능증권 평가손익은 기타포괄손익으로 분류되고 있으므

4) 유가증권의 분류 중 단기매매증권은 주로 금융기업이 보유하고 있다.

(단위: 억원)

표 5-3

일시적 손익: 유가증권 처분손익의 예

과 목	현대시멘트			동국제강		
	2008	2009	2010	2008	2009	2010
· 유가증권 처분손익:						
매도가능증권처분이익	641	35	15	2	8	2
− 매도가능증권처분손실	861	43	2	1	0	1
= 처분손익(순액)	**−220**	**−8**	**13**	**1**	**8**	**1**
관계회사투자주식처분이익	0	0	0	0	163	0
− 관계회사투자주식처분손실	0	0	0	0	0	0
= 처분손익(순액)	**0**	**0**	**0**	**0**	**163**	**0**
· 당기순이익	−682	174	−2,391	1,820	207	1,233
· 포괄이익	−1,001	193	−1,657	1,638	4,490	818

자료: 각 기업의 연결재무제표

로 이는 뒤의 2.4절에서 논의될 것이다.

먼저 현대시멘트(주)의 경우를 보면, 2008년에 매도가능증권 처분이익이 641억원 발생하였고 매도가능증권 처분손실은 861억원 발생하여 순액기준으로 220억원의 매도가능증권 처분손실이 발생하였다. 이 처분손실 220억원은 현대시멘트(주)의 당기순이익과 포괄이익에 큰 영향을 미쳤다. 그러나 다음해인 2009년에는 매도가능증권 처분손실(순액)이 현저히 감소하여 불과 8억원에 그쳤고, 그 후 2010년에는 반대로 매도가능증권 처분이익(순액)이 13억원 발생하였다. 이러한 사례는 매도가능증권 처분손익이 미래 지속성이 없는 일시적 손익임을 보여주고 있다. 즉, 2008년의 매도가능증권 처분손실(순액) 220억원은 그 비슷한 크기로 2009년에 다시 발생하지 않았으며, 또한 2009년의 매도가능증권 처분손실(순액) 8억원은 그 비슷한 크기로 2010년에 다시 발생하지 않았다.

동국제강(주)의 경우에는 매도가능증권 처분손익이 미미한 수준이어서 당기순이익에 별 영향을 미치지 않았다. 그러나 2009년에 일시적 손익인 관계회사투자주식 처분이익이 163억원 발생하여 당기순이익에 큰 영향을 미쳤음을 볼 수 있다. 기업이 관계회사투자주식을 처분하는 것은 드물게 일어나는 사건이므로 동국제강(주)의 경우 2008년과 2010년에는 관계회사투자주식 처분손익이 발생하지도 않았다.

현대시멘트(주)의 경우에도 2008~2010년에 관계회사투자주식 처분손익이 발생하지 않았다.

2.3 유형자산 등 처분손익

〈표 5-4〉는 유가증권이 아닌 비유동자산 중 유형자산 처분손익과 투자부동산 처분손익의 발생사례를 보여주고 있다. 이들 손익은 장기간 보유하던 자산을 처분함에 따라 발생하는 손익인데, 기업에 따라서는 상당한 크기로 발생하여 당해 연도의 순이익과 포괄이익에 큰 영향을 미친다. 사례기업은 상장기업인 흥아해운(주)과 두산건설(주)이다.

먼저 흥아해운(주)의 경우를 보면, 2008년에 유형자산 처분이익이 246억원이나 발생하여 당기순이익과 포괄이익에 큰 영향을 미쳤음을 볼 수 있다. 유형자산을 처분하지 않았으면 2008년의 당기순이익은 아주 작은 금액에 그쳤을 것이다. 그러나 그 이후 2009년과 2010년에는 2008년과 비슷한 거액의 유형자산 처분이익이 다시 발생하지 않았으며, 2009년과 2010년의 유형자산 처분이익(순액)은 거의 0(零)

표 5-4

일시적 손익: 유형자산 등 처분손익의 예

(단위: 억원)

과 목	흥아해운			두산건설		
	2008	2009	2010	2008	2009	2010
· 자산처분손익:						
유형자산처분이익	246	12	16	0	8	1
− 유형자산처분손실	0	5	13	2	4	2
= 처분손익(순액)	**246**	**7**	**3**	**−2**	**4**	**−1**
투자부동산처분이익	0	0	0	0	133	1
− 투자부동산처분손실	0	0	0	22	0	0
= 처분손익(순액)	**0**	**0**	**0**	**−22**	**133**	**1**
· 당기순이익	286	−170	130	420	514	57
· 포괄이익	880	−359	106	3,220	471	413

자료: 각 기업의 연결재무제표

에 가까운 크기이다.

두산건설(주)의 경우 2008~2010년에 유형자산 처분손익은 미미한 크기여서 당기순이익에 별 영향을 미치지 않았다. 그러나 두산건설(주)은 2008년에 투자부동산을 처분하여 22억원의 처분손실이 발생하였는데, 2009년에는 반대로 처분이익이 133억원 발생하여 당기순이익과 포괄이익에 상당한 영향을 미쳤다. 2010년에는 투자부동산 처분이익이 거의 0(零)에 가까운 크기이다. 이와 같이 투자부동산 처분손익은 미래 지속성이 없는 일시적 손익의 형태로 발생하고 있다.

2.4 기다포괄손익

포괄손익계산서에서 기타포괄손익으로 표시되는 여러 손익도 미래 지속성이 없는 일시적 손익에 속하며, 〈표 5-5〉는 기타포괄손익의 발생사례를 보여주고 있다. 사례기업은 상장기업인 신세계(주)와 롯데쇼핑(주)이다.

먼저 신세계(주)의 경우를 보면, 2008년에 총 141억원의 기타포괄손실(순액)이 발생하였는데 2009년에는 기타포괄손실이 아니라 반대로 기타포괄이익(순액)이 431억원 발생하였다. 각 손익을 개별적으로 검토하여도 각 손익은 일시적 손익의 발생 패턴을 보이고 있다. 즉, 2008년에 발생한 각 손익의 금액은 2009년에는 반대 방향으로 발생하고 있다. 그리고 2010년에는 무려 1조 7,929억원의 매도가능증권평가이익이 일시적으로 발생함으로써 기타포괄이익(순액)이 무려 1조 7,803억원이고 이에 따라 포괄이익은 당기순이익의 두 배를 훨씬 넘는 2조 8,862억원이다.

2010년의 위 매도가능증권평가이익 1조 7,929억원은 일시적 손익이면서 다른 한편으로는 일종의 '회계수치 왜곡'에 해당한다. 즉, 신세계(주)는 매도가능증권으로 분류한 삼성생명보험(주)의 주식을 2009년까지 계속 취득원가로 평가하고 있었는데, 2010년 중에 삼성생명보험(주) 주식이 상장되어 주식가격이 형성됨에 따라 거액의 매도가능증권평가이익(=기말의 주식가격-취득원가)을 기록한 것이다. 그러나 이 평가이익은 2010년에 전부 발생한 것이 아니고 오래 전부터 매년 조금씩 발생하였는데도 신세계(주)가 위 투자주식을 취득연도부터 2009년까지 계속 취득원가로 기록하였기 때문에 2010년에 한꺼번에 거액의 평가이익을 기록하게 된 것이다. 따라서 2010년에 매도가능증권평가이익이 1조 7,929억원 발생한 것으로 포괄손익계산서에 표시

(단위: 억원)

표 5-5

일시적 손익: 기타포괄손익의 예

과 목	신세계			롯데쇼핑		
	2008	2009	2010	2008	2009	2010
· 기타포괄손익:						
매도가능금융자산평가손익	−36	52	17,929	−349	333	1,812
파생상품평가손익	−409	454	−144	−297	151	−82
유형자산재평가손익	0	0	0	0	29,028	−1,550
해외사업환산손익	276	−26	4	204	−95	−78
기 타	29	−48	15	71	293	−621
합 계	**−141**	**431**	**17,803**	**−371**	**29,710**	**−519**
· 당기순이익	5,629	5,826	11,059	7,862	7,658	10,438
· 포괄이익	5,489	6,257	28,862	7,491	37,368	9,920

자료: 각 기업의 연결재무제표

된 것은 사실상 '회계수치 왜곡'이다.

롯데쇼핑(주)의 경우를 보면, 2008년에 총 371억원의 기타포괄손실(순액)이 발생하였는데, 2009년에는 기타포괄손실이 아니라 반대로 기타포괄이익(순액)이 무려 2조 9,710억원 발생하였고, 2010년에는 다시 반대로 기타포괄손실(순액)이 519억원 발생하였다. 2009년에 기타포괄이익이 아주 크게 발생한 것은 유형자산재평가차익 때문이다. 각 손익을 개별적으로 검토하여도 각 손익은 일시적 손익의 발생 패턴을 보이고 있다.

위의 여러 사례들에서 본 바와 같이, 어느 일시적 손익이 크게 발생하면 당기순이익과 포괄이익이 상당한 영향을 받게 된다. 따라서 포괄손익계산서에 보고되는 당기순이익과 포괄이익을 그대로 사용하여 당해 기업의 미래 수익성(이익)을 예측하려 하는 것은 위험할 수 있다. 일시적 손익의 영향을 제거하여 기업의 수익성 실적을 분석하는 방법은 다음 절에서 설명될 것이다.

지속적 이익을 이용한 수익성분석 제3절

3.1 지속적 이익에 의한 ROE

(1) 지속적 ROE와 일시적 ROE

본절에서는 일시적 손익의 영향을 제거하여 기업의 수익성을 분석하는 방법을 설명한다. 제3장(재무비율분석)에서 논의한 바와 같이, 한 기간의 이익실적을 총괄적으로 나타내는 지표는 ROE(자기자본이익률)인바, ROE는 포괄이익을 자기자본으로 나누어 측정된다. 그런데 포괄이익에는 일시적 손익이 포함되어 있으므로 포괄이익을 지속적 이익과 일시적 이익 부분으로 분해할 수 있다. 여기서 **지속적 이익**(core income or persistent earnings)은 지속적 손익항목들의 합산치 또는 순액을 말하고, **일시적 이익**(transitory earnings)은 일시적 손익항목들의 합산치 또는 순액을 말한다. 포괄이익을 그와 같이 분해하면 ROE도 아래와 같이 분해할 수 있다.

$$
\begin{aligned}
\text{ROE} &= \frac{\text{포괄이익}}{\text{자기자본}} \\
&= \frac{\text{지속적 이익}}{\text{자기자본}} + \frac{\text{일시적 이익}}{\text{자기자본}}
\end{aligned}
$$

위에서 「지속적 이익/자기자본」에 의한 이익률은 일시적 손익의 영향을 제거하여 측정된 ROE이며, 본서에서는 이를 **지속적** ROE로 부른다. 그리고 「일시적 이익/자기자본」에 의한 이익률은 **일시적** ROE로 부른다. 지속적 ROE와 일시적 ROE의 구분은 기업의 이익실적이 어떠한 원천에서 주로 발생하였는가를 파악하는 데 도움이 된다. 또한 지속적 ROE는 미래 지속성이 있는 손익만을 포함시켜 측정된 것이므로 이는 당해 기업의 미래 이익을 예측하는 데 유용한 이익률 지표가 될 수 있다.

지속적 ROE를 산정하려면 일시적 이익(또는 일시적 손실)을 먼저 파악하는 것이 편리하다. 일시적 이익과 지속적 이익은 아래의 절차에 따라 산정할 수 있다.

• 일시적 이익의 산정: 기타손익과 금융손익 중 일시적 손익의 순액×(1－세율)
± 중단영업손익(세후)
± 기타포괄손익(세후)
= 일시적 이익(세후)

• 지속적 이익의 산정: 포괄이익
－ 일시적 이익(세후)
= 지속적 이익(세후)

위에서 '기타손익과 금융손익 중 일시적 손익의 순액'은 포괄손익계산서에서 기타수익, 기타비용, 금융수익 및 금융비용에 포함되어 있는 모든 일시적 손익항목들의 합산치(순액)이다(〈표 5-1〉 참조). 이 금액은 법인세비용이 배분되지 않은 세전 금액이므로 여기에 '(1-세율)'을 곱하여 세후기준의 금액을 산출하고 이 세후 금액에 중단영업손익(세후)과 기타포괄손익(세후)을 더하면 당년도의 일시적 이익이 산정된다. 포괄손익계산서에 표시되는 중단영업손익과 기타포괄손익은 세후기준의 금액이므로 별도의 조정이 필요하지 않다. 이와 같이 일시적 이익(세후)을 산정한 다음 이를 포괄이익에서 차감하면 지속적 이익(세후)이 산출된다. 일시적 손익의 순액이 음수인 경우는 일시적 손실인데 이때에는 포괄이익에 일시적 손실(세후)을 다시 더하면 지속적 이익(세후)이 산출된다.

종속회사가 있는 지배기업의 연결재무제표를 분석할 때에는 '연결실체 ROE'를 대상으로 하여 위 지속적 ROE를 산정한다. 이는 각 일시적 손익항목에 대해 종속회사의 소수주주지분(비지배지분)을 알기 어렵고, 또 일반적으로 소수주주지분의 비중이 작아서 지배기업 ROE와 연결실체 ROE는 큰 차이가 없기 때문이다.

● 사례기업의 재무제표 자료

지속적 이익과 일시적 이익을 분석할 사례기업은 상장기업인 K주식회사(이하 'K사' 라고 함)이다. K사는 원양어업과 철강유통사업을 주된 영업으로 하고 있다.

〈표 5-6〉에는 K사의 2×23～2×24년도 연결포괄손익계산서가 제시되어 있다. 이는 재무제표 주석에 근거하여 계정과목을 구체적으로 표시한 연결포괄손익계산인데, 〈표 5-6〉에서 일시적 손익항목들은 *로 표시되어 있다. *가 붙어 있는 일시적 손익항목은 기타수익 중 6개 항목, 기타비용 중 4개 항목, 기타포괄손익의 모든

(단위: 억원)

표 5-6

사례기업의 연결 포괄손익계산서: K사

과 목	2×24	2×23	과 목	2×24	2×23
매출원가	3,241	3,314	매출액	3,553	4,131
판매비와 관리비	237	523			
영업이익	**74**	**294**			
기타비용:	215	311	기타수익:	563	229
외환차손과 외화환산손실*	39	307	외환차익과 외화환산이익*	140	39
공정가치측정금융자산평가손실*	79	–	당기손익인식금융자산평가이익*	–	63
기타의 대손상각비*	94	0	공정가치측정금융자산처분이익*	3	–
매출채권처분손실*	0	0.5	기타의 대손충당금환입*	41	126
기부금	3.5	3.5	유형자산처분이익*	367	0
			매각예정자산처분이익*	1	0
			기 타	11	1
금융비용:	2	3	금융수익:	115	107
이자비용	2	3	이자수익	109	103
			배당금수익	6	3.5
법인세비용	113	71	지분법손익	(18)	21
당기순이익	**404**	**265**			
기타포괄손익*	(9)	(15)			
포괄이익	**395**	**250**			

자료: K사의 연결재무제표와 주석

항목이다.

또한 〈표 5-7〉에는 제4장 2.1절에서 설명한 세후순영업이익과 세후순금융수익을 각각 산정한 결과가 제시되어 있다. K사는 금융수익이 금융비용보다 많으므로 세후순금융비용 대신 세후순금융수익을 산정한 것이다.

(단위: 억원)

표 5-7 세후순금융수익과 세후순영업이익의 산정: K사

세후순금융수익의 산정	2×24	2×23	세후순영업이익의 산정	2×24	2×23
[이자수익−이자비용]	107	100	포괄이익	395	250
× (1−세율)	×0.758	×0.758	− 세후순금융수익	(81)	(76)
= 세후순금융수익[1]	**81**	**76**	= 세후순영업이익	**314**	**174**

1) 재무부채 · 재무자산에 관련된 기타포괄손익은 없음.

(2) 지속적 ROE의 변화추세 분석

〈표 5-6〉에서 보는 바와 같이, K사의 2×24년도 당기순이익(404억원)은 2×23년의 당기순이익(265억원)과 비교하여 무려 52.5% 증가하였고, 2×24년도 포괄이익(395억원)은 2×23년의 포괄이익(250억원)과 비교하여 무려 58% 증가하였다. 이와 같이 2×24년의 이익실적이 크게 증가한 주된 이유는 아래에서 설명하는 바와 같이 2×24년에 일시적 이익(특히, 유형자산처분이익)이 크게 발생하였기 때문이다. 게다가 2×23년에는 일시적 손실(특히, 외환차손과 외화환산손실)이 상당한 규모로 발생하여 당기순이익과 포괄이익이 큰 영향을 받았다.

2×24년과 2×23년에 대해 일시적 이익과 지속적 이익을 각각 산정한 결과는 〈표 5-8〉에 제시되어 있다. 〈표 5-6〉의 연결포괄손익계산서에서 기타수익 및 기타비용 중에서 *로 표시된 10개 일시적 손익항목들의 순액은 2×23년에 −80억원이고 2×24년에는 340억원이다. 이들 금액은 세전 금액이므로 세후 금액으로 계산하면 각각 −61억원, 258억원으로 산정된다. 〈표 5-6〉의 연결포괄손익계산서에서 보는 바와 같이, 2×24년에는 유형자산처분이익(세전)이 무려 367억원이나 발생하였다.

위 10개 항목의 순액(세후)에 기타포괄손익(세후)의 금액을 가감하면, 최종적으로 2×23년은 일시적 손실(세후)이 76억원으로 산정되고, 2×24년은 일시적 이익(세후)이 249억원으로 산정된다. 이와 같이 K사는 2×24년에 대규모의 일시적 이익이 발생하였다. 앞의 2.3절(유형자산 등 처분손익)에서 논의한 유형자산처분이익과 앞의 2.1절(환율변동 관련 손익)에서 논의한 외환차익과 외화환산이익 때문에(〈표 5-6〉 참조) 2×24년에 대규모의 일시적 이익이 발생한 것이다.

2×23년의 포괄이익은 위 일시적 손실(세후)로 인해 작아져 있으므로 위 일시적 손실(세후) 76억원을 다시 포괄이익에 더하면 지속적 이익(세후)은 326억원으로 산출된다. 반면에 2×24년의 포괄이익은 위 일시적 이익(세후)으로 인해 커져 있으므

로 위 일시적 이익(세후) 249억원을 포괄이익에서 차감하면 지속적 이익(세후)은 146억원으로 산출된다.

각 연도의 총 ROE와 지속적 ROE 등을 산정한 결과는 〈표 5-8〉의 아래 부분에 제시되어 있다. ROE(연결실체 ROE)의 분모인 자기자본에 대해서는 제3장 2.1절과 같이 기초 · 기말의 평균치가 사용되었다.

연결포괄손익계산서상의 포괄이익을 그대로 사용하여 ROE를 산정하면, 2×24년의 ROE가 8.0%로 산정되어 2×23년의 5.3%보다 2.7% 높아진 것으로 나타난다. 이러한 비교에만 그치면 2×24년에 수익성이 향상된 것으로 평가하게 될 것이고, 미래 이익의 예측도 그러한 평가의 영향을 받게 될 것이다. 당기순이익을 사용하여 ROE를 산정한 경우에도 2×24년의 ROE는 8.2%로 산정되어 2×23년의 5.6%보

표 5-8
지속적 ROE와 일시적 ROE

(단위: 억원, %)

ROE 산정	K사		
	2×24	2×23	증감
일시적 이익의 산정:			
기타수익 중 6개 항목의 합계	552	228	
− 기타비용 중 4개 항목의 합계	(212)	(308)	
= 위 10개 항목의 순액(세전)	340	(80)	
× (1 − 세율)	×0.758	×0.758	
= 위 10개 항목의 순액(세후)	258	(61)	
± 기타포괄손익(세후)의 합계	(9)	(15)	
= 일시적 이익(세후) 또는 일시적 손실(세후)	**249**	**(76)**	
지속적 이익의 산정:			
포괄이익	395	250	
− 일시적 이익(세후) (+일시적 손실)	(249)	76	
= 지속적 이익(세후)	**146**	**326**	
총 ROE: 포괄이익 / 자기자본*	**8.0**	**5.3**	**+2.7**
(당기순이익 / 자기자본*)	**(8.2)**	**(5.6)**	**(+2.6)**
지속적 ROE: 지속적 이익 / 자기자본*	**3.0**	**6.9**	**−3.9**
일시적 ROE: 일시적 이익 / 자기자본*	5.0	−1.6	

* 기초 · 기말의 평균 자기자본: 2×24년 4,947억원, 2×23년 4,691억원 (자료: K사의 연결재무제표)

다 2.6% 높아진 것으로 나타난다.

그러나 일시적 이익(또는 일시적 손실)을 제거하고 지속적 이익만을 반영하여 ROE를 측정하면 ROE의 변화 추세는 반대로 나타나고 있다. 즉, 2×23년의 지속적 ROE는 6.9%인데 비하여 2×24년의 지속적 ROE는 3.0%로서 오히려 전년보다 3.9%나 하락하였다.

이와 같이 단순히 총 ROE에만 의존하면 전년보다 수익성이 향상된 것으로 평가하게 될 것이나, 반면에 지속적 ROE에 의하면 오히려 전년보다 수익성이 상당히 하락한 것으로 평가된다. 또한 미래의 수익성(이익)을 예측함에 있어서도 총 ROE 보다는 지속적 ROE를 미래 이익 예측의 근거로 삼아야 할 필요가 있다.

3.2 지속적 이익에 의한 매출액이익률

기업의 미래 이익을 예측함에 있어서는 ROE 자체보다 그 구성요소인 매출액이익률을 예측하는 방법이 널리 사용된다. 예를 들어, 미래 매출액순이익률을 예측하고 이를 예상매출액에 곱하면 미래 순이익을 예측할 수 있다.[5] 또한, 더 정밀한 이익예측방법으로서, 미래 매출액순영업이익률을 예측하고 이를 예상매출액에 곱하여 미래 세후순영업이익을 예측하는 방법이 널리 사용되고 있다. 이 세후순영업이익 예측치에서 별도로 구한 세후순금융비용 예측치를 차감하면 순이익 예측치가 구해진다.[6] 이와 같이 미래 이익을 잘 예측하기 위해서는 미래 매출액이익률을 정확히 예측하는 것이 중요하고, 매출액이익률을 정확히 예측하기 위해서는 현재의 매출액이익률 실적에 포함된 일시적 손익에 대해 분석할 필요가 있다.

(1) 지속적 매출액이익률의 산정

제3~4장에서 설명한 바와 같이, 매출액순이익률은 전통적 ROA(총자산순이익률)의 구성요소이고, 매출액순영업이익률은 ROIC(영업투하자본이익률)의 구성요소

5) 미래 예상매출액은 매출액증가율을 예측하고 이를 현재의 매출액에 곱하면 구해진다. 미래 이익을 예측하는 구체적 절차는 제9장에서 자세히 다룬다.

이다. 매출액순이익률의 분자인 당기순이익은 지속적 이익과 일시적 이익으로 분해할 수 있다. 이와 유사하게, 매출액순영업이익률의 분자인 세후순영업이익은 지속적 순영업이익과 일시적 순영업이익으로 분해할 수 있다.

$$\text{매출액순이익률} = \frac{\text{당기순이익}}{\text{매출액}} = \frac{\text{지속적 이익}}{\text{매출액}} + \frac{\text{일시적 이익}}{\text{매출액}}$$

$$\text{매출액순영업이익률} = \frac{\text{세후순영업이익}}{\text{매출액}} = \frac{\text{지속적 순영업이익}}{\text{매출액}} + \frac{\text{일시적 순영업이익}}{\text{매출액}}$$

위에서 「지속적 이익/매출액」은 **지속적 매출액순이익률**이고, 「일시적 이익/매출액」은 **일시적 매출액순이익률**이다. 그리고 「지속적 순영업이익/매출액」은 **지속적 매출액순영업이익률**이고, 「일시적 순영업이익/매출액」은 **일시적 매출액순영업이익률**이다.

지속적 매출액순이익률의 분자는 '지속적 이익'인데 이는 앞의 3.1절에서 지속적 ROE를 산정할 때 사용된 지속적 이익과 동일하다. 따라서, 지속적 ROE의 산정에 사용될 지속적 이익을 먼저 산정해 놓았다면 그 결과를 그대로 이용하여 지속적 매출액순이익률을 산정하면 된다. 이때 일시적 매출액순이익률의 분자인 일시적 이익은 「당기순이익 – 지속적 이익」으로 산정하면 될 것이다.

앞의 3.1절에 따라 지속적 이익을 산정해 놓지 않은 경우에는 아래와 같이 당기순이익에서 차감될 일시적 이익을 먼저 계산한 다음 이를 당기순이익에서 차감하여 지속적 이익을 산정하면 된다.

- 매출액순이익률의 분해에 사용될 일시적 이익의 산정:

  기타손익과 금융손익 중 일시적 손익의 순액×(1 – 세율)
  ± 중단영업손익(세후)
  = 일시적 이익(세후)

6) 미래 매출액순영업이익률 예측치가 '지속적 손익'에 기초하여 구해진 것이면 순이익 예측치는 포괄이익 예측치와 같다. 기타포괄손익은 일시적 손익이므로 미래 기대치(예측치)가 0(零)이기 때문이다.

• 매출액순이익률의 분해에 사용될 지속적 이익의 산정:

  당기순이익
− 일시적 이익(세후)
= 지속적 이익(세후)

한편, 지속적 순영업이익은 세후순영업이익에서 일시적 순영업이익을 제거하면 산출할 수 있는데, 일시적 순영업이익과 지속적 순영업이익을 산정하는 절차는 다음과 같다.

• 매출액순영업이익률의 분해에 사용될 일시적 순영업이익의 산정:

  기타손익 중 일시적 손익의 순액×(1−세율)
± 중단영업손익(세후)
± 기타포괄손익 중 재무부채 · 재무자산 관련 손익 이외의 손익(세후)
= 일시적 순영업이익(세후)

• 매출액순영업이익률의 분해에 사용될 지속적 순영업이익의 산정:

  세후순영업이익
− 일시적 순영업이익(세후)
= 지속적 순영업이익(세후)

일시적 순영업이익은 영업활동 관련 손익 중 일시적 손익의 순액을 가리키므로, 재무부채 · 재무자산에 관련된 일시적 손익은 그에 포함되지 않도록 해야 할 것이다. 따라서 포괄손익계산서상의 금융수익과 금융비용은 일시적 순영업이익의 계산에 포함되지 않도록 해야 하고, 또 기타포괄손익 중 재무부채 · 재무자산 관련 손익(예: 파생상품평가손익)도 위 일시적 순영업이익의 계산에 포함되지 않도록 해야 한다.

(2) 지속적 매출액이익률의 변화추세 분석

사례기업인 K사의 2×23년과 2×24년에 대해 지속적 매출액순이익률과 일시적 매출액순이익률을 각각 산정한 결과는 〈표 5-9〉에 제시되어 있다. 여기서는 〈표 5-8〉의 지속적 이익을 산정해 놓지 않았다고 가정하고, 당기순이익에서 차감될 일

표 5-9
지속적 · 일시적 매출액순이익률

(단위: 억원, %)

지속적 · 일시적 매출액순이익률 산정	K사		
	2×24	2×23	증감
일시적 이익의 산정:			
기타수익 중 6개 항목의 합계	552	228	
− 기타비용 중 4개 항목의 합계	(212)	(308)	
= 위 10개 항목의 순액(세전)	340	(80)	
× (1 − 세율)	×0.758	×0.758	
= 일시적 이익(세후) 또는 일시적 손실(세후)	**258**	**(61)**	
지속적 이익의 산정:			
당기순이익	404	265	
− 일시적 이익(세후) (+일시적 손실)	(258)	61	
= 지속적 이익(세후)	**146**	**326**	
총 매출액순이익률: 당기순이익 / 매출액*	**11.4**	**6.4**	**+5.0**
지속적 매출액순이익률: 지속적 이익 / 매출액*	**4.1**	**7.9**	**−3.8**
일시적 매출액순이익률: 일시적 이익 / 매출액*	7.3	−1.5	

* 매출액: 2×24년 3,553억원, 2×23년 4,131억원 (〈표 5-6〉의 연결포괄손익계산서 참조)

시적 이익을 계산한 다음 이를 당기순이익에서 차감하여 지속적 이익을 산정하였다.

〈표 5-9〉에서 보는 바와 같이, 연결포괄손익계산서상의 당기순이익 수치를 그대로 사용하여 총 매출액순이익률을 산정하면 2×24년에 11.4%로 산정되어 2×23년의 6.4%보다 크게 향상된 것으로 나타난다. 그러나 일시적 손익을 제거하고 산정한 지속적 매출액순이익률의 변화추세는 반대로 나타나고 있다. 즉, 2×23년의 지속적 매출액순이익률은 7.9%인데 비하여 2×24년의 지속적 매출액이익률은 4.1%로서 오히려 전년보다 상당히 하락하였다.

한편, K사의 지속적 매출액순영업이익률과 일시적 매출액순영업이익률을 각각 산정한 결과는 〈표 5-10〉에 제시되어 있다. 매출액순영업이익률의 변화추세를 보면, 2×24년의 총 매출액순영업이익률은 8.8%로 산정되어 2×23년의 4.2%보다 크게 상승하였다. 그러나 일시적 손익을 제거하여 산정된 지속적 매출액순영업이익률은 2×23년에 6.1%인데 비하여 2×24년에는 1.8%로서 오히려 전년보다 크게 하

(단위: 억원, %)

표 5-10
지속적 · 일시적 매출액순영업이익률

지속적 · 일시적 매출액순영업이익률 산정	K사		
	2×24	2×23	증감
일시적 순영업이익의 산정:			
기타수익 중 6개 항목의 합계	552	228	
− 기타비용 중 4개 항목의 합계	(212)	(308)	
= 위 10개 항목의 순액(세전)	340	(80)	
× (1 − 세율)	×0.758	×0.758	
= 위 10개 항목의 순액(세후)	258	(61)	
± 기타포괄손익(세후)	(9)	(15)	
= 일시적 순영업이익(세후)	**249**	**(76)**	
지속적 순영업이익의 산정:			
세후순영업이익	314	174	
− 일시적 순영업이익(세후) (+일시적 순영업손실)	(249)	76	
= 지속적 순영업이익(세후)	**65**	**250**	
총 매출액순영업이익률: 세후순영업이익/매출액	**8.8**	**4.2**	**+4.6**
지속적 매출액순영업이익률: 지속적 순영업이익/매출액	**1.8**	**6.1**	**−4.3**
일시적 매출액순영업이익률: 일시적 순영업이익/매출액	7.0	−1.9	

락하였다.

이상의 여러 분석결과에서 확인된 바와 같이, 단순히 당기순이익과 세후순영업이익을 그대로 이용하여 매출액순이익률과 매출액순영업이익률의 변화추세를 보는 데 그치면 매출액이익률이 크게 상승한 것으로 잘못 평가하게 된다. 또한 분석대상회사에 대한 미래 매출액이익률의 예측도 그 잘못된 평가의 영향을 받게 될 것이다. 따라서 미래 매출액이익률을 잘 예측하기 위해서는 지속적 매출액이익률의 변화추세에 초점을 두어 분석하는 것이 중요하다.

참고 지속적 매출액순영업이익률의 추가적 분해

지속적 순영업이익에는 매출활동과 관련이 없는 임대료수익, 로열티수익, 수수료수익 등의 손익이 포함되어 있다. 이러한 '기타 손익'의 비중이 큰 때에는 지속적 순영업이익을 '매출활동의 지속적 순영업이익'과 '기타 지속적 순영업이익'으로 분해하여 분석하면 추가 정보를 얻을 수 있다.

$$\text{지속적 매출액순영업이익률} = \frac{\text{지속적 순영업이익}}{\text{매출액}}$$

$$= \frac{\text{매출활동의 지속적 순영업이익}}{\text{매출액}} + \frac{\text{기타 지속적 순영업이익}}{\text{매출액}}$$

제4절 일시적 손익과 PER

제3장에서 시장가치비율로서 주가이익비율(PER)을 소개한 바 있다. 일시적 손익은 PER 산정에도 큰 영향을 미치기 때문에 본절에서는 이 문제에 대하여 논의한다.

PER은 투자분석실무에서 널리 사용되는 시장가치비율의 하나이며, 기업의 미래 이익성장에 대한 기대가 반영된 주가배수로 흔히 사용되고 있다. 즉, 시장의 투자자들이 미래에 당해 기업의 이익이 크게 증가할 것으로 전망하면 당해 기업의 주식가격이 상승하고 그에 따라 PER이 높아진다는 것이다. 다른 한편으로는, PER이 높으면 내재가치에 비해 고평가된 주식인 것으로 간주하는 경향도 있다. 그러나 PER의 분모인 주당순이익(EPS)은 일시적 손익의 영향을 크게 받기 때문에, PER을 투자결정에 이용하려 할 때에는 PER이 일시적 손익의 영향을 크게 받은 게 아닌지 검토할 필요가 있다.

앞에서의 사례기업인 K사의 자료를 이용하여 일시적 손익이 PER 산정에 미치는 영향을 구체적으로 살펴보자. K사의 2×24년도 연결재무제표가 발표된 후인

2×25년 4월 1일 시점에서 연결재무제표에 공시된 EPS(보통주 기본주당이익)를 사용하여 PER을 산정하면 다음과 같다.

	2×25. 4. 1. PER 산정
주식가격(원)	45,050
2×24년도 EPS(원)	2,525
PER(배)	17.8

위에서 보는 바와 같이, 연결재무제표에 공시된 EPS를 그대로 사용하면 2×25년 4월 1일 현재 PER은 17.8배로 산정된다. 그러나 앞의 〈표 5-9〉에서 분석한 일시적 이익을 제거하여 EPS를 다시 산출한 후 PER을 산정하면 아래와 같다. 아래에서 '수정된 EPS'는 〈표 5-9〉에서 산정된 일시적 이익을 지배기업 귀속 당기순이익에서 차감하여 지속적 이익의 금액을 구한 다음 이를 가중평균유통주식수로 나누어 산정된 것이다.[7]

	2×25. 4. 1. PER 산정
주식가격(원)	45,050
2×24년도 수정된 EPS(원)	913
PER(배)	49.3

이제는 2025년 4월 1일 현재 PER이 49.3배로 산정되며 이는 앞에서의 17.8배보다 상당히 높다. 이와 같이 PER 산정결과가 크게 다른 것은 거액의 일시적 이익으로 인해 2×24년도 연결재무제표상의 EPS 수치가 비정상적으로 커져 있기 때문이다.

위와 같이 재무제표에 공시된 EPS를 그대로 사용하면 PER 산정이 큰 영향을 받을 수 있다. 특히, 일시적 손실 때문에 EPS가 비정상적으로 작아져 있는 때에는 PER이 아주 부풀려지게 된다. 이러한 이유로 애널리스트(재무분석가)들은 기업의 이익실적을 분석하고 PER을 산정할 때 일시적 손익을 제거하고 있다. 아래의 〈표 5-11〉은 애널리스트 기업분석보고서의 예인데, 여기에 제시된 '수정 EPS'는 일시

7) K사의 경우 비지배지분 귀속 순이익은 거의 없다(약 11,000원에 불과함).

표 5-11
일시적 손익을 제거하여 EPS를 재산정하고 있는 애널리스트 기업분석보고서의 예

HYUNDAI Research 2014년 11월 20일 기업분석

BUY(유지) LG이노텍 (011070)

주가(11/19) 96,400원
목표주가 150,000원
수정EPS 성장률(14~16) 148.7%
시장 수정EPS 성장률(3yr) 22.4%

목표주가 150,000원, BUY 유지

당사는 4분기와 2015년 실적 추정 변경을 반영해 LG이노텍의 '15년 영업이익을 3,818억원으로 기존 대비 18% 상향 조정하였다. 특히 전체 매출의 18%에 불과한 LED의 영업 악화 우려에 따른 주가하락은 매수기회로 판단된다. 그 이유는 기존 사업의 실적 개선이 예상보다 가파르고, 전장부품 부문의 성장성이 내년부터 실적에 본격 반영되기 때문이다.

〈 중 략 〉

결산기말	매출액 (십억원)	지배기업순이익 (십억원)	수정EPS (원)	PER (배)	PBR (배)	EV/EBITDA (배)	ROE (%)	ROIC (%)
2012A	5,316	(24.9)	(1,237)	NA	1.3	6.3	(1.9)	0.6
2013A	6,212	15.5	771	141.5~89.3	1.3	5.2	1.2	3.1
2014F	6,424	145.0	6,127	15.7	1.3	4.1	9.5	9.1
2015F	6,997	241.4	10,202	9.4	1.2	3.7	13.1	11.6
2016F	7,497	280.6	11,856	8.1	1.0	3.6	13.3	12.8

자료: 현대증권(주)(www.hdable.co.kr)

적 손익을 제거하여 재산정된 EPS를 가리키며, PER은 이 '수정 EPS'를 사용하여 산정된 것이다.

연습문제

1. 지속적 손익과 일시적 손익의 개념을 설명하라.

2. 기업의 이익실적을 분석할 때 손익항목을 지속적 손익과 일시적 손익으로 구분하는 이유가 무엇인지 논의하라.

3. 포괄손익계산서에서 기타수익과 기타비용으로 분류된 항목들이 미래 지속성의 관점에서 볼 때 모두 유사한 성격의 손익이라고 볼 수 있는가?

4. 포괄손익계산서에서 금융수익과 금융비용으로 분류된 항목들이 미래 지속성의 관점에서 볼 때 모두 유사한 성격의 손익이라고 볼 수 있는가?

5. 일시적 손익의 발생원천으로는 시장의 가격변동, 거래 · 사건의 비반복성, 그리고 오류수정을 들 수 있다. 각 발생원천별로 일시적 손익항목의 예를 제시하라.

6. 지속적 ROE와 일시적 ROE의 개념과 산정방법을 각각 설명하라.

7. 지속적 매출액순이익률과 일시적 매출액순이익률의 개념과 산정방법을 각각 설명하라.

8. 지속적 매출액순영업이익률과 일시적 매출액순영업이익률의 개념과 산정방법을 각각 설명하라.

9. 지속적 순영업이익은 '매출활동에서의 지속적 순영업이익'과 '기타 지속적 순영업이익'으로 구분할 수 있다. 후자에 속하는 손익항목의 예를 들어보라.

10. 주가이익비율(PER)은 주식가치 평가와 투자종목 선정에 빈번히 사용되는 시장가치비율이다. PER을 계산할 때 포괄손익계산서에 공시된 주당순이익을 분모로 사용하면 어떤 문제가 초래될 수 있는지 논의하라.

11. 새람(주)의 포괄손익계산서에서 아래의 정보들이 추출되었다(단위: 억원).

매출액	6,500
순영업이익(세전)	700
순이자비용(세전)	200
법인세비용	180
당기순이익	320
기타포괄손익	0

위의 순이자비용은 「이자비용−이자수익」이며 그 외의 금융수익과 금융비용은 없다. 위의 세전순영업이익에는 다음의 손익항목들이 포함되어 있다(단위: 억원).

유형자산처분이익	90
투자주식처분이익	40
재고자산폐기손실	45

새람(주)의 세율은 30%이다. 아래의 물음에 답하라.

(1) 세후순영업이익과 지속적 순영업이익을 각각 산출하라.
(2) 총 매출액순이익률과 지속적 매출액순이익률은 각각 몇 %인가?
(3) 총 매출액순영업이익률과 지속적 매출액순영업이익률은 각각 몇 %인가?

12. 다음은 플라스틱 제품을 판매하는 로키(주)의 2×23~2×24년도 연결재무제표이다.

연결재무상태표 (단위: 억원)

자 산	2×23	2×24	부채와 자본	2×23	2×24
현 금	30	40	매입채무	300	360
단기금융자산	280	260	단기차입금	230	250
매출채권	300	320	미지급비용	60	40
재고자산	260	280	장기차입금	210	210
선급비용	50	40	사 채	50	40
유형자산	700	840	지배기업 소유주지분	870	980
무형자산	100	100	비지배지분	0	0
자산 총계	1,720	1,880	부채와 자본 총계	1,720	1,880

연결포괄손익계산서 (단위: 억원)

과 목	2×23	2×24	과 목	2×23	2×24
매출원가	1,680	1,840	매 출 액	2,320	2,550
판매비와 관리비	490	530	임 대 료	20	20
이자비용	32	31	이자수익	15	16
외환차손	25	8	지분법이익	22	24
법인세비용	45	70	유형자산처분이익	0	35
당기순이익	105	166			
기타포괄손익	0	0			

〈추가 자료〉 1) 현금은 영업활동에 필요한 현금이고, 세율은 30%이다.
2) 외환차손은 매입채무에 관해 발생한 것이다.
3) 2×23년의 기초 자기자본은 820억원이다.

아래의 물음에 답하라. 단, ROE를 계산할 때 기초 자기자본을 사용한다.

(1) 2×24년의 전년 대비 매출액증가율과 순이익증가율을 각각 산출하라.
(2) 2×23~2×24년의 ROE를 각각 산출하라.
(3) 2×24년의 ROE가 전년에 비해 크게 증가한 이유가 무엇인가?
(4) 지속적 이익을 기준으로 할 때 2×24년의 지속적 ROE는 전년에 비해 얼마나 증가하였는가?

13. 위의 문제 12에 연속된 문제이다. 아래의 물음에 답하라.

(1) 2×23~2×24년의 세후순영업이익을 각각 산출하라.
(2) 2×23~2×24년의 지속적 순영업이익을 각각 산출하라.
(3) 지속적 순영업이익에 의한 매출액순영업이익률은 어떻게 변동하였는가?

14. 다음은 2×23년도 포괄손익계산서에 공시된 EPS(주당순이익)를 사용하여 재무제표 발표 후인 2×24년 3월 말 시점에서 하트(주)의 PER을 산정한 것이다.

	2×24년 3월 말
포괄손익계산서상의 EPS(원)	4,809
주식가격(원)	81,500
PER(배)	16.9

그런데 포괄손익계산서를 검토한 결과 2×23년에 상당한 규모의 일시적 손실이 발생하였음을 알게 되었으며, 그에 관한 자료는 다음과 같다.

	2×23년
당기순이익(억원)	724
일시적 손실(세후, 억원)	398
평균 유통주식수(천주)	14,747

아래의 물음에 답하라.

(1) 지속적 이익을 이용하여 EPS를 산출하라.

(2) 위의 (1)에서 계산된 EPS를 이용하면 2×24년 3월 말 현재 PER이 몇 배로 산정되는가?

15. 다음은 H사의 2×23~2×24년도 포괄손익계산서이다.

포괄손익계산서 (단위: 억원, %)

과 목	2×23		2×24	
	금액	비율	금액	비율
매출액	225,051	100.0	263,369	100.0
매출원가	170,790	75.9	203,973	77.4
매출총이익	54,261	24.1	59,396	22.6
판매비와 관리비	33,295	14.8	43,334	16.5
기타수익				
배당금수익	61	0.0	20	0.0
공정가치측정금융자산의 처분이익	0	0.0	7,133	2.7
유형자산처분이익	1,705	0.8	0	0.0
파생상품평가이익	0	0.0	221	0.1
법인세환급액	638	0.3	0	0.0
기타항목	3,628	1.6	3,920	1.5
기타비용				
외환차손	2,152	1.0	138	0.1
기 부 금	122	0.1	159	0.1
투자자산처분손실	2,132	0.9	318	0.1
유형자산처분손실	0	0.0	1,677	0.6
기타대손상각비	396	0.2	0	0.0
파생상품평가손실	267	0.1	0	0.0
기타항목	2,729	1.2	3,197	1.2

(다음 면에 계속)

금융수익				
이자수익	2,786	1.2	2,747	1.0
금융비용				
이자비용	5,326	2.4	4,643	1.8
법인세비용차감전순이익	16,660	7.4	19,971	7.6
법인세비용	5,006	2.2	5,399	2.0
당기순이익	11,654	5.2	14,572	5.5
기타포괄손익	10	0.0	(15)	0.0
포괄이익	11,664	5.2	14,557	5.5

〈추가 자료〉 1) 외환차손과 파생상품평가손익은 매출채권과 매입채무에 대해 발생한 것이다.
2) 2×23년의 기타대손상각비는 예상치 못했던 사유에 의해 발생하였다.
3) 기타수익과 기타비용 중 기타항목은 지속성이 있는 손익이다.
4) 기타포괄손익은 공정가치측정금융자산(지분증권)의 평가손익(세후)이다.
5) 세율은 25%이다.

아래의 물음에 답하라.

(1) 2×23~2×24년의 세후순영업이익을 각각 산출하라.
(2) 2×23~2×24년의 지속적 순영업이익을 각각 산출하라.
(3) 2×23년과 비교할 때 2×24년의 총 매출액순영업이익률과 지속적 매출액순영업이익률이 각각 어떻게 변동하였는가?
(4) 매출액에 대비한 손익의 구성비율을 볼 때 2×24년의 지속적 매출액순영업이익률이 크게 변동하게 된 주된 이유가 무엇인가? 단, 상품의 판매가격에는 변화가 없었다고 가정한다.

제6장

현금흐름분석

현금흐름표는 기업의 현금흐름 창출과 배분 및 자금조달에 관한 정보를 제공한다. 본 장에서는 현금흐름표의 이론적 토대가 되는 개념, 즉 기업의 현금흐름 창출과 배분에 관한 개념을 소개하며, 이어서 현금흐름표의 구조와 작성원리를 설명한다. 또한 현금흐름의 분류에 관한 현행 회계기준의 한계점을 고려한 현금흐름표 분석방법을 설명한다.

제1절 기업의 현금흐름 창출과 배분

기업의 현금흐름표를 잘 이해하려면 기업이 어떠한 원천에서 현금흐름을 창출하고 또 창출된 현금흐름은 어떻게 배분(처분)하는가에 대한 이해가 선행되어야 한다. 따라서 기업의 현금흐름표를 살펴보기에 앞서, 본절에서는 기업의 현금흐름 창출과 배분(처분)에 관한 개념을 소개한다.

1.1 기업활동과 현금흐름

기업은 설립될 때 타인자본투자자와 자기자본투자자로부터 현금을 조달하여 영업에 처음 투자한다. 즉, 재화 · 용역을 생산, 판매하는 데 필요한 자산(예: 유형자산)을 취득한다. 그런 다음 자산을 활용하여 영업(재화 · 용역의 생산, 판매)을 함으로써 기업은 비로소 현금유입을 창출한다. 이렇게 창출된 현금유입의 일부는 영업규모의 유지 또는 확대를 위해 다시 투자되고, 그 나머지는 자본투자자들에게 이자, 배당 등을 지급하는 데 사용된다.

기업은 설립 이후 매 연도에 위와 같은 여러 활동을 계속 수행하고 있다. 여기서 영업에 투자하는 것을 별도의 활동으로 구분하면, 기업의 활동은 영업활동, 투자활동, 재무활동의 세 가지로 구분할 수 있다. **영업활동**(operating activities)은 재화 · 용역을 생산, 판매하는 활동이고, **투자활동**(investing activities)은 영업활동을 하기 위하여 자산에 투자(즉, 영업자산을 취득)하는 활동이다. **재무활동**(financing activities)은 자본의 조달 및 반환과 자본사용대가를 지급하는 활동이다. 여기서 자본사용대가의 지급이란 타인자본투자자에게 이자를 지급하고 자기자본투자자에게는 배당을 지급함을 뜻한다.

[그림 6-1]은 매 연도에 수행되는 기업의 영업, 투자 및 재무활동과 그에 따른

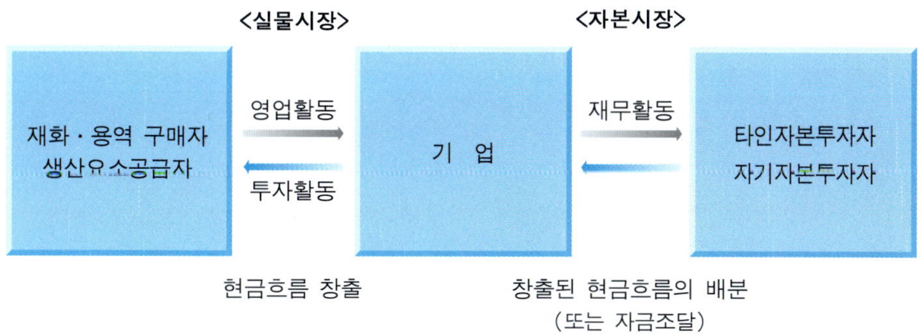

그림 6-1

현금흐름의 창출과 배분

* 위에서 화살표는 현금흐름의 방향을 나타냄.

현금흐름을 요약적으로 나타내고 있다. 영업활동을 통해 현금유입이 창출되고, 투자활동에서는 현금유출이 수반되며, 재무활동을 통해 자본투자자들에게 현금이 지급된다. 이러한 과정에서 현금이 부족하면 현금을 조달하는 재무활동도 수행된다. 그러나 재화 · 용역을 많이 판매하면 현금유입이 많아지므로 자금부족이 일어나지 않는다. 이와 같이 기업이 **현금흐름을 '창출'하는 원천은 영업활동**이다. 또한 영업자산에 대한 투자는 현금유출을 수반하지만, 투자는 미래의 영업활동에서 더 많은 현금흐름을 창출하기 위해 이루어진다.

재무이론에 따르면, 기업이 영업 및 투자활동을 통해 창출하는 순현금흐름은 재무활동에서 기업이 자본투자자들에게 지급하는 순지급액(net payments)과 같다.[1] 즉, 기업이 창출한 순현금흐름은 자본투자자들에게 '배분'되기 때문에 다음의 관계가 성립한다.[2]

기업의 순현금흐름 창출액 = 타인자본투자자에 대한 순지급액 +
자기자본투자자에 대한 순지급액 (6-1)

이러한 관계를 잘 이해하기 위하여 아래의 〈표 6-1〉에 있는 예를 살펴보자. 2×24년에 A사는 재화 · 용역을 판매하는 영업활동에서 순현금유입으로 250억원을 벌어들였는데 영업에 대한 투자액 200억원을 차감한 결과, 순현금흐름 창출액은

1) 예를 들면, S. Ross, R. Westerfield and J. Jaffe, 1999, *Corporate Finance*, Irwin/McGraw-Hill 참조.

2) 위의 관계는 기업의 가치가 타인자본가치와 자기자본가치의 합과 같다는 개념과 일치한다.

(단위: 억원)

표 6-1

A사의 순현금흐름 창출과 배분: 2×24년

기업이 창출한 순현금흐름:		
영업활동에서의 순현금유입	250	← 영업활동 현금흐름
영업운전자본 투자	(15)	← 영업에 대한 투자
영업비유동자산 투자	(185)	
순현금흐름 창출액	50	
자본투자자에 대한 현금흐름 배분:		
타인자본투자자에 대한 순지급 (이자 + 재무부채 상환 - 신규차입)	(30)	← 재무활동 현금흐름
자기자본투자자에 대한 순지급 (배당 + 자기주식 취득 - 유상증자 납입)	(20)	
현금흐름 배분액	(50)	

* 위에서 ( )는 현금유출을 나타냄.

50억원이다. 이 50억원은 타인자본투자자에게 30억원, 그리고 자기자본투자자(주주)에게 20억원으로 배분되고 있다. 타인자본투자자에 대한 지급액 30억원은 재무부채의 이자지급과 원금상환을 포함하며, 신규차입이 있었으면 이를 차감한 순지급액이 30억원이다. 자기자본투자자에 대한 지급액 20억원은 현금배당과 자기주식 취득에 의한 지급을 포함하며,[3] 주주의 유상증자 납입이 있었으면 이를 차감한 순지급액이 20억원이다.

〈표 6-1〉에서 재화 · 용역을 판매하는 영업활동에서의 순현금유입을 **영업활동 현금흐름**(cash flow from operations)이라고 부른다. 이는 매출, 임대료 등으로부터의 영업활동 현금유입에서 모든 영업비용(판매된 상품의 매입대금, 종업원급여, 광고비, 법인세 등 모든 영업비용) 지급액을 차감한 **순유입**(net inflow)으로 측정된다.[4]

영업에 대한 투자(investment in operations)는 **투자활동 현금흐름**이라고도 부르며, 여기에는 영업운전자본 투자와 영업비유동자산 투자가 포함된다.[5] 연중에 영업운

3) 자기주식 취득은 주주가 보유한 주식을 기업이 매수하는 것이므로 주주에게 현금이 지급된다.
4) 본장에서의 논의는 '비금융기업'을 대상으로 한다.
5) 제3장 2.3절에서 설명한 바와 같이, 영업운전자본은 영업 관련 유동자산에서 영업 관련 유동부채를 차감한 순액을 말한다.

전자본 투자를 하였으면 기말의 영업운전자본 금액이 기초에 비하여 증가하게 된다.[6] 또한 연중에 영업비유동자산 투자를 하였으면 기말의 영업비유동자산 금액이 기초에 비하여 증가하게 된다. 만일 연중에 영업비유동자산의 일부를 매각처분한 게 있었으면 처분대금 유입을 차감한 **순유출**(net outflow)로 투자활동 현금흐름을 산정한다.

〈표 6-1〉에서 타인자본투자자와 자기자본투자자에게 배분된 현금흐름은 **재무활동 현금흐름**(financing cash flow)이라고 부른다. 여기서 재무활동 현금흐름은 순유출로서 50억원이다. 기업의 순현금흐름 창출액 50억원이 자본투자자들에게 지급된 것이기 때문에 재무활동 현금흐름은 순유출로 나타나고 있다. 만일 위의 예에서 기업의 순현금흐름 창출액이 음수인 −30억원이었다고 가정하면 이때에는 외부에서 자금을 많이 조달해야 했고 그 결과 재무활동 현금흐름은 순유입으로 나타나게 된다. 즉, 신규차입이나 유상증자에 의한 재무활동 현금유입이 재무활동 현금유출(이자, 재무부채 상환, 배당 등)보다 많아서 재무활동 현금흐름은 순유입으로 나타나게 된다.

1.2 현금흐름 창출과 배분에 관한 등식

(1) 현금흐름등식

〈표 6-1〉의 예에서 A사가 2×24년에 창출한 순현금흐름은 50억원인데 이는 영업활동 현금흐름(250억원)에서 영업투자액(200억원)을 차감한 순현금흐름으로 계산되었다. 이 순현금흐름 창출액 50억원은 **기업이 순현금흐름** 또는 **잉여현금흐름**(free cash flow to the firm, FCF)이라고 부른다. 영업활동에서 창출된 현금흐름의 일부는 영업자산의 보충과 미래 성장을 위해 재투자되어야 하므로 영업활동 현금흐름에서 그러한 투자액을 차감한 것이 최종적으로 기업이 창출한 순현금흐름이다. 이와 같이 한 기간의 FCF는 당해 기간에 **기업이 창출한 순현금흐름**을 나타내며, 따라서 FCF

6) 예를 들면, 기말의 재고자산 보유액이 기초에 비하여 증가하였으면 그만큼 재고자산 투자가 이루어진 것이며, 재고자산 투자는 영업운전자본 투자에 해당한다.

는 기업의 현금흐름 창출능력을 평가할 수 있게 하는 지표가 된다.

앞의 〈표 6-1〉에서 살펴보았듯이, 한 기간에 기업이 창출한 FCF 금액은 같은 기간의 재무활동 현금흐름(순유출액)과 같다. 따라서 기업의 현금흐름 창출과 배분은 다음의 등식 형태로 나타낼 수 있으며 이를 **현금흐름등식**(cash conservation equation)이라고 부른다.

= 기업이 창출한 FCF			창출된 FCF의 배분	
영업활동 현금흐름	− 영업에 대한 투자액	=	재무활동 현금흐름	(6-2)
(순유입 250)	(순유출 200)		(순유출 50)	

또는: 영업활동 현금흐름 − 영업에 대한 투자액 − 재무활동 현금흐름 = 0 (6-3)
(순유입 250) (순유출 200) (순유출 50)

위의 현금흐름등식은 FCF의 결정요소와 관련하여 앞의 식 (6-1)을 더 구체적으로 표현한 것이다. 위의 현금흐름등식을 표 형태로 표현하면 다음과 같다.

영업활동 현금흐름(순유입)	250
− 영업에 대한 투자액(순유출)	(200)
= 기업이 창출한 FCF	50
− 재무활동 현금흐름(순유출)	(50)
=	0

(2) 재무활동 현금흐름과 재무자산

앞의 〈표 6-1〉의 예는 제4장 2절에서 설명한 재무자산(financial assets)에 관한 현금유출입이 없는 경우이다. 재무자산에 대해 논의하기 위하여 B사의 현금흐름 자료가 다음과 같다고 가정하자(단위: 억원).

- 영업활동 현금흐름 300
- 영업에 대한 투자 200
- 재무자산 취득 10
- 이자, 재무부채 상환 60
- 주주배당 30

위에서 B사의 FCF 창출액은 100억원(=300−200)이다. 이 100억원을 배분하는 과정에서 채권자에게 이자 및 원금상환으로 60억원 지급하고 주주배당으로 30억원 지급하였으므로, 10억원의 **여유현금**(excess cash)이 있게 된다. B사는 이 여유현금을 이용하여 만기가 도래하지 않은 재무부채(차입부채)를 조기 상환할 수 있다. 그런데 상환 후 나중에 자금이 필요하면 새로이 차입해야 하는 번거로움이 있어서 B사는 여유현금 10억원을 재무자산(예: 금융기관 예금, 채무증권)에 예치하였다.[7] 즉, 재무자산을 취득하면서 10억원의 현금유출이 있었다. 결국 위의 현금흐름 자료를 현금흐름등식에 따라 정리하면 다음과 같이 나타낼 수 있다.

기업이 창출한 FCF		재무활동 현금흐름	
영업활동 현금흐름	300	이자, 재무부채 상환	(60)
영업투자액	200	주주배당	(30)
		재무자산 취득	(10)
FCF 창출액	100	FCF 배분액	(100)

위에서 살펴본 바와 같이, 재무자산을 취득하는 것은 B사가 FCF 창출액 100억원을 배분하는 재무활동 과정에서 나타난다. 또 추후 자금이 필요하면 B사는 재무자산을 헐어 사용(현금 인출)하게 되는데 이 역시 자금을 조달하는 재무활동이다.[8]

요약하면, 재무자산에 관련된 현금흐름(재무자산 취득 · 감소와 이자수입)은 재무활동 현금흐름에 속한다. 따라서 재무자산이 있을 경우 식 (6-3)의 현금흐름등식에서 재무활동 현금흐름의 구성요소를 모두 나타내면 다음과 같다.

재무활동 현금흐름: 재무부채 관련 현금흐름(이자지급, 원금상환, 신규차입)
재무자산 관련 현금흐름(재무자산 취득 · 감소, 이자수입)
자기자본 관련 현금흐름(배당, 자기주식 취득, 유상증자)

위에서 이자지급과 이자수입의 금액은 모두 '세후기준'으로 산정한다. 이는 제4장 2절에서 이자비용과 이자수익의 금액을 모두 세후기준으로 계산하였던 것과 같

7) 위에서 금융기관 예금은 '시장이자율'만큼 이자수입을 얻을 수 있는 것을 말한다. 재무자산에서 얻는 이자수입은 조기 상환하지 않은 재무부채의 이자를 지급하는 데 사용할 수 있다.
8) 기업이 외부에서 자금을 조달하였을 때 유입자금을 일시적으로 금융기관 예금에 예치하고 그 후 인출해서 사용하는데, 이러한 금융거래 역시 기업의 재무활동이다.

은 논리이다. 즉, 세후기준의 이자지급액은 「이자지급액×(1−세율)」로 측정하고, 세후기준의 이자수입액은 「이자수입액×(1−세율)」로 측정한다.

위와 같이 재무활동 현금흐름은 다수의 항목으로 구성되어 있지만, 매 연도에 모든 항목들이 항상 발생하는 것은 아니다. 재무자산 관련 현금흐름이 없는 기업들도 있으며, 자기주식 취득과 유상증자도 매년 발생하지는 않는다.

(3) FCF 부족과 자금조달

앞의 식 (6-3)의 현금흐름등식에서 재무활동 현금흐름은 FCF의 '배분'을 나타내므로 재무활동 현금흐름(순액)도 **순유출**로 표현되어 있었다. FCF 창출액이 적으면 이자지급과 기존 차입금의 상환 등에 필요한 자금조달(즉, 현금유입)이 있게 되지만 이 경우에도 재무활동 현금흐름(순액)은 여전히 순유출로 나타난다. 그러나 FCF가 음(−)의 값인 경우에는 재무활동 현금흐름(순액)은 **순유입**으로 나타난다.

예를 들어, 앞의 B사의 예에서 영업활동 현금흐름이 180억원, 영업투자액은 200억원이었다고 가정하자. 그러면 FCF 창출액은 음의 값인 −20억원(= 180 − 200)이다. 이 경우 영업활동 현금흐름 180억원을 모두 투자에 충당해도 20억원이 부족하기 때문에 (이전에 보유한 재무자산이 없었다고 가정하면) B사는 외부에서 자금을 조달하여 투자를 한 것이다. 또한 B사는 기존 채권자에게 이자 및 원금상환으로 지급해야 하는 60억원도 필요하고 주주에게 배당할 자금도 필요하다. 주주에 대한 배당을 줄여서 10억원만 지급하겠다면 총 필요자금은 90억원(= 20 + 60 +10)이다. 그래서 B사가 신규차입을 하여 90억원을 조달하였다면 현금흐름등식은 다음과 같이 표현되게 된다.

$$\underset{(\text{순유입 }180)}{\text{영업활동 현금흐름}} - \underset{(\text{순유출 }200)}{\text{영업에 대한 투자액}} + \underset{(\text{순유입 }20)}{\text{재무활동 현금흐름}} = 0 \qquad (6\text{-}4)$$

기업이 창출한 FCF		재무활동 현금흐름	
영업활동 현금흐름	180	이자, 재무부채 상환	(60)
영업투자액	200	신규차입	90
		주주배당	(10)
FCF 창출액	(20)	자금조달에 의한 순유입	20

위와 같이 FCF 실적이 음(-)의 값인 경우에는 재무활동을 통해 자금을 '많이' 조달하였음을 의미하며, 이때 재무활동 현금흐름(순액)은 순유입으로 나타나면서 FCF의 절대값과 같은 크기이다. 만일 위의 예에서 B사가 자금을 많이 조달하지 않았다면 투자와 이자지급 및 기존 차입금의 상환을 할 수 없었을 것이다.

한 기간의 FCF가 음의 값이 되는 것은 다음의 두 가지 경우로 구분해 볼 수 있다.

첫째, 영업활동의 수익성이 높지 않아서 영업활동 현금흐름이 많이 창출되지 못하면 기업유지에 필요한 투자자금을 기업이 자체적으로 조달할 수 없게 되어 FCF가 음의 값이 된다.

둘째, 영업활동 현금흐름이 많이 창출되고 있어도 기업이 영업규모의 확대 또는 성장을 위하여 대규모 투자를 하면 이로 인해 일시적으로 당해 연도의 FCF가 음의 값이 될 수 있다. 이러한 기업은 불량기업이 아니며, 투자의 결과로서 미래에는 더 많은 영업활동 현금흐름을 창출하여 양(+)의 FCF를 많이 창출할 수도 있다.

기업은 연중에 영업활동 현금흐름과 FCF의 크기를 예상하면서 필요한 경우 자금조달 계획을 세우게 된다. FCF가 적거나 음수로 예상될 경우 외부자금을 조달하지 않으면 채권자와 주주에 대한 지급을 할 수 없기 때문이다. 그러나 영업수익성이 높지 않은데다 기존 부채도 많아서 외부자금 조달(신규차입과 유상증자)이 어려운 기업이면 투자를 대폭 축소해야 하는 문제에 직면하게 된다. 현금흐름등식에서 볼 수 있듯이, 투자를 줄이면 FCF가 양수로 바뀌거나 증가한다. 그러나 투자를 대폭 줄이면 소모된 영업자산을 보충할 수 없으므로 현재의 영업규모를 유지할 수 없게 된다. 이러한 상황이 지속되면 영업활동 현금흐름도 계속 감소하게 되고 결국 당해 기업은 채권자에 대한 지급의무를 이행할 수 없게 되어 도산하게 된다.

예제 6-1

FCF 창출실적의 산정

다음의 현금흐름 자료를 이용하여 FCF 창출실적과 재무활동 현금흐름을 산정하라(단위: 백만원).

• 매출로부터의 현금유입	850	• 급여, 광고비, 통신비 등	300
• 영업이익에 대한 법인세	50	• 영업비유동자산 취득	520
• 이자비용(세후)	30	• 차입금 상환	150
• 주주배당	100	• 신규차입	300

풀이

① 영업활동 현금흐름 = 매출로부터의 유입 − 급여 등 영업비용 지급 − 법인세 지급
= 850 − 300 − 50
= 500

영업에 대한 투자액 = 영업비유동자산 취득 520

따라서, FCF = 영업활동 현금흐름 − 영업에 대한 투자액
= 500 − 520
= − 20 (백만원)

② 위에서 FCF가 음수인 −20이므로 재무활동 현금흐름은 순유입 20임을 바로 알 수 있다. 이를 확인해 보면 다음과 같다.

재무활동 현금흐름 = 신규차입 − 이자지급(세후) − 차입금 상환 − 주주배당
= 300 − 30 − 150 − 100
= 20 (백만원)

현금흐름표의 구조와 현금흐름 측정 제2절

2.1 현금흐름표의 의의

현금흐름표(statement of cash flows)는 일정기간에 대해 기업의 영업, 투자 및 재무활동별로 현금유입과 현금유출을 측정하고 그 결과 기말의 현금 보유액이 기초에 비해 얼마나 증가 · 감소하였는지를 나타내는 재무보고서이다.

현금흐름표의 기본구조

영업활동 현금흐름 (= 유입 - 유출)
+ 투자활동 현금흐름 (= 유입 - 유출)
+ 재무활동 현금흐름 (= 유입 - 유출)
= 현금의 증가 · 감소 (= 총유입 - 총유출)

현금흐름표는 재무상태표와 포괄손익계산서의 한계점을 보완하기 위해서 작성된다. 포괄손익계산서의 회계이익이 기업의 경영성과를 나타내고 있지만 회계이익은 발생기준 회계(accrual accounting)에 따라 측정된 것이기 때문에 기업이 실제로 창출한 현금흐름을 나타내지 않는다.[9] 따라서 회계이익은 기업이 이자지급과 같은 지급의무를 이행할 능력이 있는가에 대해 직접적인 정보를 제공하지 않는다. 또한 기업이 영업에 투자한 규모와 그러한 자금의 원천이 무엇인지에 대한 정확한 정보도 재무상태표와 포괄손익계산서에서 추출할 수 없다. 이와 같이 재무상태표와 포괄손익계산서의 여러 한계점 때문에 현금흐름표가 추가적 재무보고서로 작성되고 있다.

9) 발생기준 회계(accrual accounting)의 의미는 제2장에서 설명한 바 있다.

현행 IFRS(국제회계기준)에서 현금흐름표상의 '현금'은 재무상태표상의 '현금 및 현금성자산'(cash equivalents)으로 정의되고 있다. 재무상태표에서 현금은 통화 및 통화대용증권과 요구불예금이며, 현금성자산은 일반적으로 취득 당시 만기가 3개월 이내인 단기투자자산(예: 만기가 3개월 이내인 은행예금이나 채무증권)을 가리킨다. 회계기준에서 현금성자산을 현금의 범위에 포함시키는 것은 그러한 단기투자자산은 큰 거래비용 없이 현금으로 쉽게 전환될 수 있다고 보기 때문이다.

● 현금흐름표가 제공하는 정보

현금흐름표는 기업의 활동별로 현금유입과 현금유출을 보여줌으로써 다음의 여러 문제들에 대해 유용한 정보를 제공한다.

- 기업이 영업활동 현금흐름을 얼마나 많이 창출하고 있는가? 기업이 영업활동 현금흐름을 이용하여 이자지급, 부채상환을 할 능력이 있는가?
- 기업이 영업규모의 유지 및 성장을 위해서 얼마나 투자를 하고 있는가? 영업활동 현금흐름을 투자에 충당하고도 FCF(순현금흐름)가 창출되었는가?
- 기업이 FCF 창출액을 이용하여 이자지급, 차입금 상환, 주주배당을 하였는가 아니면 외부자금을 조달하여 지급한 것인가? 만일 외부자금을 조달하였다면 어떠한 원천에서 자금을 조달하였는가?

위에 예시된 여러 문제들은 기업의 **현금흐름 창출능력을 평가**하는 것에 관련되어 있다. 기업가치(주식가치)를 평가해야 하는 투자의사결정은 물론이고 기업의 채무이행능력(신용위험)을 평가해야 하는 신용의사결정을 함에 있어서 현금흐름표는 재무상태표와 포괄손익계산서가 제공하지 못하는 유용한 정보를 제공한다.

2.2 현금흐름표의 구조와 작성원리

현금흐름표의 정보를 효과적으로 이용하기 위해서는 현금흐름표가 어떻게 작성된 것인지를 먼저 이해할 필요가 있다. 현금흐름표의 이론적 토대는 앞의 제1절에서 소개한 아래의 **현금흐름등식**(cash conservation equation)이다.

$$\underset{(\text{유입}-\text{유출})}{\text{영업활동 현금흐름}} - \underset{(\text{유출}-\text{유입})}{\text{영업에 대한 투자액}} + \underset{(\text{유입}-\text{유출})}{\text{재무활동 현금흐름}} = 0 \quad (6\text{-}5)$$

영업에 대한 투자 = 영업현금 투자 + 영업운전자본(현금 제외) 투자
+ 영업비유동자산 투자(자산 취득액 − 자산 처분액)

위에서 영업에 대한 투자는 영업자산을 취득하는 것을 말하며, 여기에는 **영업현금**(operating cash) 투자도 포함된다. 기업이 영업활동에 필요한 여러 지출에 사용하기 위하여 보유하는 현금(요구불예금 포함)은 영업자산의 일부이며 이를 영업현금이라고 부른다.[10] 영업현금은 재무상태표와 현금흐름표에서 간단히 '현금'으로 표현되고 있다. 기업이 영업활동에 사용하기 위해 현금 보유액을 늘려야 할 필요가 있다고 판단하여 기말의 현금 보유액이 기초에 비해 증가하였으면 그만큼 영업현금 투자가 이루어진 것이고, 반대의 경우에는 과거의 영업현금 투자액의 회수가 이루어진 것이다. 그러나 일반적으로 영업현금 투자(또는 과거 투자액의 회수)는 그 금액이 크지 않다.

이제 위의 현금흐름등식에서 영업현금 투자를 등식의 우변으로 이동시킨 후, 순유입 및 순유출의 괄호를 풀면서 등식을 위아래로 세우면 현금흐름표가 된다. 이와 같이 현금흐름표는 기본적으로 위의 현금흐름등식을 토대로 한 것인데, 〈표 6-2〉는 현행 회계기준(IFRS)에서의 현금흐름표 구조를 나타내고 있다.

〈표 6-2〉에서 보는 바와 같이, 회계기준(IFRS)에서의 현금흐름표 구조는 현금흐름등식과 비교할 때 몇 가지 차이가 있다.

첫째, 현금흐름표는 기초와 비교한 기말 현금의 증가·감소 과정을 설명하는 형태로 작성되고 있다. 현금흐름표에서 '현금의 증가(감소)'는 현금흐름등식의 '영업현금 투자(투자액의 회수)'에 해당한다. 또한 현금성자산은 제4장 2.1절과 앞의 1.2절에서 설명한 재무자산(financial assets)에 속하지만 회계기준은 현금의 범위에 포함시키고 있다.

---

10) 일반적으로 기업이 매출대금을 회수하는 데에는 시간이 소요된다. 그래서 매출대금의 회수 전에 일어나는 여러 경비지출(예: 통신비, 차량유지비, 전기수도료 등)에 충당하기 위하여 기업은 일정액의 현금(요구불예금 포함)을 보유하고 있어야 한다. 이러한 현금은 기업의 영업활동에 투입된 것이기 때문에 영업현금(operating cash)이라고 부른다.

표 6-2

회계기준에서의 현금흐름표 구조

회계기준에 따른 현금흐름표 구조	현금흐름등식에서의 분류
영업활동 현금흐름:	
영업활동 현금유입	
- 영업활동 현금유출	
- [이자지급 - 이자수입]*	재무활동의 현금유출입
(영업활동 현금유출입으로 분류함을 허용)	
- 영업운전자본(현금 제외) 투자	영업에 대한 투자
투자활동 현금흐름:	
영업비유동자산 처분	
- 영업비유동자산 취득	
- [재무자산 취득 - 재무자산 감소]	재무활동의 현금유출입
재무활동 현금흐름:	
- [재무부채 상환 - 재무부채 차입]	
- [주주배당 + 자기주식 취득 - 유상증자]	
= 현금 및 현금성자산의 증가	현금의 증가는 영업현금 투자에 해당하고, 현금성자산은 재무자산임

둘째, 회계기준(IFRS)에서는 다음 항목들이 현금흐름등식과는 다르게 분류되어 있다.

- 영업운전자본(현금 제외) 투자를 영업활동 현금유출로 분류
- 이자지급과 이자수입을 영업활동 현금유출입으로 분류하는 것을 허용
- 재무자산의 취득 및 감소를 투자활동 현금유출입으로 분류

영업운전자본(현금 제외) 투자도 영업에 대한 투자이지만 회계기준에서는 영업활동 현금흐름에 속하는 것으로 분류하고 있다. 다만, 기업의 FCF 창출액을 산정함에 있어서는 영업운전자본 투자를 그렇게 분류해도 FCF 계산이 영향을 받지는 않는다. 어차피 영업운전자본 투자는 차감항목이기 때문이다.

앞의 제1절에서 설명하였듯이, 재무부채(차입부채)의 이자를 지급하는 것은 영업활동이 아니라 재무활동에 속한다. 즉, 이자지급은 기업의 FCF를 자본투자자들에게 배분하는 재무활동이다. FCF가 부족하면 외부자금을 조달하여 이자를 지급하는데 이 역시 자본사용대가를 지급하는 재무활동이다. 또한 제1절에서 설명하였듯

이, 재무자산에 관련된 현금유출입(재무자산 취득 · 감소와 이자수입)도 재무활동 현금흐름에 속한다.[11)]

이상의 논의를 요약하면, 현금흐름표의 구조는 기본적으로 현금흐름등식에 기초하고 있지만 몇 가지 항목들이 현금흐름등식과는 다르게 분류되어 있다. 따라서 현금흐름표에서 기업의 FCF 창출실적을 파악하려면 그러한 항목들을 재분류해야 하며, 이에 대해서는 뒤의 제3절에서 다시 논의할 것이다.

● 영업활동 현금흐름의 측정: 직접법과 간접법

현금흐름표에서 영업활동 현금흐름을 표시하는 데에는 직접법(direct method)과 간접법(indirect method)의 두 가지 방법이 사용되며, 앞의 〈표 6-2〉에 제시된 현금흐름표는 직접법에 따른 것이라고 할 수 있다. 간접법이란 포괄손익계산서상의 당기순이익 수치에 일정 항목들을 가감함으로써 영업활동 현금흐름을 간접적으로 산정하는 방법이다. 〈표 6-3〉은 현금흐름표에서 직접법과 간접법에 의한 영업활동 현금흐름의 측정구조를 대비시켜 나타내고 있다.

〈표 6-3〉에서 보는 바와 같이, 직접법에 의한 현금흐름표는 재무제표이용자의 입장에서 그 내용을 이해하기 쉬운 장점이 있다. 즉, 영업활동 현금흐름이 어떠한 원천에서 발생하였는지를 직접 보여주고 있다. 그러나 대부분의 기업들은 현금흐름표 작성에 소요되는 시간을 줄이기 위해 간접법에 의한 현금흐름표를 작성하고 있다.

그러면 간접법에 의한 영업활동 현금흐름 측정의 의미를 구체적으로 살펴보자. 〈표 6-3〉에서 보듯이, 간접법에서는 당기순이익 수치에 일정한 비용항목들을 가산하는 한편 일정한 수익항목들을 차감하고, 또 영업운전자본(현금 제외) 투자액을 차감하여 영업활동 현금흐름을 산정하는 것으로 되어 있다. 〈표 6-3〉에서 '영업활동으로 인한 자산 · 부채의 변동'은 영업운전자본(현금 제외) 투자(또는 투자액의 회수)를 의미한다.[12)]

---

11) 위의 논의는 '비금융기업'을 전제로 한 것이다. 금융회사(예: 은행)의 경우에는 대출이 영업활동이므로 대출금의 이자수입은 영업활동 현금유입에 해당한다.

12) 영업유동자산(예: 매출채권, 재고자산)과 영업유동부채(예: 매입채무)의 증감은 그 경제적 의미가 영업운전자본 투자 또는 투자액의 회수이다. 그런데 단순히 현금유출입의 관점에서 보면, 당기순이익의 구성요소인 매출액, 매출원가, 판매관리비 등이 발생기준 회계에 의해 측정되어 있기 때문에, 이들의 금액을 현금기준으로 전환시키기 위해 영업유동자산과 영업유동부채의 증감을 다시 당기순이익에 가감하게 된다.

표 6-3
영업활동 현금흐름의 측정: 직접법과 간접법

직접법에 의한 측정	간접법에 의한 측정
매출, 임대료 등의 현금유입 - 매입처에 대한 지급 - 급여 등의 영업활동 비용 지급 + 배당금 수입 - 법인세 지급 …… = 영업활동 현금흐름	포괄손익계산서상의 당기순이익 당기순이익에 가산: + 투자활동 · 재무활동 관련 비용 + 현금유출이 없는 영업활동 비용 당기순이익에서 차감: - 투자활동 · 재무활동 관련 수익 - 현금유입이 없는 영업활동 수익 영업활동으로 인한 자산 · 부채의 변동: - 영업유동자산 항목의 증가 + 영업유동자산 항목의 감소 + 영업유동부채 항목의 증가 - 영업유동부채 항목의 감소 = 영업활동 현금흐름

영업활동으로 인한 자산 · 부채의 변동:

− 영업유동자산 항목의 증가 + 영업유동자산 항목의 감소
+ 영업유동부채 항목의 증가 − 영업유동부채 항목의 감소
= − [영업유동자산의 순증가 − 영업유동부채의 순증가]
= − 영업운전자본(현금 제외) 투자액

(위에서 증가 · 감소는 기말금액과 기초금액의 차이를 의미함)

〈표 6-3〉에서 투자활동 · 재무활동 관련 비용을 당기순이익 수치에 다시 가산하고 투자활동 · 재무활동 관련 수익은 다시 차감하는 이유는 당기순이익이 투자활동 관련 손익(예: 유형자산처분손익)과 재무활동 관련 손익(예: 사채상환손익)을 포함하고 있기 때문이다.[13] 그러나 손익 중에서 영업활동 현금흐름에 관련된 것은 영업활

13) 다음의 단순화된 계산구조에서 보듯이, 당기순이익은 영업활동 관련 손익은 물론, 투자활동 · 재무활동 관련 손익도 모두 포함하여 계산된 금액이다.

매출액 − 매출원가 − 판매관리비 ← 영업활동 관련 손익
− 이자비용 ± 사채상환손익 ← 재무활동 관련 손익
± 유형자산처분손익 ← 투자활동 관련 손익
− 법인세비용
= 당기순이익

동 관련 손익뿐이므로, 영업활동 현금흐름과 관계없는 투자활동 · 재무활동 관련 손익을 당기순이익에서 전부 제거한다.[14] 그리고 영업활동 관련 손익 중에는 현금 유출입을 동반하지 않는 항목들(예: 감가상각비)이 있으므로 이러한 비현금 손익항목들도 당기순이익에서 제거한다. 이러한 제거절차를 거치면 다음과 같이 영업활동 현금흐름이 산정될 수 있다.

당기순이익	(= 영업활동 관련 손익 ± 투자 · 재무활동 관련 손익)
+ 투자 · 재무활동 관련 비용	(당기순이익에 포함된 것을 제거하기 위해 다시 가산)
− 투자 · 재무활동 관련 수익	(당기순이익에 포함된 것을 제거하기 위해 다시 차감)
= 영업활동 관련 손익	(= 현금수익 − 현금비용 + 비현금수익 − 비현금비용)
+ 비현금비용	(비현금비용의 제거, 예: 감가상각비의 가산)
− 비현금수익	(비현금수익의 제거, 예: 지분법이익의 차감)
− 영업운전자본 투자액	
= 영업활동 현금흐름	

예제 6-2

간접법에 의한 영업활동 현금흐름 산정

다음의 자료를 이용하여 영업활동 현금흐름을 산정하라(단위: 천원).

• 당기순이익	5,000	• 감가상각비	800
• 유형자산처분이익	300	• 사채상환손실	500
• 매출채권 기초금액	3,000	• 매출채권 기말금액	4,000
• 재고자산 기초금액	1,000	• 재고자산 기말금액	1,200
• 매입채무 기초금액	2,500	• 매입채무 기말금액	2,000

14) 제4장 2절에서 '세후순영업이익'에 대해 논의할 때 재무부채 · 재무자산 관련 손익을 제외한 모든 손익을 영업활동 관련 손익에 포함시켰는데, 이는 영업활동을 넓은 의미로 정의한 데 따른 것이다. 위에서는 영업활동을 좁은 의미로 정의하여 투자활동을 별도의 활동으로 구분하고 있으므로 영업활동 관련 손익과 투자활동 관련 손익이 구분되고 있다.

풀이

영업활동 현금흐름

1. 당기순이익		5,000
2. 당기순이익에 가산		
감가상각비	800	
사채상환손실	500	1,300
3. 당기순이익에서 차감		
유형자산처분이익	(300)	(300)
4. 영업활동으로 인한 자산 · 부채의 변동		
매출채권의 증가	(1,000)	
재고자산의 증가	(200)	
매입채무의 감소	(500)	(1,700)
5. 영업활동 현금흐름(=1+2+3+4)		4,300

● 현금흐름표에서 영업활동 현금흐름의 표시

간접법에 의한 영업활동 현금흐름 측정은 앞의 〈표 6-3〉과 같이 하면 되지만, 상장기업의 실제 현금흐름표에 영업활동 현금흐름이 표시되는 것은 앞의 〈표 6-3〉과 조금 다른 형태로 표시된다. 즉, 현행 회계기준(IFRS)은 비금융기업의 경우 이자의 수입과 배당금 수입을 영업활동 현금유입 또는 투자활동 현금유입으로 분류하는 것을 허용하고 또 이자의 지급과 배당금 지급을 영업활동 현금유출 또는 재무활동 현금유출로 분류하는 것을 허용하면서,[15] 이자수입 · 이자지급과 배당금 수입 · 배당금 지급을 현금흐름표 본문에 별도 표시(직접 공시)하도록 규정하고 있다. 법인세 지급(납부)도 현금흐름표 본문에 별도 표시하도록 규정하고 있다.

실무에서 대부분의 기업들은 배당금 지급을 재무활동 현금유출로 분류하고 있으며, 이러한 분류는 앞의 1.2절에서 살펴본 기업의 현금흐름 창출과 배분에 관한 개념에 일치한다. 또한 타기업의 영업에 투자(투자주식 매수)하여 받는 배당금 수입을 영업활동 현금유입으로 분류하는 것은 적절한 분류이다. 그러나 재무활동을 수

15) 금융회사의 경우에는 이자지급, 이자수입 및 배당금 수입은 일반적으로 영업활동 현금유출입으로 분류하며, 이러한 분류는 금융회사의 영업의 특성에 부합한다.

표 6-4

이자지급과 이자수입을 영업활동 현금유출입으로 분류한 경우 현금흐름표의 영업활동 현금흐름 표시(간접법)

영업활동 현금흐름		설 명
당기순이익	×××	· 법인세비용차감전순이익을 출발점으로 사용할 수 있으며, 이 경우 법인세비용의 가산은 불필요함.
조정:	×××	
+ 법인세비용 (포괄손익계산서상의 금액)		
− 이자수익 (포괄손익계산서상의 금액)		
+ 이자비용 (포괄손익계산서상의 금액)		· 이자수익을 차감하고 이자비용과 법인세비용은 가산함으로써 그 영향을 당기순이익에서 제거하고, 이자수입과 이자지급 및 법인세 지급의 현금유출입 금액을 아래의 부분에서 직접 표시함.
+ 투자활동 · 재무활동 관련 비용		
+ 현금유출이 없는 영업활동 비용		
− 투자활동 · 재무활동 관련 수익		
− 현금유입이 없는 영업활동 수익		
영업활동으로 인한 자산 · 부채의 변동:	×××	
− 영업유동자산의 증가 (+감소)		
+ 영업유동부채의 증가 (−감소)		
영업에서 창출된 현금	×××	· 회계실무에서 '영업에서 창출된 현금'이라는 용어가 관행적으로 사용되고 있으나 이 용어가 영업활동 현금흐름을 가리키는 것은 아님(법인세 지급이 차감되지도 않았음).
이자수입	×××	
이자지급	×××	
법인세 지급	×××	
영업활동 현금흐름	×××	

행한 결과인 이자지급과 이자수입(재무자산으로부터의 이자수입)을 영업활동 현금유출입으로 분류하는 기업들이 상당히 있다.

이렇게 어느 기업이 이자지급과 이자수입을 영업활동 현금유출입으로 분류한 경우, 또 법인세 지급도 별도 표시해야 하는 문제 때문에, 당해 기업이 작성하는 현금흐름표의 영업활동 현금흐름 부분은 앞의 〈표 6-3〉과는 조금 다른 형태로 표시된다. 위의 〈표 6-4〉는 당해 기업이 이자지급과 이자수입을 영업활동 현금유출입으로 분류한 경우 간접법으로 작성하는 현금흐름표의 영업활동 현금흐름 부분을 예시하고 있다.

제3절 현금흐름표 분석

3.1 현금흐름분석의 틀

현금흐름표 자료를 분석하여 기업의 현금흐름 창출실적을 파악하고 또 자본공급자들에 대한 배분과 자금조달 내용을 이해함에 있어서는 현금흐름등식에 기초한 다음의 '분석 틀'이 유용하다.

현금흐름표상의 영업활동 현금흐름	(영업운전자본 투자액이 차감된 금액임)
조정: + 순이자지급(세후)	(재무활동에 속하므로 제거하기 위해 다시 가산)
− 영업현금에 대한 투자	(영업현금의 증가액(감소액)을 차감(가산))
= 영업활동 현금흐름	(영업운전자본 투자후의 금액)
− 영업비유동자산에 대한 투자	(영업비유동자산 취득액−영업비유동자산 처분액)
= 기업의 FCF 창출액	
− 순이자지급(세후)	
− 재무부채의 순지급(+ 순차입)	(재무부채 상환액 − 차입액)
− 재무자산의 순증가(+ 순감소)	(재무자산 취득액 − 재무자산 감소액)
= 주주에게 배분된 현금흐름	
− [배당 +자기주식 취득 − 유상증자 납입]	(주주에 대한 순지급액)
= 0	

먼저 기업의 영업활동 현금흐름(영업운전자본 투자후의 금액이며, 이하에서도 같음)은 현금흐름표상의 영업활동 현금흐름 수치를 조정하면 산출할 수 있다.[16] 이러한 조정에는 두 가지 사항이 포함된다. 첫째, 분석대상기업이 이자지급과 이자수입을 영업활동 현금유출입으로 분류한 경우 이자지급액과 이자수입액의 차이인 순이자

16) 영업활동 현금흐름은 영업운전자본 투자전과 투자후로 구분하여 분석할 수 있는데, 본서에서는 편의상 영업운전자본 투자후의 금액에 초점을 둔다.

지급액(세후)을 현금흐름표상의 영업활동 현금흐름 수치에 다시 가산하여 순이자지급액(세후)을 제거하고,[17] 둘째, 현금흐름표에서 '현금의 증가'(감소)로 표시된 금액은 영업현금에 대한 투자액(투자액의 회수)이므로 그 금액을 현금흐름표상의 영업활동 현금흐름 수치에서 차감(가산)한다.

위와 같이 산정된 영업활동 현금흐름은 기업이 재화 · 서비스를 생산, 판매하는 영업활동에서 얼마만큼 순현금흐름이 창출되었는지를 나타낸다. 또한 영업활동 현금흐름은 기업이 영업유지와 성장을 위해서 비유동자산 투자를 할 여력이 있는지를 평가할 수 있게 한다. 기업이 영업활동에서 많은 현금흐름을 창출하면 비유동자산 투자에 필요한 자금을 내부적으로 조달할 수도 있다.

영업활동 현금흐름은 기업의 채무이행능력(신용위험)을 평가하는 데에도 유용한 정보이다. 영업활동에서 창출되는 현금흐름이 많으면 기업의 채무불이행 가능성이 낮아진다. 이러한 관점에서 영업활동 현금흐름을 순이자지급액(또는 부채)으로 나눈 비율을 산정하여 기업의 지급능력을 평가하는 지표로 사용한다.

기업의 FCF는 영업활동 현금흐름에서 영업비유동자산 투자액을 차감한 것인데, 이는 당해 기간에 기업이 최종적으로 창출한 순현금흐름을 나타낸다. 따라서 FCF는 기업이 투자를 하면서도 이자와 재무부채(차입부채)를 지급할 수 있는지를 평가할 수 있게 한다. FCF를 많이 창출하는 기업은 외부자금에 의존하지 않아도 FCF를 이용하여 이자와 부채를 지급할 수 있다.

그러나 영업활동 현금흐름이 영업비유동자산 투자자금을 확보할 정도로 획득되지 않으면 기업은 외부에서 자금을 조달해야 하며, 또 이자와 부채 지급에 필요한 자금도 조달하여야 한다. 만약 외부자금 조달이 여의치 않으면 투자를 축소해야 하는 문제에 직면하게 된다.

기업의 FCF 창출액에서 타인자본투자자에 대한 순지급액(net payment)을 차감한 나머지는 주주(종속회사의 소수수수 포함)에게 배분된 현금흐름이다. 타인자본투자자에 대한 순지급은 순이자지급과 재무부채 순지급(=재무부채 상환액-신규 차입액)으로 구성된다. 만일 연중에 재무자산의 취득과 감소가 있었다면 재무자산의 순증가도 차감한다.

17) 위에서 순이자지급을 세후 금액으로 계산하는 것은 제4장 2절에서 순금융비용을 세후 금액으로 계산하는 것과 같은 논리이다. 즉, 순이자지급액(세후)은 「(이자지급액-이자수입액)×(1-세율)」로 계산한다.

참고 FCF와 기업가치

FCF는 기업이 창출한 순현금흐름을 나타내므로 기업의 가치는 미래에 창출될 FCF의 현재가치로 평가할 수 있다.

기업가치 = 미래에 창출될 FCF의 현재가치

주주지분가치(주식가치 총액)는 위의 기업가치 평가액에서 순재무부채 시장가치를 차감하면 구해진다. 위 가치평가모형을 '현금흐름할인모형'(discounted cash flow model)이라고 부르며, 제7장에서 자세히 다룬다.

3.2 사례기업의 현금흐름분석

(1) 사례기업의 현금흐름표

현금흐름표 분석에 이용될 사례기업은 상장기업인 N주식회사(이하 'N사'라고 함)이며, N사는 다양한 종류의 라면, 스낵 제품을 판매하는 기업이다. N사의 2×23~2×24년도 연결현금흐름표는 〈표 6-5〉에 제시되어 있다.

〈표 6-5〉에서 보는 바와 같이 N사는 간접법을 이용하여 영업활동 현금흐름을 산정하였다. 영업활동 현금흐름 산정과정에 표시된 '2. 조정'은 투자활동 · 재무활동 관련 손익과 현금유출입을 동반하지 않는 영업활동 손익을 제거하는 것을 가리킨다. 그리고 이자수입, 이자지급 및 법인세 납부액 등을 별도 표시하기 위해 이자수익, 이자비용 및 법인세비용 등도 당기순이익에서 제거하고 있다.

표 6-5 사례기업의 연결현금흐름표

(단위: 억원)

과 목	N사	
	2×24	2×23
Ⅰ. 영업활동 현금흐름	**1,469**	**1,034**
1. 당기순이익	**843**	**907**
2. 조정:		
감가상각비	831	819

(다음 면에 계속)

과 목	N사	
	2×24	2×23
유형자산처분손실	2	3
이자수익	(122)	(106)
이자비용	36	29
배당금수익	(8)	(3)
법인세비용	280	287
기 타	318	279
소 계	**1,337**	**1,308**
3. 영업활동으로 인한 자산·부채의 변동		
매출채권 감소(증가)	279	(82)
재고자산 증가	(323)	(94)
매입채무 감소	(24)	(380)
기 타	(397)	(396)
소 계	**(465)**	**(952)**
4. 이자의 수취	**115**	**99**
5. 이자의 지급	**(31)**	**(25)**
6. 배당금의 수취	**8**	**3**
7. 법인세 납부	**(339)**	**(304)**
Ⅱ. 투자활동 현금흐름	**(1,289)**	**(792)**
1. 투자활동으로 인한 현금유입	**3,942**	**5,347**
장단기금융상품의 감소	3,926	5,169
채무증권의 처분	0	151
유형자산 처분	4	8
무형자산 처분	0	2
기 타	12	17
2. 투자활동으로 인한 현금유출	**(5,230)**	**(6,139)**
장단기금융상품의 증가	(4,207)	(4,736)
관계기업투자주식의 취득	(64)	0
유형자산 취득	(882)	(1,282)
무형자산 취득	(4)	(50)
기 타	(74)	(71)

(다음 면에 계속)

과 목	N사	
	2×24	2×23
Ⅲ. 재무활동 현금흐름	**(58)**	**(470)**
1. 재무활동으로 인한 현금유입	**560**	**1,085**
차입금의 증가	560	1,085
2. 재무활동으로 인한 현금유출	**(618)**	**(1,555)**
차입금 상환	(387)	(1,324)
배당금 지급	(231)	(231)
Ⅳ. 외화환산으로 인한 환율변동효과	**1**	**(12)**
Ⅴ. 현금 및 현금성자산의 증감	**123**	**(240)**
Ⅵ. 기초 현금 및 현금성자산	1,554	1,794
Ⅶ. 기말 현금 및 현금성자산	1,677	1,554

〈표 6-5〉에서 보는 바와 같이, N사는 이자의 지급과 이자의 수입을 영업활동 현금유출입으로 분류하고 있다.

N사의 연결재무제표 주석에는 현금 및 현금성자산의 내역이 나와 있는데, 〈표 6-6〉은 그 주석정보를 옮겨 적은 것이다.

표 6-6

현금 및 현금성자산의 내역: N사

(단위: 억원)

현금 및 현금성자산의 내역	2×24. 12.	2×23. 12.	2×22. 12.
현금 및 보통예금	817	784	744
현금성자산(기타 예금)	860	770	1,050
합 계	1,677	1,554	1,794

자료: N사의 연결재무제표 주석

(2) 분석을 위한 현금흐름표의 재구성

〈표 6-5〉의 현금흐름표 자료는 분류상의 문제 때문에 그대로 사용할 수 없으므로 재구성해서 사용하여야 한다. 앞의 3.1절에서 설명한 '분석 틀'에 맞추어 N사의 현금흐름표를 재구성하면 〈표 6-7〉과 같으며, 이 재구성에는 다음의 사항들이 반

영되었다.

① 〈표 6-5〉의 현금흐름표에서 이자수입(세전)과 이자지급(세전)이 영업활동 현금흐름에 포함되어 있으나 이는 재무활동 현금흐름으로 분류할 필요가 있으므로 그 세후 금액을 영업활동 현금흐름에서 제거하였다. 2×24년의 이자수입(세후)은 115억원×(1−0.242)=87억원으로 산정되고, 2×23년의 이자수입(세후)은 99억원×(1−0.242)=75억원으로 산정된다. 그리고 2×24년의 이자지급(세후)은 31억원×(1−0.242)=23억원으로 산정되고, 2×23년의 이자지급(세후)은 25억원×(1−0.242)=19억원으로 산정된다.

② 〈표 6-6〉에서 보는 바와 같이, 2×24년에 영업현금 투자액(영업현금의 증가)이 33억원(=기말 현금 817억원−기초 현금 784억원)이므로 이 투자액을 영업활동 현금흐름에서 차감시켰다. 2×23년에는 영업현금 투자액이 40억원(=기말 현금 784억원−기초 현금 744억원)이므로 이 투자액을 영업활동 현금흐름에서 차감시켰다.

③ 〈표 6-5〉의 현금흐름표에서 장단기금융상품의 증가 · 감소와 채무증권의 처분이 투자활동 현금흐름에 포함되어 있으나, 이들 자산은 재무자산에 속한다. 따라서 장단기금융상품의 증가 · 감소와 채무증권의 처분은 재무활동 현금흐름 부분으로 이동시키고, 영업비유동자산 투자액은 다음과 같이 산정하였다.

영업비유동자산 투자액=[관계기업투자주식 취득액+유형자산 취득액+무형자산 취득액+기타]−[유형자산 처분액+무형자산 처분액+기타]

④ 〈표 6-6〉에 나와 있는 현금성자산의 변동(기말 금액−기초 금액)은 재무자산이 변동이므로 이를 재무활동 현금흐름 부분으로 이동시켰다. 그리고 〈표 6-5〉의 현금흐름표에서 '외화환산으로 인한 환율변동효과'로 표시된 금액은 영업, 투자, 재무활동 현금흐름 중 어느 하나로 분류되어야 하므로, 이는 N사의 현금성자산(외화예금)에 관한 것으로 주정하여 현금성자산의 변동에 포함시켰다.

(3) 순현금흐름의 창출과 배분 및 자금조달

이제 〈표 6-7〉의 재구성된 현금흐름표에서 순현금흐름 창출액을 산정한 결과를

(단위: 억원, %)

표 6-7

현금흐름표의 재구성 및 FCF 산정

과 목	N사		
	2×24	2×23	증감
연결현금흐름표상의 영업활동 현금흐름	1,469	1,034	
조정: - 이자수입(세후)	(87)	(75)	
+ 이자지급(세후)	23	19	
- 영업현금 투자	(33)	(40)	
= **영업활동 현금흐름**(운전자본 투자후)	**1,372**	**938**	434
- 영업비유동자산에 대한 투자	(1,008)	(1,376)	
= **기업의 FCF 창출액**	**364**	**(438)**	
- 순이자수입(세후)	64	56	802
이자수입(세후)	87	75	
이자지급(세후)	(23)	(19)	
+ 재무부채의 순차입(- 순지급):	173	(239)	
차입금 증가	560	1,085	
차입금 상환	(387)	(1,324)	
- 재무자산의 순증가(+순감소)	(370)	852	
장단기금융상품의 순증가(+순감소)	(281)	433	
채무증권의 처분	0	151	
현금성자산의 순증가(+순감소)*	(89)	268	
= **주주에게 배분된 현금흐름**	**231**	**231**	
- 배당금 지급	(231)	(231)	

* 외화환산으로 인한 변동액 포함

보면, N사의 2×24년도 영업활동 현금흐름(운전자본 투자후) 창출액은 1,372억원으로 산출되고 있다. 2×23년에는 영업활동 현금흐름(운전자본 투자후) 창출액이 938억원이었는데 2×24년에는 창출액이 434억원 증가한 것이다.

또한 〈표 6-7〉을 보면, 2×23년에 N사가 영업비유동자산 투자에 지출한 금액은 1,376억원인데 비하여 2×24년에는 영업비유동자산 투자에 1,008억원을 지출하였다. 이 투자의 대부분은 유형자산에 대한 투자이다. 앞의 〈표 6-5〉를 보면, 2×24년에 유형자산 취득액이 882억원에 달하고 있다. 위 영업활동 현금흐름(운전자본 투자후) 창출액에서 영업비유동자산 투자액을 차감하면 2×24년의 FCF 창출액은

364억원으로 산출되고 있다. 2×23년에는 FCF 창출액이 음수인 −438억원이었으나 2×24년에는 양(+)의 FCF 창출액이 획득된 것이다.[18)]

하지만 N사는 위 FCF 창출액(364억원)만으로는 만기가 도래한 차입금의 상환(387억원)과 이자지급 및 주주 배당금(231억원) 지급을 다 할 수 없기 때문에, 상당 규모의 새로운 차입금을 조달하였다. N사는 만기 도래한 차입금 상환과 주주 배당금 지급 등을 한 후 남는 금액은 장단기금융상품과 현금성자산에 예치하였다.

(4) 지급능력 평가를 위한 비율분석

현금흐름 정보는 기업의 장·단기 지급능력을 평가하는 데에도 활용될 수 있다. 기업의 지급능력을 평가하는 데에는 다음의 여러 비율들이 사용된다.

$$① \text{ 영업현금흐름 대 유동부채 비율} = \frac{\text{영업활동 현금흐름}}{\text{유동부채}}$$

$$② \text{ 영업현금흐름 대 총부채 비율} = \frac{\text{영업활동 현금흐름}}{\text{총부채}}$$

$$③ \text{ 잉여현금흐름비율} = \frac{\text{영업활동 현금흐름}}{\text{영업비유동자산 투자액}}$$

$$④ \text{ 현금기준 이자보상비율} = \frac{\text{영업활동 현금흐름}}{\text{순이자지급(세후)}}$$

비율 ①은 제3장 3절에서 유동성비율로 소개한 바 있다. 비율 ②는 영업활동 현금흐름을 부채 총액과 비교하고 있다. 따라서 비율 ②는 기업이 장기적으로 모든 부채를 상환할 수 있을 만큼 영업활동 현금흐름을 충분히 창출하고 있는지를 평가하는 데 사용된다.

비율 ③은 FCF를 비율 형태로 나타낸 것이며, 이 비율이 1보다 크면 양(+)의 FCF이고, 1보다 작으면 음(−)의 FCF임을 의미한다. 이 비율은 기업이 투자를 하면

---

18) 만일 〈표 6-7〉의 재구성된 현금흐름표를 이용하지 않고 〈표 6-5〉의 현금흐름표를 그대로 이용하면 N사의 FCF 창출액(영업활동 현금흐름−투자활동 현금흐름)은 2×23년 242억원, 2×24년 180억원으로 계산된다. 이처럼 2×24년의 FCF 창출액이 2×23년보다 감소한 것으로 산출되는데 이는 위 산출 결과와 반대 방향의 추세이다.

서도 내부자금으로 이자와 재무부채(차입부채)를 지급할 수 있었는가를 나타낸다.

비율 ④인 현금기준 이자보상비율은 제3장 3.2절에서 소개한 바 있는데 거기서는「이자 및 법인세 차감전 영업활동 현금흐름/이자지급액」으로 현금기준 이자보상비율을 정의하였다. 그런데 비율 ④에서 분자인 영업활동 현금흐름은 이자지급과 이자수입을 포함하지 않는 한편 법인세는 차감된 금액이다. 따라서 분자 · 분모를 일관성 있게 대응시키려면 분모가 이자지급과 이자수입을 모두 포함한 순이자지급이어야 하고 또 세후 금액이어야 한다.

비율 ①과 비율 ②의 분모인 부채 금액은 일반적으로 기초와 기말의 평균치로 측정된다. 사례기업인 농심(주)에 대해 위의 비율들을 산정한 결과는 〈표 6-8〉에 제시되어 있다.

N사의 2×24년도 비율 산정결과를 보면, 비율 ①, ②, ③이 2×23년보다 상당히 높아졌음을 볼 수 있다. 특히, 2×24년의 잉여현금흐름비율 ③이 1보다 높아졌다. 앞의 〈표 6-7〉에서 본 바와 같이 2×24년의 FCF 창출액이 양수이므로 잉여현금흐름비율이 1보다 높아졌다.

N사의 경우 이자수입이 이자지급보다 많으므로 순이자지급액은 산출불가능하여 현금기준 이자보상비율 ④는 이자지급(세후)을 분모로 사용하여 계산된 것이다.

표 6-8
지급능력 평가를 위한 비율 산정

(단위: 억원, %, 배)

항목 및 비율	N사		
	2×24	2×23	증감
영업활동 현금흐름[1]	1,372	938	
유동부채(기초 · 기말의 평균)[2]	5,058	5,194	
총부채(기초 · 기말의 평균)[2]	6,217	6,439	
영업비유동자산 투자액[1]	1,008	1,376	
이자지급(세후)[1]	23	19	
① 영업활동 현금흐름 / 유동부채	27.1	18.1	9.0
② 영업활동 현금흐름 / 총부채	22.1	14.6	7.5
③ 영업활동 현금흐름 / 영업비유동자산 투자액	1.36	0.68	0.68
④ 영업활동 현금흐름 / 이자지급(세후)	59.7	49.4	10.3

1) 〈표 6-7〉에서 산정된 금액임.
2) N사의 연결재무제표에서 추출되었음.

N사는 현금기준 이자보상비율이 아주 높으므로 N사의 이자지급능력은 충분한 것으로 평가할 수 있다.

3.3 비현금거래와 FCF 산정

현금흐름표에서 FCF 실적을 분석할 때 추가로 고려해야 할 것은 비현금거래(non-cash transactions)이다. 예를 들어, 기업이 어음을 발행하고 유형자산을 취득하면 재무상태표에 그 투자액이 계상되지만 현금흐름표에는 투자활동으로 표시되지 않는다.

비현금거래는 외관상 현금유출입을 수반하지 않지만 위의 유형자산 취득이 기업의 투자활동인은 분명하다. 또한 유형자산 투자자금은 사실상 재무활동을 통해 조달한 것이다. 따라서 단순히 외관적으로 현금유출입이 없었다고 해서 그러한 투자를 무시하면 기업의 FCF 창출실적을 잘못 파악하게 된다.

비현금거래는 현금흐름표의 주석에 기재되어 있다. 앞에서 살펴본 사례기업의 경우 특별한 비현금거래가 없었지만, 만일 유형자산 투자에 관한 비현금거래가 있었으면 그 '암묵적' 현금유출입을 FCF 산정에 포함시켜야 한다. 비현금거래의 예와 그 처리방법은 다음과 같다.

① 영업비유동자산의 연불구입: 영업비유동자산을 연불조건 또는 그와 유사한 방식으로 취득한 때에는 그 취득액을 영업투자액에 포함시키고 같은 금액을 재무활동 현금흐름(신규차입)에 포함시킨다. 회계기순은 추후 관련 채무가 상환될 때 이를 재무활동 현금유출로 표시하도록 하고 있으나, 영업비유동자산의 취득 자체는 현금흐름표에 계상되지 않고 있다.

② 리스에 의한 영업비유동자산 취득: 금융리스에 의해 영업비유동자산을 취득한 경우 그 취득액을 영업투자액에 포함시키고 같은 금액을 재무활동 현금흐름(신규차입)에 포함시킨다.

③ 주식발행에 의한 기업인수와 현물출자: 기업인수 또는 현물출자에 의해 영업비

유동자산을 취득하는 것도 영업에 대한 투자이므로, 주식발행가액을 재무활동 현금흐름(유상증자)에 포함시키고 같은 금액을 영업투자액에 포함시킨다.

④ 차입금의 출자전환: 전환사채의 전환과 같이 기존 차입금이 자기자본으로 전환된 경우에는 유상증자와 차입금 상환이 동시에 발생한 것으로 처리한다. 다만, 이는 재무활동 현금흐름 내에서의 변동이므로 FCF 산정에 미치는 영향은 없다.

연습문제

1. 기업의 활동으로서 영업활동, 투자활동, 재무활동의 의미를 각각 설명하라.

2. 현금흐름등식(cash conservation equation)의 의미와 그 구성요소를 설명하라.

3. 한 기간의 FCF(기업 순현금흐름 또는 잉여현금흐름)가 음수로 산출되었다면 어떠한 이유에서 그렇게 되는지 논의하라.

4. 기업의 현금흐름표를 분석하면 어떠한 정보를 추출할 수 있는지 논의하라.

5. 회계기준에 따른 (직접법) 현금흐름표의 구조를 현금흐름등식과 비교하고 그 차이점이 무엇인지 논의하라.

6. 간접법으로 영업활동 현금흐름을 산정할 때 당기순이익에서 유형자산처분손익, 사채상환손익 등을 제거하는데 그 이유가 무엇인가?

7. 현행 IFRS(국제회계기준)는 차입금에 대한 이자지급을 영업활동 현금유출로 분류하는 것을 허용하고 있다. 이와 같이 이자지급을 영업활동 현금유출로 분류하면 기업의 FCF 산정이 어떠한 영향을 받게 되는가?

8. 현행 IFRS는 금융기관예치금의 증가·감소에 따른 현금유출입을 투자활동 현금유출입으로 분류하고 있다. 이와 같이 금융거래의 현금유출입을 투자활동 현금유출입으로 분류하면 기업의 FCF 산정이 어떠한 영향을 받게 되는가?

9. 기업의 영업활동 현금흐름은 어떠한 정보유용성을 갖고 있는지 설명하라.

10. 기업의 순현금흐름 창출액인 FCF는 어떠한 정보유용성을 갖고 있는지 설명하라.

11. 현금기준 이자보상비율의 산식을 제시하고 이 비율이 무엇을 나타내는지 설명하라.

12. "영업비유동자산의 연불구입과 같은 비현금거래는 실제 현금흐름에 영향을 미치지 않았으므로 FCF를 산정할 때 고려할 필요가 없다." 이 주장이 적절한지 논평하라.

13. 다음은 강동(주)의 현금흐름에 관한 자료이다(단위: 억원).

• 매출로부터의 현금유입	950	• 판매된 상품의 매입대금 지급	300
• 종업원급여 지급	150	• 영업이익에 대한 법인세 지급	70
• 영업운전자본 투자	100	• 영업비유동자산 취득	300
• 순이자지급(세후)	50	• 단기금융상품 취득	60
• 기초 차입금	500	• 기말 차입금	420
• 유상증자 납입	300	• 주주배당금 지급	50
• 자기주식 취득	90		

현금흐름등식에 근거하여 아래의 물음에 답하라.

(1) 영업활동 현금흐름은 얼마인가?
(2) 영업에 대한 투자액은 얼마인가?
(3) 재무부채의 순지급액은 얼마인가?
(4) 재무자산의 순취득액은 얼마인가?
(5) 주주에 대한 순지급액은 얼마인가?
(6) 현금흐름의 창출 측면에서 FCF를 산정하라.
(7) 현금흐름의 배분(처분) 측면에서 FCF를 산정하라.

14. 다음은 케사르(주)의 자기자본과 재무부채(차입부채)에 관한 자료이다(단위: 억원).

2×23년 말 자본 총계	1,700
2×24년 말 현금배당 지급	80
2×24년 말 유상증자 납입	350
2×24년 말 자본 총계	2,200
2×23년 말 재무부채 총액	550
2×24년 말 재무부채 총액	380

2×24년 중에 자기주식 취득은 없었고 재무자산도 없었다. 2×24년의 이자비용(세후)은 30억원이며 전부 현금으로 지급되었다. 2×24년의 FCF 창출액이 얼마인가?

15. 다음은 야호(주)의 현금흐름에 관한 자료이다(단위: 억원). 아래의 물음에 답하라.

• 매출로부터의 현금유입	950	• 종업원급여 지급	300
• 기말 재고자산의 증가	30	• 유형자산 취득	520
• 이자지급(세전)	42	• 금융상품 취득	30
• 유상증자 납입	240	• 차입금 상환	150
• 주주배당금 지급	80	• 기초의 영업현금	20
• 기말의 영업현금	20	• 법인세 지급	38
		(이자비용의 절세효과 12 차감후)	

(1) 현금흐름등식에 근거할 때 영업활동 현금흐름과 FCF 창출액이 각각 얼마인가? (힌트: 영업활동의 법인세 지급액은 이자비용의 절세효과를 차감하지 않은 금액이 되어야 한다.)

(2) 야호(주)는 이자지급을 영업활동 현금유출로 분류하였다. 이 경우 회계기준에 따른 (직접법) 현금흐름표를 작성하라.

(3) 위 (2)에서 작성된 현금흐름표상의 활동별 현금흐름 금액을 그대로 사용하면 FCF 창출액이 얼마로 산정되는가?

16. 다음은 회계기준에 따른 현금흐름표에서 간접법에 의한 영업활동 현금흐름의 산정절차를 나타내고 있다.

(단위: 억원)

간접법에 의한 측정	금 액	항 목
1. 당기순이익	30,000	
2. 당기순이익에 가산:	15,000	
현금유출이 없는 영업활동 비용	10,000	A
(가)	(라)	B
3. 당기순이익에서 차감:	−8,000	
(나)	(마)	C
투자활동 · 재무활동 관련 수익	−3,000	D
4. 영업활동으로 인한 자산 · 부채의 변동:	(바)	
영업유동자산 항목의 증가	−5,000	E
영업유동자산 항목의 감소	2,000	F
(다)	(사)	G
영업유동부채 항목의 감소	−3,000	H
5. 영업활동 현금흐름	35,000	

당기순이익에서 차감되는 항목의 금액에는 −의 부호가 붙어 있다. 아래의 물음에 답하라.

(1) (가)~(다)는 무엇인가?
(2) (라)~(사)의 금액은 각각 얼마인가?
(3) 앞에서 A~H는 왼쪽의 각 구분을 가리킨다. 아래의 항목들을 A~H의 각 그룹으로 분류하라.

감가상각비, 사채상환이익, 무형자산상각비, 제품보증비(제품보증충당부채 전입), 지분법손실, 사채상환손실, 매출채권 감소, 투자주식처분이익, 유형자산처분손실, 재고자산 증가, 선수금 증가, 선급금 증가, 미지급비용 감소, 투자주식처분손실, 유형자산처분이익, 지분법이익, 선급비용 감소, 매입채무 증가

17. 다음은 사무용품을 판매하는 희성(주)의 2×23~2×24년도 재무상태표이다.

재무상태표 (단위: 억원)

자 산	2×23	2×24	부채와 자본	2×23	2×24
현 금	100	170	매입채무	0	50
매출채권	0	380	자 본 금	2,100	2,100
재고자산	0	500			
토 지	1,600	800			
건 물	400	300			
자산 총계	2,100	2,150	부채와 자본 총계	2,100	2,150

〈추가 자료〉
1) 2×24년 말에 현금배당 300억원이 지급되었고, 연중에 유상증자와 자기주식 취득은 없었다.
2) 2×24년 중에 토지를 매각처분하고 800억원을 현금으로 받았다.
3) 2×24년의 건물 감가상각비는 100억원이다.
4) 현금은 전부 영업현금이다.

아래의 물음에 답하라.

(1) 2×24년에 희성(주)이 창출한 FCF가 얼마인가? (힌트: 재무부채와 재무자산이 없으면 현금흐름등식에서 재무활동 현금흐름의 구성이 어떻게 되는지를 생각하자.)
(2) 회계기준에 따른 2×24년도 (간접법) 현금흐름표를 약식으로 작성하라.
(힌트: 기말자본이 기초자본과 같으므로 순이익은 현금배당과 같다.)
(3) 2×24년에 희성(주)이 영업운전자본에 투자한 금액은 얼마인가?

(4) 2×24년 말의 현금 170억원 중에서 70억원은 영업활동에 필요하지 않은 여유현금(excess cash)이라고 가정하자. 만일 이 70억원을 2×24년 말에 3개월 정기예금에 예치하였다면 2×24년의 FCF 창출액은 얼마가 되는가?

18. 다음은 W사의 2×24년도 현금흐름표상의 투자활동 현금흐름 부분이다(단위: 만원).

금융상품의 처분	570
투자주식의 취득	(19,450)
유형자산의 취득	(16,500)
유형자산의 처분	5,450
산업재산권의 매각	750
투자활동 현금흐름	(29,180)

W사의 현금흐름표에 따르면 2×24년의 영업활동 현금흐름은 15,200만원으로 되어 있다. 2×24년 중의 이자지급 및 이자수입에 관한 자료는 아래와 같다(단위: 만원).

이자지급(세전)	7,270
이자수입(세전)	250

W사의 기말 영업현금은 기초에 비해 50만원 증가하였으며, 세율은 30%이다. 아래의 물음에 답하라.

(1) 영업비유동자산에 대한 투자액을 산출하라.
(2) W사의 FCF 창출액은 얼마인가?

19. 다음은 H사의 2×23~2×24년도 현금흐름표이다. 아래의 물음에 답하라.

현금흐름표

(단위: 억원)

과 목	2×23	2×24
Ⅰ. 영업활동으로 인한 현금흐름	1,561	1,818
1. 당기순이익	1,141	1,102
2. 조 정	1,755	1,578
3. 영업활동으로 인한 자산·부채의 변동	(613)	(275)
4. 이자수입	49	58
5. 이자지급	(421)	(365)
6. 법인세 납부	(350)	(280)
Ⅱ. 투자활동으로 인한 현금흐름	(1,431)	(777)
1. 투자활동으로 인한 현금유입	12,577	5,757
가. 단기금융상품 처분	7,158	156
나. 투자주식, 유형자산의 처분	5,419	5,601
2. 투자활동으로 인한 현금유출	(14,008)	(6,534)
가. 단기금융상품 취득	7,288	11
나. 투자주식, 유형자산의 취득	6,720	6,523
Ⅲ. 재무활동으로 인한 현금흐름	(168)	(1,002)
1. 재무활동으로 인한 현금유입	18,218	15,761
가. 단기차입금 증가	13,269	11,548
나. 장기차입금 증가	200	200
다. 사채 발행	4,749	4,013
2. 재무활동으로 인한 현금유출	(18,386)	(16,763)
가. 단기차입금, 유동성장기부채 감소	13,858	12,777
나. 기타 부채 상환	3,871	3,637
다. 배당금 지급	197	208
라. 자기주식 취득	460	141
Ⅳ. 현금의 증가·감소	(37)	38

〈추가 자료〉

1) 현금성자산은 없으며, 현금은 전부 영업현금이다.
2) 2×24년의 기초 유동부채는 6,619억원이고, 기말 유동부채는 8,084억원이다.
3) 세율은 28%이다.

(1) 2×23~2×24년의 영업활동 현금흐름(운전자본 투자후)은 각각 얼마인가?
(2) 2×24년의 영업현금흐름/유동부채 비율을 산출하라.
(3) 2×24년의 현금기준 이자보상비율을 산출하고 H사의 이자지급능력을 평가하라.

20. 위의 문세 19에 연속된 문제이다. 아래의 물음에 답하라.

(1) 현금흐름표의 투자활동 현금흐름에는 재무자산에 관련된 현금흐름이 포함되어 있다. 재무자산의 취득 및 처분에 관한 현금유출입을 연도별로 산출하라.
(2) 각 연도의 영업비유동자산 투자액을 산출하라.
(3) 각 연도의 FCF 창출액을 산출하라.
(4) 2×24년의 경우 재무부채 순지급액 또는 순차입액은 얼마인가?
(5) 2×24년의 경우 FCF가 어떻게 처분되었는지 설명하라.

제 Ⅲ 부

가치평가의 이론과 실행방법

제7장

가치평가론

기업가치와 주주지분가치(주식가치)를 평가하는 것은 투자의사결정과 전략적 경영의사결정의 핵심적 측면이다. 본장에서는 기업가치와 주주지분가치를 어떻게 평가하는지에 대한 이론을 소개한다. 본장에서 소개될 가치평가모형에는 배당할인모형(DDM), 현금흐름할인모형(DCF 모형), 초과이익모형(RIM) 및 EVA 모형이 포함된다. 이러한 가치평가모형들의 의미와 실행방법을 설명하며, 모형간의 상호관계도 설명한다. 또한 가치평가모형의 실제 적용과 관련하여 각 모형의 상대적 유용성도 논의한다.

제1절 개 요

본서의 제1장에서 논의하였듯이, 재무제표를 이용한 기업분석의 틀(framework)에서 마지막 단계는 분석대상기업의 미래를 예측하여 기업의 가치와 주주지분가치를 평가하는 것이다. 그런데 기업의 미래를 예측함에 있어 무엇을 예측해야 하는가는 가치평가이론이 그 답을 제시하고 있기 때문에 본장에서는 먼저 가치평가이론을 소개한다. 가치평가이론에 따라 미래를 예측하는 구체적 절차는 제9장에서 다루어질 것이다.

기업에 대한 투자의사결정을 하거나 기업 내부자가 전략적 경영의사결정을 하기 위해서는 가치평가이론에 대한 이해가 선행되어야 한다. 제1장에서 설명하였듯이, 투자자와 애널리스트(재무분석가)의 상장기업 평가, 기업공개시의 공모주 분석, M&A(기업합병 · 매수)에서의 피매수기업 평가 등을 하려면 가치평가이론에 대한 이해가 필요하다.[1)]

또한 가치평가이론은 경영자가 사업전략과 투자결정의 유효성을 판단하는 데 있어서도 그 판단기준이 된다. 기업 내의 거의 모든 의사결정은 명시적 또는 암묵적으로 기업가치 평가에 관련되어 있다. 예를 들어, 사업규모 확장 또는 신규사업 투자를 고려할 때에는 그로 인해 기업의 가치가 어떠한 영향을 받을 것인지를 검토하게 된다.[2)]

가치평가이론을 이해하기 위한 출발점으로서 먼저 몇 가지 기본개념을 알아보자. 기업의 자본(capital)은 타인자본과 자기자본으로 구성되어 있으므로 기업의 가치(value of the firm)는 타인자본가치와 주주지분가치(자기자본가치)의 합과 같다.

---

1) 기업의 채무이행능력을 분석할 때에는 일반적으로 기업가치(주주지분가치)를 직접 평가하지는 않는다. 그러나 신용분석을 효과적으로 하기 위해서는 암묵적으로라도 분석대상기업의 가치가 어느 정도인지를 고려할 필요가 있다.

2) 투자결정을 위한 자본예산(capital budgeting)에서 순현가법(net present value method)을 사용하여 판단하는 것은 **투자결정이 기업가치에 미칠 영향**을 분석하는 것이다.

기업가치 = 타인자본가치 + 주주지분가치(자기자본가치)

그런데 기업 외부자의 투자의사결정과 기업 내부자의 경영의사결정에서 기업의 가치를 평가하는 목적은 최종적으로 '기업의 주주지분가치'(value of equity)를 평가하려는 데 있다. 위 관계식에서 볼 수 있듯이, 기업의 가치에서 타인자본가치를 차감하면 주주지분가치를 알 수 있다. 그래서 기업가치 평가와 주주지분가치 평가는 하나의 문제로 이해하여야 한다.

위 관계식에서 타인자본가치(value of debt)는 타인자본 공급자가 투입한 재무부채의 시장가치로 정의하거나 또는 재무자산을 차감한 순재무부채(net debt)의 시장가치로 정의할 수 있다. 제4장 2절에서 논의하였듯이, 재무자산이 있을 경우 기업이 실질적으로 부담하는 부채는 재무자산을 차감한 순재무부채이다. 이러한 관점에서 타인자본가치는 순재무부채 시장가치로 정의할 수 있으며 또 기업의 가치는 순재무부채와 자기자본의 합인 영업투하자본의 시장가치로 정의할 수 있다.[3] 이 정의와 구별하기 위하여 영업투하자본 시장가치와 재무자산 시장가치의 합을 총기업가치로 부르는 경우도 있다. 그러나 그러한 구분은 그리 중요한 문제가 아니며, [그림 7-1]에서 보듯이 주주지분가치 평가결과는 같다. 본서에서는 [그림 7-1]과 같이 기업의 가치를 영업투하자본 시장가치로 정의하며, 또 타인자본가치와 순재무부채 시장가치를 동의어로 사용할 것이다.[4]

기업가치와 주주지분가치를 평가하는 데 사용되는 이론적 가치평가모형에는 다음의 모형들이 있다.

- 배당할인모형(dividend discount model)
- 현금흐름할인모형(discounted cash flow model)
- 초과이익모형(residual income valuation model)
- EVA 모형(economic value added model)

3) 제4장 2절에서 설명하였듯이, 영업투하자본(operating invested capital)은 영업자산에서 영업부채를 차감한 **순영업자산**(net operating assets)과 같다.

4) 위의 정의는 많은 문헌에서 사용되고 있다. 예를 들면, S. Penman, 2010, *Financial Statement Analysis and Security Valuation*, McGraw-Hill/Irwin; K. Palepu, P. Healy and V. Bernard, 2004, *Business Analysis and Valuation Using Financial Statements*, South-Western 참조.

그림 7-1

기업가치와 주주지분가치

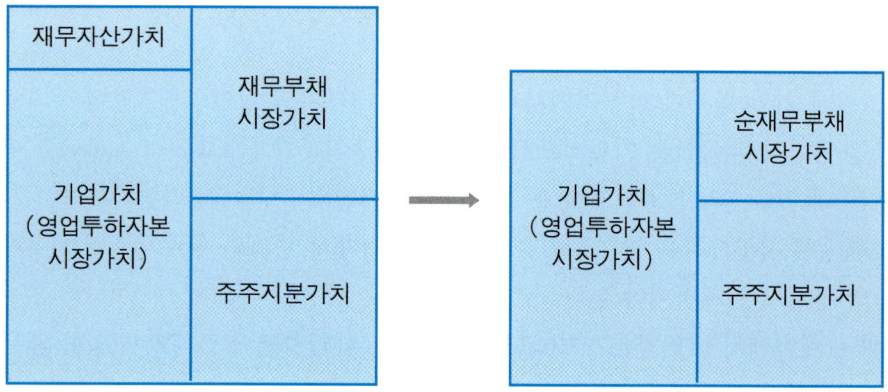

총기업가치 = 기업가치 + 재무자산 시장가치

주주지분가치 = [기업가치 + 재무자산 시장가치] − 재무부채 시장가치
= 기업가치 − [재무부채 시장가치 − 재무자산 시장가치]
= 기업가치 − 순재무부채 시장가치

배당할인모형은 오래 전 재무학에서 정립된 가치평가모형으로서 주주지분가치(주식가치)를 평가하는 이론으로 널리 수용되고 있다. 배당할인모형은 주주지분가치를 평가하는 현금흐름할인모형과 초과이익모형이 도출되는 근거이기도 하다.[5] 맨 아래의 EVA 모형은 회계변수를 이용하여 현금흐름할인모형을 재구성한 것이다.

이와 같이 위의 가치평가모형들은 이론적으로 서로 연관되어 있으며, 이론적으로 모두 동일한 가치평가에 이른다. 그러나 기업의 가치가 어떻게 창출되는가에 대해 각 모형이 제공하는 정보에는 차이가 있으며, 또 실제 상황에서 모형을 사용하는 난이도에도 차이가 있다.

배당할인모형과 초과이익모형은 주주지분가치를 바로 평가하는 모형들이다. 현금흐름할인모형과 EVA 모형에서는 기업의 가치를 먼저 평가한 후 여기서 순재무부채 시장가치를 차감하여 주주지분가치를 평가한다. 다음의 여러 절에서는 배당할인모형, 현금흐름할인모형, 초과이익모형 및 EVA 모형의 구체적 의미와 그 실행방법을 순차적으로 설명한다.

---

5) 배당은 주주에게 귀속되는 현금흐름이므로 배당할인모형도 넓은 의미에서 현금흐름할인모형이다. 그러나 현금흐름할인모형은 잉여현금흐름(free cash flow to the firm)을 이용한 가치평가모형을 지칭하는 경우가 많으므로 본서에서는 현금흐름할인모형이란 용어를 그러한 의미로 사용한다.

배당할인모형(DDM) 제2절

2.1 주주지분가치의 평가

투자자는 기업이 발행한 주식을 보유함으로써 주주지분을 가지게 된다. 재무이론에 따르면, 주주지분의 가치(value of equity)는 주식 보유에서 받게 될 미래 현금의 현재가치로 평가할 수 있다. 주주가 주식 보유에서 받게 될 미래 현금은 기업이 지급하는 배당이므로 결국 주주지분가치는 미래 배당(expected future dividends)의 현재가치로 평가할 수 있다. 계속기업(going concern)을 가정하여 그러한 관계를 정식의 가치평가모형으로 나타내면 다음과 같다.

$$\text{주주지분가치} = \text{미래 배당의 현재가치}$$
$$= \sum_{t=1}^{\infty} \frac{DIV_t}{(1+r_e)^t} \qquad (7\text{-}1)$$

DIV_t: 미래 t년의 배당
r_e: 필요수익률(자기자본비용)

이 가치평가모형을 **배당할인모형**(dividend discount model, DDM)이라고 부른다.[6] 미래 배당의 현재가치를 산정할 때 적용될 할인율은 투자위험에 대응하는 필요수익률인 자기자본비용(cost of equity)이다.

식 (7-1)은 계속기업의 가정 하에서 미래 기간을 무한대로 표현하고 있지만 DIV_t가 지급될 기간까지만 위 모형을 적용하면 된다. 예를 들어, 미래의 어느 시점에서 청산이 예정된 기업이라면 마지막 DIV_t는 청산시에 지급받을 청산배당

6) 투자자들은 미래 배당과 주식매각시의 가격차익(capital gains)을 기대하여 주식을 매수한다. 식 (7-1)의 DDM은 그러한 자본이득을 반영하고 있다. 즉, 주식매각시의 주가는 그 이후의 미래 배당의 현재가치와 같다.

(liquidating dividend)이다.

식 (7-1)에 의한 주주지분가치는 '현재'의 주주지분가치이다. 즉, 현재 유통되고 있는 총주식의 가치이다.[7] 1주의 주식가치는 식 (7-1)의 주주지분가치를 유통주식수(number of shares outstanding)로 나누면 산정된다. 또는 처음부터 식 (7-1)에서 DIV_t를 1주당 금액으로 측정하면 식 (7-1)은 1주의 주식가치를 나타낸다.

2.2 DDM의 실행방법

DDM을 이용하여 가치평가를 하려면 미래의 모든 기간에 대한 배당이 예측되어야 한다. 그러나 그러한 예측이 어렵기 때문에 DDM을 실제로 사용할 때에는 아래와 같이 미래 배당흐름에 대해 일정한 가정을 도입하여 사용한다.

● 지속성장모형

대부분의 기업들은 이익을 전부 배당하지 않고 그 일부를 내부유보하여 영업활동에 재투자하고 있다. 이러한 재투자는 미래의 이익을 증가시키고 그에 따라 미래의 배당도 증가할 가능성이 있을 것이다.

미래 배당의 증가 가능성을 반영하는 한 방법으로서, 배당이 g의 증가율로 매년 증가한다고 가정해 보자.[8] 여기서 현재의 배당지급액을 DIV_0으로 표현하면, 미래 1년의 배당인 DIV_1은 $DIV_0(1+g)$, 미래 2년의 배당인 DIV_2는 $DIV_0(1+g)^2$ 등으로 예측하게 되고, 따라서 주주지분가치는 다음과 같이 산정된다.[9]

7) 만일 미래에 유상증자가 있게 되면 그 때부터 주식수가 증가하여 배당 총액도 증가하게 될 것이나, 현재의 주주는 그 증가된 배당에 대해서는 권리가 없다. 그런데 유상신주가 공정가치로 발행된다고 가정하면 유상증자 납입액은 유상신주에 대한 미래 배당의 현재가치와 같다. 따라서 식 (7-1)에서 미래 t기간의 DIV_t를 당해 기간의 유상증자 납입액을 '차감'한 **순배당**(net dividends)으로 정의하면 미래의 유상증자는 현재의 주주지분가치를 평가하는 데 영향을 미치지 않는다.

8) 단, 배당성장률 g는 할인율(r_e)보다 작아야 한다.

9) 식 (7-2)는 초항이 '$DIV_0(1+g)/(1+r_e)$'이고 공비가 '$(1+g)/(1+r_e)$'인 무한등비급수의 합이다.

$$\text{주주지분가치} = \frac{DIV_0(1+g)}{(1+r_e)} + \frac{DIV_0(1+g)^2}{(1+r_e)^2} + \frac{DIV_0(1+g)^3}{(1+r_e)^3} + \cdots\cdots$$

$$= \frac{DIV_0(1+g)}{r_e - g} \qquad (\text{단, } r_e > g) \qquad (7\text{-}2)$$

위 모형을 **지속성장모형**(constant-growth model) 또는 **Gordon 성장모형**이라고 부른다. 이 모형을 사용하려면 배당성장률(g)과 필요수익률(r_e)만 추정하면 된다.[10) 예를 들어, 지난해의 주당 배당액이 1,000원이었는데 올해부터 매년 배당성장률이 5%일 것으로 예상된다고 하자. 이 주식에 대한 필요수익률(r_e)이 12%라면 주식가치는 다음과 같이 산정된다.

$$\text{주식가치} = \frac{1{,}000 \times (1+0.05)}{0.12 - 0.05} = 15{,}000\,(\text{원})$$

위와 같이 지속성장모형은 사용하기 간편한 모형이다. 그러나 배당이 매년 일정 비율로 계속 증가한다는 것은 제약적인 가정이므로 위 모형은 개략적인 평가방법으로 이해하여야 한다.

● 미래 예측 및 잔여가치 추정에 의한 실행방법

DDM을 실행하는 보다 현실적인 방법으로서 기간에 따라 배당성장률을 다르게 적용하는 방법을 고려할 수 있다. 예를 들어, 미래의 T년까지는 연도별로 직접 배당을 예측하고 그 후에 대해서는 T년 말의 **잔여가치**(terminal value) 형태로 추정하는 방법을 고려할 수 있다. 여기서 T년 말의 잔여가치란 (T년 말 시점에서 산정한) T년 후의 모든 미래 배당의 현재가치를 뜻한다. 이와 같이 직접적인 **예측기간**(forecast horizon)을 T라고 표현하면, DDM을 실행하는 형태는 다음과 같이 나타낼 수 있다.

10) 가치평가를 함에 있어서는 할인율로 사용될 필요수익률(자본비용)이 항상 필요하다. 본장에서는 편의상 필요수익률이 주어져 있다고 가정하며, 이를 추정하는 방법은 제10장에서 자세히 설명한다.

$$\text{주주지분가치} = \frac{DIV_1}{(1+r_e)} + \frac{DIV_2}{(1+r_e)^2} + \cdots + \frac{DIV_T}{(1+r_e)^T} + \frac{\text{잔여가치}_T}{(1+r_e)^T} \tag{7-3}$$

위에서 잔여가치$_T$는 배당성장률을 적용하여 추정한다. 예를 들어, T년의 배당 DIV_T가 그 후에 매년 h의 비율로 증가한다고 가정하면 잔여가치$_T$는 다음과 같이 산정된다.

$$\begin{aligned}\text{잔여가치}_T &= \frac{DIV_T(1+h)}{(1+r_e)} + \frac{DIV_T(1+h)^2}{(1+r_e)^2} + \frac{DIV_T(1+h)^3}{(1+r_e)^3} + \cdots\cdots \\ &= \frac{DIV_T(1+h)}{r_e - h} \end{aligned} \tag{7-4}$$

이러한 잔여가치$_T$ 추정방법은 앞에서의 지속성장모형을 T년 말 시점에서 적용한 것이라고 할 수 있다.

식 (7-3)은 T년까지 연도별로 직접 배당을 예측하므로 이 점에서 지속성장모형보다 덜 제약적인 실행모형이라고 할 수 있다. 그러나 식 (7-3)의 모형도 여전히 사용하기는 쉽지 않다. 잔여가치$_T$는 T년 후의 모든 미래 배당의 현재가치이므로 가치평가에서 큰 비중을 차지하는데, 잔여가치$_T$ 산정에 필요한 배당성장률 h를 추정하기 어렵다. 또한 기업에 따라서는 재무정책에 의해 현금배당을 하지 않는 경우도 있는데(예: Microsoft), 이러한 기업에 대해서는 DDM을 사용하기가 더 어려워진다. 즉, 과거의 배당실적 자료가 없는 기업의 경우에는 어떻게 미래 배당을 예측하는가의 문제가 제기된다.

위 한계점은 모형의 실행에 관한 것이지만, 그 외에도 DDM은 가치창출의 원천을 보여주지 못하는 한계점이 있다. 기업은 영업활동을 통해 현금흐름을 창출하여 자본투자자들에게 배분하며, 이때 주주가 받는 것이 배당이다. 그래서 DDM은 기업의 현금흐름이 '분배'되는 측면에 초점을 둔 가치평가모형이다. 그러나 기업의 가치는 영업활동에서 현금흐름이 얼마나 많이 창출되는가에 따라 결정되는데, DDM은 그에 관한 정보를 제공하지 못하는 한계점이 있다.[11)]

DDM 자체는 이론적 타당성을 인정받고 있지만 위 한계점 때문에 대체적 가치

11) 기업은 단순히 외부에서 자금을 차입하여 배당을 할 수도 있다. 그러나 자금을 차입하는 재무활동에서 가치가 창출되는 것은 아니다.

평가모형들이 개발되게 되었다. 다음 절 이하에서 소개하는 가치평가모형들은 DDM과 이론적 일관성을 유지하면서도 가치창출에 대한 정보를 제공하고 있다.

제3절 현금흐름할인모형(DCF 모형)

현금흐름할인모형(discounted cash flow model)은 기업이 영업활동을 통해 창출하는 순현금흐름(free cash flow, FCF)을 이용하여 기업의 가치와 주주지분가치를 평가하는 모형이다. 아래에서는 현금흐름할인모형의 의미와 구조 그리고 모형의 실행방법을 설명한다.

3.1 기업가치와 주주지분가치의 평가

제6장에서 설명한 바와 같이, 기업의 현금흐름 창출과 배분은 다음의 **현금흐름등식**(cash conservation equation)으로 나타낼 수 있다.

= 기업이 창출한 FCF　　　　창출된 FCF의 배분

영업활동 현금흐름 − 영업에 대한 투자액 − 재무활동 현금흐름　　(7-5)

(순유입)　　　　(순유출)　　　　(순유출)

이 현금흐름등식은 과거는 물론, 미래의 매 기간에도 성립하는 항등식이다. 위에서 FCF는 기업이 영업활동에 투입된 모든 자산에서 창출된 **순현금흐름**이다. 기업이 재화·서비스를 많이 판매하면 FCF가 많이 창출되고, 그렇지 못하면 FCF가 적게 창출된다. 이렇게 창출된 FCF는 재무활동을 통해 자본투자자들에게 이자지급, 원금상환, 배당 등의 형태로 배분된다. 따라서 미래에 FCF를 많이 창출할 기업은 가치가 높은 기업이고, 그렇지 않은 기업은 가치가 낮은 기업이라고 할 수 있다.

이러한 논리에 따라 기업의 가치는 기업이 미래에 창출할 FCF의 현재가치로 평가할 수 있다.

$$\text{기업가치} = \text{미래 FCF의 현재가치} = \sum_{t=1}^{\infty} \frac{C_t - I_t}{(1+r_w)^t} \tag{7-6}$$

C_t: 미래 t년의 영업활동 현금흐름
I_t: 미래 t년의 영업투자액
r_w: 필요수익률(가중평균자본비용)

위 모형을 기업가치를 평가하는 **현금흐름할인모형**(discounted cash flow model, DCF 모형)이라고 부른다. FCF는 기업 전체의 영업활동에서 창출된 것이므로 이러한 의미에서 식 (7-6)의 기업가치를 **영업의 가치**(value of operations)라고도 부른다. 미래 FCF의 현재가치 계산에 적용될 할인율은 기업 전체의 필요수익률인 가중평균자본비용(weighted average cost of capital)이다.

식 (7-6)의 기업가치 평가모형을 이용하여 주주지분가치를 평가할 수 있다. 즉, 「기업가치 = 타인자본가치 + 주주지분가치」의 관계에 있으므로, 주주지분가치는 식 (7-6)의 기업가치에서 순재무부채 시장가치를 차감한 것과 같다.[12)]

$$\text{주주지분가치} = \left(\sum_{t=1}^{\infty} \frac{C_t - I_t}{(1+r_w)^t} \right) - \text{순재무부채 시장가치} \tag{7-7}$$

순재무부채 시장가치 = 현재 부담하고 있는 재무부채의 시장가치
－현재 보유하고 있는 재무자산의 시장가치

위에서 재무부채와 재무자산에 대해서는, 일반적으로 장부가액이 시장가치와 별 차이가 없으므로 장부가액을 시장가치 추정치로 사용할 수 있다.

앞의 절에서 논의한 배당할인모형(DDM)과는 달리, 식 (7-7)의 DCF 모형은 **가치창출**의 측면에서 표현되어 있으며, 기업가치와 주주지분가치가 기업의 FCF에 의해 창출됨을 나타내고 있다. 즉, DCF 모형은 기업의 영업활동과 투자에 의해서 가치

12) 식 (7-7)의 DCF 모형은 좀더 엄격한(rigorous) 방법으로 도출할 수도 있다. 즉, 현금흐름등식에서 배당을 기준으로 등식을 재구성한 후 이를 배당할인모형(DDM)에 결합하면 식 (7-7)이 도출될 수 있다. 따라서 식 (7-7)의 DCF 모형은 DDM을 재구성한 것이라고 할 수 있다.

가 창출됨을 나타내고 있다. 투자는 지출연도의 FCF를 감소시키지만 미래의 영업활동 현금흐름을 장기간 증가시키므로 가치창출의 원천이 된다. 이에 비해 DDM은 **가치분배**의 측면에서 표현되어 있기 때문에 가치창출의 원천을 보여주지 못하는 한계점이 있다.

3.2 DCF 모형의 실행방법

식 (7-7)의 DCF 모형을 이용하여 주주지분가치를 평가하기 위해서는 먼저 기업의 가치를 평가해야 하고 이를 위해서는 미래 FCF(= $C_t - I_t$)의 예측치가 필요하다. 그런데 미래 예측을 할 때에는 일반적으로 추정재무제표(pro forma financial statements)를 작성한다. 이때 추정재무상태표와 추정손익계산서 항목들을 일일이 조정하여 영업활동 현금흐름(C_t)과 영업투자액(I_t)의 예측치를 계산하는 것은 번거로운 일이다. 예를 들어, C_t 예측치를 계산하려면 순이익 예측치에 비현금비용 · 수익 예측치들을 다시 가감해야 함은 물론이고 투자활동 · 재무활동 관련 손익의 예측치들도 순이익 예측치에서 제거해야 한다(제6장 참조). 이러한 번거로움 때문에 아래와 같이 회계변수들을 이용하여 곧바로 FCF 예측치를 구하는 방법이 일반적으로 사용된다.

● FCF와 회계변수의 관계

어느 한 기간의 FCF는 회계변수들을 이용하여 다음과 같이 산출할 수 있다.

$$\begin{aligned} \text{FCF} &= \text{영업활동 현금흐름} - \text{영업에 대한 투자액} \\ &= \text{세후순영업이익} - \Delta\text{영업투하자본} \end{aligned} \qquad (7\text{-}8)$$

세후순영업이익 = 포괄이익 + 세후순금융비용
Δ영업투하자본 = 기초 대비 기말 영업투하자본의 증가액

제4장 2절에서 설명하였듯이, 세후순영업이익은 포괄이익에서 재무활동의 영향(즉, 재무부채 · 재무자산에 관련된 손익)을 제거하여 측정한 영업활동의 이익이다. 그래서 세후순영업이익에는 영업활동 현금흐름이 반영되어 있다. 또한 Δ영업투하자

본에도 영업투자액이 반영되어 있다. 예를 들어, 10억원의 기계설비를 구입하였으면 10억원의 영업비유동자산 투자를 한 것인데, 이는 10억원의 자본(capital)이 영업에 투입되었음을 의미한다. 그래서 연중에 투자를 하였으면 기말 영업투하자본 금액이 기초 금액보다 커지게 되고, 그 차이인 Δ영업투하자본은 영업투자액을 포착하게 된다. 물론 세후순영업이익과 Δ영업투하자본은 회계수치로 측정되어 있어서 각 금액이 현금흐름과 정확히 같지는 않다. 그러나 회계수치와 현금흐름 간의 차이는 세후순영업이익에서 Δ영업투하자본을 '차감'하는 과정에서 자동적으로 제거되기 때문에 식 (7-8)을 이용하여 FCF를 산출할 수 있다.[13)]

앞의 식 (7-8)은 영업활동 관련 항목들인 세후순영업이익과 영업투하자본을 이용하여 FCF를 측정하고 있는데, 재무활동 관련 항목들을 이용하는 측정방법도 있다. 이 방법은 본장의 [보론 1]에 제시되어 있다.

● DCF 모형의 실행방법

FCF는「세후순영업이익 − Δ영업투하자본」과 같으므로 이 관계를 이용하면 기업가치를 평가하는 DCF 모형은 다음과 같이 나타낼 수 있다.

$$\text{기업가치} = \sum_{t=1}^{\infty} \frac{NOPAT_t - \Delta IC_t}{(1+r_w)^t} \tag{7-9}$$

$NOPAT_t$: 미래 t년의 세후순영업이익
ΔIC_t: 미래 t년의 영업투하자본 증가액

위에서 $NOPAT_t$ 예측치는 매출액 예측치에 매출액순영업이익률 예측치를 곱하면 구할 수 있다. 또한 ΔIC_t 예측치는 매출액 예측치와 영업투하자본회전율 예측치를 결합하면 구할 수 있다. 이 예측치들은 추정재무상태표와 추정손익계산서의 작성을 통해 구체화된다.[14)]

위와 같이 미래의 연도별로 $NOPAT$과 ΔIC를 예측하면 연도별 FCF를 예측할 수

13) 예를 들어, 세후순영업이익은 비현금비용인 감가상각비를 차감하여 산정된다. 그런데 감가상각비는 영업비유동자산 장부가액도 감소시키므로 Δ영업투하자본 역시 감가상각비만큼 작아져 있다. 따라서 식 (7-8)의 계산과정에서 감가상각비의 영향은 '상쇄'되어 없어진다.

14) $NOPAT$ 및 ΔIC의 예측과 추정재무제표 작성절차는 제9장에서 사례를 이용하여 자세히 설명된다.

있다. 그러나 미래의 모든 기간의 FCF를 예측하는 것은 어려운 일이기 때문에 DCF 모형을 실제로 사용할 때에는 명시적 **예측기간**(forecast horizon) 내에서만 FCF를 직접 예측하고, 그 후에 대해서는 잔여가치 추정방법을 적용한다. 여기서 **잔여가치**(continuing value)란 예측기간 말 시점에서 산정한 그 후의 모든 FCF의 현재가치를 말한다. 예측기간은 일반적으로 5년 내지 10년 정도의 기간으로 설정된다. 이 직접적 예측기간을 T라고 표현하면 식 (7-9)의 DCF 모형을 실행하는 형태는 다음과 같이 나타낼 수 있다.

$$\text{기업가치} = \sum_{t=1}^{T} \frac{NOPAT_t - \Delta IC_t}{(1+r_w)^t} + \frac{\text{잔여가치}_T}{(1+r_w)^T} \quad (7\text{-}10)$$

위 잔여가치$_T$는 일반적으로 FCF 성장률(growth rate) 가정을 적용하여 추정한다. 예를 들어, T+1년부터는 FCF가 g의 비율로 매년 증가한다고 가정하면 잔여가치$_T$는 다음과 같이 추정할 수 있다.[15)]

$$\text{잔여가치}_T = \frac{FCF_T(1+g)}{r_w - g} \quad (7\text{-}11)$$

위에서 FCF_T는 예측기간 중 마지막 연도의 「$NOPAT_T - \Delta IC_T$」이다. 아래의 [예제 7-1]은 식 (7-10)의 DCF 모형을 이용하여 기업가치와 주주지분가치를 평가하는 예를 보여주고 있다.

예제 7-1

DCF 모형을 이용한 가치평가

다음의 자료는 H사의 미래 5년간에 대한 NOPAT과 ΔIC 예측치이다(단위: 억원). 미래 6년부터는 전년 대비 3%의 증가율로 매년 FCF가 증가할 것으로 예상된다.

	현재	1년	2년	3년	4년	5년
NOPAT		370	400	380	430	450
ΔIC		260	300	270	310	320

15) 식 (7-11)은 초항이 '$FCF_T(1+g)/(1+r_w)$'이고 공비가 '$(1+g)/(1+r_w)$'인 무한등비급수의 합이다.

H사의 가중평균자본비용은 10%이다. 현재 800억원의 차입금이 있고 재무자산은 없으며, 발행주식수는 200만주이다. 앞의 자료를 이용하여 H사의 현재 기업가치와 주주지분가치를 평가하라.

풀이

	현재	1년	2년	3년	4년	5년
FCF = NOPAT − ΔIC		110	100	110	120	130
현가요소: $1/(1+0.1)^t$		0.9091	0.8264	0.7513	0.6830	0.6209
FCF의 현재가치		100	83	83	82	81
5년간 현재가치 합계	429					
잔여가치			130 × (1 + 0.03)/(0.1 − 0.03) = 1,913			
잔여가치의 현재가치	1,188 (= 1,913 × 0.6209)					
기업의 가치	1,617 (억원)					
재무부채	800					
주주지분가치	817 (억원)					
1주의 주식가치	40,850 (원)(= 817억원/200만주)					

● 종속회사의 소수주주지분이 있는 경우

위의 [예제 7-1]은 종속회사가 없는 경우를 대상으로 한 것인데, 이제 H사가 종속회사를 가지고 있는 지배기업이라고 가정하자. H사가 지배기업이면 위에서 NOPAT, ΔIC 예측치는 모두 연결실체에 대한 예측치이고 또 차입금과 재무자산도 연결재무제표상의 금액을 가리킨다. 이때 종속회사에 대해 소수주주지분(비지배지분)이 없으면 위 예제에서 산정된 주주지분가치 평가액(817억원)은 H사의 주주지분가치를 바로 나타내므로 더 이상의 계산절차가 필요하지 않다. 그러나 소수주주지분이 있다면 이 경우에는 위 예제에서 산정된 주주지분가치 평가액(817억원)은 소수주주지분을 포함한 연결실체의 주주지분가치를 평가한 결과가 된다. 왜냐하면 미래 FCF의 현재가치로 구한 기업가치 평가액(1,617억원)에는 소수주주지분의 가치도 포함되어 있기 때문이다. 따라서 최종적으로 지배기업(H사)의 주주지분가치 평가액을 구하려면 위의 817억원에서 소수주주지분의 가치를 차감해 주어야 한다.

일반적으로 소수주주지분의 비중은 작기 때문에 간단한 절차에 따라 소수주주지분의 가치를 산정할 수 있다. 예를 들어, 위 예제의 경우 현재의 연결재무상태표에서 연결자기자본이 600억원이고 그 중 소수주주지분이 5억원이라고 하자. 그러면 소수주주지분의 가치는 [817억원/600억원]×5억원=6.8억원으로 평가할 수 있고, 이를 817억원에서 차감하면 지배기업의 주주지분가치는 810.2억원으로 평가된다.[16] 또한 H사의 1주의 주식가치는 810.2억원/200만주=40,510원으로 평가된다.

● DCF 모형 사용시의 한계점

앞에서 언급하였듯이 DCF 모형은 가치창출의 원천이 무엇인지 보여주고 있다. 또한 배당실적 자료가 없어서 미래 배당의 예측이 어려운 기업에 대해서도 DCF 모형을 사용할 수 있다. 그러나 DCF 모형은 다음과 같은 한계점이 있다.

첫째, FCF 성장률 가정을 적용하여 추정하는 잔여가치(continuing value)가 가치평가에서 큰 비중을 차지한다. 잔여가치는 예측기간 후의 모든 미래 FCF의 현재가치이므로 가치평가에서 큰 비중을 차지할 수밖에 없다.[17] 잔여가치의 이러한 큰 비중은 가치평가결과의 신뢰도를 떨어뜨릴 수도 있다. 즉, FCF 성장률 가정을 조금만 다르게 적용해도 잔여가치 추정치는 상당히 달라지며, FCF 성장률을 몇 %로 적용하는가는 판단하기 어려운 문제이다.

둘째, FCF는 영업활동 현금흐름에서 영업투자액을 차감한 잔여액이므로 대규모 투자를 계속하는 기업의 경우에는 미래에도 수년간 FCF가 '음'(−)의 값이 될 수 있다. 예를 들어, 실제 사례로서 아래에 있는 W사의 연도별 현금흐름 자료를 보자(단위: 억원).

16) 위의 소수주주지분 가치평가방법은 주가순자산비율을 이용하는 간편한 방법이지만, 소수주주지분의 비중이 상당한 경우에는 정식으로 가치평가이론을 적용하여 종속회사의 주주지분가치 평가액을 구하고 여기에 지분율을 곱하여 소수주주지분 가치평가액을 산정하는 방법을 사용할 필요가 있다.

17) 많은 기업들을 대상으로 한 실증연구에 따르면, 잔여가치 추정치가 주주지분가치 평가액에서 차지하는 비중이 평균적으로 80%를 넘고 있다(J. Francis, P. Olsson, and D. Oswald, 2000, "Comparing the Accuracy and Explainability of Dividends, Free Cash Flow and Abnormal Earnings Equity Value Estimates," *Journal of Accounting Research* (Spring), pp. 45-70).

	1994	1995	1996	1997	1998	1999	2000	2001
영업활동 현금흐름	82	97	142	155	154	250	320	340
영업투자액	64	89	153	215	350	450	400	380
FCF	18	8	−11	−60	−196	−200	−80	−40

W사는 영업활동 현금흐름이 크게 증가하고 있지만 대규모 투자를 계속함에 따라 FCF는 1996년부터 계속 '음수'이다. 만일 현재시점이 1994년 2월 말이고 미래 8년간의 FCF 예측치가 위의 FCF 실적과 같다고 가정하면, 이때 DCF 모형을 사용하여 W사의 기업가치를 평가할 수 있을까? 그 대답은 분명히 'No'일 것이다. 이러한 경우에는 투자의 효과를 충분히 반영시켜야 하는데, 그러기 위해서는 아주 먼 미래에 대해서까지 FCF가 예측되어야 한다. 그러나 예측기간이 길어질수록 FCF의 예측이 더 어려워지고 따라서 가치평가의 오차가 크게 될 가능성이 높아진다.

제4절 초과이익모형(RIM)

초과이익모형은 회계변수(이익, 자기자본, ROE 등)를 이용하여 기업의 주주지분가치를 평가하는 모형이다. 이 모형은 앞의 DCF 모형에 비하여 가치평가를 더 용이하게 할 잠재력을 가지고 있다. 아래에서는 초과이익모형의 의미와 구조 그리고 모형의 실행방법을 설명한다.

4.1 주주지분가치의 평가

제2절에서 설명하였듯이 배당할인모형(DDM)은 기업의 주주지분가치를 평가하는 이론이다. 그런데 미래 배당(순배당)은 회계변수인 미래 포괄이익 및 자기자본 장부가치와 일정한 관계에 있다. 즉, 어느 한 기간의 기말 자기자본은 당해 기간의

포괄이익에 의해 증가하는 한편 배당을 하면 그만큼 감소한다. 이러한 관계를 **순증관계**(clean surplus relation)라고 부르며, 미래 각 기간별로 「미래 배당 = 미래 포괄이익 − 미래 자기자본 증가액」과 같다. 이 관계를 이용하면 DDM에서 다음의 **초과이익모형**(residual income valuation model, RIM)을 도출할 수 있다(RIM의 도출과정은 본장의 [보론 2]에 제시되어 있다).

$$\text{주주지분가치} = \text{현재의 자기자본 금액} + \text{미래 초과이익의 현재가치}$$

$$= \text{자기자본}_0 + \sum_{t=1}^{\infty} \frac{\text{초과이익}_t}{(1+r_e)^t} \tag{7-12}$$

$$\text{초과이익}_t = \text{포괄이익}_t - r_e \cdot \text{자기자본}_{t-1}$$

$$= (ROE_t - r_e) \cdot \text{자기자본}_{t-1}$$

$$r_e = \text{필요수익률(자기자본비용)}$$

위의 RIM에 의하면 주주지분가치는 현재의 자기자본 금액(자기자본 장부가치)에 미래 초과이익의 현재가치를 더한 것과 같다. 여기서 '현재의 자기자본 금액'(자기자본$_0$)이 주주지분가치의 구성요소임에 주목하자. 현재의 자기자본 금액은 '현재 주주의 자본투자액'이고 이는 기업의 재무상태표에 주어져 있으므로 우리가 알고 있는 금액이다.[18] 따라서 RIM은 주주지분가치의 상당 부분을 바로 알 수 있게 해 준다.

제4장 3절에서 언급하였듯이, 양(+) 또는 음(−)의 초과이익은 기업이 자기자본 사용대가인 「r_e×기초 자기자본」보다 더 벌거나 덜 번 이익을 의미한다. 기초 자기자본(위 식에서 자기자본$_{t-1}$) 금액은 기초의 주주 투자액을 나타내는데, 여기에 필요수익률(r_e)을 곱한 것은 당해 기간에 기업이 최소한 벌어야 할 이익금액을 의미한다.

RIM은 기업의 주주지분가치가 어떻게 창출되는지를 잘 알 수 있게 해 준다. 예를 들어, 현재의 자기자본 금액(자기자본$_0$)이 1,000이고 필요수익률(r_e)이 10%라고 가정하자. 그리고 올해(즉, 미래 1년)의 자기자본이익률 ROE_1이 15%, 10%, 6%로 서로 다르게 예상되는 세 가지 경우를 비교하여 보자. 미래 2년 이후의 ROE는 모두 필요수익률(r_e)과 같은 10%로 예상된다고 가정하면, 각 경우의 주주지분가치는 다음과 같이 산정된다.

18) 위에서 현재의 자기자본 금액은 재무상태표상의 자본 총액에서 '연차배당'을 차감한 금액이다. DDM과 RIM에서 주주지분가치는 '배당후'(ex-dividend)의 가치에 대한 것이기 때문에 식 (7-12)에서 자기자본 금액도 '배당후'의 금액이다.

미래 1년의 ROE	가치평가 결과($r_e = 10\%$)
15%인 경우 (높은 수익성)	$$주주지분가치 = 1{,}000 + \frac{(0.15 - 0.10)\times 1{,}000}{(1+0.10)}$$ $$= 1{,}000 + 45 = 1{,}045$$
10%인 경우 (필요수익률과 같음)	$$주주지분가치 = 1{,}000 + \frac{(0.10 - 0.10)\times 1{,}000}{(1+0.10)}$$ $$= 1{,}000 + 0 = 1{,}000$$
6%인 경우 (낮은 수익성)	$$주주지분가치 = 1{,}000 + \frac{(0.06 - 0.10)\times 1{,}000}{(1+0.10)}$$ $$= 1{,}000 - 36 = 964$$

위에서 보듯이, 미래 ROE_1(15%)이 필요수익률(r_e, 10%)보다 높은 경우에는 양(+)의 초과이익을 얻기 때문에 가치가 창출되어 주주지분가치는 1,045가 된다. 주주의 자본투자액인 현재의 자기자본 금액이 1,000이므로 45가 가치창출액(value added)이다.[19] 이에 비해 미래 ROE_1(10%)이 필요수익률(r_e)만큼만 되는 경우에는 초과이익은 없는 것이므로 이때 주주지분가치는 현재의 자기자본 금액(주주의 자본투자액)과 같다. 그러나 미래 ROE_1(6%)이 필요수익률(r_e)보다 낮은 경우에는 음(−)의 초과이익이므로 그 현재가치인 36만큼 가치가 상실되어 주주지분가치는 964가 된다. 주주의 자본투자액이 1,000인데 36만큼 가치가 상실되어 주주지분가치는 주주의 자본투자액보다 작아진 것이다.

요컨대, 미래의 ROE가 필요수익률(r_e)보다 높은 경우에는 가치가 창출되고, 반대의 경우에는 가치가 상실된다. 그러므로 미래의 ROE 또는 초과이익은 가치의 창출 여부를 결정하는 요인이다.

● 내재적 PB 프리미엄

위 예에서 미래 ROE가 필요수익률보다 높은 경우에는 주주지분가치가 현재의

19) 위의 가치창출액은 전통적으로 **영업권**(goodwill)이라고 불리어 왔다. 그런데 정확한 형태의 RIM이 투자분석실무에 본격 전파된 것은 1990년대 중반 Ohlson의 재소개 논문이 발표된 이후이다(J. Ohlson, 1995, "Earnings, Book Values, and Dividends in Equity Valuation," *Contemporary Accounting Research* (Spring), pp. 661-687).

자기자본 장부가치(주주의 자본투자액)보다 크며, 이는 주식의 가치가 현재의 장부가치 금액에 머물러 있지 않고 프리미엄이 붙은 것이다. 증권시장에서 형성된 주식가격이 현재의 자기자본(순자산) 장부가치보다 클 때 그 차이를 '주가순자산 프리미엄'(PB 프리미엄)이라고 부르는데, 주주지분가치와 현재의 자기자본 장부가치 간의 차이는 **내재적 PB 프리미엄**이며, 이는 미래 초과이익의 현재가치에 의해 그 크기가 결정된다.

$$\underbrace{\text{주주지분가치} - \underset{(\text{자기자본 장부가치})}{\text{현재의 자기자본 금액}}}_{\text{내재적 PB 프리미엄}} = \text{미래 초과이익의 현재가치}$$

위에서 내재적 PB 프리미엄이 음수로 산출되는 경우(즉, 미래 초과이익의 현재가치가 음수인 경우)에는 그만큼 가치가 상실되었음을 의미한다.

● 내재적 PBR

제3장의 7.1절에서 주가순자산비율(price-to-book ratio, PBR)에 대해 논의한 바 있다.

RIM의 의미를 더 이해하기 위해서 식 (7-12)의 양변을 현재의 자기자본(순자산) 장부가치로 나누어 보자.

$$\frac{\text{주주지분가치}}{\text{자기자본 장부가치}} = 1 + \frac{\text{미래 초과이익의 현재가치}}{\text{자기자본 장부가치}}$$

위에서 좌변의 비율은 **내재적 PBR**이며, 주주지분가치가 자기자본 장부가치의 몇 배인가를 나타내고 있다. 위 식에서 보듯이 미래 초과이익이 0이면 내재적 PBR은 1이다. 만일 미래에 양 또는 음의 초과이익이 기대되면 내재적 PBR은 1보다 크거나 작게 된다.

위 내재적 PBR은 주식가격 대 주당순자산의 비율인 **주가순자산비율**(PBR)의 의미를 잘 이해할 수 있게 해 준다. 주식가격이 주식의 내재가치(intrinsic value)를 완전히 반영하고 있다면 PBR은 위 내재적 PBR과 같으며, PBR의 크기를 결정하는 주된 요인은 미래 초과이익(또는 미래 ROE)이다.[20]

● DDM, DCF 및 RIM의 이론적 동일성

위와 같이 RIM은 회계변수를 이용하고 있지만, RIM은 DDM에서 도출된 것이므로 RIM의 주주지분가치는 이론적으로 DDM의 주주지분가치와 같다. 또한 DCF 모형도 DDM을 재구성한 것이므로 RIM의 주주지분가치는 이론적으로 DCF 모형의 주주지분가치와도 같다. 아래의 [예제 7-2]는 세 모형이 모두 동일한 가치평가에 이르고 있음을 예시하고 있다.

예제 7-2

DDM, DCF 및 RIM에 의한 가치평가

K사는 재무부채(차입부채) 없이 60억원의 자기자본으로 설립되어 출자액을 전부 설비자산에 투자하였는데, 앞으로 2년간 영업을 한 후 해산할 계획이다. 설비자산의 내용연수는 2년이고, 정액법에 따라 감가상각하며 잔존가치는 없다. 첫 해의 영업활동 현금흐름은 50억원으로 예측되고, 둘째 해에는 40억원으로 예측되며, 세금은 없다. 설립시의 투자 외에 추가 투자는 없으며, K사는 영업활동 현금흐름을 전부 배당으로 지급할 계획이다. K사의 자기자본비용(cost of equity)이 10%이면, 현재 K사의 주주지분가치는 얼마로 평가되는가? DDM, DCF 모형 및 RIM을 각각 사용하여 평가하라.

풀이

주어진 자료를 정리하면 다음과 같이 나타낼 수 있다.

현금흐름	현재	미래 1년	미래 2년
투자액(I)	60	0	0
영업활동 현금흐름(C)		50	40
FCF($= C - I$)		50	40
배 당		50	40

회계변수	현재	미래 1년	미래 2년
기초 자기자본		60	30
감가상각비(Dep)		30	30
순이익($= C - Dep$)		20	10

20) PBR의 결정요인에 대한 자세한 설명은 제8장의 3.3절에 제시되어 있다.

배 당	50	40
기말 자기자본	30	0
(= 기초 자기자본 + 순이익 − 배당)		

① DDM에 의한 가치평가

$$주주지분가치 = \frac{50}{(1+0.1)} + \frac{40}{(1+0.1)^2} = 78.5\,(억원)$$

② DCF 모형에 의한 가치평가
재무부채가 없으므로 기업가치와 주주지분가치가 같고, 또 가중평균자본비용은 자기자본비용과 같다.

$$주주지분가치 = \frac{50}{(1+0.1)} + \frac{40}{(1+0.1)^2} = 78.5\,(억원)$$

③ RIM에 의한 가치평가

	미래 1년	미래 2년
기초 자기자본	60	30
순이익(포괄이익)	20	10
0.1×기초 자기자본	6	3
초과이익	14	7

현재의 자기자본 금액은 60억원이다. 따라서,

$$주주지분가치 = 60 + \frac{14}{(1+0.1)} + \frac{7}{(1+0.1)^2} = 78.5\,(억원)$$

위에서 보듯이 세 모형의 가치평가결과는 모두 같다.

● 회계방법의 무관련성

RIM은 회계변수에 의해 표현되어 있지만 회계방법과 관계없이 모든 기업에 대해 성립하는 가치평가모형이다. 기업이 사용하는 회계방법이 달라지면 자기자본

21) 만일 기업이 회계방법을 변경한 결과로서 미래의 법인세 부담이 달라지거나 세금납부가 연기되면 이때에는 그러한 세금효과를 DCF 모형과 RIM의 가치평가에 반영시켜야 한다. 미래의 법인세 변동은 기업의 미래 현금흐름과 실질 초과이익에 영향을 미치기 때문이다.

금액이 크게 또는 작게 측정되지만 이론적으로 RIM의 가치평가는 영향을 받지 않는다. 이에 대한 자세한 설명은 본장의 [보론 2]에 제시되어 있다.

RIM이 회계방법의 영향을 받지 않는 것은 DDM 및 DCF 모형과의 상호관계에서도 유추될 수 있다. RIM과 DCF 모형은 DDM을 재구성한 것이므로 세 모형의 가치평가는 이론적으로 항상 같다. 그래서 DDM과 DCF 모형이 회계방법의 영향을 받지 않는 것처럼 RIM도 회계방법의 영향을 받지 않는다.[21)]

● 초과이익성장모형(AEG 모형)

RIM에서 '현재의 자기자본 금액'(주주의 자본투자액)은 주주지분가치 평가의 기준점 역할(anchor)을 하고 있다. 즉, 미래의 수익성(ROE)이 필요수익률(r_e)과 같으면 초과이익이 0이어서 주주지분가치는 현재의 자기자본 금액과 같다. 그러나 미래에 양(+) 또는 음(−)의 초과이익이 기대되면 주주지분가치는 현재의 자기자본 금액보다 크거나 작아진다.

RIM을 재구성하면 아래와 같이 '미래 1년의 이익을 자본화한 가치'(capitalized forward earnings)가 주주지분가치 평가의 기준점 역할(anchor)을 하는 형태로 표현할 수 있다.[22)]

주주지분가치 = 미래 이익$_1$을 자본화한 가치 + 미래 초과이익성장의 가치[23)]

$$= \frac{\text{미래 이익}_1}{r_e} + \frac{1}{r_e}\left[\sum_{t=2}^{\infty} \frac{\Delta\text{초과이익}_t}{(1+r_e)^{t-1}}\right] \quad (7\text{-}13)$$

Δ초과이익$_t$ = 초과이익$_t$ − 초과이익$_{t-1}$

r_e = 필요수익률(자기자본비용)

---

22) RIM에서 미래 2년 이후의 기간에 대하여($t \geq 2$) '초과이익$_t$ = 초과이익$_{t-1}$+Δ초과이익$_t$'를 대입한 후 적절히 정리하면 식 (7-13)의 가치평가모형이 도출된다.

23) 위 모형에서 '초과이익성장'(abnormal earnings growth)으로 표현된 Δ초과이익$_t$는 아래와 같이 재표현할 수 있다.

Δ초과이익$_t$ = [포괄이익$_t$ − r_e · 자기자본$_{t-1}$] − [포괄이익$_{t-1}$ − r_e · 자기자본$_{t-2}$]

('자기자본$_{t-1}$ = 자기자본$_{t-2}$ + 포괄이익$_{t-1}$ − 배당$_{t-1}$'이므로 대입하여 정리하면)

= [포괄이익$_t$ + r_e · 배당$_{t-1}$] − $(1+r_e)$ · 포괄이익$_{t-1}$

(t년의 총이익) − (비교기준이 되는 이익)

위 가치평가모형을 **초과이익성장모형**(abnormal earnings growth model, AEG 모형)이라고 부른다.[24] 위 모형에 의한 가치평가는 RIM에 의한 가치평가와 이론적으로 같지만, 위 모형에서 기준점 역할(anchor)을 하는 것은 '미래 1년의 이익을 자본화한 가치'인 「미래 이익$_1/r_e$」이다. 즉, 미래 2년 이후에 초과이익의 성장(증가 · 감소)이 없으면(즉, Δ초과이익$_t$가 전부 0이면) 주주지분가치는 「미래 이익$_1/r_e$」와 같다. 그러나 미래 2년 이후에 초과이익이 전년보다 증가 · 감소하면(즉, Δ초과이익$_t$가 0이 아니면) 주주지분가치는 「미래 이익$_1/r_e$」보다 크거나 작아진다.

위 AEG 모형은 주식가격에 미래 이익을 대비시킨 '예상이익 PER'(forward PER)의 결정요인을 이해하는 데 유용하다. 식 (7-13)의 양변을 미래 이익$_1$으로 나누면 '내재적 예상이익 PER'의 형태가 되며 예상이익 PER의 결정요인이 드러나게 된다. 후술하는 제8장(주가배수 평가기법)의 3.2절에서는 예상이익 PER에 대해 자세히 논의할 것이다.

4.2 RIM의 실행방법

RIM에서 주주지분가치는 현재의 자기자본 금액과 미래 초과이익 현재가치의 합으로 결정되므로 가치평가를 하기 위해서는 미래 기간의 초과이익을 예측하여야 한다. RIM은 DDM과 DCF 모형에 비하여 상대적으로 실용성이 높으므로 아래에서 RIM의 실행방법을 자세히 논의한다. RIM을 확장한 가치평가모형인 '산업 · 개별프리미엄모형'은 본장의 [보론 3]에서 소개할 것이다.

여기서 'r_e · 배당$_{t-1}$'은 배당을 재투자함에 따라 발생하는 이익을 의미하고, '$(1+r_e)$ 포괄이익$_{t-1}$'은 $t-1$년의 이익이 필요수익률(r_e)만큼 정상적으로 증가하였을 경우의 t년의 이익을 가리킨다. 따라서 '초과이익성장'은 배당의 재투자이익을 포함한 t년의 이익(cum-dividend earnings)이 $t-1$년의 이익이 필요수익률만큼 증가한 경우보다 클 때의 그 이익성장을 의미한다.

24) J. Ohlson and B. Juettner-Nauroth, 2005, "Expected EPS and EPS Growth as Determinants of Value," *Review of Accounting Studies* (June-September), pp.349-365; S. Penman, 2005, "Discussion of 'On Accounting-Based Valuation Formulae' and 'Expected EPS and EPS Growth as Determinants of Value'," *Review of Accounting Studies* (June-September), pp.367-378.

(1) 시계열행태 가정을 이용한 단순모형

미래 초과이익을 예측하는 간단한 방법으로서, 미래 각 연도의 초과이익이 현재의 초과이익(즉, 최근 연도의 초과이익)과 같다고 가정해 보자. 이 경우 현재의 초과이익을 '$초과이익_0$'으로 표현하면, 「$초과이익_0 = 초과이익_1 = 초과이익_2 = \cdots\cdots$」이므로 RIM은 다음과 같이 단순화된다.[25)]

$$주주지분가치 = 자기자본_0 + \frac{초과이익_0}{r_e} \tag{7-14}$$

위 모형은 현재의 초과이익이 0(零)인 경우도 포함하며, 이는 기업이 필요수익률만큼 ROE를 얻고 있는 경우이다. 어느 산업이 경쟁적 균형상태에 있으면 그 산업에 속한 기업들의 초과이익은 0에 가까울 것이다. 그러나 경쟁적 균형상태에 있지 않은 경우에는 초과이익을 획득하는 기업이 있을 수 있다. 이 경우 미래에도 현재의 초과이익을 계속 얻는다는 위의 가정은 제약적인 가정일 것이다.

어느 기업이 높은 ROE를 달성하여 초과이익을 얻고 있으면, '기업간 경쟁'으로 인하여 현재의 초과이익은 미래에 점차 소멸될 것으로 예측함이 합리적이다. 이러한 가능성을 반영하면 초과이익의 장기적 시계열행태는 다음의 모형으로 나타낼 수 있다.

$$초과이익_{t+1} = \omega \cdot 초과이익_t + \varepsilon_{t+1} \tag{7-15}$$

ω: 초과이익의 지속계수($0 \leq \omega < 1$)
ε_{t+1}: 기대치가 0인 오차항

위에서 ω는 초과이익이 미래에 소멸되는 속도를 나타내는 계수로서 **초과이익의 지속계수**(persistence parameter)라고 부른다. 예를 들어, ω가 0.9이면 올해의 초과이익은 지난해 초과이익의 90% 정도일 것으로 예측하게 된다.[26)] 이와 같이 ω가 1에

25) 위에서 미래 초과이익의 현재가치는 초항이 '$초과이익_0/(1+r_e)$'이고 공비가 '$1/(1+r_e)$'인 무한등비급수의 합이다.

26) 실증연구에 따르면, 상장회사들의 ω는 평균적으로 대략 0.7의 크기를 갖고 있으나 산업에 따라서 상당한 차이가 있다(김권중, 2001, "초과이익평가모형의 실행과 유용성 분석," 「회계학연구」(제3호), pp. 91-121).

가까우면 초과이익이 장기간에 걸쳐 천천히 소멸됨을 의미하고, 반면에 ω가 0에 가까울 정도로 작으면 초과이익이 단기간에 급속히 소멸됨을 의미한다.

초과이익이 위 시계열과정을 따르면 RIM을 단순화할 수 있다. 현재의 초과이익을 '초과이익$_0$'으로 표현하면 미래의 각 연도별 초과이익 기대치는 아래와 같이 나타낼 수 있게 되어,[27] RIM은 식 (7-16)의 형태로 단순화된다.[28]

$$\text{주주지분가치} = \text{자기자본}_0 + \frac{\omega \cdot \text{초과이익}_0}{(1+r_e)} + \frac{\omega^2 \cdot \text{초과이익}_0}{(1+r_e)^2} + \cdots\cdots$$

$$= \text{자기자본}_0 + \frac{\omega}{(1+r_e-\omega)} \times \text{초과이익}_0 \qquad (7\text{-}16)$$

위 모형을 **Ohlson 모형**이라고 부른다.[29] 이 모형을 사용하면, 현재의 초과이익$_0$에 일정 배수를 곱한 것을 현재의 자기자본$_0$에 더하면 주주지분가치가 평가된다. 현재의 초과이익$_0$에 곱해지는 배수는 초과이익 지속계수(ω)와 필요수익률(r_e)에 의해 결정된다. [예제 7-3]은 Ohlson 모형을 이용하는 예를 보여주고 있다.

예제 7-3

Ohlson 모형을 이용한 가치평가

J사의 2×23년 기초 자기자본(배당후)은 200억원이고 포괄이익은 36억원인데, 주주에 대한 배당 16억원을 차감한 결과 2×24년 초 현재 자기자본은 220억원이다. 2×23년의 필요수익률(r_e)은 12%이며 2×24년 이후에도 12%일 것으로 예측된다. 산업 내의 기업간 경쟁을 고려할 때 초과이익 지속계수는 0.7 정도일 것으로 예상된다. Ohlson 모형을 사용하여 2×24년 초 현재 J사의 주주지분가치와 1주의 주식가치를 평가하라. 현재 발행주식수는 200만주이다.

---

27) 미래 1년, 2년 등에 대한 초과이익 기대치는 다음과 같다.

$\text{초과이익}_1 = \omega \cdot \text{초과이익}_0$
$\text{초과이익}_2 = \omega \cdot \text{초과이익}_1 = \omega^2 \cdot \text{초과이익}_0$
……

28) 위에서 미래 초과이익의 현재가치는 초항이 '$\omega \cdot \text{초과이익}_0 / (1+r_e)$'이고 공비가 '$\omega / (1+r_e)$'인 무한등비급수의 합이다.

29) 엄밀히 말하면 식 (7-16)은 Ohlson 모형을 부분적으로 단순화한 것이다(J. Ohlson, 1995, "Earnings, Book Values, and Dividends in Equity Valuation," *Contemporary Accounting Research* (Spring), pp. 661-687).

풀이

$$2\times23\text{년의 초과이익} = \text{포괄이익} - r_e \times \text{기초 자기자본}$$
$$= 36 - 0.12\times200 = 12\ (\text{억원})$$

$$\text{주주지분가치} = 220 + \frac{0.7}{1+0.12-0.7}\times12 = 240\ (\text{억원})$$

$$1\text{주의 주식가치} = 240\text{억원} / 200\text{만주} = 12{,}000\text{원}$$

앞에서의 설명과 [예제 7-3]은 현재 높은 ROE를 실현하여 양(+)의 초과이익이 발생한 경우를 대상으로 하고 있는데, 그 반대의 경우에도 Ohlson 모형을 적용할 수 있다. 즉, 현재의 낮은 수익성은 비용절감을 포함한 경쟁력 회복 노력을 유발하여 당해 기업의 미래 ROE가 점차적으로 필요수익률(자기자본비용) 수준에 접근해 갈 것으로 예상해 볼 수 있다. 이러한 예상은 ROE의 장기적 행태에 관한 실증연구에 의해서도 뒷받침되고 있다.[30)]

위와 같이 Ohlson 모형은 초과이익의 장기적 시계열행태를 반영하고 있지만, 여기서 유의해야 할 점이 있다. 즉, 식 (7-15)로 표현된 초과이익의 시계열행태는 기업들의 개별적 특성을 고려하지 않은 '평균적 행태'라는 점이다. 어느 한 기업의 관점에서 볼 때에는 초과이익의 기간적 변화가 그러한 평균적 행태에서 상당히 벗어나 있을 수도 있다. 그러므로 Ohlson 모형은 개략적인 가치평가방법으로 이해하여야 한다.

(2) 미래 예측 및 잔여가치 추정에 의한 실행방법

RIM을 보다 효과적으로 사용하기 위해서는 초과이익의 일반적 시계열행태를 고려함과 동시에 기업들의 개별적 특성을 고려하여 미래 초과이익을 직접 예측할 필요가 있다. 이와 같이 미래 초과이익을 직접 예측하는 **예측기간**(forecast horizon)을 T라고 표현하자. 그러면 RIM을 실행하는 형태는 다음과 같이 나타낼 수 있다.

30) S. Penman, 1991, "An Evaluation of Accounting Rate-of-Return," *Journal of Accounting, Auditing and Finance* (Spring), pp. 233-255. 또한 우리나라 상장회사들을 대상으로 실증분석한 결과도 그러한 경향이 있음을 나타내고 있다(제9장 참조).

$$\text{주주지분가치} = \text{자기자본}_0 + \sum_{t=1}^{T} \frac{\text{초과이익}_t}{(1+r_e)^t} + \frac{\text{잔여가치}_T}{(1+r_e)^T} \qquad (7\text{-}17)$$

$\text{초과이익}_t = \text{포괄이익}_t(\text{순이익}_t) - r_e \cdot \text{자기자본}_{t-1}$
잔여가치_T = T년 말 시점에서 산정한 T년 후의 미래 초과이익의 현재가치

위에서 예측기간 T 내의 연도별 포괄이익$_t$는 매출액, 매출액이익률 등의 예측을 통해 예측할 수 있고, 기타포괄손익의 미래 기대치는 0(零)으로 볼 수 있으므로 포괄이익$_t$ 예측치와 순이익$_t$ 예측치는 같다.[31] 또한 각 연도의 기초 자기자본인 자기자본$_{t-1}$은 순이익$_t$ 예측치와 배당성향을 이용하여 예측할 수 있다.[32] 이와 같이 연도별 순이익$_t$와 자기자본$_{t-1}$이 예측되면 이들로부터 연도별 초과이익$_t$ 예측치를 구할 수 있다.

잔여가치$_T$(continuing value)는 예측기간의 마지막 연도인 T년 말 시점에서 산정한 그 후의 미래 초과이익의 현재가치이다. 이를 추정함에 있어서는 예측기간 중에 나타나는 초과이익의 변화추세를 검토할 필요가 있다. 즉, 초과이익의 변화추세를 검토하면 잔여가치$_T$를 추정하는 데 도움이 되는 '정보'를 얻을 수 있다. 초과이익의 변화추세에는 여러 형태가 있을 수 있으므로 아래에서 구분하여 살펴보자.

① 예측기간 말의 초과이익이 0에 가까운 경우

예를 들어 예측기간 T가 미래 5년인데, 초과이익이 점차 작아져서 다음과 같이 0(零)에 가까워지는 추세를 보이고 있다고 하자.

	예측기간(T = 5)					잔여가치 추정기간		
	1년	2년	3년	4년	5년	6년	7년	……
초과이익	70	65	45	32	10	초과이익$_6$	초과이익$_7$	……

위 경우에는 미래 6년 이후의 초과이익(초과이익$_6$, 초과이익$_7$, …)이 0과 비슷할

31) 제9장에서는 미래 이익을 예측하는 절차가 자세히 설명된다.
32) 순이익은 기말 자기자본을 증가시키고 배당은 기말 자기자본을 감소시키므로 이 관계를 이용하여 연도별 자기자본$_{t-1}$ 예측치를 구할 수 있다. 배당성향은 일반적으로 급격히 변동하지 않으므로 현재의 배당성향이 유지되는 것으로 가정할 수 있다.

것으로 예측할 수 있고, 따라서 잔여가치 추정치는 0이 된다.

$$잔여가치_T = \frac{초과이익_6}{(1+r_e)} + \frac{초과이익_7}{(1+r_e)^2} + \cdots\cdots$$
$$= 0$$

위의 예는 앞으로 5년 후가 되면 분석대상기업이 속한 산업이 경쟁적 균형(competitive equilibrium) 상태에 이를 것으로 예상되는 경우이다. 그때에는 기업들이 필요수익률(자기자본비용)만큼의 ROE만 얻게 될 것이므로 미래 6년부터는 초과이익이 0일 것으로 예측할 수 있다.

② 예측기간 말의 초과이익이 0에 근접하지 않는 경우

기업에 따라서는 초과이익이 천천히 소멸되어 예측기간 말에 이르러서도 여전히 상당한 크기의 초과이익이 예측될 수도 있다. 예를 들어, 초과이익이 다음과 같이 예측되었다고 하자.

	예측기간(T = 5)					잔여가치 추정기간		
	1년	2년	3년	4년	5년	6년	7년	……
초과이익	30	55	50	45	40	초과이익$_6$	초과이익$_7$	……

위에서 보듯이, 미래 2년까지 초과이익이 증가하다가 미래 3년부터는 초과이익이 감소하는 추세에 있다. 그러나 초과이익이 감소하는 정도가 크지 않아서 미래 5년에도 여전히 상당한 크기의 초과이익이 예측되고 있다. 이러한 경우에는 미래 5년 후에도 상당 기간 동안 초과이익이 발생할 것으로 예측함이 합리적이다. 미래 3년부터 초과이익이 조금씩 감소하는 추세에 있으므로 이 추세를 잔여가치 추정에 이용할 수 있다. 전년 대비 초과이익의 비율(= 당년도 초과이익/ 전년도 초과이익)을 계산하면 미래 3년의 경우 0.91, 미래 4년의 경우 0.9, 그리고 미래 5년의 경우에는 0.89이다. 이와 같이 초과이익은 전년 대비 0.9 정도의 비율로 감소하고 있으므로 0.9를 지속계수(ω)로 사용하여 미래 6년 이후의 초과이익을 예측해 볼 수 있다. 즉, 「$초과이익_6 = \omega \cdot 초과이익_5$, $초과이익_7 = \omega^2 \cdot 초과이익_5$, ……」으로 예측하면 잔여가치$_T$는 다음과 같이 산정된다.

$$잔여가치_T = \frac{\omega \cdot 초과이익_5}{(1+r_e)} + \frac{\omega^2 \cdot 초과이익_5}{(1+r_e)^2} + \cdots\cdots$$

$$= \frac{\omega}{(1+r_e-\omega)} \times 초과이익_5 \qquad (7\text{-}18)$$

위에서 ω는 0.9이고, 초과이익$_5$는 미래 5년의 초과이익 예측치인 40이다. 식 (7-18)의 잔여가치 추정방법은 예측기간 후의 미래에 대해 앞의 식 (7-15)에서 설명한 시계열모형을 적용한 것이라고 할 수 있다. 분석대상기업이 산업 내에서 높은 경쟁력을 갖고 있는 경우에는 위와 같이 장기간에 걸쳐 초과이익이 발생할 것으로 예측할 수 있다.

③ 예측기간 중에 초과이익이 비슷한 크기로 유지되고 있는 경우

또 다른 경우로서, 예측기간 중에 초과이익이 소멸되지 않고 비슷한 크기로 계속 나타날 수도 있다. 예를 들어, 미래 5년간에 대한 초과이익 예측치가 다음과 같다고 하자.

	예측기간(T = 5)					잔여가치 추정기간		
	1년	2년	3년	4년	5년	6년	7년	……
초과이익	15	28	20	22	20	초과이익$_6$	초과이익$_7$	……

위에서 보듯이, 초과이익이 감소하지 않고 있고 미래 3년부터 미래 5년의 초과이익 예측치가 비슷한 크기이다. 이러한 경우에는 미래 5년의 초과이익 20이 미래 6년 이후에도 유지될 것으로 예측해 볼 수 있다. 그러면 잔여가치$_T$는 나음과 같이 산정된다.[33][34]

$$잔여가치_T = \frac{초과이익_5}{(1+r_e)} + \frac{초과이익_5}{(1+r_e)^2} + \cdots\cdots$$

$$= \frac{초과이익_5}{r_e} \qquad (7\text{-}19)$$

33) 식 (7-19)는 초항이 '초과이익$_5$/$(1+r_e)$'이고 공비가 '$1/(1+r_e)$'인 무한등비급수의 합이다.

34) 위의 잔여가치 추정방법은 여러 실증연구에서도 사용되었다. 예를 들면, R. Frankel and C. Lee, 1998, "Accounting Valuation, Market Expectation, and Cross-Sectional Stock Returns," *Journal of Accounting and Economics* (June), pp. 283-319 참조.

미래에 초과이익이 소멸되지 않는 것으로 예측되는 것은 분석대상기업의 회계방법과 관련이 있을 수 있다. 만일 보수적 회계방법이 사용됨에 따라 현재의 자기자본 금액이 '작게' 계상되어 있으면 '수치상으로' 미래 초과이익이 소멸되지 않는다.[35] 이 경우 초과이익 수치는 실질적 초과이익을 나타내지는 않지만 가치평가를 위해서는 수치상의 초과이익도 포함시켜야 한다. 그렇게 하지 않고 미래 6년 이후에 초과이익이 감소하는 것으로 해서 잔여가치를 추정하면 오히려 가치평가를 잘못하는 셈이 된다(본장의 [보론 2]에 있는 [예제 7-6] 참조).

이상과 같이 예측기간 말의 잔여가치를 추정하는 여러 방법을 살펴보았다. 후술하는 제9장에서는 RIM을 이용하여 가치평가를 하는 사례가 소개되며, 미래 초과이익을 예측하는 구체적 절차도 함께 설명될 것이다.

● 종속회사의 소수주주지분이 있는 경우

위의 논의에서는 편의상 평가대상기업이 종속회사를 가지고 있지 않다고 가정하였다. 그런데 평가대상기업이 연결재무제표를 작성하는 지배기업인 경우에는 앞의 식 (7-17)에서 미래 이익과 초과이익, 잔여가치 등은 모두 연결실체에 대한 것이므로 소수주주지분의 존재 여부를 고려하여야 한다.[36] 만일 종속회사에 대해 소수주주지분이 없으면 식 (7-17)에서 산정된 주주지분가치 평가액은 지배기업의 주주지분가치를 바로 나타내므로 더 이상의 계산절차가 필요하지 않다. 그러나 소수주주지분이 있으면 이 경우에는 위에서 산정된 주주지분가치 평가액은 소수주주지분을 포함한 연결실체의 주주지분가치를 평가한 결과가 된다. 따라서 최종적으로 지배기업의 주주지분가치 평가액을 구하려면 위 평가액에서 소수주주지분의 가치를 차감해 주어야 한다. 소수주주지분의 가치는 앞의 3.2절에서 설명한 방법을 사용하여 산정하면 된다.

---

35) G. Feltham and J. Ohlson, 1995, "Valuation and Clean Surplus Accounting for Operating and Financial Activities," *Contemporary Accounting Research* (Spring), pp. 689-731.

36) 미래 초과이익 등을 예측하는 데 필요한 미래 이익 예측치 등은 미래 매출액, 매출액이익률 등의 예측을 통해 구해지는데 여기서 미래 매출액, 매출액이익률 등의 예측치는 모두 연결실체에 대한 예측치이다.

EVA 모형 제5절

가치평가이론을 소개하는 마지막 순서로서, 본절에서는 EVA(경제적 부가가치, economic value added) 모형을 소개한다. EVA 모형은 EVA와 영업투하자본을 이용하여 기업의 가치를 평가하며, 앞에서 설명한 RIM과 유사한 형태를 가지고 있다.[37)]

5.1 기업가치와 주주지분가치의 평가

제4절의 RIM에서 초과이익은 자기자본에 관한 것인데 비하여, EVA는 기업 전체의 영업투하자본과 관련하여 정의되는 초과이익이다. 즉, 제4장에서 논의하였듯이, EVA는 영업활동의 이익인 세후순영업이익에서 영업투하자본 사용대가를 차감한 '초과영업이익'으로 정의된다. 이러한 유사성에서 유추할 수 있듯이, 기업의 가치는 영업투하자본 금액과 EVA를 이용하여 평가할 수 있으며, 아래의 모형을 **EVA 모형**이라고 부른다. 이 모형은 DCF 모형을 재구성한 것인데 그 도출과정은 본장의 [보론 2]에 제시되어 있다.

$$\text{기업가치} = \text{현재의 영업투하자본 금액} + \text{미래 EVA의 현재가치}$$
$$= \text{영업투하자본}_0 + \sum_{t=1}^{\infty} \frac{EVA_t}{(1+r_w)^t} \qquad (7\text{-}20)$$

$$EVA_t = \text{세후순영업이익}_t - r_w \cdot \text{영업투하자본}_{t-1}$$
$$= (ROIC_t - r_w) \cdot \text{영업투하자본}_{t-1}$$
$$r_w = \text{가중평균자본비용}$$

위에서 보는 바와 같이, 기업의 가치는 현재의 영업투하자본 금액(장부가치)에

37) 제4장 3절에서 논의하였듯이, EVA도 초과이익 개념이다. RIM(초과이익모형)이라는 용어를 넓은 의미로 사용하면 EVA 모형도 RIM의 한 형태라고 할 수 있다.

미래 EVA의 현재가치를 더한 것과 같다. 현재의 영업투하자본 금액은 기업의 자본투자액을 나타내며, 기업의 가치가 그보다 큰지의 여부는 미래의 EVA에 달려 있다. 만일 영업수익성이 높아서 미래에 양(+)의 EVA가 얻어질 것으로 기대되면 가치가 창출된 것이고 이때 기업의 가치는 영업투하자본 금액보다 커진다. 즉, 미래 EVA의 현재가치가 기업가치 창출액을 나타낸다. 반면에, 영업수익성이 낮아서 미래의 EVA가 음수일 것으로 예상되면 이때에는 가치가 상실된 것이고, 따라서 기업의 가치는 영업투하자본 금액보다 작아진다.

미래의 EVA가 양 또는 음의 값인지는 미래의 예상되는 ROIC(영업투하자본이익률)를 기업의 필요수익률인 가중평균자본비용(r_w)과 비교하면 바로 판단할 수 있다. 미래의 ROIC가 가중평균자본비용(r_w)보다 높으면 양의 EVA이고, 반대의 경우에는 음의 EVA이다.

기업의 주주지분가치는 식 (7-20)의 기업가치에서 현재의 순재무부채 시장가치를 차감하면 구해진다.[38)]

$$\text{주주지분가치} = \left[\text{영업투하자본}_0 + \sum_{t=1}^{\infty} \frac{EVA_t}{(1+r_w)^t}\right] - \text{순재무부채 시장가치} \quad (7\text{-}21)$$

5.2 EVA 모형의 실행방법

EVA 역시 초과이익 개념이므로 EVA 모형을 실행하는 방법은 앞의 제4절에서 설명한 RIM의 실행방법과 기본적으로 같다. 미래 EVA를 직접 예측하는 **예측기간**(forecast horizon)을 T라고 표현하자. 그러면 기업가치 평가를 위한 EVA 모형을 실행하는 형태는 다음과 같이 나타낼 수 있다.

$$\text{기업가치} = \text{영업투하자본}_0 + \sum_{t=1}^{T} \frac{EVA_t}{(1+r_w)^t} + \frac{\text{잔여가치}_T}{(1+r_w)^T} \quad (7\text{-}22)$$

EVA_t = 세후순영업이익$_t$ $- r_w \cdot$ 영업투하자본$_{t-1}$

잔여가치$_T$ = T년 말 시점에서 산정한 T년 후의 미래 EVA의 현재가치

38) 앞에서 RIM을 논의할 때 이론적으로 RIM은 회계방법의 영향을 받지 않는다는 점을 언급하였다. 이와 마찬가지로, 이론적으로 EVA 모형도 회계방법의 영향을 받지 않는다.

예측기간 내에서 연도별 세후순영업이익$_t$와 영업투하자본$_{t-1}$은 매출액, 매출액순영업이익률, 영업투하자본회전율 등의 예측을 통해 예측할 수 있다.[39] 이렇게 세후순영업이익$_t$와 영업투하자본$_{t-1}$이 예측되면 이들로부터 연도별 EVA 예측치를 구할 수 있고, 그러면 남은 것은 잔여가치$_T$의 추정이다. 잔여가치$_T$는 예측기간(T) 후의 미래 EVA의 현재가치인데, 이를 추정함에 있어서는 예측기간 중에 나타나는 EVA 변화추세를 고려할 필요가 있다. 앞의 제4절에서 RIM의 잔여가치 추정방법을 설명하였는데, EVA 모형의 경우도 그러한 방법으로 잔여가치를 추정할 수 있다.

① 예측기간 말의 EVA가 0에 가까운 경우

예측기간 중에 EVA가 점차 소멸되어 예측기간 말의 EVA가 0(零)에 가까우면 그 후의 EVA는 0인 것으로 예측할 수 있고, 따라서 잔여가치$_T$ 추정치는 0이 된다.

② 예측기간 말의 EVA가 0에 근접하지 않는 경우

기업에 따라서는 EVA가 천천히 소멸되어 예측기간 말에 이르러서도 여전히 상당한 크기의 EVA가 예측될 수도 있다. 이러한 경우에는 예측기간 후에도 상당 기간 동안 EVA가 발생할 것으로 예측해야 할 것이다. 예측기간 중의 EVA 변화추세가 그 후에도 이어진다고 가정하면 예측기간(T) 말 시점에서의 잔여가치는 다음과 같이 추정할 수 있다.[40]

$$\text{잔여가치}_T = \frac{\omega \cdot EVA_T}{(1+r_w)} + \frac{\omega^2 \cdot EVA_T}{(1+r_w)^2} + \cdots\cdots$$

$$= \frac{\omega}{(1+r_w-\omega)} \times EVA_T \qquad (7\text{-}23)$$

위 식은 앞의 4.2절에 있는 식 (7-18)과 유사한 형태이다. 위에서 ω는 EVA의 지속계수이고, EVA_T는 예측기간(T) 중 마지막 연도의 EVA 예측치이다. 위의 잔여가치 추정방법은 앞의 4.2절에 있는 식 (7-15)의 시계열모형을 T년 후의 EVA에 적용한 것이다. 지속계수(ω)는 예측기간 중에 나타나는 EVA 변화추세를 이용하여 추정할 수 있다. 분석대상기업이 산업 내에서 높은 경쟁력을 갖고 있는 경우에는 위와 같이 장기간에 걸쳐 EVA가 발생할 것으로 예측할 수 있다.

---

39) 제9장에서는 실제 사례를 이용하여 미래의 세후순영업이익과 영업투하자본을 예측하는 방법이 설명된다.

40) 식 (7-23)은 초항이 '$\omega \cdot EVA_T/(1+r_w)$'이고 공비가 '$\omega/(1+r_w)$'인 무한등비급수의 합이다.

③ 예측기간 중에 EVA가 비슷한 크기로 유지되고 있는 경우

일부 기업의 경우에는 예측기간 중에 EVA가 소멸되지 않고 비슷한 크기로 계속 나타날 수도 있다. 이러한 경우에는 예측기간 말(즉, 마지막 T년)의 EVA_T가 그 후에도 유지될 것으로 예측해 볼 수 있다. 그러면 잔여가치는 다음과 같이 추정된다.[41)]

$$
\begin{aligned}
\text{잔여가치}_T &= \frac{EVA_T}{(1+r_w)} + \frac{EVA_T}{(1+r_w)^2} + \cdots\cdots \\
&= \frac{EVA_T}{r_w} \qquad (7\text{-}24)
\end{aligned}
$$

미래에 EVA가 소멸되지 않는 것은 분석대상기업의 회계방법과 관련이 있을 수 있다. 만일 보수적 회계방법이 사용되어 현재 영업투하자본 금액이 '작게' 측정되어 있으면 '수치상으로' 미래 EVA가 소멸되지 않는다. 이러한 경우 EVA 수치는 실질적 EVA를 나타내지는 않지만 가치평가를 위해서는 그러한 수치상의 EVA도 포함시켜야 한다. RIM을 사용할 때 보수적 회계의 영향을 포함시켜야 함을 앞의 4.2절에서 설명하였는데 이는 EVA 모형을 사용할 때에도 마찬가지이다.

예제 7-4

EVA 모형을 이용한 가치평가

다음은 M사의 미래 5년간에 대해 세후순영업이익과 영업투하자본을 예측한 자료이다(단위: 억원).

	현재	1년	2년	3년	4년	5년
세후순영업이익		350	400	426	450	478
영업투하자본(기말)	3,200	3,460	3,760	4,030	4,340	4,660

M사의 가중평균자본비용은 10%이다. 현재 500억원의 차입금이 있고 재무자산은 없으며, 발행주식수는 400만주이다. 아래의 각 물음에 답하라.

(1) 미래 1~5년의 연도별로 EVA 예측치를 산출하라.

41) 식 (7-24)는 초항이 '$EVA_T/(1+r_w)$'이고 공비가 '$1/(1+r_w)$'인 무한등비급수의 합이다.

풀이

	현재	1년	2년	3년	4년	5년
세후순영업이익		350	400	426	450	478
0.1 × 기초 영업투하자본		320	346	376	403	434
EVA		30	54	50	47	44

(2) 미래 3년부터 EVA 예측치가 조금씩 감소하고 있다. 미래 3년부터 미래 5년까지, 전년 대비 당년도 EVA의 비율(=당년도 EVA/전년도 EVA)을 구하고 그 평균치를 EVA 지속계수로 사용하여 미래 5년 말 시점에서의 잔여가치를 산정하라.

풀이

지속계수 추정치 = (50/54 + 47/50 + 44/47) ÷ 3 = 0.934

$$\text{미래 5년 말 시점에서의 잔여가치} = \frac{0.934}{1 + 0.10 - 0.934} \times 44 = 248(\text{억원})$$

(3) 위의 EVA 예측치와 잔여가치 추정치를 이용하여 M사의 기업가치와 주주지분가치를 산정하라.

풀이

	현재	1년	2년	3년	4년	5년
EVA		30	54	50	47	44
현가요소: $1/(1+0.1)^t$		0.9091	0.8264	0.7513	0.6830	0.6209
EVA의 현재가치		27.3	44.6	37.6	32.1	27.3
5년간 현재가치 합계	169					
잔여가치의 현재가치	154 (= 248 × 0.6209)					
현재의 영업투하자본	3,200					
기업의 가치	3,523 (억원)					
재무부채	500					
주주지분가치	3,023 (억원)					
1주의 주식가치	75,580 (원)(= 3,023억원/400만주)					

● 종속회사의 소수주주지분이 있는 경우

위 [예제 7-4]는 종속회사가 없는 경우를 대상으로 한 것이다. 이제 M사가 연결재무제표를 작성하는 지배기업이라고 가정하면, 위에서 세후순영업이익, 영업투하자본 예측치는 모두 연결실체에 대한 예측치이고 또 차입금과 재무자산도 연결재무제표상의 금액을 가리킨다. 이때 종속회사에 대해 소수주주지분이 없으면 위에서 산정된 주주지분가치 평가액은 M사의 주주지분가치를 바로 나타내므로 더 이상의 계산절차가 필요하지 않다. 그러나 소수주주지분이 있으면 이 경우에는, 앞의 3.2절에서 논의한 바와 같이, 위에서 산정된 주주지분가치 평가액(3,023억원)은 소수주주지분을 포함한 연결실체의 주주지분가치를 평가한 결과가 된다. 따라서 최종적으로 지배기업(M사)의 주주지분가치 평가액을 구하려면 위의 3,023억원에서 소수주주지분의 가치를 차감해주어야 한다. 소수주주지분의 가치는 앞의 3.2절에서 설명한 방법을 사용하여 산정하면 된다.

제6절 가치평가모형의 비교

앞의 여러 절에서 언급하였듯이, DDM에서 DCF 모형과 RIM이 도출되었고 또 EVA 모형은 DCF 모형을 재구성한 것이므로, 이론적으로 이들 모형의 주주지분가치 평가는 모두 같다. 그러나 모형의 구조는 서로 다르며, 또 실제로 사용하는 관점에서 볼 때 모형 사용의 용이성에도 차이가 있을 수 있다. 본절에서는 위 모형들의 상대적 장단점을 논의한다. RIM과 EVA 모형은 그 구조가 유사하므로 먼저 DDM, DCF 모형과 RIM을 비교하고, 이어서 RIM과 EVA 모형을 비교한다. 설명의 편의상 아래에 DDM, DCF 모형과 RIM이 다시 기술되어 있다.

① DDM: 주주지분가치 $= \sum_{t=1}^{T} \frac{DIV_t}{(1+r_e)^t} + \frac{잔여가치_T}{(1+r_e)^T}$

② DCF: 주주지분가치 $= \sum_{t=1}^{T} \frac{C_t - I_t}{(1+r_w)^t} + \frac{잔여가치_T}{(1+r_w)^T}$ − 순재무부채 시장가치

③ RIM: 주주지분가치 $=$ 자기자본$_0 + \sum_{t=1}^{T} \frac{(ROE_t - r_e) \cdot 자기자본_{t-1}}{(1+r_e)^t} + \frac{잔여가치_T}{(1+r_e)^T}$

*미래 예측기간(T)은 모형에 따라서 다르게 설정될 수도 있음.

6.1 DDM, DCF 모형과 RIM의 비교

(1) 가치창출 정보의 제공 여부

DDM에서 배당은 기업의 FCF를 주주에게 '배분'하는 것이므로 DDM은 가치의 '창출'에 관한 정보를 제공하지 못하는 한계점이 있다. 이에 비해 DCF 모형은 기업의 영업활동과 투자에 의해서 가치가 창출됨을 나타내고 있다. 그러나 FCF 자체는 기업이 창출한 가치(value added)를 나타내지는 않는다. FCF는 영업활동 현금흐름에서 영업투자액을 차감한 잔여액이므로 투자액이 증가할수록 FCF는 작아지고 경우에 따라서는 음수가 될 수도 있다.

RIM은 주주지분가치가 기업의 수익성(ROE)과 자기자본 투자규모에 의해 창출됨을 직접 나타내고 있으며, 초과이익은 기업이 창출한 가치를 나타내는 성과측정치이다. 따라서 주주지분가치가 주주의 투자액과 다르게 되는 정도는 미래의 초과이익에 달려 있다. 양 또는 음의 초과이익이 발생하는 것은 ROE의 크기에 달려 있으므로 ROE는 가치창출 여부에 대해 유용한 정보를 제공한다. 즉, 미래의 예상 ROE를 필요수익률인 자기자본비용(r_e)과 비교하는 것만으로도 가치창출 여부에 대한 판단을 할 수 있다.

(2) 모형 사용의 상대적 용이성

DDM, DCF 모형 및 RIM의 가치평가는 이론적으로는 모두 같지만, 모형을 실제

사용하는 관점에서 볼 때 이들은 다음과 같이 여러 면에서 차이가 있다.

① DDM과 DCF 모형은 전적으로 미래 예측에 의존해서 가치평가를 해야 한다. 이 때문에 잔여가치 부분이 가치평가에서 아주 큰 비중을 차지하는데, 잔여가치를 추정한다는 것은 용이한 일이 아니다. 배당성장률과 FCF 성장률 가정을 조금 다르게 적용해도 잔여가치 추정치는 상당히 달라지며, 성장률을 몇 %로 적용하는가는 판단하기 어려운 문제이다.

이에 비해 RIM에서는 현재의 자기자본 장부가치($자기자본_0$)가 주주지분가치의 구성요소이고 이는 재무상태표에서 바로 알 수 있다. 더구나 $자기자본_0$은 일반적으로 주주지분가치에서 큰 비중을 차지하고 있다.[42] 따라서 RIM에서는 주주지분가치의 상당 부분을 쉽게 측정가능하고 이는 RIM의 큰 이점이라고 할 수 있다.

또한 분석대상기업의 재무제표가 보수적 회계의 영향을 별로 받지 않은 경우에는 미래 초과이익도 큰 오차 없이 예측가능하다. 즉, 초과이익은 산업 내의 경쟁으로 인해 점차 소멸되어 갈 가능성이 높으므로 초과이익을 예측할 때 그러한 시계열 행태를 활용할 수 있다.[43]

② DDM과 RIM의 경우 할인율은 자기자본비용(r_e)이나, DCF 모형에서 할인율은 가중평균자본비용(r_w)이다. 그런데 r_w를 추정함에 있어서는 '자본구성비율'을 추정하기 어렵다는 문제가 있다. 자본구성비율은 자기자본과 순재무부채의 '시장가치'(market value)에 의해 측정되어야 하나, 자기자본 시장가치란 바로 가치평가를 통해 우리가 알려고 하는 주주지분가치이다. 그러므로 자기자본 시장가치를 모르는 한 r_w를 알 수 없고, r_w를 모르는 한 자기자본 시장가치를 알 수 없는 순환론적 문제가 있다. 이 때문에 DCF 모형을 사용하려면 다른 방법으로 자본구성비율을 추정해야 하며 이 과정에서 r_w의 추정오차 문제가 초래된다.[44]

③ 일반적으로 순재무부채의 장부가치는 시장가치와 비슷하지만 이자율의 변동

---

42) 상장기업의 평균 PBR(주가순자산비율)이 2보다 훨씬 작은 것을 생각하면 $자기자본_0$이 주주지분가치에서 차지하는 비중은 평균적으로 50%를 넘는다고 볼 수 있다.

43) 초과이익이 일반적으로 그러한 시계열행태를 갖는 것은 실증연구에 의해서도 뒷받침되고 있다 (P. Dechow, A. Hutton, and R. Sloan, 1999, "An Empirical Assessment of the Residual Income Valuation Model," *Journal of Accounting and Economics* (January), pp. 1-34; 김권중, 2001, "초과이익평가모형의 실행과 유용성 분석,"「회계학연구」(제3호), pp. 91-121).

44) r_w의 추정방법은 제10장에서 자세히 논의된다.

폭이 크면 시장가치와의 차이가 커진다. 그러한 경우 DCF 모형은 순재무부채의 시장가치를 평가해야 하는 부담이 있다. 그러나 DDM과 RIM은 주주지분가치를 직접 평가하므로 순재무부채의 가치를 평가하지 않아도 된다.

④ DDM과 DCF 모형의 경우 미래 예측시에 회계방법을 고려해야 할 필요가 없다. 그러나 보수적 회계방법을 많이 사용한 기업에 RIM을 적용할 때에는 미래 초과이익 예측치에 보수적 회계의 영향을 포함시켜야 한다([보론 2]의 [예제 7-6] 참조). 보수적 회계 하에서는 산업 내의 경쟁에도 불구하고 수치상으로 초과이익이 소멸되지 않는다.

다음의 〈표 7-1〉에는 세 모형을 비교한 결과가 요약되어 있다. 〈표 7-1〉에는 앞의 제2~3절에서 언급한 DDM과 DCF 모형의 한계점도 함께 요약되어 있다.

표 7-1 DDM, DCF 모형과 RIM의 비교

구분	DDM	DCF	RIM
가치창출 정보의 제공여부	• 배당은 가치창출에 관한 정보를 제공하지 못함	• 영업활동과 투자에서 가치가 창출됨을 나타냄 • FCF 자체는 가치창출액을 나타내지 않음	• 가치창출요인을 보여줌: 1) 투자의 수익성: ROE 2) 투자규모: 자기자본 3) 가치창출요건: ROE$>r_e$
모형 사용시의 상대적 장단점	• 장점: 1) r_w를 추정할 필요 없음 2) 회계방법과 무관 3) 순재무부채 시장가치를 추정할 필요 없음 • 단점: 1) 잔여가치 비중이 매우 크고 배당성장률 추정이 어려움 2) 무배당기업에 대해서는 사용하기 어려움	• 장점: 1) 회계방법과 무관 2) 무배당기업에 사용가능 • 단점: 1) 잔여가치 비중이 매우 크고 FCF 성장률 추정이 어려움 2) 투자의 효과를 반영하기 위해서는 예측기간이 아주 길어야 함 3) r_w 추정이 어려움 4) 순재무부채 시장가치를 평가해야 함	• 장점: 1) 주주지분가치의 큰 비중을 차지하는 자기자본 금액을 알고 있음 2) r_w를 추정할 필요 없음 3) 미래 예측시 초과이익의 시계열행태 활용가능 4) 순재무부채 시장가치를 추정할 필요 없음 5) 무배당기업에 사용가능 • 단점: 1) 미래 초과이익 예측치에 보수적 회계의 영향을 포함시켜야 함

표 7-2

RIM을 사용하고 있는 애널리스트 분석보고서

기업분석 2011년 2월 16일

LG유플러스(032640.KS)

투자의견 Buy 및 목표주가 10,000원 유지

업종	통신
현재가(02/14)	5,820원
KOSPI	2,014.59
발행주식수	514.8백만주
액면가	5,000원
배당수익률(2009)	6.0%
외국인지분율	24.1%

당사가 제시하는 LG유플러스의 목표주가는 10,000원이다. 이는 일차적으로 동사의 잔여이익모델(RIM)에서 산출되었다(P5 참조). 목표주가 10,000원은 2011년 예상실적 기준 PER 13.4배, PBR 1.3배 수준이다. (중략) 2011년을 기준으로 보면 목표주가에 해당하는 적용 Multiple이 비교적 높다고 판단할 수 있을 것이다. 하지만 이는 매우 높은 수익성 개선 속도에 기인한다. 1회성 합병영향을 제외할 때 2011년, 2012년 동사의 영업이익 증가율은 각각 56%, 18%로 추정된다. 이러한 급격한 이익증가율과 고배당률(현재 6%)을 감안하면 올해 1~2분기에 수익성 개선이 실제로 가시화됨과 동시에 동사 주가의 빠른 회복이 기대된다.

결산기	매출액 (십억원)	영업이익 (십억원)	순이익 (십억원)	EPS (원)	PER (배)	PBR (배)	ROE (%)	부채비율 (%)	순차입금 (십억원)
2009	6,098.2	653.7	462.3	1,069	na	na	na	na	na
2010P	6,305.3	493.3	572.7	1,324	5.2	0.9	18.9	104.8	2,060.8
2011E	6,675.5	770.3	385.2	891	7.8	0.8	9.4	108.2	2,455.9
2012F	7,095.0	910.1	514.4	1,189	5.8	0.7	11.7	95.2	2,131.0
2013F	7,510.0	985.8	719.5	1,663	4.2	0.6	15.0	84.1	1,743.5

주: RIM(잔여이익모델)은 주주 입장에서 투자원금인 자기자본과 자기자본비용을 초과하는 이익(잔여이익)의 현재가치를 합한 금액을 적정 주주가치(자기자본가치)로 보는 Valuation모델이다. 산식으로 표현하면 다음과 같다.

자기자본가치 = 자기자본 + 미래 잔여이익의 현재가치*

$*$잔여이익$_t$ = 순이익$_t$ − 자기자본비용(cost of equity)× 자기자본$_{t-1}$

RIM은 이론적으로 배당할인모형(DDM), 잉여현금흐름모형(DCF)과 같은 결과를 도출하면서도 측정지표상의 주관성을 최소화시킨 객관적인 Valuation 모델이라고 할 수 있어 당사 Valuation 기본모델로 사용하고 있다.

자료: 우리투자증권(주)(www.wooriwm.com)

앞에서 논의한 바와 같이, 가치평가모형을 실제 사용하는 관점에서 볼 때 RIM은 여러 가지 이점을 가지고 있다. 이러한 이유로 국내의 투자분석실무에서도 RIM을 사용하는 애널리스트(재무분석가)가 늘어나고 있다. 〈표 7-2〉는 우리투자증권(주)의 애널리스트가 RIM을 사용하고 있는 예를 보여주고 있다. 이 증권사는 회사 전체적으로 RIM을 사용하고 있음도 언급하고 있다(〈표 7-2〉의 하단 참조).

6.2 RIM과 EVA 모형의 비교

기업가치 평가에 관한 EVA 모형은 RIM을 기업 전체(즉, 영업투하자본)에 대해 적용한 것이라고 할 수 있다. RIM에서 초과이익이 자기자본 사용대가를 차감한 잔여이익인 것처럼 EVA도 영업투하자본 사용대가를 차감한 잔여이익 개념이다.

또한 가치평가모형의 구조도 유사하다. RIM에서 주주지분가치가 자기자본 투자액과 미래 초과이익 현재가치의 합으로 표현되는 것처럼 EVA 모형에서는 기업가치가 영업투하자본 투자액과 미래 EVA 현재가치의 합으로 표현되고 있다. 그리고 RIM과 EVA 모형은 가치창출의 결정요인을 직접 나타내고 있다.

이와 같이 RIM과 EVA 모형은 여러 면에서 유사한데, 모형을 실제 사용하는 관점에서 비교해 보자. 먼저 RIM의 경우 미래 순이익을 예측하기 위해서는 순이익의 구성요소인 순금융비용(이자비용과 이자수익)을 예측하여야 하는 부담이 있다. 이에 비해 EVA 모형은 영업활동의 이익에 초점을 두고 있으므로 미래의 순금융비용을 예측할 필요가 없다.

그러나 EVA 모형을 사용함에 있어서는 다음과 같은 어려움이 있을 수 있다.

① EVA 모형에 사용되는 자본비용은 기업 전체의 가중평균자본비용(r_w)인데 이의 산정에 필요한 '자본구성비율'을 추정하기 어렵다. 이 문제는 앞의 6.1절에서 논의한 바 있다.

② EVA 모형을 사용하려면 재무제표 항목들이 영업활동 대 재무활동 항목으로 모두 구분될 수 있어야 한다. 즉, 세후순영업이익과 영업투하자본이 측정될 수 있어야 한다. 그러나 기업에 따라서는 주석자료의 부족 때문에 재무제표 항목들을 영업활동 대 재무활동 항목으로 명료히 구분하기 어려운 경우가 적지 않다. 이에 비

하여 RIM을 사용할 때에는 그러한 구분이 필요하지 않다.

③ DCF 모형처럼 EVA 모형의 경우에도 주주지분가치를 평가하기 위해서는 순재무부채 시장가치를 추정하여야 한다. 일반적으로 이는 어려운 문제는 아니지만, RIM은 주주지분가치를 직접 평가하는 모형이므로 순재무부채 시장가치를 추정하지 않아도 된다.

[보론 1] FCF와 회계변수의 관계

FCF와 회계변수의 관계는 제4장 2절에서 설명한 다음의 재무상태표등식에서 살펴볼 수 있다.

영업투하자본 + 재무자산 = 재무부채 + 자기자본

(영업투하자본 = 영업자산 − 영업부채)

위 재무상태표등식을 전년 대비 증가액(Δ) 형태로 나타내면 다음과 같다.

Δ영업투하자본 + Δ재무자산 = Δ재무부채 + Δ자기자본 (7-25)

「기말 자기자본 = 기초 자기자본 + 포괄이익 − 순배당(유상증자 납입액 차감)」이므로 「Δ자기자본 = 포괄이익 − 순배당」이다.[45] 이 관계를 위에 대입하여 정리하면 식 (7-25)는 아래와 같이 된다.

포괄이익 − Δ영업투하자본 = Δ재무자산 − Δ재무부채 + 순배당 (7-26)

여기서 「포괄이익 = 세후순영업이익 − 세후순금융비용」이므로 이 관계를 대입한 후 세후순금융비용을 우변으로 옮기면 위 식은 다음과 같이 된다.

〈영업활동 관련 항목〉 〈재무활동 관련 항목〉

세후순영업이익 − Δ영업투하자본 = 세후순금융비용 − Δ재무부채 + Δ재무자산 + 순배당

= FCF 창출액 (7-27)

본장의 제3절에서 위 좌변의 금액이 FCF와 같음을 언급한 바 있다. 이와 같이 좌변의 금액이 FCF와 같으면 당연히 우변의 금액도 FCF와 같다. 결국 위의 등식은 **회계변수로 표현된 FCF 등식을 나타낸다.**

45) 순배당은 현금배당에서 유상증자 납입액을 차감한 순액으로서 주주에 대한 순지급액을 나타낸다. 기업이 자기주식을 취득하면서 주주에게 지급한 현금도 위 순배당에 포함된다.

$$\underbrace{\text{세후순영업이익} - \Delta\text{영업투하자본}}_{=\text{ FCF 창출액}} = \underbrace{\text{세후순금융비용} - \Delta\text{재무부채} + \Delta\text{재무자산} + \text{순배당}}_{\text{회계변수로 표현된 FCF 배분내역}} \qquad (7\text{-}27)$$

$$\underbrace{\text{영업활동 현금흐름} - \text{영업투자액}}_{=\text{ FCF 창출액}} = \underbrace{\text{순이자지급(세후)} + \underset{\text{순지급}}{\text{재무부채}} + \underset{\text{순취득}}{\text{재무자산}} + \text{순배당}}_{\text{현금흐름변수로 표현된 FCF 배분내역}} \qquad (7\text{-}28)$$

식 (7-28)은 현금흐름등식이며, 이 등식의 우변 항목들은 제6장에서 자세히 논의한 바 있다. 이 현금흐름등식을 식 (7-27)과 비교하면 회계변수와 현금흐름변수 간의 대칭성을 볼 수 있다.

식 (7-27)과 같이 재무상태표와 포괄손익계산서 항목들을 영업활동 대 재무활동 관련 항목으로 구분하면 이를 이용하여 FCF를 바로 산정할 수 있다. 식 (7-27)에서 영업활동 관련 항목들을 이용하여 FCF를 측정하는 방법은 **영업활동접근법**(operating approach)이라 부를 수 있고, 재무활동 관련 항목들을 이용한 측정방법은 **재무활동접근법**(financing approach)이라고 부를 수 있다. 이러한 방법들은 미래의 추정재무제표를 작성하고 또 FCF 예측치를 계산할 때 활용할 수 있으며, 제9장에서 그러한 활용사례를 보게 될 것이다.

아래의 [예제 7-5]는 현재의 재무상태표와 포괄손익계산서에서 FCF 창출실적을 산정하는 예를 보여주고 있다.

예제 7-5

회계변수를 이용한 FCF 산정

다음은 ABC 회사의 재무제표이다. 영업활동접근법과 재무활동접근법을 각각 사용하여 2×24년도의 FCF 창출실적을 산정하라.

ABC 회사의 재무상태표 (단위: 백만원)

자 산	2×23	2×24	부채와 자본	2×23	2×24
현 금	20	30	매입채무	170	180
단기금융상품	150	140	미지급비용	30	30
매출채권	250	300	장기차입금	250	250
재고자산	450	400	사 채	300	300
유형자산	810	840	자본 총계	930	950
자산 총계	1,680	1,710	부채와 자본 총계	1,680	1,710

ABC 회사의 포괄손익계산서 (단위: 백만원)

과 목	2×24	과 목	2×24
매출원가	2,800	매 출 액	3,500
판매비와 관리비	500	임 대 료	20
이자비용	40	이자수익	10
유형자산처분손실	10		
법인세비용	54		
당기순이익	126		
기타포괄손익	0		

〈추가 자료〉 1) 현금은 영업활동에 필요한 영업자산이고, 세율은 24%이다

풀이

위 재무상태표에서 재무자산은 단기금융상품이고, 재무부채는 장기차입금과 사채이다.

① 영업활동접근법을 이용한 FCF 산정

세후순영업이익 = 포괄이익 + 세후순금융비용 = 126 + (40 − 10)×(1 − 0.24) = 149

기초 영업투하자본 = 기초 영업자산 − 기초 영업부채
= (총자산 − 단기금융상품) − (매입채무 + 미지급비용)
= (1,680 − 150) − (170 + 30) = 1,330

기말 영업투하자본 = 기말 영업자산 – 기말 영업부채
= (총자산 – 단기금융상품) – (매입채무 + 미지급비용)
= (1,710 – 140) – (180 + 30) = 1,360

FCF = 세후순영업이익 – ⊿영업투하자본
= 149 – (1,360 – 1,330) = 119 (백만원)

② 재무활동접근법을 이용한 FCF 산정

세후순금융비용 = (40 – 10)×(1 – 0.24) = 23

⊿재무부채 = 기말 재무부채 – 기초 재무부채
= (250 + 300) – (250 + 300) = 0

⊿재무자산 = 기말 재무자산 – 기초 재무자산
= 140 – 150 = –10

순배당 = 포괄이익 – ⊿자기자본
= 126 – (950 – 930) = 106

FCF = 세후순금융비용 – ⊿재무부채 + ⊿재무자산 + 순배당
= 23 – 0 – 10 + 106 = 119 (백만원)

[보론 2] RIM과 EVA 모형의 도출

(1) RIM의 도출

RIM은 아래의 **순증관계**(clean surplus relation)를 이용하여 DDM에서 도출된다. 회계원리 교과에서도 설명되고 있듯이, 한 기간(미래 t년)의 포괄이익은 기말 자기자본(장부가치)을 증가시키고 반면에 배당은 기말 자기자본을 감소시킨다.

$$\text{기말 자기자본} = \text{기초 자기자본} + \text{포괄이익} - \text{순배당} \quad (7\text{-}29)$$

$$\Rightarrow \underset{(DIV_t)}{\text{순배당}} = \underset{(BV_{t-1})}{\text{기초 자기자본}} + \underset{(X_t)}{\text{포괄이익}} - \underset{(BV_t)}{\text{기말 자기자본}} \quad (7\text{-}30)$$

위에서 미래 배당은 유상증자가 있을 경우 납입액을 차감한 순배당(net dividends)으로 표현되어 있다. 본장의 제2절에서 언급하였듯이, DDM에서 배당은 순배당으로 정의할 수 있으므로(제2절의 각주 7 참조), 식 (7-30)을 DDM에 대입하면 DDM은 다음과 같이 된다.

$$\text{주주지분가치} = \frac{DIV_1}{(1+r_e)} + \frac{DIV_2}{(1+r_e)^2} + \cdots\cdots$$

$$= \frac{BV_0 + X_1 - BV_1}{(1+r_e)} + \frac{BV_1 + X_2 - BV_2}{(1+r_e)^2} + \cdots\cdots \quad (7\text{-}31)$$

위 식의 우변에서 미래 1년의 분자에 '$r_e \cdot BV_0$'을 가감하고, 미래 2년의 분자에는 '$r_e \cdot BV_1$'을 가감하자. 그러면 위 식은 다음과 같이 나타낼 수 있다.

$$\text{주주지분가치} = \frac{(1+r_e) \cdot BV_0 + X_1 - r_e \cdot BV_0}{(1+r_e)} - \frac{BV_1}{(1+r_e)}$$

$$+ \frac{(1+r_e) \cdot BV_1 + X_2 - r_e \cdot BV_1}{(1+r_e)^2} - \frac{BV_2}{(1+r_e)^2} + \cdots\cdots$$

$$= BV_0 + \frac{X_1 - r_e \cdot BV_0}{(1+r_e)} + \frac{X_2 - r_e \cdot BV_1}{(1+r_e)^2} - \frac{BV_2}{(1+r_e)^2} + \cdots\cdots \quad (7\text{-}32)$$

미래 3년, 4년 등의 분자에도 '$r_e \cdot BV_2$, $r_e \cdot BV_3$, ...'를 각각 가감한 후 위 방식으로 정리하면, 결국 식 (7-32)는 다음의 RIM이 된다.[46)]

46) 식 (7-32)에서 마지막 항인「$BV_\infty/(1+r_e)^\infty$」는 0에 수렴한다고 가정된다.

$$주주지분가치 = BV_0 + \sum_{t=1}^{\infty} \frac{X_t - r_e \cdot BV_{t-1}}{(1+r_e)^t} \quad (7\text{-}33)$$

= 현재의 자기자본 금액 + 미래 초과이익의 현재가치

위 식 (7-33)의 모형은 종속회사가 없는 기업을 대상으로 제시된 것이다. 종속회사가 있는 지배기업의 경우 지배기업의 주주지분가치는 다음의 모형으로 나타낼 수 있다.

지배기업 귀속 자기자본(BV^P)과 지배기업 귀속 포괄이익(X^P)을 사용할 경우:

$$지배기업의\ 주주지분가치 = BV_0^P + \sum_{t=1}^{\infty} \frac{X_t^P - r_e \cdot BV_{t-1}^P}{(1+r_e)^t} \quad (7\text{-}34)$$

연결실체의 연결자기자본(BV^C)과 연결포괄이익(X^C)을 사용할 경우:

$$지배기업의\ 주주지분가치 = \left[BV_0^C + \sum_{t=1}^{\infty} \frac{X_t^C - r_e \cdot BV_{t-1}^C}{(1+r_e)^t}\right] - 소수주주지분의\ 가치 \quad (7\text{-}35)$$

위 식 (7-34)의 모형은 앞의 식 (7-29)에서 각 변수를 지배기업 관련 변수(지배기업 귀속 자기자본, 지배기업 귀속 포괄이익, 지배기업 주주에 대한 순배당)로 정의하고 식 (7-30) 이하의 도출과정을 밟으면 도출된다. 한편, 앞의 식 (7-29)에서 자기자본과 포괄이익을 연결자기자본과 연결포괄이익으로 정의하고 순배당을 지배기업 주주에 대한 순배당과 소수주주에 대한 순배당으로 분리한 다음, 식 (7-30) 이하의 도출과정을 밟으면 위 식 (7-35)의 모형이 도출된다.

미래 포괄이익과 자기자본을 예측할 때 지배기업 귀속 포괄이익(X^P)과 자기자본(BV^P)을 직접 예측하는 경우에는 위 식 (7-34)의 모형을 사용하면 된다. 그러나 미래 X^P와 BV^P를 직접 예측하기 어려운 경우에는 연결실체의 연결포괄이익(X^C)과 연결자기자본(BV^C)을 사용하는 식 (7-35)의 모형을 사용하고, 소수주주지분의 가치를 별도로 평가해서 차감해 주면 된다(앞의 4.2절의 논의 내용 참조).

(2) 회계방법의 무관련성

기업이 사용하는 회계방법이 달라지면 자기자본 금액이 크게 또는 작게 계상되지만 이론적으로 RIM의 가치평가는 영향을 받지 않는다. 이러한 RIM의 특징은 앞의 (1)항에서 논의한 다음의 순증관계에 따른 것이다.

순증관계: $DIV_1 = BV_0 + X_1 - BV_1$ (7-36)

$DIV_2 = BV_1 + X_2 - BV_2$ (7-37)

......

식 (7-36) 등은 미래의 각 기간에 대한 순증관계이며, 이 관계를 DDM에 대입하여 도출한 것이 RIM이다. 이제 예를 들어 어느 기업이 영업비유동자산 금액을 작게 계상하는 보수적 회계방법을 사용함에 따라 현재의 자기자본 BV_0이 작게 계상되었다고 가정하자. 그러면 미래에는 감가상각비가 작게 계산되므로 내년의 포괄이익 X_1이 크게 산정되고, 내년 말의 자기자본 BV_1 역시 영향을 받는다. 그러나 BV_0, X_1 및 BV_1의 금액들이 그와 같이 달라져도 여전히 「$BV_0 + X_1 - BV_1$」은 DIV_1과 같다. 또한 여전히 「$BV_1 + X_2 - BV_2$」는 DIV_2와 같다.

만일 위 예에서 영업비유동자산 금액을 크게 계상하는 회계방법이 사용되어 현재의 자기자본 BV_0이 크게 계상되었다면 이때에는 내년의 포괄이익 X_1이 작게 산정된다. 그러나 이 경우에도 여전히 「$BV_0 + X_1 - BV_1$」은 DIV_1과 같고, 「$BV_1 + X_2 - BV_2$」는 DIV_2와 같다.

이와 같이 각 기간의 DIV에 대하여 그러한 등식관계를 충족시키는 X와 BV의 조합은 '무수히' 많을 수 있다. 즉, 회계방법을 다르게 하면 X와 BV의 금액들이 모두 바뀌지만 여전히 위 등식관계는 성립한다. 그리고 RIM을 도출하는 앞의 식 (7-31)을 보면 각 기간의 DIV에 위 등식관계를 대입한 것뿐이다.

아래의 [예제 7-6]은 RIM이 회계방법의 영향을 받지 않음을 확인하는 예인데, 이는 보수적 회계방법이 사용되어 현재의 자기자본이 작게 계상된 경우이다.

예제 7-6

보수적 회계방법이 사용된 때의 가치평가

제4절의 [예제 7-2]에서 K사가 설비자산을 60억원 대신 40억원으로 작게 계상하는 보수적 회계방법을 사용하였다고 가정하자. 그러면 현재의 자기자본 장부가치도 40억원으로 작게 계상된다. 다른 조건은 제4절의 [예제 7-2]와 같다면 K사의 주주지분가치가 얼마로 평가되는가?

풀이

아래에는 비교목적으로 [예제 7-2]의 경우도 함께 제시되어 있다.

	설비자산을 60억원으로 계상한 경우		설비자산을 40억원으로 계상한 경우	
	미래 1년	미래 2년	미래 1년	미래 2년
투자액(I)	0	0	0	0
영업활동 현금흐름(C)	50	40	50	40
FCF($=C-I$)	50	40	50	40
배 당	50	40	50	40
기초 자기자본	60	30	40	20
감가상각비(Dep)	30	30	20	20
순이익($=C-Dep$)	20	10	30	20
기말 자기자본 (= 기초 자기자본 + 순이익 − 배당)	30	0	20	0

위의 오른 쪽을 보면, 현재 설비자산이 40억원으로 작게 계상됨에 따라 미래에는 감가상각비가 작아져서 순이익(포괄이익)이 증가한다. 그러나 회계방법과 관계없이 현금흐름은 동일한 금액이다.

RIM에 의한 가치평가

	설비자산을 60억원으로 계상한 경우		설비자산을 40억원으로 계상한 경우	
	미래 1년	미래 2년	미래 1년	미래 2년
기초 자기자본	**60**	30	**40**	20
순이익(포괄이익)	20	10	30	20
0.1 × 기초 자기자본	6	3	4	2
초과이익	**14**	**7**	**26**	**18**
ROE	**0.33**	**0.33**	**0.75**	**1.00**

$$\text{주주지분가치} = 60 + \frac{14}{(1+0.1)} + \frac{7}{(1+0.1)^2} = 78.5\ (\text{억원})$$

$$\text{주주지분가치} = 40 + \frac{26}{(1+0.1)} + \frac{18}{(1+0.1)^2} = 78.5\ (\text{억원})$$

보수적 회계방법 때문에 현재의 자기자본 금액이 60억원에서 40억원으로 작아져 있지만 그 대신 미래 초과이익은 크게 산정되기 때문에 가치평가결과는 변함이 없다. 물론 증가된 미래 초과이익은 실질적 초과이익이 아니고 수치상의 초과이익이지만 이를 포함시키는 한 가치평가는 영향을 받지 않는다.

(3) EVA 모형의 도출

EVA 모형은 DCF 모형에서 도출되는데, 먼저 본장의 제3절에서 식 (7-9)로 표현된 DCF 모형은 다음과 같다.

$$\text{기업가치} = \sum_{t=1}^{\infty} \frac{C_t - I_t}{(1+r_w)^t} = \sum_{t=1}^{\infty} \frac{NOPAT_t - \Delta IC_t}{(1+r_w)^t} \tag{7-9}$$

여기서 「$\Delta IC_t = IC_t - IC_{t-1}$」이므로 식 (7-9)는 다음과 같이 나타낼 수 있다.

$$\text{기업가치} = \frac{NOPAT_1 + IC_0 - IC_1}{(1+r_w)} + \frac{NOPAT_2 + IC_1 - IC_2}{(1+r_w)^2} + \cdots\cdots \tag{7-38}$$

위 식의 우변에서 미래 1년의 분자에 '$r_w \cdot IC_0$'을 가감하고, 미래 2년의 분자에는 '$r_w \cdot IC_1$'을 가감하자. 그리고 미래 3년, 4년 등의 분자에도 '$r_w \cdot IC_2$, $r_w \cdot IC_3$, ...'를 각각 가감한 후 식 (7-38)을 정리하면 다음의 EVA 모형이 도출된다.

$$\text{기업가치} = IC_0 + \sum_{t=1}^{\infty} \frac{NOPAT_t - r_w \cdot IC_{t-1}}{(1+r_w)^t} \tag{7-39}$$

$$= \text{현재의 영업투하자본 금액} + \text{미래 EVA의 현재가치}$$

RIM과 마찬가지로 EVA 모형도 이론적으로 회계방법의 영향을 받지 않는다. 위에서 살펴본 바와 같이, EVA 모형은 「$FCF_t = NOPAT_t - \Delta IC_t$」의 관계를 이용하여 DCF 모형을 재구성한 것이다. 그런데 각 기간의 FCF에 대하여 위 등식관계를 충족시키는 NOPAT(세후순영업이익)과 IC(영업투하자본)의 조합은 무수히 많을 수 있다. 즉, 회계방법을 다르게 하면 NOPAT과 IC의 금액이 모두 바뀌지만 여전히 위 관계는 성립한다. 그래서 DCF 모형과 EVA 모형의 가치평가는 이론적으로 같으며, EVA 모형은 회계방법의 영향을 받지 않는다.

[보론 3] RIM의 확장

본 보론에서는 RIM의 구조를 이론적으로 분석한 결과를 소개하고, 나아가 RIM을 확장한 가치평가모형인 '산업 · 개별프리미엄모형'을 소개한다.[47)]

(1) RIM의 구조에 대한 이론적 분석 및 RIM의 재표현

RIM에 의하면 어느 기업 i의 주주지분가치는 다음과 같이 표현된다.

$$V_{i,0} = BV_{i,0} + \sum_{t=1}^{\infty} \frac{X_{i,t} - r_e \cdot BV_{i,t-1}}{(1+r_e)^t} \tag{7-40}$$

위에서, $V_{i,0}$: 기업 i의 현재의 주주지분가치
$BV_{i,0}$: 기업 i의 현재의 자기자본 장부가치
$X_{i,t}$: 기업 i의 미래 t년의 포괄이익
$BV_{i,t-1}$: 기업 i의 미래 t년 초의 자기자본 장부가치
r_e: 기업 i의 필요수익률(자기자본비용)
$X_{i,t} - r_e \cdot BV_{i,t-1}$: 기업 i의 미래 t년의 초과이익

위 RIM을 '내재적 PB 프리미엄'(이하 "VB 프리미엄"이라 함) 형태로 표현하면 다음과 같다.

$$[V_{i,0} - BV_{i,0}] = \sum_{t=1}^{\infty} \frac{X_{i,t} - r_e \cdot BV_{i,t-1}}{(1+r_e)^t} \tag{7-41}$$

이제 기업 i와 위험이 동일한, 즉 자기자본비용(r_e)이 동일한 기업이 N개 있다고 하고 이들 N개 기업의 index를 j로 나타내자. 그러면 이들 기업의 '평균 VB 프리미엄'은 다음과 같이 나타낼 수 있다.

$$[V_0^* - BV_0^*] = (1/\mathrm{N}) \sum_{j=1}^{N} \left[\sum_{t=1}^{\infty} \frac{X_{j,t} - r_e \cdot BV_{j,t-1}}{(1+r_e)^t} \right]$$
$$= \sum_{t=1}^{\infty} \frac{X_t^* - r_e \cdot BV_{t-1}^*}{(1+r_e)^t} \tag{7-42}$$

---

47) 위에 제시된 내용은 다음 문헌에 근거한 것이다. 김권중, 2001, "초과이익평가모형의 실행과 유용성 분석,"「회계학연구」(제3호), pp.91-121.

위에서, $[V_0^* - BV_0^*]$: 위험이 동일한 기업들의 평균 VB 프리미엄
X_t^*: 위험이 동일한 기업들의 미래 t년의 평균 포괄이익
BV_{t-1}^*: 위험이 동일한 기업들의 미래 t년 초의 평균 자기자본 장부가치
$X_t^* - r_e \cdot BV_{t-1}^*$: 위험이 동일한 기업들의 미래 t년의 평균 초과이익

식 (7-42)에 의하면, **위험이 동일한 기업들의 평균 VB 프리미엄 $[V_0^* - BV_0^*]$는 이들 기업의 미래 평균 초과이익의 현재가치**와 같다. 식 (7-42)를 식 (7-41)에 결합하면, 기업 i의 VB 프리미엄 $[V_{i,0} - BV_{i,0}]$는 다음과 같이 나타낼 수 있다.

$$[V_{i,0} - BV_{i,0}] = [V_0^* - BV_0^*] + \sum_{t=1}^{\infty} \frac{\Delta X_{i,t} - r_e \cdot \Delta BV_{i,t-1}}{(1+r_e)^t} \tag{7-43}$$

= 평균 VB 프리미엄 + 기업 i의 개별 VB 프리미엄

위에서, $\Delta X_{i,t} = X_{i,t} - X_t^*$
$\Delta BV_{i,t-1} = BV_{i,t-1} - BV_{t-1}^*$
$\Delta X_{i,t} - r_e \cdot \Delta BV_{i,t-1}$: 기업 i의 미래 t년의 개별초과이익

식 (7-43)에 의하면, **기업 i의 VB 프리미엄은 위험이 동일한 기업들의 평균 VB 프리미엄과 기업 i의 개별(firm-specific) VB 프리미엄으로 구성**되어 있다. **기업 i의 개별 VB 프리미엄은 기업 i의 미래 개별초과이익의 현재가치**와 같다. 위에서 기업 i의 미래 t년의 개별초과이익은 「$\Delta X_{i,t} - r_e \cdot \Delta BV_{i,t-1}$」이며, 여기서 $\Delta X_{i,t}$는 기업 i의 미래 t년의 포괄이익($X_{i,t}$)과 위험이 동일한 기업들의 미래 t년의 평균 포괄이익(X_t^*) 간의 편차이고, $\Delta BV_{i,t-1}$ 또한 같은 방법으로 계산한 자기자본 장부가치의 편차이다.

이제 식 (7-43)에서 좌변의 $BV_{i,0}$(현재의 자기자본 장부가치)를 우변으로 옮기면 기업 i의 주주지분가치 $V_{i,0}$는 다음과 같이 표현된다.

$$V_{i,0} = BV_{i,0} + [V_0^* - BV_0^*] + \sum_{t=1}^{\infty} \frac{\Delta X_{i,t} - r_e \cdot \Delta BV_{i,t-1}}{(1+r_e)^t} \tag{7-44}$$

= 자기자본 장부가치 + 위험이 동일한 기업들의 평균 VB 프리미엄
+ 기업 i의 개별 VB 프리미엄

식 (7-44)의 가치평가모형은 아무런 가정의 도입 없이 식 (7-40)의 RIM에서 도출되었으며, RIM과 동일한 가치평가모형이다.

(2) 산업 · 개별프리미엄모형

시장이 효율적이면 시장에서 형성된 주식가격("P")은 주식의 내재가치(intrinsic value)와 같다. 이러한 경우 위 식 (7-44)에서 위험이 동일한 기업들의 평균 VB 프리미엄 $[V_0^* - BV_0^*]$는 이들 기업의 평균 PB 프리미엄("$[P_0^* - BV_0^*]$")과 같다.

기업 i와 동일한 위험을 갖고 있는 기업의 명백한 후보는 동일산업에 속한 기업들이다. 동일산업의 기업들은 위험이 동질적이라고 가정하면, 식 (7-44)는 다음과 같이 나타낼 수 있다.

$$V_{i,0} = BV_{i,0} + [P_0^I - BV_0^I] + \sum_{t=1}^{\infty} \frac{\Delta X^I_{i,t} - r_e \cdot \Delta BV^I_{i,t-1}}{(1+r_e)^t} \qquad (7\text{-}45)$$

= 자기자본 장부가치 + 산업평균 PB 프리미엄

+ 기업 i의 개별 VB 프리미엄

위에서, $[P_0^I - BV_0^I]$: 동일산업 기업들의 평균 PB 프리미엄

$\Delta X^I_{i,t}$ = 기업 i의 미래 t년의 포괄이익 − 동일산업 기업들의 미래 t년의 평균 포괄이익

$\Delta BV^I_{i,t}$ = 기업 i의 미래 t년 초의 자기자본 장부가치 − 동일산업 기업들의 미래 t년 초의 평균 자기자본 장부가치

$\Delta X^I_{i,t} - r_e \cdot \Delta BV^I_{i,t-1}$: 기업 i의 미래 t년의 개별초과이익

위 식 (7-45)의 가치평가모형은 **산업 · 개별프리미엄모형**이라고 불리며(김권중 2001), 이는 RIM을 실행하는 한 방법이 될 수 있다. 위 평가모형의 경우, 위험이 동일한 기업들의 평균 VB 프리미엄은 동일산업 기업들의 평균 PB 프리미엄으로 바로 추정할 수 있으므로, 기업 i의 미래 초과이익을 예측함에 있어 기업 i의 초과이익 '총액'을 예측할 필요가 없고 그 일부인 개별초과이익만 예측하는 것으로 예측작업을 간소화할 수 있다.

위 산업 · 개별프리미엄모형에 대한 추가적 설명과 이 모형의 주가추정능력(주가추정 정확도)을 검증한 실증연구결과는 제11장(지분증권분석)의 3.3절과 보론에 제시되어 있다.

연습문제

1. DDM(배당할인모형)을 실행하는 방법의 하나로서 Gordon 성장모형을 약술하고 그 장단점을 논의하라.

2. DDM과 비교할 때 DCF 모형이 갖고 있는 상대적 이점이 무엇인가?

3. DCF 모형은 실무에서 흔히 사용되고 있지만 여러 한계점도 있다. 모형을 사용하는 관점에서 볼 때 DCF 모형의 한계점이 무엇인지 논의하라.

4. RIM은 순증관계(clean surplus relation)를 이용하여 DDM에서 도출된다. 순증관계란 무엇인지 설명하라.

5. RIM에서 주주지분가치 창출 여부를 결정하는 핵심 요소는 미래 초과이익이다. 초과이익의 개념을 설명하라.

6. 기업의 회계방법이 RIM을 이용한 가치평가에 영향을 줄 수 있는지 논의하라.

7. RIM과 DCF 모형은 모두 DDM에 기초한 모형들이므로 각 모형에 의한 주주지분가치는 이론적으로 동일하다. 그렇다면, 실제 상황에서 세 모형 중 어느 것을 사용하더라도 상관없다는 주장에 동의하는가?

8. 모형 사용의 관점에서 DCF 모형과 비교할 때 RIM이 가지고 있는 잠재적 이점이 무엇인지 논의하라.

9. 분석대상기업의 회계자료에 대한 면밀한 질적 분석이 RIM을 이용한 가치평가에 도움이 될 수 있는지 논의하라.

10. RIM과 EVA 모형은 여러 면에서 유사하다. 두 모형의 유사점이 무엇인지 설명하라.

11. RIM과 EVA 모형은 여러 면에서 유사하지만 모형 사용의 관점에서 볼 때 각각 상대적으로 장단점을 갖고 있다. 각 모형의 상대적 장단점이 무엇인지 논의하라.

12. 지난해의 주당 배당금이 2,500원이었는데 올해부터 매년 배당성장률이 3%일 것으로 예상된다고 하자. 이 주식에 대한 자기자본비용이 12%이면 Gordon 성장모형을 이용할 때 주식가치가 얼마로 평가되는가?

13. 다음은 전자제품을 판매하는 놀리(주)의 2×24년도 재무자료이다(단위: 백만원).

FCF	5,300
세후순영업이익	4,900
이자비용(세후)	400
현금배당	300
유상증자 납입	200

2×24년 중에 재무자산은 없었으며, 이자비용과 재무부채는 전부 현금으로 지급되었다. 아래의 물음에 답하라.

(1) 기초와 비교한 2×24년 말의 영업투하자본 증가액이 얼마인가?
(2) 2×24년에 재무부채 순지급액은 얼마인가? (힌트: 현금흐름등식을 이용하자.)
(3) 놀리(주)가 2×24년에 FCF를 어떻게 처분하였는지 설명하라.

14. 다음은 의류제품을 판매하는 베시(주)의 2×23~2×24년도 재무상태표와 2×24년도 포괄손익계산서이다.

재무상태표 (단위: 백만원)

자 산	2×23	2×24	부채와 자본	2×23	2×24
현 금	40	60	매입채무	340	360
단기금융상품	300	280	미지급비용	60	60
매출채권	500	600	단기차입금	100	100
재고자산	900	800	장기차입금	400	400
토 지	1,000	1,000	사 채	600	600
건 물	560	600	자본 총계	1,860	1,900
비 품	60	80			
자산 총계	3,360	3,420	부채와 자본 총계	3,360	3,420

포괄손익계산서 (단위: 백만원)

과 목	2×24	과 목	2×24
매출원가	5,600	매 출 액	7,000
판매비와 관리비	1,000	임 대 료	40
이자비용	80	이자수익	20
유형자산처분손실	20		
법인세비용	108		
당기순이익	252		
기타포괄손익	0		

앞의 재무상태표에서 현금은 영업활동에 필요한 현금이고, 세율은 30%이다. 아래의 물음에 답하라.

(1) 2×24년의 세후순영업이익이 얼마인지 산출하라.
(2) 2×24년의 기초 및 기말 영업투하자본을 각각 산출하라.
(3) 2×24년의 FCF는 얼마인가?

15. 아래의 자료는 M사의 미래 5년간에 대한 세후순영업이익과 Δ영업투하자본(영업투하자본 증가액) 예측치이다(단위: 억원).

	1년	2년	3년	4년	5년
세후순영업이익	240	260	300	360	370
Δ영업투하자본	180	190	200	240	245

M사의 가중평균자본비용은 10%이다. 현재 900억원의 차입금이 있고 재무자산은 없으며, 발행주식수는 200만주이다. 아래의 물음에 답하라

(1) 미래 6년부터는 FCF가 매년 (전년 대비) 3% 증가한다고 가정할 경우에 기업가치와 주주지분가치를 각각 산정하라. 또 잔여가치의 현재가치가 기업가치 평가결과에서 차지하는 비중은 몇 %인가?
(2) 4%의 FCF 성장률을 적용하면 기업가치와 주주지분가치가 각각 얼마로 산정되는가?
(3) 5%의 FCF 성장률을 적용하면 기업가치와 주주지분가치가 각각 얼마로 산정되는가?
(4) 위의 (1)에서 가중평균자본비용을 9%로 가정하고 기업가치와 주주지분가치를 각각 산정하라.

16. 2×24년 초 현재 주당순자산(배당후)이 30,000원인 기업에 대해 다음과 같이 미래 5년간에 대한 주당순이익과 주당배당이 예측되었다(단위: 원). 미래 5년간에 대해 순이익 예측치와 포괄이익 예측치는 같다.

	2×24	2×25	2×26	2×27	2×28
주당순이익	4,500	4,700	4,800	4,920	5,390
주당배당	1,000	1,000	1,000	1,000	1,000

이 기업의 자기자본비용은 12%이다. 아래의 물음에 답하라.

(1) 2×24~2×28년 말의 주당순자산(배당후) 예측치를 구하라.
(2) 2×24~2×28년에 대한 1주당 초과이익 예측치를 구하라.
(3) 2×24년 초 현재 이 기업의 주식가치를 평가하라(단, 예측기간 중에 초과이익이 소멸되고 있으므로 2×28년 후의 초과이익은 0인 것으로 가정한다).
(4) 2×24년 초 현재 이 기업의 내재적 PBR은 얼마인가?

17. 다음은 엑스(주)의 최근 5년간 재무제표에서 추출된 자료인데(단위: 백만원) 기타포괄손익은 없다.

	2×20	2×21	2×22	2×23	2×24
순이익	540	580	600	620	644
배 당	140	140	150	150	150
자기자본(기말, 배당후)	2,400	2,840	3,290	3,760	4,254

엑스(주)의 자기자본비용은 10%인데, 산업 내의 경쟁이 심화됨에 따라 엑스(주)의 초과이익은 조금씩 감소하고 있다. 아래의 물음에 답하라.

(1) 2×20~2×24년의 각 연도별로 초과이익이 얼마인지 계산하라.
(2) 2×22~2×24년의 각 연도별로 전년 대비 당년도 초과이익의 비율(= 당년도 초과이익/전년도 초과이익)을 구하라.
(3) 위의 (2)에서 구한 연도별 비율의 평균치를 '초과이익 지속계수' 추정치로 사용하자. 2×25년 초 시점에서 Ohlson 모형을 이용하여 주주지분가치를 평가하라.
(4) 위의 (3)에서의 가치평가결과에 따르면 2×25년 초 현재 내재적 PBR과 내재적 PER은 각각 얼마인가?

18. 다음은 2×24년 2월 말 시점에서 노아(주)의 미래 5년간(2×24~2×28)에 대해 이익과 자기자본을 예측한 자료이다(단위: 백만원). 아래에서 순이익 예측치는 포괄이익 예측치와 같다.

	2×23	2×24	2×25	2×26	2×27	2×28
순이익		480	560	600	660	722
배 당		100	120	120	130	130
자기자본(기말, 배당후)	3,000	3,380	3,820	4,300	4,830	5,422

노아(주)의 자기자본비용은 12%이다. 아래의 물음에 답하라.

(1) 2×24~2×28년의 각 연도별 초과이익 예측치와 그 현재가치를 산정하라.

(2) 예측기간 중의 초과이익 변화추세를 고려하여 2×28년 후에 대한 '잔여가치'를 추정하려고 한다. 예측기간 중의 초과이익 변화추세를 검토하고 그에 기초하여 잔여가치를 추정한 후 2×24년 초 시점에서 노아(주)의 주주지분가치를 평가하라.

19. 2×24년 3월 초 현재 렉스(주)의 (2×23년 배당 차감후) 자기자본 장부가치는 350억원이고 2×23년의 초과이익은 20억원이다. 렉스(주)의 현재 주식가격은 25,000원이며 유통주식수는 280만주이다. 2×24년 이후의 미래 초과이익이 매년 (전년 대비) g의 비율로 증가한다면 렉스(주)의 주주지분가치는 다음과 같이 나타낼 수 있다.

$$\text{주주지분가치} = 350\text{억원} + \frac{20\text{억원} \times (1+g)}{r_e - g} \qquad (r_e = \text{자기자본비용})$$

렉스(주)의 자기자본비용은 12%이다. 현재의 주식가격을 볼 때 시장의 투자자들은 렉스(주)의 미래 초과이익 증가율 g를 몇 %로 예측하고 있는 셈인가?

20. 다음은 2×24년 2월 말 시점에서 하나(주)의 미래 4년간(2×24~2×27)에 대해 예측한 자료이다(단위: 억원).

	2×23	2×24	2×25	2×26	2×27
영업투하자본(기말)	320	340	350	360	370
ROIC(%)	14.5	13.8	13.5	13.0	12.6
순재무부채(기말)	150	160	170	170	180
자기자본(기말, 배당후)	170	180	180	190	190

하나(주)의 가중평균자본비용은 10%인데, 최근 산업 내의 경쟁이 심화됨에 따라 앞으

로 EVA가 감소할 것으로 예상되고 있다. 아래의 물음에 답하라.

(1) 2×24~2×27년의 각 연도별로 EVA 예측치를 구하라.
(2) 2×24~2×27년의 각 연도별로 전년 대비 당년도 EVA의 비율(= 당년도 EVA / 전년도 EVA)을 산출하라(단, 2×23년의 EVA는 13억원이다).
(3) 위의 (2)에서 구한 비율의 4개년 평균치를 'EVA 지속계수'로 사용하여 2×27년 말 시점에서 EVA의 '잔여가치'를 산출하라.
(4) 위의 (3)에 연속된 문제이다. 2×24년 2월 말 현재시점에서 하나(주)의 기업가치와 주주지분가치를 각각 평가하라(순재무부채의 장부가치는 시장가치와 같다고 가정한다).

21. 마고(주)의 2×23년도 재무상태표에 서 다음 자료가 추출되었다(단위: 백만원).

영업투하자본	3,750
순재무부채	250
자기자본(배당후)	3,500

2×24년 초에 K씨는 2×24년도 주당순이익을 6,500원으로 예측하고 있는데 유통주식수는 10만주이다. 2×24년의 순이익 예측치는 포괄이익 예측치와 같다. 마고(주)의 순차입이자율(세후)은 5%이고 가중평균자본비용은 10%이다. 아래의 물음에 답하라.

(1) K씨는 마고(주)의 2×24년도 ROIC를 몇 %로 예측하고 있는 셈인가?
(2) 위의 (1)에 연속된 문제이다. 2×24년의 EVA 예측치를 구하라.
(3) 위의 (2)에 연속된 문제이다. 만일 2×24년의 EVA가 2×25년 이후에도 영구적으로 유지될 것으로 예측한다면 2×24년 초 현재 마고(주)의 기업가치가 얼마로 평가되는가?
(4) 위의 (3)에서 마고(주)의 주주지분가치와 1주의 주식가치는? 단, 순재무부채의 장부가치는 시장가치와 같다고 가정한다.

22. 다음은 2×24년 3월 초 시점에서 케이(주)의 미래 4년간(2×24~2×27)에 대해 예측한 자료이다(단위: 억원).

	2×23	2×24	2×25	2×26	2×27
영업활동 현금흐름		35	40	55	60
영업에 대한 투자액		45	50	45	45
순재무부채(기말)	130	140	150	160	170
자기자본(기말, 배당후)	140	150	170	180	190

케이(주)의 가중평균자본비용은 10%이다. 아래의 물음에 답하라.

(1) 2×24~2×27년의 각 연도별로 FCF 예측치를 구하라.
(2) 2×24~2×27년의 각 연도별로 세후순영업이익 예측치를 구하라.
(3) 2×24~2×27년의 각 연도별로 EVA 예측치를 구하라.
(4) 위의 (3)에서 구한 EVA 예측치의 변화추세를 보면, 예측기간 중에 음(−)의 EVA가 소멸되면서 예측기간 말에는 EVA가 0에 가까워지고 있다. 2×27년 후에는 EVA가 0인 것으로 가정하고 2×24년 3월 초 시점에서 케이(주)의 기업가치를 평가하라.
(5) 위의 (4)에 연속된 문제이다. 순재무부채의 장부가치가 시장가치와 같다고 가정하고 케이(주)의 주주지분가치를 평가하라.

제8장

주가배수 평가기법

본장에서는 주가배수(price multiples)를 이용한 가치평가기법을 다룬다. 주가배수는 제3장에서 시장가치비율이라는 용어로 소개되었는데, 본장에서는 주가이익비율, 주가순자산비율 등을 이용하여 기업의 주주지분가치를 평가하는 방법을 설명한다. 투자분석실무에서 흔히 사용되고 있는 유사기업이용법의 의미와 절차를 논의하고, 대표적 주가배수인 주가이익비율과 주가순자산비율의 결정요인에 대해서도 설명한다.

제1절 개 요

제8장에서 논의한 바와 같이, 가치평가이론을 적용하여 기업의 주주지분가치(주식가치)를 평가하려면 일련의 절차를 밟아야 한다. 즉, 미래 예측기간을 설정하여 다년간에 대한 배당, 이익, 현금흐름 등을 예측해야 하고, 또 미래 예측치를 현재가치로 전환시켜야 한다. 그리고 예측기간 말 시점에서의 잔여가치도 추정해야 한다. 그런데 이러한 '긴 과정'을 거치지 않고서도 가치평가를 할 수 있는 방법이 있다면 편리할 것이다.

예를 들어, 주가배수(price multiples)의 하나인 주가이익비율(price-earnings ratios, PER)에 대해 생각해 보자. 주식가치를 주당이익으로 나눈 비율은 내재적(intrinsic) PER인데, 이는 주식가치가 주당이익의 몇 배나 되는지를 나타낸다. 그래서 가치평가절차를 전부 밟지 않고서도 내재적 PER을 추정할 수 있다면 가치평가작업이 간편해질 것이다. 즉, 내재적 PER 추정치를 주당이익에 곱하기만 하면 가치평가가 완료된다.

• PER을 이용한 가치평가:

$$\text{내재적 PER} = \frac{\text{주식가치}}{\text{주당이익}}$$

$$\Rightarrow \text{주식가치} = \text{내재적 PER} \times \text{주당이익}$$

• PBR을 이용한 가치평가:

$$\text{내재적 PBR} = \frac{\text{주식가치}}{\text{주당순자산}}$$

$$\Rightarrow \text{주식가치} = \text{내재적 PBR} \times \text{주당순자산}$$

또한 주식가치를 주당순자산으로 나눈 비율은 내재적 주가순자산비율(price-to-book ratios, PBR)인데, 이는 주식가치가 주당순자산의 몇 배나 되는지를 나타낸다.

따라서 가치평가절차를 전부 밟지 않고서도 내재적 PBR을 추정할 수 있다면 이 추정치를 주당순자산에 곱함으로써 가치평가가 완료된다.

위와 같이 PER, PBR 등의 주가배수를 주당이익, 주당순자산 등에 곱하여 주식가치를 평가하는 것을 **주가배수 평가**라고 부른다.

주가배수를 이용하여 가치평가를 하려면 내재적 PER, PBR 등을 잘 추정해야 할 것이다. 내재적 PER, PBR 등을 추정하는 데는 다음의 방법들이 사용되고 있다.

첫째, 평가대상기업과 비교하여 여러 경제적 특성이 유사하다고 판단되는 기업, 이른바 '유사기업'(comparable firms)의 실제 주가배수를 이용하여 평가대상기업의 주가배수를 추정한다. 여기서 실제 주가배수는 실제의 주식가격을 주당이익이나 주당순자산으로 나눈 비율을 뜻한다. 예를 들면, 평가대상기업과 같은 산업에 속한 회사들의 실제 PER 평균치를 평가대상기업의 내재적 PER 추정치로 간주하는 것이다.

둘째, 가치평가모형의 구조를 분석하면 내재적 주가배수의 결정요인을 알 수 있고 또 일정한 경우 주가배수의 크기를 바로 알 수 있다. 예를 들면, 초과이익모형(RIM)에서 미래의 초과이익이 현재의 초과이익과 같은 경우에는 내재적 PER이 간단한 형태로 표현된다(제3절에서 구체적으로 설명된다). 그래서 평가대상기업이 그러한 경우에 해당한다고 판단되면, 간편한 산식을 이용해서 곧바로 내재적 PER을 추정할 수 있다.

다음의 제2절에서는 유사기업이용법(the method of comparables)을 구체적으로 설명하며, 제3절에서는 내재적 주가배수의 크기가 어떻게 결정되는지를 설명한다.

그런데 유사기업이용법을 효과적으로 사용하려면 유사기업을 잘 선정해야 하고 이를 위해서는 결국 주가배수의 결정요인을 이해하고 있어야 한다. 따라서 유사기업이용법을 사용하려는 분석자들도 제3절의 내용을 숙지하고 있어야 한다.

제2절 유사기업이용법

2.1 유사기업이용법의 의미와 절차

유사기업이용법(the method of comparables)은 평가대상기업과 비교하여 경제적 특성이 유사하다고 판단되는 기업들의 실제 주가배수를 평가대상기업에 적용함으로써 이 기업의 주식가치를 평가하는 방법이다. 유사기업이용법은 **상대가치평가법**(relative valuation)이라고도 부른다. 유사기업이용법은 가치의 결정요인에 대한 이론은 아니며, 이 점에서 제7장에서 설명한 가치평가모형들과는 성격이 다르다.

유사기업이용법에 의한 가치평가는 일반적으로 다음의 절차에 따라 이루어진다.

① 주가배수 산정에 사용될 성과측정치 또는 장부가치(이익, 순자산 장부가치, EBITDA, 매출액 등)를 선정한다.

② 평가대상이 되는 기업과 유사한 영업 및 재무적 특성을 가지고 있는 기업, 즉 유사기업을 선정하고, 이 유사기업의 실제 주가배수를 계산한다. (유사기업은 일반적으로 복수로 선정되며, 동일업종의 회사들이 일차적으로 유사기업 후보가 된다.)

③ 유사기업의 실제 주가배수를 평가대상기업의 성과측정치 또는 장부가치에 곱하여 평가대상기업의 가치를 추정한다.

예를 들어, K사의 주당이익이 4,000원인데 유사기업들의 실제 PER 평균을 이용하여 K사의 주식가치를 평가한다고 하자. 유사기업으로 3개사가 선정되었고 이들 3개사의 실제 PER이 다음과 같다고 하자.

	주식가격	주당이익	실제 PER
유사기업 1	50,000	4,200	11.9
유사기업 2	45,000	5,300	8.5
유사기업 3	60,000	5,500	10.9

유사기업 3개사의 실제 PER 평균을 계산하면 10.4배이므로 K사의 주식가치는 다음과 같이 추정된다.

K사의 주식가치 = 유사기업의 실제 PER 평균 × K사의 주당이익
= 10.4 × 4,000
= 41,600 (원)

위에서 PER의 분모와 K사의 주당이익에 대해서는 최근 연도의 주당이익 또는 올해의 주당이익 예측치가 사용된다. 기업의 이익을 예측하는 증권사 애널리스트(재무분석가)들은 주로 올해의 주당이익 예측치를 사용하여 PER을 계산하고 이를 평가대상기업의 주당이익 예측치에 적용하고 있다.

위의 예에서 보듯이 유사기업이용법을 사용하는 절차는 간단하다. 이러한 간편함 때문에 유사기업이용법은 투자분석실무에서 빈번히 사용되고 있다. 앞의 제7장에서 다루었던 RIM, DCF, EVA 모형 등과는 달리, 유사기업이용법의 경우에는 미래의 다년간에 대해 평가대상기업의 이익이나 현금흐름을 예측할 필요가 없으며 잔여가치(continuing value)를 추정할 필요도 없다. 따라서 현재가치 계산을 위한 할인율(자본비용)을 추정할 필요도 없다. 유사기업이용법에서는 단순히 유사기업의 주가배수를 평가대상기업의 이익, 순자산 장부가치 등에 적용함으로써 가치평가절차가 완료된다.[1)]

유사기업이용법은 분석자가 시장에 의존하여 가치평가를 한다는 점에서 근본적 특징이 있다. 즉, 시장의 투자자들이 유사기업의 미래 수익성을 전망하고 가치평가한 결과가 유사기업의 주식가격에 적절히 반영되어 있다고 가정하고, 또 유사기업에 대한 그러한 가격형성은 평가대상기업에도 적용될 수 있다고 가정하는 것이다.

유사기업이용법은 기업공개시 신규 공모주식의 가치를 평가할 때 흔히 사용되

1) 분석자에 따라서는 유사기업의 주가배수를 주관적으로 상향 또는 하향 조정하여 적용하기도 한다.

고 있다. 비상장회사의 경우 주식가격이 형성되어 있지 않으므로 공모주식의 발행가격을 정할 때 동일업종 상장회사들의 주가배수를 이용해 볼 수 있을 것이다(제11장 3절 참조). 그런데 실무에서는 상장회사의 주식가치를 평가할 때에도 유사기업이용법을 사용하는 경우도 있다.

2.2 유사기업의 선정과 주가배수의 산정

유사기업이용법은 외견상 간단하지만 실제로 사용하려 할 때에는 그렇게 간단하지만은 않다. 특히 유사기업을 어떻게 선정하는가의 문제가 있으며, 주가배수를 산정할 때에도 고려해야 할 사항이 있다.

(1) 유사기업의 선정

유사기업이용법을 사용하려면 무엇보다도 유사기업(comparable firms)이 적절히 선정되어야 한다. 평가대상기업과 비교하여 영업 및 재무적 특성이 아주 유사한 기업의 주가배수가 사용되어야 가치평가의 오차를 줄일 수 있다. 그러나 평가대상기업과 여러 면에서 직접 비교가능한 유사기업을 찾는다는 것은 용이한 일이 아니다.

동일업종의 회사들은 영업의 성격이 비슷하다고 볼 수 있으므로, 실무에서는 동일업종의 상장회사들을 유사기업으로 이용하는 방법이 널리 사용되고 있다. 이러한 방법은 평가대상기업이 여러 면에서 산업의 평균수준에 해당하는 기업과 비교가능하다는 가정을 내포하고 있다.

산업분류상으로 동일업종이라고 하더라도, 평가대상기업과 비교하여 제품의 특성, 경쟁력, 기업규모 등의 차이가 클 경우에는 유사기업의 범위를 더 좁히는 방법이 사용된다. 그러나 평가대상기업이 여러 업종에 걸쳐 사업을 하거나 또는 평가대상기업과 비슷한 사업을 하는 기업들이 없을 경우에는 업종의 분류 자체가 어려워진다. 이러한 경우 유사기업을 찾는 것은 매우 어려운 일이다.

〈표 8-1〉의 애널리스트 기업분석보고서는 동일업종의 상장회사들이 유사기업으로 이용되고 있는 예를 보여주고 있다. 여기서 애널리스트는 제약업종의 실제 PER 평균을 이용하여 환인제약(주)의 주식가치를 평가하고 있다. 환인제약(주)의

표 8-1 동일업종 평균 PER을 이용하는 애널리스트 기업분석보고서

기업분석 2014. 10. 30.

환인제약 (016580. KS)

투자의견 매수, 목표주가는 32,000원으로 상향

매수(유지)
현재주가 25,600원
목표주가 32,000원

환인제약에 대해 투자의견 매수 유지, 목표주가는 기존의 27,000원에서 32,000원으로 18.5% 상향. 목표주가 산정에는 적용 목표 주가배수를 KOSPI 의약품 업종 평균배수(2015년 기준)를 30% 할증 적용. 성장성(2015년 매출액 성장률, 전년 동기 대비 +22.2%)과 수익성(영업이익률 19.1%)을 감안한 결과

	신규	종전
목표주가	32,000원	27,000원
산출내역	**2015년 EPS 추정치 1,168원에 목표 PER 배수 27배 적용. 목표 배수는 현재 제약업종 평균배수를 30% 할증 적용**	2015년 EPS 추정치 1,168원에 목표 PER 배수 23배 적용. 목표 배수는 당시 제약업종 평균배수를 25% 할증 적용

결산기(12월)		2012A	2013A	2014F	2015F	2016F
매출액	(억원)	1,072.2	1,044.8	1,186.0	1,449.0	1,581.0
영업이익	(억원)	182.9	201.5	238.6	276.8	302.0
지배순이익	(억원)	158.0	145.8	184.3	217.3	241.6
EPS	(원)	849	784	991	**1,168**	1,299
증가율	(%)	8.1	−7.7	26.4	17.9	11.2
ROE	(%)	10.1	8.7	10.2	11.1	11.2
PER	(배)	10.0	13.4	25.8	21.9	19.7
PBR	(배)	0.9	1.1	2.4	2.2	2.0
EV/EBITDA	(배)	4.5	5.5	15.8	13.9	12.4

자료: 신영증권(주)(www.shinyoung.com)

주식이 저평가되어 있다고 판단하고, 제약업종의 실제 PER 평균을 30% 할증한 27배를 적용하여 환인제약(주)의 주식가치를 평가하고 있다.

(2) 주가배수의 산정

① 자본구조 차이의 조정

유사기업의 주가배수를 평가대상기업에 적용하려면 주가배수를 계산할 때 유사기업과 평가대상기업 간의 자본구조 차이가 통제되어야 된다. 이는 주가배수의 분자와 분모 간의 비교가능성 문제이다.

PER은 주식가격을 주당이익으로 나눈 것이므로 분자와 분모가 비교가능하고, PBR도 분자와 분모가 모두 자기자본에 관한 것이므로 별 문제가 없다. 또한 실무에서 흔히 사용하고 있는 EV/EBITDA 비율도 자본구조의 차이를 통제하여 산정되는 가격배수이다. 여기서 EV는 기업 전체의 시가총액(enterprise value)을 나타내는 약어로서 주식시가총액과 순재무부채 시장가치의 합으로 산정된다.[2)]

그러나 주식가격을 매출액이나 EBIT(earnings before interest and taxes, 이자 및 법인세 차감전 이익)에 대비시키면 분자와 분모 간의 비교가능성이 상실된다. 매출액은 기업의 전체 자본(즉, 영업투하자본)을 사용하여 획득된 것이므로, 매출액에 대비될 분자는 EV/EBITDA 비율처럼 기업 전체의 시가총액(EV)이 되어야 한다. 또한 EBIT를 분모로 사용하는 가격배수도 EV/EBIT로 산정되어야 한다.

② 일시적 손익의 영향 제거

PER과 같이 회계이익이 분모로 사용되는 주가배수의 경우에는 일시적 손익(transitory earnings)이 주가배수 산정에 상당한 영향을 미칠 수 있다. 특히 일시적 손실 때문에 회계이익이 작아져 있는 경우에는 주가배수가 아주 크게 산정된다. 이러한 문제를 피하기 위해서는 일시적 손익이 있는 기업을 유사기업의 범위에서 제외시키거나 또는 일시적 손익을 이익수치에서 제거하여 배수를 산정하는 방법이 사용된다. 예를 들어, 후자의 방법에서는 PER이 다음과 같이 산정된다.

$$\text{PER} = \frac{\text{주식가격}}{\text{일시적 손익이 제거된 주당이익}}$$

2) 제3장에서 설명하였듯이, EBITDA는 순이자비용, 법인세, 감가상각비 및 무형자산상각비를 차감하지 않은 이익(earnings before interest, taxes, depreciation and amortization)이다.

PER을 위와 같이 산정하는 것은 제5장에서 일시적 손익의 개념을 설명할 때 소개한 바 있다. EV/EBITDA와 EV/EBIT를 산정할 때에도 일시적 손익을 EBITDA와 EBIT에서 제거하면 된다. 다만, 지난해의 이익실적이 아니고 올해의 '예상이익'을 사용하여 주가배수를 산정하는 경우에는 일시적 손익이 영향을 미치지 않을 것이다. 일시적 손익의 기대치는 0(零)이기 때문이다.

2.3 유사기업이용법의 개념적 문제

유사기업이용법은 간편하다는 이점 때문에 오래 전부터 실무에서 사용되고 있지만, 개념적으로 볼 때 다음과 같은 한계점이 있다.

① 유사기업이용법에 내포된 가정

앞의 〈표 8-1〉에서 애널리스트는 환인제약(주)의 주식이 저평가되어 있다고 보고 제약업종의 실제 PER 평균을 할증 적용하여 환인제약(주)의 주식가치를 평가하였다. 이러한 평가결과를 받아들이려면, 시장의 투자자들이 환인제약(주)은 저평가한 반면 다른 제약회사들은 내재가치(intrinsic value)대로 평가하였다고 가정해야 한다. 다른 제약회사들에 대한 시장의 평가가 잘못되었다면 주가배수 평가의 신뢰성이 의문시될 것이므로 그러한 가정을 도입해야 한다. 그러나 시장의 투자자들이 다른 제약회사들을 내재가치대로 평가하고 있다면, 왜 유독 환인제약(주)에 대해서만은 잘못 평가하고 있는가의 의문이 제기될 수 있다. 유사기업이용법은 이 문제에 대해 분명한 답을 주지 못하고 있다.

또한 위의 가정 하에서는 유사기업이용법은 환인제약(주)에 대해서만 적용가능할 뿐, 다른 제약회사들에 대해서는 적용할 수 없다. 다른 제약회사들에 대해서도 업종평균 PER을 적용하려 한다면 논리상 순환론적 문제가 발생하거나 가치평가를 잘못하는 셈이 된다.

② 주가배수 선정기준의 애매함

〈표 8-1〉의 예에서 생각할 수 있는 또 다른 문제는 환인제약(주)의 주식가치를 평가함에 있어 왜 PER이 꼭 사용되어야 하는가의 문제이다. 즉, PER 외의 다른 주가배수, 예를 들면 PBR을 이용할 수도 있을 텐데, 왜 PER에 의존해서 평가해야 하

는가의 의문이 제기될 수 있다. 그러나 이 문제에 대한 명확한 판단기준도 정립되어 있지 않다. 그리고 제약업종의 PBR 평균을 이용하여 평가하면 PER 평균을 이용한 경우와는 다른 결과가 나올 텐데, 이때 어느 금액이 더 나은 가치추정치인지 판단하기 어려운 문제도 있다.

이러한 애매함 때문에 실무계 일부에서는 어느 하나의 주가배수에 의존하지 않고 여러 주가배수에 의한 평가결과의 평균치를 적용하고 있다. 신규 공모주식의 가치를 평가할 때 그러한 방법이 흔히 사용되고 있다. 그러나 그렇게 산정한 평균치가 과연 단일 주가배수를 사용한 경우보다 나은 평가액인지는 여전히 판단하기 어려운 문제이다.

2.4 주가배수 결정요인의 고려 필요성

PER과 PBR의 크기는 여러 요인에 의해 결정되는데, 이에 대한 단서를 찾아보기 위해서 〈표 8-2〉의 자료를 살펴보자. 이는 2014년 3월말 현재 제약업종 30개 회사들의 ROE, PER, PBR 등을 산정한 자료이다. 2013년도의 ROE 실적을 보면 회사간에 상당한 차이가 있고, 또 자기자본 규모와 부채비율도 상당한 차이가 있다. 이와 같이 동일업종 내에서도 현재의 수익성을 포함하여 여러 재무적 특성이 회사 간에 차이가 있다. 이러한 차이가 있는 것처럼 PER도 회사 간에 상당한 차이가 있음을 볼 수 있다. PER의 최대치는 일양약품(주)의 217.1배이고, 최소치는 종근당홀딩스(주)의 0.5배이다. PBR도 회사 간에 상당한 차이가 있으며, 최대 3.2배에서 최소 0.5배에 이르는 분포를 보이고 있다.

이와 같이 PER과 PBR이 회사마다 다르게 형성되어 있는데, 그 이유는 시장의 투자자들이 회사들의 미래 수익성과 위험이 서로 다른 것으로 평가하였기 때문이다. 그래서 유사기업이용법을 사용하려면 유사기업 후보의 주가배수가 왜 그러한 크기로 형성되어 있는지를 잘 생각해야 하고, 또 그 주가배수가 평가대상기업에도 적용될 수 있는가를 생각해 보아야 한다. 이는 결국 주가배수의 크기를 결정하는 요인이 무엇인가의 문제이다. 그러나 유사기업이용법 자체는 주가배수의 결정요인이 무엇인지에 대해 아무런 시사점을 주지 않으며, 그에 대해서는 가치평가이론에서 시사점을 찾을 수 있다. 후술하는 제3절에서는 주가배수의 결정요인에 대해 상

표 8-2

제약업종 상장회사들의 ROE, PBR 및 PER (2014년 3월말)

회 사	ROE[1] (2013, %)	당기순이익[2] (2013, 억원)	자기자본[2] (2013, 억원)	부채/자기자본(2013)	PBR[3] (배)	PER[4] (배)
종근당홀딩스	116.0	4,157	1,488	0.50	1.5	0.5
영진약품	12.9	117	1,024	0.65	3.2	27.9
삼일제약	12.6	79	700	0.65	0.5	4.3
한미약품	12.1	439	4,094	0.90	2.7	25.3
대원제약	11.0	123	1,225	0.30	1.5	15.1
녹십자	10.4	701	8,231	0.32	1.8	21.0
부광약품	10.0	195	2,011	0.13	2.3	21.9
보령제약	9.7	141	1,600	0.67	1.9	21.0
한국유나이티드제약	9.1	122	1,414	0.37	1.3	14.9
환인제약	9.0	146	1,732	0.11	1.4	16.0
이연제약	8.9	113	1,404	0.27	1.8	21.9
광동제약	8.3	220	2,893	0.46	1.5	19.1
유한양행	7.3	865	12,282	0.23	1.7	23.7
삼진제약	7.0	79	1,130	0.81	2.3	31.5
서흥	6.9	122	1,941	1.14	2.3	36.1
유유제약	4.4	30	694	0.28	0.7	15.6
한독	4.3	123	2,943	0.61	0.7	17.4
국제약품	3.9	21	583	1.01	0.6	16.2
신풍제약	2.9	54	1,905	1.09	1.1	38.4
일성신약	2.5	80	3,227	0.15	0.6	25.5
근화제약	2.2	20	950	0.27	1.0	47.2
일동제약	2.0	65	3,258	0.92	1.0	51.6
동아쏘시오홀딩스	1.8	156	4,716	0.92	1.1	33.5
오리엔트바이오	1.7	9	548	1.19	0.9	57.0
명문제약	1.5	10	685	1.63	0.6	42.1
현대약품	1.4	14	1,007	0.42	0.5	38.2
JW중외제약	1.4	23	2,007	1.94	1.2	109.0
종근당바이오	1.3	17	1,239	0.42	0.6	47.2
일양약품	1.2	21	1,819	1.08	2.5	217.1
동화약품	0.4	10	2,272	0.39	0.7	152.7
평 균	9.5	276	2,367	0.66	1.4	40.3
중위치	5.7	96	1,666	0.55	1.3	25.4
최 대	116.0	4,157	12,282	1.94	3.2	217.1
최 소	0.4	9	548	0.11	0.5	0.5

1) ROE = 당기순이익/기초 자기자본, 연결재무제표를 공시한 기업은 지배기업 귀속 당기순이익과 자기자본을 이용하여 산정(당기순이익이 음수이거나 자기자본이 음수인 회사는 제외)
2) 연결재무제표를 공시한 기업은 지배기업 귀속 당기순이익과 자기자본
3) PBR = 2014년 3월말 보통주 및 우선주 시가총액/2014년 초 지배기업 귀속 자기자본(배당후 금액)
4) PER = 2014년 3월말 보통주 및 우선주 시가총액/2013년 지배기업 귀속 당기순이익

세히 논의할 것이다.

〈표 8-2〉의 자료에 대하여 추가로 언급해야 할 것은 ROE와 PBR, 그리고 ROE와 PER의 관계이다. 〈표 8-2〉는 ROE의 크기에 따라 제약회사들이 배열되어 있는데, ROE가 높은 회사들이 PBR이 높은 경향이 있다. 그러나 ROE와 PER의 관계는 그렇지 않음을 볼 수 있다. ROE가 낮은 회사들이 대체로 PER이 높다. 이러한 차이를 볼 때, PER과 PBR을 결정하는 요인이 반드시 같지는 않음을 추측할 수 있을 것이다.

요컨대, 〈표 8-2〉의 자료는 유사기업이용법을 사용하려면 주가배수의 결정요인에 대한 이해가 선행되어야 함을 시사하고 있다.

제3절 PER과 PBR의 결정요인

앞에서 제약회사들의 예에서 본 바와 같이, 주가배수는 기업마다 다른 크기로 형성되어 있다. 주가배수가 왜 그처럼 다르게 형성되어 있는지를 알기 위해서는 주가배수의 결정요인에 대한 이해가 필요하다. 또한 다른 기업들의 주가배수를 이용하여 특정 기업의 가치를 평가할 수 있는지를 판단하기 위해서도 주가배수의 결정요인에 대한 이해가 필요하다. 본절에서는 대표적 주가배수인 PER과 PBR의 결정요인을 논의한다.

3.1 PER의 결정요인

전통적으로 PER의 결정요인은 제7장 2절에서 논의한 배당성장모형(constant-growth model)을 통해 파악하고자 하였다. 이 모형에 의하면, PER이 배당성향과 이익성장률의 증가함수인 것으로 되어 있다. 그런데 배당성향을 높이면 재투자되는 이익이 적어져서 이익성장률이 낮아질 것이기 때문에, 배당성장모형은 PER의 결정요인을 명료히 나타내지 못하는 한계점이 있다. 본장의 끝에 있는 [보론 1]에는 PER의 결정요인에 대한 전통적 견해가 자세히 기술되어 있다.

배당성장모형이 제약적 가정에 의존하고 있음에 비하여, 초과이익모형(RIM)은 아무런 가정에 의존하지 않고서도 PER의 결정요인이 무엇인지 알 수 있게 해 준다. 특히 RIM은 회계변수에 의한 가치평가모형이므로 PER의 결정요인을 이해하는 데 더 유용하다. 아래에서 RIM을 통해 PER의 결정요인을 살펴보자.

먼저 RIM에서 주식의 가치는 다음과 같이 표현된다.

$$V_0 = BV_0 + \text{미래 초과이익의 현재가치} \qquad (8\text{-}1)$$
$$= [BV_{-1} + E_0 - D_0] + \text{미래 초과이익의 현재가치} \qquad (8\text{-}2)$$

V_0 : 현재의 주식가치(배당후)
BV_0 : 현재의 주당순자산(배당후)
E_0 : 현재의 주당이익
D_0 : 현재의 주당배당

위에서 변수들은 주당금액으로 표현되어 있으며, 기초 · 기말 순자산과 순이익 및 배당 간의 관계(순증관계)에 따라 「$BV_0 = BV_{-1} + E_0 - D_0$」이다.[3] 여기서 보듯이 주당순자산 BV_0는 배당 D_0가 차감된 후의 금액이므로, 위에서 주식가치 V_0는 '배당후가치'(ex-dividend value)이다.

식 (8-2)의 양변을 현재의 주당이익 E_0으로 나누면 다음과 같이 PER의 형태가 된다.

$$\frac{V_0}{E_0} = 1 + \frac{BV_{-1}}{E_0} - \frac{D_0}{E_0} + \frac{\text{미래 초과이익의 현재가치}}{E_0} \qquad (8\text{-}3)$$

위에서 'V_0/E_0'는 현재의 주당이익에 의한 내재적(intrinsic) PER인데, 여러 요인의 영향을 받고 있다. 이 중에서 'D_0/E_0'는 현재의 배당성향이다. 그런데 PER을 통해서 주식가치가 현재 주당이익 E_0의 몇 배인가를 파악하려면 주식가치를 배당지급 전의 배당부가치(cum-dividend value)인 '$[V_0 + D_0]$'으로 나타낼 필요가 있다. 왜냐하면, 주당이익 E_0는 배당을 얼마나 지급하는가와 상관없이 기업이 획득한 이익을 나

3) 위에서 변수들을 총액 형태로 표현하면 배당변수는 유상증자를 차감한 순배당이다. 그런데 변수들을 주당금액으로 표현할 때는 주식수에 유상증자가 포함되므로 배당변수는 현금배당이다.

타내는데 비해, 배당후가치인 V_0는 배당성향의 영향을 받기 때문이다.[4] 따라서 주식가치가 주당이익 E_0의 몇 배인지를 잘 이해하려면 PER을 「배당부 주식가치/E_0」으로 산정할 필요가 있다.[5]

식 (8-3)에서 우변에 있는 'D_0/E_0'를 좌변으로 옮기면 「배당부 주식가치/E_0」으로 산정한 내재적 PER이 된다.

$$\frac{V_0 + D_0}{E_0} = 1 + \frac{1}{ROE_0} + \frac{\text{미래 초과이익의 현재가치}}{E_0} \tag{8-4}$$

$$(ROE_0 = E_0/BV_{-1})$$

위의 식에 따르면, 현재의 자기자본이익률(ROE_0)이 낮을수록 PER이 높아지고, 다른 한편으로는 미래 초과이익 창출액이 클수록 PER이 높아진다. 그러므로 미래의 수익성이 높지 않은 경우에도 현재의 ROE_0가 낮으면 PER이 높아질 수 있다. 즉, '일시적 손실' 때문에 현재의 ROE_0가 많이 낮아져 있으면 이로 인해 PER이 아주 높아질 수 있다. 반면에 '일시적 이익' 때문에 현재의 ROE_0가 높아져 있으면 PER이 낮아질 수 있다.

미래 초과이익이 PER에 미치는 영향을 구체적으로 알아보기 위해, 현재의 초과이익(초과이익$_0$)과 미래 각 연도의 초과이익이 '같으면' 식 (8-4)가 어떻게 정리되는지 살펴보자. 「초과이익$_0$ = 초과이익$_1$ = 초과이익$_2$ = …」이면 미래 초과이익의 현재가치는 다음과 같다.[6]

$$\text{미래 초과이익의 현재가치} = \frac{\text{초과이익}_0}{r_e} = \frac{E_0 - r_e \cdot BV_{-1}}{r_e} \tag{8-5}$$

위에서 r_e는 필요수익률(자기자본비용)이다. 식 (8-5)를 식 (8-4)에 대입하여 정리하면 내재적 PER은 다음과 같이 표현된다.[7]

---

4) 배당성향이 높아서 D_0의 금액이 크면 배당후가치인 V_0은 많이 작아지고, 반대의 경우에는 V_0이 조금 작아진다.

5) S. Penman, 1996, "The Articulation of Price-Earnings Ratios and Market-to-Book Ratios and the Evaluation of Growth," *Journal of Accounting Research* (Autumn), pp. 235-259.

6) 식 (8-5)는 초항이 '초과이익$_0$/$(1+r_e)$'이고 공비가 '$1/(1+r_e)$'인 무한등비급수의 합이다.

7) $\frac{V_0 + D_0}{E_0} = 1 + \frac{1}{E_0/BV_{-1}} + \frac{1}{E_0}\frac{E_0 - r_e \cdot BV_{-1}}{r_e}$

$$\frac{V_0 + D_0}{E_0} = 1 + \frac{1}{r_e} \tag{8-6}$$

위와 같이, 현재와 비교하여 미래에 초과이익이 증가·감소하지 않으면 PER은 $[1 + 1/r_e]$이다. 이러한 관계는 현재의 초과이익$_0$(또는 ROE_0)이 어떤 값인지와 상관없이 성립한다. 즉, 현재의 초과이익$_0$이 양수, 0 또는 음수의 어떤 경우이든지 간에, 미래 초과이익이 현재의 초과이익$_0$과 같은 때에는 식 (8-6)의 관계가 성립한다.

미래 초과이익이 현재의 초과이익$_0$과 같으면 PER이 $[1 + 1/r_e]$이므로, 미래에 초과이익이 현재보다 증가·감소할 경우 PER의 크기가 어떻게 될 것인지는 위의 분석과정에서 쉽게 유추할 수 있다. 예를 들어, 미래에 초과이익이 현재보다 증가할 경우에는 미래 초과이익의 현재가치가 식 (8-5)의 「초과이익$_0/r_e$」보다 크므로 PER은 $[1 + 1/r_e]$보다 높아진다. 이는 '일시적 손실' 때문에 (ROE_0이 낮아서) 현재의 초과이익$_0$이 작아서 있거나 음수인 경우도 포함한다. 이러한 경우 미래 초과이익은 현재의 초과이익$_0$보다 크게 증가할 것이다. 결국 PER의 크기가 어떻게 결정되는지는 최종적으로 다음과 같이 정리할 수 있다.

① 현재와 미래의 초과이익이 '같으면' ➡ $\frac{V_0 + D_0}{E_0} = 1 + \frac{1}{r_e}$

② 현재와 비교하여 미래에 초과이익이 '증가'하면 ➡ $\frac{V_0 + D_0}{E_0} > 1 + \frac{1}{r_e}$

③ 현재와 비교하여 미래에 초과이익이 '감소'하면 ➡ $\frac{V_0 + D_0}{E_0} < 1 + \frac{1}{r_e}$

요컨대, 배당부 주식가치로 PER을 정의할 때, 내재적 PER의 크기를 결정하는 요인은 현재와 비교한 미래 초과이익의 성장(즉, 미래 초과이익의 '증감')과 주식의 위험(즉, 필요수익률 r_e)으로 요약할 수 있다.

$$= 1 + \frac{1}{E_0/BV_{-1}} + \frac{1}{E_0}\left[\frac{E_0}{r_e} - BV_{-1}\right] = 1 + \frac{1}{r_e}$$

예제 8-1

내재적 PER의 산정

다음은 A사, B사 및 C사의 2×23년도 주당금액 자료이다(단위: 원). 아래에서 순이익은 포괄이익과 같다. 필요수익률(r_e)은 모두 10%이고, 기초 및 기말순자산은 배당후 금액이다. 3개사 모두 2×24년 이후의 초과이익은 2×23년과 비교하여 변화가 없을 것으로 예측된다. 각 기업의 2×23년 ROE와 주당 초과이익을 산정하고, 또 2×24년 초 시점에서 내재적 PER을 산정하라.

	r_e (필요수익률)	E_0 (순이익)	BV_{-1} (기초순자산)	D_0 (배당)	BV_0 (기말순자산)
A사	10%	2,500	16,667	500	18,667
B사	10%	3,000	30,000	500	32,500
C사	10%	3,500	50,000	500	53,000

풀이

	ROE_0 (E_0/BV_{-1})	초과이익$_0$ ($E_0 - r_e \cdot BV_{-1}$)	내재적 PER ($1+1/r_e$)
A사	15%	$2,500 - 0.1 \times 16,667 = 833.3$	$1+1/0.1 = 11$
B사	10%	$3,000 - 0.1 \times 30,000 = 0$	$1+1/0.1 = 11$
C사	7%	$3,500 - 0.1 \times 50,000 = -1,500$	$1+1/0.1 = 11$

위에서 보는 바와 같이, 현재의 ROE_0이 다르기 때문에 현재의 초과이익$_0$이 각각 양수, 0, 음수로 서로 다르다. 그러나 어느 경우이든, 미래 초과이익이 현재 초과이익$_0$과 같으면 내재적 PER은 11배이다(단, 필요수익률(r_e)이 다르면 내재적 PER이 달라진다).

*참고 1: 아래에서 정식으로 각 기업의 주식가치를 평가한 결과를 이용하여 내재적 PER을 다시 계산하면 위 계산결과의 정확성을 확인할 수 있다.

	주식가치(배당후, V_0) 평가결과 ($V_0 = BV_0 +$ 미래 초과이익의 현재가치)	내재적 PER ($[V_0 + D_0]/E_0$)
A사	$V_0 = 18,667 + 833.3/0.1 = 27,000$	$[27,000 + 500]/2,500 = 11$
B사	$V_0 = 32,500 + 0/0.1 = 32,500$	$[32,500 + 500]/3,000 = 11$
C사	$V_0 = 53,000 + (-1,500)/0.1 = 38,000$	$[38,000 + 500]/3,500 = 11$

* 참고 2: ROE가 낮은 C사에 대해 더 논의하기 위하여, C사의 2×23년 ROE가 '일시적으로 낮은' 것이었다고 가정하자. 이 경우 2×24년부터는 ROE가 높아져서 초과이익이 2×23년의 −1,500에 비해 '증가'할 것이고 따라서 PER은 11배보다 높아진다. 설령 2×24년 이후의 ROE가 여전히 필요수익률(r_e)보다 낮은 9%라고 하더라도 PER은 11배보다 높아진다. 그래서 단순히 PER이 높다고 하여 미래 수익성이 높은 것으로 판단할 수는 없다. 미래 수익성이 어떤 수준인가는 PBR(주가순자산비율)의 크기를 통해 판단할 수 있으며, 이는 뒤에서 구체적으로 논의될 것이다.

● PER을 이용한 가치평가

[예제 8-1]의 〈풀이〉에서 유추할 수 있듯이, 내재적 PER을 이용하면 주식가치를 바로 평가할 수 있다. 즉, 어느 기업의 미래 초과이익이 현재와 같을 것으로 예측되는 때에는 현재의 주당이익 E_0에 $[1+1/r_e]$를 곱하면 배당부 주식가치 '$[V_0 + D_0]$'가 바로 산정되고, 여기서 D_0를 차감하면 배당후 주식가치 V_0가 산정된다.

$$V_0 + D_0 = \left[1 + \frac{1}{r_e}\right] \times E_0 \tag{8-7}$$

$$\Rightarrow V_0 = \left[1 + \frac{1}{r_e}\right] \times E_0 - D_0 \tag{8-8}$$

위에서 보듯이, 주식가치(V_0)를 평가함에 있어 현재의 주당이익 E_0 외에는 다른 정보를 고려할 필요가 없으며, $[1+1/r_e]$를 주당이익 E_0에 곱하기만 하면 가치평가가 완료된다. 이러한 의미에서 $[1+1/r_e]$를 **정상**(normal) PER이라고 부른다.

예제 8-2

정상 PER을 이용한 주식가치 평가

앞의 [예제 8-1]에서 구한 내재적 PER을 이용하여 2×24년 초 현재 각 기업의 (배당후) 주식가치(V_0)를 평가하라.

풀이

	PER을 이용한 주식가치(V_0) 평가 ($V_0 = [1+1/r_e] \cdot E_0 - D_0$)
A사	$V_0 = [1+1/0.1] \times 2{,}500 - 500 = 27{,}000$ (원)
B사	$V_0 = [1+1/0.1] \times 3{,}000 - 500 = 32{,}500$ (원)
C사	$V_0 = [1+1/0.1] \times 3{,}500 - 500 = 38{,}000$ (원)

3.2 예상이익 PER의 결정요인과 초과이익성장모형

PER을 산정할 때 현재(즉, 최근 연도)의 주당이익 E_0 대신에 올해(즉, 미래 1년)의 예상 주당이익인 E_1을 분모로 사용하기도 하며, 이때의 PER을 **예상이익** PER(forward price-earnings ratios)이라고 부른다. 주식가격은 기업의 미래 이익에 대한 시장의 기대를 반영하면서 형성되기 때문에, 현재 이익보다 미래 이익 예측치를 사용하여 PER을 산정하는 것이 더 적절할 수도 있다. 이러한 이유로 증권사 애널리스트(재무분석가)들은 예상이익 PER을 흔히 사용하고 있다. 또한 예상이익 PER은 미래 이익 예측치에 의해 산정되기 때문에 '일시적 손익'의 영향을 거의 받지 않는다.

예상이익 PER의 분모인 예상 주당이익 E_1은 배당 D_0의 지급으로 기업의 자산이 유출된 후에 벌게 되는 이익이다. 따라서 내재적(intrinsic) 예상이익 PER은 배당후 주식가치인 V_0와 E_1을 대비한 'V_0/E_1'으로 산정한다.

예상이익 PER의 결정요인도 RIM을 통해 살펴볼 수 있다. 앞에서 현재의 주당이익 E_0에 관한 PER을 논의할 때, 현재의 초과이익과 미래 각 연도의 초과이익이 같으면 내재적 PER이 $[1+1/r_e]$이었다. 이와 유사하게, 미래 1년의 초과이익(초과이익$_1$)

이 그 후의 각 연도의 초과이익과 같을 때의 내재적 예상이익 PER을 도출해 보자. 즉, 「초과이익$_1$ = 초과이익$_2$ = 초과이익$_3$ = ⋯」이면 RIM에서 주식가치 V_0는 다음과 같다.[8)]

$$V_0 = BV_0 + \frac{\text{초과이익}_1}{r_e} = BV_0 + \frac{E_1 - r_e \cdot BV_0}{r_e} \tag{8-9}$$

$$= \frac{E_1}{r_e} \tag{8-10}$$

따라서, 내재적 예상이익 PER은 '$1/r_e$'이다.

$$\frac{V_0}{E_1} = \frac{1}{r_e} \tag{8-11}$$

위의 관계는 미래 1년의 초과이익$_1$이 어떤 값인가와 상관없이 성립한다. 즉, 초과이익$_1$이 양수, 0 또는 음수의 어떤 경우이든지 간에, 미래 2년 이후의 초과이익이 초과이익$_1$과 같은 때에는 위의 관계가 성립한다.

초과이익$_1$과 그 후의 초과이익이 같으면 예상이익 PER이 '$1/r_e$'이므로, 그 후의 초과이익이 초과이익$_1$보다 증가 · 감소할 경우 예상이익 PER의 크기가 어떻게 될 것인지는 위의 분석과정에서 쉽게 유추할 수 있다. 예를 들어, 미래 2년 이후의 초과이익이 초과이익$_1$보다 증가할 경우에는 미래 초과이익의 현재가치가 식 (8-9)의 「초과이익$_1/r_e$」보다 크므로 예상이익 PER은 '$1/r_e$'보다 높아진다.

이러한 관계를 구체적으로 직접 보여주는 것은 제7장 4.1절에서 소개한 **초과이익성장모형**(abnormal earnings growth model, AEG 모형)이다. RIM을 재구성하면 RIM은 아래의 AEG 모형으로 표현할 수 있다(제7장 4.1절 참조).

$$V_0 = \text{미래 이익}_1\text{을 자본화한 가치} + \text{미래 초과이익성장의 가치}$$

$$= \frac{E_1}{r_e} + \frac{1}{r_e}\left[\sum_{t=2}^{\infty} \frac{\Delta\text{초과이익}_t}{(1+r_e)^{t-1}}\right] \tag{8-12}$$

$$\Delta\text{초과이익}_t = \text{초과이익}_t - \text{초과이익}_{t-1}$$

---

8) 식 (8-9)에서 미래 초과이익의 현재가치는 초항이 '초과이익$_1/(1+r_e)$'이고 공비가 '$1/(1+r_e)$'인 무한등비급수의 합이다.

위 AEG 모형의 양변을 예상이익 E_1으로 나누면 내재적 예상이익 PER의 형태가 된다.

$$\frac{V_0}{E_1} = \frac{1}{r_e} + \frac{1}{r_e E_1}\left[\sum_{t=2}^{\infty} \frac{\Delta \text{초과이익}_t}{(1+r_e)^{t-1}}\right] \tag{8-13}$$

위에서 보는 바와 같이, 미래 2년 이후의 각 초과이익이 미래 1년의 초과이익$_1$과 같으면, 즉 미래 2년 이후의 '각 Δ초과이익$_t = 0$'이면($t \geq 2$) 예상이익 PER이 '$1/r_e$'이다. 그러나 미래 2년 이후에 초과이익이 성장하여 Δ초과이익$_t$의 현재가치가 양수이면 예상이익 PER는 '$1/r_e$'보다 높아지고, 반면에 미래 2년 이후에 초과이익이 감소하여 Δ초과이익$_t$의 현재가치가 음수이면 예상이익 PER는 '$1/r_e$' 보다 낮아진다.

① 미래 1년과 그 후의 초과이익이 '같으면'	➡	$\frac{V_0}{E_1} = \frac{1}{r_e}$
② 미래 1년과 비교하여 그 후에 초과이익이 '증가'하면	➡	$\frac{V_0}{E_1} > \frac{1}{r_e}$
③ 미래 1년과 비교하여 그 후에 초과이익이 '감소'하면	➡	$\frac{V_0}{E_1} < \frac{1}{r_e}$

요컨대, 예상이익 PER의 크기를 결정하는 요인은 미래 1년 이후의 초과이익의 성장(즉, 미래 초과이익의 '증감')과 주식의 위험(필요수익률 r_e)인 것으로 요약할 수 있다.

● 예상이익 PER(V_0/E_1)을 이용한 가치평가

올해(즉, 미래 1년)의 초과이익과 내년 이후의 초과이익이 비슷할 것으로 예측되는 경우에는 예상이익 PER인 '$1/r_e$'를 이용하여 주식가치(V_0)를 바로 평가할 수 있다. 즉, 식 (8-10)에서 보는 바와 같이, 주당이익 E_1 예측치에 '$1/r_e$'를 곱하면 주식가치(V_0)가 평가된다. 예를 들어, E_1 예측치가 3,000원이고 필요수익률(r_e)이 10%이면, 주식가치(V_0)는 다음과 같이 곧바로 산정된다.

$$V_0 = 3{,}000 \times \frac{1}{0.1} = 30{,}000\text{(원)}$$

위와 같이 미래 주당이익 E_1 예측치를 필요수익률(r_e)로 나누어서 주식가치 평가액을 도출하는 것을 '미래 이익을 자본화'(capitalize)한다고 말한다. 이러한 평가방법은 오래 전부터 실무에서 **'이익자본화법'**이라고 불리어왔고, 합병시 비상장기업의 주식가치를 평가하는 방법으로 사용되었다(제13장 3.2절 참조).

3.3 PBR의 결정요인

PBR(주가순자산비율 또는 주가장부가치비율)의 크기가 어떻게 결정되는지도 RIM을 통해 살펴볼 수 있다. 설명을 위해 RIM의 구조를 다시 나타내면 다음과 같다.

$$V_0 = BV_0 + \frac{\text{초과이익}_1}{(1+r_e)} + \frac{\text{초과이익}_2}{(1+r_e)^2} + \cdots$$

$$= BV_0 + \frac{(ROE_1 - r_e)\cdot BV_0}{(1+r_e)} + \frac{(ROE_2 - r_e)\cdot BV_1}{(1+r_e)^2} + \cdots \quad (8\text{-}14)$$

$$\text{초과이익}_t = E_t - r_e \cdot BV_{t-1} = (ROE_t - r_e)\cdot BV_{t-1}$$
$$ROE_t = E_t / BV_{t-1}$$

위의 양변을 현재의 순자산(BV_0, 배당후 순자산)으로 나누면 다음과 같이 PBR의 형태가 된다.

$$\frac{V_0}{BV_0} = 1 + \frac{\text{미래 초과이익의 현재가치}}{BV_0} \quad (8\text{-}15)$$

$$= 1 + \frac{(ROE_1 - r_e)}{(1+r_e)} + \frac{(ROE_2 - r_e)\cdot BV_1/BV_0}{(1+r_e)^2} + \cdots \quad (8\text{-}16)$$

위에서 좌변의 'V_0/BV_0'는 내재적 PBR인데, 간단히 말하면 내재적 PBR의 크기는 미래 수익성, 즉 미래 초과이익에 의해 결정되고 있다. 식 (8-16)에서 더 구체적으로 살펴보면, PBR의 크기는 미래의 ROE, 미래의 자기자본 증가율, 그리고 필요수익률(r_e)에 의해 결정되고 있다.

만일 미래의 ROE가 기업의 필요수익률(r_e)만큼 된다면 초과이익이 0(零)이므로 PBR은 1이다. PBR이 1인 경우를 **정상**(normal) PBR이라고 부르며, 이때에는 주식가치가 순자산 장부가치와 같다.

① 미래 ROE = r_e이면, 즉 미래 초과이익 = 0이면 ➡ $\frac{V_0}{BV_0} = 1$

② 미래 ROE > r_e이면, 즉 미래 초과이익 > 0이면 ➡ $\frac{V_0}{BV_0} > 1$

③ 미래 ROE < r_e이면, 즉 미래 초과이익 < 0이면 ➡ $\frac{V_0}{BV_0} < 1$

한편, 미래의 ROE가 필요수익률(r_e)보다 높은 때에는 양(positive)의 초과이익이므로 PBR이 1보다 높아지고, 반대의 경우에는 음(negative)의 초과이익이므로 PBR이 1보다 낮아진다.

미래의 자기자본 증가율도 내재적 PBR의 크기에 영향을 미치며, 자기자본 증가율이 PBR을 더 높게 또는 낮게 하는 것은 미래 ROE의 크기에 달려 있다. 또한 다른 조건이 동일하다면, 필요수익률(r_e)이 높을수록, 즉 주식의 위험이 높을수록 PBR은 낮아진다.

제2절의 〈표 8-2〉를 볼 때, ROE가 높은 제약회사들은 ROE가 낮은 제약회사들에 비해 PBR이 높은 경향이 있었다. 이러한 경향은 PBR의 결정요인에 관한 위의 설명에 일치하고 있다. 현재의 ROE가 높을수록 PBR이 높음은 실증연구를 통해서 확인된 바 있으며, 또 현재의 ROE와 미래의 ROE가 양의 상관관계에 있음도 실증연구를 통해 밝혀진 바 있다.[9)]

예제 8-3

내재적 PBR의 크기

다음은 앞의 [예제 8-1]에서 사용된 A사, B사 및 C사의 자료이다(단위: 원). 각 기업의 내재적 PBR(=V_0/BV_0)이 1보다 높은지 여부를 표시하라. 아래에서 3개사 모두 미래의 매 연도 초과이익은 같다고 가정한다.

9) S. Penman, 1996, "The Articulation of Price-Earnings Ratios and market-to-Book Ratios and the Evaluation of Growth," *Journal of Accounting Research* (Autumn), pp. 235-259.

	r_e	ROE_0	BV_0	미래 초과이익$_t$	V_0/BV_0
A사	10%	15%	18,667	833.3	?
B사	10%	10%	32,500	0	?
C사	10%	7%	53,000	−1,500	?

풀이

A사: 「미래 초과이익$_t > 0$」이므로, $V_0/BV_0 > 1$
B사: 「미래 초과이익$_t = 0$」이므로, $V_0/BV_0 = 1$
C사: 「미래 초과이익$_t < 0$」이므로, $V_0/BV_0 < 1$

*참고: [예제 8-1]의 〈풀이〉에 제시된 주식가치 평가결과를 이용하여 내재적 PBR의 구체적 값을 계산해 보면 다음과 같다.

A사: V_0/BV_0 = 27,000/18,667 = 1.45 (배)
B사: V_0/BV_0 = 32,500/32,500 = 1.00 (배)
C사: V_0/BV_0 = 38,000/53,000 = 0.72 (배)

앞의 [예제 8-1]에서 각 기업의 내재적 PER(=$[V_0 + D_0]/E_0$)은 모두 11배로 같았다. 그러나 위의 [예제 8-3]에서 보듯이, 내재적 PBR은 서로 다르다. 이러한 차이가 있는 것은 PER과 PBR의 결정요인이 서로 다르기 때문이다. PBR이 미래 초과이익의 '수준'(level), 즉 미래 수익성 자체에 의해 결정되는데 비하여, PER은 현재와 비교하여 미래 초과이익이 '어떻게 변화'(증가 · 감소)하는가에 따라 결정된다.

PER과 PBR의 상호관계

PER과 PBR은 모두 미래 초과이익의 영향을 받으므로 두 주가배수는 양(positive)의 상관관계에 있다. 그러나 PBR이 전적으로 미래 초과이익에 의해 결정되는 데 비하여, PER은 현재 초과이익(현재 ROE)의 영향도 받는다. 따라서 PBR은 높은데 PER이 낮거나, 반대로 PBR은 낮은데 PER이 높은 기업이 있을 수 있다. 본장의 [보론 2]는 PER과 PBR의 상호관계를 자세히 설명하고 있다.

[보론 1] PER의 결정요인에 대한 전통적 견해

PER의 결정요인에 대한 전통적 견해는 DDM(배당할인모형)을 단순화시킨 지속성장모형(constant-growth model)에 기초하고 있다. 제7장 2절에서 논의하였던 지속성장모형은 주당배당이 매년 같은 비율 g로 증가한다고 가정하고 있다. 이 가정은 주당이익이 매년 같은 비율 g로 증가하고 또 배당성향(=배당/이익)이 매년 같다고 가정하는 것과 같다. 여기서 매년 같은 배당성향을 k라고 표현하자. 그러면 지속성장모형에서 주식가치(배당후) V_0은 다음과 같이 표현된다.

$$V_0 = \frac{D_0(1+g)}{r_e - g} = \frac{k\,E_0(1+g)}{r_e - g} \qquad (8\text{-}17)$$

D_0: 현재의 주당배당
E_0: 현재의 주당이익
k: 배당성향
g: 주당이익 성장률
r_e: 필요수익률(자기자본비용)

위의 모형에서 양변을 현재의 주당이익 E_0로 나누면 다음과 같이 PER의 형태가 된다.

$$\frac{V_0}{E_0} = \frac{k\,(1+g)}{r_e - g} \qquad (8\text{-}18)$$

또한 「$E_1 = E_0(1+g)$」이므로, 올해의 예상이익인 E_1을 분모로 하여 산정되는 예상이익 PER(forward price-earnings ratios)은 다음과 같이 표현된다.

$$\frac{V_0}{E_1} = \frac{k}{r_e - g} \qquad (8\text{-}19)$$

식 (8-18)과 (8-19)에서 보는 바와 같이, PER이 배당성향(k)과 이익성장률(g)의 증가함수로 표현되어 있고, 또 위험(즉, r_e)의 감소함수로 표현되어 있다. 이 견해가 PER의 결정요인에 대한 전통적 견해이다.

이러한 전통적 견해는 PER의 결정요인을 이해하는 데 도움이 되기는 하지만, 애매함이 없지 않다. 즉, PER이 배당성향의 증가함수로 되어 있어서 배당성향을 높이면 PER을 높일 수 있는 것처럼 보여지고 있다. 다시 말해, 배당성향을 높이면 주식가치를 높일 수 있는 것처럼 보여지고 있다. 그러나 배당성향을 높이면 기업에 재투자되는 이익이 적어지는 것이므로 이 때문에 이익성장률은 낮아질 것이다. 그래서 배당성장모형에 의존하고 있는 위의 전통적 견해는 PER의 결정요인을 명료히 나타내지 못하는 한계점이 있다.[10][11]

전통적 견해의 그러한 한계점은 식 (8-17)의 배당성장모형이 여러 제약적 가정에 의존한 데 따른 것이다. 이에 비해 본장의 제3절에 제시된 PER의 결정요인은 아무런 가정에 의존하지 않고서 도출된 것이다.

10) PBR의 결정요인에 대한 전통적 견해 역시 위의 배당성장모형에 의존하고 있다. 식 (8-17)의 양변을 현재의 순자산(BV_0)으로 나누면 PBR의 형태가 된다.

11) P. Fairfield, 1994, "P/E, P/B and the Present Value of the Future Dividends," *Financial Analyst Journal* (July/August), pp. 23-31.

[보론 2] PER과 PBR의 상호관계

본장의 제3절에서 PBR이 1인 경우 '정상(normal) PBR'이라고 불렀는데 이때 주식가치는 순자산 장부가치와 같다. 이 정상 PBR을 기준으로 하면 'PBR > 1'인 경우는 높은 PBR이고, 반면에 'PBR < 1'인 경우는 낮은 PBR로 구분해 볼 수 있다. 또한 PER에 대해서도 '정상 PER'인 $[1 + 1/r_e]$를 기준으로 높은 PER와 낮은 PER로 구분해 볼 수 있다. 이렇게 각각 세 그룹으로 구분하면 PBR와 PER의 조합은 아홉 가지가 되며, 이들 조합은 〈표 8-3〉에 정리되어 있다.[12] 여기서 필요수익률(r_e)은 편의상 10%로 가정되어 있다.

(NI^a = 초과이익, 정상 PER $[1 + 1/r_e] = 11$로 가정)

표 8-3 PBR과 PER의 조합

	높은 PBR (미래 $NI^a > 0$) (A, D, G)	정상 PBR (미래 $NI^a = 0$) (B, E, H)	낮은 PBR (미래 $NI^a < 0$) (C, F, I)
높은 PER (미래 NI^a > 현재 NI^a) (A, B, C)	A (예: PBR=2.0, PER=25) 미래에 이익이 증가하여 미래 수익성이 높음 (미래 ROE $> r_e$)	B (예: PBR=1.0, PER=18) 현재 수익성이 낮지만 미래에 이익이 증가하여 미래 ROE $= r_e$	C (예: PBR=0.7, PER=20) 현재 수익성이 매우 낮고 미래에 이익이 증가하나 여전히 미래 ROE $< r_e$
정상 PER (미래 NI^a = 현재 NI^a) (D, E, F)	D (예: PBR=1.8, PER=11) 현재 수익성이 높고 현재 초과이익이 미래에 지속(미래 ROE $> r_e$)	E (예: PBR=1.0, PER=11) 현재 ROE $= r_e$ 미래 ROE $= r_e$	F (예: PBR=0.5, PER=11) 현재 수익성이 낮고 미래에도 수익성이 낮음 (미래 ROE $< r_e$)
낮은 PER (미래 NI^a < 현재 NI^a) (G, H, I)	G (예: PBR=2.5, PER=7.0) 현재 수익성이 높지만 미래에는 이익이 감소 (단, 미래 ROE $> r_e$)	H (예: PBR=1.0, PER=8.0) 현재 수익성이 높지만 미래에 이익이 감소하여 미래 ROE $= r_e$	I (예: PBR=0.6, PER=6.0) 미래에 이익이 감소하여 수익성이 낮아짐 (미래 ROE $< r_e$)

12) 〈표 8-3〉의 분류체계는 다음 문헌에 근거한 것이다. S. Penman, 1996, "The Articulation of Price-Earnings Ratios and Market-to-Book Ratios and the Evaluation of Growth," *Journal of Accounting Research* (Autumn), pp. 235-259.

• PBR이 1인 것은 중간 열(column)에 있는 B, E 및 H의 세 가지이며, 이때 모두 「미래 초과이익 = 0」이다. 즉, 모두 「미래 ROE = 필요수익률(r_e)」이다. 그러나 현재 수익성(현재 ROE)이 어떤 수준인가에 따라 PER의 크기는 다르다.

① 조합 E: PER이 정상 PER($1 + 1/r_e$)에 해당하는 경우이며, 이때 「현재 초과이익 = 미래 초과이익 = 0」이다. 즉, 조합 E에서는 현재 ROE와 미래 ROE가 모두 필요수익률(r_e)과 같다.

② 조합 B: 현재 ROE가 낮지만 미래에 이익이 증가하여 미래 ROE가 필요수익률(r_e) 수준까지 높아지는 경우이다. 현재에 비해 미래 초과이익이 증가하기 때문에 PER이 정상 PER보다 높다.

③ 조합 H: 현재 ROE가 높지만 미래에는 이익이 감소하여 미래 ROE가 필요수익률(r_e) 수준으로 내려가는 경우이다. 현재에 비해 미래 초과이익이 감소하기 때문에 PER은 정상 PER보다 낮다.

• PER이 정상 PER($1 + 1/r_e$)에 해당하는 나머지 두 경우는 D와 F이다.

④ 조합 D: PBR이 1보다 높으므로 미래 수익성이 높다. 또 PER이 정상 PER이면 「현재 초과이익 = 미래 초과이익」이므로 조합 D에서는 현재 수익성도 높다. 따라서 현재 수익성이 높고 또 현재의 초과이익이 미래에도 지속되는 기업이 조합 D에 해당된다.

⑤ 조합 F: PBR이 1보다 낮으므로 미래 수익성이 낮은 경우이다. 또 PER이 정상 PER이면 「현재 초과이익 = 미래 초과이익」이므로 조합 F에서는 현재 수익성도 낮다. 따라서 현재 수익성이 낮고 또 미래에도 수익성이 낮은 기업이 조합 F에 해당된다.

• 나머지 네 조합은 코너에 있는 A, C, G 및 I이다.

⑥ 조합 A: PBR과 PER이 모두 높은 경우이다. PBR이 높으므로 미래 수익성이 높고(미래 ROE $>r_e$), 또 PER이 높으므로 「미래 초과이익 > 현재 초과이익」이다. 즉, 조합 A는 미래에 이익이 증가하고 또 미래 ROE가 높은 경우인데, 현재 초과이익은 양수 또는 음수일 수 있다.

⑦ 조합 G: PBR은 높으나 PER은 낮은 경우이다. PER이 낮으므로 미래에 초과이익이 감소하는데, PBR은 높으므로 미래 ROE는 여전히 필요수익률(r_e)보다 높다.

즉, 현재 수익성이 높지만 미래에는 수익성이 다소 하락하는 경우가 조합 G이다.

⑧ 조합 C: PER은 높은데 PBR이 낮으므로, 미래에 초과이익이 증가하지만 여전히 미래 ROE는 필요수익률(r_e)보다 낮은 경우이다. 즉, 현재 수익성이 매우 낮고, 미래에 수익성이 개선되기는 하지만 여전히 수익성이 높지 않은 경우이다.

⑨ 조합 I: PBR과 PER이 모두 낮은 경우이다. PER이 낮으므로 미래에 초과이익이 감소하고, 또 PBR도 낮으므로 미래 수익성도 낮은 경우이다. 즉, 현재 수익성이 어떻든 간에 미래에는 초과이익이 감소하여 미래 ROE가 필요수익률(r_e)보다 낮은 기업이 조합 I에 해당된다.

연습문제

1. 유사기업이용법에 의한 가치평가절차를 설명하라.

2. 유사기업이용법은 DCF, RIM 및 EVA 모형과는 달리, 미래의 다년간에 대한 예측이 요구되지 않으므로 사용하기 쉽다고 생각될 수 있다. 그러나 유사기업이용법은 개념적 한계점과 더불어 실제 적용시의 한계점도 가지고 있다. 유사기업이용법의 개념적 문제와 실제 적용시 유의해야 할 점을 논의하라.

3. 유사기업의 주가배수를 평가대상기업에 적용하려면 주가배수를 계산할 때 유사기업과 평가대상기업 간의 자본구조 차이가 통제되어야 한다. 주가배수의 분모가 순이익, 순자산, EBITDA, 매출액, EBIT인 경우 주가배수의 분자는 각각 어떤 금액이 사용되어야 하는지 설명하라.

4. 주가배수의 분모로서 순이익, EBITDA, EBIT 등이 사용될 때에는 일시적 손익이 주가배수의 산정에 큰 영향을 미칠 수 있다. 이러한 문제에 대처할 수 있는 주가배수 산정방법을 설명하라.

5. A사와 B사는 동일한 금액의 2×24년도 주당순이익을 발표하였다. 그렇다면 이익 발표 직후 A사와 B사의 PER이 같은 크기로 형성되어야 하는가?

6. RIM은 PER과 PBR의 결정요인이 무엇인지에 대해 직접적이고 구체적인 시사점을 가지고 있다. RIM이 그러한 시사점을 가지고 있는 이유가 무엇인가?

7. RIM에 근거할 때 PER의 결정요인이 무엇인지 설명하라.

8. RIM 또는 AEG 모형에 근거할 때 '예상이익 PER'의 결정요인이 무엇인지 설명하라.

9. RIM에 근거할 때 PBR의 결정요인이 무엇인지 설명하라.

10. PER의 결정요인에 대한 전통적 견해는 배당성장모형(constant-growth model)에 기초

하고 있다. 이 견해에서는 PER의 크기를 결정하는 요인이 무엇인지 논의하라.

11. 내재적 PBR을 계산할 때 '배당후 주식가치'(ex-dividend value)를 분자로 사용하지만, 내재적 PER을 산정할 때에는 '배당부 주식가치'(cum-dividend value)를 분자로 사용하여야 하는 이유가 무엇인가?

12. 다음은 같은 업종의 3개사에 대한 2×24년 말 재무자료와 주가자료이다. 아래의 물음에 답하라.

재무자료 \ 회사	S사	K사	L사
주당순이익 (원)	13,176	2,568	739
주당순자산(배당후) (원)	63,737	11,040	2,936
매출액 (억원)	62,271	44,946	21,218
재무자산 (억원)	9,194	556	4,042
재무부채 (억원)	32,389	34,904	13,902
2×24년 말 주가 (원)	268,000	42,800	8,240
2×24년 말 발행주식수	89,152,670	184,058,043	277,278,430

(1) K사와 L사에 대해 PER을 각각 계산하고 이들의 PER 평균을 이용하여 S사의 주식가치를 추정하라.
(2) K사와 L사에 대해 PBR을 각각 계산하고 이들의 PBR 평균을 이용하여 S사의 주식가치를 추정하라.
(3) K사와 L사에 대해 'EV/매출액' 비율을 각각 계산하고 이 비율의 평균을 이용하여 S사의 주식가치를 추정하라(EV = 주식시가총액 + 순재무부채 시장가치).
(4) 위와 같이 유사기업이용법을 적용하는 과정에서 나타날 수 있는 문제점을 논의하라.

13. 다음은 같은 업종의 D사, E사 및 F사의 2×24년 말 주당금액 자료이다(단위: 원).

	r_e (필요수익률)	E_0 (순이익)	BV_{-1} (기초순자산)	D_0 (배당)	BV_0 (기말순자산)
D사	10%	2,500	18,000	500	20,000
E사	12%	3,600	30,000	1,000	32,600
F사	14%	3,000	40,000	800	42,200

위에서 기초 및 기말순자산은 배당후의 금액이며, 순이익은 포괄이익과 같다. 각 기업의 경우 2×25년 이후의 초과이익은 2×24년과 비교하여 변화가 없을 것으로 예상된다. 아래의 물음에 답하라.

(1) 각 기업의 2×24년 ROE와 주당 초과이익이 각각 얼마인가?

(2) 2×25년 초 현재 각 기업의 (배당부가치에 의한) 내재적 PER이 몇 배인가? 단, 주식가치를 평가하지 않은 상태에서 내재적 PER을 산정하라.

(3) 위의 (2)에서 구한 내재적 PER을 이용할 때 2×25년 초 현재 각 기업의 주식가치(배당후)가 얼마로 평가되는가?

(4) 위의 (3)에서 구한 주식가치 평가액을 이용할 때 2×25년 초 현재 각 기업의 내재적 PBR은 몇 배로 산정되는가?

14. 위의 문제 13에 연속된 문제이다. 다음 물음에 답하라.

(1) D사, E사 및 F사의 내재적 PER이 서로 다른 이유가 무엇인가?

(2) D사, E사 및 F사의 내재적 PBR이 서로 다른 이유가 무엇인가?

15. 다음은 2×24년 초 시점에서 카오(주)의 미래 3년에 대해 예측한 자료이다(단위: 원).

	2×23(실적치)	2×24F	2×25F	2×26F
주당순이익	1,100	1,200	1,290	1,370
주당순자산(기말)	5,000	5,840	6,740	7,695
주당 초과이익	700	700	706	696

위에서 주당순자산은 배당후 금액이며, 순이익은 포괄이익과 같다. 카오(주)의 필요수익률(자기자본비용)은 10%이다. 아래의 물음에 답하라.

(1) 위의 예측치에 기초할 때, 2×24년 초 현재 (배당부가치에 의한) PER이 몇 배 정도로 형성될 것으로 생각되는가?

(2) 2×26년 후에도 주당 초과이익이 매년 700원 수준일 것으로 예측된다면, 2×24년 초 현재 카오(주)의 주식가치(배당후)는 얼마 정도로 평가되는가?

16. 다음은 2×24년 초 시점에서 예측한 카이저(주)의 2×24~2×26년 이익과 초과이익이다(단위: 원).

	2×23(실적치)	2×24F	2×25F	2×26F
주당이익	3,500	3,800	4,200	4,500
주당 초과이익	500	600	600	600

2×27년 이후의 초과이익은 2×26년과 같을 것으로 예측되고 있다. 카이저(주)의 필요수익률(자기자본비용)은 10%이다. 아래의 물음에 답하라.

(1) 2×24년 초 현재 '예상이익 PER'이 몇 배로 산정되는가?

(2) 2×24년 초 현재 카이저(주)의 주식가치는 얼마로 평가되는가?

(3) 2×26년부터는 주당 초과이익이 1,000원으로 예측된다고 가정하자. 2×24년과 2×25년의 초과이익 예측치는 변화가 없다면, '예상이익 PER'은 위의 (1)과 비교하여 높아지는가, 아니면 낮아지는가?

(4) 위의 (3)에서 주식가치를 평가하면 (2)의 경우와 비교할 때 주식가치 평가액이 커지는가, 아니면 작아지는가?

17. PBR과 PER이 각각 다음과 같은 기업의 미래 이익전망에 대해 논의해 보라.

(1) PBR이 정상 PBR보다 높은데 PER은 정상 PER보다 낮은 기업

(2) PBR이 정상 PBR보다 높고 PER도 정상 PER보다 높은 기업

(3) PBR이 정상 PBR보다 낮은데 PER은 정상 PER보다 높은 기업

(4) PBR이 정상 PBR보다 낮고 PER도 정상 PER보다 낮은 기업

18. 2×24~2×26년의 다음 연도 초에서 측정된 네오(주)의 주가배수는 다음과 같다. 네오(주)의 배당성향은 낮으며, 필요수익률(자기자본비용)은 10%이다. 아래의 물음에 답하라.

	2×24	2×25	2×26
PBR	1.2	1.3	1.0
PER	12.5	25.0	6.5
ROE	10.8%	5.0%	18.5%

(1) 2×25년 초 현재, 시장의 투자자들은 네오(주)의 미래 ROE가 필요수익률보다 높을 것으로 예상하고 있는가, 아니면 그보다 낮을 것으로 예상하고 있는가?

(2) 2×25년의 경우 ROE는 전년보다 상당히 하락한 5.0%인데, PER은 가장 높다. ROE와 PER이 그와 같이 나타날 수 있는 경우를 논의하라.

(3) 3개 연도 중 2×26년의 경우 ROE가 가장 높은데도 PER은 가장 낮다. ROE와 PER이 그와 같이 나타날 수 있는 이유를 논의하라.

19. 본장 제2절의 〈표 8-2〉에 있는 제약회사들의 ROE, PBR 및 PER을 볼 때 이들 회사가 다음의 A~I 조합 중 어디에 해당되는지 분류하라. 단, 필요수익률(자기자본비용)은 모두 12%인 것으로 가정하고, 배당성향은 무시한다.

		PBR		
		높은 PBR	정상 PBR (= 1)	낮은 PBR
PER	높은 PER	A	B	C
	정상 PER $[1+1/r_e]$	D	E	F
	낮은 PER	G	H	I

제9장

미래 예측과 가치평가모형의 적용사례

본장에서는 제7장에서 논의한 가치평가모형을 실제 적용하는 절차와 사례를 다룬다. 기업가치와 주주지분가치를 평가하는 것은 기업의 미래 성과 예측을 출발점으로 하고 있다. 분석대상기업의 현재 성과를 분석함은 물론 산업 및 경쟁전략분석을 통해 파악한 정보를 이용하여 미래의 성과를 예측한다. 예측된 미래 성과는 가치평가모형을 통해 현재시점의 가치로 전환된다. 본장에서는 기업의 미래 성과를 예측하는 절차를 구체적으로 살펴보고, 사례기업을 이용하여 가치평가모형을 실제 적용하는 과정을 설명한다.

제1절 개 요

1.1 분석대상기업의 사업에 대한 이해

기업의 미래 성과를 예측하기 위해서는 당해 기업의 사업전략 및 환경이 어떠한가를 먼저 파악해야 한다. 기업의 미래 성과는 기업이 처한 경제적 환경과 산업 내에서의 경쟁구도 및 그에 대응하여 선택되는 전략의 결과로서 결정되기 때문이다. 따라서 제1장에서 논의한 **질적 분석**(qualitative analysis)을 통하여 산업의 특성과 경쟁전략을 파악할 필요가 있으며, 이는 매출액 등의 구체적 예측작업에 앞서 이루어져야 한다.

특히, 분석대상기업의 경쟁전략을 이해하는 것은 여러 가지 면에서 중요하다. 기업의 전략에 따라 분석대상기업의 가치평가에서 가장 중점을 두어야 할 활동이 결정된다. 예를 들어, 차별화전략에 따라 고가품으로 승부하려는 기업의 경우에는 이를 뒷받침하는 브랜드구축, 제품개발 및 광고활동이 핵심적 요소이며, 그러한 분야에서의 기업역량을 올바로 평가하는 것이 가치평가의 핵심적 과제이다. 반면에, 원가우위를 바탕으로 한 저가정책이 주요 전략이라면 영업자산의 효율적 운용과 원가관리가 핵심 역량이 되므로 이에 중점을 두고 평가해야 한다.

또한 분석대상기업에 대한 **회계정책 분석**도 미래 예측의 과정에서 고려할 필요가 있다. 회계의 질적 분석을 통해 기업의 회계정책 성향을 파악할 수 있으며 이러한 분석결과는 미래 회계수치를 예측하는 데 유용할 수 있다.

1.2 가치창출요인에 기초한 종합적 예측

기업가치와 주주지분가치 평가를 위한 미래 예측은 어느 한 관심변수에 초점을 두기보다는 종합적으로 수행되어야 한다. 예를 들어, 이익예측을 함에 있어서 다른 항목들은 무시하고 이익수치만을 예측하는 것이 아니라, 이익과 더불어 현금흐름과 순자산에 대한 예측도 함께 이루어져야 한다.

이와 같이 종합적인 예측을 해야 하는 이유는 미래 예측치가 기초하는 여러 가정의 비현실성이나 일관성 결여 문제를 사전에 발견할 수 있기 때문이다. 예를 들어, 이익예측을 위한 출발점으로 매출액을 예측한다고 할 때 매출액 자체의 예측에 그쳐서는 안된다. 일정 수준의 매출액을 달성하기 위해서는 그에 상응하는 영업자산의 투입이 요구되며 이러한 투자를 위해서는 타인자본이나 자기자본을 통한 자금조달이 필요하게 된다. 이러한 요소들을 종합적으로 고려하지 않은 채 매출액이나 이익을 예측한다면 이는 비현실적인 예측에 그치게 된다. 따라서 기업의 미래 성과 예측은 기업가치에 영향을 미치는 여러 요인들에 대해 종합적으로 이루어져야 하며, 이러한 예측작업은 추정손익계산서, 추정재무상태표 및 추정현금흐름표의 작성을 통해 이루어진다.

가치평가를 위한 종합적인 예측을 하려면 여러 회계항목에 대한 예측이 이루어져야 한다. 그러나 예측대상이 되는 모든 항목들의 각각에 대해 별도의 예측을 하는 것은 아니다. 대부분의 기업에 있어 미래 성과를 결정짓는 몇 개의 핵심적 **가치창출요인**(key value drivers)이 있게 마련이며, 예측대상항목의 대부분은 그러한 핵심적 가치창출요인과 직 · 간접적으로 연결되어 있기 때문이다. 예를 들어, 제조업의 경우 매출액이 가장 중요한 가치창출요인의 하나이며, 매출액이익률 또한 핵심적 가치창출요인의 하나이다. 영업운전자본과 영업비유동자산은 일반적으로 매출액과 일정한 관계에 있으므로, 일단 매출액 예측치가 구해지면 그에 상응하는 영업운전자본 및 영업비유동자산 소요액은 비교적 쉽게 추정될 수 있다.

이와 같이 가치창출과정의 핵심적 요인들을 중심으로 미래 예측을 수행하면 보다 현실성 있는 예측이 가능해질 뿐 아니라 예측치 간의 일관성도 확보될 수 있다.

DCF 모형을 이용하여 가치평가를 할 때는 분석대상기업의 미래 FCF(잉여현금흐름)를 예측해야 한다. 그러나 이 경우에도 과거의 현금흐름 정보만을 이용하여 FCF를 예측하기보다는 미래에 대한 종합적인 예측(추정재무제표 작성)을 한 후 이를 토대로 FCF를 추정하여야 보다 현실성 있고 일관성 있는 예측을 할 수 있다.

제2절 주요 변수의 시계열행태

기업가치와 주주지분가치 평가를 위해서는 매출액, 매출액순영업이익률 등과 같은 핵심적 가치창출요인에 대한 예측작업이 중요하다. 이 예측작업은 먼저 예측의 기본적인 출발점을 정하고 산업분석과 재무분석을 통해 파악된 정보를 활용하여 처음의 예측치를 수정해 나가는 과정을 거치게 된다. 예측을 위한 기본적 출발점으로는 최근의 성과치를 그대로 사용하거나 추세변화에 관해 조정하여 사용할 수도 있고, 또는 과거 수년간의 평균치를 사용할 수도 있다.

핵심적 가치창출요인에 대한 예측의 출발점을 정함에 있어서는 각 요인의 일반적 시계열행태(time-series behavior)를 이해하는 것이 도움이 된다. 기업이나 산업간에 가치창출요인의 시계열행태가 모두 동일한 것은 아니지만, 많은 기업들이 보여주는 평균적 변화행태는 적절한 예측 출발점을 찾는 데 도움이 되며, 또 예측치의 합리성 여부를 검토하는 데에도 유용하다. 만일 분석대상기업의 미래 성과 예측치가 평균적인 변화행태와 큰 차이가 있다면 그러한 차이를 정당화할 수 있는 근거가 제시될 수 있어야 할 것이다. 아래에서는 우리나라 상장기업을 대상으로 핵심적 가치창출요인들의 시계열행태를 살펴보기로 한다.

2.1 매출액증가율의 행태

매출액은 기업의 미래 성과 예측을 위한 출발점으로서 추정재무제표의 많은 항목들이 매출액 예측치에 기초하고 있다. [그림 9-1]은 1983~2001년의 기간 중 우리나라 상장기업의 매출액증가율 변화행태를 보여주고 있다.

먼저 그림에 제시된 그룹별 매출액증가율의 분석절차를 설명한다. 한국신용평가정보(주)의 재무데이터베이스에 수록된 2001년 말 현재 상장기업 및 상장폐지된

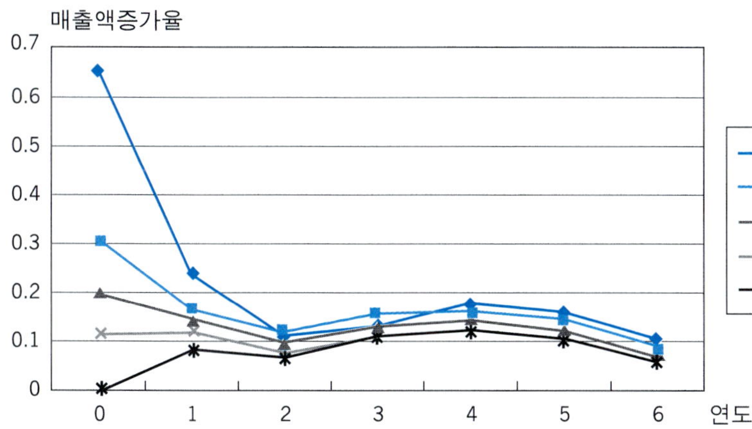

* 연도 0은 포트폴리오를 구성한 기준연도임.

그림 9-1

상장기업의 매출액증가율 행태

기업을 모두 추출하고, 1983년을 기준연도(연도 0)로 하여 전년 대비 매출액증가율을 산정한 다음, 이 매출액증가율의 크기에 따라 표본기업을 5개 그룹으로 분류한다. 그룹 1은 1983년의 매출액증가율이 가장 높은 상위 20% 회사들로 구성되고, 그룹 2는 그 다음 20%의 회사들로 구성되며, 그룹 5는 매출액증가율이 가장 낮은 20%의 회사들로 구성된다. 이렇게 구성된 각 그룹별로 당해 그룹에 속한 회사들의 향후 6년간(연도 1～연도 6)의 매출액증가율을 연도별로 측정하고, 이 연도별 매출액증가율의 중위치(median)를 산정한다. 그런 다음 기준연도를 새로이 설정하여 위의 과정을 반복한다. 새로이 설정되는 기준연도는 1987년, 1991년 그리고 1995년이다. [그림 9-1]은 위와 같이 연도별(연도 0～연도 6)로 측정된 4개의 중위치를 평균하여 나타낸 것이다.[1)]

[그림 9-1]에서 볼 수 있듯이, 매출액증가율은 **평균회귀**(mean reverting) 경향을 보이고 있다. 기준연도에 가장 높은 매출액증가율을 보인 그룹 1은 기준연도에서 평균 65%의 매출성장을 기록하였지만, 2년 후에는 다른 그룹들과 비슷한 수준으로 낮아지고 있다. 최하위 그룹에 속한 기업들은 기준연도에 거의 0%의 매출성장을 보였다가 2년 후에는 약 8%의 매출성장을 기록하여 다른 그룹들과의 격차가 많이

1) 한국신용평가정보(주)의 데이터베이스에는 1980년부터 자료가 있으므로 매출액증가율은 1981년부터 측정가능하다. 그러나 1981년과 1982년의 경우 기업의 수가 상당히 작아서 1983년부터 표본에 포함되었다. 표본기업에는 상장폐지된 기업도 포함되었는데, 2001년 말 현재 상장된 기업만을 대상으로 분석해도 매출액증가율의 행태는 [그림 9-1]과 유사하다.

줄어들고 있다. 기준연도에 어느 그룹에 속했는가에 상관없이 포트폴리오 구성 후 6년이 경과한 시점에는 모든 그룹이 6%~9%대의 매출액증가율에 접근하고 있다.

이와 같이 시간이 경과함에 따라 매출액증가율이 평균적 수준으로 회귀한 이유는 기업간 경쟁으로 시장점유율이 떨어졌거나 시장 자체의 포화상태로 인해 수요가 감소하였기 때문이다. 따라서 현재 매출액증가율이 상당히 높은 기업의 미래 매출액증가율을 예측할 때 미래에도 높은 매출성장을 계속 유지할 것으로 가정하는 것은 무리가 있을 것이다. 다만, 미래에 매출액증가율이 평균적 수준으로 회귀하는 속도는 산업의 경쟁강도나 기업의 경쟁우위 정도에 따라 차이가 있을 수 있다.

2.2 ROE의 행태

[그림 9-2]에는 ROE의 시계열행태가 제시되어 있다. 앞에서 살펴본 매출액증가율의 경우와 마찬가지로, 그룹 1은 ROE가 가장 높은 상위 20%의 회사들로 구성되고, 그룹 5는 ROE가 가장 낮은 20%의 회사들로 구성되어 있다. 각 그룹별로 연도별 ROE 평균치를 구하는 과정은 앞에서와 동일하므로 설명을 생략한다.

그룹 1의 경우 기준연도에 평균 37%의 ROE를 달성하였는데 1년 후와 2년 후에는 각각 24%와 14%로 상당히 낮아지고 있다. 3년 이후에도 그룹 1의 ROE는 조금씩 감소하여 6년 후에는 약 7% 수준에 그치고 있음을 볼 수 있다. 한편, 기준연도에 가장 낮은 ROE를 기록한 그룹 5는 1년 후와 2년 후에 각각 평균 1%와 3.8%로 높아졌고, 그 이후 4%~6.5% 사이에서 움직이고 있다. 기준연도에서 그룹 1과 그룹 5 간의 ROE 격차가 약 40%만큼이었으나, 6년 후에는 그 격차가 약 3% 정도로 크게 축소되고 있다. 그룹 2, 3, 4의 경우도 기간이 경과함에 따라 유사한 평균회귀적 행태를 보이고 있다.

ROE가 위와 같은 평균회귀적 행태를 보이는 것은 경쟁요인 때문이라고 할 수 있다. 즉, 현재의 높은 수익성은 경쟁의 심화를 유발하게 되고 그 결과 미래에는 점차 ROE가 감소하게 된다. 반면에, ROE가 매우 낮은 기업의 경우는 기업유지를 위한 경영합리화 노력을 통해 조금씩 수익성이 개선되고 있다. 물론 위와 같은 ROE 행태는 상장기업의 평균적 행태를 제시하고 있을 뿐이며, 경쟁우위의 지속으로 장기간 높은 ROE를 달성하는 기업도 있을 수 있다. 다만, 경쟁우위와는 별개로,

그림 9-2

상장기업의 ROE 행태

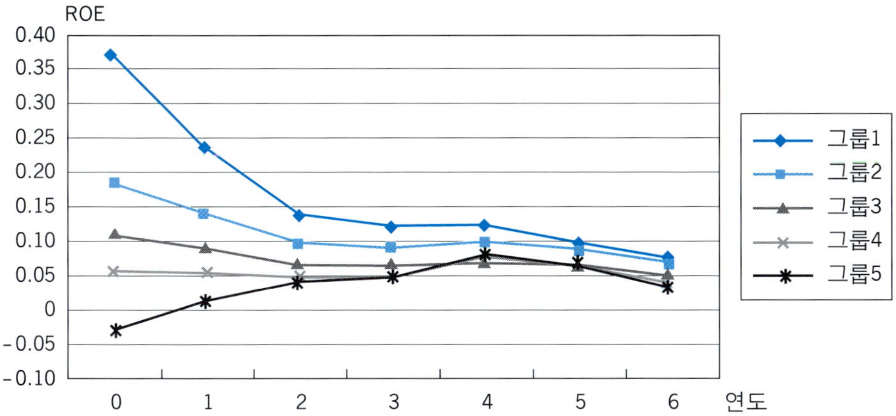

* 연도 0은 포트폴리오를 구성한 기준연도임.

기업에 따라서는 보수적 회계(conservative accounting)로 인해 자기자본이 과소측정됨으로써 ROE가 계속 높게 나타날 수도 있음을 유의해야 한다(제7장 4.2절 참조).

다음의 소절 이하에서는 ROE의 결정요인인 영업투하자본이익률(ROIC)과 재무레버리지비율의 시계열행태를 살펴본다.

2.3 ROIC의 행태

[그림 9-3]은 ROIC의 기간적 행태를 보여주고 있다. 여기서 보듯이, ROIC도 '평균회귀적' 행태를 보이고 있다. 기준연도에 그룹 1은 평균 20%의 ROIC를 달성하였으나 6년 후에는 평균 6%의 수준으로 하락하고 있으며, 반면에 그룹 5의 경우는 기준연도에 평균 1.4%의 낮은 수준이었으나 6년 후에는 평균 4.4%의 수준으로 높아짐으로써 그룹 1과의 격차가 크게 줄어들고 있음을 볼 수 있다.

ROIC는 매출액순영업이익률과 영업투하자본회전율의 곱으로 결정되는데, [그림 9-3]에서 본 ROIC의 평균회귀적 행태가 주로 어느 요인 때문인지를 파악하기 위하여 매출액순영업이익률과 영업투하자본회전율의 시계열행태를 각각 살펴보자.

먼저 [그림 9-4]에는 매출액순영업이익률의 시계열행태가 제시되어 있다. 여기서 볼 수 있듯이, 매출액순영업이익률 역시 '평균회귀'(mean-reverting) 경향을 보이

그림 9-3

상장기업의 ROIC 행태

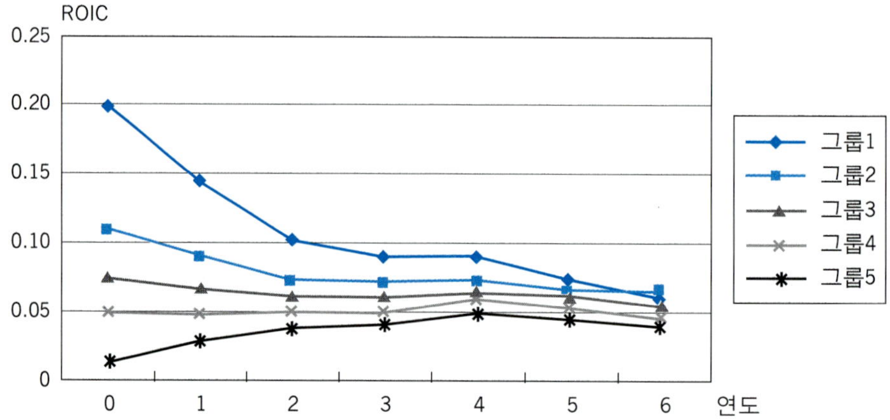

* 연도 0은 포트폴리오를 구성한 기준연도임.

그림 9-4

상장기업의 매출액순영업이익률 행태

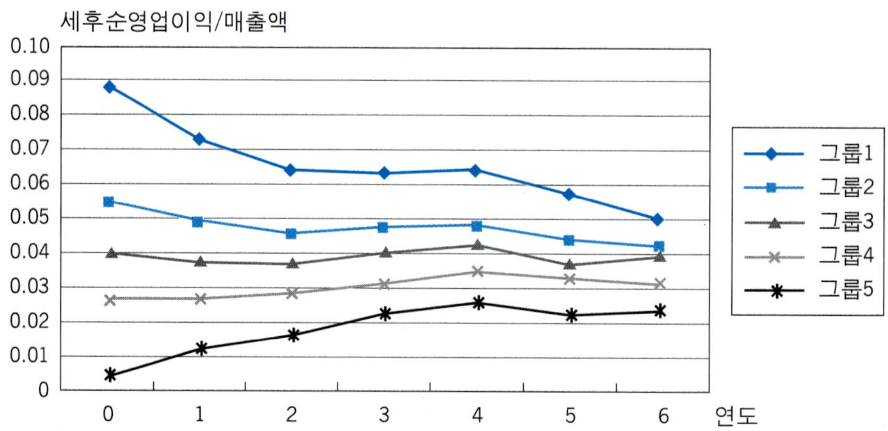

* 연도 0은 포트폴리오를 구성한 기준연도임.

고 있다. 기준연도에 그룹 1은 평균적으로 약 8.8%의 매출액순영업이익률을 달성하였으나, 그 후 점차 하락하여 6년 후에는 평균 5%의 수준까지 내려가고 있다. 반면에 기준연도에 가장 낮은 매출액순영업이익률을 보인 그룹 5는 그 후 점차 높아져서 6년 후에는 약 2.5% 수준까지 올라가고 있음을 볼 수 있다.

[그림 9-5]에 제시된 매출액순이익률의 시계열행태도 매출액순영업이익률의 경우와 유사하다. 기준연도에 평균 7.2%의 매출액순이익률을 보인 그룹 1은 2년 후에 4.5% 수준으로 하락한 다음, 일정 기간 유지되다가 다시 하락하는 모습을 보이고 있다. 그룹 5의 경우에는 기준연도에 음(–)의 이익률이었으나 시간이 경과함에

그림 9-5

상장기업의 매출액순이익률 행태

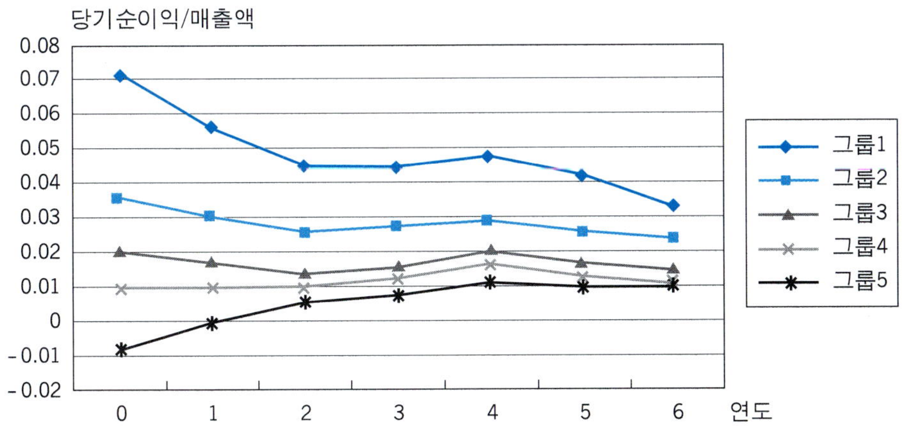

* 연도 0은 포트폴리오를 구성한 기준연도임.

그림 9-6

상장기업의 영업투하자본회전율 (역수) 행태

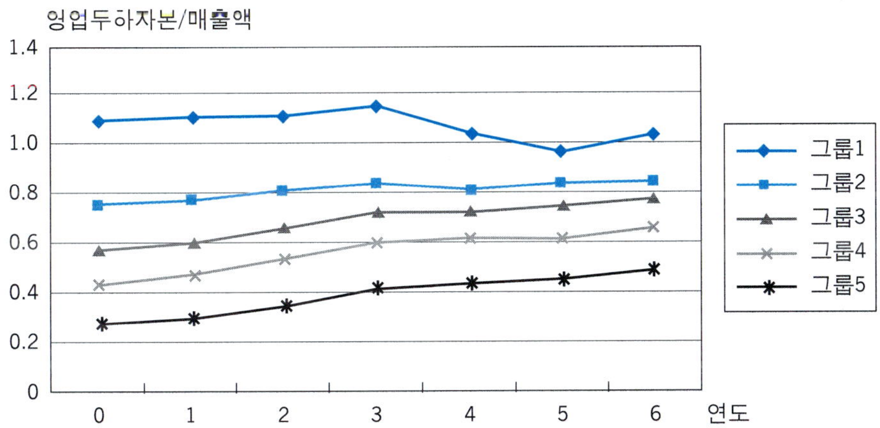

* 연도 0은 포트폴리오를 구성한 기준연도임.

따라 1% 수준으로 이익률이 회복되고 있음을 볼 수 있다.

한편, [그림 9-6]을 보면 ROIC의 다른 한 구성요소인 영업투하자본회전율은 매출액순영업이익률과는 다른 시계열행태를 보이고 있다. [그림 9-6]에서 종축은 영업투하자본회전율의 '역수'(=영업투하자본/매출액)이므로 그룹 5가 영업투하자본회전율이 가장 높은 그룹이고 그룹 1이 가장 낮은 그룹이다.

회전율이 가장 높은 그룹 5는 기준연도에 회전율의 역수가 평균 0.25의 수준이었는데, 그 후 조금씩 상승하는 추세를 보여 6년 후에는 평균 0.47의 수준을 나타내고 있다. 한편, 회전율이 가장 낮은 그룹 1은 기준연도에 회전율의 역수가 평균 1.1

이었는데, 6년 후에도 평균 1.03의 수준을 기록하고 있어 별 변화가 없다. 그러므로 영업투하자본회전율은 앞에서 살펴본 매출액순영업이익률과 같은 평균회귀적 행태를 거의 보이지 않고 있다.

영업투하자본회전율의 시계열행태를 더 구체적으로 이해하기 위하여 영업투하자본을 두 요소로 분해해서 각 요소별 회전율의 행태를 살펴보자. 영업투하자본은 영업자산에서 영업부채를 차감한 것인데, 여기서 자산과 부채를 유동·비유동자산과 유동·비유동부채로 각각 분해하면 영업투하자본은 아래와 같이 영업운전자본과 영업순비유동자산의 두 요소로 분해할 수 있다.

$$
\begin{aligned}
\text{영업투하자본} &= \text{영업자산} - \text{영업부채} \\
&= [\text{영업유동자산} + \text{영업비유동자산}] - [\text{영업유동부채} + \text{영업비유동부채}] \\
&= \underbrace{[\text{영업유동자산} - \text{영업유동부채}]}_{\text{영업운전자본}} + \underbrace{[\text{영업비유동자산} - \text{영업비유동부채}]}_{\text{영업순비유동자산}}
\end{aligned}
$$

[그림 9-7]과 [그림 9-8]은 영업운전자본회전율(= 매출액/영업운전자본)과 영업순비유동자산회전율(= 매출액/영업순비유동자산)의 시계열행태를 각각 나타내고 있다. 두 그림에서 종축은 회전율의 '역수'이므로 그룹 5가 회전율이 가장 높은 그룹이고 그룹 1이 가장 낮은 그룹이다. 여기서도 회전율의 역수를 사용한 것은 후술하는 바와 같이 미래 예측작업에서 회전율의 역수가 사용되기 때문이다. 두 그림에서 볼 수 있듯이, 영업운전자본회전율과 영업순비유동자산회전율의 행태는 영업투하자본회전율의 경우와 유사하게 나타나고 있으며, 시간이 경과하더라도 회전율이 높은 그룹과 낮은 그룹 간의 격차는 별로 줄어들지 않고 있다.

이와 같이 영업투하자본회전율의 크기가 기업 간에 체계적인 차이가 있는 것은 산업별 특성과 관련이 있다. 일반적으로 유통업, 음식료품 제조업, 섬유제품 제조업 등은 상대적으로 높은 영업투하자본회전율을 가지고 있고, 화학제품과 비금속광물제품 제조업, 전기가스업 등은 상대적으로 낮은 영업투하자본회전율을 가지고 있다.[2)]

2) 영업투하자본회전율이 산업에 따라 체계적인 차이가 있는 것은 실증분석에서 확인되고 있다.

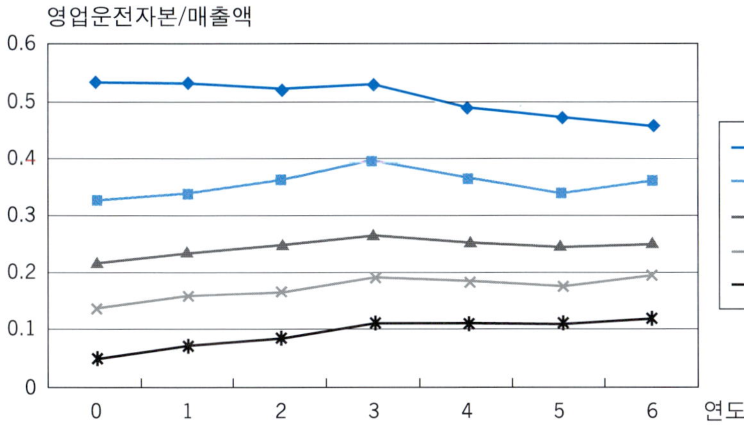

* 연도 0은 포트폴리오를 구성한 기준연도임.

그림 9-7

상장기업의 영업운전자본회전율(역수) 행태

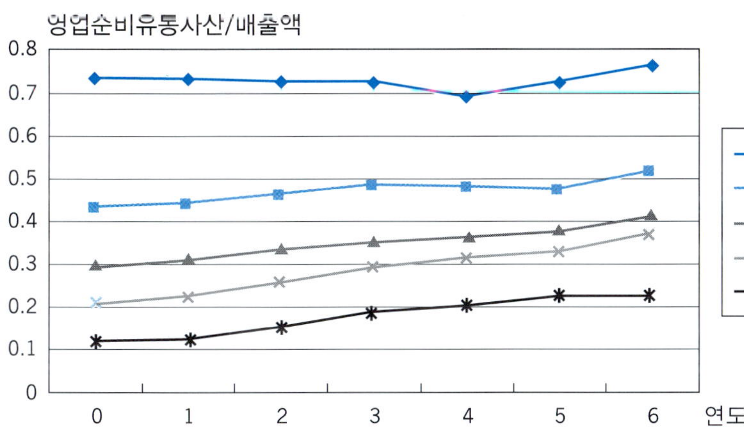

* 연도 0은 포트폴리오를 구성한 기준연도임.

그림 9-8

상장기업의 영업순비유동자산 회전율(역수) 행태

2.4 재무레버리지비율의 행태

[그림 9-9]에는 재무레버리지비율의 시계열행태가 제시되어 있다. 여기서 레버리지비율은 「순재무부채/영업투하자본」으로 측정된 것이다. 그룹 1은 기준연도에 레버리지비율이 가장 높은 그룹이고 그룹 5는 가장 낮은 그룹이다. [그림 9-9]에서 나타난 전반적인 추세를 보면, 레버리지비율이 가장 낮은 그룹 5를 제외하고는 시간이 경과함에 따라 레버리지비율을 조금 낮추는 경향이 있다. 그러나 레버리지비

그림 9-9

상장기업의 재무레버리지비율 행태

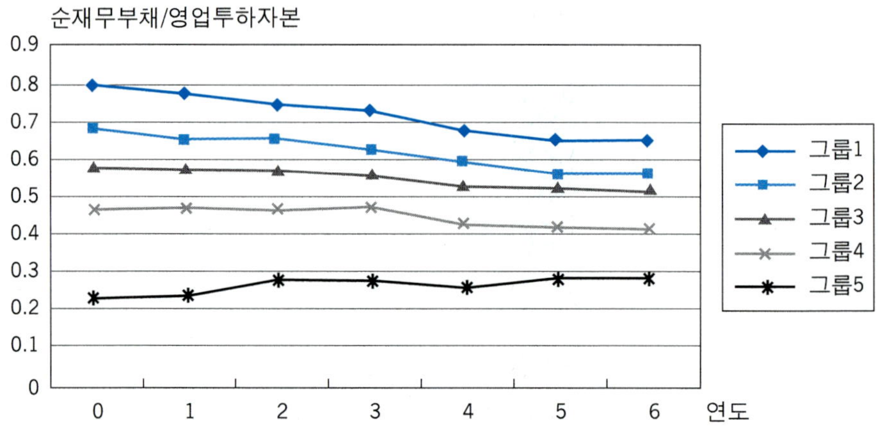

* 연도 0은 포트폴리오를 구성한 기준연도임.

율의 변화 속도는 느리고 점진적이다. 따라서 기준연도로부터 6년이 경과한 후에도 그룹 간 레버리지비율의 차이는 여전히 크게 유지되고 있다.

위에서 살펴본 주요 변수들의 시계열행태는 미래 예측시에 고려해야 할 시사점을 제공하고 있다. ROE, ROIC, 매출액순영업이익률 등을 예측할 때에는 현재의 실적만을 고려하기보다는 현재의 실적이 과거와 비교하여 어느 정도의 수준인가를 고려할 필요가 있을 것이다. 기업의 이익률은 장기적으로 평균 수준에 접근할 가능성이 높을 것이므로, 현재의 실적이 평균적 수준에서 크게 벗어나 있다면 그러한 실적이 미래에도 장기간 지속될 것으로 보는 것은 비현실적 가정일 수 있다. 다만, 기업의 역량에 따라 상당 기간 경쟁우위를 유지할 수도 있을 것이므로 그러한 기업의 경우는 위의 시계열행태와는 다르게 움직일 수도 있다. 따라서 분석자의 중요한 역할은 분석대상기업이 어떠한 경우에 해당하는지를 잘 식별해 내는 데 있다.

미래 예측과 추정재무제표 제3절

본절에서는 기업의 미래 성과를 예측하는 절차를 설명한다. 미래 예측은 아래에서 설명하는 체계적인 절차에 따라 이루어지며, 미래 예측의 결과는 추정재무제표(pro forma financial statements)를 통해 요약된다. 미래 예측은 매출액 예측을 출발점으로 하여 핵심적 요인들에 대한 여러 가정에 기초해서 수행된다.

3.1 미래 예측과 추정재무제표 작성절차

가치평가를 위한 미래 예측을 위해서는 먼저 예측기간(forecast horizon)을 설정하고, 예측기간 중에 핵심적 요인들이 어떻게 변화할 것인가에 대해 여러 가정을 세운 다음 이를 기초로 예측작업을 하게 된다. 다만, 예측기간을 어느 정도로 설정할 것인가에 대해서 일률적인 기준은 없다. 가치평가모형들은 계속기업을 가정하여 미래 무한기간의 형태로 표현되어 있지만, 실무적으로는 기업의 성과가 어떤 안정적 수준에 도달하는 기간까지 직접적인 예측을 하고, 그 후의 기간에 대해서는 잔여가치(continuing value) 형태로 추정하는 것이 일반적인 절차이다.

미래 예측치는 추정재무제표로 요약되는데, 가치평가를 위해 재무제표의 세부적 항목까지 예측할 필요는 없고 다음의 핵심적 요인들에 대해서만 예측하면 된다.

① 매출액증가율

② 매출액순영업이익률(=세후순영업이익/매출액)

③ 영업순운전자본회전율의 역수(=기초 영업순운전자본/매출액)

④ 영업순비유동자산회전율의 역수(=기초 영업순비유동자산/매출액)

⑤ 세후차입이자율

⑥ 자본구조(기말 순재무부채와 기말 자기자본)

아래에서는 위의 변수들을 이용하여 추정재무제표를 작성하는 작업의 흐름에 대해 개관한다. t년 말 시점에서 $t+1$년에 대한 추정재무제표를 작성한다고 가정하자. 추정재무제표 작성의 출발점은 매출액 예측이며, 이로부터 손익계산서와 재무상태표의 주요 항목들이 순차적으로 추정되게 된다.

$t+1$년의 추정손익계산서 작성절차

1단계: 매출액$_{t+1}$ 예측	매출액$_{t+1}$ = 매출액$_t$ × (1 + 매출액증가율$_{t+1}$)
2단계: 세후순영업이익$_{t+1}$ 예측	세후순영업이익$_{t+1}$ = 매출액$_{t+1}$ × 매출액순영업이익률$_{t+1}$
3단계: 세후순이자비용$_{t+1}$ 예측	세후순이자비용$_{t+1}$ = 순재무부채$_t$ × 세후차입이자율$_{t+1}$
4단계: 순이익$_{t+1}$ 예측	순이익$_{t+1}$ = 세후순영업이익$_{t+1}$ − 세후순이자비용$_{t+1}$

먼저 1단계에서 t년의 매출액$_t$와 $t+1$년의 매출액증가율$_{t+1}$ 예측치를 이용하여 매출액$_{t+1}$을 예측한다. 2단계에서는 1단계에서 예측된 매출액$_{t+1}$에 $t+1$년의 매출액순영업이익률$_{t+1}$ 예측치를 곱하여 세후순영업이익$_{t+1}$을 예측한다.

3단계에서는 $t+1$년의 '기초' 순재무부채인 순재무부채$_t$에 $t+1$년의 세후차입이자율$_{t+1}$ 예측치를 곱하여 세후순이자비용$_{t+1}$을 추정한다. 여기서 세후차입이자율은 「차입이자율 × (1−세율)」이다.

4단계에서는 앞에서 예측된 세후순영업이익$_{t+1}$과 세후순이자비용$_{t+1}$을 이용하여 순이익$_{t+1}$을 예측한다. 기타포괄손익의 미래 기대치는 0(零)으로 볼 수 있으므로 순이익 예측치는 포괄이익 예측치와 같다. 이와 같이 1~4단계의 절차를 거치면 $t+1$년의 추정손익계산서가 완성된다.

$t+1$년 말의 추정재무상태표를 작성하기 위해서는 아래에 제시된 5~8단계의 절차에 따라 차변요소인 기말 영업투하자본(영업운전자본과 영업순비유동자산)을 예측하고, 또 대변요소인 기말 순재무부채와 기말 자기자본(배당후)을 예측하여야 한다.

$t+1$년 말의 추정재무상태표 작성절차

① 차변요소: 영업운전자본$_{t+1}$과 영업순비유동자산$_{t+1}$

5단계: 영업운전자본$_{t+1}$의 예측

$$\text{영업운전자본}_{t+1} = \text{매출액}_{t+2} \times \left[\frac{\text{기초 영업운전자본}}{\text{매출액}} \right]_{t+2}$$

6단계: 영업순비유동자산$_{t+1}$의 예측

$$영업순비유동자산_{t+1} = 매출액_{t+2} \times \left[\frac{기초\ 영업순비유동자산}{매출액} \right]_{t+2}$$

➡ 영업투하자본$_{t+1}$ = 영업운전자본$_{t+1}$ + 영업순비유동자산$_{t+1}$

② 대변요소: 순재무부채$_{t+1}$과 자기자본$_{t+1}$

- 「순재무부채/영업투하자본」에 대한 목표부채비율이 있는 경우

  7단계: 순재무부채$_{t+1}$의 예측

  순재무부채$_{t+1}$ = 영업투하자본$_{t+1}$ × 목표부채비율

  8단계: 자기자본$_{t+1}$의 예측

  자기자본$_{t+1}$ = 영업투하자본$_{t+1}$ × (1 − 목표부채비율)

- 「순재무부채/영업투하자본」에 대한 목표부채비율이 없는 경우

  7단계: 순배당$_{t+1}$을 예측하여 자기자본$_{t+1}$을 예측

  자기자본$_{t+1}$ = 자기자본$_t$ + 순이익$_{t+1}$ − 순배당$_{t+1}$

  8단계: 순재무부채$_{t+1}$의 예측

  순재무부채$_{t+1}$ = 영업투하자본$_{t+1}$ − 자기자본$_{t+1}$

먼저, 5단계와 6단계에서 $t+1$년 말의 영업운전자본$_{t+1}$과 영업순비유동자산$_{t+1}$을 각각 예측한다. 이들은 $t+2$년의 매출액$_{t+2}$ 예측치에 $t+2$년의 「기초 영업운전자본/매출액」과 「기초 영업순비유동자산/매출액」 예측치를 각각 곱하면 구할 수 있다. 자산회전율의 역수는 매출액 1원당 소요된 자산액을 의미하므로 위에서 산출되는 금액은 $t+2$년의 매출액$_{t+2}$를 달성하기 위해서 기초시점(즉, $t+1$년 말)에서 준비되어야 하는 영업투하자본 추정치이다.

이와 같이 영업운전자본$_{t+1}$과 영업순비유동자산$_{t+1}$을 예측하기 위해서는 $t+2$년의 매출액$_{t+2}$도 예측되어야 하며, 따라서 $t+k$년에 대한 추정재무상태표를 작성하기 위해서는 $t+k+1$년의 매출액이 함께 예측되어야 한다.

7~8단계에서는 $t+1$년 말의 순재무부채$_{t+1}$과 자기자본$_{t+1}$을 예측하여 추정재무상태표를 완성하는데, 이들의 예측에 대해서는 다음의 대체적 방법들이 사용될 수 있다. 먼저, 분석대상기업이 「순재무부채/영업투하자본」에 대한 '목표부채비율'(target leverage)을 갖고 있는 경우에는 이 목표부채비율을 6단계에서 구한 영업투하자본$_{t+1}$ 예측치에 적용하여 순재무부채$_{t+1}$을 예측하고 또 자기자본$_{t+1}$도 예측한다.

목표부채비율이 없는 경우에는 먼저 순배당$_{t+1}$을 예측하여 자기자본$_{t+1}$(배당후)을 예측한다.[3] 그런 다음 자기자본$_{t+1}$ 예측치를 6단계의 영업투하자본$_{t+1}$ 예측치에서 차감하여 순재무부채$_{t+1}$을 추정한다.

위와 같이 추정손익계산서와 추정재무상태표가 완성되면 여기에 포함된 항목들을 이용하여 추정현금흐름표도 바로 만들 수 있다. 아래에서는 위에서 개관한 추정재무제표 작성절차 중에서 핵심적 요인에 대한 예측방법을 설명한다.

3.2 핵심적 요인에 대한 예측

(1) 매출액증가율

매출액 예측은 미래 예측의 출발점인데 매출액증가율 예측을 위해 정형화된 방법은 없다. 매출액증가율을 예측하는 가장 간단한 방법은 과거의 매출액증가율 평균을 구해서 이를 당기 매출액에 적용하는 방법이다. 그러나 보다 효과적인 예측을 위해서는 산업 및 기업전략에 대한 분석이 선행되어야 한다. 분석대상기업에 대해 산업 및 기업전략 분석을 하고 과거 및 현재까지의 매출액 추세를 종합적으로 고려하여 매출액증가율을 예측한다.

매출액 예측치는 다른 변수들의 예측에 직접적인 영향을 미치므로 정확한 예측을 위하여 시간과 노력이 투입되어야 한다. 분석대상기업이 속한 산업의 동향, 신제품의 출시 여부, 주력제품의 제품수명주기상의 위치, 대체품의 출시가능성, 시장의 성장가능성, 기업의 마케팅전략 등 여러 요인들이 매출액 예측에 고려되어야 한다.

(2) 매출액순영업이익률

매출액순영업이익률의 구성요소들을 직접 예측하고자 한다면 매출원가 및 판매

3) 연말배당은 주주총회가 개최된 후에 지급되지만 가치평가를 위한 추정재무제표 작성시에는 기말 자기자본을 배당후의 금액으로 산정한다. 이는 목표부채비율을 적용하여 기말 자기자본을 예측하는 경우에도 마찬가지이다. 즉, 「순재무부채/영업투하자본」의 부채비율을 측정함에 있어서도 배당후의 금액을 이용하여 측정한다(배당을 하면 재무자산이 유출되고 자기자본도 감소한다).

관리비의 주요 항목들에 대해 각각 별도의 예측을 해야 한다. 이를 위해서는 기술혁신, 재료비와 노무비의 변동, 경험축적으로 인한 학습효과 등을 고려한 미래 생산원가의 예측이 필요하고, 또 회사의 마케팅전략에 따른 마케팅비용이나 연구개발비 지출계획도 고려되어야 한다.

그러나 많은 비용항목들이 매출액과 관련되어 변동하므로, 좀더 간편한 방법은 비용 총액이 매출액의 일정 비율로 발생한다는 가정에 따라 매출액순영업이익률을 바로 예측하는 방법이다. 그리고 제2절에서 논의한 매출액순영업이익률의 시계열 행태에서 본 바와 같이, 현재 매출액순영업이익률이 높다면 그러한 수준이 미래에 계속 유지되기는 어려울 것이므로 평균적 수준으로 접근해 갈 가능성을 고려해야 한다.

또한 이와 관련하여 유의해야 할 것은 손익항목 간의 차별적 지속성이다. 제5장에서 논의하였듯이, 현재 세후순영업이익을 구성하는 손익 중에서 일시적 손익은 미래 지속성이 없으므로 미래 매출액순영업이익률을 예측함에 있어서는 지속적 손익만이 고려되어야 한다.

(3) 영업운전자본회전율

예측된 매출액을 달성하기 위해서는 영업운전자본이 소요되는데, 영업운전자본의 크기는 매출액에 비례하는 경우가 일반적이므로 분석대상기업의 영업운전자본회전율을 예측하고 예상매출액을 이용하여 미래의 영업운전자본 규모를 추정한다. 미래 기간에 적용할 영업운전자본회전율은 현재의 회전율을 출발점으로 하면 된다. 앞의 제2절에서 살펴본 바와 같이, 영업운전자본회전율은 기간적으로 크게 변동하지 않으므로 현재의 회전율을 미래의 회전율로 사용해도 큰 문제가 없을 것이다.

다만, 분석대상기업이 경쟁전략을 바꾸려는 계획이 있거나 산업 내에 큰 변화가 있을 것으로 예상되는 때에는 이를 반영해야 한다. 예를 들어, 차별화전략을 추구하여 오던 기업이 원가우위전략으로 이행한다거나 고급품 위주의 백화점 사업을 하던 기업이 할인점 부문의 비중을 훨씬 높이면 영업운전자본회전율은 크게 변동할 것으로 예상된다. 그리고 영업운전자본을 매출채권, 재고자산, 매입채무 등으로 세분해서 추정하고자 한다면 각 항목별 회전율을 이용하여 추정하면 된다.

(4) 영업순비유동자산회전율

영업순비유동자산에 대한 예측도 일반적으로 매출액과의 관계를 이용하여 이루어진다. 이때에도 영업운전자본의 예측과 마찬가지로 현재의 회전율 수준을 출발점으로 하고 생산기술의 변화나 향후의 투자계획을 반영하여 수정한다. 그러나 영업순비유동자산의 예측은 영업운전자본 예측에 비해 더 어려운데, 그 이유는 영업활동에 투입되는 설비자산은 영업운전자본처럼 매출액 변동에 따라 곧바로 증감되는 것은 아니기 때문이다. 예를 들어, 매출액이 증가한다고 해도 곧바로 생산설비를 늘리지는 않을 것이며, 당분간 기존 설비의 가동률을 최대로 하여 대처해 나갈 가능성이 높을 것이다. 매출액이 기존 설비의 생산능력을 초과하면 생산설비의 확장이 이루어지는데, 이때 설비의 증설은 증가된 매출액에 정확히 대응되기보다는 미래의 매출액 증가에도 대처할 수 있는 규모가 될 가능성이 있다.

(5) 세후차입이자율

세후순이자비용을 예측할 때 기존 부채에 대해서는 자금조달시 결정된 차입이자율을 사용하되, 신규 부채에 대해서는 가치평가시점의 '현행 시장이자율'을 적용하여 이자비용을 추정하여야 한다.

(6) 자본구조

자본구조에 관한 순재무부채$_{t+1}$과 자기자본$_{t+1}$을 예측함에 있어서는 대체적 방법들이 있음을 앞에서 언급한 바 있다.

① 첫 번째 방법은 「순재무부채/영업투하자본」에 대한 '목표부채비율'(target leverage)을 이용하는 방법인데, 분석대상기업의 현재 및 과거의 자본구조를 분석한 결과 「순재무부채/영업투하자본」의 비율이 안정적으로 유지되고 있으면 현재의 비율을 목표부채비율로 적용할 수 있을 것이다.

$$\text{순재무부채}_{t+1} = \text{영업투하자본}_{t+1} \times \text{목표부채비율} \tag{9-1}$$

$$\text{자기자본}_{t+1} = \text{영업투하자본}_{t+1} \times (1 - \text{목표부채비율}) \tag{9-2}$$

목표부채비율이 있는 경우에는 자기자본$_{t+1}$이 목표부채비율에 의해 결정되므로 순배당$_{t+1}$의 크기도 그러한 자본구조정책에 의하여 결정된다. 이때 순배당$_{t+1}$의 예측치는 순증관계(clean surplus relation)인 「순배당$_{t+1}$=자기자본$_t$+순이익$_{t+1}$−자기자본$_{t+1}$」에서 순이익$_{t+1}$과 자기자본$_{t+1}$의 예측치들을 대입하면 구해진다.

② 두 번째 방법은 목표부채비율이 정해져 있지 않은 경우의 추정방법인데, 여기서는 먼저 순배당$_{t+1}$을 예측하여 자기자본$_{t+1}$을 예측하고, 그런 다음 자기자본$_{t+1}$ 예측치를 영업투하자본$_{t+1}$ 예측치에서 차감하여 순재무부채$_{t+1}$을 추정한다.

순배당$_{t+1}$은 분석대상기업의 배당정책을 검토해서 예측하여야 하며, 순배당$_{t+1}$이 예측되면 자기자본$_{t+1}$(배당후)은 식 (9-3)의 순증관계를 이용하여 추정할 수 있다.

$$\text{자기자본}_{t+1} = \text{자기자본}_t + \text{순이익}_{t+1} - \text{순배당}_{t+1} \tag{9-3}$$

$$\text{순재무부채}_{t+1} = \text{영업투하자본}_{t+1} - \text{자기자본}_{t+1} \tag{9-4}$$

식 (9-3)에서 순이익$_{t+1}$과 순배당$_{t+1}$의 예측치들을 대입하면 자기자본$_{t+1}$이 추정된다. 식 (9-3)의 순증관계는 앞의 ①에서도 등장하였지만, 변수들의 추정 순서가 '같지 않음'을 유의하자.

위의 방법에 내포된 가정은 기업의 배당정책에 따라 순배당$_{t+1}$의 크기가 먼저 결정되고 그 지급에 필요한 자금은 재무자산 처분과 차입을 통해 조달한다는 것이다. 이 관계는 '재무활동'에 관한 아래의 FCF(잉여현금흐름) 등식에서 더 구체적으로 알아볼 수 있다.[4)]

$$FCF_{t+1} = \text{세후순이자비용}_{t+1} - \Delta\text{순재무부채}_{t+1} + \text{순배당}_{t+1} \tag{9-5}$$

$$\Rightarrow \text{순배당}_{t+1} = FCF_{t+1} - \text{세후순이자비용}_{t+1} + \underline{\Delta\text{순재무부채}_{t+1}} \tag{9-6}$$

↓

왼쪽 세 변수의 금액이 결정되면
그 결과로서 크기가 결정됨

4) 식 (9-5)는 제7장의 [보론 1]에서 논의한 아래의 FCF 등식이다. 아래에서 Δ는 기초와 비교한 기말 증가액을 의미한다.

$$\begin{aligned} FCF &= \text{세후순이자비용} - [\Delta\text{재무부채} - \Delta\text{재무자산}] + \text{순배당} \\ &= \text{세후순이자비용} - \Delta\text{순재무부채} + \text{순배당} \end{aligned}$$

순이자비용 이외의 금융비용은 미래 기대치가 0으로 볼 수 있으므로 위에서의 세후순이자비용 예측치는 세후순금융비용 예측치와 같다.

위에서 Δ순재무부채$_{t+1}$은 기초와 비교한 기말 증가액이다. 식 (9-6)에 내포된 의미는 다음과 같다. 기업은 영업활동에서 창출한 FCF를 가지고 순이자비용을 지급한 후 배당결정액을 지급해야 하는데, FCF가 부족하면 재무자산 처분과 신규 차입을 통해 자금을 조달한다. 이 경우 위에서 Δ순재무부채가 양(+)의 값이다. 만일 FCF 창출액이 많아서 순이자비용과 배당결정액을 지급한 후에도 현금이 남으면 이 남는 현금은 재무부채를 상환하거나 재무자산을 취득하는 데 사용된다. 이 경우 위에서 Δ순재무부채는 음(−)의 값이다.

요컨대, 순재무부채$_{t+1}$과 순배당$_{t+1}$은 기업의 자본구조정책과 배당정책이 어떠한가에 따라서 정해진다. 목표부채비율이 있는 경우에는 순재무부채$_{t+1}$이 먼저 결정되고, 그렇지 않은 경우에는 배당정책에 의해 순배당$_{t+1}$이 먼저 결정된다.

그리고 순배당$_{t+1}$이 먼저 결정되는 경우 순재무부채$_{t+1}$의 예측치는 식 (9-4)에서 구할 수 있지만, 이는 식 (9-5)의 FCF 등식을 이용하여 구할 수도 있다. 식 (9-5)를 재구성하면 다음과 같다.

$$\text{순재무부채}_{t+1} = \text{순재무부채}_{t} - FCF_{t+1} + \text{세후순이자비용}_{t+1} + \text{순배당}_{t+1} \qquad (9\text{-}7)$$

여기서 FCF_{t+1}, 세후순이자비용$_{t+1}$ 및 순배당$_{t+1}$의 예측치들을 대입하면 순재무부채$_{t+1}$이 추정된다. 세후순이자비용$_{t+1}$ 예측치는 이미 추정손익계산서에서 구해져 있고, 후술하는 바와 같이 FCF_{t+1} 예측치도 이미 구해져 있는 수치이다. 식 (9-7)에서 산정한 순재무부채$_{t+1}$은 앞의 식 (9-4)에서 구한 것과 동일하다.

(7) 현금흐름

세후순영업이익$_{t+1}$과 영업투하자본$_{t+1}$이 예측되면 FCF_{t+1} 예측치는 다음과 같이 바로 구해진다.

$$FCF_{t+1} = \text{세후순영업이익}_{t+1} - \Delta\text{영업투하자본}_{t+1} \qquad (9\text{-}8)$$

여기서 Δ영업투하자본$_{t+1}$은 기초와 비교한 기말 증가액이다. 재무활동 현금흐름의 구성요소에 대한 예측치들도 이미 구해져 있는데, 추정손익계산서에 있는 세

<table>
<tr><th colspan="2">추정재무제표 작성단계</th><th>고려할 사항</th></tr>
<tr><td rowspan="4">추정손익계산서</td><td>매출액의 예측</td><td>• 산업의 특성 및 기업의 경쟁전략</td></tr>
<tr><td>세후순영업이익의 예측</td><td>• 지속적 손익은 매출마진과 비용을 분석하여 예측
• 일시적 손익의 기대치는 0(零)임</td></tr>
<tr><td>세후순이자비용의 예측</td><td>• 세후순이자비용 = 기초 순재무부채×세후차입이자율</td></tr>
<tr><td>순이익의 예측</td><td>• 순이익 = 세후순영업이익 – 세후순이자비용</td></tr>
<tr><td rowspan="2">추정재무상태표</td><td>영업투하자본의 예측</td><td>• 영업운전자본과 영업순비유동자산의 회전율을 예측
• 회전율과 매출액 예측치를 결합하여 영업투하자본 예측</td></tr>
<tr><td>기말 순재무부채와
기말 자기자본의 예측</td><td>• 목표부채비율이 있는 경우:
기말 순재무부채 = 기말 영업투하자본×목표부채비율
기말 자기자본 = 기말 영업투하자본×(1–목표부채비율)
• 목표부채비율이 없는 경우:
기말 자기자본 = 기초 자기자본 + 순이익 – 순배당
기말 순재무부채 = 기말 영업투하자본 –기말 자기자본</td></tr>
<tr><td rowspan="4">추정현금흐름표</td><td>FCF의 예측</td><td>• FCF = 세후순영업이익 – ⊿영업투하자본</td></tr>
<tr><td>순이자지급(세후)의 예측</td><td>• 세후순이자비용 예측과 동일</td></tr>
<tr><td>⊿순재무부채의 예측</td><td>• ⊿순재무부채 = 기말 순재무부채 – 기초 순재무부채</td></tr>
<tr><td>순배당의 예측</td><td>• 기업의 자본구조정책과 배당정책을 고려하여 예측</td></tr>
</table>

표 9-1

추정재무제표 작성절차와 단계별 고려사항

후순이자비용$_{t+1}$이 순이자지급$_{t+1}$(세후)의 예측치이고, 순배당$_{t+1}$ 예측치도 앞의 (6)항에서 산정한 바 있다. 또한 순재무부채 증감액의 예측치는 식 (9-1) 또는 (9-4)에서 구한 순재무부채$_{t+1}$ 예측치에서 순재무부채$_t$를 차감하면 구해진다.

〈표 9-1〉은 위에서 설명한 추정재무제표 작성절차 및 단계별 고려사항을 요약하여 제시하고 있다.

제4절 가치평가모형의 적용사례

4.1 추정재무제표

본절에서는 앞에서 설명한 추정재무제표 작성절차를 구체적으로 예시한다. 추정재무제표 작성에 이용될 사례기업은 W사인데, 2×24년 3월 말 시점에서 가치평가를 하는 것으로 하고, 2×24 회계연도부터 2×28 회계연도까지의 미래 5년간에 대한 추정재무제표를 작성한다.

먼저 W사의 2×22∼2×23년 기말 재무상태표를 요약하면 아래와 같다. 이 재무상태표에서 각 항목의 금액은 회계기준에 따라 측정된 것인데 가치평가를 위해서는 약간의 조정이 필요하다. 2×23년 말 재무상태표에서 자기자본(자본 총계)이 1,525억원으로 표시되어 있는데 여기에는 현금배당 예정액 64억원이 포함되어 있

2×22~2×23년 기말 재무상태표

(단위: 억원)

자 산	2×23	2×22	부채와 자본	2×23	2×22
영업유동자산	1,204	1,061	영업유동부채	556	559
영업비유동자산	1,026	964	영업비유동부채	100	105
재무자산:	157	305	재무부채:	206	212
현금성자산	99	172	유동성장기부채	5	205
금융기관예치금	7	73	장기차입금	2	7
채무증권[1]	51	60	사 채	199	0
			자본 총계	1,525	1,455
			(배당 예정액)[2]	(64)	(62)

1) 채무증권은 기타포괄손익_공정가치 측정 금융자산에 포함된 것을 추출한 것임.
2) 자본 총계에는 현금배당 예정액이 포함되어 있음.

다. 이 배당 예정액 64억원은 재무자산을 사용하여 지급되었을 것이므로 이를 재무자산 64억원과 상계시킨다.[5)]

이러한 조정을 거쳐 2×24년 초의 영업운전자본, 영업순비유동자산, 순재무부채 및 자기자본은 각각 다음과 같이 산정되었다(단위: 억원).

영업운전자본 = 영업유동자산 − 영업유동부채 = 1,204 − 556 = 648
영업순비유동자산 = 영업비유동자산 − 영업비유동부채 = 1,026 − 100 = 926
순재무부채 = 재무부채 − 재무자산 = 206 − (157 − 64) = 113
자기자본 = 1,525 − 64 = 1,461

위와 같이 조정된 금액들이 아래에서 2×24~2×28년의 추정재무제표를 작성할 때 사용된다.

● **매출액증가율**

W사의 2×24~2×26년에 대한 매출액증가율 예측치는 2×24년 3월 말 현재 애널리스트 예측치를 사용하였다.[6)] W사의 (전년 대비) 매출액증가율은 2×23년에 12.9%였는데, 2×24년 3월 말 현재 애널리스트의 매출액증가율 예측치는 2×24년에 15.8%, 2×25년에 17.7% 그리고 2×26년에 16.5%이다. 이와 같이 2×25년까지는 매출액증가율이 높아질 것으로 예측하고 있으나, 2×26년부터는 매출액증가율이 둔화될 것으로 전망되고 있다. 이러한 추세를 고려하여 2×27년에는 15.0%, 2×28년에는 12.0% 그리고 2×29년 이후에는 10.0%의 매출액증가율을 가정하였다.

	2×23	2×24F	2×25F	2×26F	2×27F	2×28F	2×29F
매출액(억원)	2,804*	3,248	3,823	4,452	5,120	5,734	6,308
매출액증가율(%)	12.9*	15.8	17.7	16.5	15.0	12.0	10.0

* 2×23년의 숫자는 실적치임.

5) 가치평가시점 현재, W사의 주식가격은 '배당후 가격'(ex-dividend price)이다. W사에 대한 가치평가결과를 주식가격과 비교하려면 2×23년 기말 자기자본에서 배당 예정액을 제거하여야 한다.
6) 애널리스트의 매출액증가율 예측치가 2×24~2×26년에 대해 이용가능하여 이를 이용하였고, 그 외의 모든 항목들에 대해서는 여기서 별도로 예측되었다.

● 매출액순영업이익률

앞의 제3절에서 언급하였듯이, 세후순영업이익을 구성하는 손익 중에서 일시적 손익은 미래에 지속될 가능성이 희박하므로 미래의 매출액순영업이익률을 예측함에 있어서는 지속적 매출액순영업이익률을 사용하여야 한다.

W사의 재무제표를 분석한 결과, W사의 지속적 매출액순영업이익률은 2×22년에 9.2%로서 상당히 높은 수준이었고, 2×23년에는 그보다 낮은 8.4%이었다. 이러한 추세는 앞의 제2절에서 논의한 시계열행태와 일치하고 있다. 이러한 추세를 고려하여 예측기간 중에도 매출액순영업이익률이 조금씩 낮아질 것으로 예측하였다. 구체적으로 2×24년에는 매출액순영업이익률을 8.0%로 예측하였고 2×25년 이후에는 매년 0.5%씩 낮아질 것으로 예측하였다.

	2×23	2×24F	2×25F	2×26F	2×27F	2×28F
매출액순영업이익률(%)	8.4*	8.0	7.5	7.0	6.5	6.0
세후순영업이익(억원)	236*	260	287	312	333	344

* 2×23년의 숫자는 실적치임.

● 영업운전자본회전율 및 영업순비유동자산회전율의 역수

예측기간 중 기초 영업투하자본은 매출액에 회전율의 역수(즉, 기초 영업투하자본/매출액)를 곱하면 구할 수 있는데,[7] 영업운전자본과 영업순비유동자산으로 구분하여 예측하였다. 2×24년에 대해 「2×24년 기초 영업운전자본/2×24년 예상매출액」을 계산하면 19.9%이고, 「2×24년 기초 영업순비유동자산/2×24년 예상매출액」을 계산하면 28.5%이다. 제2절에서 살펴보았듯이, 영업운전자본회전율과 영업순비유동자산회전율은 기간적으로 큰 변화가 없으므로, 2×24년의 「기초 영업운전자본/예상매출액」의 비율 19.9%와 「기초 영업순비유동자산/예상매출액」의 비율 28.5%가 2×24년 이후에도 계속 유지되는 것으로 가정하였다.

7) 제3절에서 언급하였듯이, 매출액 대비 영업투하자본을 추정할 때 영업투하자본은 예측대상기간의 '기초' 금액을 사용한다.

	2×24	2×25F	2×26F	2×27F	2×28F	2×29F
기초 영업운전자본(억원)*	648	761	886	1,019	1,141	1,255
기초 영업순비유동자산(억원)*	926	1,089	1,269	1,459	1,634	1,798
기초 영업투하자본(억원)	1,574	1,850	2,155	2,478	2,775	3,053

* 2×25F～2×29F의 금액은 「기초 영업운전자본/매출액」의 비율 19.9%와 「기초 영업순비유동자산/매출액」의 비율 28.5%를 각 연도의 매출액 예측치에 각각 곱하여 산정된 것임.

● 세후차입이자율, 순이익 및 순배당과 자본구조

예측기간 중 세후순이자비용은 기초 순재무부채에 세후차입이자율 예측치를 곱하면 추정된다. 2×24년의 세후차입이자율은 2×23년의 자료에서 추정할 수 있다. W사는 2×23년 12월 말에 200억원의 사채를 발행하였는데 그 유효이자율이 연 3.76%이고 세후기준으로 전환하면 2.73%이다.[8) W사의 경우 이 사채가 재무부채의 대부분을 차지하고 있으므로 세후유효이자율 2.73%를 2×24년의 세후차입이자율로 사용한다. 다만, 가치평가시점(2×24년 3월 말) 이후의 신규 부채에 대해서는 기존 부채의 이자율이 아니라 가치평가시점의 현행 시장이자율을 적용하여 세후순이자비용을 추정해야 한다. 가치평가시점인 2×24년 3월 말 현재의 시장이자율로는 W사의 사채등급인 A-등급의 사채수익률 4.39%를 적용하였고, 여기에 '(1-세율)'을 곱하여 세후차입이자율을 3.18%로 추정하였다.

2×24년의 기초 순재무부채는 113억원으로 주어져 있으므로 2×24년의 세후순이자비용 예측치는 다음과 같이 구해진다.

$$
\begin{aligned}
2\times24\text{년:}\quad \text{세후순이자비용} &= \text{기초 순재무부채}\times\text{세후차입이자율} \\
&= 113\times0.0273 \\
&= 3\,(\text{억원})
\end{aligned}
$$

따라서 2×24년의 순이익 예측치는 앞에서 구한 세후순영업이익 예측치(260억원)에서 위의 세후순이자비용 예측치를 차감하면 구해진다.

8) 사채는 액면발행되었지만(액면이자율 3.57%, 만기 3년) 사채발행비 1원억을 차감하면 사채가액은 199억원이다(앞의 2×23년 말 재무상태표 참조). 세후유효이자율 = 3.76×(1 − 0.275) = 2.73(%).

$$
\begin{aligned}
\text{2×24년:}\quad \text{순이익} &= \text{세후순영업이익} - \text{세후순이자비용} \\
&= 260 - 3 \\
&= 257\,(\text{억원})
\end{aligned}
$$

2×24년 말의 자본구조를 예측함에 있어서는 「순재무부채/영업투하자본」에 대한 목표부채비율이 없는 경우의 추정방법을 사용하였다.[9] 이 방법에서는 2×24년의 순배당을 먼저 예측하고 그에 따라 2×24년 기말 자기자본은 「기초 자기자본 + 순이익 − 순배당」으로 예측한다. 그리고 2×24년 기말 순재무부채는 「기말 영업투하자본 − 기말 자기자본」으로 예측한다. 여기서 2×24년의 기말 영업투하자본은 앞에서 예측한 바와 같이 1,850억원이다.

W사의 과거 배당실적을 보면 2×21∼2×23년 중에 액면배당율이 각각 20%, 25%, 27%이었고,[10] 2×23년의 배당액은 64억원(=주당 675원× 9,478,536주)이었다. 또한 2×23년의 이익잉여금처분계산서를 검토하면 시설적립금 100억원과 사업확장적립금 55억원을 적립하였다. 이러한 적립은 추후 설비투자에 따른 자금 소요가 있을 것임을 시사한다. 따라서 2×24∼2×28년의 예측기간 중 액면배당율이 더 증가하지 않을 것으로 예측하였다. 즉, 2×23년의 액면배당율 27%(즉, 배당액 64억원)가 예측기간 중 유지될 것으로 예측하였다. 유상증자와 자기주식 취득은 없는 것으로 예측하였으며, 따라서 순배당은 전부 현금배당이다.

위와 같이 2×24년의 배당액을 64억원으로 예측하면 2×24년의 기말 자기자본과 기말 순재무부채 예측치는 각각 다음과 같이 산정된다.

$$
\begin{aligned}
\text{2×24년:}\quad \text{기말 자기자본} &= \text{기초 자기자본} + \text{순이익} - \text{순배당} \\
&= 1{,}461 + 257 - 64 \\
&= 1{,}654\,(\text{억원})
\end{aligned}
$$

$$
\begin{aligned}
\text{2×24년:}\quad \text{기말 순재무부채} &= \text{기말 영업투하자본} - \text{기말 자기자본} \\
&= 1{,}850 - 1{,}654 \\
&= 196\,(\text{억원})
\end{aligned}
$$

9) 앞에 제시된 2×22∼2×23년의 기말 재무상태표에서 볼 수 있듯이, W사의 경우 「순재무부채/영업투하자본」의 비율이 안정적으로 유지되지 않고 있으므로 목표부채비율이 없는 것으로 가정하였다.

10) 액면배당율은 「주당 배당금/주당 액면금액」을 의미한다.

● **현금흐름**

현금흐름 예측치는 앞에서의 예측치들을 이용하여 바로 구할 수 있다. 즉, 2×24년의 FCF 예측치는 다음과 같이 구해진다.

$$
\begin{aligned}
\text{2×24년:}\quad FCF &= \text{세후순영업이익} - \Delta\text{영업투하자본} \\
&= 260 - (1{,}850 - 1{,}574) \\
&= -16\ (\text{억원})
\end{aligned}
$$

추정현금흐름표를 작성하는 데 필요한 재무활동 현금흐름 예측치들도 이미 구해져 있는데, 세후순이자비용 예측치 3억원이 순이자지급(세후)의 예측치이고, 순배당도 앞에서 64억원으로 예측한 바 있다. 또한 순재무부채 증감액은 「기말 순재무부채 196억원 – 기초 순재무부채 113억원」의 83억원으로 산정된다.

위와 같이 2×24년에 대한 추정재무제표 항목들이 산정되었는데, 2×25년 이후에 대해서도 위의 절차에 따라 추정재무제표 항목들의 금액을 구할 수 있다. 〈표 9-2〉에는 위의 절차에 따라 작성된 2×24~2×28년의 추정재무제표가 제시되어 있다.

4.2 가치평가

본 소절에서는 앞에서 작성된 추정재무제표를 이용하여 2×24년 3월 말 시점에서 W사의 기업가치와 주주지분가치를 평가하는 과정을 설명한다. 가치평가에 사용될 모형은 RIM, EVA 모형, 그리고 DCF 모형이다.

$$\text{RIM:}\quad \text{주주지분가치} = \text{자기자본}_0 + \sum_{t=1}^{5}\frac{\text{초과이익}_t}{(1+r_e)^t} + \frac{\text{잔여가치}}{(1+r_e)^5}$$

$$\text{EVA 모형:}\quad \text{주주지분가치} = \text{영업투하자본}_0 + \sum_{t=1}^{5}\frac{EVA_t}{(1+r_w)^t} + \frac{\text{잔여가치}}{(1+r_w)^5} - \text{순재무부채}$$

$$\text{DCF 모형:}\quad \text{주주지분가치} = \sum_{t=1}^{5}\frac{FCF_t}{(1+r_w)^t} + \frac{\text{잔여가치}}{(1+r_w)^5} - \text{순재무부채}$$

초과이익과 EVA 예측치를 각각 산정하고 또 현재가치로 할인하기 위해서는 자본비용이 필요하다. 자기자본비용(cost of equity) r_e는 제10장에서 설명하는 다음의 CAPM(자본자산가격결정모형)을 이용하여 추정한다.

(단위: 억원)

표 9-2

가치평가를 위한 추정재무제표: 2×24년 3월 말 현재

	2×24F	2×25F	2×26F	2×27F	2×28F	2×29F
추정손익계산서						
매 출 액	3,248	3,823	4,452	5,120	5,734	6,308
세후순영업이익	260	287	312	333	344	
세후순이자비용	(3)	(6)	(9)	(12)	(13)	
순 이 익	257	281	303	321	331	
추정재무상태표(기초)						
영업운전자본	648	761	886	1,019	1,141	1,255
영업순비유동자산	926	1,089	1,269	1,459	1,634	1,798
영업투하자본	1,574	1,850	2,155	2,478	2,775	3,053
순재무부채	113	196	284	368	408	419
자기자본(배당후)	1,461	1,654	1,871	2,110	2,367	2,634
현금흐름						
세후순영업이익	260	287	312	333	344	
⊿영업투하자본	(276)	(305)	(323)	(297)	(278)	
FCF	(16)	(18)	(11)	36	66	
배 당	64	64	64	64	64	
세후순이자비용	3	6	9	12	13	
순재무부채의 증가	(83)	(88)	(84)	(40)	(11)	
FCF	(16)	(18)	(11)	36	66	
재무비율						
매출액증가율(%)	15.8	17.7	16.5	15.0	12.0	10.0
ROE(%)	17.6	17.0	16.2	15.2	14.0	
ROIC(%)	16.5	15.5	14.5	13.4	12.4	
이자보상비율(배)	84.2	49.9	36.6	28.4	26.5	
순재무부채비율(기말, %)	11.9	15.2	17.4	17.3	15.9	

$$r_e = \text{무위험이자율} + \beta \cdot \text{시장위험프리미엄}$$

β: 주식의 베타(체계적 위험)

무위험이자율(risk-free rate of return)에 대해서는 가치평가시점인 2×24년 3월 말 현재의 5년 만기 국고채수익률 3.81%를 적용하고, 시장위험프리미엄에 대해서는 제10장에서 추정한 6%를 적용한다. W사의 베타는 2×23 회계연도의 일별수익률(daily return)과 동일가중시장수익률(equally-weighted index return)을 이용하여(제10장 참조) 회귀분석한 결과 0.75로 추정되었다. 따라서 W사의 자기자본비용은 다음과 같이 8.31%로 추정된다.

$$r_e = 3.81 + 0.75 \times 6.0 = 8.31\,(\%)$$

EVA 모형과 DCF 모형에 사용되는 가중평균자본비용 r_w는 자본구성비율을 가중치로 하여 타인자본비용(r_d)과 자기자본비용(r_e)을 평균한 것으로서 기업 전체의 자본비용이다.

$$\begin{aligned} r_w &= r_d \times \text{타인자본비율} + r_e \times \text{자기자본비율} \\ &= 3.18 \times 0.049 + 8.31 \times 0.951 \\ &= 8.06\,(\%) \end{aligned}$$

타인자본비용 r_d에 대해서는 2×24년 3월 말 현재 W사의 부채에 대한 시장이자율 4.39%에 '(1−세율)'을 곱한 3.18%를 적용한다(앞의 4.1절 참조). 자본구성비율은 2×24년 3월 말 현재 W사의 주식시가총액과 순재무부채 장부가치를 이용하여 추정되었다.[11]

(1) RIM에 의한 가치평가

〈표 9-3〉에는 RIM을 이용하여 W사의 주주지분가치를 평가한 결과가 제시되어 있다. 예측기간인 2×24~2×28년 중에 초과이익은 각각 136억원, 144억원, 148억원, 146억원, 134억원으로서 2×26년까지는 초과이익이 증가하고 있으나, 2×27년

11) 2×24년 3월 말 현재 W사의 주식시가총액은 2,209억원(=23,300원×9,479천주)이다. 순재무부채는 113억원이므로 타인자본비율은 4.9%(=113/(113+2,209))로 산출된다.

부터 감소추세로 돌아서고 있다. 2×28년의 초과이익 134억원은 2×27년의 146억원보다 12억원 작은 크기이다. 이러한 추세를 볼 때 2×29년 이후에는 초과이익이 조금씩 감소할 것으로 예측하는 것이 합리적일 것이다. 따라서 2×29년 이후에는 초과이익이 전년의 0.90 정도로 조금씩 감소할 것으로 예측하여 잔여가치(continuing value)를 추정한다. 즉, 2×28년 말 시점에서 잔여가치는 다음과 같이 추정된다.

$$\text{잔여가치} = \frac{0.90 \times 134}{(1+0.0831)} + \frac{(0.90)^2 \times 134}{(1+0.0831)^2} + \cdots$$

$$= \frac{0.90}{(1+0.0831-0.90)} \times 134 = 660\,(\text{억원})$$

위의 잔여가치 660억원은 2×28년 말 시점의 가치이므로 다시 현가요소(8.31%, 5년)를 적용하여 현재 시점의 가치로 환산하면 443억원이 된다.

2×24년 3월 말 현재 W사의 주주지분가치는 현재의 자기자본 금액(장부가치) 1,461억원과 미래 5년간의 초과이익 현재가치 559억원, 그리고 잔여가치의 현재가치 443억원의 합계인 2,463억원으로 평가된다.

(단위: 억원)

표 9-3 RIM에 의한 가치평가

	현재	2×24F	2×25F	2×26F	2×27F	2×28F
1. 순이익		257	281	303	321	331
2. 기초 자기자본		1,461	1,654	1,871	2,110	2,367
3. 8.31%×기초 자기자본		121	137	155	175	197
4. 초과이익(=1−3)		136	144	148	146	134
5. 현가요소(8.31%)		0.9233	0.8524	0.7870	0.7267	0.6709
6. 초과이익의 현재가치(=4×5)		125	122	116	106	90
7. 초과이익 현재가치의 합계	559					
8. 잔여가치의 현재가치*	443					
9. 2×24년 기초 자기자본	1,461					
10. 주주지분가치(=7+8+9)	2,463					
11. 주식수(천주)	9,479					
12. 1주당 주식가치(원)	25,984					

* 잔여가치의 현재가치 = 134×[0.90/(1+0.0831−0.90)]×0.6709(8.31%, 5년 현가요소)

W사는 보통주만을 발행하고 있으므로 주주지분가치는 보통주 지분가치이다. 보통주 주식수가 9,479천주이므로 1주당 주식가치는 25,984원 정도로 평가된다. 평가시점인 2×24년 3월 말 현재 보통주 주식가격은 23,300원인데, 위의 평가과정에 오류가 없다면 W사의 주식은 시장에서 저평가된 것으로 볼 수 있을 것이다.

(2) EVA 모형에 의한 가치평가

EVA 모형을 이용하여 W사의 주주지분가치를 평가한 결과는 〈표 9-4〉에 제시되어 있다. 앞에서의 초과이익 추세와 유사하게, 2×24~2×26년의 기간 중 EVA가 증가하고 있으나 2×27년부터는 감소추세로 돌아서고 있다. 2×28년의 EVA 예측치는 120억원으로서 2×27년의 133억원보다 13억원 작은 크기이다. 이러한 추세를 볼 때 2×29년 이후에는 EVA가 조금씩 감소할 것으로 예측하는 것이 합리적이고, 따라서 2×29년 이후에는 EVA가 전년의 0.90 정도로 감소할 것으로 예측하여 잔여가치(continuing value)를 추정한다. 2×28년 말 시점에서 잔여가치는 다음과 같이 추정된다.

$$\text{잔여가치} = \frac{0.90\times120}{(1+0.0806)} + \frac{(0.90)^2\times120}{(1+0.0806)^2} + \cdots$$

$$= \frac{0.90}{(1+0.0806-0.90)} \times 120 = 600\,(\text{억원})$$

위의 600억원은 2×28년 말 시점의 가치이므로 다시 현가요소(8.06%, 5년)를 적용하여 현재 시점의 가치로 환산하면 407억원이 된다.

2×24년 3월 말 현재 W사의 기업가치는 현재의 영업투하자본 금액(장부가치) 1,574억원과 미래 5년간의 EVA 현재가치 531억원, 그리고 잔여가치의 현재가치 407억원의 합계인 2,512억원으로 평가된다. 여기서 현재의 순재무부채 113억원을 차감하면 주주지분가치는 2,399억원으로 평가되고 이를 주식수로 나누면 보통주 1주당 주식가치는 25,309원 정도로 평가된다. 그러므로 EVA 모형에 의한 주식가치 평가결과는 RIM에 의한 평가결과에 비해 약간 낮게 나타나고 있다.

(단위: 억원)

표 9-4

EVA 모형에 의한 가치평가

	현재	2×24F	2×25F	2×26F	2×27F	2×28F
1. 세후순영업이익		260	287	312	333	344
2. 기초 영업투하자본		1,574	1,850	2,155	2,478	2,775
3. 8.06%×기초 영업투하자본		127	149	174	200	224
4. EVA(=1−3)		133	138	138	133	120
5. 현가요소(8.06%)		0.9254	0.8564	0.7925	0.7334	0.6787
6. EVA의 현재가치(=4×5)		123	118	110	98	82
7. EVA 현재가치의 합계	531					
8. 잔여가치의 현재가치*	407					
9. 2×24년 기초 영업투하자본	1,574					
10. 기업의 가치(=7+8+9)	2,512					
11. 순재무부채의 가치	113					
12. 주주지분가치(=10−11)	2,399					
13. 주식수(천주)	9,479					
14. 1주당 주식가치(원)	25,309					

* 잔여가치의 현재가치 = 120×[0.90/(1+0.0806−0.90)]×0.6787(8.06%, 5년 현가요소)

(3) DCF 모형에 의한 가치평가

DCF 모형을 이용하여 주주지분가치를 평가한 결과는 〈표 9-5〉에 제시되어 있다. 예측기간인 2×24~2×28년 중에 FCF는 각각 −16억원, −18억원, −11억원, 36억원, 66억원으로 추정되고 있다. 2×28년 말 시점의 잔여가치를 추정하기 위해 2×29년 이후의 FCF는 매년 (전년 대비) 4% 증가하는 것으로 가정한다. DCF 모형을 사용할 때 가장 어려운 문제는 잔여가치 추정인데, W사가 동종업계에서 경쟁력을 갖고 있으므로 일단 4%의 높은 FCF 성장률을 적용해서 잔여가치를 추정해 보기로 한다.

$$\text{잔여가치} = \frac{1.04\times 66}{(1+0.0806)} + \frac{(1.04)^2\times 66}{(1+0.0806)^2} + \cdots$$

$$= \frac{1.04\times 66}{0.0806-0.04} = 1{,}691\,(\text{억원})$$

(단위: 억원)

표 9-5

DCF 모형에 의한 가치평가

	현재	2×24F	2×25F	2×26F	2×27F	2×28F
1. 세후순영업이익		260	287	312	333	344
2. ⊿영업투하자본		276	305	323	297	278
3. FCF(=1−2)		(16)	(18)	(11)	36	66
4. 현가요소(8.06%)		0.9254	0.8564	0.7925	0.7334	0.6787
5. FCF의 현재가치(=3×4)		(15)	(15)	(9)	26	45
6. FCF 현재가치의 합계	32					
7. 잔여가치의 현재가치*	1,147					
8. 기업의 가치(=6+7)	1,179					
9. 순재무부채의 가치	113					
10. 주주지분가치(=8−9)	1,066					
11. 주식수(천주)	9,479					
12. 1주당 주식가치(원)	11,246					

* 잔여가치의 현재가치 = 66×[(1+0.04)/(0.0806−0.04)]×0.6787(8.06%, 5년 현가요소)

여기서 1,691억원은 2×28년 말 시점의 가치이므로 다시 현가요소(8.06%, 5년)를 적용하여 현재 시점의 가치로 환산하면 1,147억원이 된다.

2×24년 3월 말 현재 W사의 기업가치는 미래 5년간의 FCF 현재가치 32억원과 잔여가치의 현재가치 1,147억원의 합계인 1,179억원으로 평가된다. 여기서 현재의 순재무부채 113억원을 차감하면 주주지분가치는 1,066억원으로 평가되며 이를 주식수로 나누면 보통주 1주당 주식가치는 11,246원 정도로 평가된다.

DCF 모형을 이용한 위의 평가결과는 RIM과 EVA 모형에 의한 평가결과와 비교할 때 상당한 차이가 있다. 주식가치가 11,246원으로 추정된 것은 잔여가치 추정에 사용된 FCF 성장률이 낮은 때문일 가능성도 있을 것이다. 그러나 FCF 성장률을 더 높여서 4.5%를 적용해도 주식가치 추정치는 13,020원이고, 5% 성장률을 적용해도 주식가치 추정치는 15,363원이다.

제7장에서 논의하였듯이, 잔여가치 추정에 적용할 FCF 성장률을 몇 %로 하는가는 판단하기 어려운 문제이다. 위에서 4%, 4.5%, 5%의 세 가지를 적용해 보았지만 이러한 성장률은 낮은 성장률이 아니고 높은 성장율이다. 특히 5%는 아주 높은 성장률인데, FCF가 매년 5%씩 영구적으로 증가한다는 가정은 비현실적이라 할 수

있다. 이 점을 고려하면, 4% 성장률을 적용하였을 때 주식가치가 11,246원으로 낮게 추정된 것은 2×28년의 FCF 예측치가 작았던 때문일 가능성이 있다. 즉, W사처럼 예측기간의 일부 연도에 음(−)의 FCF를 보이는 기업의 경우에는 투자의 효과가 충분히 포착될 수 있도록 예측기간을 더 늘릴 필요가 있다. 그러나 예측기간을 더 늘리면 각 예측치의 오차도 커질 가능성이 높으므로 결국 DCF 모형은 RIM과 EVA 모형에 비해 실행상의 어려움이 클 수밖에 없다. 이러한 이유로 저자는 DCF 모형보다는 RIM 또는 EVA 모형을 사용할 것을 권하고 싶다.

연습문제

1. 가치평가를 할 때에는 분석대상기업의 '사업'(business)에 대해 충분히 이해하는 것이 매우 중요하다고 하는 바, 그 이유가 무엇인지 설명하라.

2. 가치평가를 위한 미래 예측은 한두 변수에 초점을 두기보다는 '종합적'으로 수행되어야 하는데, 이 같이 종합적인 예측을 해야 하는 이유가 무엇인가?

3. 미래 예측을 할 때 핵심적 가치창출요인의 시계열행태를 이해하고 있어야 하는 이유가 무엇인지 설명하라.

4. 당신은 가치평가를 위해 분석대상기업의 핵심적 가치창출요인의 미래 행태를 예측하여야 한다. 그런데 최근 참고한 재무제표분석 서적에서 상장회사에 대한 주요 가치창출요인의 시계열행태 분석결과를 본 적이 있으며 따라서 별도의 분석을 생략하고 그러한 분석결과를 평가대상기업에 바로 적용하려고 한다. 이러한 접근방법이 적절한지 논평하라.

5. 가치평가를 하기 위한 목적에서 추정손익계산서를 작성하는 절차를 설명하라.

6. 가치평가를 하기 위한 목적에서 추정재무상태표를 작성하는 절차를 설명하라.

7. 미래 매출액을 예측할 때 고려해야 할 정성적(qualitative) 요인이 무엇인지 설명하라.

8. 다음은 추정재무제표를 작성할 때 이용되는 등식들인데 A~C가 무엇인가?

   ① 기말 자기자본 = 기초 자기자본 + 순이익 − (A)
   ② 기말 순재무부채 = 기초 순재무부채 − (B) + 세후순이자비용 + 순배당
   ③ FCF = 세후순영업이익 − (C)

9. J사의 2×23년 매출액은 5,800억원이고 매출액순영업이익률은 24.5%이다. J사의 영업투하자본회전율이 1.7회이고 가중평균자본비용이 10%라고 할 때 J사의 2×23년 EVA를 산출하라.

10. 애널리스트인 홍길동씨는 K사의 가치를 평가하기 위한 준비작업으로서 2×24~2×26년의 추정재무제표 일부를 다음과 같이 작성하였다.

(단위: 백만원)

	2×23	2×24	2×25	2×26
매 출 액		1,000	1,100	1,210
영업비용		860	968	1,089
세후순영업이익		140	132	121
세후순이자비용		15	15.3	( )
순 이 익		125	116.7	( )
영업투하자본(기말)	500	550	605	666
순재무부채(기말, 세후이자율 5%)	300	305	( )	( )
자기자본(기말, 배당후)	200	245	( )	( )
순 배 당		80	90	100
FCF		( )	( )	( )

아래의 물음에 답하라.

(1) 2×25년 말의 순재무부채와 자기자본이 각각 얼마인가? (힌트: 순증관계를 이용하여 자기자본을 먼저 구한다.)

(2) 2×26년의 세후순이자비용, 순이익, 기말 순재무부채 그리고 기말 자기자본은 각각 얼마인가?

(3) 2×24~2×26년의 FCF를 각각 산출하라.

(4) '재무활동'에 관한 FCF 등식을 이용하여 2×26년 말 순재무부채를 산정하고 이 금액이 위의 (2)에서 구한 것과 일치하는지 확인해 보라.

11. 아래에는 2×24년 초 시점에서 M사의 가치를 평가하기 위한 추정재무제표가 제시되어 있다. 추정재무제표를 작성하는 데 사용된 주요 가정은 다음과 같다.

① 매출액은 2×24년부터 2×26년까지 매년 (전년 대비) 5%씩 증가하고 2×27년부터는 매년 2%씩 증가할 것으로 예측된다.

② 매출액순영업이익률은 2×24년에 10%로 예측되고, 그 후 기업간 경쟁심화로 인해 매년 1%씩 낮아져서 2×26년에는 8%로 감소할 것으로 예상되며, 이후에도 계속 8%로 유지될 것으로 전망된다.

③ 2×24년 초 현재 존재하는 순재무부채에 대한 차입이자율은 10%이다. M사의 2×24

년 이후 세율은 30%로 예상된다.

④ 2×25년의 「기초 영업운전자본/매출액」의 비율은 20%로 예측되고, 「기초 영업순비유동자산/매출액」의 비율은 45%로 예측되며, 그 후의 연도들에서도 마찬가지이다.

⑤ 배당성향(= 현금배당/순이익)은 매년 40%로 예측된다.

M사의 자기자본비용은 12%이다. 아래의 물음에 답하라.

(1) 다음의 추정재무제표를 완성하라. (힌트: 배당성향이 주어져 있으므로 순증관계를 이용하여 자기자본 예측치를 구하고, 순재무부채는 자기자본 예측치를 이용하여 구한다.)

(단위: 백만원)

	2×24	2×25	2×26	2×27
추정손익계산서				
매 출 액	10,000			
세후순영업이익				
세후순이자비용				
순 이 익				
추정재무상태표(기초)				
영업운전자본	2,000			
영업순비유동자산	4,500			
영업투하자본	6,500			
순재무부채	2,500			
자기자본(배당후)	4,000			
현금흐름				
세후순영업이익				
⊿영업투하자본				
FCF				
순 배 당(배당성향 40%)				
세후순이자비용				
순재무부채 감소				
FCF				

(2) 만일 M사가 「순재무부채/영업투하자본」의 부채비율을 2×24년 말에 40%로 유지한다고 가정하면 2×24년 말의 순재무부채 추정액이 얼마인가?

(3) 위의 (1)에서 완성한 추정재무제표 자료를 RIM에 적용하여 M사의 주주지분가치를 평가하라. 단, 2×27년 후에는 2×27년의 초과이익이 매년 유지되는 것으로 가정한다.

12. 다음은 2×24년 초 시점에서 '부채가 없는 기업'인 N사의 미래 예측자료이다.

(단위: 억원)

	2×24	2×25	2×26	2×27	2×28
배 당	45	50	50	50	50
영업투자액	40	42	44	45	45
자기자본(기말, 배당후)	425	480	520	540	544

2×24년 초 시점에서 자기자본은 400억원인데, N사는 미래에도 타인자본을 사용하지 않을 계획이다. N사의 자기자본비용은 10%이다. 아래의 물음에 답하라.

(1) 2×24~2×28년의 각 연도에 대한 FCF 예측치를 산정하고 DCF 모형을 사용하여 N사의 기업가치를 평가하라. 단, 2×28년 후의 매년 FCF는 2×28년의 FCF와 같다고 가정한다. (힌트: 부채가 없는 기업이면 FCF 등식이 어떻게 구성될 것인지 생각하자.)

(2) RIM을 사용하여 N사의 가치를 평가하라. 단, 예측기간 중에 초과이익이 점차 소멸되고 있으므로 2×28년 후의 초과이익은 0으로 가정한다. (힌트: 부채가 없는 기업이므로 「FCF = 세후순영업이익 $-\Delta$영업투하자본」의 관계는 「FCF = 순이익 $-$ Δ자기자본」의 관계와 같다.)

(3) 위의 (1)과 (2)에서의 가치평가결과가 다른 이유가 무엇인지 논의하라.

제10장

자본비용의 추정

기업의 필요수익률인 자본비용(cost of capital)은 자본이익률(ROE와 ROIC) 실적을 평가하는 비교기준이 될 뿐 아니라, 기업가치와 주주지분가치를 평가하는 데 필요한 투입요소이다. 제7장에서 논의하였듯이, 현금할인모형, 초과이익모형, EVA 모형 등을 사용하기 위해서는 기업의 자기자본비용과 가중평균자본비용이 필요하다. 본장에서는 기업의 자본비용을 추정하는 방법을 살펴보고 또 그에 관련된 여러 이슈들을 논의한다.

제1절 기업의 자본비용

1.1 가중평균자본비용

기업은 영업활동에 필요한 자본을 사용한 대가로서 자본비용(cost of capital)을 부담한다. 자본비용은 기업에 자본을 제공한 투자자들이 투자위험에 대응하여 기대하는 **필요수익률**(required rate of return)과 같다. 즉, 자본비용과 투자자의 요구수익률은 같은 개념이며 어느 관점에서 보는가에 따라 표현만 다를 뿐이다.

기업의 자본은 타인자본과 자기자본으로 구성되어 있다. 따라서 기업 전체의 자본비용은 타인자본과 자기자본에 대한 자본비용을 투입된 각 자본의 시장가치(market value)를 기준으로 가중평균한 가중평균자본비용(weighted average cost of capital, WACC)이 된다.

$$WACC = r_d \frac{V_d}{V_d + V_e} + r_e \frac{V_e}{V_d + V_e} \tag{10-1}$$

r_d: 타인자본비용(cost of debt)
r_e: 자기자본비용(cost of equity)
V_d: 순재무부채의 시장가치
V_e: 자기자본의 시장가치

위에서 보듯이, WACC를 산정하려면 타인자본비용 r_d, 자기자본비용 r_e, 그리고 가중치인 자본구성비율이 모두 추정되어야 한다. 자본구성비율은 영업에 투하된 자본에서 타인자본 V_d와 자기자본 V_e가 차지하는 비중을 말한다.[1] 물론 초과이익

1) 자기자본에는 보통주와 우선주가 모두 포함된다. 우리나라의 우선주는 (미국의 경우와 같은 채권형이 아니라) 보통주형 우선주이므로 보통주와 동일하게 취급함이 합리적이다. 엄밀히 말하면 우선주의 자본비용과 우선주의 비중을 별도로 측정하는 것이 타당하지만, 보통주와 동일하게 추가적 이익분배에 참가하고 있고 또 추후 보통주로 전환되게 되어 있으므로 우선주를 보통주와 동일하게 취급할 수 있을 것이다.

모형(RIM)을 사용할 때에는 r_e만이 필요하고, r_d와 자본구성비율을 추정할 필요는 없다. 그러나 현금흐름할인모형(DCF 모형)과 EVA 모형을 사용하려면 WACC이 필요하므로 r_d와 자본구성비율도 추정되어야 한다. 아래에서는 각각의 추정방법을 살펴보기로 한다.

1.2 자본구성비율

자본비용은 경제적 가치에 기초한 투자수익률 개념이므로 자본구성비율도 시장가치에 의해 추정되어야 한다. 타인자본의 경우 이자율의 변동이 크지 않은 때에는 장부가치와 시장가치의 차이가 작으므로 장부가치를 V_d로 사용할 수 있다. 그러나 부채 조달 후에 이자율의 큰 변동이 있는 때에는 장부가치와 시장가치의 차이가 커지므로 V_d를 직접 추정해야 한다. V_d는 미래에 지급될 이자와 원금을 당해 기업에 적용되는 현재의 시장이자율로 할인함으로써 구해질 수 있다. 그리고 V_d의 범위에 포함될 부채는 영업부채가 제외된 순재무부채(net debt)이다. 즉, 영업투하자본은 순재무부채와 자기자본으로 구성되어 있으므로 V_d는 총부채가 아닌 순재무부채의 시장가치이다.

그런데 자본구성비율 산정에 필요한 자기자본 시장가치 V_e는 우리가 가치평가를 통해 추정하려는 바로 그 대상이다. 즉, DCF 모형이나 EVA 모형을 통해 평가하려는 주주지분가치란 바로 V_e이다. 그러므로 V_e를 모르는 상태에서는 자본구성비율을 알 수 없고 따라서 WACC도 알 수가 없다. 그러나 가치평가를 통해 V_e를 알기 위해서는 WACC를 알아야 한다. 이와 같이 WACC의 산정에는 계산상의 순환론적 문제가 있으며, 따라서 다른 방법으로 자본구성비율을 추정하는 수밖에 없다.[2)]

현재 실무에서는 자기자본 장부가치를 사용하여 자본구성비율을 산정하는 방법이 흔히 사용되고 있다. 즉, 애널리스트들은 연초 재무상태표상의 금액을 사용하여 자본구성비율을 산정하는 방법을 흔히 사용하고 있다. 그러나 회계방법의 영향을 고려하지 않더라도, 자기자본 장부가치는 시장가치와 크게 다를 수 있으므로 재

---

2) 가치평가 목적이 아니고, 다른 목적에서 WACC를 산정하는 경우에는 주식의 시가총액을 이용하여 자본구성비율을 측정할 수도 있을 것이다. 다만, 이때에는 주식가격이 주식의 가치를 올바로 나타내고 있다는 가정을 도입해야 한다.

무상태표상의 자본구성비율을 사용하는 것은 상당한 추정오차 문제를 초래할 가능성이 있다.

일반적으로 주식의 시가총액은 장부가치보다 V_e에 더 가깝다고 볼 수 있다. 주식시장의 효율성 정도가 높으면 주식의 시가총액은 장부가치보다 훨씬 더 V_e에 가까운 금액이 된다. 그러나 주식의 시가총액을 사용하는 경우에도 연초의 시가총액을 사용하는가, 아니면 가치평가시점 현재의 시가총액을 사용하는가의 문제가 있다. 만일 연초에 가까운 시점에서 가치평가를 한다면 선택의 어려움이 없을 것이나, 기간이 상당히 경과한 시점에서 가치평가를 한다면 주식의 시가총액은 연초와 비교하여 상당한 차이가 있을 수 있다. 개념적으로 볼 때, 그러한 경우에는 연초보다 가치평가시점 현재의 시가총액이 사용되어야 할 것이나, 기업 외부의 분석자 입장에서는 현재의 타인자본 구성을 파악해야 하는 문제가 있다. 만일 연초 이후 현재까지 평가대상기업의 타인자본 구성에 별 변화가 없었다면 연초의 타인자본 구성내역을 이용하여 자본구성비율을 산정할 수도 있을 것이다.

주식의 시가총액을 사용할 때 고려해야 할 추가적 문제는 현재의 자본구조가 일시적인 것인가 아니면 당해 기업이 앞으로도 계속 유지할 자본구조인가의 문제이다. 만일 현재의 자본구조가 일시적인 것이라면 당해 기업이 장기적으로 유지할 것으로 기대되는 **목표자본구조**(target capital structure)에 따라 WACC의 자본구성비율을 산정할 필요가 있다. 현재가치를 측정해야 할 대상은 미래의 장기간에 대한 FCF 또는 EVA이므로 현재의 일시적 자본구조보다는 그러한 목표자본구조를 사용하는 것이 바람직할 것이다.

그러나 실제의 상황에서 과연 몇 %의 자기자본비율이 특정 기업의 (시장가치 기준) 목표자본구조에 해당하는지는 판단하기 어려운 문제이다. 기업에 따라서는 명시적으로 목표자본구조를 설정하지 않을 수도 있고, 또 설령 내부적으로 목표자본구조가 설정되어 있다 하더라도 기업 외부의 분석자가 특정 기업의 목표자본구조를 파악한다는 것은 결코 용이한 일이 아니다. 이러한 어려움 때문에 일부 문헌에서는 단순히 동일업종의 평균 부채비율을 사용하기도 한다.[3]

이상의 논의를 요약하면, 실제의 상황에서 WACC 산정에 필요한 자본구성비율을 추정하는 것은 어려운 일이다. 만일 시가총액에 의한 연초의 자본구성비율이 최

3) A. Damodaran, 1996, *Investment Valuation*, John Wiley & Sons.

근 수년간 안정적인 추세를 보이고 있다면 그러한 자본구성비율을 WACC 산정에 이용할 수도 있을 것이다. 또는 만일 그러한 연초의 자본구성비율이 동일업종의 평균 수준에 접근해 가는 추세에 있다면 동일업종의 평균을 분석대상기업에 적용할 수도 있을 것이다. 그러나 위와 같은 경우들이 아니면 현재 시점 또는 연초의 자본구성비율에 대해 분석자가 일정한 가정을 도입하여 사용하는 수밖에 없다.

1.3 타인자본비용의 추정

타인자본비용(cost of debt) r_d는 타인자본(V_d)을 구성하는 부채항목들에 대한 평균적 자본비용으로서 세후기준으로 측정한다.

$$r_d = \sum \left[\frac{D_j}{V_d}\right] [r_j \times (1 - \text{세율})] \qquad (10\text{-}2)$$

D_j: 부채항목 j의 시장가치
r_j: 부채항목 j에 대한 시장이자율

위에서 부채항목 j에 대한 이자율은 과거의 이자율이 아닌 평가시점 현재의 시장이자율이다. 부채항목 j가 회사채이면 현재의 회사채 유통수익률이 현재의 시장이자율이다. 회사채가 아닌 재무부채에 대해서는 당해 부채를 조달한 후에 이자율이 크게 변동하지 않았다면 당해 부채를 조달할 당시의 차입이자율을 사용할 수 있다. 그러나 부채를 조달한 후에 이자율이 크게 변동하였다면 현재의 차입이자율이 적용되어야 한다.

타인자본비용 r_d는 세금효과를 반영하여 측정된다. 즉, 부채에 대한 이자는 세법에서 비용으로 인정되므로 기업이 실질적으로 부담하는 이자율은 세금효과만큼 작다. 따라서 시장이자율 r_j에 '(1 − 세율)'을 곱한 것이 기업의 실질적 타인자본비용이 된다. 세율에는 법인세와 지방소득세가 모두 포함된다.

1.4 자기자본비용의 추정

자기자본비용(cost of equity) r_e를 추정하는 것은 타인자본비용 추정보다 훨씬 어려운 작업이며, r_e의 추정방법은 오랫동안 재무학에서 연구되어온 주제이다. 재무학에서 r_e의 추정방법으로 개발된 이론모형으로는 자본자산가격결정모형(capital asset pricing model, CAPM)과 차익거래가격결정모형(arbitrage pricing model, APM)의 두 가지가 있다. CAPM과 APM은 투자위험과 기대수익률의 관계를 이론적으로 구체화하고 있으므로 이들 모형은 여타의 자기자본비용 추정방법보다 이론적으로 우월한 추정방법이다.

CAPM에서는 시장위험이 위험요소(risk factor)인데 비하여 APM은 시장위험 외에 추가적 위험요소의 존재를 고려하려는 모형이다. 그러나 APM을 사용하는 데에는 많은 어려움이 있다. 즉, APM을 사용하려면 추가적 위험요소들이 과연 무엇인지 밝혀내야 하고, 또 각 요소에 대한 위험프리미엄과 요소베타(factor beta)를 추정해야 하는 어려움이 있다. 이러한 여러 문제들 때문에 아직은 실무에서 APM을 사용하기 어렵다.

CAPM은 현재 국내외 실무에서 자기자본비용 추정방법으로 널리 사용되고 있다. CAPM은 다음과 같이 표현된다.[4)]

$$r_e = r_f + \beta \cdot [E(r_m) - r_f] \qquad (10\text{-}3)$$

r_f: 무위험이자율
β: 당해 주식의 베타(체계적 위험)
$E(r_m)$: 시장포트폴리오 기대수익률

위에서 **무위험이자율**(risk-free rate of return)인 r_f는 예를 들면 정부가 발행한 국채에 투자할 경우의 수익률을 말한다. 시장포트폴리오의 기대수익률인 $E(r_m)$은 주식처럼 투자위험이 있는 모든 투자대상들의 평균적 기대수익률이다.

---

4) CAPM의 도출과정은 재무관리 서적에서 상세히 다루고 있으므로 여기서는 도출과정에 대한 설명을 생략한다.

5) 위의 논리는 주식 외의 투자대상, 예를 들면 회사채에 대해서도 적용될 수 있다. 회사채의 유통수익률이 신용등급에 따라 차별적으로 형성되는 것은 투자자의 기대수익률이 위험의 크기에 대응하여 결정됨을 뒷받침하고 있다.

CAPM에 따르면, 투자자의 기대수익률인 자기자본비용(r_e)은 무위험이자율과 위험프리미엄(risk premium)으로 구성되어 있다. 위험프리미엄은 투자위험을 감수하기 위한 보상으로 요구되며,[5] 그 크기는 위험계수인 베타(β)와 시장위험프리미엄인 $[E(r_m) - r_f]$의 곱으로 결정된다. **시장위험프리미엄**(market risk premium)은 평균적 투자위험도에 대한 프리미엄으로서 각 주식에 대해 동일한 크기이다. 그러므로 주식별로 위험프리미엄의 크기를 결정하는 요인은 당해 주식의 위험도를 나타내는 베타(β)이다.

베타(β)는 당해 주식의 수익률과 시장포트폴리오 수익률간의 공분산(共分散, covariance)을 시장포트폴리오 수익률의 분산(variance)으로 나눈 것으로서, '$\beta=1$'이면 시장의 평균적 위험수준을 갖는 주식에 해당된다. 그리고 '$\beta>1$'이면 시장의 평균적 수준보다 높은 위험도를 갖고 있는 주식이고, 반면에 '$\beta<1$'이면 시장의 평균적 수준보다 낮은 위험도를 갖고 있는 주식이다.

위와 같이 CAPM은 주식의 위험도(β)에 대응하여 투자자의 기대수익률(r_e)이 결정됨을 나타내고 있다. 수익성의 변동, 즉 위험이 높은 주식에 투자하기 위해서는 높은 위험을 감수하는 대가로서 높은 투자수익률을 기대하고, 반면에 낮은 위험의 주식에 투자하는 경우에는 상대적으로 낮은 투자수익률을 기대한다는 것이다.

CAPM에 근거하여 자기자본비용을 산정하려면 주식의 위험도를 나타내는 베타(β), 무위험이자율(r_f), 그리고 시장위험프리미엄인 $[E(r_m) - r_f]$가 각각 추정되어야 한다. 다음 절에서는 이들의 추정방법을 논의한다.

참고 **배당성장모형를 이용한 추정방법**

CAPM이 널리 사용되기 전에는 제7장에서 설명한 아래의 배당성장모형을 이용하여 자기자본비용(r_e)을 추정하는 방법이 흔히 사용되었으며, 이 방법은 지금도 일부 서적에서 소개되고 있다.

$$P_0 = \frac{D_0(1+g)}{r_e-g} \Rightarrow r_e = \frac{D_0(1+g)}{P_0} + g \quad (g = \text{배당성장률})$$

위에서 주식가치 P_0에 현재의 주식가격을 대입하고 또 배당성장률 g 추정치를 대입하면 r_e가 추정된다는 것이다. 그러나 제7장에서 언급하였듯이, 배당할인모형을 단순화하는 가정이 매우 제약적일 뿐 아니라, 위의 방법은 투자위험을 반영하지 못하는 큰 한계점이 있다.

제2절 CAPM에 의한 자기자본비용 추정

2.1 베타의 추정

주식의 위험도를 나타내는 베타(β)는 당해 주식에 대한 다음의 시계열 회귀모형을 이용하여 추정할 수 있다.

$$R_t = \alpha + \beta \cdot R_{mt} + e_t \tag{10-4}$$

R_t: t기간의 당해 주식의 수익률
R_{mt}: t기간의 주식시장수익률
e_t: 오차항

위에서 종속변수는 분석대상주식의 수익률이고 독립변수는 주식시장수익률이다. 여러 기간의 수익률 자료가 있으면 이를 이용하여 위의 회귀모형을 추정할 수 있고, 추정된 회귀계수가 바로 베타추정치이다.

이론적 관점에서 볼 때, 시장포트폴리오 수익률은 주식, 채권, 부동산 등 모든 위험자산(risky assets)으로 구성된 포트폴리오 수익률로서 가치가중방식의 평균수익률이다. 그러나 현실적으로 그러한 시장수익률은 측정될 수 없으므로 주식시장수익률이 대용치(proxy)로 사용된다. 주식시장수익률은 증권시장에서 거래되는 주식으로 구성된 포트폴리오 수익률이며, 상장종목이 아주 많으면 잘 분산된 포트폴리오(well-diversified portfolio)가 되어서 시장포트폴리오 수익률에 대한 합리적 대용치가 될 수 있다. 이러한 이유로 국내외 학계에서는 주식시장수익률을 사용하여 베타를 추정하는 것이 보편화되어 있다. 다만, 베타를 추정할 때에는 1) 주식시장수익률(R_{mt})의 측정, 2) 수익률의 측정간격(return interval), 3) 추정기간의 선정에 대한 고려가 필요하다.

(1) 주식시장수익률의 측정

주식시장수익률(R_{mt})은 상장된 모든 주식의 평균수익률이다. 이를 측정하는 데에는 각 주식의 비중을 어떻게 반영하는가에 따라서 다음의 대체적 방법이 사용될 수 있다.

동일가중시장수익률: $$EWI_t = \sum \left[\frac{1}{N} \times R_{it} \right] \tag{10-5}$$

N : 상장종목의 수
R_{it}: 주식 i의 t기간 수익률

가치가중시장수익률: $$VWI_t = \sum \left[\frac{V_{it-1}}{\sum V_{it-1}} \times R_{it} \right] \tag{10-6}$$

V_{it-1}: 주식 i의 $t-1$시점의 시가총액
$\sum V_{it-1}$: $t-1$시점의 모든 주식의 시가총액 합계

위에서 동일가중시장수익률(equally-weighted index return) EWI_t는 각 주식에 대해 동일한 비중으로 투자한 경우의 주식포트폴리오 수익률이다. 간단히 말하면, EWI_t는 주식수익률의 단순평균과 같다. 이에 비해 가치가중시장수익률(value-weighted index return) VWI_t는 각 주식에 대해 기간 초의 시가총액 비율로 투자한 경우의 주식포트폴리오 수익률이다. 위에서 'V_{it-1}'이 기간 초의 주식 i의 시가총액이고 '$\sum V_{it-1}$'은 기간 초의 모든 주식의 시가총액 합계이다. 그래서 '$V_{it-1}/\sum V_{it-1}$'이 주식 i의 가중치로 적용되고 있다.

EWI_t와 VWI_t 중 어느 것이 더 우월한 시장포트폴리오 수익률 대용치인지는 판단하기 어려운 문제이다. 이는 EWI_t와 VWI_t가 주식 이외의 위험자산을 포함하지 않고 있으므로 시장포트폴리오 수익률 대용치로서의 상대적 우월성을 사전적으로 판단하기 어렵기 때문이다. 이러한 이유로 미국 학계에서는 EWI_t와 VWI_t가 모두 사용되고 있다.[6)]

6) 실증연구에 따르면, EWI와 VWI는 모두 효율적 포트폴리오 수익률인 것으로 검증된 바 있다(M. Gibbons, S. Ross, and J. Shanken, 1989, "A Test of the Efficiency of a Given Portfolio," *Econometrica* (September), pp. 1121-1152).

● KOSPI 수익률의 성격

한국거래소에서는 EWI_t와 VWI_t를 측정해서 발표하지 않는다. 그 대신 종합주가지수(KOSPI)를 매일 발표하고 있다. 이 KOSPI의 '증가율'을 이용하면 다음과 같이 t기간의 종합주가지수수익률(KOSPI 수익률)을 측정할 수 있다.

$$t\text{기간의 KOSPI 수익률} = [KOSPI_t/KOSPI_{t-1}] - 1 \qquad (10\text{-}7)$$

KOSPI는 시가총액방식에 의해 산출되는데, 유상증자, 신규상장, 주식전환, 합병증자, 상장폐지 등이 발생하면 기준시가총액을 수정하여 지수를 산출한다. 김권중 등(1994)의 연구에서 위의 KOSPI 수익률이 과연 주식포트폴리오 수익률이 될 수 있는지를 이론적으로 분석한 결과, t월 중에 기준시가총액이 수정되면 t월의 KOSPI 수익률 수치는 다음과 같이 결정되는 것으로 나타나고 있다.[7)]

$$t\text{월의 KOSPI 수익률} = VWI_t^* + \text{주식수익률이 아닌 수치} \qquad (10\text{-}8)$$

VWI_t^*: 배당수익이 포함되지 않은 t월의 가치가중시장수익률

위에서 보듯이 KOSPI 수익률은 가치가중시장수익률을 포함하고 있는데 이는 KOSPI가 시가총액방식으로 산출된 데 기인한다. 다만, KOSPI는 배당에 대해 조정하지 않으므로 배당수익 부분이 누락되어 있다.

만일 t월 중에 기준시가총액의 수정이 없으면 t월의 KOSPI 수익률은 VWI_t^*와 같다. 그러나 t월 중에 기준시가총액의 수정이 있으면 t월의 KOSPI 수익률에는 '주식수익률이 아닌 수치'가 포함된다.[8)] 이 수치는 유상증자, 신규상장, 주식전환,

7) 김권중 등, 1994, "지수수익률의 선택과 초과수익률 추정치의 편의," 「증권학회지」(제16집), pp. 467-511.

8) 식 (10-8)을 더 구체적으로 나타내면 다음과 같다.

$$t\text{월의 KOSPI 수익률} = (1/k_t)VWI_t^* + (1/k_t)\left[1 + \frac{t\text{월 중 유상증자 등으로 증가한 시가총액}}{t\text{월 초 시가총액 합계}}\right] - 1$$

위에서 k_t는 t월 중 기준시가총액 수정비율의 누적치이다. 매 번의 수정비율은 「1+시가총액변동비율」이며, t월 중 여러 번의 수정이 있으면 k_t는 여러 개의 수정비율을 모두 곱한 값이다. 식 (10-8)은 시가총액 합계가 증가한 경우를 대상으로 한 것인데, 상장폐지와 같이 시가총액 합계가 감소한 때에도 KOSPI 수익률은 VWI^*와 같지 않다.

표 10-1
기준시가총액 수정 요인의 발생회수

연도	유상증자	주식전환	신주인수권 행사	합병증자	신규상장	상장폐지	합계
2001	155	148	109	15	16	32	366
2002	210	202	174	10	28	35	659
2003	151	94	61	12	20	19	357
2004	97	76	104	12	24	27	340
2005	86	168	198	17	41	20	530
2006	101	304	250	23	35	12	725
2007	122	381	269	15	31	16	834
2008	101	246	141	22	30	12	552
2009	131	178	270	18	25	21	643
2010	91	176	331	12	35	29	674
2011	70	88	444	13	30	17	662

자료: 한국거래소, 유가증권시장 통계간행물

합병증자 등으로 인한 시가총액 증가액과 기준시가총액 수정비율에 의해 결정되며 주식수익률과는 아무 관련이 없는 수치다.

위의 분석은 월별수익률(monthly return)에 대한 것이지만, 주별수익률(weekly return)과 일별수익률(daily return)의 경우에도 KOSPI 수익률은 VWI^*와 같지 않으며 그 차이는 주식수익률이 아니다.

이상의 논의를 요약하면, 기준시가총액이 수정되면 KOSPI 수익률에는 주식수익률이 아닌 수치가 포함되어서 KOSPI 수익률은 주식포트폴리오 수익률이 되지 못하고 있다. 만일 연중에 기준시가총액 수정이 드물게 발생한다면 KOSPI 수익률을 VWI^*와 같은 것으로 간주할 수도 있을 것이나. 그러나 〈표 10-1〉에서 보는 바와 같이, 연중에 아주 빈번히 기준시가총액이 수정되고 있다.

KOSPI 수익률의 또 다른 문제점은 소수의 대형주가 KOSPI 수익률에 큰 영향을 미친다는 점이다. 〈표 10-2〉에서 보는 바와 같이, 유가증권시장 상장회사의 불과 3% 정도인 25개 회사의 시가총액이 전체 시가총액에서 55% 안팎의 비중을 차지하고 있다. 이 때문에 KOSPI 수익률은 소수의 대형주 움직임에 큰 영향을 받게 되며, 이는 KOSPI 수익률이 잘 분산된 포트폴리오 수익률이 되기 어렵게 하는 중요한 문제이다. 미국의 경우처럼 상장회사가 수천 개에 달하지 않는 한 KOSPI 수익률은

표 10-2

대형주의 시가총액 비중

구 분	2010. 6.	2011. 6.	2012. 6.	2013. 6.	2014. 6.
유가증권시장 상장회사의 수	772	784	788	773	772
시가총액 상위 25사:					
회사수의 비율(%)	3.2	3.2	3.2	3.2	3.2
시가총액 비중(%)[1]	55.0	53.5	56.0	57.3	56.4

1) 유가증권시장 상장회사 전체의 시가총액에 대한 비율임.
자료: 한국거래소, 유가증권시장 통계간행물

그러한 영향에서 벗어나기 어려울 것으로 보인다.

요컨대, KOSPI 수익률은 주식포트폴리오 수익률이 되기 어려우며, 또 잘 분산된 포트폴리오 수익률이라 보기도 어렵다. 이러한 KOSPI 수익률의 문제점은 실증연구를 통해서도 확인된 바 있다. 예를 들면, 황선웅과 이일균(1991)의 실증분석에 따르면 EWI는 효율적 포트폴리오 수익률인데 비하여 KOSPI 수익률은 그렇지 못한 것으로 검증되었다.[9] 또한 앞에서 언급한 김권중 등(1994)의 실증분석결과에 따르면, EWI를 사용하여 구한 주식의 초과수익률(abnormal return) 추정치는 편의(bias)가 없는데 비하여 KOSPI 수익률을 사용하여 구한 초과수익률 추정치는 편의가 있는 것으로 나타난 바 있다. 그러므로 KOSPI 수익률을 사용하여 베타를 추정하면 상당한 추정오차가 초래될 것으로 예상된다.

참고 EWI 자료의 입수

동일가중시장수익률 EWI는 식 (10-5)에 따라 상장종목 전체의 평균수익률을 측정하면 구해지는데, 상장회사 데이터베이스인 KIS-VALUE에 EWI 일별수익률이 수록되어 있다. KIS-VALUE는 EWI를 사용하여 추정한 베타도 제공하고 있다.

● 베타추정에 관한 실증연구의 결과

국내에서 손쉽게 구할 수 있는 주식시장수익률 측정치는 EWI와 KOSPI 수익률

9) 황선웅 · 이일균, 1991, "자본자산포트폴리오의 효율성에 대한 다변량검증," 「증권학회지」(제13집), pp. 357-401.

이다. EWI 대 KOSPI 수익률의 선택이 베타의 추정에 얼마나 영향을 미치는지 확인하기 위하여 아래에서는 상장회사들의 베타를 실제로 추정한 결과를 논의한다.[10)]

〈표 10-3〉은 일별수익률, 주별수익률 그리고 월별수익률을 각각 사용하여 추정된 EWI 베타추정치(β_{EWI})와 KOSPI 베타추정치(β_{KOSPI})를 기업규모 그룹별로 비교하고 있다. 기업규모 그룹은 연초의 주식시가총액 크기에 따라 5개의 그룹으로 분류되며, 표본기간 중 매년 재분류된다. 〈표 10-3〉에서 패널 A 및 B의 일별수익률 베타와 주별수익률 베타는 1993~1999년의 각 연말 시점에서 최근 2년간의 주식수익률을 사용하여 추정된 것이고,[11)] 패널 C의 월별수익률 베타는 최근 5년간의 월별수익률을 사용하여 추정된 것이다.[12)]

〈표 10-3〉에서 보는 바와 같이, β_{EWI}의 경우 소기업의 베타가 대기업의 베타보다 평균적으로 크며, 이러한 관계는 수익률 측정간격에 관계없이 공통적으로 관측되고 있다. 기업규모와 베타의 그러한 관계는 이미 미국 학계에서 잘 알려진 현상이다. 그러나 β_{KOSPI}의 경우에는 오히려 대기업의 베타가 소기업의 베타보다 크게 추정되고 있다. 즉, 시가총액 규모가 가장 큰 규모그룹 5의 경우 β_{KOSPI} 평균이 1에 가까운 반면, 나머지 규모그룹의 경우에는 모두 β_{KOSPI} 평균이 1보다 작다. 이와 같이 KOSPI 수익률을 사용하여 베타를 추정하면, 대기업의 경우 베타추정치에 상향편의(upward bias)가 초래되고, 중소기업의 경우에는 하향편의(downward bias)가 초래될 것으로 보인다.

KOSPI 수익률은 시가총액방식으로 산출되기 때문에 〈표 10-3〉의 결과가 당연한 것이라는 주장이 있을 수도 있다. 그러나 미국에서 VWI를 사용한 때에도 소기업 베타가 대기업 베타보다 큼을 고려하면 그러한 주장은 설득력이 없는 것으로 보인다. β_{KOSPI}에 관한 〈표 10-3〉의 결과는 KOSPI가 '잘 분산된 포트폴리오'가 아니어서 초래되는 문제이며, 상장종목의 수가 수천 개에 달하지 않는 한 그러한 문제

10) 여기 제시되는 상장회사들의 베타추정치는 저자가 연구책임자로 참여한 다음의 연구보고서에 포함되어 있는 추정결과이다. 김권중 등, 2001, 「자본비용 및 유효이자율 측정」, 한국회계기준원 연구보고서(제12호).

11) 주식거래가 없는 날은 수익률이 제대로 측정될 수 없으므로 베타추정시에 제외되었고, 주식거래가 다시 발생한 날의 수익률 수치도 유사한 문제가 있으므로 제외되었다. 이러한 처리방법은 주별수익률 베타와 월별수익률 베타를 추정할 때에도 적용되었다.

12) 수익률 관측치가 50개 미만(월별수익률의 경우에는 30개 미만)이거나 베타추정치에 대한 t-통계치가 5% 수준에서 유의하지 않은 경우는 〈표 10-3〉에서 제외되었다. 그러므로 β_{EWI}와 β_{KOSPI}가 추정된 기업의 수는 〈표 10-3〉에서 보는 바와 같이 다소 차이가 있다.

표 10-3

EWI 베타(β_{EWI})와 KOSPI 베타(β_{KOSPI}): 기업규모 그룹별 비교

A. 일별수익률 베타추정치

기업규모 그룹	β_{EWI} 평균	β_{EWI} N	β_{KOSPI} 평균	β_{KOSPI} N	차이: $\beta_{EWI}-\beta_{KOSPI}$ 최대	중위치	최소
1 (소)	1.044	881	0.695	841	0.980	0.354	−0.082
2	1.079	901	0.763	889	1.039	0.295	−0.191
3 (중)	1.029	907	0.795	905	0.991	0.213	−0.360
4	0.969	911	0.864	910	0.723	0.104	−0.438
5 (대)	0.851	905	0.980	907	0.592	−0.127	−1.009

B. 주별수익률 베타추정치

기업규모 그룹	β_{EWI} 평균	β_{EWI} N	β_{KOSPI} 평균	β_{KOSPI} N	차이: $\beta_{EWI}-\beta_{KOSPI}$ 최대	중위치	최소
1 (소)	1.172	888	0.908	741	1.244	0.290	−0.640
2	1.129	906	0.922	839	1.218	0.182	−0.376
3 (중)	1.056	908	0.929	885	1.069	0.092	−0.710
4	0.945	905	0.970	893	0.895	−0.045	−0.669
5 (대)	0.748	883	1.042	903	0.549	−0.289	−1.067

C. 월별수익률 베타추정치

기업규모 그룹	β_{EWI} 평균	β_{EWI} N	β_{KOSPI} 평균	β_{KOSPI} N	차이: $\beta_{EWI}-\beta_{KOSPI}$ 최대	중위치	최소
1 (소)	1.275	838	0.931	667	1.895	0.400	−0.827
2	1.105	835	0.868	735	1.362	0.278	−0.671
3 (중)	1.033	847	0.895	798	1.158	0.136	−0.848
4	0.923	844	0.921	824	1.386	−0.008	−0.651
5 (대)	0.767	810	1.015	832	0.700	−0.242	−1.100

자료: 김권중 등, 2001, 「자본비용 및 유효이자율 측정」, 한국회계기준원 연구보고서(제12호).

를 피할 수 없을 것으로 보인다. 상장종목의 수가 많지 않은 경우에는 오히려 가치가중방식이 시장의 평균수익률을 왜곡시킬 가능성이 더 높을 수 있다. KOSPI 수익률이 효율적 포트폴리오 수익률이 아니라는 검증결과는 그러한 가능성을 뒷받침하는 실증적 증거이다.[13)]

참고로 미국 학계에서 VWI를 사용하여 소기업 대 대기업의 베타를 추정한 결과

표 10-4

미국 자본시장에서의 소기업 대 대기업의 베타추정결과

	기업규모 그룹[1)]					
	1 (소)	3	5	6	8	10 (대)
EWI 베타	1.230	1.058	0.939	0.918	0.824	0.654
VWI 베타	1.309	1.216	1.129	1.146	1.088	0.985

1) 10개의 기업규모 그룹 중에서 일부를 발췌한 것이며, 각 번호는 기업규모 그룹을 나타내는 번호임.
자료: H. Stoll and R. Whaley, 1983, "Transaction Costs and the Small Firm Effect," *Journal of Financial Economics* (June), pp. 57-79.

를 보면 〈표 10-4〉와 같다. 이는 '기업규모효과'(firm size effect)의 분석을 위해 발표된 Stoll and Whaley(1983)의 논문에 제시된 추정결과이다.[14)] 여기서 보는 바와 같이, EWI는 물론 VWI를 사용한 때에도 소기업 베타가 대기업 베타보다 크게 나타나고 있다. 미국의 VWI는 NYSE와 AMEX에 상장된 모든 주식들을 포함하는 주식포트폴리오로서 상장종목의 수가 KOSPI의 경우보다 훨씬 많다.[15)]

결론적으로, 우리나라에서는 KOSPI 수익률보다는 EWI를 사용하여 베타를 추정해야 할 것으로 판단된다. KOSPI 수익률 자료에는 주식수익률이 아닌 수치가 포함되어 있기 때문에 베타추정치가 영향을 받게 되고, 또 KOSPI 수익률은 소수 대형주의 주가변동에 매우 민감하여 베타추정치가 수긍할 수 없는 형태로 나타날 수 있다. 상장회사 데이터베이스인 KIS-VALUE는 EWI를 사용하여 구한 베타추정치를 제공하고 있다.

(2) 수익률 측정간격과 베타 추정기간

베타를 추정할 때 고려해야 할 다른 문제는 주식수익률의 측정간격(return interval)이다. 이는 EWI 베타를 추정할 때에도 고려되어야 하는 문제이며, 베타추정치의 신뢰도(statistical precision)를 최대한 높일 수 있는 방법이 사용되어야 한다.

---

13) 황선웅 · 이일균, 1991, "자본자산포트폴리오의 효율성에 대한 다변량검증," 「증권학회지」(제13집), pp. 357-401.

14) H. Stoll and R. Whaley, 1983, "Transaction Costs and the Small Firm Effect," *Journal of Financial Economics* (June), pp. 57-79.

15) 위에 언급된 미국의 VWI는 증권거래소에서 발표하는 주식시장수익률이 아니고 시카고대학의 주식연구소(CRSP)에서 측정하는 시장수익률이다.

예를 들면, 2년간의 수익률을 사용하여 베타를 추정할 경우 일별수익률을 사용하면 수익률 관측치가 600개 가까이 된다. 이에 비해 주별수익률의 경우에는 관측치가 100개 정도이고, 월별수익률의 경우에는 5년간의 수익률을 사용해도 60개에 불과하다. 이러한 관측치 수의 현저한 차이는 베타추정치의 표준오차(standard error of estimate)에 상당한 영향을 미쳐서 베타의 신뢰구간(confidence interval)이 크게 다르게 된다.

〈표 10-5〉는 수익률 측정간격과 EWI 베타추정치의 표준오차와의 관계를 나타내고 있다. 이는 앞에서 살펴본 〈표 10-3〉의 추정결과를 재정리한 것인데, 일별수익률 베타추정치의 경우 표준오차의 크기는 평균 0.078이다. 이에 비해 주별수익률 베타추정치의 표준오차는 평균 0.150으로서 일별수익률 베타추정치의 2배 가까이 된다. 월별수익률 베타추정치의 경우는 더욱 크다. 95% 신뢰구간의 상한치(upper limit)와 하한치(lower limit)의 '간격'을 계산하면, 일별수익률 베타추정치의 경우 평균 0.307이다. 95% 신뢰구간을 전제로 할 때, 이는 true 베타와 베타추정치와의 차이가 평균적으로 0.154 이내에 있음을 의미한다. 그러나 주별수익률 베타추정치의 경우는 신뢰구간의 상 · 하한치 간격이 평균 0.598이고, 월별수익률 베타추정치의

표 10-5

수익률 측정간격과 EWI 베타추정치의 표준오차[1)]

연도[2)]	일별수익률 베타추정치 (2년간 수익률 사용)			주별수익률 베타추정치 (2년간 수익률 사용)			월별수익률 베타추정치 (5년간 수익률 사용)		
	표준오차	t-통계치	신뢰구간 간격[3)]	표준오차	t-통계치	신뢰구간 간격[3)]	표준오차	t-통계치	신뢰구간 간격[3)]
1993	0.071	14.38	0.277	0.154	6.63	0.615	0.164	6.41	0.658
1994	0.086	11.82	0.336	0.178	5.88	0.711	0.181	5.81	0.726
1995	0.090	11.27	0.354	0.154	6.80	0.615	0.192	5.52	0.769
1996	0.088	12.18	0.346	0.143	7.44	0.572	0.200	5.29	0.800
1997	0.068	15.35	0.268	0.136	7.78	0.543	0.194	5.65	0.774
1998	0.067	15.65	0.263	0.135	7.75	0.538	0.176	6.15	0.703
1999	0.080	13.31	0.315	0.155	6.95	0.618	0.190	5.70	0.761
전체	0.078	13.50	0.307	0.150	7.08	0.598	0.186	5.79	0.742

1) 표에 있는 각 수치는 상장회사들에 대한 평균임.
2) 연말 시점에서 최근 2년 또는 5년간의 주식수익률을 사용하여 베타가 추정됨.
3) 신뢰구간 간격은 95% 신뢰구간의 상한치와 하한치의 간격임.
자료: 김권중 등, 2001, 「자본비용 및 유효이자율 측정」, 한국회계기준원 연구보고서(제12호).

경우는 평균 0.742이다. 전자의 경우에는 true 베타와 베타추정치와의 차이가 0.299까지 벌어질 수 있고, 후자의 경우에는 그 차이가 0.371까지 확대되고 있다.

이와 같이 수익률 관측치 수에 따라 베타추정치의 정밀도(statistical precision)가 상당한 영향을 받고 있으므로 추정의 정밀도를 극대화하기 위해서는 일별수익률을 사용하는 것이 좋을 것으로 보인다.

또한 베타추정치가 현재의 위험수준을 최대한 반영하기 위해서는 최근 기간을 대상으로 베타를 추정할 필요가 있다. 앞에서 논의한 〈표 10-3〉 등에서는 최근 2년간의 일별수익률이 사용되었으나, 만일 분석대상회사의 사업구조나 경쟁환경 또는 자본구조에 큰 변화가 있었다면 최근 1년간의 일별수익률을 사용하는 것이 나을 것이다. 1년간의 일별수익률만 해도 관측치 수가 250개 이상에 달한다.

● Scholes-Williams 베타

일별수익률을 사용하여 베타를 추정할 때 한 가지 고려해야 할 사항은 이른바 '비동시적 거래'(non-synchronous trading) 문제이다. 이는 거래가 드문 주식의 경우 베타추정치에 하향편의가 있고, 반면에 매우 빈번히 거래되는 주식의 경우에는 베타추정치에 상향편의가 있다는 문제이다.

만일 분석대상기업의 주식이 매우 드물게 거래되거나 또는 매우 빈번히 거래되는 주식이라면 베타추정치의 편의를 제거하기 위하여 다음과 같이 Scholes and Williams(1977)가 개발한 베타(β_{SW}) 추정방법을 사용할 수 있다.[16)]

$$\beta_{SW} = [\sum_{k=-1}^{1} \beta_k] / (1+2\rho) \qquad (10\text{-}9)$$

ρ: 주식시장수익률의 시계열상관계수

위에서 β_k는 아래의 시계열 회귀모형에서 추정되는 계수이다.

$$R_t = \alpha + \beta_k \cdot R_{mt+k} + e_t \qquad (k = -1,\ 0,\ 1) \qquad (10\text{-}10)$$

R_t: t일의 당해 주식의 수익률
R_{mt}: t일의 주식시장수익률
e_t: 오차항

16) M. Scholes and J. Williams, 1977, "Estimating Betas from Non-synchronous Data," *Journal of Financial Economics* (December), pp. 309-327.

위의 회귀모형은 앞의 2.1절에서 논의한 식 (10-4)와 같은 회귀모형인데, 독립변수인 주식시장수익률을 번갈아 사용하면서 β_k를 세 번 추정한다. 이렇게 추정된 세 개의 β_k를 식 (10-9)에 대입하면 β_{SW}가 추정된다.

2.2 무위험이자율의 추정

자기자본비용의 추정에 필요한 두 번째 요소는 무위험이자율(risk-free rate of return) r_f이다. r_f의 적절한 추정치는 국채수익률이며, 자본비용을 산정하는 현재 시점의 국채수익률이 주로 사용된다. 국채에는 국고채와 국민주택채권 1종 및 2종이 있는데 활발히 거래되는 국고채의 수익률이 r_f로 사용되고 있다. 다만 국고채수익률은 만기에 따라서 그 크기에 차이가 있다. 가치평가를 위해 현재가치를 측정해야 할 대상은 미래의 장기간에 대한 현금흐름이므로 만기가 짧은 것보다는 만기 5년 이상의 국고채수익률을 사용하는 것이 바람직할 것이다. 투자분석실무에서도 만기 5년 이상의 국고채수익률이 주로 사용되고 있다.

2.3 시장위험프리미엄의 추정

자기자본비용의 추정에 필요한 세 번째 요소인 시장위험프리미엄(market risk premium)은 시장포트폴리오 기대수익률과 무위험이자율과의 차이로 정의된다. 시장위험프리미엄을 추정함에 있어서는 장기간에 대한 주식시장수익률과 국채수익률의 차이를 평균화하는 방법이 일반적으로 사용된다. 이러한 추정방법은 학계에서 널리 사용되고 있으며, 수익률 차이를 '장기간'에 대해 평균하면 발생가능한 갖가지 상황이 모두 반영되어 추정오차를 줄일 수 있다는 가정이 내포되어 있다.

앞의 2.1절에서 주식시장수익률은 EWI(동일가중시장수익률)로 측정하였으므로 시장위험프리미엄도 「EWI－국채수익률」의 분포를 이용하여 추정하는 것이 일관성 있는 추정방법이다. 〈표 10-6〉에는 1990~2013년의 24년간에 대해 EWI와 국채수익률과의 차이가 제시되어 있다. KOSPI 수익률을 사용한 경우도 비교목적으로 함께 제시되어 있다. 여기서 EWI의 연간수익률(annual return)은 각 주식별로 연간수

표 10-6
시장위험프리미엄의 추정(%)

연도	국채수익률[1] (r_f)	EWI를 사용한 경우		KOSPI 수익률을 사용한 경우	
		R_m	$R_m - r_f$	R_m	$R_m - r_f$
1990	15.09	−23.11	−38.20	−23.48	−38.57
1991	16.47	−17.72	−34.19	−12.24	−28.71
1992	14.89	37.07	22.18	11.05	−3.84
1993	12.16	38.42	26.26	27.67	15.51
1994	12.35	38.21	25.86	18.61	6.26
1995	10.34	−26.50	−36.84	−14.06	−24.40
1996	11.08	−1.10	−12.18	−26.24	−37.32
1997	12.14	−53.72	−65.86	−42.21	−54.35
1998	13.37	51.50	38.13	49.47	36.10
1999	9.54	15.44	5.90	82.78	73.24
2000	8.45	−30.05	−38.50	−50.92	−59.37
2001	5.74	43.17	37.43	37.47	31.73
2002	5.82	−11.04	−16.86	−9.54	−15.36
2003	4.78	23.69	18.91	29.19	24.41
2004	4.20	15.88	11.68	10.51	6.31
2005	4.35	122.55	118.20	53.96	49.61
2006	4.92	6.09	1.17	3.99	−0.93
2007	5.28	46.66	41.38	32.25	26.97
2008	5.32	−41.22	−46.54	−40.73	−46.05
2009	4.01	63.34	59.33	49.65	45.64
2010	3.95	21.72	17.77	21.88	17.93
2011	3.79	−4.74	−8.53	−10.98	−14.77
2012	3.19	14.75	11.56	9.38	6.19
2013	2.92	0.56	5.64	0.72	−2.20
24년 평균	8.09	14.08	**5.99**	8.67	0.59

1) 1999년까지는 국민주택채권(1종, 5년) 수익률, 2000년 이후는 국고채(5년) 수익률(자료: 한국거래소, 증권통계연보)

익률을 측정한 후 이들 연간수익률의 평균으로 산출되었다. KOSPI의 연간수익률은 KOSPI의 월별수익률을 누적한 것이다.

〈표 10-6〉에서 사용된 국채수익률은 국민주택채권(1종, 5년)과 국고채(5년) 수익

률이다. 국고채수익률이 이용가능한 것은 오래되지 않았으므로 2000년 이전은 국민주택채권(1종, 5년) 수익률이 사용되었다. 국고채와 국민주택채권(1종)의 수익률 차이가 크지 않으므로 시장위험프리미엄의 추정에 국민주택채권 수익률을 이용할 수 있을 것이다.

1990~2013년의 24년간 평균 국채수익률은 8.09%이고 EWI의 평균은 14.08%이므로 「EWI - 국채수익률」의 평균은 약 6%이다. 한편, 비교목적으로 포함된 「KOSPI 수익률 - 국채수익률」의 평균은 0.59%에 불과하여 시장위험프리미엄 추정치로 보기에는 너무 작다.

위에서 추정된 6%가 가장 적절한 시장위험프리미엄 추정치인지는 판단하기가 쉽지 않다. 그러나 회사채의 위험프리미엄이 어느 정도인지를 비교하면 위 추정치의 과대 여부를 가늠해 볼 수 있다. 〈표 10-7〉에는 신용등급이 BBB 등급인 회사채(무보증, 5년)의 위험프리미엄이 측정되어 있다. BBB 등급의 회사채는 채무불이행 위험이 낮은 투자적격 회사채이므로 시장위험프리미엄은 BBB 등급 회사채의 위험프리미엄보다는 높아야 할 것이다.

2012년 6월~2014년 6월의 기간에 대해 국고채(5년)와 BBB 등급 회사채의 수익률 격차, 즉 BBB 등급 회사채의 위험프리미엄을 보면 약 4.7~4.9%로 형성되어 있다. BBB 등급 회사채를 국민주택채권(1종, 5년)과 비교하면 회사채의 스프레드는 약 4.5~4.8%이다. 따라서, 시장위험프리미엄은 베타가 1인 때의 위험프리미엄이므로, 위에서의 시장위험프리미엄 추정치 6%는 과대한 추정치는 아닌 것으로 판단된다.

그동안 학술연구에서 사용된 시장위험프리미엄 추정치들은 대부분 6% 내지 8%의 범위 내에 있다. 실무에서 애널리스트들이 사용하는 시장위험프리미엄도 대략 7% 안팎의 수준인 것으로 보인다. 본서에서 추정된 위의 6%는 그러한 추정치들과 비교할 때 큰 차이가 없다.

앞의 〈표 10-6〉에서 시장위험프리미엄은 주식시장수익률의 산술평균(arithmetic mean)과 국채수익률의 산술평균을 이용하여 추정된 것인데, 기하평균(geometric mean)을 사용해야 한다는 견해도 있다.[17] 기하평균을 사용하면 시장위험프리미엄 추정치가 작아지게 된다. 그러나 미래 현금흐름의 기대치를 할인하는 데 사용될

17) T. Copeland, T. Koller, and J. Murrin, 1994, Valuation: *Measuring and Managing the Value of Companies*, McKinsey & Company, Inc.

표 10-7
BBB 등급 회사채의 위험프리미엄

채권 구분	수익률 및 회사채의 스프레드[1)]				
	2012. 6.	2012. 12	2013. 6.	2013. 12.	2014. 6.
국고채(5년)	3.42	2.97	3.14	3.23	2.88
국민주택채권(1종, 5년)	3.64	3.11	3.30	3.47	2.99
BBB 회사채(5년)	8.14	7.65	7.94	8.19	7.83
BBB 회사채 대 국고채	4.72	4.68	4.80	4.96	4.95
BBB 회사채 대 국민주택채권	4.50	4.54	4.64	4.71	4.84

1) 6월 말 또는 연말 기준
자료: 금융투자협회

자본비용을 추정함에 있어서는 산술평균이 더 적절하다는 견해가 많다.[18)] 만일 〈표 10-6〉에서 기하평균을 사용하여 추정하면 시장위험프리미엄 추정치가 오히려 BBB 등급 회사채의 위험프리미엄보다 작아져서 적절한 추정치로 볼 수 없는 문제도 있다.

비상장기업의 자기자본비용 추정 제3절

앞의 절에서 논의한 자기자본비용 추정방법은 상장기업을 대상으로 한 것이며, 자기자본비용 산정에 필요한 베타는 주식수익률 회귀모형(시장모형)을 통해 추정된다. 그러나 비상장기업의 경우에는 주식수익률 자료가 없으므로 그와 같이 직접 베타를 추정할 수가 없다.

비상장기업의 베타를 추정함에 있어서는 동일업종 상장기업의 **무부채베타**

18) 예를 들면, S. Ross, R. Westerfield, and J. Jaffe, 1990, *Corporate Finance*, Irwin; M. Ehrhardt, 1994, *The Search for Value: Measuring the Company's Cost of Capital*, Harvard Business School Press; Ibbotson Associates, 1996, *Stocks, Bonds, Bills and Inflation*.

(unlevered beta)를 이용하는 방법이 주로 사용된다. 무부채베타는 부채가 없을 때의 베타로서 영업위험(business risk)만을 반영하는 베타이다. 이에 비해 제2절에서 논의한 베타는 영업위험은 물론 부채 사용에 따른 재무위험(financial risk)도 함께 반영되어 있는 **지분베타**(levered beta)이다.

부채 사용에 따른 재무위험과 지분베타 간의 관계는 다음과 같이 나타낼 수 있다.[19)]

$$\beta_L = \beta_U [1 + (1-T)\, D/E] \tag{10-11}$$

β_L : 지분베타(levered beta)
β_U : 무부채베타(unlevered beta)
T : 세율
D/E: 시장가치에 의한 부채/자기자본 비율

위에서 보듯이, 지분베타 β_L은 영업위험을 반영하는 무부채베타 β_U와 재무위험을 나타내는 부채비율 D/E와 함수관계에 있다.[20)]

동일업종의 기업들은 영업위험이 비슷하다고 가정하면 동일업종 상장기업의 β_U를 당해 비상장기업의 β_U로 이용할 수 있다. 동일업종 상장기업의 β_U는 위의 식을 이용하여 다음과 같이 추정할 수 있다.

$$\beta_U = \frac{\beta_L}{[1 + (1-T) D/E]} \tag{10-12}$$

위에서 β_L은 앞의 제2절에서 설명한 방법에 따라 추정된 동일업종 상장기업의 지분베타이고, D/E 비율도 이 상장기업의 비율이다. 이와 같이 식 (10-12)에 따라 동일업종 상장기업의 β_U가 추정되면 이를 다시 식 (10-11)의 우변에 대입하여 분석대상 비상장기업의 β_L을 추정하게 된다. 이때 식 (10-11)에서는 당해 비상장기업의 D/E 비율이 적용되어야 한다.

---

19) R. Hamada, 1969, "Portfolio Analysis, Market Equilibrium and Corporation Finance," *Journal of Finance* (March), pp. 13-31; R. Bowman, 1979, "The Theoretical Relationship between Systematic Risk and Financial (Accounting) Variables," *Journal of Finance* (June), pp. 617-630.

20) 식 (10-11)은 부채의 위험이 없음을 전제로 한 것이다. 일반적으로 부채의 베타는 작은 값이므로 부채의 베타는 0(零)으로 가정되어 있다.

식 (10-12)에서 β_U를 구할 때 동일업종 상장기업들의 평균치가 주로 사용된다. 즉, 동일업종 내의 각 상장기업에 대해 식 (10-12)에 따라 β_U를 각각 추정하고 이렇게 추정된 β_U의 평균치를 당해 비상장기업의 무부채베타 추정치로 사용한다. 이같이 업종 평균을 사용하는 것은 평균과정에서 각 상장기업의 β_U 추정오차가 상쇄되는 효과를 기대할 수 있기 때문이다.

식 (10-12)에서 동일업종 상장기업의 β_U를 추정할 때 D/E 비율에 대해서는 시장가치에 기초한 부채비율이 적용되어야 한다. 즉, 자기자본에 대해서는 장부가치보다 주식의 시가총액을 사용해서 D/E 비율이 측정되어야 한다. 이와 마찬가지로 식 (10-11)에서 분석대상 비상장기업의 β_L을 추정할 때 적용될 D/E 비율도 개념적으로 시장가치기준 부채비율이다. 따라서 장부가치기준 D/E 비율보다는 당해 비상장기업이 목표로 하고 있는 시장가치기준 D/E 비율이 적용되어야 한다.

위의 절차에 따라 비상장기업의 지분베타 β_L이 추정되면 CAPM에 의한 자기자본비용을 추정하는 절차는 상장기업의 경우와 동일하다. 즉, 제2절에서 설명한 바와 같이, 추정된 지분베타에 시장위험프리미엄 6%를 곱하여 위험프리미엄을 산출하고 여기에 무위험이자율(국고채수익률)을 더하면 자기자본비용이 추정된다.

연습문제

1. 자기자본비용과 타인자본비용을 이용하여 가중평균자본비용을 산정할 때 각각의 자본구성비율을 가중치로 사용한다. 자본구성비율의 산정방법에는 장부가치를 기준으로 하는 방법과 시장가치를 기준으로 하는 방법이 있는데, 두 방법의 장단점이 무엇인지 논의하라.

2. 분석대상기업의 자본구성비율이 안정적인 추세를 보이지 않고 계속 변동하고 있다면 가중평균자본비용을 추정할 때 어떠한 자본구성비율을 사용하는 것이 바람직한가?

3. 타인자본비용을 산정할 때 시장이자율에 '(1－세율)'을 곱하는 이유가 무엇인가?

4. 배당성장모형을 이용하여 자기자본비용을 추정하는 방법을 설명하라.

5. CAPM을 이용하여 자기자본비용을 추정하는 절차를 설명하라.

6. CAPM을 이용하여 자기자본비용을 추정하기 위해서는 분석대상주식의 위험도를 나타내는 베타의 추정이 필수적으로 요구된다. 베타는 분석대상주식의 수익률을 종속변수로 하고 주식시장수익률을 독립변수로 하는 회귀모형을 통해 추정되는데, 이때 주식시장수익률은 동일가중시장수익률로 측정하거나 또는 종합주가지수수익률을 사용할 수도 있다. 이 두 후보 중에서 어느 것이 베타의 추정에 더 적절한 주식시장수익률 측정치인지 논의하라.

7. 베타를 추정할 때 고려해야 할 사항의 하나는 주식수익률의 측정간격(return interval)이다. 주식수익률은 측정간격에 따라 일별수익률, 주별수익률, 월별수익률 등이 있는데 베타 추정의 정밀도(statistical precision)를 극대화하기 위해서는 이 중에서 어느 수익률을 사용하는 것이 바람직하다고 생각하는가?

8. 일별수익률을 사용하여 베타를 추정할 때에는 비동시적 거래(non-synchronous trading)의 문제를 고려할 필요가 있다. 이 문제의 영향을 제거하는 방법으로 개발된 Scholes-Williams의 베타 추정방법을 설명하라.

9. CAPM을 이용하여 자기자본비용을 추정할 때 무위험이자율은 어떻게 추정하는지 논의하라.

10. 시장위험프리미엄을 추정할 때에는 과거 장기간의 주식시장수익률과 국채수익률의 차이를 평균화하는 방법이 주로 사용되고 있다. 이러한 추정방법은 어떠한 가정을 내포하고 있는지 논의하라.

11. 비상장기업의 경우에는 주식수익률 자료가 없으므로 베타를 직접 추정할 수 없다. 비상장기업의 베타는 어떻게 추정할 수 있는지 설명하라.

12. 2×22년 1월부터 12월까지의 일별수익률을 이용하여 추정한 S사 주식의 베타는 1.20이고, 2×22년 말 현재 5년 만기 국고채수익률과 S사에 대한 시장이자율은 각각 3.34%와 5.68%이다. 그리고 2×22년 말 시점에서 S사의 자기자본비율은 80%이고 타인자본비율은 20%이며, S사의 세율은 30%이다. 시장위험프리미엄을 6%로 가정하고 위의 자료를 이용하여 2×22년 말 시점에서 S사의 가중평균자본비용을 추정하라.

13. A사는 유통업을 하는 비상장회사로서 부채비율은 60%이다. 유통업을 하는 상장회사 중 A사와 유사한 B사의 지분베타는 1.1이고 부채비율은 40%이다. 무위험이자율이 3%, 시장위험프리미엄은 6%, 그리고 A사와 B사의 세율이 모두 30%라고 할 때, A사의 지분베타와 자기자본비용을 추정하라.

제 IV 부

재무제표분석과 가치평가의 활용

제11장

지분증권분석

앞의 제Ⅱ~Ⅲ부에서 제시된 재무제표 분석기법과 가치평가이론은 다양한 의사결정 상황에서 활용될 수 있다. 먼저, 자본시장에서 적극적 투자를 하는 주식투자자와 애널리스트들에게는 재무제표분석과 미래 예측에 의한 주식가치 평가가 핵심적 과제이다. 또한, 비상장기업이 기업공개를 할 때에도 공모주식의 가치를 평가해야 한다. 본장에서는 지분증권인 주식의 가치를 평가해야 하는 상황에서 재무제표분석과 가치평가이론이 어떻게 활용될 수 있는지를 다룬다.

제 1 절 투자유형과 증권분석

1.1 주식투자의 유형

자본시장에서 개인투자자와 기관투자자들이 주식에 투자하는 것은 적극적 투자와 소극적 투자의 두 유형으로 구분해 볼 수 있다. **적극적 투자**(active investing)에서는 위험보상 이상의 투자수익을 얻을 수 있는 종목들을 찾아내고자 하며 이를 위해 적극적으로 증권분석을 한다. 이에 비해 **소극적 투자**(passive investing)는 주식가격이 항상 내재가치(intrinsic value)를 반영하고 있다고 보는 가격순응적(價格順應的) 투자이며, 여기서는 포트폴리오 관리를 통한 투자위험 관리에 중점을 둔다.

이러한 투자전략의 차이는 자본시장의 효율성(market efficiency) 정도와 관련이 있다. 소극적 투자에서는 시장이 '효율적'이라고 가정하는 데 비해, 적극적 투자에서는 그러한 가정을 하지 않는다. 시장효율성 문제에 대해서는 뒤에서 다시 논의할 것이다.

투자자들이 주식투자를 함에 있어 반드시 어느 하나의 투자전략만을 취해야 하는 것은 아니며, 자금을 배분하여 두 유형의 투자를 병행하는 것도 당연히 가능하다. 투자자들에게 투자정보를 공급하는 증권사 애널리스트들은 주로 적극적 투자를 지원하기 위한 목적에서 상장회사 주식을 분석하고 있다.

1.2 증권분석의 방법

투자수익 증대를 위한 적극적 투자를 하기 위해서는 투자종목을 선정하기 위한 일련의 분석이 필요하며 이러한 분석을 **증권분석**(security analysis)이라고 한다. 증권분석의 방법으로는 기본적 분석, 기술적 분석, 단순판별분석 등이 있다.

① 기본적 분석

기본적 분석(fundamental analysis)이란 투자대상의 가치를 평가하기 위한 일련의 분석을 말하며, **가치분석**(valuation analysis)이라고도 부른다. 기본적 분석에서는 기업의 미래 이익, 현금흐름 등의 예측을 통하여 주식의 내재가치(intrinsic value)를 평가하며, 그 절차는 아래와 같이 요약할 수 있다.

1단계: 기업에 대한 이해와 산업 및 경쟁전략 분석

↓

2단계: 현재의 재무제표정보와 비회계정보를 분석

↓

3단계: 미래 이익, 현금흐름 등의 예측(추정재무제표 작성)

↓

4단계: 가치평가모형을 적용하여 주식가치 평가

↓

5단계: 가치평가결과를 현재의 주식가격과 비교

↓

투자결정: 주식의 매수, 매도 또는 계속 보유

위에서 보듯이, 기본적 분석은 본서의 여러 장에서 설명한 재무제표분석과 미래 예측에 의한 가치평가를 포함하고 있다. 즉, 산업의 특성과 기업의 경쟁전략을 이해하고 재무제표정보를 분석함으로써 당해 기업의 현재 수익성을 파악하고 나아가서 미래의 이익, 현금흐름 등을 예측한다. 이러한 미래 예측에는 현재 이용가능한 비회계정보도 함께 활용된다. 미래 예측의 결과는 추정재무제표 작성을 통해 구체화되고, 가치평가모형에 미래 예측치를 적용하여 주식의 내재가치를 산정한다. 이렇게 구해진 내재가치를 현재의 주식가격과 비교함으로써 당해 주식이 현재 시장에서 저평가 · 고평가된 주식(mispriced securities)인지를 판단한다.

요약하면, 기본적 분석은 주식의 내재가치(intrinsic value)를 알아내려는 데 그 목적이 있다. 따라서 미래 예측에 의한 가치평가가 기본적 분석의 핵심이며, 재무제표분석은 미래 예측의 출발점이라고 할 수 있다.

② 기술적 분석

기술적 분석(technical analysis)은 과거의 주가변화나 주식거래량을 분석하고 이를 토대로 하여 앞으로의 주가변화를 예측하려는 방법이다. 기술적 분석에서는 과거의 주가 및 거래량 자료를 여러 도표(charts)에 기록하고 이로부터 주가 및 거래량 변화의 반복적 패턴이나 추세를 찾아내고자 한다.[1)]

기술적 분석은 기본적 분석과는 대조적인 방법이며, 기술적 분석에서는 주식의 내재가치가 어떻게 결정되는지를 고려하지 않는다. 이러한 문제 때문에 기술적 분석의 유용성 여부는 오랫동안 논쟁의 대상이 되어 왔다. 그럼에도 불구하고 증권실무계 일부에서는 기술적 분석을 사용하고 있다. 후술하는 제2절에서는 기술적 분석의 유용성 여부에 관한 실증연구의 결과가 소개될 것이다.

③ 단순판별분석

단순판별분석(stock screening)은 일정한 지표를 이용하여 투자종목을 선별해내려는 방법이다. 예를 들면, PER이 낮은 주식은 저평가된 주식으로 간주하고, 반면에 PER이 높은 주식은 고평가된 주식인 것으로 간주한다. 이와 유사하게, PBR이 낮은 주식은 저평가된 주식으로 보고, 반면에 PBR이 높은 주식은 고평가된 주식으로 간주한다.

이러한 판별분석에는 PER과 PBR 외에도 EV/EBITDA, 주가현금흐름비율 등의 주가배수들이 사용되며, 여러 주가배수들이 결합되어 사용되기도 한다. 예를 들면, PER과 PBR이 모두 낮은 주식이면 저평가된 주식으로 간주한다.

또한 주가배수가 아닌 지표, 예를 들면, 기업의 규모(주식시가총액)가 종목선정기준으로 사용되기도 한다. 즉, 과거의 경험으로 볼 때, 대체로 소형주가 대형주보다 높은 수익률을 보였으므로 소형주를 매수하는 것이 좋다는 것이다.[2)]

---

1) 기술적 분석에 대한 자세한 논의는 다음 문헌을 참조: 황선웅, 2002, 「증권투자론」, 문영사.

2) 과거에 소형주가 대형주보다 평균적으로 높은 수익률을 보인 것은 학계의 여러 실증연구에서도 제시된 바 있다. 그러나 이 높은 수익률이 과연 위험보상을 넘는 초과수익률(abnormal return)인지에 대해서는 아직 명확한 결론이 내려지지 않은 상태이다(E. Fama, and K. French, 1992, "The Cross-Section of Expected Stock Returns," *Journal of Finance* (June), pp. 427-465; J. Berk, 1995, "A Critique of Size-Related Anomalies," *Review of Financial Studies* (Summer), pp. 275-286).

단순판별분석은 사용하기 간편한 이점이 있다. 그러나 단순판별분석에서는 주식가치의 결정요인에 관한 '정보'를 거의 활용하지 않고 있다. 주식의 가치는 미래 수익성 또는 현금흐름에 의해 결정되는데도, 단순판별분석은 그에 관한 정보를 활용하지 않는 한계점이 있다.

시장효율성과 증권분석의 역할 제2절

2.1 효율적시장가설

자본시장의 효율성(market efficiency) 정도는 투자전략의 선택과 증권분석을 어떻게 해야 하는지에 대해 관련이 있으므로 시장효율성에 대해 구체적으로 알아보자. 여기서 효율성이란 증권의 시장가격이 증권에 관련된 정보를 얼마나 반영하고 있는가에 관한 것이다. 증권에 관련된 정보에는 과거의 가격변동에 관한 정보, 재무제표를 통해 공시되는 회계정보, 연중에 수시로 시장에 유입되는 다양한 비회계정보도 모두 포함된다.

만일 시장이 완전 효율적이면, 어느 증권에 관련된 정보는 그 증권의 가격에 신속히 그리고 완전히(fully) 반영된다. 그래서 증권가격은 증권의 내재가치(intrinsic value)를 반영하게 된다. 이때에는 저평가·고평가된 주식이 존재하지 않으며, 투자자는 어느 주식에 투자하든지 간에 그 주식의 위험에 상응하는 **정상수익률**(normal return)만 얻을 수 있을 뿐, 위험보상을 넘는 **초과수익률**(abnormal return)을 얻을 수 없다. 이와 같이 시장이 완전 효율적이면 투자자들의 투자전략은 잘못 평가된 주식을 찾으려 하는 것보다는 포트폴리오 관리를 통한 '위험관리'(risk management)에 중점이 두어져야 하며, 또 주식의 위험을 잘 측정하는 것이 증권분석의 초점이 된다.

그러면 과연 시장이 얼마만큼이나 효율적일까? 이 문제는 오래 전부터 학계의

연구주제였는데, 일반적으로 학계에서는 시장효율성의 정도를 다음과 같이 구분하고 있다.[3)]

① 약형 효율성

현재의 증권가격이 과거의 증권가격에 내포된 정보를 충분히(fully) 반영하고 있으면 시장이 약형 효율성(weak-form efficiency)을 충족하고 있다고 말한다. 이러한 경우 과거의 주가변화 패턴을 이용하여 앞으로의 주가변화를 예측하려는 시도는 성공하기 어렵다.

② 준강형 효율성

증권가격이 '현재 공개된 모든 정보'(all publicly available information)를 충분히(fully) 반영하고 있으면 시장이 준강형 효율성(semistrong-form efficiency)을 충족하고 있다고 말한다. 여기서 '현재 공개된 모든 정보'에는 기업이 발표한 재무제표(회계정보)는 물론, 기업이 공시한 모든 비회계정보(예: 수주정보, 신제품개발·투자계획, 자본조달계획, 배당정책 변경, 기업합병·매수계획), 기업에 관한 경제적 사건(예: 노사분규), 산업의 동향과 정부의 경제정책에 관한 신문보도자료, 증권사 애널리스트의 예측자료 등이 모두 포함된다.

시장이 준강형 효율적이면, 새로운 정보가 시장에 유입될 때(예: 이익실적의 발표) 주식가격이 즉각 반응할 것으로 예상된다. 또한, 준강형 효율적 시장에서는 이미 공개된 정보를 이용하는 투자전략에서 초과수익률을 얻을 수 없다. 공개된 정보는 주식가격에 이미 반영되어 있기 때문이다. 현재 공개된 정보에는 과거의 주가변화도 포함되므로 준강형 효율성은 앞에서의 약형 효율성을 포괄하는 개념이다.

③ 강형 효율성

강형 효율성(strong-form efficiency)은 현재 공개된 정보는 물론, 공개되지 않은 정보까지도 현재의 증권가격에 반영되어 있는 것을 의미한다. 예를 들면, 기업의 내부정보(inside information)는 투자자들에게 공개되지 않은 정보인데, 그러한 정보도 현재의 주식가격에 반영되어 있으면 시장이 강형 효율적이라고 말한다. 강형 효율적 시장에서는 기업의 내부정보를 이용한다고 해도 초과수익률을 얻을 수 없다.

---

3) E. Fama, 1970, "Efficient Capital Markets: A Review of Theory and Empirical Work," *Journal of Finance* (May), pp. 383-417.

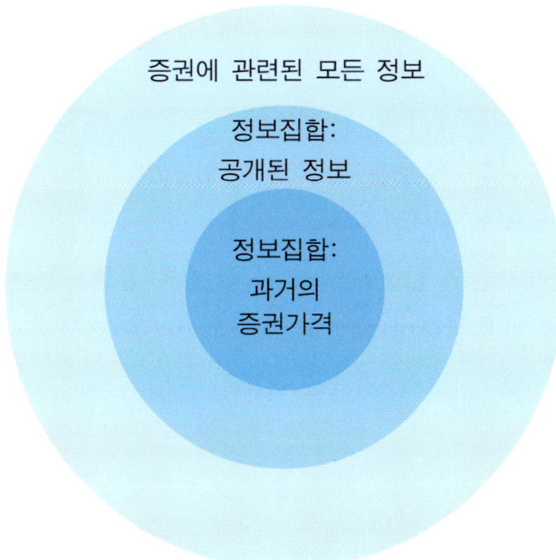

그림 11-1

세 가지 다른 정보집합 간의 관계

자료: S. Ross, R. Westerfield, and J. Jaffe, 1999, *Corporate Finance*, 5th ed. (p. 324), McGraw-Hill.

강형 효율성은 앞에서의 약형 효율성과 준강형 효율성을 모두 포괄하는 개념이다.

위의 구분은 현재의 증권가격이 반영할 수 있는 '정보집합(information set)의 차이'에 따른 것이다. 과거의 증권가격은 현재 공개된 정보의 한 부분집합이고, 또 현재 공개된 정보는 증권에 관련된 모든 정보의 한 부분집합에 해당한다. 이러한 관계는 [그림 11-1]에 요약되어 있다.

시장효율성 정도에 관한 실증적 증거

실제로 자본시장이 얼마나 효율적인가에 대해서 그동안 많은 실증연구가 수행되었다. 여러 실증연구에 따르면, 과거의 주가변화와 미래의 주가변화는 서로 관련이 없는 것으로 나타나고 있어서 약형 효율적시장가설이 실증적으로 지지되고 있다.[4] 이러한 실증적 증거는 과거의 주가변화 패턴을 이용해서 앞으로의 주가변화를 예측하려는 기술적 분석(technical analysis)은 효과적인 증권분석이 될 수 없음

4) S. Alexander, 1961, "Price Movements in Speculative Markets: Trends or Random Walks," *Industrial Management* (May), pp. 7-26; E. Fama, 1965, "The Behavior of Stock Market prices," *Journal of Business* (January), pp. 34-105.

을 시사한다.

한편, 기업의 내부자거래(insider trading)에 관한 실증연구는 강형 효율적시장가설이 타당하지 않음을 나타내고 있다.[5] 그러나 이는 놀라운 일이 아닐 것이다. 다른 사람들이 알지 못하는 정보를 보유하고 있으면 이를 이용하여 초과수익률(abnormal return)을 얻을 가능성이 있을 것이다.

준강형 효율적시장가설도 많은 실증연구를 통해 검증되었는데, 그동안 수행된 실증연구들은 미국의 자본시장이 상당히 효율적이라는 연구결과를 제시하고 있다. 이들 실증연구에 따르면, 시장에 새로운 정보가 유입될 때 주식가격이 '즉각' 반응(react)하는 것으로 나타나고 있다. 다음은 그러한 실증연구에서 제시된 분석결과의 예이다.

- 기업의 연간이익 또는 분기이익이 발표될 때 이익실적의 변화에 대응하여 주식가격이 즉각 상승 · 하락한다.[6]
- 타기업을 인수(takeover)한다는 계획이 공시될 때 인수대상기업의 주식가격이 즉각 상승한다.[7]
- 기업이 재고자산 회계방법을 선입선출법(FIFO)에서 후입선출법(LIFO)으로 변경한다는 결정을 공시할 때 주식가격이 즉각 상승한다.[8]

기업의 이익실적이 발표될 때 즉각적인 주가반응(price reaction)이 일어나고 있음은 국내의 실증연구에서도 밝혀진 바 있다.[9] 최근에는 경제신문에서도 대기업(예: 삼성전자, 현대자동차)의 분기이익 발표시의 주가반응에 관한 기사가 흔히 보도되고 있다.

5) J. Jaffe, 1974, "Special Information and Insider Trading," *Journal of Business* (July), pp. 410-428.

6) G. Foster, 1977, "Quarterly Accounting Data: Time Series Properties and Predictive-Ability Results," *The Accounting Review* (January), pp. 1-21; J. Patell and M. Wolfson, 1984, "The Intraday Speed of Adjustment of Stock Prices to Earnings and Dividend Announcements," *Journal of Financial Economics* (June), pp. 223-252.

7) A. Keown and J. Pinkerton, 1981, "Merger Announcements and Insider Trading Activity," *Journal of Finance* (September), pp. 855-869.

8) F. Stevenson, 1987, "New Evidence on LIFO Adoptions: The Effects of More Precise Event Dates," *Journal of Accounting Research* (Autumn), pp. 306-316.

9) 김권중, 1993, "대체적 EPS 측정방법과 이를 이용한 이익, 매출액 및 비용의 정보가치 분석,"「회계학연구」(제17호), pp. 191-220.

위에서 세 번째로 예시된 실증적 증거는 시장의 투자자와 애널리스트들이 단순히 회계방법을 변경함에 따른 장부상 이익감소를 기계적으로 받아들이지 않고 있음을 나타낸다. 재고자산 매입가격이 상승하고 있을 때 회계방법을 선입선출법에서 후입선출법으로 변경하면 장부상으로는 이익이 상당히 작아지지만 법인세 납부액은 크게 줄어든다. 위의 실증적 증거에 따르면, 시장에서는 장부상 이익의 변화보다는 실질적 현금흐름효과를 중시하고 있다. 즉, 절세효과에 의해 현금유출이 감소하기 때문에 주식가치가 높아진 것으로 판단하고 있다.

이와 같이 준강형 효율적시장가설에 일치하는 실증적 증거가 많이 있지만, 시장이 효율적이지 않음을 나타내는 연구결과도 꽤 있다. 다음은 그러한 연구결과의 예이다.

- 주식가격이 새로운 정보에 즉각 반응하기는 하지만, 정보를 충분히(fully) 반영하지는 않고 있다.[10)]
- 주식가격은 기업의 재무제표에 공시된 모든 정보를 충분히 반영하지 않고 있다.[11)]
- 현재 이용가능한 정보를 적절히 활용하면 초과수익률(abnormal return)을 얻을 수 있는 투자전략이 가능하다.[12)]

위의 실증연구결과들에 근거할 때, 미국 자본시장의 경우 준강형 시장효율성이 높은 것으로 볼 수 있으나, 완전 효율적이라고는 보기 어렵다. 우리나라 자본시장의 효율성 정도에 대해서는 아직 실증연구가 많이 이루어지지 않은 상태이다. 그러나 오래 전부터 많은 투자자와 애널리스트들이 활동하고 있는 미국 자본시장에 대한 연구결과는 우리나라 자본시장의 효율성 정도를 추측할 수 있는 단서가 될 수

---

10) V. Bernard and J. Thomas, 1990, "Evidence that Stock Prices Do Not Fully Reflect the Implications of Current Earnings for Future Earnings," *Journal of Accounting and Economics* (December), pp. 305-341.

11) R. Sloan, 1996, "Do Stock Prices Fully Reflect Information in Accruals and Cash Flows about Future Earnings?" *The Accounting Review* (July), pp. 298-325.

12) R. Frankel and C. Lee, 1998, "Accounting Valuation, Market Expectation, and Cross-Sectional Stock returns," *Journal of Accounting and Economics* (June), pp. 283-319; A. Ali, L. Hwang, and M. Trombley, 2003, "Residual-Income-based Valuation Predicts Future Stock Returns: Evidence on Mispricing vs. Risk Explanations," *The Accounting Review* (April), pp. 377-396.

있을 것이다.

이하에서는 별다른 언급이 없는 한 시장효율성은 '준강형' 효율성을 지칭하는 표현으로 사용될 것이다.

2.2 증권분석의 역할

시장의 효율성이 높다고 가정할 때 내재가치와 다르게 평가된 주식(mispriced securities)을 찾아내려는 증권분석은 어떠한 효용이 있을까? 얼핏 생각하면 그러한 증권분석이 불필요한 것으로 생각될 수도 있을 것이다. 그러나 그렇지는 않으며, 시장의 효율성은 저절로 달성되는 것이 아님을 유의할 필요가 있다. 예를 들어, 5/1일에 A사의 주식가격이 45,000원인데 이는 주식의 내재가치와 같다고 하자. 즉, 5/1일에 시장이 완전 효율적이었다고 가정하자. 그런데 그 다음 날 A사에 대한 새로운 정보가 시장에 유입되었고 이 정보를 충분히(fully) 반영하면 내재가치가 50,000원이라고 하자. 이때 A사 주식가격이 실제로 내재가치 50,000원에 가깝게 형성되려면 시장의 투자자와 애널리스트들이 그 정보를 이용하여 주식가치 평가를 해야 한다. 만일 시장이 효율적이라고 단순히 믿고서 아무도 주식가치 평가를 하지 않는다면 5/2일의 주식가격이 어떻게 내재가치를 반영할 수 있을까? 이와 같이 시장의 효율성이 높아지는 것은 많은 투자자와 애널리스트들이 '경쟁적으로' 증권분석을 한 결과이다. 즉, 기업에 대한 정보가 주식가격에 반영되는 것은 투자자와 애널리스트들이 경쟁적으로 그러한 정보를 활용하여 주식가치를 평가하였기 때문이다.

이상의 논의를 요약하면, 시장의 효율성이 높아지는 것은 많은 투자자와 애널리스트들이 경쟁적으로 증권분석을 하기 때문이며 그 결과 주식가격이 새로운 정보를 신속히 반영하게 된다.

주식가격이 정보를 신속히 그리고 충분히(fully) 반영하는 효율적 시장에서는 새로운 정보의 입수가 중요하며 또 정보가 입수되는 즉시 증권분석을 하여 주식거래를 할 필요가 있다. 시장이 완전 효율적이지 않은 경우에는 주식가격에 충분히 반영되지 않은 정보를 찾아내어 적극 활용하는 투자전략이 유용할 것이다. 다만, 그러한 투자전략의 성과를 실제로 얻기 위해서는 증권분석의 이론과 기법을 잘 이해하고 있을 필요가 있다. 본서의 여러 장에서 제시된 재무제표 분석기법과 가치평가 이론은 지분증권인 주식을 분석하는 데 유용한 가이드가 될 수 있다.

2.3 가치평가를 이용한 투자전략의 성과

본 소절에서는 가치평가이론을 적용하여 주식가치를 평가하였을 때의 투자성과를 실증적으로 분석한 연구결과를 소개한다. 제7장에서 주식가치 평가이론인 초과이익모형(RIM)을 설명하였는데, Frankel and Lee(1998)는 RIM을 이용하여 주식가치를 평가하였을 때 과연 높은 투자성과가 얻어질 것인지에 대해 실증연구를 하였다.[13] 이 연구에서 사용된 자료는 모두 '공개된 정보'(publicly available information)임을 기억하자.

Frankel and Lee는 주식가치를 평가하기 위해서 다음과 같이 RIM을 적용하였다.

$$\text{주식가치} = \text{주당순자산} + \sum_{t=1}^{2} \frac{\text{초과이익}_t}{(1+r_e)^t} + \frac{\text{초과이익}_3}{(1+r_e)^2 \cdot r_e} \qquad (11\text{-}1)$$

위에서 r_e는 필요수익률인 자기자본비용(cost of equity)이며, 각 변수는 주당금액(per share amount)으로 측정되었고 초과이익도 주당금액이다. 미래 초과이익의 예측기간은 3년으로 설정하여 연도별로 초과이익을 예측하고, 잔여가치 추정을 위해서 미래 3년 후에는 미래 3년의 초과이익이 영구적으로 지속된다는 가정을 적용하였다. 위의 식 (11-1)에서 「초과이익$_3/(1+r_e)^2 \cdot r_e$」는 미래 3년 이후의 모든 미래 초과이익의 현재가치이다.[14] 미래 3년간의 연도별 초과이익을 예측함에 있어서는 애널리스트(재무분석사)의 미래 예측치가 사용되었다. 이 미래 예측치는 '공개된 정보'이다.

1977~1992년의 표본기간 중 매년 6월 말 시점에서 위의 방법을 적용하여 상장회사들의 주식가치를 평가한 후, 이 주가추정치(V)와 실제 주식가격(P) 간의 비율

---

13) R. Frankel and C. Lee, 1998, "Accounting Valuation, Market Expectation, and Cross-Sectional Stock returns," *Journal of Accounting and Economics* (June), pp. 283-319.

14) 「초과이익$_3/(1+r_e)^2 \cdot r_e$」는 초항이 초과이익$_3/(1+r_e)^3$이고 공비가 $1/(1+r_e)$인 무한등비급수의 합이다.

인 V/P를 계산하였다. 주가추정치가 내재가치를 잘 반영하고 있다면, V/P가 1보다 높은 주식은 저평가된 주식일 것이고, 반면에 V/P가 1보다 낮은 주식은 고평가된 주식으로 분류될 것이다. 그래서 V/P의 크기에 따라 상장주식을 5개의 포트폴리오로 구성한 후 각 포트폴리오를 1년, 2년, 3년간 보유할 경우의 평균수익률을 검토하였는데, 〈표 11-1〉의 상반부(① 부분)는 그러한 포트폴리오의 평균수익률을 보여주고 있다.

〈표 11-1〉의 상반부를 보면, V/P가 가장 높은 포트폴리오인 $Q5$의 평균 V/P는 1.54이고, 가장 낮은 포트폴리오인 $Q1$의 평균 V/P는 0.40이다. 포트폴리오 $Q1$~$Q5$의 수익률을 보면, V/P가 높을수록 수익률이 더 높음을 볼 수 있다. 포트폴리오 보유기간을 1년, 2년, 3년으로 설정할 때 그 어느 경우에도 포트폴리오 $Q5$의 수익률이 가장 높고, 또 포트폴리오 $Q1$의 수익률이 가장 낮다. 만일 포트폴리오 $Q5$를 매수하고 동시에 포트폴리오 $Q1$은 매도하는 투자전략을 취하였다면 3년간 30.6%의 수익률을 얻었을 것이다.

V/P를 이용한 투자전략이 과연 성공적인지 판단하기 위한 비교목적으로 〈표 11-1〉의 하반부(② 부분)에는 순자산 장부가치(B)와 주식가격(P) 간의 비율인 B/P의 크기에 따라 포트폴리오를 구성하였을 경우의 수익률이 제시되어 있다.[15] 여기서 B/P 포트폴리오 수익률을 비교기준으로 삼는 것은 B/P가 주식의 위험을 나타내는 변수일 것이라는 실증연구결과에 근거한 것이다.[16] 위험이 높은(낮은) 주식은 평균적으로 높은(낮은) 수익률을 보일 것이기 때문에, B/P가 위험변수이면 B/P가 높은(낮은) 포트폴리오는 높은(낮은) 수익률이 수반될 것으로 예상할 수 있다.

〈표 11-1〉의 하반부를 보면, B/P가 높은 포트폴리오일수록 수익률이 더 높음을 볼 수 있다. 그래서 만일 B/P가 가장 높은 포트폴리오 $Q5$를 매수하고 동시에 B/P가 가장 낮은 포트폴리오 $Q1$은 매도하는 투자전략을 취하였다면 3년간 15.1%의 수익률을 얻었을 것으로 나타나고 있다. 그러나 앞에서 살펴본 바와 같이, V/P를 이용한 투자전략에서는 3년간 30.6%의 수익률이 가능하였고 이는 15.1%의 두 배만큼이나 된다. 따라서 V/P를 이용한 투자전략은 초과수익률(abnormal return)을 얻은 것으로 추정할 수 있다.

---

15) B/P는 주가순자산비율(PBR)의 역수이다.

16) E. Fama, and K. French, 1992, "The Cross-Section of Expected Stock Returns," *Journal of Finance* (June), pp. 427-465.

V/P = RIM을 이용한 주가추정치/주식가격, B/P = 순자산 장부가치/주식가격

표 11-1

Frankel and Lee(1998): V/P 및 B/P 포트폴리오의 수익률

① V/P의 크기에 따라 구성된 주식포트폴리오의 수익률

	V/P 포트폴리오($Q1 \sim Q5$)*					$Q5-Q1$ (차이)
	$Q1$ (Low V/P)	$Q2$	$Q3$	$Q4$	$Q5$ (High V/P)	
V/P	0.40	0.70	0.87	1.06	1.54	
1년간 수익률	**0.138**	0.154	0.159	0.172	**0.169**	**0.031**
2년간 수익률	**0.217**	0.298	0.317	0.351	**0.369**	**0.152**
3년간 수익률	**0.331**	0.450	0.491	0.549	**0.637**	**0.306**
관측치 수	3,626	3,632	3,632	3,632	3,640	

② B/P의 크기에 따라 구성된 주식포트폴리오의 수익률

	B/P 포트폴리오($Q1 \sim Q5$)*					$Q5-Q1$ (차이)
	$Q1$ (Low B/P)	$Q2$	$Q3$	$Q4$	$Q5$ (High B/P)	
B/P	0.24	0.42	0.60	0.81	1.39	
1년간 수익률	**0.137**	0.148	0.156	0.166	**0.186**	**0.049**
2년간 수익률	**0.251**	0.300	0.332	0.338	**0.333**	**0.082**
3년간 수익률	**0.407**	0.450	0.513	0.535	**0.558**	**0.151**
관측치 수	3,621	3,628	3,634	3,636	3,643	

* 각 셀의 수치는 포트폴리오별 평균치임.

자료: R. Frankel and C. Lee, 1998, "Accounting Valuation, Market Expectation, and Cross-Sectional Stock returns," *Journal of Accounting and Economics* (June), pp. 283-319.

위와 같은 Frankel and Lee(1998)의 실증연구결과는 기본적 분석(주식가치 평가)을 하고 그에 기초한 투자전략을 실행하면 초과수익률을 얻을 가능성이 있음을 나타내고 있다. 그 후의 실증연구에서는 〈표 11-1〉에 있는 V/P 포트폴리오의 높은 수익률이 과연 초과수익률을 얻은 것으로 보아야 하는지 아니면 단순히 위험보상에 따른 것인지를 심도 있게 실증분석하였다.[17] 이 분석결과에 따르면, 다양한 위

17) A. Ali, L. Hwang, and M. Trombley, 2003, "Residual-Income-based Valuation Predicts Future Stock Returns: Evidence on Mispricing vs. Risk Explanations," *The Accounting Review* (April), pp. 377-396.

험변수들을 모두 고려해도 여전히 높은 수익률을 얻는 것으로 나타나고 있다. 즉, 초과수익률이 얻어졌을 가능성이 높음을 시사하고 있다.

제 3 절 신규 공모주 분석

앞의 두 절은 상장주식의 분석에 관한 것인데, 본절에서는 기업공개시 신규 공모주식(initial public offerings)의 가치평가에 대해 논의한다. 우리나라에서 신규 공모주식의 가격결정제도는 그동안 수차 변경되었으며, 2002년 7월에는 대폭적인 제도 보완이 있었다. 아래에서는 현행 제도 하에서 신규 공모주식의 가격결정방식을 살펴보고 또 가치평가이론의 활용가능성을 논의한다.

3.1 공모가격의 결정절차

기업공개(going public)는 증권시장에 주식을 상장하여 주식소유를 분산시키는 것을 일컬으며, 이를 위해 불특정 다수의 투자자들을 대상으로 주식을 새로이 발행하거나 이미 발행된 주식을 매각하게 된다. 기업공개는 대부분 신주모집의 형태로 이루어지고 있는데, 공모주식을 인수하는 대표주관회사가 공모주식의 가치를 분석하고 수요예측(book building)을 실시한 후 발행회사(기업공개 예정인 회사)와 협의하여 최종적으로 공모가격을 결정하고 있다.[18)]

주식가치 분석 → 수요예측 → 공모가격 결정 → 청약 → 주식배정

여기서 '수요예측'이란 대표주관회사가 기관투자자를 대상으로 공모예정기업의

18) 주관회사는 발행회사(기업공개 예정인 회사)와 인수조건 등을 협의, 결정하고 인수 및 청약업무를 통할하는 금융투자회사를 말한다.

공모희망가격을 제시하고 이에 대해 수요상황(가격 및 수량)을 파악하는 것을 말한다. 이러한 수요예측은 공모가격 결정의 어려움을 완화시켜 기업공개가 원활히 이루어지게 하는 역할을 하고 있다. 다만, 공모예정금액이 적은 경우에는 수요예측이 생략된다.

공모가격이 결정되면 정식으로 주식청약을 받고 그에 따라 대표주관회사는 최종적으로 주식을 배정한다. 공모주식의 배정은 일반청약자, 기관투자자, 우리사주조합 등을 대상으로 일정한 배정기준에 따라 이루어지고 있다.

3.2 공모주식의 평가사례

2002년 7월에 공모주식의 분석방법이 전면 자율화되었는데, 그동안 이루어진 기업공개사례를 보면, 대표주관회사들은 주로 '유사기업이용법'(the method of comparables)을 사용하여 공모주식을 평가하고 있다. 제8장에서 설명한 바와 같이, 유사기업이용법에서는 평가대상기업과 경제적 특성이 유사하다고 판단되는 다른 기업들의 주가배수(price multiples)를 이용하여 평가대상기업의 주식가치를 평가한다. 유사기업이용법은 주식가치 결정요인에 대한 이론은 아니지만 사용하기 간편하다는 이점을 갖고 있다. 이 방법에서는 미래의 다년간에 대해 평가대상기업의 이익이나 현금흐름을 예측할 필요가 없으며 잔여가치(continuing value)를 추정할 필요도 없다. 따라서 현재가치 계산을 위한 할인율을 추정할 필요도 없다. 유사기업이용법에서는 단순히 유사기업의 주가배수를 평가대상기업의 주당이익(EPS), 주당순자산(BPS), EBITDA 등에 적용함으로써 주식가치를 평가한다.

〈표 11-2〉는 코스닥시장에서의 공모사례를 나타내고 있다. 2014년 7월 감마누(주)의 주식가치를 평가하기 위하여 대표주관회사(한국투자증권)는 5개의 유사기업을 선정하고 이들 5개사의 PER 평균치를 감마누(주)에 적용하고 있다. 즉, 각 유사기업에 대해 분석시점 현재의 주가와 2013년의 EPS를 비교하여 PER을 계산하고, 이렇게 구한 PER의 평균치 11.02배를 감마누(주)의 2013년 EPS 1,135원에 곱하여 감마누(주)의 주식가치 평가액을 12,503원으로 산정하고 있다.

이렇게 구한 주식가치 평가액을 토대로 하여 대표주관회사는 감마누(주)와 협의하여 공모희망가격의 범위를 10,000~11,500원으로 제시하고 있다. 이에 대하여

표 11-2

신규 공모주식의 가격결정사례: 감마누(주)

구분	내용					
확정공모가격과 공모희망가격	확정공모가격: 11,000원					
	공모주식수: 보통주 360,000주 (액면 500원)					
	수요예측결과: 참여가격 범위 10,000~15,500원					
	공모희망가격: 10,000~11,500원					
공모희망가격의 산정	주당 평가액	평가액 대비 할인율	공모희망가격 밴드			
	12,503원	8.02~20.02%	10,000~11,500원			
PER 배수평가 (2013년 EPS 사용)		감마누	5사 평균	영우통신	기산텔레콤	쏠리드 …
	주가[1]			4,820원	2,200원	6,144원
	EPS[2]	1,135		414	239	752
	PER	11.02	⟵ 11.02	11.64	9.21	8.17
	평가액	12,503원				

1) Min [분석기준일 전일 종가, 2014. 5. 27. ~ 2014. 6. 25. 1개월 평균 주가]
2) 2013년 재무제표상의 당기순이익(지배기업 귀속)을 주식수로 나누어 산정
자료: 감마누(주)의 증권신고서(투자설명서, 2014. 7. 31.)

수요예측을 한 결과, 수요예측 참여자들의 참여가격 범위는 10,000~15,500원이었고, 그에 따라 대표주관회사와 감마누(주)는 최종 공모가격을 11,000원으로 제시하고 있다.

3.3 가치평가이론의 활용

유사기업이용법은 주식가격이 형성되어 있지 않은 신규 공모주식의 평가에 유용한 방법이라고 할 수 있다. 그러나 유사기업이용법의 실제적 유용성은 유사기업(comparable firms)을 얼마나 잘 선정하는가에 달려 있으며, 공모기업과 직접 비교가 능한 유사기업을 찾는다는 것은 용이한 일이 아니다. 업종의 범위를 좁게 정의하더라도 대부분의 경우 공모기업은 제품의 특성, 매출구조와 수익성, 기업규모 등의 여러 측면에서 동일업종 기업들과 차이가 있다.

예를 들면, 위에서 살펴본 감마누(주)의 경우를 보자. 아래에 있는 감마누(주)의 투자설명서에서 대표주관회사(한국투자증권)는 "최종 선정된 유사회사는 동사와 유사한 사업을 영위하고 있으나, 제품의 차이가 존재합니다. 또한 사업전략, 영업환

경, 시장 내 위치 등의 차이가 존재할 수 있으므로, 투자자들께서는 비교 참고정보를 토대로 한 투자의사결정시 이러한 차이점이 존재한다는 사실에 유의하시기 바랍니다."라고 하고 있다.

Ⅳ. 인수인의 의견(분석기관의 평가의견)

4. 공모가격에 대한 의견

나. 공모가액의 산출방법

(1) 공모희망가액 산출방법의 개요

대표주관회사인 한국투자증권㈜는 금번 공모를 위한 ㈜감마누의 주당 가치를 평가함에 있어 한국거래소에 기상장된 유사회사를 이용한 상대가치평가법을 이용하였으며, 2013년 온기 실적을 기준으로 PER 방법을 적용하여 공모희망가액을 산정하였습니다.

(2) 유사회사 선정방법

동사는 이동통신용 기지국 및 인빌딩 안테나 제조 판매를 주사업으로 하고 있습니다. 이에 한국투자증권(주)는 (주)감마누가 속한 산업분류인 '통신 및 방송장비 제조업 중 WICS업종분류 통신장비 제조업체'에 속한 업체들을 유사회사 선정대상으로 고려하여 최종 5개의 유사회사를 선정하였습니다.

최종 선정된 유사회사는 동사와 유사한 사업을 영위하고 있으나, 제품의 차이가 존재합니다. 또한 사업전략, 영업환경, 시장 내 위치 등의 차이가 존재할 수 있으므로, 투자자들께서는 비교 참고정보를 토대로 한 투자의사결정시 이러한 차이점이 존재한다는 사실에 유의하시기 바랍니다.

– 감마누(주)의 투자설명서(2014. 7. 31.)에서 발췌 –

뿐만 아니라, 공모기업이 여러 업종에 걸쳐 사업을 하거나 공모기업과 비슷한 사업을 하는 기업이 없을 경우에는 유사기업의 선정이 더욱 어려워지며, 이때에는 분석자의 주관적 판단에 따라 유사기업을 선정할 수밖에 없다. 예를 들면, 아래에 있는 금호엔티(주)의 투자설명서에서 대표주관회사(미래에셋증권)는 "(주)금호엔티는 제9차 한국표준산업분류상 부직포 및 펠트제조업으로 분류되어 있으나, 동 분류기준의 상장회사가 존재하지 않습니다. 이에 대표주관회사인 미래에셋증권(주)는 동사의 지분증권 평가를 위한 유사회사 선정을 위하여……"라고 하고 있다.

Ⅳ. 인수인의 의견(분석기관의 평가의견)

4. 종합평가결과

나. 공모가액의 산출방법 및 결정방법

(1) 공모희망가액 산출방법의 개요

대표주관회사인 미래에셋증권(주)는 금번 공모를 위한 (주)금호엔티의 주당가치를 평가함에 있어 코스닥시장에 기상장된 유사회사를 이용한 상대가치평가법을 이용하였으며 2012년 기말실적 및 2013년 1분기 연 환산실적을 기준으로 PER 방법을 적용하여 공모희망가액을 산정하였습니다.

(2) 유사회사 선정방법

(주)금호엔티는 제9차 한국표준산업분류상(C13992) 부직포 및 펠트제조업으로 분류되어 있으나, 동 분류기준의 상장회사가 존재하지 않습니다. 이에 대표주관회사인 미래에셋증권㈜는 동사의 지분증권 평가를 위한 유사회사 선정을 위하여 동사의 영위하고 있는 사업을 고려하여 한국표준산업분류상 유사한 산업군으로 1) 그외 기타 자동차부품 제조업과 2) 합성수지 및 기타 플라스틱 물질 제조업의 2가지 산업군을 선정하였으며, 각 산업군 내 속한 기업을 대상으로 재무상태, 성장성 및 제품의 유사성을 고려하여 최종적으로 4개 회사(두올산업, 화진, 코프라, 진양산업)를 유사회사로 선정하였습니다. 그러나 선정된 회사들은 동사와 주력 제품 및 서비스, 영업환경, 성장성 등의 차이가 존재할 수 있으며, 투자자들께서는 비교 참고정보를 토대로 한 투자의사결정시 이러한 차이점이 존재한다는 사실에 유의하시기 바랍니다.

– 금호엔티(주)의 투자설명서(2013. 7. 10.)에서 발췌 –

위와 같은 유사기업 선정의 어려움은 결국 공모주식의 가치평가오차를 크게 하는 요인이 된다. 그럼에도 불구하고 대부분의 증권회사들이 유사기업이용법에 의존하고 있는 것은 이 방법의 간편성 때문인 것으로 보이며, 또 선정된 유사기업의 주가배수가 실제 주가에 기초한 것이라는 점도 고려한 것으로 보인다. 그러나 현재 사용되고 있는 그러한 평가방법은 개선의 여지가 있는 것으로 판단되며, 아래에서 몇 가지 개선방안을 제시한다.

(1) 주가배수 결정요인의 고려

대표주관회사가 선정한 유사기업들은 서로 다른 크기의 주가배수를 가지고 있다. 예를 들면, 앞에서 살펴본 감마누(주)의 공모사례에서 영우통신(주)의 PER은 11.64인데 비해 쏠리드(주)의 PER은 8.17이다. 이처럼 선정된 유사기업들의 주가배수가 서로 다른 것은 시장에서 각 기업의 미래 수익성과 위험을 다르게 평가하고 있기 때문이다. 그러므로 단순히 유사기업들의 주가배수를 평균하여 이 평균을 공모기업에 적용하는 것보다는, 선정된 유사기업 중에서도 미래 수익성과 위험의 관점에서 당해 공모기업과 가깝다고 평가되는 기업들의 평균 주가배수를 적용하는 것이 바람직할 것이다. 즉, 주가배수의 '결정요인'이 무엇인지 고려할 필요가 있으며, 최종적 유사기업의 선정은 그러한 검토결과에 기초함이 바람직하다.

미래 수익성과 주가배수 간의 이론적 관계는 제8장에서 상세히 설명한 바 있으며, 내재적 PER, PBR 등의 크기를 결정하는 요인이 무엇인가는 가치평가이론인 초과이익모형(RIM)에서 그 답을 찾을 수 있다. 즉, 분석대상기업의 미래 초과이익이 현재의 초과이익에 비해 증가(감소)하면 내재적 PER은 정상 PER보나 높게(낮게) 결정된다. 또한, 당해 기업의 미래 ROE가 필요수익률인 자기자본비용(cost of equity)보다 높으면(낮으면) 내재적 PBR은 1보다 높게(낮게) 결정된다. 이러한 관계에 따라, 특정 기업의 경우 PER은 높지만 PBR은 낮을 수 있으며, 반면에 PER은 낮지만 PBR은 높을 수도 있다(제8장 참조).

상당수의 대표주관회사들이 PER과 PBR 이외에 EV/EBITDA 비율도 사용하고 있으나, EV/EBITDA 비율의 성격은 이론적으로 명확하지 않다. 이러한 문제 때문에 저자는 EV/EBITDA 비율의 유용성에 대해서는 회의적이다.

(2) 가치평가이론에 따른 평가

대부분의 대표주관회사들은 유사기업이용법에 따라 추정한 주가평가액을 다시 상당히 낮추어서 공모희망가격으로 제시하고 있다. 이와 같이 주가평가액을 다시 낮추는 것은 유사기업이용법의 한계점을 고려하고 또 공모의 실패가능성을 최소화하려는 데 그 목적이 있는 것으로 보인다. 그러나 대표주관회사들이 구체적으로 어떤 기준에 따라 조정하는지는 증권신고서(투자설명서)에 공시되어 있지 않다.

만일 대표주관회사들이 가치평가이론에 따라 공모주식의 내재가치를 평가하고 그 결과에 맞추어 유사기업이용법의 평가결과를 조정하는 것이라면 이러한 조정은 바람직하다. 그러나 가치평가이론에 의한 평가를 하지 않은 상태에서 조정한다면 경우에 따라서는 공모기업 주주들의 부(富, wealth)가 부당히 이전될 가능성을 배제할 수 없을 것이다.

상장기업에 대해서는 많은 애널리스트들이 주식의 내재가치를 평가하고 있다. 기업공개의 경우에도 대표주관회사가 공모주식의 내재가치를 평가함이 바람직하나, 미래 예측을 위한 정보가 상당히 부족하다면 내재가치 평가가 어려울 수도 있을 것이다. 그러나 공모기업의 재무제표는 공모기업의 미래 수익성을 예측하는 데 유용한 단서를 제공하고 있으며, 이러한 정보를 이용하여 아래의 방법으로 내재가치를 평가해 볼 수 있다. 아래에서 논의하는 평가방법은 가치평가이론에 근거한 것이므로 이 방법에 의한 평가결과는 유사기업이용법의 평가결과를 검토하는 비교기준의 역할을 할 수 있다.

① 공모기업의 업종분류가 가능한 경우

먼저 공모기업의 업종분류가 가능하고 또 동일업종의 상장회사들이 있다고 가정하자. 이러한 경우에는 초과이익모형(RIM)을 확장한 형태인 아래의 '산업 · 개별 프리미엄모형'을 이용하여 공모주식의 가치를 평가해 볼 수 있다.[19]

$$
\begin{aligned}
\text{주식가치} &= \text{주당순자산} + \text{프리미엄(미래 초과이익의 현재가치)} \\
&= \text{주당순자산} + \text{산업평균프리미엄} + \text{개별프리미엄} \qquad (11\text{-}2)
\end{aligned}
$$

위 모형은 미래 초과이익의 현재가치를 두 요소로 분해하는데, 하나는 동일산업의 평균프리미엄이고 나머지는 평가대상기업의 개별프리미엄이다. 여기서 **프리미엄**이란 미래 초과이익의 현재가치를 뜻하며, 위 모형에서 초과이익은 산업평균 초과이익과 기업 개별적 초과이익(firm-specific abnormal earnings)으로 분해되어 있다. 그래서 **산업평균프리미엄**은 산업평균 초과이익의 현재가치이고, **개별프리미엄**은 기업 개별적 초과이익의 현재가치이다. 위 모형에 대한 자세한 설명은 본장의 [보론]에 제시되어 있다.

산업평균프리미엄을 추정함에 있어 산업평균 초과이익의 현재가치를 직접 계산할 필요는 없으며, 이는 동일업종 상장회사들의 평균 PB 프리미엄을 이용하여 바로 추정할 수 있다. 여기서 **PB프리미엄**은 「주식가격 – 주당순자산」이다. 신규 공모기업의 개별프리미엄은 당해 기업의 미래 개별초과이익의 현재가치를 계산하여 추정

19) 김권중, 2001, "초과이익평가모형의 실행과 유용성 분석," 「회계학연구」(제3호), pp. 91-121.

표 11-3

유사기업이용법과 산업 · 개별프리미엄 모형의 주가추정 오차율[1)]

$$\text{추정오차율} = \left| \frac{\text{상장후 주가} - \text{주가추정치}}{\text{상장후 주가}} \right|$$

(상장후 주가: 상장후 7거래일의 주가)

검증표본	산업 · 개별 프리미엄 모형	공모주식의 실제 발행가	유사기업이용법			
			동일업종의 PER 이용	ROE 유사 기업들의 PER 이용	동일업종의 PBR 이용	ROE 유사 기업들의 PBR 이용
256개 공모기업 (1988-95)	0.179	0.413	0.673	0.399	0.325	0.385

1) 표에 제시된 것은 검증표본에 대한 주가추정오차율의 중위치임.
자료: 김권중, 1999, "기업공개시 공모가격 결정과 회계변수평가모형," 「회계학연구」(제2호), pp. 51-86.

할 수 있다. 이 추정절차는 본장의 [보론]에 자세히 설명되어 있다.

위 **산업 · 개별프리미엄모형**의 주가추정능력(주가추정 정확도)은 실증연구를 통해 검증된 바 있으며, 그 검증결과는 〈표 11-3〉에 제시되어 있다.[20)] 여기에 제시된 추정오차율(absolute prediction error)은 실제의 신규 공모주식들을 대상으로 측정한 것이며, 이는 유사기업이용법과 산업 · 개별프리미엄모형이 상장후 실제 주가를 얼마나 잘 추정하는지를 나타내고 있다. 여기서 유사기업이용법의 주가추정치는 동일업종 상장회사들의 PER과 PBR을 각각 이용하여 구해진 것이며, 또 업종과 관계없이 공모기업과 ROE가 가장 비슷한 6개 상장회사의 PER 또는 PBR을 이용한 경우의 주가추정치도 함께 검토되었다.[21)] 검증표본은 1988~1995년 중 실제로 신규상장된 256개 공모기업이다. 〈표 11-3〉에는 기업공개 당시 실제 적용되었던 발행가의 오차율도 함께 제시되어 있다.

〈표 11-3〉에 따르면, 산업 · 개별프리미엄모형의 추정오차율(중위치)이 17.9%로서 여섯 가지 평가방법 중에서 산업 · 개별프리미엄모형이 가장 높은 주가추정 정확도를 보이고 있다. 반면에 동일업종의 PER을 이용하는 방법의 추정오차율(중위

20) 김권중, 1999, "기업공개시 공모가격 결정과 회계변수평가모형," 「회계학연구」(제2호), pp. 51-86.
21) 유사기업들의 PER과 PBR 측정 그리고 산업 · 개별프리미엄모형의 산업평균 PB 프리미엄의 측정에 필요한 주식가격에 대해서는 공모 5거래일 전의 주식가격이 적용되었다.

치)은 67.3%에 달하고 있다. 그리고 ROE가 비슷한 기업들의 PER을 이용하는 방법이 단순히 업종평균 PER을 적용하는 것보다 훨씬 높은 주가추정 정확도를 갖고 있다. 또한, PBR을 이용한 유사기업이용법은 PER을 이용한 경우보다 상대적으로 높은 주가추정 정확도를 보이고 있다. 이러한 분석결과들에 근거할 때, 산업 · 개별프리미엄모형은 신규 공모주식을 평가하는 유용한 방법이 될 수 있을 것으로 본다.

대부분의 신규 공모기업들이 공모 당시 높은 수준의 ROE를 갖고 있음을 고려할 때 공모 당시 개별초과이익이 양(positive)의 크기일 가능성이 높다.[22] 본장의 [보론]에서 설명하는 바와 같이, 식 (11-2)의 모형을 적용할 때 현재의 개별초과이익이 미래에 점차 소멸될 것으로 예측하고 있으므로 식 (11-2)의 모형이 공모주식을 과대평가할 가능성은 높지 않을 것이다. 따라서 대표주관회사들이 단순히 유사기업이용법에만 의존할 것이 아니라, 산업 · 개별프리미엄모형의 적용결과를 함께 고려할 것을 제안한다.

② 공모기업의 업종을 분류하기 어려운 경우

공모기업의 업종을 분류하기 어려운 경우에는 산업 · 개별프리미엄모형을 사용하기 곤란할 것이다. 이 경우에는 제7장 4.2절에서 설명한 다음의 평가모형을 사용해 볼 수 있다.

$$\text{주식가치} = \text{주당순자산} + \frac{\omega}{(1 + r_e - \omega)} \times \text{현재 초과이익} \qquad (11\text{-}3)$$

ω: 공모기업의 초과이익 지속계수($0 \le \omega < 1$)
r_e: 공모기업의 자기자본비용(cost of equity)
현재 초과이익: 공모기업의 최근 연도의 주당 초과이익

위에서 초과이익 지속계수(ω)는 1보다 작으므로 위 모형은 공모기업의 현재 초과이익이 미래에 점차 소멸될 것으로 예측하고 있다(제7장 4.2절 참조). 즉, 공모기업이 현재 자기자본비용(r_e)보다 높은 ROE를 갖고 있다면 미래에는 ROE가 점차 낮아질 것으로 예측하는 모형이다. 이러한 관점에서 볼 때 식 (11-3)의 모형이 공모주식을 과대평가할 가능성은 높지 않을 것이며, 따라서 위 모형에 의한 평가결과는

22) 실제로 〈표 11-3〉의 256개 공모기업들의 개별초과이익 추정치는 대부분 양(positive)의 값을 갖고 있다(김권중, 1999, "기업공개시 공모가격 결정과 회계변수평가모형," 「회계학연구」(제2호), pp. 51-86).

대표주관회사가 사용한 유사기업이용법의 평가결과를 검토하는 비교기준의 하나가 될 수 있을 것으로 보인다. 공모기업의 초과이익 지속계수(ω)는 최근 수년간의 초과이익 변화추세를 검토하여 추정할 수 있다.

식 (11-3)의 평가모형을 사용하려면 공모기업의 자기자본비용(r_e)이 추정되어야 한다. 공모기업의 업종을 분류하기 어려운 때에는 제10장에서 설명한 비상장기업의 베타추정방법도 사용하기 곤란할 것이다. 이러한 상황에서 고려할 수 있는 대안은 시장평균 베타인 1.0을 적용하는 방법이다. 많은 상장기업들의 베타가 0.8에서 1.2 사이에 있으므로, 설령 공모기업의 베타가 1.0과 다르다 하더라도 베타 적용의 오차는 0.2 이내일 가능성이 높다. 베타 적용의 오차가 0.2이면 이로 인한 자기자본비용의 추정오차는 약 1% 정도에 그친다(제10장 2절 참조). 그러므로 시장평균 베타를 적용하여 구한 주가평가액은 유사기업이용법의 평가결과를 검토하는 비교기준의 하나로 사용할 수 있을 것으로 보인다. 또한, 자기자본비용 추정의 오차가 평가결과에 미치는 영향이 어느 정도인지 파악하기 위하여 분석자가 여러 수준의 베타를 교체 적용해 보는 것도 가능할 것이다.

[보론] 산업 · 개별프리미엄모형

초과이익모형(RIM)을 확장한 형태인 산업 · 개별프리미엄모형에서는 기업의 초과이익을 산업평균 초과이익과 당해 기업의 개별초과이익으로 분해하고, 산업평균 초과이익의 현재가치는 산업평균 주가순자산 프리미엄을 이용하여 바로 추정한다. 따라서 미래 예측의 대상이 되는 것은 초과이익 중에서 당해 기업의 개별초과이익 부분에 국한된다.[23)]

● 산업 · 개별프리미엄모형의 구조

기업의 이익은 동일산업의 평균 이익과 이로부터의 편차인 추가 이익의 두 부분으로 분해할 수 있다. 또한 기업의 자기자본 투자액도 동일산업의 평균 자기자본 투자액과 이로부터의 편차인 추가 투자액의 두 부분으로 분해할 수 있다.

$$\text{이익} = \text{산업평균 이익} + \text{추가 이익}$$
$$\text{자기자본} = \text{산업평균 자기자본} + \text{추가 투자액}$$

이익과 자기자본을 위와 같이 각각 분해하면, 초과이익도 다음과 같이 두 요소로 분해할 수 있다.

$$\begin{aligned}\text{이익} - r_e \cdot \text{자기자본} &= [\text{산업평균 이익} - r_e \cdot \text{산업평균 자기자본}] \\ &\quad + [\text{추가 이익} - r_e \cdot \text{추가 투자액}] \qquad (11\text{-}4)\end{aligned}$$

동일업종의 기업들은 위험이 같다고 가정하면, 위 우변에서 첫째 항은 **산업평균 초과이익**이고, 둘째 항은 당해 기업의 **개별초과이익**(firm-specific abnormal earnings)이다.[24)] 여기서 동질적 위험이란 필요수익률인 자기자본비용(r_e)이 같음을

---

23) 여기서 제시되는 내용은 다음 문헌에 근거한 것이다. 김권중, 2001, "초과이익평가모형의 실행과 유용성 분석," 「회계학연구」(제3호), pp. 91-121.

24) 산업평균 초과이익은 산업의 특성에 따라서 +, 0, −의 부호를 갖는다. 이에 비해 기업의 개별초과이익은 당해 기업의 경쟁력 또는 경영능력에 의해 결정된다. 만일 「추가 이익>0, 추가 투자액<0」이면 자산을 효율적으로 운용하여 큰 개별초과이익이 발생한 경우이고, 반면에 추가 이익<0, 추가 투자액>0」이면 자산을 가장 비효율적으로 운용한 경우에 해당된다. 이러한 기업 외에도, 「추가 이익>0, 추가 투자액>0」 그리고 「추가 이익<0, 추가 투자액<0」인 기업들이 있을 것이다.

뜻한다.

위와 같이 초과이익을 분해하고 동일업종 기업들의 위험이 동질적인 것으로 가정하면, 제7장 4절의 RIM은 다음과 같이 나타낼 수 있다.

$$\text{주주지분가치} = \text{자기자본}_0 + \sum_{t=1}^{\infty} \frac{\text{산업평균 초과이익}_t}{(1+r_e)^t} + \sum_{t=1}^{\infty} \frac{\text{개별초과이익}_t}{(1+r_e)^t} \quad (11\text{-}5)$$

$$= \text{자기자본}_0 + \text{산업평균프리미엄} + \text{개별프리미엄} \quad (11\text{-}6)$$

위에서 산업평균 초과이익의 현재가치는 산업평균프리미엄, 즉 동일업종 기업들의 내재적 PB 프리미엄 평균인 「주주지분가치 − 자기자본$_0$」의 평균과 같다.[25] 따라서 식 (11-6)은 산업평균프리미엄을 직접 추정할 수 있으면 평가대상기업의 프리미엄의 상당 부분이 바로 추정될 수 있음을 나타내고 있다. 즉, 미래 초과이익을 예측함에 있어 초과이익 '총액'을 예측할 필요가 없고, 그 일부인 개별초과이익만 예측하는 것으로 예측작업을 간소화할 수 있다.

위 산업평균프리미엄은 현재의 주식가격과 장부가치의 차이인 PB 프리미엄의 산업평균치를 이용하여 바로 추정할 수 있다.[26] 만일 주식가격이 내재가치와 같게 형성되어 있으면 산업평균 PB 프리미엄은 위 산업평균프리미엄과 동일하다. 또한 주식가격이 내재가치와 다른 경우에도, 기업들의 PB프리미엄을 '평균'하는 과정에서 그 차이의 상당 부분이 상쇄될 것이므로 산업평균 PB 프리미엄은 위 산업평균프리미엄의 합리적 추정치가 될 수 있다.[27]

● 개별프리미엄의 추정

산업평균 PB 프리미엄은 바로 알 수 있으므로 (11-6)의 모형을 사용하기 위해서는 미래 개별초과이익만 예측하면 된다. 현재의 개별초과이익은 산업 내에서 당해

25) 위 관계에 대한 도출과정은 김권중(2001)의 전게논문 참조.

26) 주식가격은 미래 이익에 대한 정보를 반영하고 있으므로 산업평균 PB 프리미엄은 미래의 산업평균 초과이익에 대한 정보를 반영하고 있다.

27) 주식가격과 내재가치 간의 차이는 기업에 따라서 양 또는 음의 부호를 갖는 것으로 볼 수 있다. 즉, 모든 주식이 획일적으로 고평가 또는 저평가되어 있을 가능성은 낮으며, 그보다는 어느 주식은 고평가된 반면 다른 주식은 저평가되어 있을 가능성이 높다. 이와 같이 고평가된 주식과 저평가된 주식이 골고루 있으면 주식가격과 내재가치 간의 차이는 기업들의 PB 프리미엄을 평균하는 과정에서 상당히 상쇄되는 효과가 발생한다.

기업의 경쟁력에 의해 발생한 초과이익이므로 이는 기업간 경쟁에 의해 미래에는 점차 소멸될 것으로 예상할 수 있고, 따라서 개별초과이익의 시계열행태는 다음과 같이 모형화할 수 있다.

$$\text{개별초과이익}_{t+1} = \theta \cdot \text{개별초과이익}_{t} + \varepsilon_{t+1} \tag{11-7}$$

θ: 개별초과이익의 지속계수($0 \leq \theta < 1$)
ε_{t+1}: 기대치가 0인 오차항

위에서 θ는 개별초과이익이 점차 소멸되어 가는 속도를 나타내는 지속계수(persistence parameter)이다.[28] 개별초과이익이 위 시계열과정을 따르면 미래 개별초과이익의 현재가치인 개별프리미엄은 다음과 같이 추정할 수 있다.

$$\text{개별프리미엄} = \frac{\theta \cdot \text{개별초과이익}_0}{(1+r_e)} + \frac{\theta^2 \cdot \text{개별초과이익}_0}{(1+r_e)^2} + \cdots$$

$$= \frac{\theta}{(1+r_e-\theta)} \times \text{개별초과이익}_0 \tag{11-8}$$

위에서 개별초과이익$_0$은 현재의 개별초과이익(즉, 최근 연도의 개별초과이익)이며, 자기자본비용(r_e)과 지속계수(θ)만 추정되면 개별초과이익$_0$과 개별프리미엄을 추정할 수 있다. 신규 공모기업의 자기자본비용(r_e)은 동일업종 상장기업들의 평균 베타를 이용하여 추정할 수 있다.[29] 또한 지속계수(θ)에 대해서는 최근 수년간의 개별초과이익의 변화추세와 당해 기업의 경쟁력을 고려하여 분석자가 주관적으로 추정할 수도 있을 것이다.[30]

28) 식 (11-7)의 시계열모형은 제7장 4.2절에서 Ohlson 모형을 설명할 때 사용되었던 초과이익 시계열모형과 유사한 형태이다.

29) 동일업종의 평균 베타 대신에 제10장 3절에서 설명한 비상장기업의 베타추정방법을 이용하여 공모기업의 베타를 추정하는 방법도 사용가능하다.

30) 상장기업에 대한 실증연구에 따르면 지속계수(θ)는 평균적으로 대략 0.7의 크기를 갖고 있는데, 산업에 따라서 차이가 있다(김권중(2001)의 전게논문 참조). 개별기업에 대해 초과이익의 변화추세를 검토하여 지속계수를 추정하는 방법은 제7장 4.2절에 예시되어 있다.

연습문제

1. 적극적 투자와 소극적 투자의 의미를 각각 설명하라.

2. 증권분석의 한 방법인 기본적 분석(fundamental analysis)은 어떠한 절차에 따라 이루어지는지를 설명하라.

3. 증권분석의 한 방법인 기술적 분석(technical analysis)에서는 앞으로의 주가변화를 어떻게 예측하려 하는지 설명하라.

4. 증권분석의 또 다른 방법인 단순판별분석(stock screening)에서는 어떠한 방법으로 투자종목을 선정하려 하는지 설명하라.

5. 자본시장의 효율성(market efficiency) 정도는 약형 효율성, 준강형 효율성, 강형 효율성의 세 가지로 구분한다. 이들의 개념을 각각 설명하고 또 서로 어떠한 관계에 있는지를 설명하라.

6. 현재의 증권가격이 반영할 수 있는 '정보집합'(information set)은 세 가지 다른 형태로 구분해 볼 수 있다. 이들 세 가지 정보집합이란 무엇이며 또 서로 어떠한 관계에 있는지 설명하라.

7. 현재 자본시장이 완전히 준강형 효율적이라고 가정하자. 만일 모든 투자자와 애널리스트들이 시장이 효율적이라고 믿고서 더 이상 증권분석을 하지 않는다면 앞으로도 시장의 효율성이 여전히 유지되겠는가, 아니면 어떻게 변화하겠는가?

8. 준강형 효율적시장가설에 부합하는 실증적 증거의 예를 세 가지만 들어보라.

9. 주식의 내재가치를 평가한 후 이 주가평가액(V)을 현재의 주식가격(P)과 비교하기 위하여 V/P 비율을 계산하였다고 하자. 이때 V/P가 1보다 크면 이 주식은 저평가된 주식에 해당되는가, 아니면 고평가된 주식인가? 만일 V/P가 1보다 작으면 어떻게 해석하는가?

10. 본장의 2.3절에서는 가치평가를 이용한 투자전략의 성과에 대해 연구한 결과를 소개하였다. 이 연구의 실증분석결과는 준강형 효율적시장가설을 지지하는 것으로 볼 수 있는가? 준강형 효율적시장가설을 지지하는 것으로 볼 수 없다면 그 이유가 무엇인지 논의하라.

11. 기업공개시 공모주식의 평가방법으로 흔히 사용되고 있는 유사기업이용법의 장단점이 무엇인지 설명하라.

12. 유사기업이용법은 기업들의 PER, PBR 등이 왜 서로 다르게 형성되어 있는지, 즉 주가배수의 결정요인이 무엇인지에 대해 판단기준을 제공하고 있는가? 그렇지 않다면 그러한 판단기준은 어디서 찾아야 하는가?

13. 초과이익모형(RIM)의 한 실행방법인 산업 · 개별프리미엄모형에서는 1주의 주식가치를 다음과 같이 나타내고 있다.

$$\begin{aligned}\text{주식가치} &= \text{주당순자산} + \text{프리미엄} \\ &= \text{주당순자산} + (\quad A \quad) + (\quad B \quad)\end{aligned}$$

(1) 위에서 '프리미엄'이란 그 의미가 무엇인가?
(2) 위에서 A와 B가 무엇이며, 각각의 의미는?

제12장

신용위험분석과 기업부실예측

신용위험분석은 회사채 · 기업어음 투자자, 신용평가기관, 금융기관 등이 기업의 부채 원리금 상환능력을 평가하기 위해 수행된다. 본장에서는 재무제표 정보가 회사채와 기업어음에 대한 신용위험분석에서 어떻게 활용되고 있는지를 구체적으로 살펴본다. 또한 재무제표 정보는 기업의 부실 여부를 예측하는 데에도 유용하므로 본장에서는 도산과 같은 기업부실을 예측하는 데 재무제표 정보가 어떻게 활용되고 있는지도 살펴본다.

제1절 회사채 신용위험분석

1.1 회사채 평가와 신용등급의 역할

회사채(corporate bonds)의 가치는 부채계약에 의해 지급될 미래 현금흐름을 발행회사의 채무불이행위험 등을 반영하는 할인율로 할인하여 평가할 수 있다. 이러한 평가방법은 제7장에서 설명한 DCF 모형(현금흐름할인모형)을 부채에 대해 적용한 것이며, 이를 식으로 표현하면 다음과 같다.

$$V_0 = \sum_{t=1}^{T} \frac{CF_t}{(1+r)^t} \qquad (12\text{-}1)$$

V_0: 회사채의 가치
CF_t: 미래 t 기간의 이자 또는 원금
T: 회사채의 만기
r: 할인율

회사채에 관한 미래 현금흐름은 미래에 지급될 이자와 만기에 상환될 액면금액이다. 이러한 미래 현금흐름의 크기와 지급시기는 회사채 발행계약에 명시되어 있으므로 회사채 평가의 핵심은 '할인율'(discount rate)을 어떻게 결정하는가에 있다. 이 할인율은 당해 회사채에 대한 시장이자율이 되는데, 시장이자율의 크기를 결정하는 데에는 회사채 발행회사의 신용위험 또는 채무불이행위험(default risk)이 중요한 역할을 한다.

회사채의 평가문제는 금융기관의 여신의사결정과 비교하여 본질적으로 차이가 없다. 다만, 금융기관은 일반적으로 대출고객의 사업에 대해 잘 알고 있고 또 대출후에도 계속적인 감시(monitoring)를 할 수 있으므로 별도의 신용평가기관을 이용하지 않더라도 금융기관은 고객의 신용위험을 평가할 수 있다.

이에 비해 회사채는 기업이 일반 투자대중을 대상으로 직접 발행하기 때문에 다수 투자자들의 입장에서는 발행회사의 사업내용이나 투자위험의 정도를 파악하는 것이 용이하지 않을 수 있다. 이러한 어려움을 완화시키는 동시에 발행회사의 자금조달이 원활히 이루어지도록 하기 위해서 전문적 신용평가기관이 발행회사의 신용위험을 분석하게 하는 제도가 확립되게 되었다. 그에 따라 현재 우리나라에서는 기업이 무보증회사채를 발행할 때에는 신용평가기관이 평가한 신용등급을 공시하도록 의무화하고 있다. 예를 들어, 한국신용평가(주)는 사채발행회사의 장기적인 신용도에 초점을 맞추어 원리금의 지급능력을 평가하고 이를 회사채등급(bond rating)의 형태로 공시하고 있다. 이렇게 신용평가기관이 발표하는 신용등급은 회사채 평가에 적용할 할인율을 결정하는 데 중요한 역할을 한다.

회사채 신용등급은 회사채를 발행할 때는 물론, 발행후 시장에서 거래될 때에도 투자판단의 주요 기준으로 활용되고 있다. 이러한 기본적인 용도 외에도, 회사채 신용등급은 금융기관이 사채발행회사에 대한 여신심사를 할 때 참고자료로 활용되며, 또 기업들이 거래상대방의 신용위험을 판단하는 기준으로도 활용된다.

1.2 회사채 신용평가제도

(1) 신용평가기관

우리나라에서 대표적인 신용평가기관으로는 한국신용평가(주), NICE신용평가(주), 한국기업평가(주) 등이 있으며, 이들 평가기관은 무보증회사채, 기업어음(CP), 자산유동화증권(유동화사채, 유동화기업어음) 등에 대해 신용등급을 평가하고 있다.

우리나라에서는 국채, 정부가 보증한 채권, 지방채, 한국은행의 통화안정증권을 제외한 모든 무보증채권은 신용평가를 받아야만 은행과 투신의 신탁재산에 편입될 수 있다.[1] 따라서 일반기업, 여신전문금융기관, 증권회사, 시중은행, 산업은행, 정부출연기관, 연기금 등이 무보증채권을 발행하는 때에는 신용평가기관의 신용평가를 받아야 한다.

회사채 신용평가는 아래와 같이 평가시점에 따라 예비평가, 본평가, 정기평가

1) 금융위원회의 금융투자업규정 제4-63조 및 금융투자협회의 증권인수업무에 관한 규정 제11조 제2항.

그리고 수시평가로 구분된다.

- 예비평가: 회사채 발행이 결정되지 않은 상황에서 평가의뢰기업의 장기신용도를 평가한다.
- 본평가: 회사채 발행이 결정된 상황에서 발행예정기업의 의뢰에 따라 실시하는 평가이다.
- 정기평가: 이미 공시된 신용등급을 1년 단위로 재검토하는 평가로서 결산재무자료를 기준으로 평가한다.
- 수시평가: 이미 공시된 신용등급에 영향을 줄 수 있는 중대한 상황변화가 발생한 때에 실시하는 평가이며, 신용상태 감시대상(Watch List) 제도도 수시평가를 통해 운영되고 있다.

(2) 회사채 신용등급체계

회사채 신용등급은 발행회사의 원리금 지급능력을 평가한 결과에 따라 AAA부터 D까지 10개 등급으로 분류된다. 이 중에서 AAA부터 BBB까지는 원리금 상환능력이 인정되는 투자등급에 해당하나, BB에서 C까지는 환경변화에 따라 크게 영향을 받는 투기등급으로 분류된다. 그리고 AA부터 B까지의 등급에 대해서는 +와 −를 추가하여 더 세분된 등급으로 표시되고 있다.

〈표 12-1〉에는 위 10개 등급의 각각에 대해 그 의미가 요약되어 있고, 〈표 12-2〉에는 신용평가기관이 발표한 회사채 신용등급 평가결과가 예시되어 있다.

(3) 신용등급의 평가요소

회사채 신용등급 평가는 발행기업의 채무상환능력을 체계적으로 분석하여 등급화하는 것이다. 기업의 채무상환능력에 영향을 미치는 위험요소는 기업의 내부 및 외부환경에 따라 다양하게 존재하며 이들 요소를 종합적으로 고려하여 신용등급이 결정된다.

회사채 신용등급 결정에 고려되는 평가요소는 신용평가기관에 따라 다소 차이는 있으나 주로 평가대상기업의 경영관리위험에 대한 분석, 계열기업에 대한 분석,

표 12-1

회사채 신용등급 체계와 등급의 의미

신용등급	신용등급의 의미
AAA	원리금 지급능력이 최상급임
AA	원리금 지급능력이 매우 우수하지만 AAA의 채권보다는 다소 열위임
A	원리금 지급능력은 우수하지만 상위등급보다 경제여건 및 환경악화에 따른 영향을 받기 쉬운 면이 있음
BBB	원리금 지급능력은 양호하지만 상위등급에 비해서 경제여건 및 환경악화에 따라 장래 원리금의 지급능력이 저하될 가능성을 내포하고 있음
BB	원리금 지급능력이 당장은 문제가 되지 않으나 장래 안전에 대해서는 단언할 수 없는 투기적인 요소를 내포하고 있음
B	원리금 지급능력이 결핍되어 투기적이며 불황시에 이자지급이 확실하지 않음
CCC	원리금 지급에 관하여 현재에도 불안요소가 있으며 채무불이행의 위험이 커 매우 투기적임
CC	상위등급에 비하여 불안요소가 더욱 큼
C	채무불이행의 위험성이 높고 원리금의 상환능력이 없음
D	상환불능상태임

자료: 한국신용평가(주)(www.kisrating.com)

표 12-2

회사채 신용등급 평가사례

회사명	평가구분	발행액(억원)	직전등급 Outlook	현재등급 Outlook	평가일
에스케이브로드밴드	본평가	500	AA− 긍정적	AA− 긍정적	2019/09/09
SK	본평가	600	AA+ 안정적	AA+ 안정적	2019/09/05
한화투자증권	본평가	1,500		A+ 안정적	2019/09/05
포스파워	본평가	500		AA− 안정적	2019/09/03
현대카드	본평가	1,000	AA+ 부정적	AA+ 부정적	2019/08/30

자료: 한국신용평가(주)(www.kisrating.com)

표 12-3
신용평가기관의 회사채 신용등급 평가요소

평가요소	세부적 평가항목
경영관리위험	지분 및 지배구조, 경영진의 경영능력, 기업관 및 기업문화, 경영정책 및 경영전략, 기타 특기사항 등
계열 관련 위험	계열그룹 사업위험 및 재무위험, 계열기업에 대한 의존성, 자금지원, 지급보증 및 담보제공능력 등
산업 관련 위험	산업의 특성 및 제품수명주기상의 위치, 업종의 주기적 특성, 수급변화요인, 산업의 재무적 특성, 규제 및 입법, 경쟁상태 및 진입장벽, 기타 산업 내 현존 또는 잠재적 특성 및 위험요소 등
사업 및 영업위험	사업구성, 사업경쟁력 및 지위, 영업효율성, 사업전략 등
재무위험	회계정책, 재무안정성, 재무탄력성 및 유동성 위험 등

자료: 한국신용평가(주)

산업에 대한 분석, 평가대상기업의 사업 및 영업위험에 관한 분석, 재무위험에 대한 분석의 결과가 종합적으로 고려된다. 이러한 평가요소들의 세부적 평가항목들은 〈표 12-3〉에 요약되어 있다.

1.3 재무정보를 이용한 신용등급 예측

(1) 신용등급예측모형의 유용성

기업의 신용위험은 회사채 평가를 위한 핵심적 요소이며, 회사채 신용등급은 신용위험이 어느 정도인지를 나타내는 요약적 지표이다. 〈표 12-3〉에서 본 바와 같이, 회사채 신용등급은 발행회사의 재무적 요인과 비재무적 요인을 모두 반영하여 결정되고 있다. 그러나 신용평가기관들은 신용등급 결정의 구체적 기준을 공시하지는 않고 있다.

본 소절에서는 신용등급의 결정에 재무제표 정보가 얼마만큼 유용성을 갖고 있는지를 알아본다. 즉, 재무정보를 이용한 신용등급예측모형의 예측력을 살펴본다. 예측력이 높은 등급예측모형을 개발할 수 있으면 이는 다음과 같이 활용될 수 있다.[2)]

첫째, 신용평가기관이 모든 회사채에 대해 신용등급을 공시하는 것은 아니므로,[3] 등급정보를 입수할 수 없는 상황에서는 등급예측모형을 사용하여 추정된 등급을 신용평가기관의 등급에 대한 대용치로 활용할 수 있다.

둘째, 신용등급이 있는 회사채라 하더라도 발행회사에 중요한 경제적 변화가 발생하였을 때 신용등급 조정이 적시에 이루어지지 못할 수도 있다. 이러한 경우에는 등급예측모형을 이용하여 적시성 있는 신용위험 정보를 얻을 수 있다.

셋째, 등급예측모형을 개발하는 과정에서 회사채 등급의 차이를 설명할 수 있는 유의한 재무변수가 발견되면, 기업의 경영자는 신용평가기관이 신용등급 결정시에 중시하는 평가지표를 파악할 수 있게 되고, 따라서 자사에 대한 평가지표가 불량할 때 이를 개선하기 위한 노력을 할 수 있다.

(2) 신용등급예측모형의 예

① Kaplan-Urwitz의 모형

재무정보를 이용하여 신용등급을 예측하는 연구들이 미국 학계에서 수행되었으며, 그 대표적인 연구는 Kaplan and Urwitz(1979)(이하 'KU'라고 함)의 연구이다.[4] KU의 예측모형에서는 선행연구들의 분석결과에 기초하여 이자보상비율(현금기준), 장기부채비율(장기차입금/총자산), 총자산순이익률, 기업규모(총자산), 후순위채 더미변수 등을 예측변수로 사용하였으며, 위험변수로서 베타계수도 예측모형에 포함되었다.[5]

등급예측모형의 추정 및 검증에 사용된 표본은 1970~74년 중에 Moody's의 신용평가를 받아 발행된 204개 기업의 회사채이다. 이 중에서 140개는 예측모형의 계수추정에 사용되었고, 나머지 64개가 검증표본(holdout sample)으로 사용되었다. 추정표본과 검증표본에서 회사채 신용등급은 Aaa, Aa, A, Baa, Ba, B의 6개 등급

2) G. White, A. Sondhi, and D. Fried, 1997, *The Analysis and Use of Financial Statements*, Wiley, pp. 1,005-1,006.

3) 예를 들어, 사모사채(私募社債)의 경우에는 주간사회사가 신용등급 평가를 요구하지 않으면 신용평가기관의 등급정보가 제공되지 않는다.

4) R. Kaplan and G. Urwitz, 1979, "Statistical Models of Bond Ratings: A Methodological Inquiry," *Journal of Business* (April), pp. 231-261.

5) 베타계수는 5년간의 월별수익률을 사용하여 추정되었다.

표 12-4

회사채 신용등급의 예측결과: Kaplan and Urwitz(1979)

Moody's 실제 등급	예측된 등급						합계	예측정확도 (%)
	Aaa	Aa	A	Baa	Ba	B		
Aaa	2						2	100.0
Aa	2	2	5				9	22.2
A		1	33	2			36	91.7
Baa			8	7			15	46.7
Ba				1			1	0.0
B					1		1	0.0
합계	4	3	46	10	1	0	64	68.8

자료: R. Kaplan and G. Urwitz, 1979, "Statistical Models of Bond Ratings: A Methodological Inquiry," *Journal of Business* (April), pp. 231-261.

으로 구성되어 있다.

검증표본인 64개 기업에 대해 예측정확성을 평가한 결과, 약 69%의 예측정확도를 보이고 있으며, 등급별 예측결과는 〈표 12-4〉에 요약되어 있다. 그리고 예측된 등급과 실제 등급이 다른 경우에도 예측오차가 한 등급 이내인 것으로 나타나고 있다.

② 국내기업에 대한 신용등급예측모형

국내에서도 신용등급 예측에 관한 연구가 수행되었으며, 김권중 등(2002)은 정규회귀분석(OLS)을 이용한 등급예측모형을 제시하였다.[6] 이 연구에서는 +, 0, −를 구분한 13등급체계(AA+에서 B)와 구분하지 않은 5등급체계(AA에서 B)가 모두 검토되었다.[7] 등급예측모형에 사용될 재무변수 후보로는 부채비율, 이자보상비율, 자본이익률, 기업규모, 위험(베타계수) 그리고 유동비율이 일차적으로 선정되었고, 앞의 네 변수들은 여러 대체적 방법으로 측정되었다.[8]

6) 김권중 등, 2002, "유효이자율 추정을 위한 회사채 신용등급예측모형의 개발," 「회계저널」(제1호), pp. 81-99.

7) AAA 등급은 한국전력공사와 같이 주로 국영기업이 받는 등급이므로 표본에서 제외되었고, CCC 이하의 등급은 부도 직전이거나 이미 부도가 난 경우이므로 회귀계수 추정에 과도한 영향을 미치지 않도록 하기 위해서 이들도 표본에서 제외되었다.

8) 부채비율은 네 가지 측정치가 대체적으로 사용되었고, 이자보상비율은 이익기준과 현금기준의 두

추정표본(estimation sample)을 이용하여, 각 예측변수 후보별로 하나씩 포함하는 방식으로 여러 번 회귀모형을 추정하고 수정결정계수(adjusted R^2)를 최대화하는 변수의 조합을 선정한 결과, 최종적으로 사용된 등급예측모형은 다음과 같다.

$$Y_i = b_0 + b_1 \cdot LEV_i + b_2 \cdot COV_i + b_3 \cdot PROFIT_i + b_4 \cdot SIZE_i + b_5 \cdot RISK_i + \varepsilon_i$$
$$\qquad (-) \qquad\quad (+) \qquad\quad (+) \qquad\qquad (+) \qquad\quad (-) \qquad\qquad (12\text{-}2)$$

Y_i = 신용등급을 나타내는 실수(B=1, BB−=2, …, AA=12, AA+=13)[9)]
LEV_i = 차입부채비율: 차입부채/(차입부채+자기자본)
COV_i = 이자보상비율: log((영업활동현금흐름+법인세+이자비용)/이자비용)
$PROFIT_i$ = 자기자본이익률
$SIZE_i$ = 기업규모: log(매출액)
$RISK_i$ = 베타계수
ε_i = 오차항

위의 모형에서 종속변수인 회사채 신용등급에 대해서는 +, 0, −를 구분한 13 등급체계와 구분하지 않은 5등급체계가 각각 사용된다.

등급예측모형의 추정과 예측력 평가에 사용된 표본기업은 1998~1999년의 재무제표를 토대로 신용등급이 결정된 비금융 상장기업들이며, 한국신용평가(주)의 등급자료가 사용되었다. 표본기업의 수는 총 468개 기업-년인데, 이 중에서 300개 기업-년을 무작위 추출하여 등급예측모형의 계수를 추정하는 데 사용하고, 나머지 168개 기업-년은 예측력 평가를 위한 검증표본으로 사용되었다. 추정표본에 대하여 식 (12-2)의 모형을 추정한 결과는 〈표 12-5〉에 제시되어 있다.

모형의 예측력을 평가함에 있어서는 검증표본(holdout sample)의 기업 j의 변수값을 모형의 계수추정치에 적용하여 등급추정치 Y_j를 산정한 후 Y_j의 크기에 따라 아래의 〈표 12-6〉의 방법으로 신용등급을 부여하고 실제 신용등급과 비교하여 예측력을 평가한다.

방법으로 측정되었으며, 자본이익률의 경우도 총자산영업이익률과 자기자본이익률이 대체적으로 사용되었다. 기업규모 측정치로는 총자산과 매출액이 대체적으로 사용되었다. 위험변수인 베타계수는 최근 2년간의 일별수익률(daily return)과 동일가중시장수익률(equally-weighted index return)을 사용하여 추정되었다(제10장 2절 참조).

9) 종속변수를 5등급체계로 측정하는 경우에는 B는 1, BB−~BB+는 2, BBB−~BBB+는 3, A−~A+는 4, AA−~AA+는 5의 값이 부여된다.

표 12-5

신용등급예측모형의 계수추정결과

1부: 13등급체계 ($N = 300$, Adj. $R^2 = 67.8\%$)

변 수	예상부호	계수추정치	t-통계치	Prob>|t|
절 편		8.747	6.17	0.001
LEV (차입부채비율)	−	−4.586	−8.23	0.001
COV (이자보상비율)	+	0.770	1.95	0.052
PROFIT (자기자본이익률)	+	1.612	2.98	0.003
SIZE (기업규모)	+	0.818	13.9	0.001
RISK (베타계수)	−	−4.786	−11.5	0.001

2부: 5등급체계 ($N = 300$, Adj. $R^2 = 59.4\%$)

변 수	예상부호	계수추정치	t-통계치	Prob>|t|
절 편		3.919	21.4	0.001
LEV (차입부채비율)	−	−0.231	−4.02	0.001
COV (이자보상비율)	+	0.047	3.82	0.001
PROFIT (자기자본이익률)	+	0.615	2.90	0.004
SIZE (기업규모)	+	0.252	11.0	0.001
RISK (베타계수)	−	−1.503	−9.16	0.001

표 12-6

신용등급 전환기준

Y_j **추정치의 신용등급 전환기준: 13등급체계**

Y_j 추정치의 크기	예측된 등급	Y_j 추정치의 크기	예측된 등급
$12.5 \le Y_j$	AA+	$5.5 \le Y_j < 6.5$	BBB
$11.5 \le Y_j < 12.5$	AA	$4.5 \le Y_j < 5.5$	BBB−
$10.5 \le Y_j < 11.5$	AA−	$3.5 \le Y_j < 4.5$	BB+
$9.5 \le Y_j < 10.5$	A+	$2.5 \le Y_j < 3.5$	BB
$8.5 \le Y_j < 9.5$	A	$1.5 \le Y_j < 2.5$	BB−
$7.5 \le Y_j < 8.5$	A−	$Y_j < 1.5$	B
$6.5 \le Y_j < 7.5$	BBB+		

이 전환기준은 13등급체계에 대한 것인데, 5등급체계에 대해서도 그와 유사한 방식으로 신용등급을 예측한다.

〈표 12-7〉에는 13등급 및 5등급체계의 각각에 대하여 등급예측모형의 예측력을

표 12-7

검증표본에 대한 신용등급 예측결과

1부: 13등급체계에 대한 예측정확도

신용등급	실제 기업수	예측적중된 기업수	적중률(%)	1등급 오차 내로 예측된 기업수	적중률 (%)
AA−	5	0	0.0	1	20.0
A+	5	1	20.0	3	60.0
A	12	6	50.0	8	66.7
A−	13	4	30.8	10	76.9
BBB+	19	6	31.6	14	73.7
BBB	16	4	25.0	13	81.3
BBB−	39	14	35.9	29	74.4
BB+	19	7	36.8	16	84.2
BB	12	4	33.3	11	91.7
BB−	20	5	25.0	16	80.0
B	8	5	62.5	6	75.0
합 계	168	56	**33.3**	127	**75.6**

2부: 5등급체계에 대한 예측정확도

신용등급	실제 기업수	예측적중된 기업수	적중률(%)	1등급 오차 내로 예측된 기업수	적중률 (%)
AA	5	0	0.0	5	100.0
A	30	20	66.7	30	100.0
BBB	74	60	81.1	74	100.0
BB	51	33	64.7	50	98.0
B	8	4	50.0	7	87.5
합 계	168	117	**69.6**	166	**98.8**

평가한 결과가 제시되어 있다. 1부에서 보는 바와 같이, 13등급체계의 경우 100% 정확하게 당해 등급을 예측한 적중률은 33.3%이다. 한 등급 차이로 예측된 기업을 포함하면 적중률이 75.6%로 현저히 높아진다. 〈표 12-7〉에 표시되어 있지는 않지만 두 등급 오차를 포함하면 예측정확도가 95.2%까지 올라간다.

한편, +, 0, −를 구분하지 않고 AA에서 B까지 5등급으로 분류한 경우의 예측정확도 분석결과는 〈표 12-7〉의 2부에 제시되어 있다. 예측된 등급과 실제 등급이 정확히 일치하는 적중률은 69.6%로서 상당히 높은 수준을 보이고 있다. 이 적중률은 Kaplan and Urwitz(1979)의 연구에서 6등급으로 분류하여 예측하였을 때의 적중률(69%)과 거의 같다. 그리고 한 등급 차이로 예측된 경우를 포함하면 예측정확도가 98.8%에 이른다.

위에서 예측모형의 계수추정 및 신용등급 예측에서 재무변수들은 모두 당년도의 수치로 측정된 것이다. 그런데 이자보상비율과 자본이익률은 일시적으로 변동폭이 클 수도 있으므로 이들 변수를 최근 3년의 평균으로 측정한 경우도 검토되었으며, 이때의 예측력도 당년도의 변수 값을 사용한 경우와 유사하게 나타나고 있다.

위의 연구에서 사용된 예측모형은 OLS 회귀모형인데, OLS 회귀모형은 이해하기 쉽고 사용하기 간편한 이점을 갖고 있다. 뿐만 아니라, Kaplan and Urwitz(1979)의 연구에서는 OLS 회귀모형이 통계적으로 더 정교한 모형인 *N*-Probit 모형 이상의 예측정확도를 갖는 것으로 나타난 바도 있다. 이러한 점들을 고려할 때 위에서 논의한 등급예측모형은 실제의 상황에서도 활용될 수 있을 것으로 보인다.

제 2 절 기업어음 신용위험분석

본절에서는 기업어음의 신용위험 평가에 대해 논의한다. 기업어음의 신용위험 평가는 기본적으로 회사채 신용위험 평가와 유사하다. 아래에서는 기업어음에 대한 신용등급을 설명하고, 재무제표 정보를 이용한 기업어음 신용등급예측모형을 소개한다.

2.1 기업어음 신용분석의 의의

기업어음(commercial paper, CP)은 상거래와 관계없이 단기자금을 조달하기 위하여 기업이 자기 신용을 바탕으로 발행하는 만기 1년 이내의 어음이다. 이러한 기업어음은 상거래에 기초하여 발행되는 상업어음(진성어음이라고도 부름)과는 달리 자금조달 목적으로 발행된 융통어음이라는 점에서 차이가 있다.

기업어음에 대한 신용위험분석은 발행회사의 채무상환능력을 평가하고 그에 따라 신용등급을 결정하는 과정으로 이루어진다. 회사채는 장기부채이므로 신용위험을 평가함에 있어서 장기적 수익성이나 성장성 등이 더 중요시된다. 이에 비하여 기업어음 신용평가는 발행기업의 단기지급능력에 중점을 두기 때문에 현금흐름분석과 같은 유동성 관련 분석에 더 큰 비중을 두게 된다.

기업어음의 신용등급은 어음발행의 적격 여부 판단 및 발행조건 결정의 기준으로 활용되며, 이러한 용도 외에도 은행과 여신전문기관 등 금융기관의 여신심사 참고자료, 투신, 펀드 등 국내외 기관투자자의 투자심사기준, 조달청과 한국전력공사 등의 공사발주시 수주기관의 적격심사 자료, 거래상대방의 신용판단을 위한 기준, 이자율 산정의 참고자료 등 다양한 용도로 활용되고 있다.

2.2 기업어음 신용평가제도

(1) 신용평가기관

현재 우리나라에서 기업이 무담보어음이나 중개어음을 발행하여 종합금융회사, 증권사, 은행 등을 통해 단기자금을 조달하려 할 때에는 신용평가기관의 신용평가를 받게 되어 있다.[10] 제1절에서 회사채 신용평가제도를 설명할 때 소개한 바와 같이, 한국신용평가(주), NICE신용평가(주), 한국기업평가(주) 등이 기업어음의 신용등급을 평가하고 있다. 기업어음에 대한 신용평가 절차는 제1절에서 살펴본 회사

10) 기업어음은 종합금융회사나 증권회사와 같은 취급기관의 지급보증 유무에 따라 담보부 기업어음과 무담보부 기업어음으로 구분된다. 중개어음은 기업이 발행한 어음을 종합금융회사가 직접 매입하지 않고 자금 여유가 있는 다른 기업을 연결하여 그 기업이 매입하도록 함으로써 자금조달이 이루어지는 어음을 말한다.

채 신용평가 절차와 유사하다.

(2) 기업어음 신용등급체계

기업어음의 신용등급은 발행회사의 신용도에 따라 A1부터 D까지 6개의 등급으로 분류된다. 〈표 12-8〉에는 6개 등급의 각각에 대해 그 의미가 요약되어 있다.[11)]

6개의 등급 중 A1에서 A3까지는 적기상환능력이 인정되는 투자등급이며, B와 C는 환경변화에 따라 적기상환능력이 크게 영향 받을 수 있는 투기등급으로 분류된다. D는 상환불능상태를 나타내는 등급이다. 또한 A2부터 B까지는 +와 −를

표 12-8
기업어음 신용등급 체계와 등급의 의미

신용등급	신용등급의 의미
A1	적기상환능력이 최상이며 상환능력의 안정성 또한 최상임
A2	적기상환능력이 우수하나 그 안정성은 A1에 비해 다소 열위임
A3	적기상환능력이 양호하며 그 안정성도 양호하나 A2에 비해 열위임
B	적기상환능력은 적정시되나 단기적 여건변화에 따라 그 안정성에 투기적인 요소가 내포되어 있음
C	적기상환능력 및 안정성에 투기적인 요소가 큼
D	상환불능상태임

자료: 한국신용평가(주)(www.kisrating.com)

표 12-9
기업어음 신용등급 평가사례

회사명	구분	재무기준일	직전등급	현재등급	평가일
한화건설	정기평가	2019/06/30	A3+	A2−	2019/09/03
홈플러스	본평가	2019/02/28	A2	A2	2019/08/29
롯데쇼핑	정기평가	2019/06/30	A1	A1	2019/08/16
효성중공업	정기평가	2019/06/30	A2	A2	2019/08/14
케이씨씨건설	정기평가	2019/06/30	A2−	A2−	2019/09/02

자료: 한국신용평가(주)(www.kisrating.com)

11) 기업어음의 신용등급체계는 신용평가회사 간에 차이 없이 6개 등급으로 나뉘어져 있다. 그러나 각 신용등급의 의미는 신용평가회사 간에 다소 차이가 있다.

추가하여 동일 등급 내에서 더 세분된 우열을 나타내고 있다. 〈표 12-9〉에는 신용평가기관이 발표한 기업어음 신용등급 평가결과가 예시되어 있다.

(3) 신용등급의 평가요소

기업어음의 신용등급 평가는 어음발행기업의 단기상환능력을 분석하여 등급화하는 것이다. 신용등급 결정에 고려되는 평가요소로는 회사채 신용평가와 유사하게 평가대상기업의 경영관리능력, 계열기업에 대한 분석, 산업분석, 평가대상기업의 사업 및 재무분석의 결과가 고려되며, 또한 단기지급능력에 초점을 둔 여러 비율분석과 현금흐름분석이 중요시된다.

2.3 재무정보를 이용한 신용등급 예측

앞의 제1절에서 재무정보를 이용하여 회사채 신용등급을 예측하는 모형을 설명한 바 있다. 본 소절에서는 기업어음의 신용등급을 예측하는 모형을 소개한다.

Peavy and Edgar(1984)는 미국 최대의 CP 딜러인 골드만삭스사가 1980년에 평가한 244개의 기업어음을 표본으로 하여 판별분석(discriminant analysis)을 실시하였다(판별분석모형에 대해서는 뒤의 제3절에서 자세히 논의한다).[12] 일차적으로 기업의 유동성, 재무레버리지, 이자지급능력, 수익성, 활동성 및 기업규모와 관련된 31개의 설명변수를 고려하였는데, 단계적 변수선정방법을 사용하여 최종적으로는 총자산, 장기차입부채/투하자본, 매출액/현금, 매출채권/총자산, 순이익/총자산, 매출액/총자산의 6개 변수가 선정되었다.

판별분석모형을 사용하여 분석한 결과, 검증표본에 대한 예측정확도는 63.1%로 나타났는데, 등급별 예측결과는 〈표 12-10〉에 제시되어 있다.

Peavy and Edgar가 사용한 재무변수 중에서 '매출액/현금'과 '매출채권/총자산'의 비율은 기업의 단기유동성에 대한 것인데, 이들 비율은 장기지급능력에 초점

12) J. Peavy and S. Edgar, 1984, "An Expanded Commercial Paper Rating Scale: Classification of Industrial Issuers," *Journal of Business Finance and Accounting* (Autumn), pp. 397-407.

표 12-10

기업어음 신용등급의 예측결과: Peavy and Edgar(1984)

실제 등급	예측된 등급				합 계	예측정확도 (%)
	A	B	C	D		
A	12	7	1	0	20	60.0
B	4	112	25	14	155	72.3
C	0	10	11	11	32	34.4
D	0	10	8	19	37	51.4
합 계	16	139	45	44	244	63.1

자료: J. Peavy and S. Edgar, 1984, "An Expanded Commercial Paper Rating Scale: Classification of Industrial Issuers," *Journal of Business Finance and Accounting* (Autumn), pp. 397-407.

을 두는 회사채 등급예측모형에서는 중요한 변수로 여겨지지 않았다. 이와 같이 기업어음의 신용분석에서는 단기유동성을 측정하는 재무비율들도 중요한 역할을 하고 있다.

국내에서도 기업어음 신용등급 예측에 관한 연구가 수행된 바 있다. 신동령(1989)은 한국신용평가(주)가 평가한 107개의 기업어음을 표본으로 하여 등급예측모형을 연구하였다.[13] 전체 표본 중 71개는 추정표본으로 사용하고 나머지 36개를 검증표본으로 사용하였다. 설명변수로는 기존 연구에서 사용된 7개 변수(기업규모, 당좌비율, 부채상환계수, 부채비율, 이자보상비율, 총자산순이익률, 총자산순이익률의 변동계수)에 매출액증가율, 총자산회전율 및 주가수준을 추가하여 총 10개의 재무변수들을 1차적으로 선정하고, 이 중 신용등급 간에 유의한 차이를 보인 총자산, 부채상환계수, 총부채/총자산, 순이익/총자산, 주가수준의 5개 변수를 사용하여 판별분석모형을 추정하였다. 판별분석을 한 결과, 기업의 규모가 크고 부채상환능력과 수익성이 양호할수록 그리고 주가수준이 높을수록 높은 신용등급이 부여되고 재무구조가 취약할수록 낮은 신용등급이 부여되는 것으로 추정되었다. 또한 추정된 모형을 36개의 검증표본에 적용한 결과 예측정확도가 69.4%인 것으로 제시되었다.

13) 신동령, 1989, "재무지표를 이용한 CP등급의 분류,"「신평저널」(봄호), pp. 68-79.

기업부실예측 제3절

재무제표 정보는 기업의 부실 여부를 예측하는 데에도 유용하다. 도산(bankruptcy)과 같은 기업부실이 발생하면 많은 이해관계자들에게 큰 손실이 초래되기 때문에 기업의 부실 여부를 사전에 잘 예측하는 것은 중요한 문제이다. 본절에서는 기업부실의 개념을 살펴보고 부실예측기법에 대하여 논의한다.

3.1 기업부실의 의의 및 부실예측의 중요성

(1) 기업부실의 의의

1997년 말에 촉발된 IMF 외환위기를 겪으면서 우리는 많은 기업들이 도산하는 것을 지켜본 바 있다. 기업부실(corporate financial distress)의 현상으로는 경제적 실패, 지급불능 및 도산이 있으며, 일반적으로 경제적 실패 → 지급불능 → 도산(파산)의 순서로 진행된다.

경제적 실패(economic failure)는 수익성 저하로 인하여 나타나는 기업부실을 의미한다. 기업의 영업투하자본이익률이 자본비용(cost of capital)에 미치지 못하거나 총수익이 총비용보다 작은 경우가 그 예이다. 그러나 경제적 실패가 곧바로 지급불능이나 도산(파산)으로 이어지는 것은 아니다. 기업의 수익성이 저하되었다고 하더라도 채무지급(이자 및 원금상환)에 필요한 유동자산을 보유하기만 하면 지급불능은 일어나지 않기 때문이다.

지급불능(insolvency)은 기술적 지급불능(technical insolvency)과 도산적 지급불능(insolvency in a bankruptcy sense)의 두 유형이 있다. **기술적 지급불능**은 일시적인 유동성 부족으로 인하여 채무지급을 하지 못하는 것을 의미한다. 기술적 지급불능은 기업의 수익성이 유지되고 있더라도 유동성(자금) 관리를 제대로 하지 못하면

표 12-11

1990년대 기업의 도산원인

구 분		세부적 원인	비중(%)[1]
기업 내부 요인	기업구조 및 투자요인	원재료 가격상승, 사업전환 실패, 문어발식 확장·과다투자, 타기업과의 협업화 실패	19.6
	재무요인	부채 과다, 매출채권 누적, 운전자본조달 실패, 유사시 차입 실패, 비유동자산 과다투자, 사금융 과다	12.0
	판매요인	판매부진, 마케팅전략의 오류, 출혈판매로 인한 부실화, 유통구조 취약, 일부 고객에 과도한 의존	11.1
	경영자 관련 요인	경영자 능력부족, 경영자 태만, 친족경영, 후계자 선정 실패	10.5
	노사요인	고급기술인력 부족, 경직된 인사관리, 높은 임금수준, 높은 이직률, 불안정한 노사관계	5.3
	기술생산요인	자동화투자 실패, 신기술·신제품개발 실패, 기술개발의 타당성조사 미흡, 시설의 노후	0.5
기업 외부 요인	경기·자금요인	경제성장의 둔화, 금융권 긴축, 업계 자체의 부진	20.5
	시장요인	과당경쟁, 수요정체, 악성루머, 대체품 및 대기업 진출	11.4
	대외경제요인	환차손, 원자재 가격상승, 국내시장 개방, 보호막 폐지	8.2
	기타 요인	연쇄도산, 환경정책 강화, 화재 등 예측불허의 사건, 재해	0.9

1) 위의 각 항목이 가장 중요한 두 가지 도산원인에 포함된다고 응답한 빈도수에 기초하여 계산됨.
자료: 김건우, 1999, "한국기업의 도산원인,"「경영학연구」(제3호), pp. 771-798.

발생할 수 있다. 기술적 지급불능이 발생한 경우 유동성 문제를 해소하여 즉시 정상으로 회복시킬 수 있다면 기업은 정상적인 상태로 돌아갈 수 있다.

도산적 지급불능은 자산의 공정가치 총액이 부채의 공정가치 총액보다 작은 상태를 의미한다. 도산적 지급불능은 일시적인 유동성 부족에 기인하기보다 수익성 악화에 따른 만성적인 결손누적의 결과로서 나타난다.

이러한 도산적 지급불능 사태가 발생하여 채권자들이 법원에 파산신청을 하고 법원에서 공식적으로 파산선고를 내리면 법률적으로 기업의 **도산**(bankruptcy) 또는 **파산**이 일어나게 된다.

기업부실을 초래하는 원인은 경영자의 능력, 기업활동 영역별 문제점과 같은 기업 내부요인과 경기불황이나 업계의 부진과 같은 기업 외부요인으로 구분할 수 있다. 1990년대에 있었던 우리나라 104개 기업의 도산사례를 조사한 연구에 따르면, 기업의 도산원인은 〈표 12-11〉과 같이 요약할 수 있다.[14)]

〈표 12-11〉에서 보는 바와 같이, 우리나라 기업의 도산원인을 보면 기업 내부요인이 59.0%로서 기업 외부요인보다 더 큰 비중을 차지하고 있다. 영역별 도산원인을 보면, 경기 · 자금요인(20.5%), 기업구조 · 투자요인(19.6%), 재무요인(12.0%) 그리고 시장요인(11.4%)의 순으로 기업도산에 영향을 미친 것으로 나타나고 있다

한편 〈표 12-12〉에는 외환위기 전후로 구분하여 기업의 도산원인에 변화가 있었는지를 조사한 결과가 제시되어 있다. 외환위기 이전에는 기업구조 · 투자요인과 경기 · 자금요인이 가장 큰 도산원인이었으나, 외환위기 이후에는 경기 · 자금요인이 일차적 도산원인이었던 것으로 조사되고 있다. 이는 외환위기로 인한 경기침체와 자금사정 악화 때문에 많은 기업들이 도산하였음을 나타내고 있다. 또한 외환위기 이전과는 달리 시장요인과 판매요인도 큰 비중을 차지하고 있음을 볼 때 외환위기라는 외적환경 변화로 인하여 많은 기업들이 도산하였음을 알 수 있다.

표 12-12

외환위기 전후별 기업의 도산원인(%)

도산원인	외환위기 전(85개사)	외환위기 후(19개사)
경기 · 자금요인	19.1	26.7
기업구조 및 투자요인	20.9	13.3
재무요인	12.1	11.7
시장요인	10.3	16.7
판매요인	10.6	13.3
경영자 관련 요인	11.3	6.7
대외경제요인	8.9	5.0
기타 요인	6.7	6.7
합 계	100.0	100.0

자료: 김건우, 1999, "한국기업의 도산원인," 「경영학연구」(제3호), pp. 771-798.

14) 김건우, 1999, "한국기업의 도산원인," 「경영학연구」(제3호), pp. 771-798.

(2) 기업부실예측의 중요성

기업부실은 많은 이해관계자들에 큰 손실을 끼치게 된다. 먼저 부실기업의 주주는 주식가치의 하락으로 인한 경제적 피해를 입게 된다. 기업이 도산하면 법률자문비용이나 소송비용이 발생할 뿐만 아니라 영업중단에 따른 매출 격감으로 인하여 큰 손실이 발생하게 된다. 또한 기업에 대한 채권자는 자신의 채권을 회수하는 데 큰 어려움을 겪게 된다. 기업이 도산하면 부실채권이 양산되고 이로 인해 연쇄적 도산이 발생하거나 금융기관의 부실화가 초래된다. 그리고 부실기업의 종업원들은 급료를 제대로 받지 못하고 실직위기에 내몰리게 되며 도산기업의 제품을 구입한 고객은 제품보증서비스를 받지 못하게 되어 큰 불편을 겪게 된다. 정부의 입장에서는 조세수입이 감소하게 되고, 국민경제 전체적인 면에서도 실업의 증가, 경제성장 둔화, 금융기관의 부실화, 관련 기업의 연쇄적 도산, 국가신인도 저하 등의 문제가 초래되게 된다.

요컨대, 기업의 부실은 많은 이해관계자들에게 큰 손실을 초래하기 때문에 그러한 손실을 최소화하기 위해서는 기업의 부실 여부를 사전에 잘 예측하는 것이 매우 중요한 과제이다.

최근 기업환경의 두드러진 특징은 ‘환경의 급격한 변화로 인한 불확실성 증대’로 요약된다. 따라서 경영자는 환경의 변화를 신속히 감지하고 대응하여야 기업을 존속시킬 수 있다. 이를 위해서는 재무자료의 체계적인 분석이 필요하고 또 기업 내부 및 외부의 이상 징후를 신속히 감지하는 조기경보시스템을 구축할 필요가 있다. 조기경보시스템을 구축하면 경영자는 잠재적 위험을 최소화하기 위한 준비시간을 최대한 확보할 수 있다. 기업부실의 예측은 그러한 조기경보시스템을 구축함에 있어서 핵심적인 역할을 한다.

이와 같은 기업부실예측의 중요성을 인식하여 오래 전부터 부실예측모형을 개발하기 위한 노력이 이루어져 왔다. 부실예측에 관한 본격적인 연구는 1960년대 중반부터 시작되었는데, 초기에는 단일변량 분석기법이 개발되었고 이어서 다변량 분석기법인 판별분석(discriminant analysis)과 로짓분석(logit analysis)이 개발되었다. 판별분석과 로짓분석은 다수의 재무비율을 이용하는 도산예측기법이다. 또한 최근에는 인공신경망(neural network) 등 인공지능을 활용한 예측모형도 개발되고 있다. 다만, 이러한 모형은 본서의 범위를 벗어나므로 아래에서는 재무정보를 이용한 부실예측모형을 소개한다.

3.2 재무정보를 이용한 부실예측

(1) 판별분석

판별분석(discriminant analysis)이란 관찰치의 여러 특성을 기초로 하여 관찰치를 두 개 이상의 그룹으로 분류하는 데 사용되는 통계적 분석기법이다. 예를 들어, 판별분석은 분석대상기업을 건전기업과 부실기업으로 가장 잘 구분해 주는 재무비율의 조합을 찾아내는 데 사용된다. 판별분석은 부실예측은 물론 금융기관의 여신의사결정이나 회사채 신용등급결정에도 사용되는 등 여러 분야에서 활용되고 있다.

부실예측을 예로 들어 판별분석의 의미를 살펴보자. [그림 12-1]의 (a)와 (b)는 판별분석의 기본원리를 나타내고 있다. 매출액영업이익률, 유동비율, 부채비율을 이용하여 분석대상기업을 건전기업 또는 부실기업으로 분류하고 있으며, 그림에서 ○는 건전기업을, ×는 부실기업을 나타낸다.

[그림 12-1]의 (a)에서 보는 바와 같이 매출액영업이익률과 유동비율의 결합은 건전기업과 부실기업을 구분하는 데 그다지 유용하지 못하다. 두 비율의 결합이 건전기업과 부실기업의 구분에 유용하기 위해서는 두 비율의 결합으로 나타나는 점들이 건전기업과 부실기업을 확연히 구분하는 위치에 집중되어 있어야 하는데, 그림 (a)에서 보듯이 매출액영업이익률과 유동비율의 결합을 표시하는 점들의 분포는 건전 · 부실 여부에 관계없이 섞여 있음을 알 수 있다. 따라서 매출액영업이익률과 유동비율의 결합은 부실예측에 대한 판별력이 낮다고 할 수 있다.

이와 대조적으로 [그림 12-1]의 (b)에 제시된 매출액영업이익률과 부채비율의 결합을 보면 (a)의 경우와 상당히 다른 양상을 보이고 있다. 두 재무비율의 결합으로 나타나는 점들의 위치가 확연히 구분되어 나타나고 있다. 즉, 점선으로 표시된 경계선을 기준으로 건전기업과 부실기업의 구분이 뚜렷하게 이루어지고 있다. 다만, ◈나 ◎와 같이 건전기업이 부실기업으로 또는 부실기업이 건전기업으로 잘못 분류되는 경우도 있다.

판별분석에서는 그림 (b)에서 점선으로 표시된 **판별함수**(discriminant function) 「$Z = aX$(부채비율) + bY(매출액영업이익률)」를 추정한다. 추정된 판별식에 분석대상기업의 X, Y 값을 대입하여 Z 값을 구한 다음, 판별점과 비교하여 건전기업 또는 부실기업으로 분류하게 된다.

그림 12-1
판별분석의 기본원리

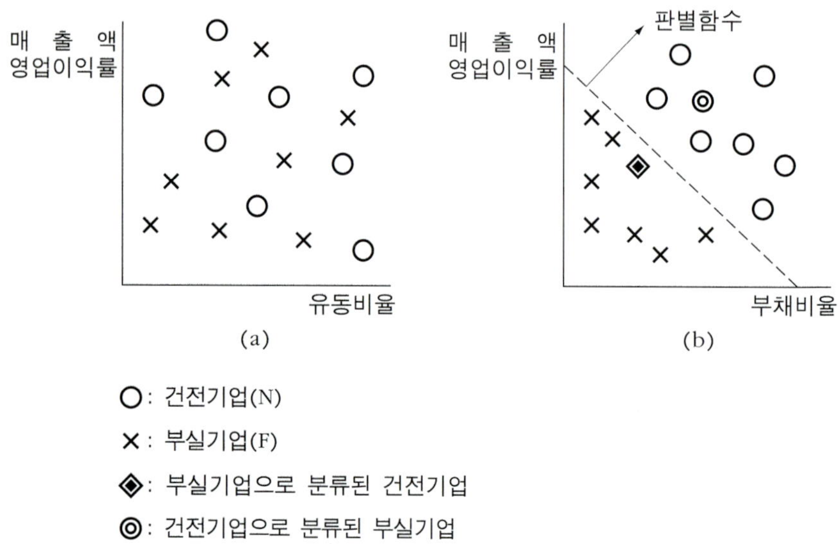

위의 절차를 적용하여 분석대상기업 각각에 대하여 Z값을 산정한 결과를 집계하면 [그림 12-2]와 같은 분포가 얻어진다. 계산한 Z값이 Z_C보다 크면 건전그룹으로 분류하고 Z_C보다 작으면 부실그룹으로 분류한다. [그림 12-2]에서 ◎는 부실기업을 건전기업으로 잘못 분류하여 제1종 오류가 발생한 경우이고, ◈는 건전기업을 부실기업으로 잘못 분류하여 제2종 오류가 발생한 경우이다. 판별력이 높은 재무비율을 선정할수록 부실기업의 Z값 분포와 건전기업의 Z값 분포는 서로 떨어지

그림 12-2
최적 판별점의 선정과 분류오류

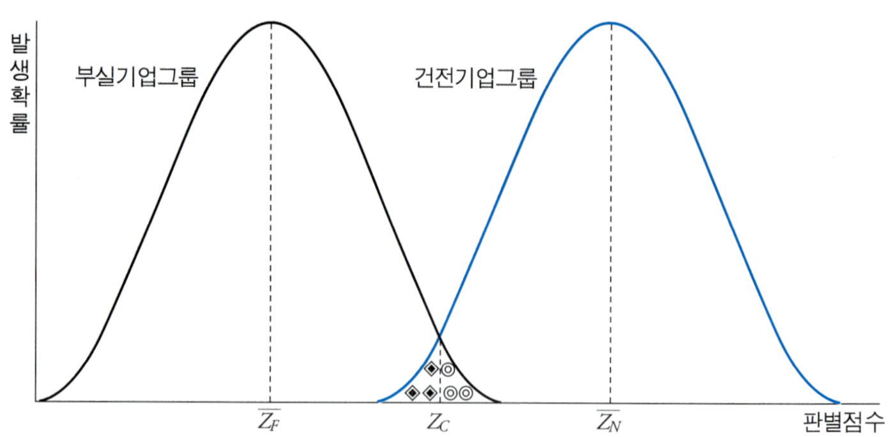

$\overline{Z_F}$: 부실기업그룹의 Z값 평균　　$\overline{Z_N}$: 건전기업그룹의 Z값 평균
Z_C: 최적 판별점

게 되며 그에 따라 오분류율이 감소한다. 반면에 판별력이 낮은 재무비율을 이용하여 Z값을 계산하면 두 그룹의 Z값 분포들이 겹치는 부분이 늘어나게 되어 오분류율이 증가한다. [그림 12-2]에서 **최적 판별점**은 ◈와 ◎로 표시된 오분류율을 최소화하는 Z_C 값으로 결정된다.

● 판별분석을 이용한 부실예측

기업부실을 예측하기 위해 개발된 판별모형은 Altman(1968)의 연구에서 비롯되었는데, 아래에서는 국내기업을 대상으로 한 Altman의 K-Score 모형도 함께 소개한다.

① Altman의 Z-score 모형

Altman(1968)은 판별분석을 이용하여 기업이 부실을 예측하는 Z-score 모형을 제시하였다.[15] Altman은 1946~1965년의 기간 중에 도산한 33개 기업과 33개의 건전기업을 표본기업으로 이용하여 판별분석을 실시하였다. 판별함수를 추정하기 위하여 일차적으로 22개의 재무비율을 선정하고, 이들 중에서 유동성, 수익성, 레버리지, 활동성 등의 각 범주별로 대표적인 비율을 1개씩 선정하여 사용하였다.

도산 1년 전의 자료를 이용하여 Altman이 최종적으로 제시한 Z-score 모형은 다음과 같다.

$$Z = 1.2\ X_1\ + 1.4\ X_2\ + 3.3\ X_3\ + 0.6\ X_4\ + 1.0\ X_5 \tag{12-3}$$

Z: 판별점수
X_1: 운전자본/총자산
X_2: 이익잉여금/총자산
X_3: 이자 및 법인세 자감전 이익(EBIT)/총자산
X_4: 자기자본 시장가치/부채 장부가치
X_5: 매출액/총자산

위의 판별모형에 사용된 각 예측변수의 의미를 살펴보자. X_1(운전자본/총자산)은 기업의 단기유동성을 측정하는 비율이다. X_2(이익잉여금/총자산)는 기업의 누적수익성 및 상대적 업력(age)을 나타낸다. 일반적으로 업력이 짧은 기업은 이익을 축적

15) E. Altman, 1968, "Financial Ratios, Discriminant Analysis and the Prediction of Corporate Bankruptcy," *Journal of Finance* (September), pp. 589-609.

할 기간이 짧기 때문에 이 비율이 낮을 가능성이 높다. 역사가 짧은 기업이 역사가 오래된 기업에 비해 도산확률이 높을 수 있다는 점에서 이 비율은 기업부실의 예측력을 가질 수 있다. X_3(이자 및 법인세 차감전 이익/총자산)는 자본조달 방법에 관계없이 기업의 투자이익률(영업수익성)을 측정하는 지표이다. 기업의 궁극적인 생존은 투하자본의 수익력에 좌우된다는 점에서 이 비율도 판별력을 가질 것으로 기대된다. X_4(자기자본시장가치/부채장부가치)는 부채비율의 역수 형태인데 자기자본 장부가치 대신 시장가치를 사용하여 측정된 것이다. 이 비율은 장기지급능력과 더불어 기업의 수익성과 위험에 대한 시장의 평가를 반영한다고 볼 수 있다. 마지막으로 X_5(매출액/총자산)는 자산의 효율적 이용 정도를 측정하는 총자산회전율이다.[16)]

판별분석을 실시한 결과 각 예측변수가 총 판별력에 기여하는 정도를 측정하는 상대적 기여도는 X_3, X_4 그리고 X_5의 순서로 나타났다. 또한 분류오류의 수를 최소화하는 판별점은 2.675였고, 기업부실 여부를 판정하기 위하여 Altman이 제시한 기준은 다음과 같다.[17)]

(a) $Z < 1.81$: 부실기업으로 판정
(b) $1.81 \leq Z \leq 2.99$: 판정 유보(gray area)
(c) $Z > 2.99$: 건전기업으로 판정

만일 분석자가 Altman의 방법을 사용하고자 한다면, 분석대상기업의 5개 재무비율($X_1 \sim X_5$)을 식 (12-3)의 판별모형에 대입하여 산정한 Z값이 위의 어느 구간에 속하는가를 보고 부실 여부를 예측하면 된다. 다만, Z값이 1.81 이상 2.99 이하의 범위에 속하는 경우에는 Z값의 예측력이 매우 낮으므로 다른 방법을 사용하여 보다 정밀히 분석할 필요가 있다.

그런데 분석대상기업이 비상장기업인 경우에는 자기자본 시장가치를 구할 수 없으므로 식 (12-3)의 X_4를 계산할 때 자기자본 장부가치를 사용할 수밖에 없다. Altman이 X_4를 「자기자본 장부가치/부채 장부가치」로 측정하고 비상장기업을 대상으로 제시한 판별모형은 다음과 같다.

---

16) 위의 판별식에 재무비율 값을 대입할 때 $X_1 \sim X_4$는 소수 단위로 대입하고 X_5는 회 단위로 대입한다. 예를 들어, 운전자본이 30억원이고 총자산이 150억원이면 X_1은 0.2(=30억/150억)로 대입하며, % 단위인 20으로 대입하는 것이 아님을 유의해야 한다.

17) 위의 판정기준이 제시된 이유는 표본기업 중에서 Z 값이 2.99를 넘는 기업은 모두 건전기업으로 나타났으며 1.81보다 작은 기업은 모두 1년 후에 도산한 것으로 나타났기 때문이다.

$$Z' = 0.717\, X_1 + 0.847\, X_2 + 3.107\, X_3 + 0.420\, X_4 + 0.998\, X_5 \quad (12\text{-}4)$$

위의 Z'-score 모형을 이용하여 비상장기업에 대해 Altman이 제시한 판정기준은 다음과 같다.

(a) $Z' < 1.23$: 부실기업으로 판정
(b) $1.23 \leq Z' \leq 2.90$: 판정 유보(gray area)
(c) $Z' > 2.90$: 건전기업으로 판정

② Zeta 모형

Altman(1968)의 후속연구로서 Altman, Haldeman and Narayanan(1977)은 부실예측의 정확도를 더 높이기 위하여 *Zeta* 모형을 개발하였다.[18] 이들은 1969~1975년 중에 도산한 53개의 도산기업과 58개의 건전기업을 이용하여 판별모형을 추정하였는데, 모형에 최종 포함된 7개의 예측변수와 각 변수의 상대적 중요도는 〈표 12-13〉에 요약되어 있다.[19]

표 12-13
Zeta 모형에 포함된 예측변수

예측변수	변수의 정의	중요도 순위
투자이익률	이자 및 법인세 차감전 이익(EBIT)/유형자산 총액	7
이익률의 안정성	과거 10년간 투자이익률의 표준편차	2
이자지급능력	log(이자 및 법인세 차감전 이익(EBIT)/이자비용)	6
누적수익성	이익잉여금/총자산	1
유동성	유동자산/유동부채	5
자본구조	「보통주 시장가치/총자본 시장가치」의 5년 평균	3
기업규모	log(유형자산 총액)	4

자료: E. Altman, R. Haldeman, and P. Narayanan, 1977, "ZETA™ Analysis: A New Model to Identify Bankruptcy Risk of Corporations," *Journal of Banking and Finance* (June), pp. 29-54.

18) E. Altman, R. Haldeman, and P. Narayanan, 1977, "ZETA™ Analysis: A New Model to Identify Bankruptcy Risk of Corporations," *Journal of Banking and Finance* (June), pp. 29-54.
19) Altman 등은 재무제표의 일부 항목에 대해 금액조정을 한 후 재무비율을 계산하였다. 예를 들어, 취소불능 운용리스는 자본화하였고, 영업권을 포함한 무형자산은 가치평가의 어려움 때문에 자산과 자본에서 제거하였다. 또한 자본화된 이자비용도 경제적 실질을 반영하여 비용화시키는 조정을 하였다.

그림 12-3

도산 전 5년간 Zeta 값의 변화추세

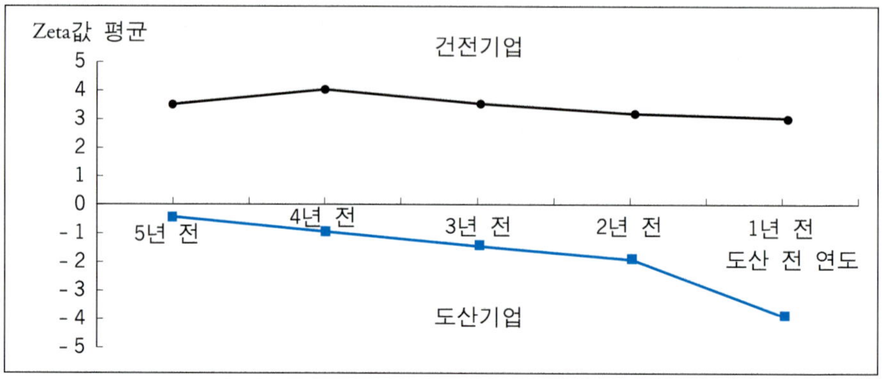

자료: E. Altman, R. Haldeman, and P. Narayanan, 1977, "ZETA™ Analysis: A New Model to Identify Bankruptcy Risk of Corporations," *Journal of Banking and Finance* (June), pp. 29-54.

앞의 *Zeta* 모형은 ZETA 서비스사에서 'ZETA CREDIT RISK'라는 이름으로 상용화하고 있어서 예측변수들의 계수는 공개되어 있지 않다. 7개의 예측변수 중 누적수익성의 중요도가 가장 높은 것으로 나타나고 있는데, 이는 수익성 추세, 기업의 업력, 배당정책 등에 관한 다양한 정보가 누적수익성 변수에 반영되어 있기 때문인 것으로 추정된다. 누적수익성 다음으로는 이익률의 안정성, 자본구조, 기업규모 등의 순으로 중요도가 높은 것으로 제시되어 있다.

[그림 12-3]에는 도산 5년 전부터 1년 전까지 도산기업과 건전기업에 대한 *Zeta* 값의 변화추세가 제시되어 있다. 도산 5년 전부터 도산기업의 *Zeta* 평균값은 건전기업과 비교하여 확연한 차이를 보이고 있으며 도산 1년 전에는 그 차이가 더욱 커지고 있다.

Zeta 모형의 예측정확도를 앞의 *Z*-score 모형과 비교하면 *Zeta* 모형이 우월한 것으로 나타나고 있으며, 도산 전 연도별 예측정확도는 〈표 12-14〉와 같다. 여기서 보는 바와 같이, 도산 1년 전에 대한 두 모형의 예측정확도는 큰 차이를 보이지 않는다. 그러나 도산 2년 전~5년 전에 대한 *Zeta* 모형의 예측정확도는 *Z*-score 모형에 비해 훨씬 높음을 볼 수 있다. 다만, 도산 1년 전 예측을 제외하고는 *Zeta* 모형 역시 도산기업에 대한 예측정확도가 건전기업에 대한 예측정확도보다 낮아서 도산예측이 어려운 일임을 알 수 있다. 또한 도산 전 연도가 뒤로 갈수록 도산예측의 정확도가 낮아지고 있다.

표 12-14
Zeta 모형과 Z-score 모형의 예측정확도(%) 비교

도산 전 연도	Zeta 모형		Z-score 모형	
	도산기업 예측	건전기업 예측	도산기업 예측	건전기업 예측
1년 전	96.2	89.7	93.9	97.0
2년 전	84.9	93.1	71.9	93.9
3년 전	74.5	91.4	48.3	–
4년 전	68.1	89.5	28.6	–
5년 전	69.8	82.1	36.0	–

자료: E. Altman, R. Haldeman, and P. Narayanan, 1977, "ZETA™ Analysis: A New Model to Identify Bankruptcy Risk of Corporations," *Journal of Banking and Finance* (June), pp. 29-54.

③ K-score 모형

Altman(1996)은 한국기업을 대상으로 연구한 도산예측모형을 제시하였다.[20] 모형 추정에 사용된 기업은 1989~1992년의 기간 중 부실화된 34개 기업과 61개의 건전기업이다. 20개의 재무변수들을 검토한 후 최종적으로 기업규모, 총자산회전율, 누적수익성, 재무구조의 4개 변수들이 선정되었다.

재무구조를 나타내는 「자기자본/총부채」를 산정함에 있어서 상장기업은 자기자본 시장가치를 사용할 수 있지만 비상장기업의 경우는 자기자본 장부가치를 사용할 수밖에 없다. 그래서 Altman은 상장기업과 비상장기업에 모두 적용가능한 *K*1-score 모형에서는 자기자본 장부가치를 사용하고, 상장기업에만 적용가능한 *K*2-score 모형에서는 자기자본 시장가치를 사용하여 「자기자본/총부채」를 각각 계산하였다.

Altman이 제시한 *K*1-score 모형과 *K*2-score 모형은 각각 다음과 같다.

$$K1\text{-score} = -17.862 + 1.472\ X_1 + 3.041\ X_2 + 14.839\ X_3 + 1.516\ X_4 \qquad (12\text{-}5)$$

$$K2\text{-score} = -18.696 + 1.501\ X_1 + 2.706\ X_2 + 19.760\ X_3 + 1.146\ X_4' \qquad (12\text{-}6)$$

X_1: log(총자산) (백만원 단위 사용)　　X_2: log(매출액/총자산)
X_3: 이익잉여금/총자산　　X_4: 자기자본 장부가치/총부채
X_4': 자기자본 시장가치/총부채

위의 두 판별모형에 의한 기업부실 판정기준은 〈표 12-15〉와 같다.

20) E. Altman, 1996, "Distress Classification of Korean Firms," 「은행의 신용위험관리」, 한국금융연구원, pp. 379-410.

표 12-15
K1-score 모형과 K2-score 모형의 판정기준

K1 score의 범위	K2 score의 범위	판 정
$K1 < -2.00$	$K2 < -2.30$	부실가능성 심각
$-2.00 \leq K1 \leq 0.75$	$-2.30 \leq K2 \leq 0.75$	판정 유보(gray area)
$K1 > 0.75$	$K2 > 0.75$	부실가능성 없음

검증표본을 사용하여 분석한 결과에 따르면, *K*1-score 모형의 도산예측 정확도는 도산 1년 전에는 97.1%, 2년 전에는 88.2%로 나타나고 있으며 5년 전으로 돌아가면 68.8%로 떨어진다. *K*2-score 모형의 경우에는 도산 1년 전에 96.6%, 2년 전에는 85.2%, 그리고 5년 전에는 75.0%로 나타나고 있다.

● 판별분석의 유용성과 한계점

기업부실을 예측함에 있어 판별분석은 다음과 같은 유용성을 가지고 있다.

첫째, 단일변량분석과는 달리 여러 재무비율들을 동시에 이용한다. 따라서 각 재무비율의 상대적 기여도를 파악할 수 있고 부실예측시 각 재무비율에 부여해야 할 가중치에 대한 정보도 제공한다.

둘째, 판별분석은 재무비율과 같은 객관적 자료에 의거하고 있으므로 분석자의 주관적 판단에 의존하지 않고 보다 체계적인 분석을 가능하게 한다. 또한 판별모형이 일단 구축되면 모형을 이용하기도 쉽다.

위와 같은 유용성이 있는 반면에 판별분석은 아래와 같은 한계점도 있다.

첫째, 판별분석에 사용되는 변수들은 과거의 재무자료에 의해 계산되기 때문에 최근에 일어난 변화가 반영되지 않는다. 또한 부실예측에 유용할 수 있는 비재무적 정보를 반영하지 못하고 있다.

둘째, 판별모형에 포함되어야 할 변수를 선정하는 기준이 명확하지 않다. 물론 이러한 문제의 근본적 원인은 부실예측에 유용한 변수가 무엇인지 알려주는 이론이 아직 정립되어 있지 않은 데 있다.

셋째, 판별분석을 수행하기 위해서는 자료에 대하여 제약적인 가정을 도입해야 한다. 즉, 판별분석에 사용되는 변수들은 다변량 정규분포(multivariate normal distribution)를 따른다고 가정해야 하며, 또한 변수들의 분산 · 공분산행렬(variance-covariance matrix)이 건전기업과 부실기업 간에 동일하다고 가정해야 한다.

넷째, 부실예측은 판별점수에 기초하는데 판별점수에 대하여 적절한 경제적 해석을 하기 어렵다. 예를 들어, 특정 판별점수를 기초로 하여 기업부실이 발생할 확률을 추정하기란 쉽지 않다.

(2) 로짓모형을 이용한 분석

1960년대 말의 Altman(1968) 연구를 시작으로 판별분석이 널리 사용되어 왔지만, 앞에서 논의한 바와 같이 판별분석은 여러 한계점도 가지고 있다. 이러한 한계점 때문에 1980년대 이후부터 **로짓모형**(logit model)을 이용한 분석기법이 사용되기 시작하였다.

판별분석의 경우 변수들의 통계적 특성에 대해 제약적인 가정이 필요하지만 로짓모형에서는 그러한 가정이 요구되지 않는다. 또한 판별점수는 해석하기 어려운데 비하여 로짓모형은 기업의 도산가능성을 확률 형태로 보여주는 장점도 있다.[21)]

로짓모형의 의미를 이해하기 위하여, 먼저 y는 도산기업의 경우 1의 값을 갖고 건전기업의 경우는 0의 값을 갖는 변수라고 하자. 그러면 도산이 발생할 확률을 $P(y=1)$라고 표시하고 도산이 발생하지 않을 확률을 $P(y=0)$라고 표현할 수 있다. $P(y=1)$에 영향을 미치는 독립변수가 X_1, …, X_n(예를 들면, 유동비율, 투자이익률, 부채비율 등)이라고 하고 각 독립변수의 변동이 도산확률에 미치는 영향을 a_1, …, a_n(예를 들면, 유동비율이 변동함으로써 도산확률이 얼마나 변동하는지를 보여주는 계수임)이라고 하면 P는 다음과 같이 표현할 수 있다.

$$P = F(a_1 X_1, \cdots, a_n X_n) \tag{12-7}$$

식 (12-7)의 우변에서 $F(a_1 X_1, \cdots, a_n X_n)$은 **도산확률**(probability of bankruptcy)을 나타내는 함수인데 부실예측에 사용하기 위해서는 함수의 구체적 형태가 정해져야 한다. 적절한 함수를 제시하는 이론이 없는 상태에서는 확률함수의 의미를 가지면서 계산이 편리한 함수를 $F(a_1 X_1, \cdots, a_n X_n)$로 선택하면 된다.

로짓모형은 도산확률 $F(a_1 X_1, \cdots, a_n X_n)$을 다음의 함수 형태로 나타낸다.

---

21) 로짓분석은 회귀계수의 유의성 여부를 알 수 있게 하는 이점도 가지고 있다.

$$P = F(a_1 X_1,\ \cdots,\ a_n X_n) = \frac{1}{1+e^{-Z}} \tag{12-8}$$

$$\text{위에서: } Z = a_0 + a_1 X_1 + a_2 X_2 + \cdots + a_n X_n \tag{12-9}$$

$$e \fallingdotseq 2.718282$$

e는 지수(exponential)로서 약 2.718282의 값을 갖는다. 식 (12-8)에서 Z가 극단적으로 큰 값이면 P는 1에 접근하고, 반대로 Z가 극단적으로 작은 음의 값이면 P는 0에 접근한다. 따라서 식 (12-8)은 0과 1 사이의 값을 취하게 되므로 확률함수의 의미를 가지고 있다.

위의 로짓모형을 사용하려면 식 (12-9)를 추정해야 하며, 이때 종속변수 Z에 대해서는 부실기업이면 1을, 건전기업이면 0을 부여하고, 독립변수 X_1, ⋯, X_n에 대해서는 분석자가 선정한 재무변수를 사용한다.[22)]

기업부실예측을 위한 로짓모형 개발은 일반적으로 다음과 같은 절차에 따라 이루어진다.

첫째, 부실기업과 건전기업으로 구성된 추정표본을 추출한다.
둘째, 표본기업의 재무변수들을 측정하고 로짓모형을 추정한다.
셋째, 부실기업과 건전기업을 가장 잘 분류해 주는 판별점(즉, 기준 확률값)을 찾으면서 최종적 예측모형의 독립변수와 계수를 확정한다.
넷째, 별도의 검증표본을 이용하여 모형의 예측정확도를 확인한다.

● 로짓모형을 이용한 부실예측

로짓모형을 부실예측에 이용한 대표적인 연구로는 Ohlson(1980)의 연구가 있다.[23)] 이 연구에서는 1970~1976년의 기간 중 도산한 105개 기업과 2,058개의 건전기업이 표본기업으로 이용되었다. 독립변수로는 9개의 재무변수들이 포함되었으며, 도산 1년 전의 자료를 이용하여 최종적으로 로짓모형을 추정한 결과는 〈표 12-16〉과 같다.

〈표 12-16〉에서 '예상부호'는 계수추정치의 부호가 양(+) 또는 음(−)일 것인지

---

22) 로짓모형을 실제 추정할 때에는 SAS나 SPSS와 같은 통계패키지가 이용된다.
23) J. Ohlson, 1980, "Financial Ratios and the Probabilistic Prediction of Bankruptcy," *Journal of Accounting Research* (Spring), pp. 109-131.

표 12-16
로짓모형의 추정 결과(도산 1년 전): Ohlson(1980)

예측변수	변수의 정의	예상부호	계수추정치	t-통계치
절 편			−1.320	−0.97
SIZE	log(총자산/GNP 디플레이터)	−	−0.407	−3.78
TLTA	총부채/총자산	+	6.030	6.61
WCTA	운전자본/총자산	−	−1.430	−1.89
CLCA	유동부채/유동자산	+	0.076	0.76
NITA	당기순이익/총자산	−	−2.370	−1.85
FUTL	영업활동현금흐름[1]/총부채	−	−1.830	−2.36
INTWO	과거 2년간 적자이면 1, 아니면 0	+	0.285	0.81
OENEG	순자산<0이면 1, 아니면 0	+	−1.720	−2.45
CHIN	순이익증가율[2]	−	−0.521	−2.21

1) 운전자본 투자가 차감되지 않은 영업활동 현금흐름
2) 순이익증가율 = (당기순이익 − 전기순이익)/(당기순이익의 절대값 + 전기순이익의 절대값)
자료: J. Ohlson, 1980, "Financial Ratios and the Probabilistic Prediction of Bankruptcy," *Journal of Accounting Research* (Spring), pp. 109-131.

에 대한 예측을 나타낸다. 계수가 양의 값인 독립변수는 변수의 크기가 증가할수록 도산확률이 높아지고, 반면에 계수가 음의 값인 독립변수는 변수의 크기가 증가하면 도산확률이 낮아질 것이라는 의미이다.

로짓모형에 포함된 변수들이 기업의 어떠한 특성을 반영하고 있는지 살펴보자. SIZE는 기업규모인데, 일반적으로 규모가 큰 기업일수록 매각할 수 있는 자산이 더 많고 자금조달능력도 크다고 볼 수 있다. 따라서 기업규모가 클수록 도산확률이 낮아질 것이다. TLTA(총부채/총자산)와 CLCA(유동부채/유동자산)는 장·단기 지급능력에 대한 비율인데, 이들 비율이 높을수록 도산확률이 높아질 것으로 예상될 것이다. NITA(당기순이익/총자산)는 수익성비율인데, 수익성이 높을수록 부채지급능력이 양호해 진다. FUTL(영업활동현금흐름/총부채)은 부채규모와 비교하여 영업활동 현금흐름 유입액이 얼마나 많은가를 나타내므로 이 비율이 높을수록 도산확률이 낮을 것으로 예상될 것이다. INTWO(적자기업 더미변수)는 최근의 경영성과가 아주 불량한지 여부를 나타내는 더미변수이고, OENEG는 자본잠식 여부를 나타내는 더미변수이다. CHIN(순이익증가율)은 최근의 수익성 변화 방향과 성장 정도를 나타내는데 이 비율이 높을수록 도산확률이 낮아질 것으로 예상된다.

〈표 12-16〉의 추정결과를 보면 OENEG(자본잠식 더미변수) 외에는 모두 계수추정치의 부호가 예상부호와 일치하고 있다. 그러나 CLCA, INTWO 등의 통계적 유의성은 낮은 것으로 나타나고 있다.

위의 로짓모형은 분류오류율을 최소화하는 최적 판별점(기준 확률값)을 3.8%로 제시하고 있으며, 이 판별점에서 도산기업의 87.6%와 건전기업의 82.6%가 정확하게 분류되었다. 따라서 만일 분석자가 Ohlson의 모형을 사용하고자 한다면, 분석대상기업의 9개 재무변수들을 아래의 식 (12-10)에 대입하여 Z값을 계산하고 이를 앞의 식 (12-8)에 대입하여 도산확률 P를 산정한 후, 이 P가 3.8%를 넘으면 당해 기업은 도산가능성이 높은 기업으로 예측하게 된다.

$$Z = -1.320 - 0.407\ SIZE + 6.030\ TLTA - 1.430\ WCTA + 0.076\ CLCA - 2.370\ NITA \\ -1.830\ FUTL + 0.285\ INTWO - 1.720\ OENEG - 0.521\ CHIN \qquad (12\text{-}10)$$

한편 국내에서도 부실예측을 위해 로짓모형을 이용한 연구가 있는데, 이계원(1993)은 1985~1992년의 기간 중에 도산한 41개 기업과 건전기업 123개를 이용하여 도산예측모형을 추정하였으며, 그 결과는 〈표 12-17〉과 같다.[24)]

〈표 12-17〉의 추정결과를 보면, 자기자본비율이 낮을수록, 현금흐름비율이 낮

표 12-17

국내기업에 대한 로짓모형 추정결과 (도산 1년 전)

예측변수	변수의 정의	예상부호	계수추정치	t-통계치
절 편			5.36	1.82
매출액순이익률	당기순이익/매출액	−	−4.27	−0.99
총자산회전율	매출액/총자산	−	−0.73	−0.99
자기자본비율	자기자본/총자산	−	−7.29	−3.51
현금흐름비율	영업활동 현금흐름/유동부채	−	−2.21	−1.74
비기대재고자산비율	(재고자산−매출액 비례 기대 재고자산)/매출원가	+	6.89	3.54
기업규모	log(매출액)	−	−1.83	−1.70

자료: 이계원, 1993, "회계정보에 의한 기업부실예측과 시장반응,"「회계학연구」(제16호), pp. 49-77.

24) 이계원, 1993, "회계정보에 의한 기업부실예측과 시장반응,"「회계학연구」(제16호), pp. 49-77.

을수록, 매출액증가율을 초과하여 재고자산이 증가할수록 그리고 기업규모가 작을수록 도산확률이 높아지는 것으로 제시되어 있다. 그러나 수익성 관련 비율인 매출액순이익률과 총자산회전율은 예상과 달리 기업부실에 대해 유의한 설명력을 보이지 못하고 있다. 추정된 로짓모형을 이용하여 도산 1년 전 시점에서 예측한 결과, 건전기업에 대해서는 93%, 그리고 도산기업에 대하여는 61%의 예측정확도를 갖는 것으로 제시되고 있다. 이와 같이 도산기업에 대한 예측정확도가 그리 높지 않으므로 예측모형을 개선하기 위한 연구가 필요한 것으로 보인다.

(3) 부실예측모형의 평가

이상과 같이 판별분석, 로짓분석에 의한 계량적 부실예측기법을 소개하였다. 이러한 계량적 예측기법은 분석자의 자의적인 판단을 줄이면서 체계적이고 일관된 의사결정을 이끌어내게 하는 장점을 가지고 있다. 그러나 계량적 예측모형을 사용함에 있어서는 여러 방법론적 문제에 대해 유의할 필요가 있다.

첫째, 예측모형에 포함되어야 할 변수가 무엇인지 제시해 주는 이론모형이 부재하다. 이 때문에 변수 선정은 이론적 토대 없이 직관이나 과거 연구에서의 채택 여부 혹은 통계적 기법에 의존해서 이루어지고 있다. 그러나 그와 같은 변수 선정은 추정결과에 대한 해석을 어렵게 할 수 있고, 또 다른 표본기간에서도 예측력을 가질 것인가에 대해 의문의 여지가 있다.

둘째, 전체 기업 중에서 부실기업의 수는 건전기업에 비하여 훨씬 적다. 그런데 부실기업과 건전기업을 '짝짓기 표본추출방법'으로 추출하면 부실기업과 건전기업이 동일한 수로 추출된다. 이 때문에 모집단의 구성과 비교할 때 부실기업이 표본에 과다하게 포함되는 문제가 초래된다. 따라서 추정된 모형을 건전기업과 부실기업의 수가 같지 않은 검증표본에 적용하면 예측정확도가 훨씬 낮아질 가능성이 있다.

셋째, 부실기업과 비교할 건전기업을 선정할 때 일반적으로 기업규모와 업종이 유사한 기업을 선정하고 있다. 그러나 소기업의 자금조달능력은 대기업에 비하여 떨어질 가능성이 높고, 또한 경기에 민감한 산업과 그렇지 않은 산업 간에는 기업의 부실 가능성에 차이가 있을 수 있다. 이와 같이 기업규모와 업종 자체가 부실예측에서 중요한 예측변수가 될 가능성이 있음에도 불구하고 짝짓기 표본추출방법은 그러한 가능성을 배제하는 문제가 있다.

넷째, 경영환경이 변화하고 있는데도 과거 자료를 이용한 모형을 계속 사용할 수 있는가의 문제가 있다. 기업의 부실 가능성은 경영환경의 변화에 따라 영향을 받고 또 새로운 자금조달방법이 도입됨에 따라 영향을 받을 수도 있다. 따라서 이러한 변화를 적절히 반영하기 위해서는 정기적으로 모형을 재추정할 필요가 있다.

연습문제

1. 신용평가기관에서 발표하는 회사채 신용등급은 회사채의 가치평가에서 어떤 역할을 하는지 가치평가모형의 관점에서 설명하라.

2. 회사채 신용등급예측모형의 추정결과를 보면 기업의 재무위험을 측정해 주는 부채비율이나 이자보상비율뿐 아니라 자기자본이익률과 같은 수익성비율도 신용등급에 대해 유의한 설명변수로 나타나고 있다. 이와 같이 수익성비율이 기업의 신용등급에 대해 설명력을 가지고 있는 이유를 설명하라.

3. 회사채 신용평가와 비교할 때 기업어음의 신용평가에서 추가로 고려되어야 할 요인이 무엇인지 설명하라.

4. 기업부실(corporate financial distress)이란 어떠한 현상을 가리키는지 설명하라.

5. Altman이 개발한 판별모형인 Z-score 모형은 기업부실에 직면한 경영자에게 어떠한 시사점을 제공하는지 논의하라.

6. 다변량 분석기법으로 널리 사용되는 판별분석은 장점과 함께 여러 한계점도 가지고 있다. 판별분석의 한계점이 무엇인지 논의하라.

7. 서울기업(주)과 수원기업(주)은 제조업을 영위하는 회사들로서 매출에서 수출이 차지하는 비중이 크다. 최근 들어 서울기업(주)은 환율하락으로 채산성이 악화되고 있다. 서울기업(주)의 경영자는 채산성의 회복을 위해서 영업비용의 대폭 절감이 필요하다고 언급하였다. 반면에 수원기업(주)은 꾸준히 이익을 내고 있으며 이에 따라 재무지표도 개선되고 있다. 두 회사의 최근 3개 연도에 대한 재무지표 일부는 다음과 같다.

재무비율	2×21	2×22	2×23
서울기업(주):			
영업활동 현금흐름/재무부채(%)	45.1	38.2	39.5
재무부채/자기자본(%)	50.0	52.5	53.7
이자보상비율(배)	4.5	2.7	1.2
수원기업(주):			
영업활동 현금흐름/재무부채(%)	37.1	40.7	44.1
재무부채/자기자본(%)	52.6	48.5	45.4
이자보상비율(배)	2.3	4.1	5.2

또한 최근에 서울기업(주)의 회사채 신용등급은 AAA에서 AA로 하향 조정되었고, 수원기업(주)의 신용등급은 A에서 AA로 상향 조정되었다. 주어진 자료를 기초로 하여 어느 회사의 회사채를 매수해야 할지에 대해 의견을 제시해 보라.

8. 다음의 자료는 상장기업인 H사에 대한 재무자료이다(단위: 백만원)

	2×23	2×24
유동자산	507,321	587,453
총 자 산	1,154,684	1,258,482
유동부채	587,296	756,858
총 부 채	988,226	1,086,103
이익잉여금	52,406	58,341
자기자본	166,458	172,379
연말주가(원): 보통주	8,500	9,990
우선주	5,090	3,700
발행주식수(주): 보통주	7,872,000	7,872,000
우선주	1,049,000	1,049,000
매 출 액	664,379	789,061
이자비용	38,302	47,338
법인세비용	6,942	6,065
당기순이익	9,944	5,230

아래의 물음에 답하라.

(1) 2×23년의 자료를 이용하여 Altman의 *Z*-score 모형의 *Z* 값을 산정하고 H사의 부실여부에 대해 판정하라.
(2) 2×24년의 자료를 이용하여 Altman의 *Z*-score 모형의 *Z* 값을 산정하고 H사의 부실여부에 대해 판정하라.
(3) 2×23년의 자료를 이용하여 Altman의 *K2*-score 모형의 *K*2 값을 구하고 H사의 부실여부에 대해 판정하라.
(4) 2×24년의 자료를 이용하여 Altman의 *K2*-score 모형의 *K*2 값을 구하고 H사의 부실여부에 대해 판정하라.

9. 다음의 자료는 비상장기업인 P사의 재무자료이다(단위: 백만원)

	2×23	2×24
유동자산	172,195	188,529
총 자 산	559,722	621,300
유동부채	266,554	312,144
총 부 채	481,174	535,534
이익잉여금	58,528	68,378
자기자본	78,548	85,766
매 출 액	752,372	807,763
이자비용	24,910	25,882
법인세비용	2,788	5,580
당기순이익	8,432	11,479

아래의 물음에 답하라.

(1) 2×23년의 자료를 이용하여 Altman의 *Z*′-score 모형의 *Z*′ 값을 산정하고 L사의 부실 여부에 대해 판정하라.
(2) 2×24년의 자료를 이용하여 Altman의 *Z*′-score 모형의 *Z*′ 값을 산정하고 L사의 부실 여부에 대해 판정하라.
(3) 2×23년의 자료를 이용하여 Altman의 *K*1-score 모형의 *K*1 값을 구하고 L사의 부실 여부에 대해 판정하라.
(4) 2×24년의 자료를 이용하여 Altman의 *K*1-score 모형의 *K*1 값을 구하고 L사의 부실 여부에 대해 판정하라.

10. A사는 유통업을 영위하는 미국 기업인데 A사의 주요 재무자료는 다음과 같다.

(단위: 천 달러)

	2×23	2×24
매 출 액	975,000	950,000
이자 및 법인세 차감전 이익	42,000	39,000
당기순이익(손실)	3,000	(22,000)
전기순이익	14,000	3,000
유동자산	185,000	215,000
총 자 산	650,000	880,000
유동부채	198,000	264,000
총 부 채	711,000	963,000
이익잉여금	(250,000)	(272,000)
영업활동 현금흐름*	(700)	(3,600)
보통주 발행주식수(천주)	30,000	30,000
연말주가(달러)	2.8	2.2
GNP 디플레이터	200	210

* 운전자본 투자가 차감되지 않은 영업활동 현금흐름

아래의 물음에 답하라.

(1) 2×23년의 자료를 이용하여 Altman의 Z-score 모형의 Z 값을 산정하고 A사의 부실 여부에 대해 판정하라.
(2) 2×24년의 자료를 이용하여 Altman의 Z-score 모형의 Z 값을 산정하고 A사의 부실 여부에 대해 판정하라.
(3) 2×23년의 자료를 이용하여 Ohlson의 로짓모형에 의한 도산확률을 산정하라.
(4) 2×24년의 자료를 이용하여 Ohlson의 로짓모형에 의한 도산확률을 산정하라.

제13장

기업합병 · 매수와 가치평가

기업합병 · 매수(M&A)는 한 기업이 다른 기업을 매수하는 투자거래이다. 성공적인 M&A가 되려면 M&A에 의해 매수기업의 주주지분가치가 증대될 수 있어야 한다. 이에 대한 판단을 하기 위해서는 M&A에 따른 경제적 효익을 포함하여 매수대상기업의 가치를 잘 평가하는 것이 중요하다. 본장에서는 먼저 M&A의 유형과 동기를 살펴보고, 이어서 M&A와 관련한 가치평가문제를 논의한다.

제1절 M&A의 유형과 동기

기업합병 · 매수(mergers and acquisitions, M&A)는 한 기업이 다른 기업을 매수하는 투자거래로서 **기업인수**(corporate takeovers)라고도 한다. M&A가 있게 되면 인수대상기업의 소유권이 인수기업에 이전됨은 물론 경영권(corporate control)도 함께 이전된다. 그래서 M&A 거래가 일어나는 시장을 기업인수시장 또는 경영권시장(the market for corporate control)이라고 부른다.

M&A는 타기업의 매수를 통해서 기업성장을 추구하는 것인데, 다른 한편으로 보면 피매수기업을 퇴출시키는 수단으로도 이용되고 있다. 아래에서 M&A의 여러 유형을 살펴보고 또 기업이 M&A를 하는 동기가 무엇인지 알아보자.

1.1 M&A의 유형

M&A는 다양한 형태로 이루어지고 있는데, M&A의 유형은 〈표 13-1〉과 같이 여러 기준에 따라 분류해 볼 수 있다.

〈표 13-1〉의 분류기준에 따라서 M&A의 각 유형에 대해 그 의미를 구체적으로 설명하면 아래와 같다.

표 13-1 M&A의 분류기준과 유형

분류기준	M&A의 유형
M&A 거래형태	합병, 주식매수, 자산매수
기업결합의 형태	수평적 결합, 수직적 결합, 다각적 결합
거래당사자의 의사	우호적 인수, 비우호적(적대적) 인수

(1) 거래형태에 따른 분류

① 합병

합병(mergers)이란 두 기업이 하나의 기업으로 통합되는 것을 말하며, 일반적으로 한 기업이 다른 기업을 흡수하는 **흡수합병**을 지칭한다. 이때 흡수되는 피합병기업은 법인격을 상실하여 소멸되며, 합병기업은 피합병기업의 모든 자산과 부채를 인수한다. 최근 국내에서 이루어진 흡수합병의 예로는 2014년 7월에 삼성SDI(주)가 제일모직(주)을 합병한 것을 들 수 있다.

한편, 두 기업을 결합하여 새로운 법인격의 한 기업을 만드는 합병은 **신설합병**(consolidations)이라고 한다. 예를 들면, 2001년 10월에 국민은행(주)과 주택은행(주)은 신설합병의 형태로 결합하였으며, 합병후 신설은행의 명칭은 국민은행으로 정하였다.

흡수합병이든 신설합병이든 간에 합병이 이루어지기 위해서는 두 회사의 이사회 의결과 주주총회의 승인이 필요하다.

② 주식매수

타기업을 인수하는 다른 방법은 주식매수(acquisition of stock)이다. 타기업의 의결권 있는 주식을 대량 매수하면 그 기업의 경영권을 확보할 수 있다. 이때 피매수기업은 법적으로 여전히 존속하면서 매수기업의 자회사가 된다.

주식매수를 하여 매수대상기업이 인수되면 추후 필요에 따라 매수기업에 흡수합병시키기도 한다. 예를 들면, SK텔레콤(주)은 신세기통신(주)의 주식을 매수하여 경영권을 확보하고 그 후에 신세기통신을 흡수합병하였다.

주식매수는 매수대상기업의 주주들로부터 개별적으로 주식을 매수하는 것이므로 매수대상기업의 이사회 의결과 주주총회 승인이 필요하지 않다. 따라서 합병에 비해 기업인수의 절차가 간단하다.

주식매수는 협상을 통해서 매수대상기업의 지배주주로부터 대량의 주식을 매수하는 형태로 이루어질 수도 있고, 또는 지배주주의 의사와 상관없이 불특정 다수의 다른 주주들로부터 주식을 매수할 수도 있다. 이에 대해서는 뒤에서 더 구체적으로 논의할 것이다.

③ 자산매수

타기업을 인수하는 또 다른 방법은 그 기업의 영업자산의 전부 또는 상당부분을 매수하는 방법이며 이를 자산매수(acquisition of assets) 또는 영업양수라고 한다. 자산매도기업의 부채는 자산매수기업에게 승계되지 않으며, 자산매수기업은 원칙적으로 자산매도기업의 모든 책임으로부터 면제된다.

우량 금융기관이 부실 금융기관을 인수할 때 사용되는 자산·부채인수(purchase and assumption, P&A)도 자산매수의 일종이라고 할 수 있다. 이러한 인수에서는 부실 금융기관의 우량 자산과 부채가 우량 금융기관에게 인수된다.

(2) 기업결합의 형태에 따른 분류

① 수평적 결합

M&A를 기업결합의 형태에 따라 분류할 경우, 수평적(horizontal) 결합은 같은 사업부문을 운영하는 기업 간에 이루어지는 M&A를 말한다. 예를 들면, 이동전화 사업을 하는 SK텔레콤(주)과 신세기통신(주)의 결합이 수평적 결합의 예이고, 국민은행(주)과 주택은행(주)의 합병도 그에 해당된다. 이러한 수평적 결합은 규모의 경제(economies of scale)를 실현하는 데 도움이 될 수 있고, 또 시장점유율을 높일 수 있게 한다.[1)]

② 수직적 결합

수직적(vertical) 결합은 제품·서비스의 생산이나 판매경로 상에서 전·후 단계에 있는 기업들이 결합하는 것을 말한다. 예를 들면, 완제품 생산회사가 원자재 공급회사를 인수하는 것은 수직적 결합이며, 또한 항공회사가 호텔·여행사를 인수하거나 자동차회사가 할부금융사를 인수하는 것도 수직적 결합에 해당된다.

③ 다각적 결합

다각적(conglomerate) 결합이란 제품·서비스의 생산, 판매에서 서로 관련이 없는 기업 간에 이루어지는 결합을 말한다. 예를 들면, 자동차회사가 음식료품회사나 의류제품회사를 인수하는 것은 다각적 결합에 해당된다.

---

1) 기업결합을 통해 의도적으로 시장점유율을 크게 높이려 하는 M&A는 법령에 의해 제한받을 수 있다.

(3) 거래당사자의 의사에 따른 분류

M&A는 매수대상기업과 매수희망기업 간의 협상에 의해 진행되기도 하지만, 경우에 따라서는 매수대상기업의 경영진이 크게 저항할 수도 있다. 이러한 관점에서 기업인수는 우호적 인수와 적대적 인수로 구분할 수 있다.

① 우호적 인수

우호적 인수(friendly takeovers)란 매수대상기업의 경영진이 매수희망기업의 인수의향을 수용함으로써 합의에 의해 이루어지는 기업인수를 말한다. 합병계약을 통해서 기업을 인수하는 것은 우호적 인수이며, 주식매수에 의한 기업인수에서도 우호적 인수가 있을 수 있다. 예를 들면, 2004년에 시티뱅크가 한미은행(주)을 인수한 것은 우호적 인수의 예이다. 다음은 한미은행(주)의 이사회가 시티뱅크의 주식매수에 대해 표명한 의견서인데, 시티뱅크에 주식을 매도할 것을 주주들에게 권유하고 있다.

공개매수에 관한 의견표명서

(공개매수자: 시티뱅크 오버시즈 인베스트먼트 코퍼레이션)

2004. 3. 30

당행 주주님들께

당행과 2004년 2월 23일자로 공개매수계약을 체결한 Citibank Overseas Investment Corporation(Citigroup Inc.의 자회사, 이하 "COIC")은 오늘 날짜로 공개매수계약에 따라서 당행 발행 보통주식 전부에 대한 공개매수를 공고하였습니다. COIC는 본건 공개매수를 통해 당행 주식을 최소 80%에서 최대 100%까지 취득하고자 하며, 그 주당 공개매수가격은 15,500원입니다.

당행 이사회는 이미 2004년 2월 23일에 만장일치로 공개매수계약과 그에 따른 거래를 승인한 바 있습니다. 당행 이사회는, COIC의 공개매수공고에 대하여, 본건 공개매수를 지지하는 동시에 주주님들께서 공개매수에 응모하실 것을 권고 드리는 내용의 결의를 채택하였으며, 그 이사회 결의서 사본은 본 서신에 별첨 A(공개매수공고서 사본 포함)로 첨부되어 있습니다.

(중 략)

한미은행 이사회

② 적대적 인수

적대적 인수(hostile takeovers)는 매수대상기업의 경영진(지배주주)의 반대에도 불구하고 주식매수를 통해 경영권을 장악하는 것을 말한다. 적대적 인수를 하는 대표적인 방법은 신문공고를 통해 불특정 다수의 매수대상기업 주주들에게 직접 **공개매수제의**(tender offer)를 하여 대량의 주식을 매수하는 방법이다. 공개매수제의는 매수대상기업의 경영진(지배주주)이 경영권 이전에 저항할 때 사용되며, 매수하려는 기업은 경영권 확보에 필요한 지분을 단기간에 취득할 수 있다. 이때 제의되는 공개매수가격(tender offer price)은 현재의 주식시세에 어느 정도 프리미엄을 가산한 것으로 설정된다.

공개매수제의는 외국에서 흔히 사용되어온 주식매수방법인데, 우리나라에서도 1990년대 후반 이후 여러 제도적 제약이 완화됨에 따라 그러한 매수방법이 이용되고 있다. 예를 들면, 2001년 12월에 프론티어씨알씨(주)가 천광산업(주)의 경영권을

공개매수신고서

신고자: 금강고려화학(주)

……

2004. 2. 12

Ⅲ. 공개매수의 목적

공개매수자 정상영은 공개매수자 금강고려화학(주)의 최대주주이자 이사입니다. 공개매수대상회사는 현재 공개매수자 금강고려화학(주)을 비롯한 범 현대가와 기존 대주주인 김문희 사이에 경영권 분쟁이 발생한 상태입니다. 공개매수자들은 대상회사 주식의 추가적인 취득을 통하여 보다 안정적인 경영권을 확보함으로써 경영권 분쟁상태를 종식시키고 하루빨리 대상회사의 경영을 정상화시키기 위하여 본건 공개매수에 이르게 되었습니다.

Ⅳ. 공개매수할 주식 등의 종류 및 수

1. 공개매수예정주식의 종류 및 수: 현대엘리베이터주식회사 기명식 보통주식 571,500주

……

Ⅴ. 공개매수기간 · 가격 등 공개매수조건

1. 일반적 조건

매수기간: 2004년 2월 18일 ~ 2004년 4월 13일

매수가격: 70,000원

매수예정수량: 571,500주

확보하기 위하여 공개매수제의를 한 바 있다. 또 다른 예로서, 2004년 2월에 케이씨씨(주)(구회사명: 금강고려화학)는 현대엘리베이터(주)의 경영권을 확보하기 위하여 공개매수제의를 하였다(왼쪽의 공개매수신고서 참조).

1.2 M&A의 동기

매수기업의 입장에서 M&A가 경제적 타당성을 가지려면 M&A에 의해 매수기업의 주주지분가치가 증대될 수 있어야 한다. 이러한 가치증대를 기업결합의 시너지(synergy)라고 부르며, 시너지의 원천으로 거론되는 것에는 다음의 여러 가지가 있다.

(1) 규모의 경제

M&A는 규모의 경제(economies of scale)를 추구하는 수단으로 인식되고 있으며, 특히 수평적 M&A에서 규모의 경제는 기업결합의 주된 동기인 것으로 인식되고 있다. 분리된 두 기업보다 결합된 하나의 기업이 영업활동을 더 효율적으로 수행할 수 있을 때 규모의 경제가 실현될 수 있다. 예를 들면, 두 기업이 결합함으로써 생산 · 판매시설의 중복 투자, 연구개발비의 중복 지출을 피할 수 있고, 경영관리비용도 절감할 수 있다. 규모의 경제를 추구하기 위하여 M&A가 이루어진 최근의 대표적인 예는 은행들의 합병이다. 은행들이 합병하면 점포의 수를 줄일 수 있고, 또 영업상의 여러 공통적 업무를 한 회사의 업무로 통합할 수 있어서 비용을 절감할 수 있을 것이다.

(2) 기업자원의 결합

두 기업의 자원을 상호 보완적으로 결합하는 것도 M&A 동기의 하나로 거론된다. 예를 들면, 기술개발능력이 우수한 기업이 마케팅능력이 우수한 기업과 결합한다면 두 기업 모두에게 경제적 효익이 발생할 수 있다. 즉, 두 기업이 각각 기술개발과 마케팅능력 증대를 위해 투자하는 것보다 기업결합을 통해 두 기업의 자원을 결합하는 것이 코스트를 줄일 수 있을 것이다.

(3) 매수대상기업의 경영효율 증대

매수대상기업의 경영효율을 높이는 것도 M&A의 동기로 흔히 거론된다. 비효율적인 경영진 때문에 매수대상기업의 경영성과가 그동안 부진하였다면 M&A를 통해 그러한 경영진을 교체함으로써 매수대상기업의 경영성과를 향상시킬 수 있을 것이다.

(4) 부채차입능력의 증대와 자금조달비용의 감소

합병으로 기업의 규모가 커지면 부채차입능력(debt capacity)이 커지는 한편 재무적 곤경(financial distress)의 위험을 줄일 수 있으므로 부채사용에 따른 세금절감효과(tax benefits)의 증대를 기대할 수 있을 것이다. 이러한 세금효과는 기업의 가치를 높이는 데 기여할 수 있다. 또한 합병으로 기업의 규모가 커지면 부채조달이나 신주발행에 소요되는 비용이 감소되는 효과를 기대할 수 있다. 자금조달비용은 일반적으로 자금조달규모가 클수록 작아진다.

위에서 논의한 동기 외에도, 시장지배력의 증대나 경영다각화(diversification)가 M&A의 동기로 거론된 적이 있다. 그러나 시장지배력을 높여서 독점적 이윤을 얻으려는 기업결합은 대부분의 국가에서 독점규제법에 의해 제한된다. 그리고 주식투자자들은 자본시장에서 스스로 분산투자를 할 수 있기 때문에 경영자가 그들의 위험분산을 위해서 M&A를 해야 할 필요가 없다. 따라서 경영자가 상당한 거래비용이 수반되는 M&A를 통해 위험을 분산하려는 것은 주주들에게 도움이 되지 않는다.

1.3 M&A의 현황

미국, 영국 등의 외국에서는 오래 전부터 M&A가 성행하였지만, 우리나라의 경우 1990년대 중반까지는 주로 기업집단(재벌)에서 계열회사들의 사업조정을 위한 수단으로 M&A가 이용되었다. 그 후 1997년의 외환위기를 겪으면서 구조조정과 관련하여 M&A가 본격화되기 시작하였고 동시에 M&A에 장애가 되었던 과거의 여러 제도적 제약도 대폭 완화되었다.

〈표 13-2〉는 2012~2014년 6월의 기간 중 있었던 우리나라의 대규모 M&A 사례

표 13-2
우리나라의 대규모 M&A 사례 (2012~2014년 6월, 억원)

인수회사	업종	피인수회사	업종	결합수단	결합금액	연도
현대엔지니어링	건설업	현대엠코	건설업	합병	20,339	2014
농협금융지주	금융지주회사	우리투자증권	증권중개업	주식취득	9,467	〃
한진해운	해상운송업	한진해운홀딩스	비금융지주회사	합병	5,821	〃
지에스	비금융지주회사	에스티엑스에너지	발전업	주식취득	5,649	〃
도레이첨단회사	합성섬유제조업	웅진케미칼	합성섬유제조업	주식취득	4,300	〃
네이버	포털 및 인터넷 정보매개 서비스업	네이버비즈니스 플랫폼	기타광고업	합병	4,051	〃
한앤컴퍼니	기타투자기관	한국벌크해운	해상운송업	주식취득	4,000	〃
삼성종합화학	비금융 지주회사	삼성석유화학	석유정제품 제조업	합병	3,932	〃
대신증권	증권중개업	우리에프엔아이	기타금융업	주식취득	3,685	〃
라이프투자	금융	아이엔지 생명보험	생명보험업	주식취득	18,200	2013
케이엠씨홀딩스	투자기관	코미코	유사반도체소자 제조업	주식취득	18,000	〃
삼성에버랜드	오락 관련 서비스업	제일모직	화학제품제조업	영업양수	10,500	〃
두산건설	건설업	두산중공업	건설 및 기계장비제조업	영업양수	5,716	〃
씨제이대한통운	화물자동차 운송업	씨제이지엘에스	화물자동차 운송업	합병	5,136	〃
에스원	보안시스템 서비스업	삼성에버랜드	부동산 관련 서비스업	영업양수	4,800	〃
롯데쇼핑	종합소매업	하이마트	가전제품소매업	주식취득	12,480	2012
코웨이홀딩스	투자기관	웅진코웨이	가전제품 및 부품 도매업	주식취득	11,915	〃
하나나눔	상호저축은행	제일이저축은행	상호저축은행	영업양수	5,950	〃
삼성디스플레이	디스플레이 제조업	삼성모바일 디스플레이	디스플레이 제조업	합병	5,591	〃
우리금융저축은행	상호저축은행	솔로몬저축은행	상호저축은행	주식취득	5,355	〃
인터파크	전자상거래	아이마켓코리아	전자상거래	주식취득	4,219	〃

자료: 공정거래위원회의 연도별 보도자료

를 요약적으로 보여주고 있다. 이는 공정거래위원회에서 발표한 자료를 정리한 것이다. 여기서 보는 바와 같이, 동 기간 중 거래형태로는 주식매수에 의한 M&A가 상대적으로 빈번하였고, 또한 기업결합의 형태로는 수평적, 수직적 결합이 많았음을 볼 수 있다. 〈표 13-2〉에 명시적으로 표시되어 있지는 않지만, 여기에 예시된 M&A 사례는 모두 우호적 M&A이며 그동안 적대적 M&A 사례는 드물었다.

제2절 매수대상기업의 가치평가

2.1 M&A의 절차

매수기업과 매수대상기업 간의 협상을 통해 이루어지는 우호적 기업인수는 매수기업의 관점에서 볼 때 일반적으로 다음의 절차에 따라 진행된다.

1단계: 기업전략의 수립 – M&A의 필요성 검토

↓

2단계: 매수대상기업의 탐색 및 선정

↓

3단계: 협상개시, 실사 및 매수대상기업의 가치평가

↓

4단계: 매수가격 등에 대한 최종 협상 및 M&A 실행

↓

5단계: 통합화를 위한 사후관리

위의 3단계에서 '실사'(due diligence)란 매수대상기업의 경영상태, 재무상황 등을 조사하는 것을 말하며, 재무제표항목에 대한 정밀분석이 포함된다. 이러한 실사업무는 매수기업의 의뢰에 따라 회계법인에서 대행하는 것이 일반적이다.

앞의 절차에서 M&A의 필요성 검토가 첫째 단계로 되어 있지만, M&A의 필요성이 있다는 것만으로 M&A의 경제적 타당성이 바로 인정되지 않는다. 매수기업의 입장에서 M&A가 경제적 타당성을 가지려면 M&A가 매수기업의 주주지분가치 증대에 공헌할 수 있어야 한다. 이 문제에 대한 판단을 위해서는 M&A의 경제적 효익을 포함하여 매수대상기업의 가치를 잘 평가하는 것이 중요하며, 매수대가가 과다지급되지 않도록 해야 한다. 국제 컨설팅기관인 McKinsey의 사례연구에 따르면, 많은 경우에 M&A가 기대만큼 성공하지 못하였는데 그 이유의 하나는 매수대가의 과다지급(overpayment) 때문인 것으로 알려지고 있다.[2)]

다음의 소절 이하에서는 매수대상기업의 가치평가와 매수대가 결정문제에 대해 구체적으로 논의한다.

2.2 M&A로 얻는 가치와 매수대가

(1) M&A의 타당성분석의 틀

기업 A가 기업 B를 합병하는 것을 고려하고 있다고 가정하자. 그리고 두 기업이 합병하지 않고 독립된 기업으로 존속할 경우의 각 기업의 주주지분가치(equity value), 즉 **독립기업의 주주지분가치**(stand-alone value)를 각각 V_A, V_B라고 표현하자. 또한 합병후 **결합기업의 주주지분가치**를 V_{AB}라고 표현하자. 그러면 V_{AB}는 V_A와 V_B의 합에 기업결합의 **시너지**(synergy)를 더한 것과 같다. 여기서 시너지는 합병에 의해 발생될 모든 경제적 효익의 가치를 의미한다.[3)]

$$V_{AB} = V_A + V_B + \text{시너지} \qquad (13\text{-}1)$$

위에서 「V_B+시너지」는 합병기업인 기업 A의 입장에서 인식되는 **매수대상기업의 합병후 가치**를 나타낸다.[4)] 즉, 「V_B+시너지」는 기업 A가 합병으로 얻는 총가치이다.

2) 한국공인회계사회, 「M&A에 대한 재무적 접근」, IBRD 연구용역보고서, 2003.

3) 위의 '분석 틀'은 다음 문헌에서 제시되었다. S. Myers, 1976, "A Framework for Evaluating Mergers," in *Modern Developments in Financial Management*, ed. by S. Myers, Praeger.

4) 시너지효과는 어떤 기업이 매수기업이 되는가에 따라 다른 크기를 가질 수 있다.

따라서 기업 A의 입장에서 볼 때 합병이 경제적으로 타당하려면 기업 A가 얻는 총가치(기업 B의 합병후 가치)인 「V_B+시너지」가 매수대가 지급액보다 커야 한다.

$$V_B + \text{시너지} > \text{매수대가} \tag{13-2}$$

매수대가는 독립기업의 가치인 V_B에 어느 정도의 프리미엄을 가산한 가격으로 흔히 결정되고 있다. 이 점을 고려하면 합병의 경제적 타당성에 대한 위의 관계는 「시너지>프리미엄」으로 표현할 수도 있다.

위의 관계에서 알 수 있듯이, 기업 A가 매수대가의 협상에 들어가려면 그 전제로서 기업 A가 얻는 총가치인 「V_B+시너지」를 먼저 평가해야 한다. 만일 협상시점에서 기업 B의 주식가격이 V_B와 같다면 시너지만 추정하면 될 것이다. 그러나 기업 A와 B의 합병가능성이 시장에 알려짐에 따라 기업 B의 주식가격은 V_B와 다르게 된다. 즉, 기업 B의 주식가격은 프리미엄을 반영하여 상승하는 것이 일반적 현상이다. 따라서 시너지만 추정하여 이를 기업 B의 주식가격에 더하면 「V_B+시너지」가 잘못 추정되기 때문에 기업 A는 「V_B+시너지」를 직접 추정해야 할 필요가 있다.

(2) 매수대상기업의 가치평가방법

기업 A가 합병으로 얻는 총가치(기업 B의 합병후 가치)인 「V_B+시너지」를 평가함에 있어, 시너지에는 기업결합에 의해 발생할 모든 경제적 효익이 포함된다. 즉, 규모의 경제에 따른 비용절감, 경영진 교체에 따른 수익증대 및 비용절감 등의 모든 경제적 효익이 시너지에 포함된다.

합병으로 얻는 총가치인 「V_B+시너지」를 V_B^*로 표현하자. V_B^*를 산정하는 방법에는 여러 가지가 있을 수 있으나, 가장 효과적인 방법은 독립기업의 가치(stand-alone value)인 V_B를 먼저 산정하고 그런 다음 시너지를 추정하여 V_B^*를 산정하는 방법이다.[5)]

---

5) 위의 접근방법은 다음 문헌들에서도 제안되고 있다. R. Brealey and S. Myers, 2000, *Principles of Corporate Finance*, Irwin McGraw-Hill; K. Palepu, P. Healy and V. Bernard, 2004, *Business Analysis and Valuation Using Financial Statements*, South-Western.

1단계: 독립기업의 가치인 V_B를 산정
2단계: 시너지를 추정하여 $V_B^*(=V_B+\text{시너지})$를 산정

V_B를 먼저 산정하면 가치평가에 사용된 여러 가정들이 적절한지를 검토할 수 있는 이점이 있다. 즉, 매수대상기업이 상장회사이면 V_B 추정치를 합병논의 전의 주식가격과 비교해 볼 수 있으므로 V_B 산정에 사용된 가정들의 적절성 여부를 검토해 볼 수 있다. 또한 이러한 검토는 시너지를 추정하는 데 사용된 가정들의 적절성 여부를 판단할 수 있게 한다. 뿐만 아니라, V_B를 먼저 산정하면 합병된 후에 기업 B의 경영성과가 어떻게 변화할 것인지를 검토하는 데에도 유용하다.

V_B와 V_B^*를 산정함에 있어서는 제7장에서 설명한 여러 가치평가방법을 사용할 수 있다. 즉, 현금흐름할인모형(DCF 모형), 초과이익모형(RIM) 또는 EVA 모형을 이용하여 V_B와 V_B^*를 추정할 수 있다. 제7장에서 설명하였듯이, 이들 모형은 모두 이론적 타당성이 인정된다. 이들 모형의 의미는 제7장에서 자세히 설명하였으므로 여기서는 각 모형을 사용하는 절차에 초점을 두어 설명한다.

① V_B의 산정: 독립기업의 가치인 V_B는 다음의 절차에 따라 산정한다.

첫째, M&A를 전제하지 않은 상태에서 기업 B의 재무제표를 분석하고, 이에 기초하여 기업 B의 미래 매출증가율, 매출액순영업이익률, 영업운전자본회전율, 영업순고정자산회전율, 순이자비용(세후) 등을 예측해서 미래에 대한 추정재무제표를 작성한다(제9장 참조).

둘째, 위의 추정재무제표에서 각 기간에 대한 미래 FCF(잉여현금흐름), 초과이익 또는 EVA 예측치를 구한 다음 그 현재가치를 측정하여 V_B를 산정한다. DCF, RIM 및 EVA 모형은 각각 다음과 같다.

DCF 모형:
$$V_B = \sum_{t=1}^{T}\frac{FCF_t}{(1+r_w)^t}+\frac{\text{잔여가치}_T}{(1+r_w)^T}-\text{순재무부채 시장가치} \qquad (13\text{-}3)$$

RIM:
$$V_B = \text{순자산}_0+\sum_{t=1}^{T}\frac{\text{초과이익}_t}{(1+r_e)^t}+\frac{\text{잔여가치}_T}{(1+r_e)^T} \qquad (13\text{-}4)$$

EVA 모형:
$$V_B = \text{영업투하자본}_0+\sum_{t=1}^{T}\frac{EVA_t}{(1+r_w)^t}+\frac{\text{잔여가치}_T}{(1+r_w)^T}-\text{순재무부채 시장가치} \qquad (13\text{-}5)$$

FCF_t = 세후순영업이익$_t$ − 영업투하자본 증가액$_t$
초과이익$_t$ = 순이익$_t$ − r_e · 순자산$_{t-1}$
EVA_t = 세후순영업이익$_t$ − r_w · 영업투하자본$_{t-1}$
r_e = 기업 B의 합병전 자기자본비용(cost of equity)
r_w = 기업 B의 합병전 가중평균자본비용
T = 미래 예측기간

위에서 미래 예측기간(T)은 일반적으로 5~10년 정도로 설정되고 그 후의 기간에 대해서는 잔여가치 형태로 추정한다(제7장 참조). RIM의 초과이익$_t$와 EVA 모형의 EVA_t는 기업 B의 **합병전 자본비용**(preacquisition cost of capital)을 사용하여 측정하며, 각 모형에서 사용되는 할인율도 마찬가지이다.

② V_B^*의 산정: 기업 A가 합병으로 얻는 총가치(기업 B의 합병후 가치)인 V_B^*(= V_B + 시너지)는 다음의 절차에 따라 산정한다.

첫째, 앞의 ①에서 V_B의 산정시 사용된 미래의 기간별 순이익, 세후순영업이익, 영업투하자본 증가액 등에 합병으로 기대되는 변화예상액(즉, 시너지효과)을 포함시켜서 합병후 미래의 기간별 순이익, 세후순영업이익, 영업투하자본 증가액 등을 추정한다.

둘째, 기업 B의 **합병후 자본비용**(postacquisition cost of capital)을 추정하고 이를 적용하여 합병후 미래 초과이익과 EVA 예측치를 구하고 그 현재가치를 측정하여 V_B^*를 산정한다. 여기서 RIM의 경우는 합병후 자기자본비용(cost of equity)을 적용하고, EVA 모형의 경우는 합병후 가중평균자본비용을 적용한다. 또한 DCF 모형을 사용할 경우에는 합병후 미래 FCF 예측치를 합병후 가중평균자본비용으로 할인하여 V_B^*를 산정한다.

DCF 모형: $$V_B^* = \sum_{t=1}^{T} \frac{FCF_t^*}{(1+r_w^*)^t} + \frac{\text{잔여가치}_T^*}{(1+r_w^*)^T} - \text{순재무부채 시장가치} \qquad (13\text{-}6)$$

RIM: $$V_B^* = \text{순자산}_0 + \sum_{t=1}^{T} \frac{\text{초과이익}_t^*}{(1+r_e^*)^t} + \frac{\text{잔여가치}_T^*}{(1+r_e^*)^T} \qquad (13\text{-}7)$$

EVA 모형: $$V_B^* = \text{영업투하자본}_0 + \sum_{t=1}^{T} \frac{EVA_t^*}{(1+r_w^*)^t} + \frac{\text{잔여가치}_T^*}{(1+r_w^*)^T} - \text{순재무부채 시장가치} \qquad (13\text{-}8)$$

FCF_t^* = 시너지효과를 포함한 미래 t기간의 FCF
초과이익$_t^*$ = 시너지효과를 포함한 미래 t기간의 초과이익
EVA_t^* = 시너지효과를 포함한 미래 t기간의 EVA
r_e^* = 기업 B의 합병후 자기자본비용(cost of equity)
r_w^* = 기업 B의 합병후 가중평균자본비용
T = 미래 예측기간

위에서 각 모형을 사용할 때 미래 예측기간은 앞의 ①에서 사용된 미래 예측기간과 같고, 또 잔여가치도 추정하여야 한다.

기업 B의 합병후 가치인 V_B^*를 산정할 때 적용될 자본비용은 매수기업 A 또는 독립기업 B의 자본비용이 아니라, 기업 B의 '합병후' 자본비용임을 유의할 필요가 있다. 합병후 영업구조나 자본구조에 변화가 있게 되면 자본비용의 크기가 달라지기 때문이다. 만일 기업 B의 자본비용이 합병후에 별 변화가 없을 것으로 예상된다면 앞의 ①에서 사용된 독립기업 B의 합병전 자본비용을 사용할 수 있다. 그러나 합병후에 자본비용의 큰 변화가 있을 것으로 예상된다면 그 새로운 자본비용이 적용되어야 한다.

● PER을 이용한 평가방법

V_B와 V_B^*를 산정함에 있어 제8장의 유사기업이용법(the method of comparables)을 사용하는 방법도 있다. 이 방법은 과거에 빈번히 사용되었는데, 주가배수로는 주로 PER(주가이익비율)이 사용되었다. 예를 들면, 유사기업의 PER을 이용하여 V_B^*를 산정하는 것은 다음과 같이 나타낼 수 있다.

$$V_B^* = \text{유사기업의 PER} \times \text{기업 B의 합병후 첫해의 예상이익}$$

합병후 가치인 V_B^*를 산정하는 것이므로 위에서 합병후의 예상이익이 PER에 곱해지고 있다. 또한 기업 B의 합병후 미래 이익의 변화양상은 합병전과 비교하여 상당히 달라질 수 있다. 따라서 유사기업은 미래의 이익증가와 위험이 유사할 것으로 판단되는 기업으로 선정할 필요가 있을 것이다.

그러나 제8장에서 설명하였듯이, 위와 같은 PER 이용방법은 유사기업 선정이 어렵다는 문제가 있다. 뿐만 아니라, 위의 평가방법은 합병후 첫해의 예상이익을

적용하고 있으므로 합병에 의해 미래 이익이 즉각 증가한다는 가정을 내포하고 있다. 이 또한 제약적인 가정이다. 합병후 새로운 경영정책이 실행됨에 따라 미래의 이익증가는 장기간에 걸쳐 점진적으로 나타날 가능성이 높은데 위의 PER 이용방법은 그러한 가능성을 반영하지 못하는 한계점이 있다.

(3) 영업권 평가란?

M&A 거래에서 매수대가를 협상할 때 독립기업으로서의 피매수기업의 가치(즉, 앞에서의 V_B)에 대해 「순자산 공정가치+영업권」의 산정방식을 흔히 사용하는 것으로 알려져 있다.[6] 여기서 '순자산 공정가치'는 재무상태표상의 자산 · 부채를 시가로 평가하여 산정된 순자산가액을 가리킨다. 그리고 '영업권'(goodwill)이란 피매수기업이 창출한 초과이익력의 가치를 의미한다.

이러한 가치평가방법은 바로 앞에서의 RIM을 적용한 것에 해당되며, RIM은 영업권의 평가에 대한 이론이기도 하다. 제7장에서 RIM을 설명할 때, 주주지분가치를 순자산 장부가치와 미래 초과이익 현재가치의 합으로 표현하였다. 그런데 여기서 순자산 장부가치 대신에 순자산 공정가치를 사용해도 RIM은 성립한다.[7] 즉, RIM은 회계방법의 영향을 받지 않기 때문에 순자산을 공정가치로 재측정한 경우에도 성립한다. 순자산을 공정가치로 재측정하였을 경우의 RIM은 다음과 같이 나타낼 수 있다.

$$\begin{aligned}\text{주주지분가치} &= \text{순자산 공정가치} + \text{미래 초과이익의 현재가치}\\ &= \text{순자산 공정가치} + \text{영업권의 가치}\\ &= \text{순자산}_0^* + \sum_{t=1}^{\infty}\frac{\text{순이익}_t^* - r_e \cdot \text{순자산}_{t-1}^*}{(1+r_e)^t} \qquad (13\text{-}9)\end{aligned}$$

순자산_0^* = 순자산 공정가치
순이익_t^* = 새로이 산정된 미래 t년의 순이익
순자산_{t-1}^* = 새로이 산정된 미래 t년 초의 순자산

---

6) 한국공인회계사회, 「M&A에 대한 재무적 접근」, IBRD 연구용역보고서, 2003.
7) 위의 관계에 대한 자세한 설명은 다음 문헌을 참조. 김권중, 2004, "영업권 평가에 대한 회계교육의 문제점과 개선방안," 「회계저널」(제1호), pp. 167-201.

자산 · 부채를 시가(공정가치)로 평가하여 순자산을 공정가치로 측정하면 미래의 감가상각비 등이 달라지기 때문에 미래 이익과 미래 순자산 금액도 그에 맞추어 새로이 산정하여야 한다. 동시에 미래 초과이익도 그러한 미래 이익과 미래 순자산 금액을 적용해서 계산해야 하고, 이렇게 산정된 미래 초과이익의 현재가치가 영업권의 가치이다.[8)]

이와 같이 영업권은 현재의 순자산을 공정가치로 측정하였을 때 미래 초과이익의 현재가치이지만, 현재의 순자산에 대해 장부가치를 적용한다고 하여 가치평가가 왜곡되지는 않는다. 현재의 순자산을 장부가치로 측정한 경우에도 그와 일관된 회계방법을 적용하여 미래 이익과 미래 순자산 그리고 미래 초과이익을 산정하는 한 주주지분가치 평가결과는 동일하다(제7장 [보론 2] 참조).

● 영업권 평가에 대한 몇 가지 오해

영업권의 개념은 실무에서 오래 전부터 사용되었지만 올바른 평가방법을 알게 된 것은 1990년대 중반 이후 RIM이 본격 전파되면서부터이다. 앞의 식 (13-9)에서 보는 바와 같이, RIM은 영업권을 어떻게 평가해야 하는지를 이론적으로 명확히 보여주고 있다. 그러나 아직도 대부분의 재무회계 서적에서는 아래와 같이 영업권 평가방법을 부정확하게 기술하고 있다.[9)]

첫째, 초과이익 측정에 필요한 정상이익률(normal rate of return)이 동일업종의 평균이익률인 것으로 기술하면서 과거의 업종평균 이익률을 사용하고 있는데 이는 오해에 기인한다. 식 (13-9)에서 보는 바와 같이, 정상이익률이란 당해 기업의 필요수익률(required rate of return)인 자기자본비용(r_e)이다. 즉, '정상'이라는 용어의 이론적 의미는 '위험보상에 필요한 수준'이라는 뜻이다. 기업의 미래 이익률(ROE)이 자기자본비용(r_e)에 미달하면 주주의 부(富)가 감소되기 때문에 이를 방지하기 위해서는 미래 이익률이 최소한 자기자본비용(r_e)만큼, 즉 정상이익률만큼 되어야 한다(제7장 4.1절 참조).[10)]

8) 식 (13-9)는 독립기업으로서의 매수대상기업의 가치(V_B)를 평가하는 관점에서 표현되어 있는데, 매수기업이 기업결합의 시너지를 포함한 가치(V_B+시너지)를 평가할 때에는 미래 순이익$_t^*$와 순자산$_{t-1}^*$에 시너지효과를 포함시키면 된다.

9) 여기서의 논의내용은 다음 논문에 근거한 것이다. 김권중, 2004, "영업권 평가에 대한 회계교육의 문제점과 개선방안," 「회계저널」(제1호), pp. 167-201.

둘째, 재무회계 서적에는 미래 초과이익의 현재가치 산정에 사용될 할인율(discount rate)의 개념도 잘못 기술되어 있는데, 식 (13-9)에서 보듯이 이 할인율은 피매수기업의 자기자본비용(r_e)이다. 자기자본비용(r_e)이 할인율인 이유는 RIM이 배당할인모형(dividend discount model)에서 도출된 것임을 생각해도 바로 알 수 있다(제7장 4.1절 참조).

셋째, 미래 초과이익을 예측함에 있어 과거 몇 년간의 평균이익과 현재의 순자산 공정가치를 대비하여 계산한 초과이익을 이용하는 방법이 흔히 기술되고 있는데, 이 역시 적절한 방법이라 하기 어렵다. 자산 · 부채를 공정가치로 측정하면 미래에는 감가상각비 등이 과거와 다르게 산정되고 이 때문에 미래 이익과 초과이익도 영향을 받는다. 또한 단순히 과거의 평균이익에만 의존하는 것은 피매수기업의 미래 수익성에 대한 '현재의 많은 정보'를 무시하는 것이다.

제3절 주식교부와 합병비율

매수대가는 현금으로 지급하거나 또는 합병기업(결합기업)의 주식을 교부하여 지급하는 방법이 사용될 수 있다.[11] 합병기업의 주식이 시장에서 고평가되어 있다면 현금지급보다 주식교부가 합병기업에게 유리할 것이다. 또한 현금 대신 주식을 교부하면, 합병후 성과가 부진하여 실패한 합병이 되는 경우에도 합병기업의 기존 주주가 모든 손실을 부담하지 않게 되는 효과도 있다.

그런데 상장기업이 타기업과 합병할 때에는 자본시장법(자본시장과 금융투자업에 관한 법률) 시행령에 규정된 방법에 따라 합병가액을 산정하도록 규제되고 있다. 여기서 **합병가액**이란 주식 1주의 평가액을 가리킨다. 매수기업과 피매수기업의 주

10) 과거 20여 년간(1981~2001)에 대한 실증분석에 따르면, 대부분의 산업평균 이익률(ROE)은 무위험이자율인 국채수익률보다도 낮은 수준이었다(김권중(2004)의 전게논문 참조).

11) 상법이 개정되어 매수대가를 현금으로 지급하는 방법이 허용되게 되었다.

식가치 평가(합병가액 산정)에 대하여 자본시장법이 그러한 규제를 하는 것은, 기업들이 자체적으로 정한 합병비율이 주식가치를 충분히 반영하지 못할 경우 부당한 부(富, wealth)의 이전이 초래될 수 있기 때문에 이를 방지하려는 데 그 취지가 있다.

그러나 매수기업의 입장에서 볼 때에는 위와 같이 산정된 합병가액으로 합병비율을 결정하여 주식을 교부할 경우 그 주식교부 금액이 합병으로 얻는 총가치인 「V_B+시너지」를 넘어서지 않는지 판단해야 하는 문제가 대두한다. 아래에서 이 문제를 구체적으로 살펴보자.

3.1 주식교부와 매수대가

앞의 제2절에서 M&A의 경제적 타당성을 논의할 때, 기업 A가 합병으로 얻는 총가치인 「V_B+시너지」가 매수대가 지급액보다 커야 함을 언급하였다. 그런데 기업 B의 주주들이 현금 대신 결합기업 A의 주식을 교부받는 경우에는 교부받는 주식의 수, 즉 기업 B의 주주들이 결합기업에 대해 갖게 되는 지분율에 따라 매수대가의 크기가 결정된다.

$$\text{매수대가} = \text{기업 B의 주주들이 갖는 지분율} \times \text{결합기업의 가치}(V_{AB}) \qquad (13\text{-}10)$$

따라서 기업 A는 매수대가인 주식교부 금액이 「V_B+시너지」를 넘는 게 아닌지 검토해야 하며, 이를 위해서는 「V_B+시너지 > 매수대가」의 관계가 유지될 수 있는 주식교부의 상한(上限)을 파악하고 있어야 한다.

매수기업 A의 입장에서 「V_B+시너지 > 매수대가」의 관계가 유지될 수 있는 주식교부의 상한은 다음과 같이 나타낼 수 있다.

$$\text{주식교부의 상한} = \frac{V_B + \text{시너지}}{V_A} \times \text{기업 A의 합병전 발행주식수} \qquad (13\text{-}11)$$

위의 상한은 매수대가가 합병으로 얻는 총가치인 「V_B+시너지」와 일치할 때의 주식수를 의미한다. 그리고 위에서 V_A는 합병전 독립기업 A의 가치이다. 이 또한 제2절에서 논의한 가치평가모형을 사용하여 평가할 수 있고 또 기업 A의 기발행주식수는 주어져 있으므로 위 식을 이용하여 주식교부의 상한을 계산할 수 있다.

예를 들어, 매수기업 A의 기발행주식수가 200,000주인데, 「V_B+시너지」가 10억원이고 V_A가 40억원이라고 가정하자. 그러면 기업 A의 주주들의 부(富)를 감소시키지 않으면서 기업 A가 기업 B의 주주들에게 교부할 수 있는 주식수의 상한은 200,000×10/40 = 50,000주이다. 따라서 기업 A의 입장에서 합병이 경제적 타당성을 가지려면 주식교부의 수량이 50,000주보다 작아야 한다.[12)]

● 피합병기업 주주에게 교부될 주식수

두 기업의 합병가액(주식 1주의 평가액)이 산정되면, 합병기업 A가 피합병기업 B의 주주들에게 교부해야 하는 주식수는 다음과 같이 결정된다.

$$\text{기업 B의 주주에게 교부할 주식수} = \text{합병비율} \times \text{기업 B의 기발행주식수} \quad (13\text{-}12)$$

$$\text{합병비율} = \frac{\text{기업 B의 합병가액(주식 1주의 평가액)}}{\text{기업 A의 합병가액(주식 1주의 평가액)}} \quad (13\text{-}13)$$

사례 CJ제일제당(주)과 신동방CP(주)의 합병

상장기업인 CJ제일제당(주)이 신동방CP(주)를 흡수합병하기 위하여 제출한 증권신고서(2011. 4. 8)를 보면, 합병비율이 1 대 0.0953401이다. 당시 신동방CP(주)의 기발행 보통주식수가 3,000,000주이었으므로 CJ제일제당(주)이 신동방CP(주)의 주주들에게 교부할 보통주식수는 다음과 같이 결정되었다.

$$\begin{aligned}\text{CJ제일제당(주)이 교부할 주식수} &= \text{합병비율} \times \text{신동방CP(주)의 기발행주식수} \\ &= 0.0953401 \times 3{,}000{,}000\text{주} \\ &= 286{,}020\text{주}\end{aligned}$$

12) 만일 기업 A가 주식교부의 상한인 50,000주를 교부한다면 기업 A의 합병후 주식가치는 합병전과 같아져서 합병에 따른 경제적 이득(gains)이 발생하지 않는다. 이를 확인하기 위해 다음과 같이 주식가치를 계산해 보자. 기업 A의 합병전 주식가치는 40억원/200,000주=20,000원이다. 그런데 기업 A가 기업 B의 주주들에게 50,000주를 교부하면 기업 A의 합병후 주식가치는 [40억원+10억원]/[200,000주+50,000주]=20,000원이 된다. 따라서 기업 A의 입장에서 합병이 경제적 타당성을 가지려면 주식교부의 수량이 50,000주보다 작아야 한다. 그리고 합병에는 거래비용(transaction costs)이 수반되기 때문에 기업 A는 거래비용의 영향도 고려해야 할 것이다.

여기서 **합병비율**은 기업 B의 주식 1주의 평가액을 기업 A의 주식 1주의 평가액에 대비시킨 비율인데, '1 대 X'로 표현하기도 한다. 이 합병비율을 기업 B의 기발행주식수에 곱하면 기업 B의 주주들이 교부받을 주식수가 결정된다.

요컨대, 합병가액(주식 1주의 평가액)과 합병비율은 「자본시장법 시행령」의 규정에 따라 결정되기 때문에, 매수기업 A는 교부할 주식수가 앞에서 살펴본 주식교부의 상한을 넘는지 여부를 면밀히 검토하여야 한다. 다음의 소절에서는 위의 합병비율을 결정하는 합병가액이 구체적으로 어떻게 산정되는지를 논의한다.

3.2 합병가액과 합병비율의 산정

합병기업과 피합병기업의 합병가액(주식 1주의 평가액)이 산정되면 합병비율이

표 13-3

합병가액 산정에 관한 규정(요약)

구 분	합병가액의 산정방법
주권상장기업 간의 합병	① 이사회 결의일과 합병계약 체결일 중 앞서는 날의 전일을 기산일로 한 다음의 각 종가를 산술평균한 가액을 기준으로 100분의 30의 범위에서 할인 또는 할증한 가액 1. 최근 1개월간의 평균종가(거래량으로 가중평균)* 2. 최근 1주일간의 평균종가(거래량으로 가중평균) 3. 최근일의 종가 (*산정대상 기간 중에 배당락 또는 권리락이 있는 경우로서 배당락 또는 권리락이 있은 날부터 기산일까지의 기간이 7일 이상인 경우에는 그 기간의 평균종가를 적용)
주권상장기업과 주권비상장기업 간의 합병	② 주권상장기업에 대해서는 위 ①의 방법으로 산정한 가액을 적용하되, ①에서 구한 가액이 자산가치에 미달할 경우에는 자산가치를 적용 ③ 주권비상장기업에 대해서는 자산가치와 수익가치를 1 대 1.5로 가중산술평균한 가액을 적용(이 경우 금융위원회가 정하여 고시하는 방법에 따라 산정한 상대가치를 함께 공시하여야 함)
법률의 규정에 따른 합병	위 산정방법(①~③)의 적용이 면제됨

자료: 자본시장과 금융투자업에 관한 법률 시행령(제176조의 5)
증권의 발행 및 공시 등에 관한 규정(제5-13조) 및 규정 시행세칙(제4조)

결정되고 또 피합병기업의 주주들에게 교부할 주식수도 결정된다. 합병가액의 산정방법은 「자본시장법 시행령」(제176조의 5)과 「증권의 발행 및 공시 등에 관한 규정」(제5-13조) 및 그 시행세칙(제4~8조)에 규정되어 있다. 〈표 13-3〉에는 그러한 규정들의 내용이 요약되어 있다.

〈표 13-3〉에서 보는 바와 같이, 주권상장기업들이 합병할 때에는 일정한 방법으로 산정한 실제 주가를 기준으로 합병가액(주식 1주의 평가액)을 산정하도록 규제되고 있다. 이러한 주가를 실무에서 **기준주가**라고 부른다.

한편, 주권상장기업(코넥스시장 상장법인 제외)과 주권비상장기업이 합병할 경우 주권상장기업에 대해서는 기준주가를 적용하되, 기준주가가 자산가치(주당)보다 작은 경우에는 자산가치를 합병가액으로 적용한다. 여기서 **자산가치**란 기본적으로 재무상태표상의 '주당순자산 금액'을 의미한다.

주권비상장기업에 대해서는 자산가치와 수익가치를 1 대 1.5로 가중산술평균한 가액으로 합병가액을 산정하고, 비교목적으로 상대가치를 산정하여 함께 공시하게 하고 있다. 여기서 자산가치와 수익가치를 1 대 1.5로 가중평균한 것을 실무에서 **본질가치**라고 부르고 있는데, 이는 다음과 같이 계산된 금액이다.

$$\text{본질가치} = 0.4 \times \text{자산가치} + 0.6 \times \text{수익가치}$$

사례 **주권상장기업 간의 합병**

상장기업인 진로(주)는 상장기업인 하이트맥주(주)를 흡수합병하기로 하고 2011년 4월 8일에 합병계약을 체결하였다. 〈표 13-3〉의 ①의 방법을 적용한 결과, 진로(주)의 기준주가는 36,491원이고 하이트맥주(주)의 기준주가는 110,582원이었으므로 합병비율은 다음과 같이 결정되었다.

$$\text{합병비율} = \frac{\text{하이트맥주(주)의 기준주가 110,582원}}{\text{진로(주)의 기준주가 36,491원}} = 3.0303911$$

위와 같이 합병비율이 1 대 3.0303911로 결정됨에 따라 진로(주)는 하이트맥주(주)의 보통주식 1주당 진로(주)의 보통주식 3.0303911주를 하이트맥주(주)의 주주들에게 교부하였다.

사례 **주권상장기업과 주권비상장기업 간의 합병**

상장기업인 다음커뮤니케이션(주)은 비상장기업인 카카오(주)를 흡수합병하기로 하고 2014년 5월 23일 합병계약을 체결하였다. 상장기업인 다음커뮤니케이션(주)의 경우 〈표 13-3〉의 ①의 방법으로 산정한 기준주가 72,910원이 합병가액으로 적용되었다. 비상장기업인 카카오(주)의 경우는 자산가치 6,472원과 수익가치 184,706원을 1 대 1.5로 가중평균한 금액인 본질가치 113,412원이 합병가액으로 적용되었다.

$$\text{카카오(주)의 본질가치} = 0.4\times 6{,}472\text{원} + 0.6\times 184{,}706\text{원} = 113{,}412\text{원}$$

따라서 양사의 합병비율은 다음과 같이 1 대 1.5555137로 결정되었다.

$$\text{합병비율} = \frac{\text{카카오(주)의 합병가액 } 113{,}412\text{원}}{\text{다음커뮤니케이션(주)의 합병가액 } 72{,}910\text{원}} = 1.5555137$$

위와 같이 합병비율이 결정됨에 따라 합병기업인 다음커뮤니케이션(주)은 카카오(주)의 보통주식 1주당 다음커뮤니케이션(주)의 보통주식 1.5555137주를 카카오(주)의 주주들에게 교부하였다.

여기서 **수익가치**는 가치평가모형(배당할인모형, 현금흐름할인모형, 초과이익모형, 이익자본화법 등)을 적용하여 산정한다.[13] 그리고 **상대가치**란 제8장에서 설명한 유사기업이용법을 사용하여 구한 주식평가액인데 그 구체적 산정방법은 아래에서 설명될 것이다.

● 자산가치, 수익가치, 상대가치의 산정방법

위에서 논의한 자산가치, 수익가치 그리고 상대기치를 산정하는 방법은 「증권의 발행 및 공시 등에 관한 규정 시행세칙」(제5~8조)에 규정되어 있으며, 그 주요 내용은 〈표 13-4〉에 요약되어 있다.

상대가치를 산정할 때 이용되는 유사회사에 대해서는 한국거래소 산업분류상 소분류 업종이 동일한 상장기업 중 일정한 요건을 충족하는 상장기업을 유사기업

13) 금융감독원이 제정한 「외부평가업무 가이드라인」(2009. 6.)은 가치평가접근법 중 이익접근법으로서 이익자본화법, 배당할인법, 현금흐름할인법, 초과이익할인법, 경제적부가가치법 등을 적용하도록 규정하고 있다.

표 13-4

자산가치, 수익가치 및 상대가치의 산정방법에 관한 규정(요약)

<table>
<tr><th>구 분</th><th>증권의 발행 및 공시 등에 관한 규정 시행세칙에 규정된 산정방법</th></tr>
<tr><td>자산가치</td><td>분석기준일(주요사항보고서 제출일의 5영업일 전일) 현재의 평가대상회사의 주당 순자산가액으로서 다음 산식에 의하여 산정
$$\text{자산가치} = \frac{\text{최근 사업연도말의 재무상태표상의 자본총계}^{*}}{\text{분석기준일 현재의 총발행주식수}}$$
(*최근 사업연도말 이후 발생한 유상증자, 배당금지급 등을 가감하여 산정)</td></tr>
<tr><td>수익가치</td><td>수익가치는 배당할인모형, 현금흐름할인모형 등 일반적으로 타당한 것으로 인정되는 모형을 적용하여 산정한다고 규정되어 있고(2012. 12.부터 적용), 아래의 이익자본화법(이익할인법)도 여전히 실무에서 함께 사용됨
이익자본화법: 2012. 12. 개정 전 시행세칙에 규정된 수익가치 산정방법
$$\text{수익가치} = \frac{\text{1~2차 연도의 주당추정이익을 3 대 2로 가중평균한 가액}^{*}}{\text{자본환원율}}$$
(*2차 연도 추정이익이 1차 연도 추정이익보다 적을 때에는 단순평균한 가액)
자본환원율은 분석기준일 현재 다음의 이자율 중 큰 이자율을 적용
1. 평가대상회사의 차입금 가중평균이자율의 1.5배
2. 상속세 및 증여세법 시행령 제54조 제1항에 따라 기획재정부장관이 정하여 고시하는 이자율(현재 10%)</td></tr>
<tr><td>상대가치</td><td>다음 각 호의 금액을 산술평균한 가액으로 하되, 제2호에 따라 금액을 산출할 수 없는 경우 또는 제2호에 따라 산출한 금액이 제1호에 따라 산출한 금액보다 큰 경우에는 제1호에 따라 산출한 금액을 상대가치로 함
1. '유사회사'의 주가를 기준으로 다음 산식에 의하여 산출한 유사회사별 비교가치를 평균한 가액의 30% 이상을 할인한 가액
유사회사별 비교가치 = 유사회사의 주가 ×
$$\left[\frac{\text{평가대상회사의 주당이익}}{\text{유사회사의 주당이익}} + \frac{\text{평가대상회사의 주당순자산}}{\text{유사회사의 주당순자산}}\right] \div 2$$
유사회사: 평가대상회사와 한국거래소 업종분류에 따른 소분류 업종이 동일한 상장회사 중 일정 요건을 충족하는 상장회사(시행세칙 제7조)
유사회사의 주가: 분석기준일 전의 1월간의 종가를 산술평균하여 산정하되 그 산정가액이 분석기준일의 전일종가보다 큰 경우에는 분석기준일의 전일종가
주당이익: 1주당 법인세비용차감전계속사업이익(최근 2개년 평균)
2. 분석기준일 이전 1년 이내에 다음 각 목에 해당하는 거래가 있는 경우 그 거래가액을 가중산술평균한 가액을 100분의 10 이내로 할인 또는 할증한 가액
가. 유상증자의 경우 주당 발행가액
나. 전환사채 또는 신주인수권부사채의 발행사실이 있는 경우 주당 행사가액</td></tr>
</table>

자료: 증권의 발행 및 공시 등에 관한 규정 시행세칙(제5~8조)

으로 선정하도록 규정되어 있다(시행세칙 제7조). 다만, 유사회사가 3사 미만인 경우에는 상대가치를 산정하지 않는다.

3.3 본질가치 산정의 의미와 한계점

앞의 〈표 13-3〉에서 살펴본 바와 같이, 현행 실무규정(증권의 발행 및 공시 등에 관한 규정 시행세칙)은 비상장기업의 합병가액(주식 1주의 평가액)을 산정함에 있어 자산가치와 수익가치를 1 대 1.5로 가중평균하여 계산된 금액인 본질가치를 적용하고 있다. 이러한 본질가치 산정방법은 과거에 기업공개시 공모주식의 가격결정 방법으로 사용되기도 하였다. 이와 같이 본질가치는 오래 전부터 우리나라 실무에서 사용되고 있지만, 그 이론적 성격이 무엇인지는 잘 알려져 있지 않다. 본 소절에서는 본질가치 산정방법의 의미와 한계점을 살펴본다.

(1) 전통적 본질가치 산정방법의 의미와 한계점

〈표 13-4〉에서 보는 바와 같이 본질가치의 한 구성요소인 수익가치를 산정함에 있어 오래 전부터 이익자본화법(2012년 12월 개정 전 시행세칙에 규정된 수익가치 산정방법)이 사용되었고 지금도 실무에서 사용되고 있다. 아래에서는 제7장에서 설명한 초과이익모형(RIM)을 이용하여 본질가치가 과연 어떠한 성격의 주가추정치인지 살펴본다.[14] 설명의 편의상 RIM을 다시 기술하면 아래와 같다.

$$\text{주주지분가치} = \text{순자산}_0 + \sum_{t=1}^{\infty} \frac{\text{초과이익}_t}{(1+r_e)^t} \tag{13-14}$$

위에서 순자산$_0$은 현재의 순자산 금액이다. RIM을 사용하여 주식가치를 평가하려면 미래 초과이익이 예측되어야 한다. 미래 1년의 초과이익 기대치를 '초과이익$_1$'으로 표현하고, 미래 2년 이후의 초과이익을 예측하기 위하여 제7장 4.2절에서 설명한 다음의 시계열모형을 도입하자.[15]

14) 본 소절의 내용은 다음 논문에 근거한 것이다. 김권중, 2001, "초과이익평가모형의 실행과 유용성 분석,"「회계학연구」(제3호), pp. 91-121.

$$\text{초과이익}_{t+1} = \omega \cdot \text{초과이익}_t + \varepsilon_{t+1} \qquad (t \geq 1) \qquad (13\text{-}15)$$

ω = 초과이익의 지속계수($0 \leq \omega < 1$)
ε_{t+1} = 기대치가 0인 오차항

위의 시계열모형에서 지속계수(ω)는 초과이익이 미래에 지속되는 정도를 나타내며, ω가 크면(작으면) 초과이익이 천천히(빨리) 소멸됨을 의미한다. 미래 초과이익에 대해 위의 시계열모형을 적용하면 주주지분가치는 다음과 같이 나타낼 수 있다.[16)]

$$\text{주주지분가치} = \text{순자산}_0 + \frac{\text{초과이익}_1}{(1+r_e)} + \frac{\omega \cdot \text{초과이익}_1}{(1+r_e)^2} + \frac{\omega^2 \cdot \text{초과이익}_1}{(1+r_e)^3} + \cdots$$

여기서 미래 초과이익의 현재가치를 구하면 위의 식은 다음과 같이 정리된다.[17)]

$$\begin{aligned}\text{주주지분가치} &= \text{순자산}_0 + \frac{1}{(1+r_e-\omega)} \times \text{초과이익}_1 \\ &= \text{순자산}_0 + \frac{1}{(1+r_e-\omega)} \times [\text{순이익}_1 - r_e \cdot \text{순자산}_0] \\ &= (1-k) \times \text{순자산}_0 + k \times \frac{\text{순이익}_1}{r_e} \qquad (13\text{-}16)\end{aligned}$$

위에서: $k = r_e/(1+r_e-\omega) > 0$

위에서 보는 바와 같이, 주주지분가치는 자산가치인 '순자산_0'과 수익가치인 '$\text{순이익}_1/r_e$'의 가중평균으로 나타나고 있으며, 그 가중치는 각각 $(1-k)$와 k이다. 여기서 만일 지속계수(ω)가 1이면, 즉 미래 1년의 (양 또는 음의) 초과이익_1이 미래 2년 이후에 영구적으로 지속된다면 k가 1이 되고 이때 「주주지분가치 = 수익가치(= $\text{순이익}_1/r_e$)」이다.

식 (13-16)은 총액 형태로 표현되어 있지만 순자산_0과 순이익_1을 주식수로 나누

15) 제7장 4.2절의 시계열모형과 비교할 때, 여기서는 적용기간이 미래 1년 이후로 표현되어 있다.
16) 미래 2년, 3년 등에 대한 초과이익 기대치는 다음과 같다.

$\text{초과이익}_2 = \omega \cdot \text{초과이익}_1$
$\text{초과이익}_3 = \omega \cdot \text{초과이익}_2 = \omega^2 \cdot \text{초과이익}_1$
……

17) 미래 초과이익의 현재가치는 초항이 '$\text{초과이익}_1/(1+r_e)$'이고 공비가 '$\omega/(1+r_e)$'인 무한등비급수의 합이다.

면 주당금액이 된다. 위에서 수익가치 산식의 분자가 미래 1년의 이익으로 표현되어 있으나, 2012년 12월 개정 전「증권의 발행 및 공시 등에 관한 규정 시행세칙」에 규정된 이익자본화법에서는 미래 1~2년 이익의 평균을 이용하여 수익가치를 산정한다는 점만이 다르다(〈표 13-4〉 참조). 그러므로 결국 수익가치를 이익자본화법으로 산정할 경우 '본질가치 산정'이라는 것은 RIM을 실행하는 한 형태인 것으로 볼 수 있다.

본질가치 산정에서는 자산가치와 수익가치를 1 대 1.5로 가중평균하고 있으므로 가중치가 각각 0.4와 0.6이다. 이러한 가중방법의 근거가 무엇인지 알려져 있지 않은데, 그러한 가중치가 초과이익 지속계수(ω)에 대해 어떠한 가정을 내포하고 있는지 추론해 볼 수 있다. 예를 들어, 자본환원율이 8%이면, 이를 식 (13-16)에 있는 수익가치의 가중치 k에 대입하면(k는 0.6),

$$\frac{0.08}{1+0.08-\omega}=0.6 \quad \rightarrow \quad \omega=0.95$$

위에서 보는 바와 같이, 자본환원율이 8%인 상태에서 자산가치와 수익가치를 1 대 1.5로 가중평균하는 것은 초과이익 지속계수(ω)가 0.95임을 가정하는 것이 된다. 자본환원율을 8%보다 높게 적용하여도 암묵적 초과이익 지속계수(ω)는 여전히 높은 값을 갖는다. 예를 들어, 자본환원율이 10%이면 ω가 0.93이다. 그러므로 본질가치 산정방법은 모든 기업에 대해 획일적으로 높은 초과이익 지속계수를 적용하는 것이 된다. 이와 같이 ω가 높게 적용되는 것은 자산가치보다 수익가치에 더 큰 비중을 두도록 규정되어 있기 때문이다.

위와 같은 본질가치 산정방법이 과연 타당한지는 실증적으로 판단되어야 할 과제이다. 학계의 실증연구에서 초과이익 지속계수(ω)를 추정한 결과에 따르면, 이는 산업에 따라 상당한 차이가 있고, 평균적으로도 0.9보다 상당히 낮게 나타나고 있다.[18] 다만, 기업에 따라서 보수적 회계(conservative accounting)의 영향이 클 경우에는 그와 같이 높은 지속계수를 적용하는 것이 가치평가의 오차를 줄이는 데 도

18) 초과이익 지속계수(ω)의 추정결과에 대해서는 다음의 논문들을 참조. M. Barth, W. Beaver, J. Hand, and W. Landsman, 1999, "Accruals, Cash Flows and Equity Values," *Review of Accounting Studies* (December), pp. 205-229; 김권중, 2001, "초과이익평가모형의 실행과 유용성 분석,"「회계학연구」(제3호), pp. 91-121.

움이 될 수도 있다(제7장 4.2절 참조).

본질가치 산정방법의 또 다른 한계점은 수익가치 산정에 사용되는 자본환원율에 관한 것이다. 2010년 11월 30일 이후 〈표 13-4〉에 기술된 자본환원율 산정방법이 적용되고 있다. 〈표 13-4〉에서 보는 바와 같이 현재 자본환원율은 평가대상회사의 차입금 가중평균이자율의 1.5배와 상속세 및 증여세법 시행령(제54조제1항)에 따라 기획재정부장관이 고시하는 이자율(현재 10%) 중 큰 것을 적용하고 있다. 그러나 자본환원율은 당해 기업의 자기자본비용(cost of equity)인데 이를 차입금 평균이자율의 1.5배로 간주하거나 획일적으로 모든 기업에 대해 10%를 적용하는 방법은 개선되어야 할 것으로 본다.

(2) 2012년 12월 도입된 본질가치 산정방법의 한계점

2012년 12월 개정된 시행세칙(제6조)은 "수익가치는 현금흐름할인모형, 배당할인모형 등 미래의 수익가치 산정에 관하여 일반적으로 공정하고 타당한 것으로 인정되는 모형을 적용하여 합리적으로 산정한다."고 규정하고 있다. 이에 따라 실무에서는 DCF 모형을 사용하여 구한 주식가치 평가액을 수익가치로 적용하는 사례가 늘어나고 있다.

DCF 모형을 사용하여 구한 주식가치 평가액을 수익가치로 적용하여 본질가치를 산정할 경우 본질가치는 다음과 같이 산정된다.

$$\text{본질가치} = 0.4 \times \text{주당순자산} + 0.6 \times \text{DCF 모형에 의한 주식가치 평가액} \qquad (13\text{-}17)$$

그러나 위와 같은 본질가치 산정방법은 그 자체가 이론적으로 도출된 것이 아니라 '임의로 두 가지 평가액을 가중평균'하는 것에 불과하므로 이론적으로 타당한지 의문이다. 이에 비해 앞의 식 (13-16)에서 두 평가액(순자산$_0$과 순이익$_1/r_e$)을 가중평균하는 것 자체는 이론적으로 도출된 것이다. 더구나, 위 계산식의 왼쪽 부분에 포함된 주당순자산(자산가치)은 가치결정요인을 모두 반영한 평가액이 아니다. RIM에 의하면 「주식가치=순자산+미래 초과이익의 가치(양수 또는 음수)」이므로, 위 계산식의 왼쪽 부분에 주당순자산만 포함시키는 것은 (양수 또는 음수인) '미래 초과이익의 가치'를 누락시키는 것이다.

제7장에서 살펴본 바와 같이, 배당할인모형, DCF 모형, RIM 그리고 EVA 모형은 모두 이론적으로 같은 가치평가에 이르는 모형들이므로, 위의 본질가치 계산식에 DCF 모형에 의한 가치평가액을 포함시킨다면 나머지 하나는 배당할인모형, RIM 또는 EVA 모형에 의한 가치평가액을 포함시켜서 평균치를 산정하여야 할 것이다.

요컨대, 위와 같은 현행 실무규정의 본질가치 산정방법은 매수대가의 적정성 여부에 상당한 영향을 미칠 가능성이 있다. 그러므로 매수기업은 매수대상기업의 주주들에게 교부할 주식수가 허용가능 상한(上限)을 넘는 게 아닌지 면밀히 검토할 필요가 있다.

연습문제

1. 거래형태에 따라 분류할 경우 M&A의 유형은 어떻게 분류할 수 있는가? 또한 각 유형의 의미를 약술하라.

2. 기업결합의 형태에 따라 분류할 경우 M&A의 유형은 어떻게 분류할 수 있는가? 또한 각 유형의 의미를 약술하라.

3. 피매수기업의 소멸 여부에 대해서 볼 때 합병과 주식매수는 어떠한 차이가 있는지 설명하라.

4. 우호적 인수(friendly takeovers)와 적대적 인수(hostile takeovers)의 의미를 각각 약술하라.

5. 공개매수제의(tender offer)란 무엇이며, 어떠한 경우에 사용되는지 설명하라.

6. 규모의 경제(economies of scale)란 무엇이며, M&A를 통해 규모의 경제를 실현할 수 있다면 왜 가능한지 설명하라.

7. 매수기업의 입장에서 M&A가 경제적 타당성을 가지려면 M&A에 의해 매수기업의 주주지분가치가 증대될 수 있어야 한다. 이러한 관점에서 볼 때, 규모의 경제 이외에 M&A의 동기가 될 수 있는 것은 무엇인지 설명하라.

8. 매수기업의 입장에서 M&A가 경제적 타당성을 가지려면 어떠한 조건이 충족되어야 하는지 설명하라.

9. 독립기업으로서의 매수대상기업의 가치와 기업결합의 시너지를 포함한 가치를 각각 평가하는 데 사용될 수 있는 이론적 가치평가모형으로는 어떤 모형이 있는가?

10. 매수기업의 입장에서 인식하는 매수대상기업의 가치, 즉 기업결합의 시너지를 포함한 가치를 평가하기 위해 초과이익모형(RIM)을 사용하려고 한다. 이때 미래 초과이익의 현재가치 산정에 사용될 할인율은 매수기업 또는 결합전 매수대상기업의 자기자본

비용(cost of equity)이다. 이 기술의 타당성 여부를 논의하라.

11. 영업권(goodwill)이란 무엇이며 또 어떻게 평가하는지 약술하라.

12. A사는 B사를 흡수합병하기 위해 협상중이다. A사가 B사를 합병하면 규모의 경제가 실현되어 10억원(현재가치 기준)의 시너지효과가 있을 것으로 기대된다. A사와 B사의 합병전 주주지분가치는 각각 200억원, 50억원이고, A사의 합병전 발행주식수는 200,000주이다. 아래의 물음에 답하라.

    (1) A사는 매수대가로서 54,000주의 주식을 B사의 주주들에게 교부하는 방안을 고려하고 있다. 이와 같이 A사가 54,000주의 주식을 교부한다면 합병후 A사의 1주당 주식가치는 얼마가 되는가?
    (2) A사가 주주들의 부(富)를 감소시키지 않으면서 B사의 주주들에게 교부할 수 있는 주식수의 상한(上限)은 몇 주인가? 단, 합병의 거래비용은 없다고 가정한다.

13. 두 기업의 합병가액이 산정되면, 합병기업 K사가 피합병기업 J사의 주주들에게 교부해야 하는 주식수는 다음과 같이 결정된다.

    교부할 주식수 = 합병비율 × (a)
    합병비율 = (b) ÷ (c)

    아래의 물음에 답하라.

    (1) 위에서 a, b, c는 각각 무엇인가?
    (2) 위의 합병비율이 나타내는 의미는?

14. 상장기업인 C사가 비상장기업인 D사를 흡수합병하기 위하여 합병비율을 산정한 결과 1 대 0.867이다. C사의 기발행 보통주식수가 100,000천주이고 D사의 기발행 보통주식수는 20,000천주라면, C사가 D사의 주주들에게 교부해야 할 보통주식수는 몇 주인가?

15. 상장기업인 W사는 비상장기업인 M사를 흡수합병하기 위하여 협상중인데, 다음은 합병비율 산정에 관한 자료이다.

    W사: 기준주가 21,500원, 자산가치 18,000원
    M사: 자산가치 12,500원, 수익가치 25,000원

아래의 물음에 답하라.

(1) M사의 경우 자산가치와 수익가치의 가중평균인 본질가치를 합병가액으로 적용한다. M사의 합병가액이 얼마로 산정되는가?
(2) 양사의 합병비율은 어떻게 결정되는가?
(3) W사의 자산가치가 21,800원이라고 가정하자. 이 경우 합병비율은 어떻게 결정되는가?

16. 상장기업과 비상장기업이 합병할 때 비상장기업에 대해서는 본질가치(자산가치와 수익가치의 가중평균)를 합병가액으로 적용하되, 상대가치를 산정하여 함께 공시한다. 다음은 상대가치 산정에 이용될 유사회사별 비교가치를 구하는 산식이다.

$$\text{유사회사별 비교가치} = \text{유사회사의 주가} \times \left[\frac{\text{평가대상회사의 주당이익}}{\text{유사회사의 주당이익}} + \frac{\text{평가대상회사의 주당순자산}}{\text{유사회사의 주당순자산}}\right] \div 2$$

위의 산식에서 유사회사의 주가를 괄호 안의 각 분수에 곱하면 다음과 같이 된다.

$$\text{유사회사별 비교가치} = \left[\frac{\text{유사회사의 주가}}{\text{유사회사의 주당이익}} \times \text{평가대상회사의 주당이익} + \frac{\text{유사회사의 주가}}{\text{유사회사의 주당순자산}} \times \text{평가대상회사의 주당순자산}\right] \div 2$$

위에서 평가대상회사는 평가대상이 되는 비상장기업을 가리키고, 주당이익은 '1주당 법인세비용차감전계속사업이익'(최근 2개년 평균)을 가리킨다. 아래의 물음에 답하라.

(1) 위에서 주가와 주당이익을 대비시킨 비율은 무엇이라고 부르는가?
(2) 위에서 주가와 주당순자산을 대비시킨 비율은 무엇이라고 부르는가?
(3) 결국 유사회사별 비교가치란 평가대상기업의 주식가치를 어떻게 산정한 것인가?

부 록

- 현가계산표
- 연습문제 해답

<부표 1> 단일금액 1원의 미래가치 $FV(n,\ r) = (1+r)^n$ 이자율(r)

기간수(n)	1%	2%	3%	4%	5%	6%	7%	8%	9%	10%
1	1.0100	1.0200	1.0300	1.0400	1.0500	1.0600	1.0700	1.0800	1.0900	1.1000
2	1.0201	1.0404	1.0609	1.0816	1.1025	1.1236	1.1449	1.1664	1.1881	1.2100
3	1.0303	1.0612	1.0927	1.1249	1.1576	1.1910	1.2250	1.2597	1.2950	1.3310
4	1.0406	1.0824	1.1255	1.1699	1.2155	1.2625	1.3108	1.3605	1.4116	1.4641
5	1.0510	1.1041	1.1593	1.2167	1.2763	1.3382	1.4026	1.4693	1.5386	1.6105
6	1.0615	1.1262	1.1941	1.2653	1.3401	1.4185	1.5007	1.5869	1.6771	1.7716
7	1.0721	1.1487	1.2299	1.3159	1.4071	1.5036	1.6058	1.7138	1.8280	1.9487
8	1.0829	1.1717	1.2668	1.3686	1.4775	1.5938	1.7182	1.8509	1.9926	2.1436
9	1.0937	1.1951	1.3048	1.4233	1.5513	1.6895	1.8385	1.9990	2.1719	2.3579
10	1.1046	1.2190	1.3439	1.4802	1.6289	1.7908	1.9672	2.1589	2.3674	2.5937
11	1.1157	1.2434	1.3842	1.5395	1.7103	1.8983	2.1049	2.3316	2.5804	2.8531
12	1.1268	1.2682	1.4258	1.6010	1.7959	2.0122	2.2522	2.5182	2.8127	3.1384
13	1.1381	1.2936	1.4685	1.6651	1.8856	2.1329	2.4098	2.7196	3.0658	3.4523
14	1.1495	1.3195	1.5126	1.7317	1.9799	2.2609	2.5785	2.9372	3.3417	3.7975
15	1.1610	1.3459	1.5580	1.8009	2.0789	2.3966	2.7590	3.1722	3.6425	4.1772
16	1.1726	1.3728	1.6047	1.8730	2.1829	2.5404	2.9522	3.4259	3.9703	4.5950
17	1.1843	1.4002	1.6528	1.9479	2.2920	2.6928	3.1588	3.7000	4.3276	5.0545
18	1.1961	1.4282	1.7024	2.0258	2.4066	2.8543	3.3799	3.9960	4.7171	5.5599
19	1.2081	1.4568	1.7535	2.1068	2.5270	3.0256	3.6165	4.3157	5.1417	6.1159
20	1.2202	1.4859	1.8061	2.1911	2.6533	3.2071	3.8697	4.6610	5.6044	6.7275
21	1.2324	1.5157	1.8603	2.2788	2.7860	3.3996	4.1406	5.0338	6.1088	7.4002
22	1.2447	1.5460	1.9161	2.3699	2.9253	3.6035	4.4304	5.4365	6.6586	8.1403
23	1.2572	1.5769	1.9736	2.4647	3.0715	3.8197	4.7405	5.8715	7.2579	8.9543
24	1.2697	1.6084	2.0328	2.5633	3.2251	4.0489	5.0724	6.3412	7.9111	9.8497
25	1.2824	1.6406	2.0938	2.6658	3.3864	4.2919	5.4274	6.8485	8.6231	10.835
26	1.2953	1.6734	2.1566	2.7725	3.5557	4.5494	5.8074	7.3964	9.3992	11.918
27	1.3082	1.7069	2.2213	2.8834	3.7335	4.8223	6.2139	7.9881	10.245	13.110
28	1.3213	1.7410	2.2879	2.9987	3.9201	5.1117	6.6488	8.6271	11.167	14.421
29	1.3345	1.7758	2.3566	3.1187	4.1161	5.4184	7.1143	9.3173	12.172	15.863
30	1.3478	1.8114	2.4273	3.2434	4.3219	5.7435	7.6123	10.063	13.268	17.449
35	1.4166	1.9999	2.8139	3.9461	5.5160	7.6861	10.676	14.785	20.414	28.102
40	1.4889	2.2080	3.2620	4.8010	7.0400	10.286	14.974	21.725	31.409	45.259
45	1.5648	2.4379	3.7816	5.8412	8.9850	13.765	21.002	31.920	48.327	72.891
50	1.6446	2.6916	4.3839	7.1067	11.467	18.420	29.457	46.902	74.358	117.39
60	1.8167	3.2810	5.8916	10.520	18.679	32.988	57.946	101.26	176.03	304.48

이자율(r)

기간수(n)	11%	12%	13%	14%	15%	16%	17%	18%	19%	20%
1	1.1100	1.1200	1.1300	1.1400	1.1500	1.1600	1.1700	1.1800	1.1900	1.2000
2	1.2321	1.2544	1.2769	1.2996	1.3225	1.3456	1.3689	1.3924	1.4161	1.4400
3	1.3676	1.4094	1.4429	1.4815	1.5209	1.5609	1.6016	1.6430	1.6852	1.7280
4	1.5180	1.5735	1.6305	1.6890	1.7490	1.8106	1.8739	1.9388	2.0053	2.0736
5	1.6851	1.7623	1.8424	1.9254	2.0114	2.1003	2.1924	2.2878	2.3864	2.4883
6	1.8704	1.9738	2.0820	2.1950	2.3131	2.4364	2.5652	2.6996	2.8398	2.9860
7	2.0762	2.2107	2.3526	2.5023	2.6600	2.8262	3.0012	3.1855	3.3793	3.5832
8	2.3045	2.4760	2.6584	2.8526	3.0590	3.2784	3.5115	3.7589	4.0214	4.2998
9	2.5580	2.7731	3.0040	3.2519	3.5179	3.8030	4.1084	4.4355	4.7854	5.1598
10	2.8394	3.1058	3.3946	3.7072	4.0456	4.4114	4.8068	5.2338	5.6947	6.1917
11	3.1518	3..4785	3.8359	4.2262	4.6524	5.1173	5.6240	6.1759	6.7767	7.4301
12	3.4985	3.8960	4.3345	4.8179	5.3503	5.9360	6.5801	7.2876	8.0642	8.9161
13	3.8833	4.3635	4.8980	5.4924	6.1528	6.8858	7.6987	8.5994	9.5964	10.699
14	4.3104	4.8871	5.5348	6.2613	7.0757	7.9875	9.0075	10.147	11.420	12.839
15	4.7846	5.4736	6.2543	7.1379	8.1371	9.2655	10.539	11.974	13.589	15.407
16	5.3109	6.1304	7.0673	8.1372	9.3576	10.748	12.330	14.129	16.172	18.488
17	5.8951	6.8660	7.9861	9.2765	10.761	12.468	14.427	16.672	19.244	22.186
18	6.5436	7.6900	9.0243	10.575	12.375	14.463	16.879	19.673	22.901	26.623
19	7.2633	8.6128	10.197	12.056	14.232	16.777	19.748	23.214	27.252	31.948
20	8.0623	9.6463	11.523	13.743	16.367	19.461	23.106	27.393	32.429	38.338
21	8.9492	10.804	13.021	15.668	18.822	22.574	27.034	32.324	38.591	46.005
22	9.9336	12.100	14.714	17.861	21.645	26.186	31.629	38.142	45.923	55.206
23	11.026	13.552	16.626	20.362	24.891	30.376	37.006	45.008	54.648	66.247
24	12.239	15.179	18.788	23.212	28.625	35.236	43.297	53.109	65.032	79.497
25	13.586	17.000	21.231	26.462	32.919	40.874	50.658	62.669	77.388	95.396
26	15.080	19.040	23.991	30.167	37.857	47.414	59.270	73.949	92.092	114.48
27	16.738	21.325	27.109	34.390	34.535	55.000	69.345	87.260	109.56	137.37
28	18.580	23.884	30.634	39.204	50.066	63.800	81.134	102.97	130.41	164.84
29	20.624	26.750	34.617	44.693	57.575	74.009	94.927	121.50	155.19	197.81
30	22.892	29.960	39.116	50.950	66.212	85.850	111.06	143.37	184.67	237.38
35	38.575	52.800	72.068	98.100	133.18	180.31	243.56	327.99	440.70	590.67
40	65.001	93.051	132.78	188.88	267.86	378.72	533.86	750.38	1051.6	1469.8
45	109.53	163.99	244.64	363.68	538.77	795.44	1170.5	1716.7	2509.6	3657.3
50	184.56	289.00	450.74	700.23	1083.7	1670.7	2566.2	3927.4	5988.9	9100.4
60	524.06	897.60	1530.1	2595.9	4384.0	7370.2	12335.	20555.	34105.	56347.

<부표 2> 단일금액 1원의 현재가치 $PV(n,\ r) = 1/(1+r)^n$ 이자율(r)

기간수(n)	1%	2%	3%	4%	5%	6%	7%	8%	9%	10%
1	.9901	.9704	.9709	.9615	.9524	.9434	.9346	.9259	.9174	.9091
2	.9803	.9612	.9426	.9246	.9070	.8900	.8734	.8573	.8417	.8264
3	.9706	.9423	.9151	.8890	.8638	.8396	.8163	.7938	.7722	.7513
4	.9610	.9238	.8885	.8548	.8227	.7921	.7629	.7350	.7084	.6830
5	.9515	.9057	.8626	.8219	.7835	.7473	.7130	.6806	.6499	.6209
6	.9420	.8880	.8375	.7903	.7462	.7050	.6663	.6302	.5963	.5645
7	.9327	.8706	.8131	.7599	.7107	.6651	.6227	.5835	.5470	.5132
8	.9235	.8535	.7894	.7307	.6768	.6274	.5820	.5403	.5019	.4665
9	.9143	.8368	.7664	.7026	.6446	.5919	.5439	.5002	.4604	.4241
10	.9053	.8203	.7441	.6756	.6139	.5584	.5083	.4632	.4224	.3855
11	.8963	.8043	.7224	.6496	.5847	.5268	.4751	.4289	.3875	.3505
12	.8874	.7885	.7014	.6246	.5568	.4970	.4440	.3971	.3555	.3186
13	.8787	.7730	.6810	.6006	.5303	.4688	.4150	.3677	.3262	.2897
14	.8700	.7579	.6611	.5775	.5051	.4423	.3878	.3405	.2992	.2633
15	.8613	.7430	.6419	.5553	.4810	.4173	.3624	.3152	.2745	.2394
16	.8528	.7284	.6232	.5339	.4581	.3936	.3387	.2919	.2519	.2176
17	.8444	.7142	.6052	.5134	.4363	.3714	.3166	.2703	.2311	.1978
18	.8360	.7002	.5874	.4936	.4155	.3503	.2959	.2502	.2120	.1799
19	.8277	.6864	.5703	.4746	.3957	.3305	.2765	.2317	.1945	.1635
20	.8195	.6730	.5537	.4564	.3769	.3118	.2584	.2145	.1784	.1486
21	.8114	.6598	.5375	.4388	.3589	.2942	.2415	.1987	.1637	.1351
22	.8034	.6468	.5219	.4220	.3418	.2775	.2257	.1839	.1502	.1228
23	.7954	.6324	.5067	.4057	.3256	.2618	.2109	.1703	.1378	.1117
24	.7876	.6217	.4919	.3901	.3101	.2470	.1971	.1577	.1264	.1015
25	.7798	.6095	.4776	.3751	.2953	.2330	.1842	.1460	.1160	.0923
26	.7720	.5976	.4637	.3604	.2812	.2198	.1722	.1352	.1064	.0839
27	.7644	.5859	.4502	.3468	.2678	.2074	.1609	.1252	.0976	.0763
28	.7568	.5744	.4371	.3335	.2551	.1956	.1504	.1159	.0895	.0693
29	.7493	.5631	.4243	.3207	.2429	.1846	.1406	.1073	.0822	.0630
30	.7419	.5521	.4120	.3083	.2314	.1741	.1314	.0994	.0754	.0573
35	.7059	.5000	.3554	.2534	.1813	.1301	.0937	.0676	.0490	.0356
40	.6717	.4529	.3066	.2083	.1420	.0972	.0668	.0460	.0318	.0221
45	.6391	.4102	.2644	.1712	.1113	.0727	.0476	.0313	.0207	.0137
50	.6080	.3715	.2281	.1407	.0872	.0543	.0339	.0213	.0134	.0085
60	.5504	.3048	.1697	.0951	.0535	.0303	.0173	.0099	.0057	.0033

이자율(r)

기간수(n)	11%	12%	13%	14%	15%	16%	17%	18%	19%	20%
1	.9009	.8929	.8850	.8772	.8696	.8621	.8547	.8475	.8403	.8333
2	.8116	.7972	.7831	.7695	.7561	.7432	.7305	.7182	.7062	.6944
3	.7312	.7118	.6931	.6750	.6575	.6407	.6244	.6086	.5934	.5787
4	.6587	.6355	.6133	.5921	.5718	.5523	.5337	.5158	.4987	.4323
5	.5935	.5674	.5428	.5194	.4972	.4761	.4561	.4371	.4190	.4019
6	.5346	.5066	.4803	.4556	.4323	.4104	.3898	.3704	.3521	.3349
7	.4817	.4523	.4251	.3996	.3759	.3538	.3332	.3139	.2959	.2791
8	.4339	.4039	.3762	.3506	.3269	.3050	.2848	.2660	.2487	.2326
9	.3909	.3606	.3329	.3075	.2843	.2630	.2434	.2255	.2090	.1938
10	.3522	.3220	.2946	.2697	.2472	.2267	.2080	.1911	.1756	.1615
11	.3173	.2875	.2607	.2366	.2149	.1954	.1773	.1619	.1476	.1346
12	.2858	.2567	.2307	.2076	.1869	.1685	.1520	.1372	.1240	.1122
13	.2575	.2292	.2042	.1821	.1625	.1452	.1299	.1163	.1042	0935
14	.2320	.2046	.1807	.1597	.1413	.1252	.1110	.0985	.0876	.0779
15	.2090	.1827	.1599	.1401	.1229	.1079	.0949	.0835	.0736	.0649
16	.1883	.1631	.1415	.1229	.1069	.0930	.0811	.0708	.0618	.0541
17	.1696	.1456	.1252	.1073	.0929	.0802	.0693	.0600	.0520	.0451
18	.1523	.1300	.1103	.0946	.0803	.0691	.0592	.0508	.0437	.0376
19	.1377	.1161	.0981	.0829	.0703	.0596	.0506	.0431	.0367	.0313
20	.1240	.1037	.0863	.0723	.0611	.0514	.0433	.0365	.0303	.0261
21	.1117	.0926	.0768	.0633	.0531	.0443	.0370	.0309	.0259	.0217
22	.1007	.0326	.0680	.0560	.0462	.0382	.0316	.0262	.0218	.0181
23	.0907	.0738	.0601	.0491	.0402	.0329	.0270	.0222	.0183	.0151
24	.0817	.0659	.0532	.0431	.0349	.0284	.0231	.0188	.0154	.0126
25	.0736	.0588	.0471	.0378	.0304	.0245	.0197	.0160	.0129	.0105
26	.0663	.0525	.0417	.0331	.0264	.0211	.0169	.0135	.0109	.0087
27	.0597	.0469	.0369	.0291	.0230	.0182	.0144	.0115	.0091	.0073
28	.0538	.0419	.0325	.0255	.0200	.0157	.0123	.0097	.0077	.0061
29	.0485	.0374	.0289	.0224	.0174	.0135	.0105	.0082	.0064	.0051
30	.0437	.0334	.0256	.0196	.0151	.0116	.0090	.0070	.0054	.0042
35	.0259	.0189	.0139	.0102	.0075	.0055	.0041	.0030	.0023	.0017
40	.0154	.0107	.0075	.0053	.0037	.0026	.0019	.0013	.0010	.0007
45	.0091	.0061	.0041	.0027	.0019	.0013	.0009	.0006	.0004	.0003
50	.0054	.0035	.0022	.0014	.0009	.0006	.0004	.0003	.0002	.0001
60	.0019	.0011	.0007	.0004	.0002	.0001	.00008	.00005	.00003	.00002

<부표 3> 정상연금 1원의 미래가치 $FVA(n,\ r) = [(1+r)^n - 1]/r$ 이자율(r)

기간수(n)	1%	2%	3%	4%	5%	6%	7%	8%	9%	10%
1	1.0000	1.0000	1.0000	1.0000	1.0000	1.0000	1.0000	1.0000	1.0000	1.0000
2	2.0100	2.0300	2.0300	2.0400	2.0500	2.0600	2.0700	2.0800	2.0900	2.1000
3	3.0301	3.0604	3.0909	3.1216	3.1525	3.1836	3.2149	3.2464	3.2781	3.3100
4	4.0604	4.1216	4.1836	4.2465	4.3101	4.3746	4.4399	4.5061	4.5731	4.6410
5	5.1010	5.2040	5.3091	5.4163	5.5256	5.6371	5.7507	5.8666	5.9847	6.1051
6	6.1520	6.3081	6.4684	6.6330	6.8019	6.9753	7.1533	7.3359	7.5233	7.7156
7	7.2135	7.4343	7.6625	7.8983	8.1420	8.3938	8.6540	8.9228	9.2004	9.4872
8	8.2857	8.5830	8.8923	9.2142	9.5491	9.8975	10.260	10.637	11.028	11.436
9	9.3685	9.7546	10.159	10.583	11.027	11.491	11.978	12.488	13.021	13.579
10	10.462	10.950	11.464	12.006	12.578	13.181	13.816	14.487	15.193	15.937
11	11.567	12.169	12.808	13.486	14.207	14.972	15.784	16.645	17.560	18.531
12	12.683	13.412	14.192	15.026	15.917	16.870	17.888	18.977	20.141	21.384
13	13.809	14.680	15.618	16.627	17.713	18.882	20.141	21.495	22.953	24.523
14	14.947	15.974	17.086	18.292	19.599	21.015	22.550	24.215	26.019	27.975
15	16.097	17.293	18.599	20.024	21.579	23.276	25.129	27.152	29.361	31.772
16	17.258	18.639	20.157	21.825	25.657	25.673	27.888	30.324	33.003	35.950
17	18.430	20.012	21.762	23.698	25.840	28.213	30.840	33.750	36.974	40.545
18	19.615	21.412	23.414	25.645	28.132	30.906	33.999	37.450	41.301	45.599
19	20.811	22.841	25.117	27.671	30.539	33.760	37.379	41.446	46.018	51.159
20	22.019	24.297	26.870	29.778	33.066	36.786	40.995	45.762	51.160	57.275
21	23.239	25.783	28.676	31.969	35.719	39.993	44.865	50.423	56.765	64.002
22	24.472	27.299	30.537	34.248	38.505	43.392	49.006	55.457	62.873	71.403
23	25.716	28.845	32.453	36.618	41.430	46.996	53.436	60.893	69.532	79.543
24	26.973	30.422	34.426	39.083	44.502	50.816	58.177	66.765	76.790	88.497
25	28.243	32.030	36.459	41.646	47.727	54.865	63.249	73.106	84.701	98.347
26	29.526	33.671	38.553	44.312	51.113	59.156	68.676	79.954	93.324	109.18
27	30.821	35.344	40.710	47.084	54.669	63.706	74.484	87.351	102.72	121.10
28	32.129	37.051	42.931	49.968	58.403	68.528	80.698	95.339	112.97	134.21
29	33.450	38.792	45.219	52.966	62.323	73.640	87.347	103.97	124.14	148.63
30	34.785	40.568	47.575	56.085	66.439	79.058	94.461	113.28	136.31	164.49
35	41.660	49.994	60.462	73.652	90.320	111.43	138.24	172.32	215.71	271.02
40	48.886	60.402	75.401	95.026	120.80	154.76	199.64	269.06	337.88	442.59
45	56.481	71.893	92.720	121.03	159.70	212.74	285.75	386.51	525.86	718.90
50	64.463	84.579	112.80	152.67	209.35	290.34	406.53	573.77	815.08	1163.9
60	81.671	114.05	163.05	237.99	353.58	533.13	813.52	1253.2	1944.8	3034.8

이자율(r)

기간수(n)	11%	12%	13%	14%	15%	16%	17%	18%	19%	20%
1	1.0000	1.0000	1.0000	1.0000	1.0000	1.0000	1.0000	1.0000	1.0000	1.0000
2	2.1100	2.1200	2.1300	2.1400	2.1500	2.1600	2.1700	2.1800	2.1900	2.2000
3	3.3421	3.3744	3.4069	3.4396	3.4725	3.5056	3.5389	3.5724	3.6061	3.6400
4	4.7097	4.7793	4.8498	4.9211	4.9934	5.0665	5.1405	5.2154	5.2913	5.3680
5	6.2278	6.3528	6.4803	6.6101	6.7424	6.8771	7.0144	7.1542	7.2966	7.4416
6	7.9130	8.1152	8.3230	8.5355	8.7537	8.9775	9.2068	9.4420	9.6830	9.9299
7	9.7830	10.089	10.405	10.730	11.067	11.414	11.772	12.142	12.523	12.916
8	11.859	12.300	12.757	13.233	13.727	14.240	14.773	15.327	15.902	16.499
9	14.163	14.776	15.416	16.085	16.786	17.519	18.285	19.086	19.923	20.799
10	16.722	17.549	18.419	19.337	20.304	21.321	22.393	23.521	24.709	25.959
11	19.561	20.655	21.814	23.045	24.349	25.733	27.199	28.755	30.404	32.150
12	22.713	24.133	25.650	27.271	29.002	30.850	32.823	34.931	37.180	39.581
13	26.211	28.029	29.984	32.089	34.352	36.786	39.404	42.219	45.244	48.497
14	30.095	32.393	34.883	37.581	40.505	43.672	47.103	50.818	54.841	59.196
15	34.405	37.280	40.418	43.842	47.580	51.660	56.110	60.965	66.261	72.035
16	39.199	42.753	46.672	50.980	55.717	60.925	66.649	72.939	79.850	87.442
17	44.501	48.884	53.739	59.118	65.075	71.673	78.979	87.068	96.022	105.93
18	50.396	55.750	61.725	68.394	75.836	84.141	93.406	103.74	115.26	128.12
19	56.939	63.440	70.749	78.969	88.212	98.603	110.29	123.41	138.16	154.74
20	64.203	72.052	80.947	91.025	102.44	115.38	130.03	146.63	165.42	186.69
21	72.265	81.699	92.469	104.77	118.81	134.84	153.14	174.02	197.85	225.03
22	81.214	92.503	105.49	120.44	137.63	157.41	180.17	206.34	236.44	271.03
23	91.148	104.60	120.20	138.30	159.28	183.60	211.80	244.49	282.36	326.24
24	102.17	118.16	136.83	158.66	184.17	213.98	248.81	289.49	337.01	392.48
25	114.41	133.33	155.62	181.87	212.79	249.21	292.10	342.60	402.04	471.98
26	127.99	150.33	176.85	208.33	245.71	290.09	342.76	405.27	497.43	567.38
27	143.08	169.37	200.84	238.50	283.57	337.50	402.03	479.22	571.52	681.85
28	159.82	190.70	227.95	272.89	327.10	392.50	471.38	566.48	681.11	819.22
29	178.39	214.58	258.58	312.09	377.17	456.30	552.51	669.45	811.52	984.07
30	199.02	241.33	293.19	356.79	434.75	530.31	647.44	790.95	966.71	1181.9
35	341.59	431.66	546.68	693.57	881.17	1120.7	1426.4	1816.7	2314.2	2948.3
40	581.83	767.09	1013.7	1342.0	1779.1	2360.8	3134.5	4163.2	5529.8	7343.9
45	986.64	1358.3	1874.2	2590.6	3585.1	4965.3	6879.2	9531.6	13203.	18281.
50	1668.7	2400.0	3459.5	4994.5	7217.7	10436.	15089.	21813.	31515.	45497.
60	4755.1	7471.6	11762.	18535.	29220.	46057.	72555.	114189.	179494.	281737.

<부표 4> 정상연금 1원의 현재가치 $PVA(n,\ r) = [1-(1+r)^{-n}]/r$ 이자율(r)

기간수(n)	1%	2%	3%	4%	5%	6%	7%	8%	9%	10%
1	0.9901	0.9804	0.9616	0.9615	0.9524	0.9434	0.9346	0.9259	0.9174	0.9091
2	1.9704	1.9416	1.9165	1.8861	1.8594	1.8334	1.8080	1.7833	1.7591	1.7355
3	2.9410	2.8839	2.8286	2.7751	2.7232	2.6730	2.6243	2.5771	2.5313	2.4868
4	3.9020	3.8077	3.7171	3.6299	3.5460	3.4651	3.3872	3.3121	3.2397	3.1699
5	4.8534	4.7135	4.5797	4.4518	4.3295	4.2124	4.1002	3.9927	3.8897	3.7908
6	5.7955	5.6014	5.4172	5.2421	5.0757	4.9173	4.7665	4.6229	4.4859	4.3553
7	6.7282	6.4720	6.2303	6.0021	5.7864	5.5824	5.3893	5.2064	5.0330	4.8684
8	7.6517	7.3255	7.0197	6.7327	6.4632	6.2098	5.9713	5.7466	5.5348	5.3349
9	8.5660	8.1622	7.7861	7.4353	7.1078	6.8017	6.5152	6.2469	5.9952	5.7590
10	9.4713	8.9826	8.5302	8.1109	7.7217	7.3601	7.0236	6.7101	6.4177	6.1446
11	10.368	9.7868	9.2526	8.7605	8.3064	7.8869	7.4987	7.1390	6.8052	6.4951
12	11.255	10.575	9.9540	9.3851	8.8633	8.3838	7.9427	7.5361	7.1607	6.8137
13	12.134	11.348	10.635	9.9856	9.3936	8.8527	8.3577	7.9038	7.4869	7.1034
14	13.004	12.106	11.296	10.563	9.8986	9.2950	8.7455	8.2442	7.7862	7.3667
15	13.865	12.849	11.938	11.118	10.380	9.7122	9.1079	8.5595	8.0607	7.6061
16	14.718	13.578	12.561	11.652	10.838	10.106	9.4466	8.8514	8.3136	7.8237
17	15.562	14.292	13.166	12.166	11.274	10.477	9.7632	9.1216	8.5436	8.0216
18	16.398	14.992	13.756	12.659	11.690	10.828	10.059	9.3719	8.7556	8.2014
19	17.226	15.679	14.324	13.134	12.085	11.158	10.336	9.6036	8.9501	8.3649
20	18.046	16.351	14.877	13.590	12.462	11.470	10.594	9.8181	9.1285	8.5136
21	18.857	17.011	15.415	14.029	12.821	11.764	10.835	10.017	9.2922	8.6487
22	19.660	17.658	15.937	14.451	13.163	12.042	11.061	10.201	9.4424	8.7715
23	20.456	18.292	16.444	14.857	13.489	12.303	11.272	10.371	9.5802	8.8832
24	21.243	18.914	16.935	15.247	13.799	12.550	11.469	10.529	9.7066	8.9847
25	22.023	19.524	17.413	15.622	14.094	12.783	11.654	10.675	9.8266	9.0770
26	22.795	20.121	17.877	15.983	14.375	13.003	11.826	10.810	9.9290	9.1609
27	23.560	20.707	18.327	16.330	14.643	13.210	11.987	10.935	10.027	9.2372
28	24.316	21.281	18.764	16.663	14.898	13.406	12.137	11.051	10.116	9.3066
29	25.066	21.844	19.188	16.984	15.141	13.591	12.278	11.158	10.198	9.3696
30	25.808	22.397	19.600	17.292	15.373	13.765	12.409	11.258	10.274	9.4269
35	29.409	24.999	21.487	18.665	16.374	14.498	12.948	11.655	10.567	9.6442
40	32.835	27.356	23.115	19.793	17.159	15.046	13.332	11.925	10.757	9.7791
45	36.095	29.490	24.519	20.720	17.774	15.456	13.605	12.108	10.881	9.8628
50	39.196	31.424	25.730	21.482	18.256	15.762	13.801	12.233	10.962	9.9148
60	44.955	34.761	27.676	22.623	18.929	16.161	14.039	12.376	11.048	9.9671

이자율(r)

기간수(n)	11%	12%	13%	14%	15%	16%	17%	18%	19%	20%
1	0.9009	0.8929	0.8850	0.8772	0.8696	0.8621	0.8547	0.8475	0.8403	0.8333
2	1.7125	1.6901	1.6681	1.6467	1.6257	1.6052	1.5852	1.5656	1.5465	1.5278
3	2.4437	2.4018	2.3612	2.3216	2.2832	2.2459	2.2096	2.1743	2.1399	2.1065
4	3.1024	3.0373	2.9745	2.9137	2.8550	2.7982	2.7432	2.6901	2.6386	2.5887
5	3.6959	3.6048	3.5172	3.4331	3.3522	3.2743	3.1993	3.1272	3.0576	2.9906
6	4.2305	4.1114	3.9975	3.8887	3.7845	3.6847	3.5892	3.4976	3.4098	3.3255
7	4.7122	4.5638	4.4226	4.2883	4.1604	4.0386	3.9224	3.8115	3.7057	3.6046
8	5.1461	4.9676	4.7988	4.6389	4.4873	4.3436	4.2072	4.0776	3.9544	3.8372
9	5.5370	5.3282	5.1317	4.9464	4.7716	4.6065	4.4506	4.3030	4.1633	4.0310
10	5.8892	5.6502	5.4262	5.2161	5.0188	4.8332	4.6586	4.4941	4.3389	4.1925
11	6.2065	5.9377	5.6869	5.4527	5.2337	5.0286	4.8364	4.6560	4.4865	4.3271
12	6.4924	6.1944	5.9176	5.6603	5.4206	5.1971	4.9884	4.7932	4.6105	4.4392
13	6.7499	6.4235	6.1218	5.8424	5.5831	5.3423	5.1183	4.9095	4.7147	4.5327
14	6.9819	6.6282	6.3025	6.0021	5.7245	5.4675	5.2293	5.0081	4.8023	4.6106
15	7.1909	6.8109	6.4624	6.1422	5.8474	5.5755	5.3242	5.0916	4.8759	4.6755
16	7.3792	6.9740	6.6039	6.2651	5.9542	5.6685	5.4053	5.1624	4.9377	4.7296
17	7.5488	7.1196	6.7291	6.3729	6.0472	5.7487	5.4746	5.2223	4.9897	4.7746
18	7.7016	7.2497	6.8399	6.4674	6.1280	5.8178	5.5339	5.2732	5.0333	4.8122
19	7.8393	7.3658	6.9380	6.5504	6.1982	5.8775	5.5845	5.3162	5.0700	4.8435
20	7.9633	7.4694	7.0248	6.6231	6.2593	5.9288	5.6278	5.3527	5.1009	4.8696
21	8.0751	7.5620	7.1015	6.6870	6.3125	5.9731	5.6648	5.3837	5.1263	4.8913
22	8.1757	7.6446	7.1695	6.7429	6.3587	6.0113	5.6964	5.4099	5.1486	4.9094
23	8.2664	7.7184	7.2297	6.7921	6.3988	6.0442	5.7234	5.4321	5.1668	4.9245
24	8.3481	7.7843	7.2829	6.8351	6.4338	6.0726	6.7465	5.4509	5.1822	4.9371
25	8.4217	7.8431	7.3300	6.8729	6.4641	6.0971	5.7662	5.4669	5.1951	4.9476
26	8.4881	7.8957	7.3717	6.9061	6.4906	6.1182	5.7831	5.4804	5.2060	4.9563
27	8.5478	7.9426	7.4086	6.9352	6.5135	6.1364	5.7975	5.4919	5.2151	4.9636
28	8.6016	7.9844	7.4412	6.9607	6.5335	6.1520	5.8099	5.5016	5.2223	4.9697
29	8.6501	8.0218	7.4701	6.9830	6.5509	6.1656	5.8204	5.5093	5.2292	4.9747
30	8.6938	8.0552	7.4957	7.0027	6.5660	6.1772	5.8294	5.5168	5.2347	4.9789
35	8.8552	8.1755	7.5856	7.0700	6.6166	6.2153	5.8582	5.5386	5.2512	4.9915
40	8.9511	8.2433	7.6344	7.1050	6.6418	6.2335	5.8713	5.5482	5.2582	4.9966
45	9.0079	8.2825	7.6609	7.1232	6.6543	6.2421	5.8773	5.5523	5.2611	4.9986
50	9.0417	8.3045	7.6572	7.1327	6.6605	6.2463	5.8801	5.5541	5.2623	4.9995
60	9.0736	8.3240	7.6873	7.1401	6.6651	6.2491	5.8819	5.5553	5.2630	4.9999

연습문제 해답

제1장 재무제표분석의 개요

생략

제2장 재무제표의 체계와 비회계자료

11.

(1) 유동자산 = 1,070 (백만원) 유동부채 = 410 (백만원)
(2) 비유동자산 = 14,300 (백만원) 비유동부채 = 6,500 (백만원)
(3) 당기순이익 = 760 (백만원)

12.

(1) 매출원가 = 1,300 영업이익 = 380
법인세비용차감전순이익 = 360 당기순이익 = 270
(2) 매출총이익 = 600 판매비와 관리비 = 200
금융수익 = 50 법인세비용차감전순이익 = 370
(3) 매출액 = 2,500 판매비와 관리비 = 300
금융비용 = 120 당기순이익 = 430

13.

(1) 매출액 = 70,000 (만원)
(2) EBIT = 33,000 (만원)
(3) EBITDA = 36,000 (만원)
(4) 비유동자산 = 150,000 (만원) 유동부채 = 20,000 (만원)
(5) 재무활동 현금흐름 = 13,000 (만원)

제3장 재무비율분석

12.

(1) A, C = 이자비용차감전이익 B = 당기순이익 D, E = 매출액

(2) 절세효과
(3) 매출액순영업이익률
(4) 총자산회전율

13.

(1) 지배기업 ROE = 19.6 (%)　　총자산순영업이익률 = 11.7 (%)
(2) 매출액순영업이익률 = 8.2 (%)　　총자산회전율 = 1.42 (회)
(3) ① 매출액총이익률 = 31.3 (%)　　② 매출액영업이익률 = 11.1 (%)
③ 매출액순이익률 = 7.5 (%)
(4) ① 영업운전자본회전율 = 15.1 (회)　　② 매출채권회전율 = 8.5 (회)
③ 재고자산회전율 = 10.1 (회)　　④ 매입채무회전율 = 6.0 (회)
⑤ 유형자산회전율 = 2.8 (회)
(5) ① 유동비율 = 154 (%)　　② 당좌비율 = 121 (%)
(6) ① 부채비율 = 74.8 (%)　　② 차입부채비율 = 42.3 (%)
③ 이자보상비율 = 12.6 (배)　　④ 고정장기적합률 = 75.2 (%)

14.

(1) 현금배당 = 순이익 + 기타포괄손익 − 기말 자본 + 기초 자본 = 3,200 (백만원)
(2) ROE = 10 (%)

15.

(1) ROE 실적이 필요수익률(자기자본비용)에 미달하고 있으므로 서울(주)은 2×24년에 높은 수익성을 실현하지 못하였다.
(2) 투자자들은 서울(주)의 미래 ROE가 필요수익률(자기자본비용)보다 낮을 것으로 예상하고 있으므로 서울(주)의 PBR은 현재 1보다 낮게 형성되어 있을 것이다.

16.

(1)

공통형 포괄손익계산서 (단위: 백만원, %)

	2×23		2×24	
	금 액	비 율	금 액	비 율
매 출 액	5,500	100.0	6,200	100.0
매출원가	4,350	79.1	4,850	78.2
매출총이익	1,150	20.9	1,350	21.8
판매비와 관리비	450	8.2	680	11.0
영업이익	700	12.7	670	10.8
이자비용	150	2.7	160	2.6
법인세비용차감전순이익	550	10.0	510	8.2
법인세비용	140	2.5	130	2.1
당기순이익	410	7.5	380	6.1
기타포괄손익	0	0	0	0
포괄이익	410	7.5	380	6.1

(2) 판매비와 관리비가 2×23년보다 상당히 증가함에 따라 순이익이 감소하였다. 매출액에 대비한 판매비와 관리비 비율이 2×23년에 8.2%이었는데 2×24년에는 11.0%로 상당히 높아졌다.

17.

(1) 지배기업 ROE = 14.6 (%) 총자산순영업이익률 = 8.4 (%)

(2) 총자산증가율 = 6.3 (%) 매출액증가율 = 17.0 (%)
순이익증가율 = 23.9 (%)

(3) 2×23년 말 부채비율 = 110.8 (%) 2×24년 말 부채비율 = 99.5 (%)

(4) 이자보상비율(이익기준) = 6.6 (배)

(5) ① PER = 4.4 (배) PBR = 0.6 (배)
② PBR이 1보다 낮고 PER도 낮으므로 투자자들은 H사의 미래 수익성이 지금보다 하락할 것으로 전망하고 있다.

18. A-라 B-나 C-마 D-사 E-다 F-가 G-아 H-바

제4장 통합적 비율분석과 성과분석

11. A = 부채　　B = 자기자본

12.

(1) A = ROA　　B = 평균 차입이자율(세후)　　C = 부채　　D = 자기자본

(2) 첫째, ROA는 그 자체로서 ROE의 한 구성요소이고, 둘째, ROA가 차입이자율(세후) 보다 높으면(낮으면) 그 차이에 부채비율을 곱한 만큼 ROE를 높인다(낮춘다).

(3) 차입이자율(세후)이 과소하게 산정되어 실제 차입이자율(세후)을 나타내지 못한다.

13.

(1) A = ROIC　　B = 평균 순차입이자율(세후)　　C = 순재무부채　　D = 자기자본

(2) 첫째, ROIC는 그 자체로서 ROE의 한 구성요소이고, 둘째, ROIC가 순차입이자율(세후) 보다 높으면(낮으면) 그 차이에 순재무부채비율을 곱한 만큼 ROE를 높인다(낮춘다).

14.

(1) A = 34,400　　B = 4,500　　C = 18,800　　D = 34,400
E = 7,200　　F = 150

(2) ROE = 4.24 (%)

(3) 총자산순이익률 = 2.34 (%)　　총자산순영업이익률 = 2.79 (%)

(4) 재무레버리지효과 = ROE − 총자산순영업이익률 = 1.45 (%)

15.

(1) 세후순영업이익 = 순이익(포괄이익과 동일) + 세후 순금융비용 = 850 (만원)

(2) 2×23년 말 영업투하자본 = 자기자본 + 순재무부채 = 21,500 (만원)
(또는, 영업투하자본 = 영업자산 − 영업부채 = 21,500)
2×24년 말 영업투하자본 = 영업자산 − 영업부채 = 21,400 (만원)

(3) ROIC = 3.96 (%)

(4) 매출액순영업이익률 = 9.32 (%)　　영업투하자본회전율 = 0.43 (회)

(5) 평균 순차입이자율(세후) = 세후순금융비용/순재무부채(평균) = 2.14 (%)
순재무부채비율 = 순재무부채(평균)/자기자본(평균) = 0.15

(6) 재무레버리지효과 = (3.96 − 2.14) × 0.15 = 0.27 (%)

16.

(1) ROE = 16.47 (%)

(2) 세후순영업이익 = 포괄이익 + 세후순금융비용 = 168

(3) 기초 영업투하자본 = 기초 영업자산 − 기초 영업부채 = 1,480
ROIC = 11.35 (%)

(4) 순차입이자율(세후) = 세후순금융비용/기초 순재무부채 = 4.44 (%)
순재무부채비율 = 기초 순재무부채/기초 자기자본 = 0.741

(5) 재무레버리지효과 = (11.35 − 4.44) × 0.741 = 5.12 (%)

17.

(1) 초과이익 = 포괄이익 − 자기자본비용×기초 자기자본 = 38 (억원)

(2) EVA = 세후순영업이익 − 가중평균자본비용×기초 영업투하자본
= 34.8 (억원)

18. 제휴 전 ROIC = 14.4 (%)　　제휴 후 ROIC = 12.5 (%)

19.

(1) 초과이익 = −240 (만원)

(2) 초과이익 = 120 (만원)

(3) 초과이익 = 200 (만원)

(4) 초과이익 = 180 (만원)

(5) 초과이익 = 140 (만원)

(6) 초과이익 = −280 (만원)

제5장 이익예측을 위한 수익성분석

11.

(1) 세후순영업이익 = 당기순이익(포괄이익과 동일) + 세후순금융비용 = 460 (억원)
지속적 순영업이익 = 400.5 (억원)

(2) 총 매출액순이익률 = 4.9 (%)　　지속적 매출액순이익률 = 6.2 (%)

(3) 총 매출액순영업이익률 = 7.1 (%)　　지속적 매출액순영업이익률 = 6.2 (%)

12.

(1) 매출액증가율 = 9.9 (%)　　　순이익증가율 = 58.1 (%)

(2) ROE: 2×23년 12.8 (%),　2×24년 19.1 (%)

(3) 2×23년의 ROE는 일시적 손익인 외환차손의 영향을 받았음에 비해, 2×24년의 ROE는 일시적 손익인 유형자산처분이익의 영향을 받음에 따라 2×24년의 ROE가 전년에 비해 크게 증가하였다.

(4) 지속적 ROE: 2×23년 14.9 (%),　2×24년 16.9 (%)

13.

(1) 세후순영업이익: 2×23년 116.9 (억원),　2×24년 176.5 (억원)

(2) 지속적 순영업이익: 2×23년 134.4 (억원),　2×24년 157.6 (억원)

(3) 지속적 매출액순영업이익률: 2×23년 5.8 (%),　2×24년 6.2 (%)

14.

(1) 수정 EPS = 지속적 이익/평균 유통주식수 = 7,608 (원)

(2) PER = 10.7 (배)

15.

(1) 세후순영업이익: 2×23년 13,569 (억원),　2×24년 15,979 (억원)

(2)

	2×23	2×24
공정가치측정금융자산의 처분이익	0	7,133
유형자산처분이익	1,705	0
파생상품평가이익	0	221
법인세환급액	638	0
- 외환차손	−2,152	−138
- 투자자산처분손실	−2,132	−318
- 유형자산처분손실	0	−1,677
- 기타대손상각비	−396	0
- 파생상품평가손실	−267	0
= 위 9개 항목의 세전 순액	−2,604	5,221
× (1−세율)	× 0.75	× 0.75
= 위 9개 항목의 세후 순액	−1,953	3,916
+ 기타포괄손익	10	(15)
= 일시적 순영업이익	−1,943	3,901
세후순영업이익	13,569	15,979
- 일시적 순영업이익	+1,943	−3,901
= 지속적 순영업이익	15,512	12,078

(3) 총 매출액순영업이익률: 2×23년 6.0 (%), 2×24년 6.1 (%)
지속적 매출액순영업이익률: 2×23년 6.9 (%), 2×24년 4.6 (%)

(4) 매출원가와 판매관리비 증가로 인해 영업비용이 많이 증가함에 따라 지속적 매출액순영업이익률이 상당히 하락하였다.

제6장 현금흐름분석

13.

(1) 영업활동 현금흐름 = 430 (억원)

(2) 영업에 대한 투자액 = 400 (억원)

(3) 재무부채 순지급액 = 80 (억원)

(4) 재무자산 순취득액 = 60 (억원)

(5) 주주에 대한 순지급액(순배당) = −160 (억원)

(6) 창출 측면에서의 FCF 산정:
FCF = 영업활동 현금흐름 − 영업투자액 = 30 (억원)

(7) 배분 측면에서의 FCF 산정:
FCF = 순이자지급(세후) + 재무부채 순지급 + 재무자산 순취득 + 주주 순지급
= 30 (억원)

14. FCF = 영업활동 현금흐름 − 영업투자액
= 순이자지급(세후) + 재무부채 순지급 + 재무자산 순취득 + 주주 순지급
= 30 + (550 − 380) + 0 + (80 − 350)
= −70 (억원)

15.

(1) 영업활동 현금흐름 = 매출의 현금유입 − 급여 지급 − 영업활동 법인세 지급
= 600 (억원)
FCF = 영업활동 현금흐름 − (재고자산 투자 + 유형자산 투자)
= 50 (억원)

(2)

회계기준에 따른 현금흐름표		
영업활동 현금흐름:		
매출로부터의 현금유입	950	
급여 지급	(300)	
법인세 지급	(38)	
이자지급(세전)	(42)	
재고자산 증가	(30)	540
투자활동 현금흐름:		
금융상품 취득	(30)	
유형자산 취득	(520)	(550)
재무활동 현금흐름:		
차입금 상환	(150)	
배당금 지급	(80)	
유상증자	240	10
= 현금의 증가		0

(3) 현금흐름표상의 FCF = 영업활동 현금흐름 − 투자활동 현금흐름
= −10 (억원)

16.

(1) 가 = 투자활동 · 재무활동 관련 손실
나 = 현금유입이 없는 영업활동 관련 수익
다 = 영업유동부채 항목의 증가

(2) 라 = 5,000 (천원)　　마 = −5,000 (천원)
바 = −2,000 (천원)　　사 = 4,000 (천원)

(3) A: 감가상각비, 무형자산상각비, 제품보증비, 지분법손실
B: 사채상환손실, 투자주식처분손실, 유형자산처분손실
C: 지분법이익
D: 사채상환이익, 투자주식처분이익, 유형자산처분이익
E: 재고자산 증가, 선급금 증가
F: 매출채권 감소, 선급비용 감소
G: 매입채무 증가, 선수금 증가
H: 미지급비용 감소

17.

(1) FCF = 영업활동 현금흐름 − 영업투자액 = 배당 = 300 (억원)

(2) 영업활동 현금흐름:

당기순이익	300	
+ 감가상각비	100	
− 매출채권 증가	(380)	
− 재고자산 증가	(500)	
+ 매입채무 증가	50	(430)
투자활동 현금흐름: 토지 처분		800
재무활동 현금흐름: 배당		(300)
현금의 증가		70 (억원)

(3) 영업운전자본 투자액 = Δ매출채권 + Δ재고자산 − Δ매입채무 = 830 (억원)

(4) FCF = 배당 + 재무자산 취득 = 370 (억원)

18.

(1)

투자주식의 취득	19,450
유형자산의 취득	16,500
유형자산의 처분	−5,450
산업재산권의 매각	−750
영업비유동자산 투자액	29,750 (만원)

(2)

현금흐름표상의 영업활동 현금흐름	15,200
제거: 이자지급(세후)	5,089
이자수입(세후)	(175)
차감: 영업현금 투자	(50)
영업활동 현금흐름(운전자본 투자후)	20,064
영업비유동자산 투자	(29,750)
FCF	(9,686) (만원)

19.

(1)

	2×23	2×24
현금흐름표상의 영업활동 현금흐름	1,561	1,818
+ 순이자지급(세후)	268	221
− 영업현금 투자		(38)
+ 영업현금 감소(투자액 회수)	37	
= 영업활동 현금흐름	1,866	2,001 (억원)

(2) 영업현금흐름/유동부채 = 27 (%)

(3) 현금기준 이자보상비율 = 9.05 (배)

20.

(1) 재무자산에 관한 현금유출입

	2×23	2×24
재무자산 취득에 따른 현금유출:		
단기금융상품 취득	(7,288)	(11)
재무자산 처분에 따른 현금유입:		
단기금융상품 처분	7,158	156
재무자산 순증가/순감소	(130)	145 (억원)

(2) 영업비유동자산 투자액

	2×23	2×24
투자주식, 유형자산의 취득	6,720	6,523
투자주식, 유형자산의 처분	−5,419	−5,601
영업비유동자산 투자액	1,301	922 (억원)

(3) FCF 창출액

	2×23	2×24
영업활동 현금흐름	1,866	2,001
영업비유동자산 투자	(1,301)	(922)
FCF 창출액	565	1,079 (억원)

(4) 2×24년의 재무부채 순지급액

지급: 단기차입금, 유동성장기부채 감소		12,777
기타 부채 상환		3,637
	합계	16,414

차입: 단기차입금 증가		11,548
장기차입금 증가		200
사채 발행		4,013
	합계	15,761

→ 순지급액 = 653 (억원)

(5) 2×24년의 FCF 처분내역

FCF 창출액	1,079
처분: 순이자지급(세후)	(221)
재무부채 순지급	(653)
재무자산 순감소	145
주주배당금 지급	(208)
자기주식 취득	(141)
	0*

* 숫자 계산시 반올림 때문에 1의 차이가 있음.

제7장 가치평가론

12. 주식가치 = 28,611 (원)

13.

(1) Δ영업투하자본 = −400 (백만원)

(2) 재무부채 순지급액 = FCF − 이자지급(세후) − 순배당 = 4,800 (백만원)

(3) FCF 5,300은 재무부채 순지급 4,800, 이자지급(세후) 400, 그리고 순배당 100의 지급에 사용되었다.

14.

(1) 세후순영업이익 = 포괄이익 + 세후순금융비용 = 294 (백만원)

(2) 영업자산: 단기금융상품 외의 모든 자산

영업부채: 매입채무, 미지급비용

기초 영업투하자본 = 기초 영업자산 − 기초 영업부채

= 기초 순재무부채 + 기초 자기자본 = 2,660 (백만원)

기말 영업투하자본 = 기말 영업자산 − 기말 영업부채

= 기말 순재무부채 + 기말 자기자본 = 2,720 (백만원)

(3) FCF = 세후순영업이익 − Δ영업투하자본 = 234 (백만원)

15.

(1)

	현재	1년	2년	3년	4년	5년
FCF		60	70	100	120	125
현가계수: $(1+0.1)^t$		1.1	1.21	1.331	1.4641	1.6105
FCF의 현재가치		54.5	57.9	75.1	82.0	77.6
현재가치 합계	347					
잔여가치			125×(1+0.03)/(0.1−0.03) = 1,839			
잔여가치의 현재가치	1,142 (=1,839/1.6105)					
기업의 가치	1,489					
재무부채	900					
주주지분가치	589 (억원)					
주식가치	29,450 (원) (= 589억원/200만주)					

잔여가치 비중 = 1,142/1,489 = 76.7 (%)

(2) FCF 성장률이 4%일 경우의 잔여가치 = 125×(1+0.04)/(0.1−0.04) = 2,167

5년간의 FCF 현재가치	347
잔여가치의 현재가치	1,346 (=2,167/1.6105)
기업의 가치	1,693
재무부채	900
주주지분가치	793 (억원)
주식가치	39,650 (원) (= 793억원/200만주)

(3) FCF 성장률이 5%일 경우의 잔여가치 = 125×(1+0.05)/(0.1−0.05) = 2,625

5년간의 FCF 현재가치	347
잔여가치의 현재가치	1,630 (=2,625/1.6105)
기업의 가치	1,977
재무부채	900
주주지분가치	1,077 (억원)
주식가치	53,850 (원) (= 1,077억원/200만주)

(4)

	현재	1년	2년	3년	4년	5년
FCF		60	70	100	120	125
현가계수: $(1+0.09)^t$		1.09	1.1881	1.2950	1.4116	1.5386
FCF의 현재가치		55.0	58.9	77.2	85.0	81.2
현재가치 합계	357					
잔여가치		125×(1+0.03)/(0.09-0.03) = 2,146				
잔여가치의 현재가치	1,395 (=2,146/1.5386)					
기업의 가치	1,752					
재무부채	900					
주주지분가치	852 (억원)					
주식가치	42,600 (원) (=852억원/200만주)					

16.

(1)

	2×23	2×24	2×25	2×26	2×27	2×28
주당순이익		4,500	4,700	4,800	4,920	5,390
주당배당		1,000	1,000	1,000	1,000	1,000
주당순자산(기말)	30,000	33,500	37,200	41,000	44,920	49,310

(2)

	2×23	2×24	2×25	2×26	2×27	2×28
주당순이익		4,500	4,700	4,800	4,920	5,390
주당순자산(기말)	30,000	33,500	37,200	41,000	44,920	49,310
0.12×기초 순자산		3,600	4,020	4,464	4,920	5,390
1주당 초과이익		900	680	336	0	0

(3)

	2×23	2×24	2×25	2×26	2×27	2×28
주당순자산	30,000					
1주당 초과이익		900	680	336	0	0
현가계수: $(1+0.12)^t$		1.12	1.2544	1.4049	0	0
초과이익 현재가치		804	542	239	0	0

주식가치 = 주당순자산 + 미래 초과이익의 현재가치 = 31,585 (원)

(4) 내재적 PBR = 1.05 (배)

17.

(1)~(2)

	2×20	2×21	2×22	2×23	2×24
순이익	540	580	600	620	644
배 당	140	140	150	150	150
자기자본(기말, 배당후)	2,400	2,840	3,290	3,760	4,254
0.1×기초 자기자본		240	284	329	376
초과이익		340	316	291	268
전년 대비 초과이익 비율			0.93	0.92	0.92

(3) 초과이익 지속계수 = (0.93 + 0.92 + 0.92)/3 = 0.923

$$주주지분가치 = 4{,}254 + \frac{0.923}{(1+0.1-0.923)} \times 268 = 5{,}652 \text{ (백만원)}$$

(4) 내재적 PBR = 1.33 (배)　　내재적 PER = 8.78 (배)

18.

(1)

	2×23	2×24	2×25	2×26	2×27	2×28
순이익		480	560	600	660	722
배 당		100	120	120	130	130
자기자본(기말, 배당후)	3,000	3,380	3,820	4,300	4,830	5,422
0.12×기초 자기자본		360	406	458	516	580
초과이익		120	154	142	144	142
현가계수: $(1+0.12)^t$		1.12	1.2544	1.4049	1.5735	1.7623
초과이익 현재가치		107	123	101	92	81

(2) 2×26~2×28년 중 초과이익이 142백만원 정도의 안정적 수준을 보이고 있으므로 2×28년 후의 초과이익도 2×28년의 142백만원 수준일 것으로 예측함이 합리적이다.

2×28년 말의 잔여가치 = 142/0.12 = 1,183

잔여가치의 현재가치 = 1,183/1.7623 = 671

주주지분가치 = 3,000 + (107 + 123 + 101 + 92 + 81) + 671 = 4,175 (백만원)

19.

$$700\text{억원} = 350\text{억원} + \frac{20\text{억원}\times(1+g)}{0.12-g} \longrightarrow g = 5.9\ (\%)$$

주식가격 25,000원은 렉스(주)의 매년 초과이익 증가율을 5.9%로 예측할 때의 주식가치에 해당한다.

20.

(1)~(2)

	2×23	2×24	2×25	2×26	2×27
영업투하자본(기말)	320	340	350	360	370
ROIC(%)	14.5	13.8	13.5	13.0	12.6
EVA*	13.0	12.2	11.9	10.5	9.4
전년 대비 EVA 비율		0.94	0.98	0.88	0.90

*2×24년 이후의 EVA = (ROIC − 0.1) × 기초 영업투하자본

(3) EVA 지속계수 = (0.94 + 0.98 + 0.88 + 0.90)/4 = 0.925

$$2\times27\text{년 말의 잔여가치} = \frac{0.925}{(1+0.1-0.925)} \times 9.4 = 49.7\ (\text{억원})$$

(4)

	2×23	2×24	2×25	2×26	2×27
EVA		12.2	11.9	10.5	9.4
현가계수: $(1+0.1)^t$		1.1	1.21	1.331	1.4641
EVA 현재가치		11.1	9.8	7.9	6.4

기업가치 = 320 + (11.1 + 9.8 + 7.9 + 6.4) + 49.7/1.4641 = 389.1 (억원)

주주지분가치 = 389.1 − 150 = 239.1 (억원)

21.

(1) 주당순이익 예측치 6,500 (원)

유통주식수 10 (만주)

순이익 예측치 650 (백만원)

순이자비용(세후) 예측치 12.5 (백만원) (= 250 × 0.05)

세후순영업이익 예측치 662.5 (백만원)

⟶ ROIC 예측치 = 662.5/3,750 = 17.67 (%)

(2) 2×24년의 EVA 예측치 = (0.1767 − 0.1) × 3,750 = 288 (백만원)

(3) 기업가치 = 3,750 + 288/0.1 = 6,630 (백만원)

(4) 주주지분가치 = 6,630 − 250 = 6,380 (백만원)
주식가치 = 6,380백만원/10만주 = 63,800 (원)

22.

(1)

	2×23	2×24	2×25	2×26	2×27
영업활동 현금흐름		35	40	55	60
영업에 대한 투자액		45	50	45	45
FCF		−10	−10	10	15

(2)

	2×23	2×24	2×25	2×26	2×27
FCF		−10	−10	10	15
영업투하자본(기말)[1]	270	290	320	340	360
Δ영업투하자본		20	30	20	20
세후순영업이익[2]		10	20	30	35

1) 영업투하자본 = 순재무부채 + 자기자본
2) 세후순영업이익 = FCF + Δ영업투하자본

(3)

	2×23	2×24	2×25	2×26	2×27
세후순영업이익		10	20	30	35
0.1×기초 영업투하자본		27	29	32	34
EVA		−17	−9	−2	1

(4)

	2×23	2×24	2×25	2×26	2×27
EVA		−17	−9	2	1
현가계수: $(1+0.1)^t$		1.1	1.21	1.331	1.4641
EVA 현재가치		−15.5	−7.4	−1.5	0.7

기업가치 = 270 + (− 15.5 − 7.4 − 1.5 + 0.7) = 246.3 (억원)

(5) 주주지분가치 = 246.3 − 130 = 116.3 (억원)

제8장 주가배수 평가기법

12.

(1)~(3)

유사기업의 주가배수 산정

	K사	L사	두 회사의 평균
PER	16.7	11.2	14.0
PBR	3.9	2.8	3.4
EV/매출액	2.5	1.5	2.0

① PER을 이용한 S사의 주가추정

S사의 추정주가 = S사 주당순이익×유사회사 PER 평균 = 184,464 (원)

② PBR을 이용한 S사의 주가추정

S사의 추정주가 = S사 주당순자산×유사회사 PBR 평균 = 216,706 (원)

③ EV/매출액 비율을 이용한 S사의 주가추정

S사의 EV 추정치 = S사 매출액×유사회사 EV/매출액 비율 평균 = 124,542 (억원)

S사의 추정주가 = (EV 추정치 − 순재무부채)/발행주식수 = 113,678 (원)

(4) 생략

13.

(1)

	2×24년 ROE	2×24년 초과이익
D사	2,500/18,000 = 13.9 (%)	2,500 − 0.10×18,000 = 700
E사	3,600/30,000 = 12.0 (%)	3,600 − 0.12×30,000 = 0
F사	3,000/40,000 = 7.5 (%)	3,000 − 0.14×40,000 = −2,600

(2) D사: 1 + 1/0.10 = 11.0 (배)

E사: 1 + 1/0.12 = 9.33 (배)

F사: 1 + 1/0.14 = 8.14 (배)

(3) D사: 11×2,500 − 500 = 27,000 (원)

E사: (1 + 1/0.12)×3,600 − 1,000 = 32,600 (원)

F사: (1 + 1/0.14)×3,000 − 800 = 23,630 (원)

(4) D사: 27,000/20,000 = 1.35 (배)
E사: 32,600/32,600 = 1.00 (배)
F사: 23,630/42,200 = 0.56 (배)

14.

(1) 필요수익률(r_e)이 서로 다르기 때문에 내재적 PER이 서로 다르다.
(2) 미래 초과이익 예측치의 크기가 서로 다르기 때문이다. D사는 양의 초과이익이 예측되고 있는데 비해 F사는 음의 초과이익이 예측되고 있다. E사의 경우는 초과이익 예측치가 0이다.

15.

(1) 미래 초과이익이 현재와 비슷한 주당 700원 수준일 것으로 기대되기 때문에 PER은 정상(normal) PER에 가까울 것으로 예상된다. 필요수익률(자기자본비용)이 10%이므로 정상 PER은 [1 + 1/0.1] = 11이다.
(2) 주가추정치 = 5,000 + 700/0.1 = 12,000 (원)

16.

(1) 예상이익 PER = 1/0.1 = 10 (배)
(2) 주식가치 = 3,800 × 10 = 38,000 (원)
(3) 2×26년부터 초과이익이 1,000원으로 증가하면 예상이익 PER은 10배보다 높아진다.
(4) 2×26년부터 초과이익이 1,000원으로 증가하면 주식가치 평가액이 커진다.

17. 생략

18.

(1) PBR이 1보다 높으므로 시장에서는 네오(주)의 미래 ROE가 필요수익률 10%보다 높을 것으로 기대하고 있다.
(2) 2×25년에 ROE(5.0%)가 일시적으로 낮았던 것으로 시장에서 인식하면 PER은 높아진다. PBR이 1.3이므로 시장의 투자자들은 미래 ROE가 10%보다 높을 것으로 예상하고 있으며, 따라서 미래 초과이익이 2×25년보다 크게 증가할 것으로 예상하여 PER이 아주 높게 형성되어 있다.
(3) 2×26년의 ROE(18.5%)가 일시적으로 높았던 것이면 PER은 낮아진다. PBR이 1이므로 시장의 투자자들은 미래 ROE가 18.5%보다 낮을 것으로 전망하고 있으며,

따라서 미래 초과이익이 지금보다 감소할 것으로 예상하여 PER이 낮다.

19. A = 영진약품, 한미약품, 대원제약, 녹십자, 부광약품, 보령제약, 한국유나이티드제약, 환인제약, 이연제약, 광동제약, 유한양행, 삼진제약, 서흥, 신풍제약, 근화제약, 일동제약, 동아쏘시오홀딩스, JW중외제약, 일양약품
    C = 유유제약, 한독, 국제약품, 일성신약, 오리엔트바이오, 명문제약, 현대약품, 종근당바이오, 동화약품
    G = 종근당홀딩스
    I = 삼일제약

제9장 미래 예측과 가치평가모형의 적용사례

8. A = 순배당　　B = FCF　　C = Δ영업투하자본

9. EVA = 5,800 × 0.245 − 0.1 × [5,800/1.7] = 1,080 (억원)

10.

(1) 기말 자기자본 = 기초 자기자본 + 순이익 − 순배당 = 271.7 (백만원)
　　기말 순재무부채 = 기말 영업투하자본 − 기말 자기자본 = 333.3 (백만원)

(2) 세후순이자비용 = 기초 순재무부채 × 세후이자율 = 16.7 (백만원)
　　순이익 = 세후순영업이익 − 세후순이자비용 = 104.3 (백만원)
　　기말 자기자본 = 기초 자기자본 + 순이익 − 순배당 = 276 (백만원)
　　기말 순재무부채 = 기말 영업투하자본 − 기말 자기자본 = 390 (백만원)

(3)

	2×24	2×25	2×26
세후순영업이익	140	132	121
Δ영업투하자본	50	55	61
FCF	90	77	60 (백만원)

(4) 기말 순재무부채 = 기초 순재무부채 − FCF + 세후순이자비용 + 순배당
　　= 390 (백만원)

11.

(1) **가치평가를 위한 추정재무제표**

	2×24	2×25	2×26	2×27
추정손익계산서				
매출액	10,000	10,500	11,025	11,246
세후순영업이익	1,000	945	882	900
세후순이자비용	175	163	154	134
순이익	825	782	728	766
추정재무상태표(기초)				
영업운전자본	2,000	2,100	2,205	2,249
영업순비유동자산	4,500	4,725	4,961	5,061
영업투하자본	6,500	6,825	7,166	7,310
순재무부채	2,500	2,330	2,202	1,909
자기자본(배당후)	4,000	4,495	4,964	5,401
현금흐름				
세후순영업이익	1,000	945	882	
Δ영업투하자본	325	341	144	
FCF	675	604	738	
순배당(배당성향 40%)	330	313	291	
세후순이자비용	175	163	154	
순재무부채 감소	170	128	293	
FCF	675	604	738	

(2) 2×24년 말 순재무부채 = 6,825×40% = 2,730 (백만원)

(3) **초과이익모형에 의한 가치평가**

	현재	2×24	2×25	2×26	2×27
1. 순이익		825	782	728	766
2. 기초 자기자본		4,000	4,495	4,964	5,401
3. 0.12×기초 자기자본		480	539	596	648
4. 초과이익(=1−3)		345	243	132	118
5. 현가요소(12%)		0.8929	0.7972	0.7118	
6. 초과이익의 현재가치(=4×5)		308	194	94	
7. 2×24~2×26년의 초과이익 현재가치 합계	596				
8. 잔여가치의 현재가치[1)]	700				
9. 2×24년 초 자기자본	4,000				
10. 주주지분가치(=7+8+9)	5,296 (백만원)				

1) 잔여가치의 현재가치 = (118/0.12)×0.7118(12%, 3년 현가요소)

12.

(1) 무부채기업이면 「FCF = 배당」이므로

$$\text{기업가치} = \frac{45}{0.1} + \frac{50}{0.1\times1.1} = 495.5 \text{ (억원)}$$

(2) 무부채기업이면 「순이익 = FCF + Δ자기자본」이므로

	2×24	2×25	2×26	2×27	2×28
순이익	70	105	90	70	54
기초 자기자본	400	425	480	520	540
0.1×기초 자기자본	40	42.5	48	52	54
초과이익	30	62.5	42	18	0

→ 기업가치 = 522.8 (억원)

(3) 잔여가치 추정에 사용된 가정들이 서로 독립적으로 설정되었기 때문에 상호 간에 일관성이 결여되어 있다.

제10장 자본비용의 추정

12. 자기자본비용(r_e) = 10.54 (%)　　타인자본비용(r_d) = 3.98 (%)
    가중평균자본비용 = 9.23 (%)

13. B사의 무부채베타 = 0.86　　A사의 지분베타 = 1.22
    A사의 자기자본비용 = 10.32 (%)

제11장 지분증권분석

13.
(1) 생략
(2) A = 산업평균프리미엄　　B = 개별프리미엄

제12장 신용위험분석과 기업부실예측

7. 수원기업(주) 회사채

8.

(1)

운전자본/총자산:	1.2×(507,321−587,296)/1,154,684	=	−0.083
이익잉여금/총자산:	1.4×52,406/1,154,684	=	0.064
EBIT/총자산:	3.3×(9,944+38,302+6,942)/1,154,684	=	0.158
자기자본시장가치/부채장부가치:	0.6×(8.5×7,872+5.09×1,049)/988,226	=	0.044
매출액/총자산:	1.0×664,379/1,154,684	=	0.575
Altman *Z* 값:			0.758

→ *Z* 값이 1.81보다 작으므로 부실기업으로 판정한다.

(2) Altman *Z* 값: 0.730

(3)

상수항(절편):		=	−18.696
log(총자산):	1.501×log(1,154,684)	=	20.953
log(매출액/총자산):	2.706×log(664,379/1,154,684)	=	−1.496

이익잉여금/총자산: 19.760×52,406/1,154,684 = 0.897

자기자본시장가치/총부채:

1.146×(8.5×7,872+5.090×1,049)/988,226 = 0.084

Altman $K2$ 값: 1.742

→ $K2$ 값이 0.75보다 크므로 건전기업으로 판정한다.

(4) Altman $K2$ 값: 2.126

9.

(1) 운전자본/총자산: 0.717×(172,195−266,554)/559,722 = −0.121

이익잉여금/총자산: 0.847×58,528/559,722 = 0.089

EBIT/총자산: 3.107×(8,432+24,910+2,788)/559,722 = 0.201

자기자본장부가치/부채장부가치: 0.42×128,548/481,174 = 0.069

매출액/총자산: 0.998×752,372/559,722 = 1.342

Altman Z' 값: 1.580

→ Z' 값이 2.90과 1.23 사이에 있으므로 판정 유보에 해당한다.

(2) Altman Z' 값: 1.530

(3) 상수항(절편): = −17.862

log(총자산): 1.472×log(559,722) = 19.482

log(매출액/총자산): 3.041×log(752,372/559,722) = 0.899

이익잉여금/총자산: 14.839×58,528/559,722 = 1.552

자기자본/총부채: 1.516×78,548/481,174 = 0.247

Altman $K1$ 값: 4.318

→ $K1$ 값이 0.75보다 크므로 건전기업으로 판정한다.

(4) Altman $K1$ 값: 4.448

10.

(1) Altman Z 값: 1.222

(2) Altman Z 값: 0.767

(3) 상수항(절편): = −1.320

log(총자산/GNP디플레이터): −0.407×log(650,000,000/200) = −6.103

총부채/총자산: 6.03×711,000/650,000 = 6.596

운전자본/총자산:	$-1.43\times(185{,}000-198{,}000)/650{,}000$	=	0.029
유동부채/유동자산:	$0.076\times198{,}000/185{,}000$	=	0.081
당기순이익/총자산:	$-2.37\times(3{,}000/650{,}000)$	=	-0.011
영업활동현금흐름/총부채:	$-1.83\times(-700/711{,}000)$	=	0.002
과거 2년간 적자 여부:	0.285×0	=	0.000
순자산의 부호:	-1.72×1	=	-1.720
(당기순이익−전기순이익)/(|당기순이익|+|전기순이익|):			
	$-0.521\times(3{,}000-14{,}000)/(3{,}000+14{,}000)$	=	0.337
Z			-2.109

→ 도산확률: $1/(1+e^{-(-2.109)})$ = 10.8%

(4) 도산확률: $1/(1+e^{-(-1.887)})$ = 13.2%

제13장 기업합병 · 매수와 가치평가

12.

(1) 합병후 A사의 주식가치 = 102,362 (원)

(2) 주식교부의 상한 = 60,000 (주)

13.

(1) a = J사의 기발행주식수

b = J사의 합병가액(주식 1주의 평가액)

c = K사의 합병가액(주식 1주의 평가액)

(2) 생략

14. C사가 교부할 주식수 = 17,340 (천주)

15.

(1) 합병가액(본질가치) = 20,000 (원)

(2)

$$\text{합병비율} = \frac{\text{M사의 합병가액(본질가치)}}{\text{W사의 합병가액(기준주가)}} = 0.93023 \longrightarrow 1 \text{ 대 } 0.93023$$

(3)

$$\text{합병비율} = \frac{\text{M사의 합병가액(본질가치)}}{\text{W사의 합병가액(자산가치)}} = 0.91743 \longrightarrow 1 \text{ 대 } 0.91743$$

찾아보기

국문 찾아보기

영문 찾아보기

[저 자 약 력]

김 권 중(金權重)

서울대학교 경영대학 졸업(경영학사)
서울대학교 대학원 졸업(경영학석사)
뉴욕주립대학교(Buffalo) 대학원 졸업(PhD, 회계학)

공인회계사(김앤장 근무)
뉴욕주립대학교(Buffalo) University Doctoral Fellow
Deloitte and Touche Doctoral Fellow
Who's Who Among PhD Students in American Universities
중앙대 회계학과 · 숙명여대 경영학과 교수
뉴욕주립대학교(Buffalo) 회계학과 초빙교수
한국회계학회「회계학연구」편집위원장
한국증권학회「증권학회지」편집위원
한국회계학회「논문상」수상
한국회계기준원「최우수연구상」수상
한국회계학회 Doctoral Consortium 교수(재무회계연구, 기업가치평가)
우리나라「재무회계 개념체계」집필위원(대표집필)
금융감독원 회계기준심의위원
국제회계위원회(IASC) 국제회계기준 제정위원
공인회계사시험 출제위원
경희대학교 경영대학 교수
현재, 경희대학교 경영대학 명예교수

• 저서: New 회계원리(창민사, 2024)
기업가치평가와 회계연구(한국회계학회, 2002, 공저)
통신요금 규제제도의 발전방안(KDI, 1999, 공저)
회계학 핸드북(서울대학교 출판부, 1996, 공저)

• 논문:「회계학연구」,「증권학회지」,「경영학연구」,
「회계저널」, *The Accounting Review*,
Journal of Accounting Research,
Journal of Accounting, Auditing and Finance,
Asia-Pacific Journal of Financial Studies,
Seoul Journal of Business 등에 논문 다수 발표

재무제표분석과 가치평가 (제7판)

2003년 8월 9일 제1판 1쇄 발행
2011년 8월 12일 제4판 1쇄 발행
2015년 2월 25일 제5판 1쇄 발행
2020년 2월 10일 제6판 1쇄 발행
2024년 7월 25일 제7판 1쇄 발행

저 자 **김 권 중**
발행인 윤 농 수
발행처 **창 민 사**
서울시 마포구 창전로 46 4층 401호
등 록 1999. 10. 28/제10-1846호
전 화 3272-1243~4
팩 스 3272-1245
E-mail cmbooks@hanmail.net

정가 35,000원
ISBN 979-11-92272-25-2 93320